DIREITO ELEITORAL COMPARADO

DANIEL CASTRO GOMES DA COSTA
JORGE MIRANDA
LEONARDO CAMPOS SOARES DA FONSECA
TARCISIO VIEIRA DE CARVALHO NETO

Coordenadores

DIREITO ELEITORAL COMPARADO

Belo Horizonte

2018

© 2018 Editora Fórum Ltda.

É proibida a reprodução total ou parcial desta obra, por qualquer meio eletrônico, inclusive por processos xerográficos, sem autorização expressa do Editor.

Conselho Editorial

Adilson Abreu Dallari	Floriano de Azevedo Marques Neto
Alécia Paolucci Nogueira Bicalho	Gustavo Justino de Oliveira
Alexandre Coutinho Pagliarini	Inês Virgínia Prado Soares
André Ramos Tavares	Jorge Ulisses Jacoby Fernandes
Carlos Ayres Britto	Juarez Freitas
Carlos Mário da Silva Velloso	Luciano Ferraz
Cármen Lúcia Antunes Rocha	Lúcio Delfino
Cesar Augusto Guimarães Pereira	Marcia Carla Pereira Ribeiro
Clovis Beznos	Márcio Cammarosano
Cristiana Fortini	Marcos Ehrhardt Jr.
Dinorá Adelaide Musetti Grotti	Maria Sylvia Zanella Di Pietro
Diogo de Figueiredo Moreira Neto	Ney José de Freitas
Egon Bockmann Moreira	Oswaldo Othon de Pontes Saraiva Filho
Emerson Gabardo	Paulo Modesto
Fabrício Motta	Romeu Felipe Bacellar Filho
Fernando Rossi	Sérgio Guerra
Flávio Henrique Unes Pereira	Walber de Moura Agra

Luís Cláudio Rodrigues Ferreira
Presidente e Editor

Coordenação editorial: Leonardo Eustáquio Siqueira Araújo

Av. Afonso Pena, 2770 – 15º andar – Savassi – CEP 30130-012
Belo Horizonte – Minas Gerais – Tel.: (31) 2121.4900 / 2121.4949
www.editoraforum.com.br – editoraforum@editoraforum.com.br

Dados Internacionais de Catalogação na Publicação (CIP) de acordo com ISBD

D597	Direito Eleitoral comparado / Daniel Castro Gomes da Costa...[et al.] (Coord.). - Belo Horizonte : Fórum, 2018. 385p. ; 17cm x 24cm. ISBN: 978-85-450-0550-6 1. Direito. 2. Direito Eleitoral. 3. Direito Constitucional. I. Costa, Daniel Castro Gomes da. II. Miranda, Jorge. III. Fonseca, Leonardo Campos Soares da. IV. Carvalho Neto, Tarcisio Vieira de. V. Título.
2018-815	CDD 342.07 CDU 342.8

Elaborado por Odilio Hilario Moreira Junior - CRB-8/9949

Informação bibliográfica deste livro, conforme a NBR 6023:2002 da Associação Brasileira de Normas Técnicas (ABNT):

COSTA, Daniel Castro Gomes da et al. (Coord.). *Direito Eleitoral comparado*. Belo Horizonte: Fórum, 2018. 385p. ISBN 978-85-450-0550-6.

SUMÁRIO

CAPÍTULO 1
OS PRINCÍPIOS CONSTITUCIONAIS GERAIS DO DIREITO ELEITORAL
PORTUGUÊS
JORGE MIRANDA... 13

CAPÍTULO 2
ELEIÇÕES PARA A ASSEMBLEIA DA REPÚBLICA E NOMEAÇÃO DO
PRIMEIRO-MINISTRO: MUTAÇÃO CONSTITUCIONAL OU SIMPLES
FUNCIONAMENTO DO SISTEMA DE GOVERNO PORTUGUÊS?
MARIANA MELO EGÍDIO.. 27
2.1   Introdução... 27
2.2   O sistema eleitoral para a Assembleia da República e a nomeação do Executivo
        no quadro do sistema de governo português 28
2.3   Mutação constitucional ou metamorfose do funcionamento do sistema? 36
2.4   Síntese conclusiva.. 43
        Referências.. 46

CAPÍTULO 3
O FINANCIAMENTO ELEITORAL NOS ESTADOS UNIDOS: *CITIZENS UNITED
V. FEC* E OS *SUPER PAC*
JOSÉ ANTONIO DIAS TOFFOLI 49
3.1   Considerações iniciais... 49
3.2   Processo histórico do financiamento eleitoral nos Estados Unidos 51
3.3   A Suprema Corte e o caso *Citizens United v. FEC*... 55
3.4   Contexto Pós-*Citizens*: eleições de 2012 e os *super PAC* 56
3.5   Conclusão.. 58
        Referências.. 59

CAPÍTULO 4
APRESENTAÇÃO DO DIREITO ELEITORAL BRASILEIRO – FINANCIAMENTO
DE CAMPANHA, CLÁUSULA DE BARREIRA, FIDELIDADE PARTIDÁRIA E
REELEIÇÃO
GILMAR FERREIRA MENDES 61
4.1   Considerações iniciais.. 61
4.2   O financiamento de campanhas eleitorais no modelo brasileiro 62

4.3	A cláusula de barreira/desempenho	67
4.4	Fidelidade partidária	72
4.5	Reeleição	75
4.6	Conclusões	80
	Referências	81

CAPÍTULO 5

BREVE ENSAIO SOBRE A DEMOCRACIA INTERNA DOS PARTIDOS POLÍTICOS NA ESPANHA

ANA CLAUDIA SANTANO, TAILAINE CRISTINA COSTA ... 83

5.1	A relevância do tema	83
5.2	Regular ou não regular os partidos… eis a questão	84
5.3	O discurso negativo sobre a democracia interna dos partidos	87
5.4	A democracia interna no marco constitucional espanhol	88
5.5	O debate sobre a forma de controle	91
5.6	O posicionamento do Tribunal Constitucional e uma observação final	94
	Referências	96

CAPÍTULO 6

EXTRAPOLAÇÃO ILEGAL DE OBJETO OU INDEVIDA AMPLIAÇÃO OBJETIVA DE DEMANDAS ELEITORAIS – REFLEXOS DO CÉLEBRE CASO DILMA/TEMER NO TRIBUNAL SUPERIOR ELEITORAL

TARCISIO VIEIRA DE CARVALHO NETO ... 99

6.1	Apresentação de caso e delimitação de objeto	99
6.2	Delimitação da causa de pedir no processo civil e no processo eleitoral	100
6.3	A estabilização das demandas eleitorais	101
6.4	O art. 493 do CPC/2015	103
6.5	A flexibilização da causa de pedir no processo eleitoral	105
6.6	A correlação entre tempo e processo em matéria eleitoral	107
6.7	O art. 23 da LC nº 64/90	110
6.8	A gravidade dos fatos não justifica a subversão do devido processo legal	112
	Referências	113

CAPÍTULO 7

O DIREITO FUNDAMENTAL À IMAGEM: OS SEUS PRINCIPAIS REFLEXOS NO ÂMBITO DO PROCESSO ELEITORAL

DELMIRO DANTAS CAMPOS NETO, MARIA STEPHANY DOS SANTOS ... 115

7.1	Introdução	115
7.2	Considerações iniciais	116
7.2.1	Fatores internos da campanha eleitoral. *Marketing* político	119
7.2.2	Fatos incontroversos, publicados na mídia e críticas políticas (fatores externos), *fake news*	121
7.3	O abuso putativo e a imagem do candidato durante o pleito eleitoral	126

7.4   Considerações finais 129

Referências 130

CAPÍTULO 8
A INCONSTITUCIONALIDADE DO FINANCIAMENTO DAS CAMPANHAS ELEITORAIS POR PESSOAS JURÍDICAS
MARCO AURÉLIO MENDES DE FARIAS MELLO 133

8.1   Introdução 133

8.2   O que é democracia? 135

8.3   Democracia representativa e o direito fundamental a um processo eleitoral justo e igualitário 139

8.4   A nefasta influência do dinheiro nas eleições em prejuízo da democracia representativa 140

8.5   A inconstitucionalidade do financiamento, no Brasil, das campanhas pelas pessoas jurídicas 145

Referências 146

CAPÍTULO 9
O FINANCIAMENTO DE CAMPANHAS À LUZ DA VEDAÇÃO DE DOAÇÕES POR PARTE DE PESSOAS JURÍDICAS: ANÁLISE, REFLEXÕES E DESAFIOS PARA AS ELEIÇÕES DE 2018
SÉRGIO SILVEIRA BANHOS 147

9.1   Notas de introdução 147

9.2   O financiamento de campanhas e a democracia 148

9.3   O financiamento de campanhas no Brasil recente 149

9.4   O financiamento e as eleições de 2016 151

9.5   Desafios para as eleições de 2018 154

9.6   Conclusão 156

Referências 158

CAPÍTULO 10
A CONSTITUCIONALIZAÇÃO DA LIBERDADE PARTIDÁRIA E SUA LIMITAÇÃO PELA DEMOCRACIA INTERNA
REYNALDO SOARES DA FONSECA, RAFAEL CAMPOS SOARES DA FONSECA 159

10.1   Introdução 159

10.2   Pressupostos democráticos e o desenvolvimento institucional dos partidos políticos no Brasil 160

10.2.1 Percursos dos partidos políticos na história constitucional brasileira 163

10.3   A constitucionalização dos partidos políticos no Brasil 167

10.3.1 Natureza jurídica dos partidos políticos 171

10.4   As garantias constitucionais dos partidos políticos e a democracia interna 173

10.5   Considerações finais 175

Referências 176

CAPÍTULO 11

A SUSPENSÃO DOS DIREITOS POLÍTICOS PREVISTA NO ART. 15, II, DA
CONSTITUIÇÃO FEDERAL EM FACE DA CONVENÇÃO DE NOVA IORQUE
E DO ESTATUTO DA PESSOA COM DEFICIÊNCIA (LEI Nº 13.146/2015)

LEONARDO CAMPOS SOARES DA FONSECA 179

    Considerações..179

    Referências...188

CAPÍTULO 12

FIDELIDADE PARTIDÁRIA: UMA DÉCADA

ALEXANDRE LIMA RASLAN.. 189

12.1   Introdução...189

12.2   Saturação da infidelidade partidária 190

12.3   Democracia 198

12.4   Fidelidade partidária: leniência e giro institucional....................................... 200

12.5   Regras do jogo: a Resolução nº 22.610/2007-TSE e a Lei nº 9.096/1995 201

12.5.1   Art. 22-A, *caput*, da Lei nº 9.096/1995 (Partidos Políticos) 203

12.5.2   Art. 22, incs. I, II e III, da Lei nº 9.096/1995 (Partidos Políticos) 203

12.6   Conclusão...207

    Referências 207

CAPÍTULO 13

DEMOCRACIA DIRETA NO BRASIL: USO E ABUSO POLÍTICO E JURÍDICO
DO PLEBISCITO E DO REFERENDO

FABIANO PEREIRA GONÇALVES.. 209

13.1   Apresentação 209

13.2   Definições de democracia direta 210

13.2.1   Tipos de democracia..210

13.2.2   Democracia direta e semidireta 210

13.2.3   Plebiscito e referendo 213

13.2.4   Pluralismo...214

13.2.5   Democracia direta em outros ordenamentos...215

13.2.6   Democracia direita no Brasil..216

13.3   Os direitos fundamentais e o exercício da democracia direta........................218

13.3.1   Sistema internacional de direitos humanos 218

13.3.2   Interesse público 219

13.3.3   Legitimidade 221

13.3.4   Direito alternativo e direito achado na rua 224

13.3.5   Democracia que se defende (*Wehrhafte Demokratie*).. 227

13.4   Limites e efeitos jurídicos e políticos da democracia direta *stricto sensu* 232

13.4.1   Limites ao exercício da democracia direta *stricto sensu* 232

13.4.1.1   Matérias de possível consulta.. 232

13.4.1.2 Alterações constitucionais 235

13.4.1.3 Quórum de comparecimento e aprovação.. 236

13.4.1.4 Limite temporal.. 238

13.4.1.5 Igualdade de propaganda e manifestações – Financiamento público 238

13.4.2 Uso da democracia direita – Riscos e consequências 239

13.5 Conclusão.. 243

Referências... 243

CAPÍTULO 14
OS REFLEXOS DO ESTATUTO DA PESSOA COM DEFICIÊNCIA NO ÂMBITO DO DIREITO ELEITORAL

PATRÍCIA CERQUEIRA KERTZMAN SZPORER 247

14.1 Introdução... 247

14.2 Deficiências: aspectos conceituais.. 248

14.3 Delineamento conceitual: trajetórias.. 249

14.3.1 Convenção de Nova Iorque 250

14.4 Estatísticas do IBGE.. 251

14.5 O advento do Estatuto da Pessoa com Deficiência 252

14.5.1 Áreas do direito atingidas pelo Estatuto da Pessoa com Deficiência 253

14.5.2 Temáticas proeminentes do Estatuto da Pessoa com Deficiência 254

14.5.2.1 Da reconstrução do conceito de capacidade.. 254

14.5.2.2 As mudanças na ação de interdição... 255

14.5.2.3 O caráter excepcional da curatela 256

14.5.2.4 A tomada de decisão apoiada 257

14.5.2.5 Pessoas que mesmo por causa transitória não possam exprimir sua vontade........... 259

14.6 Do desenho universal e acessibilidade 260

14.7 Os reflexos do Estatuto da Pessoa com Deficiência no direito eleitoral 263

14.7.1 Os reflexos do novo rol de capacidades no direito eleitoral................................. 265

14.8 O direito ao voto secreto e a pessoa com deficiência no direito eleitoral 266

14.8.1 Do presidente da mesa da seção e o consentimento do auxílio de terceiro ao voto ... 268

14.8.2 Do consentimento do auxílio de terceiro ao voto por um terceiro não interessado ... 270

14.8.3 Do crime de violação ao sigilo do sufrágio... 270

14.9 Conclusão.. 271

Referências... 272

CAPÍTULO 15
RENOVAÇÃO DA ELEIÇÃO PARA O PLEITO MAJORITÁRIO: OS LIMITES DE CONFORMAÇÃO DO PROCESSO ELEITORAL E A IMPOSSIBILIDADE DE SE REGISTRAR PARA A DISPUTA DE CARGO DIVERSO

RAFAEL NAGIME... 275

15.1 Delimitação do tema 275

15.2 O quadro atual.. 276

| 15.3 | Renovação da eleição: parâmetros de atuação | 277 |

15.3 Renovação da eleição: parâmetros de atuação 277

15.4 Vedação de registro para mais de um cargo: inexistência de justificativa para o afastamento da regra 279

15.5 Conclusão 281

Referências 282

CAPÍTULO 16

ANÁLISE CONTEMPORÂNEA DA ESTRUTURA NORMATIVA DO SISTEMA PROCESSUAL ELEITORAL PORTUGUÊS

DANIEL CASTRO GOMES DA COSTA, RUY CELSO BARBOSA FLORENCE 283

16.1 Introdução 283

16.2 Bases do direito constitucional português aplicadas ao direito eleitoral 284

16.2.1 Democracia e soberania do povo 284

16.2.2 Democracia e Estado de Direito 285

16.2.3 Representação política 286

16.2.4 Responsabilidade política 287

16.2.5 Separação dos poderes 288

16.2.6 Princípio da maioria 290

16.3 Legislação 291

16.3.1 Constituição da República 291

16.3.2 Lei Eleitoral do Presidente da República (LERP) 291

16.3.3 Lei Eleitoral da Assembleia da República 292

16.3.4 Lei Eleitoral dos Órgãos das Autarquias Locais 295

16.3.5 Lei Eleitoral da Assembleia Legislativa da Região Autônoma dos Açores (LEALRAA) 297

16.4 Órgãos administrativos das eleições 299

16.4.1 Comissão Nacional das Eleições (CNE) 299

16.4.1.1 Composição 299

16.4.1.2 Competência e atribuições 300

16.4.1.3 Requerimentos 301

16.4.1.4 Impugnações (multas) 302

16.4.2 Outros órgãos da Administração Eleitoral 302

16.4.3 Tribunal Constitucional de Portugal (TC) 304

16.4.3.1 Funções 305

16.4.3.2 Composição 305

16.4.3.3 Atuação nas eleições 307

16.4.3.4 Recursos 308

16.5 Conclusão 309

Referências 312

CAPÍTULO 17

A IMPROBIDADE ADMINISTRATIVA E A AFERIÇÃO DAS CONDIÇÕES DE
ELEGIBILIDADE – A AUTONOMIA DA RESPONSABILIDADE POR ATOS DE
IMPROBIDADE

ALEXANDRE BASTOS 315

17.1   Considerações iniciais 315

17.2   Garantias sobre os direitos políticos e suas hipóteses de suspensão e perda 317

17.3   Da autonomia da responsabilidade por ato de improbidade administrativa 319

17.4   Da valoração da figura dolosa na LIA 324

17.5   Do ato doloso de improbidade administrativa – Causa de inelegibilidade 326

17.6   Da diferença entre a penalidade da LIA de "perda dos direitos políticos"
e a inelegibilidade por "ato administrativo doloso" da Lei da Ficha Limpa 326

17.7   Conclusão 329

Referências 330

CAPÍTULO 18

A CONTROVÉRSIA NÃO EQUACIONADA: A ANÁLISE JURÍDICO-
CONSTITUCIONAL DO MODELO NORMATIVO DE SUCESSÃO NA CHEFIA DO
EXECUTIVO BRASILEIRO (CE, ART. 224, §§3º E 4º)

CARLOS EDUARDO FRAZÃO 331

18.1   Considerações iniciais 331

18.2   A inconstitucionalidade *parcial* com redução do art. 224, §3º, do Código Eleitoral:
as consequências incompatíveis com a Constituição da exigência de trânsito em
julgado para a realização de novas eleições 332

18.3   O reduzido âmbito de aplicabilidade do *caput* do art. 224 do Código Eleitoral 337

18.4   A inconstitucionalidade do §4º do art. 224 do Código Eleitoral: a vedação ao
legislador de disciplinar as formas de vacância de chefes do Poder Executivo 341

18.5   Conclusões 344

Referências 345

CAPÍTULO 19

MULTICULTURALISMO E DIREITO ELEITORAL: O CASO DO CACIQUE
DE ALDEIA INDÍGENA E APLICAÇÃO DO DIREITO À DIFERENÇA E AO
RECONHECIMENTO

LUIZ FUX 347

19.1   Considerações preliminares 347

19.2   Delimitando a *quaestio iuris*: o cacique da aldeia indígena como autoridade para
fins de incidência do arts. 19 e 20 da LC nº 64/90 348

19.3   A premissa teórica indispensável: o respeito à diferença e ao reconhecimento
como imperativo do multiculturalismo – Necessidade de proteção à identidade
cultural, tradições e costumes das comunidades não hegemônicas 349

19.4   O respeito à diferença e a impossibilidade de se imputar, *in concreto*, a prática
de abuso de poder de autoridade ao cacique ora recorrido 353

19.5   Considerações finais 356

Referências 356

CAPÍTULO 20

FILIAÇÃO PARTIDÁRIA OU CANDIDATURA AVULSA/INDEPENDENTE? UMA ABORDAGEM BRASIL E ESTADOS UNIDOS

KARINA DE PAULA KUFA, MARISA AMARO DOS REIS...359

20.1   Introdução...359

20.2   Breve panorama da candidatura avulsa no mundo...360

20.3   O sistema brasileiro..362

20.3.1 Sobre as propostas de alteração constitucional...363

20.3.1.1 Propostas de emenda à Constituição nº 21/2006 e nº 350/2017.....................363

20.3.1.2 Supremo Tribunal Federal: recurso extraordinário.......................................367

20.4   Sistema norte-americano..369

20.5   Argumentos favoráveis e contrários às candidaturas avulsas.......................371

20.6   Possíveis impactos de eventual alteração normativa no Brasil.....................374

20.7   Conclusão...377

         Referências...378

SOBRE OS AUTORES..381

CAPÍTULO 1

OS PRINCÍPIOS CONSTITUCIONAIS GERAIS DO DIREITO ELEITORAL PORTUGUÊS

JORGE MIRANDA

Portugal é desde 1976 uma democracia representativa e pluralista de tipo ocidental, que nada tem que ver com as pretensas democracias ateniense, jacobina, cesarista, marxistaleninista, corporativa ou islâmica.

Ora, em democracia representativa – a qual implica Estado de Direito – o modo por excelência de o povo exercer o poder é a eleição. Assim, proclamando o princípio democrático nos arts. 1º, 2º, 3º e 108º, a Constituição diz no art. 10º, nº 1: "O povo exerce o poder político através do sufrágio universal, igual, directo, secreto e periódico". E tal fica inscrito entre os limites materiais ou cláusulas pétreas no art. 288º, alínea h).

Em coerência, no título de *princípios gerais de organização do poder político*, vem o art. 113º estabelecer os *princípios gerais de direito eleitoral*.

Num livro com este, de direito eleitoral comparado, permita-se-nos proceder à análise do referido art. 113º:

Artigo 113º
(Princípios gerais de direito eleitoral)
1. O sufrágio directo, secreto e periódico constitui a regra geral de designação dos titulares dos órgãos electivos da soberania, das regiões autónomas e do poder local.
2. O recenseamento eleitoral é oficioso, obrigatório, permanente e único para todas as eleições por sufrágio directo e universal, sem prejuízo do disposto nos nºs 4 e 5 do artigo 15º e no nº 2 do artigo 121º
3. As campanhas eleitorais regem-se pelos seguintes princípios:
a) Liberdade de propaganda;
b) Igualdade de oportunidades e de tratamento das diversas candidaturas;
c) Imparcialidade das entidades públicas perante as candidaturas;

d) Transparência e fiscalização das contas eleitorais.

4. Os cidadãos têm o dever de colaborar com a administração eleitoral, nas formas previstas na lei.

5. A conversão dos votos em mandatos far-se-á de harmonia com o princípio da representação proporcional.

6. No ato de dissolução de órgãos colegiais baseados no sufrágio directo tem de ser marcada a data das novas eleições, que se realizarão nos sessenta dias seguintes e pela lei eleitoral vigente ao tempo da dissolução, sob pena de inexistência jurídica daquele ato.

7. O julgamento da regularidade e da validade dos actos de processo eleitoral compete aos tribunais.

I – O direito eleitoral, que havia adquirido um tratamento bastante minucioso nas Constituições do século XIX, quase tinha deixado de constar das Constituições de 1911 e de 1933. Mas a Constituição atual não se limita a contemplar, de novo, aspetos versados naquelas Leis Fundamentais; vai muito além, explicitando princípios gerais antes de regular as eleições dos titulares dos órgãos representativos do Estado, das regiões autónomas e das autarquias locais.

Não é apenas por razões de ordem técnicojurídica que isso se verifica. É, principalmente, por razões de ordem política, ligadas a uma mais perfeita afirmação da democracia e à reação contra as desvalorizações de vontade política do povo expressa no sufrágio que se haviam registrado durante o "Estado Novo" e em vicissitudes bem conhecidas do processo político posterior a 25.4.1974 e a 25.4.1975.

Na democracia moderna, o povo exerce o poder, sobretudo, através de eleição e esta não é ato ou complexo de atos exterior ao Estado, mas sim verdadeiro e próprio ato jurídicopúblico. Nem se compreenderia que fossem atos jurídicopúblicos os praticados por governantes eleitos e não os atos conducentes à sua própria designação. Ou que ficassem arredadas da Constituição – formal e material – as grandes opções respeitantes aos procedimentos eleitorais.

II – O nº 1, enfatizando a legitimidade dos órgãos eletivos perante o Conselho da Revolução, fazia sentido no texto inicial da Constituição. Não faz sentido após a revisão de 1982, que introduziu o art. 10º.

Como aí se estabelece que o povo exerce o poder através do sufrágio universal, igual, direto, secreto e periódico, todos os titulares de órgãos políticos (cf. arts. 187º, nº 1, 231º, nº 3 e 239º), e não apenas dos órgãos eletivos, têm de retirar a sua legitimidade, direta ou indiretamente, do exercício do sufrágio. E o mesmo vale *mutatis mutandis* para os titulares de órgãos nomeados pelo presidente da República [art. 133º, alíneas l), n) e p)] e eleitos pela Assembleia da República [art. 163º, alíneas g) e h)].

III – O art. 113º não esgota todo o alcance dos princípios gerais de direito eleitoral. Para o obter importa conjugálo com outros preceitos que também versam sobre matérias eleitorais. Assim:

a) princípio da liberdade – a liberdade aqui referese não só aos eleitores, mas também a todos os sujeitos de candidaturas [art. 113º, nº 3, alínea a)];

b) princípio da igualdade – a igualdade deve ser tomada no mesmo sentido [art. 113º, nº 3, alínea b)];

c) princípio da imparcialidade de entidades públicas [art. 113º, nº 3, alínea c)] – é manifestação do princípio geral da imparcialidade (art. 266º, nº 2);

d) princípio da participação na administração eleitoral (art. 113º, nº 4) – a administração eleitoral assenta nos eleitores – como corolário, por seu turno, do princípio da democracia participativa (art. 2º);

e) princípio da relevância específica dos partidos políticos (arts. 114º, 151º e 239º, nº 4) – porque o Estado representativo atual pressupõe partidos;

f) princípio da proporcionalidade – não se trata só do princípio da representação proporcional, mas também da proporcionalidade na relação entre o número de eleitores e o de representantes por círculos eleitorais (arts. 113º, nº 5 e 149º, nº 2), assim como da razoabilidade na formação dos círculos eleitorais de modo a evitarem-se distorções territoriais;

g) princípio da estabilidade da lei eleitoral – em caso de dissolução de órgãos colegiais as novas eleições realizarseão pela lei eleitoral vigente ao tempo da dissolução, sob pena de inexistência jurídica daquele ato (art. 113º, nº 6); e, por identidade de razão, desde a convocação de eleições [art. 133º, alínea b)], tão pouco pode ser alterada a lei eleitoral;

h) princípio da jurisdicionalidade – o contencioso eleitoral cabe aos tribunais [arts. 113º, nº 7 e 223º, nº 2, alíneas c), g) e h)].

IV – O recenseamento não constitui o eleitor na capacidade eleitoral. Declara-a, certificaa; e declarando-a, fá-la atendível – só vota quem esteja inscrito. E, como só tem capacidade eleitoral passiva, só pode ser eleito quem seja eleitor, por maioria de razão, só pode ser eleito quem esteja inscrito no recenseamento.

Mas o recenseamento não é só condição *necessária* do exercício da capacidade eleitoral ativa e passiva, é também condição *suficiente* do exercício da capacidade eleitoral ativa: ele implica a presunção de capacidade (cf. art. 2º, nº 2 da Lei nº 13/99, de 22 de março). E pode sê-lo igualmente de capacidade eleitoral passiva, quando a lei não imponha a inscrição na circunscrição ou no círculo de candidatura.

O recenseamento desempenha, pois, uma dupla função, de segurança jurídica e de transparência política:

a) de segurança jurídica em geral e de proteção da confiança, porquanto cada eleitor inscrito tem a garantia de votar – e, na medida em que o recenseamento seja permanente, de votar em quaisquer eleições;

b) de transparência política, porque a autenticidade do recenseamento – quer dizer, a correspondência entre eleitores e eleitores inscritos – é condição básica de formação correta da vontade popular e de autenticidade do sistema democrático.

V – Dessa dupla decorrem funções específicas, umas subjetivas – respeitantes aos eleitores – e outras institucionais – respeitantes à estruturação dos procedimentos eleitorais.

As funções subjetivas consistem em:

a) garantia do direito de sufrágio, assegurando-se o voto de quem é seu titular, de quem é eleitor;

b) garantia da seriedade do direito de sufrágio, assegurandose que cada eleitor só vota uma vez e impedindo-se o voto de quem não é eleitor.

As funções institucionais consistem, fundamentalmente, em:

a) racionalização, evitando-se que seja apenas no momento da votação que se verifique a capacidade eleitoral (com todas as demoras e complicações que acarretaria);

b) determinação da composição do colégio ou dos colégios eleitorais;

c) distribuição dos eleitores por diferentes estruturas (designadamente geográficas) e procedimentos.

VI – Não admira que o recenseamento seja uma das componentes mais elucidativas da história do direito eleitoral português, refletindo de modo direto as características e as vicissitudes dos sucessivos regimes políticos e das formas de organização administrativa.

A Constituição de 1822 – a única Constituição portuguesa antes da de 1976 que se lhe referia – previa a realização do recenseamento por freguesias (que eram então apenas as freguesias eclesiásticas, pois as freguesias como autarquias locais só surgiriam depois das reformas municipais de Passos Manuel) e cometia-o aos párocos, com verificação pelas câmaras municipais.

A partir de 1840 o recenseamento passaria a ser feito no nível de concelho ou, em Lisboa e Porto, de bairro administrativo, com substituição dos métodos algo artesanais (que se supõe terem prevalecido naquela primeira fase) por métodos mais rigorosos de tipo burocrático. Mas eram sempre funcionários dependentes do Governo (tal, como de resto, as próprias câmaras municipais) que recebiam esse encargo e constituíam as comissões recenseadoras. E assim se manteria o sistema na monarquia constitucional, na 1ª república e no regime autoritário.

Num contexto de sufrágio restrito como o que dominou todas essas épocas, a inscrição ou não no recenseamento era decisiva e como que prenunciava os resultados eleitorais. As eleições ganhavam-se logo no recenseamento – como os espíritos mais lúcidos reconheciam. E foram baldados os esforços para o alargar e tornar credível.

Por isso e por se ir instituir o sufrágio universal, a lei eleitoral para a Assembleia Constituinte (Decreto-Lei nº 621-A/74, de 15 de novembro) promoveu a abertura de um recenseamento completamente novo, com oficiosidade e obrigatoriedade, colaboração dos partidos políticos com as comissões recenseadoras, cartão de eleitor e garantias de regularidade das operações.

VII – O recenseamento pressupõe os procedimentos administrativos concernentes às inscrições (arts. 34º e segs. da Lei nº 13/99, de 22 de março) e às alterações, transferências e eliminações de inscrições (arts. 46º e segs.).

Esses procedimentos assentam – para além dos grandes princípios dos arts. 266º, 267º e 268º da Constituição – em dois princípios complementares e interdependentes, o da oficiosidade e o da obrigatoriedade (art. 113º, nº 2) – oficiosidade quanto às entidades públicas, obrigatoriedade para os cidadãos eleitores.

VIII – A oficiosidade significa que, independentemente da iniciativa dos eleitores, compete às entidades e aos serviços do Estado e das autarquias locais proceder à sua inscrição no recenseamento e manter este permanente e atual (arts. 3º, nº 2, 10º, nº 1, 34º, nº 3, e 50º da Lei nº 13/99).

A obrigatoriedade significa que os cidadãos eleitores têm o dever de promover a sua inscrição, bem como de verificar se estão inscritos, e, em caso de erro ou omissão, requerer a respetiva retificação (art. 3º, nº 1, da Lei nº 13/99). Ela só não se verifica relativamente aos cidadãos eleitores residentes fora do território nacional – tendo em conta o art. 14º da Constituição – e relativamente aos eleitores estrangeiros residentes em Portugal (art. 4º).

Facultatividade é também o que se verifica com os cidadãos que completem 17 anos, os quais têm o direito (não o dever) de promover a sua inscrição a título provisório, passando automaticamente a eleitores *efectivos* ao atingirem os 18 anos (art. 35º da Lei nº 13/99).

A oficiosidade e a obrigatoriedade são cumulativas, não alternativas, visando-se, assim, conseguir a máxima coincidência possível do recenseamento com a concreta composição do colégio eleitoral.

IX – Finalmente, o recenseamento é um registo, materializado nos cadernos de recenseamento (arts. 52º e segs. da Lei nº 13/99) e na base de dados do Ministério da Administração Interna, e que obedece aos princípios da permanência e da unicidade (art. 113º, nº 2, da Constituição).

Permanência significa que a inscrição tem efeitos por tempo indefinido (enquanto o cidadão possuir capacidade eleitoral) e só pode ser cancelada nos casos e nos termos previstos na lei (art. 5º, nº 1, da Lei nº 13/99).

Corolário da própria presunção de capacidade ligada ao recenseamento, justifica-se outrossim não tanto pelas vantagens de comodidade que propicia aos eleitores e à Administração eleitoral (dispensados de repetir tudo de novo em cada ano ou em cada votação) quanto pela normalidade que devem ter as eleições (e os referendos) em democracia. O povo deve estar sempre habilitado a decidir.

Unicidade significa que a mesma inscrição serve para todos os atos eleitorais e referendários (art. 6º da Lei nº 13/99). Por isso, a base, a unidade de recenseamento dentro do território nacional não pode deixar de ser a freguesia, porquanto ele deve servir, desde logo, para a eleição dos titulares dos seus órgãos.

Excetuam-se do princípio da unicidade certas situações decorrentes de regras particulares de capacidade eleitoral (arts. 15º, nºs 3, 4 e 5, 113º, nº 2, *in fine*, 115º, nº 12, e 121º, nº 2, da Constituição):

- cidadãos de países de língua portuguesa com estatuto de igualdade de direitos políticos;
- cidadãos estrangeiros, de acordo com um princípio de reciprocidade, nas eleições locais;
- cidadãos de países da União Europeia nas eleições para o Parlamento Europeu;
- cidadãos residentes no estrangeiro quanto a referendos sobre matérias que também especificamente lhes digam respeito;
- cidadãos residentes no estrangeiro nas eleições para presidente da República.

Nas três primeiras hipóteses, alarga-se o campo do recenseamento e nas duas últimas diminui-se, tudo exigindo adaptações nos cadernos com que depois trabalham as mesas das assembleias de voto.

X – Ao recenseamento ligam-se, pois, quer direitos quer deveres, em estreita correlação como instrumentais do direito e dever cívico de sufrágio (art. 49º).

Direitos:

- o direito de inscrição;
- o direito de requerer a correção de erros ou omissões (art. 3º, nº 1, da Lei nº 13/99);
- o direito de reclamar contra inscrições ou omissões indevidas (art. 60º);
- o direito de recurso contencioso das decisões das comissões recenseadoras para os tribunais de comarca e destes para o Tribunal Constitucional (art. 61º).

Deveres:

– o dever de se inscrever;

– o dever de promover a transferência da inscrição em caso de mudança de residência (arts. 47º e 48º);

– o dever de requerer a correção de erros ou omissões.

Os direitos entram na categoria dos direitos de natureza análoga à dos direitos, liberdades e garantias, com a inerente subordinação ao seu regime (art. 17º da Constituição).

XI – A liberdade eleitoral manifestase na decisão ou iniciativa de candidatura, na propaganda e na votação. É liberdade *de* candidatura, liberdade *das* candidaturas na campanha eleitoral (abrangendo os apoiantes e os cidadãos em geral) e liberdade de sufrágio (liberdade de eleitores frente aos vários candidatos).

Quanto aos candidatos, envolve:

1º) a liberdade de se candidatar, sem dependência de qualquer autorização, designadamente do superior hierárquico;

2º) a liberdade de aceitar ou não a propositura;

3º) a liberdade de desistir da candidatura (cfr. art. 126º, nº 3, que revela princípio geral).

Quanto aos proponentes, a liberdade compreende:

1º) a liberdade de formação e de organização de entidades com direito de propositura – o que se correlaciona com a liberdade de criação de partidos políticos, sobretudo quando a estes seja reservada a propositura;

2º) a liberdade de decisão de candidatura, de propor ou não candidatos – embora a lei possa tomála como ónus quanto aos partidos, por incumbir aos partidos concorrer para a formação da vontade popular (arts. 10º, nº 2, e 51º, nº 1);

3º) a liberdade de escolha dos candidatos a propor;

4º) a liberdade de retirar a candidatura (o que implica, no entanto, um acordo de vontades com os candidatos propostos, simétrico do acordo de propositura de candidaturas).

Quanto aos cidadãos em geral, implica:

1º) a liberdade de apoiar ou não esta ou aquela candidatura, ou de não apoiar nenhuma;

2º) a liberdade de sufrágio em sentido estrito.

Em contrapartida, quanto às candidaturas, não deixam de estar submetidas à responsabilidade civil pelos prejuízos causados pelas atividades que desenvolvam.

XII – Também a igualdade eleitoral abrange tudo quanto tenha que ver com eleições, mesmo antes de iniciados os respetivos procedimentos.

É igualdade:

– na formação dos sujeitos proponentes das candidaturas – partido (art. 51º) e grupo de cidadãos (arts. 124º, nº 1, e 239º, nº 4);

– na obtenção dos elementos necessários à formalização das candidaturas;

– nos direitos das candidaturas e dos candidatos;

– no regime de financiamento das campanhas;

– na fiscalização das operações de votação e apuramento;

– nos meios contenciosos.

XIII – Com o princípio da igualdade assim encarado não se confunde o princípio da imparcialidade das entidades públicas; e este não vale apenas durante as campanhas eleitorais, vale desde a data da marcação das eleições.

Nas relações entre as entidades públicas e os destinatários dos seus atos, o princípio da imparcialidade impõe que aquelas não se comprometam com as pretensões destes e que não as apreciem a não ser a partir de elementos objetivos de carácter geral. Significa, pois, abstenção ou independência diante dos interesses em presença e desinteresse dos titulares dos órgãos ou agentes. Porque prossegue o interesse público, o Estado não apoia, não favorece, não auxilia nenhum interesse em presença (nem tem de se lhe opor), por razões diversas do bem comum.

Assim, os órgãos do Estado, das regiões autónomas e das autarquias locais, das demais pessoas coletivas de direito público, das sociedades de capitais públicos ou de economia mista e das sociedades concessionárias de serviços públicos, bem como, nessa qualidade, os respetivos titulares, não podem intervir, direta ou indiretamente, em campanha eleitoral, nem praticar quaisquer atos que favoreçam ou prejudiquem uma posição em detrimento ou vantagem de outra ou outras (cfr. art. 3º, nº 1, da Lei nº 26/99, de 3 de maio). Tampouco as residências oficiais e os veículos oficiais (automóveis, aviões) podem ser utilizados para quaisquer atividades relacionadas com eleições.

Os funcionários e agentes observam, no exercício das suas funções, rigorosa neutralidade perante as diversas posições, bem como perante os diversos partidos e grupos de cidadãos eleitores (cfr. art. 3º, nº 2 da mesma lei). É vedada a exibição de símbolos, siglas, autocolantes ou outros elementos de propaganda por titulares de órgãos, funcionários e agentes durante o exercício das suas funções (art. 3º, nº 3).

A imparcialidade das entidades públicas é, especialmente, uma garantia de igualdade entre candidaturas identificadas ou apoiadas pelos titulares dos órgãos em funções e as candidaturas de oposição.

XIV – Particularíssimo melindre assume a aplicação do princípio aos titulares de cargos políticos que se recandidatem a novos mandatos, ou que se proponham como candidatos a outros cargos ou que se identifiquem com estes ou aqueloutros candidatos.

Parafraseando o que se prescreve no art. 275º, nº 4, 2ª parte, acerca dos elementos das Forças Armadas, esses titulares não podem aproveitarse do seu cargo ou da sua função para participar de qualquer forma, mesmo subliminarmente, em quaisquer atos, antes ou depois da abertura da campanha eleitoral que favoreçam ou desfavoreçam qualquer candidatura.

Mas encontramo-nos aqui já na fronteira da ética republicana.

XV – Essencialmente, para assegurar a igualdade de tratamento dos cidadãos e das candidaturas, quer em atos antecedentes dos procedimentos eleitorais quer durante as campanhas eleitorais, funciona como autoridade administrativa independente, a Comissão Nacional de Eleições, também vinda de 1974 (e hoje objeto da Lei nº 7/78, de 27 de dezembro, com as alterações da Lei nº 4/2000, de 12 de abril).

XVI – Há dois outros princípios fundamentais de direito eleitoral que decorrem da lógica de democracia representativa, implícitos noutros artigos (124º, 151º e 239º, nº 4) e explícitos na legislação ordinária. São os princípios da unicidade das candidaturas ou da correspondência entre candidaturas e candidatos e da seriedade das candidaturas.

O primeiro deste princípio desdobra-se em:

1º) ninguém poder propor mais do que uma candidatura ou, havendo pluralidade de círculos ou colégios eleitorais, mais do que uma candidatura por círculo ou colégio eleitoral;

2º) havendo coligações de proponentes, de carácter unitário, nenhum proponente poder apresentar candidatos próprios;

3º) Ninguém pode ser proponente de uma candidatura e figurar como candidato em candidatura diversa;

4º) ninguém poder ser candidato por mais de um círculo ou colégio eleitoral, exceptuando o círculo nacional quando exista (art. 151º, nº 2, 1ª parte, da Constituição);

5º) ninguém poder figurar em mais de uma candidatura (art. 151º, nº 2, 2ª parte);

6º) havendo dois órgãos do mesmo nível territorial – como a assembleia e a câmara municipal – ninguém poder ser candidato aos dois órgãos simultaneamente.

A sanção para a violação dos 3º, 4º e 5º subprincípios deve ser a inelegibilidade.

O princípio da seriedade das candidaturas (afloramento de uma ideia geral de boa-fé) traduz-se em:

1º) necessidade de formalização, com identificação dos candidatos e declaração de candidatura;

2º) inconfundibilidade de denominações, siglas e símbolos;

3º) imutabilidade das candidaturas, com limitação da substituição dos candidatos aos casos expressamente previstos na lei.

XVII – Uma vez admitida a candidatura, os candidatos beneficiam-se de direitos e de imunidades e podem ser sujeitos a incompatibilidades e impedimentos. Trata-se, por um lado, de propiciar a sua participação nas sucessivas fases do procedimento eleitoral nas melhores condições possíveis e com plena garantia de segurança pessoal; e, por outra parte, de preservar a igualdade entre as candidaturas e a própria liberdade dos eleitores.

Desse modo, os direitos dos candidatos acrescem aos poderes das candidaturas, sem com estes se confundirem, visto que:

a) os poderes das candidaturas são poderes funcionais, conferidos em bloco às candidaturas como sujeitos complexos de proponentes e candidatos; os direitos e imunidades dos candidatos são direitos que a estes, como cidadãos, são atribuídos como garantia do seu direito fundamental de acesso a cargos eletivos;

b) os poderes das candidaturas são poderes procedimentais; os direitos e imunidades dos candidatos têm natureza substantiva e têm como contrapartes entidades exteriores aos procedimentos.

Designadamente nenhum candidato pode ser sujeito à prisão preventiva, a não ser em caso de flagrante delito, por crime doloso a que corresponda pena de prisão cujo limite máximo seja superior a três anos. E, movido procedimento criminal contra algum candidato e indiciado este definitivamente por despacho de pronúncia ou equivalente, o processo só pode prosseguir após a proclamação dos resultados das eleições (art. 10º da Lei nº 14/79, art. 10º do Decreto-Lei nº 267/80, art. 9º da Lei Orgânica nº 1/2001, art. 10º da Lei Orgânica nº 1/2006).

É duvidoso se esta imunidade abrange factos anteriores à apresentação de candidatura. Afigura-se que não os deve abranger, porque ela destina-se a garantir a liberdade dos candidatos e não a de eventuais pré-candidatos (prestando-se a candidatura a uma forma de os eximir ao estatuto comum dos cidadãos).

XVIII – Problema diferente consiste em saber se o candidato tem direito à candidatura em face do partido ou do grupo de cidadãos proponente, se este pode afastá-la ou se, ao invés, o ato de propositura se torna irrevogável.

Independentemente da qualificação ou não como direito, como as nossas leis tipificam os casos de substituição de candidatos e não preveem a revogação da propositura, parece que o candidato só deixará de o ser, se quiser. Resta, porém, a vertente política da situação.

XIX – Pode o titular de um órgão eletivo candidatar-se a outro órgão eletivo?

Salvas as inelegibilidades cominadas na lei, o direito português não o impede e nem sequer, em geral, comina suspensão de funções até realização das eleições. Está ainda aqui um corolário do direito geral de acesso a cargos públicos.

Naturalmente, porém, sendo o candidato eleito, razoável é que cesse o exercício do cargo anterior, prevalecendo a sua vontade de se candidatar ao novo cargo; o respeito pelos eleitores impõe-no. Trata-se de uma incompatibilidade absoluta (que determina perda de mandato anterior), e não meramente incompatibilidade relativa (que poderia determinar apenas suspensão do exercício de uma das duas funções).

XX – Em rigor, a campanha eleitoral não corresponde a um procedimento eleitoral, ainda que se situe temporalmente entre procedimentos eleitorais e seja condição para a plenitude da escolha a fazer por meio do voto. É, antes, um conjunto de operações políticas e materiais a cargo das candidaturas, tendo por destinatários – e também como sujeitos ativos – os cidadãos eleitores, embora nela se insiram múltiplos atos jurídicos de diversos órgãos.

Momento por excelência da competitividade democrática, nem por isso se subtrai a normas constitucionais e legais e, desde logo, a dois princípios implícitos:

- o da sua duração razoável, nem demasiado curta, nem demasiado longa, de modo a produzir efeito útil;
- o da coincidência entre o âmbito espacial de competência do órgão eletivo e o da campanha (ainda que no plano político, eleições em nível nacional possam ter implicações regionais e locais e eleições me nível regional e local implicações nacionais).

XXI – O regime da propaganda não acrescenta novas liberdades às que são usufruídas fora dos "períodos eleitorais" (art. 40º, nº 3). Visa apenas criar condições para uma efetiva liberdade igual para todos.

Liberdade da propaganda [alínea a) do nº 3] significa então o seguinte:

- é não só a liberdade dos cidadãos eleitores mas também a liberdade das candidaturas; assume uma dimensão coletiva e institucional;
- não é, simplesmente, uma súmula das liberdades declaradas na parte I da Constituição (liberdade de expressão, liberdade de reunião, etc.); revestese de um alcance global e finalístico;
- para lá da dimensão negativa (direito à não interferência no desenvolvimento da campanha levada a cabo por qualquer candidatura), adquire uma dimensão positiva (envolve o direito a prestações positivas com vista à realização dos atos de campanha e à igualdade das candidaturas);

– vincula tanto as entidades públicas como as privadas (art. 18º, nº 1, da Constituição).

Manifestações desta complexidade vêm a ser:

– na Constituição (art. 40º, nº 3), tempos de antena regulares e equitativos de todos os concorrentes;

– e nas leis eleitorais, tratamento jornalístico não discriminatório nas publicações noticiosas diárias ou não diárias de certa periodicidade inferior a quinze dias que pretendam inserir matéria respeitante à campanha eleitoral, acesso por igual a salas de espetáculos ou a outros recintos que reúnam condições para serem utilizados na campanha eleitoral, cedência, por igual, de edifícios públicos, espaços especiais, em locais certos, para propaganda eleitoral, proibição de publicidade comercial.

XXII – Embora a alínea d) do nº 3 não contenha um regime de financiamento, dos princípios de transparência e de fiscalização que dela constam depreendemse algumas diretrizes para o legislador ordinário:

– contabilização e publicidade de todas as receitas e despesas;

– limites dos donativos de entidades privadas;

– limites das despesas, com contabilização e junção de documentos comprovativos;

– apresentação de orçamentos e de conta da campanha;

– limites das despesas em razão da duração e do âmbito das campanhas;

– fiscalização das contas eleitorais por entidade independente, seja um tribunal, seja uma autoridade administrativa (art. 267º, nº 3);

– criminalização das infrações mais graves.

XXIII – A Administração eleitoral (nº 4) caracteriza-se pelo seguinte:

a) destina-se à satisfação de uma necessidade coletiva específica, imaterial – a formação e a expressão da vontade popular, a constituição dos órgãos representativos;

b) está ligada a um princípio de cidadania; na base, assenta na própria participação dos cidadãos;

c) envolve, por isso, tanto um direito de participação quanto um dever fundamental de colaboração por parte dos cidadãos (art. 113º, nº 4);

d) é uma Administração de origem e fundamento constitucional;

e) é uma Administração heterogénea – com órgãos constituídos em razão dos diferentes procedimentos; órgãos constituídos *ad hoc* (como as assembleias de voto e as assembleias de apuramento) e órgãos de funcionamento permanente (como as comissões recenseadoras e a Comissão Nacional de Eleições); órgãos judiciários com certas competências de natureza administrativa e órgãos administrativos; e que compreende também um serviço administrativo de carácter técnico;

f) é uma Administração independente do Governo, não sujeita, enquanto tal, nem a poderes de direção, nem de superintendência, nem de tutela (não faria sentido que um órgão derivado do sufrágio exercesse poderes sobre os órgãos encarregados de o promover), embora, naturalmente, sujeita aos princípios fundamentais da Administração Pública em geral (arts. 266º e segs. da Constituição).

XXIV – O nº 5 constitucionaliza a escolha do princípio da representação proporcional assumida aquando da eleição da Assembleia Constituinte, entendido como garante do pluralismo de expressão e de organização política democrática e tão importante garantia que é elevada a limite material de revisão constitucional [art. 288º, alínea h), *in fine*].

Reiterado a propósito das eleições dos deputados à Assembleia da República (art. 149º) e às Assembleias Legislativas regionais (art. 231º, nº 2) e dos membros das assembleias das autarquias locais (art. 239º, nº 2), todavia só quanto às primeiras se define o método ou sistema proporcional a adotar, o método de Hondt. Quanto às restantes, o legislador pode adotar por qualquer outro. Também só em relação às primeiras se vedam limites à conversão dos votos em mandatos por exigência de uma percentagem de votos mínima (art. 152º, nº 1); mas, pela lógica do princípio, qualquer tipo de cláusulabarreira também se afigura não consentida nas demais eleições.

Não menos importante é a adequação dos círculos eleitorais, quando existam, à proporcionalidade, insista-se. Como a observação empírica tem demonstrado, frustramna, por completo, círculos com dois ou poucos mais titulares a eleger. Tem de haver, sim, um número significativo de mandatos a preencher para que a representação proporcional possa funcionar, embora tal tenha de se articular (mormente nas regiões autónomas) com as realidades geográficas.

XXV – O nº 6 contém três regras substantivas e uma adjetiva:
– no ato de dissolução de órgãos colegiais baseada no sufrágio direto (são todas as assembleias acabadas de referir) é marcada a data das novas eleições;
– estas eleições realizamse nos sessenta dias seguintes;
– e realizamse pela lei eleitoral vigente ao tempo da dissolução;
– em caso de inobservância, o ato de dissolução é juridicamente inexistente.

Só a terceira das regras substantivas – concretizadora de um princípio de estabilidade que, em alguns países vai muito mais longe – se enquadra no âmbito do art. 113º. As duas outras melhor ficariam no art. 116º, completadas, no caso da Assembleia da República, pelas que constam do art. 172º No entanto, têm todas de comum um intuito de prevenção do arbítrio e de defesa da lealdade política e da segurança jurídica.

Assim, as duas primeiras visam evitar que se crie um desequilíbrio institucional ou um vazio político, com concentração de poder nos órgãos executivos pela ausência das correspondentes assembleias, em virtude de qualquer incerteza quanto à data das novas eleições ou de um eventual excessivo adiamento (como sucedia na Constituição de 1933, cujo art. 87º, parágrafo único, admitia a prorrogação das eleições da Assembleia Nacional até seis meses).

Quanto à realização das eleições de acordo com a lei vigente (e não simplesmente apenas aprovada) ao tempo da dissolução, tratase de impedir que, nas circunstâncias extraordinárias por ela provocada, uma qualquer engenharia legislativa leve à feitura de uma nova lei mais favorável a quem tenha decidido a dissolução. Se bem que isso só fosse possível no tocante à Assembleia da República, por decretolei violador de reserva absoluta de competência [art. 164º, alínea a)], a experiência histórica explica a sua formulação.

XXVI – A Constituição impede a coincidência da eleição do presidente da República e da eleição dos deputados à Assembleia da República (art. 125º).

Tendo em conta a intervenção dos partidos nas eleições para os órgãos das autarquias locais (art. 239º, nº 4) e para resguardar a eleição presidencial de intervenções partidárias (cfr. art. 124º), impede também, por coerência, a realização concomitante daquelas eleições e das eleições para os órgãos das autarquias locais à escala de todo o país.

Já não parece que contrarie a realização simultânea:

- da eleição do presidente da República e das eleições dos deputados às Assembleias Legislativas das regiões autónomas (como sucedeu em 1976);
- das eleições para a Assembleia da República e das eleições para as Assembleias Legislativas Regionais;
- das eleições para a Assembleia da República e das eleições para os órgãos das autarquias locais (conquanto tal possa ser pouco conveniente para a autonomia do poder local).

XXVII – Pode haver eleições em estado de sítio ou em estado de emergência?

A resposta deve ser negativa. Como se verifica uma quebra de normalidade constitucional, afetando o exercício de direitos, liberdades e garantias (art. 19º), e, por conseguinte, a liberdade de propaganda eleitoral, justifica-se o adiamento, com provável prolongamento do mandato dos titulares dos órgãos cessantes. E é também por isso que não pode haver dissolução do Parlamento em qualquer desses estados (art. 172º, nº 2).

O risco de, assim, se declarar o estado de sítio ou o estado de emergência com o intuito de se obter tal adiamento parece longínquo, em face dos rigorosos pressupostos constitucionais (art. 19º, nº 2), da interferência de vários órgãos no procedimento (art. 138º) e do controlo possível da constitucionalidade da declaração.

Caberá, porém, atender ao âmbito territorial da declaração (art. 19º, nº 2).

Se as eleições forem para a Presidência da República, a Assembleia da República, o Parlamento Europeu ou para todos os órgãos das autarquias locais simultaneamente, bastará haver, numa parte do país, um desses estados para serem adiadas essas eleições, por os seus resultados terem alcance nacional. Se forem eleições regionais ou locais, só serão adiadas as eleições na região autónoma ou na autarquia local em que vigorar o estado de sítio ou estado de emergência.

XXVIII – Com a referência à regularidade e à validade o nº 7 abrange *a contrario* todas as formas possíveis de desrespeito ou violação das normas constitucionais e legais que regem os procedimentos e as campanhas eleitorais com os consequentes valores jurídicos negativos.

Além da inexistência prevista no nº 6, por certo, quando se verifiquem ilegalidades que possam influir no resultado geral das eleições, o ato deve ser julgado nulo (cfr. art. 119º, nº 2 da Lei nº 14/79, de 16 de maio).

XXIX – Falando em tribunais, o preceito não estabelece necessariamente um sistema difuso de controlo; fixa, sim, a sua natureza jurisdicional. Daí não apenas a atribuição ao Tribunal Constitucional do julgamento em última instância [art. 223º, nº 2, alínea c)] mas também a possibilidade de a lei (art. 223º, nº 3) nele concentrar o conhecimento de todos os recursos eleitorais.

Uma coisa é, porém, o contencioso eleitoral (que abrange todos os atos e procedimentos atinentes à realização das eleições); outra coisa, a regulação de operações através da Comissão Nacional de Eleições.

XXX – O contencioso eleitoral tem de dar resposta a uma tríplice demanda – de garantia dos direitos fundamentais de eleger e de ser eleito, de garantia da periodicidade da eleição e da renovação dos titulares dos órgãos nos prazos constitucionais e de legitimação dos resultados eleitorais.

Donde, certas características:

1ª) Dependência do tempo no sentido de, salvo o contencioso do recenseamento, ser um contencioso ocasional ou sazonal, só atuável quando há eleições (ou referendos).

2ª) Dependência do tempo no sentido da máxima celeridade processual por causa da sucessão de atos e procedimentos com datas pré-marcadas ou inadiáveis.

3ª) Donde, existência de um só grau de jurisdição, salvo no caso do contencioso de inscrição no recenseamento eleitoral (art. 61º da Lei nº 13/99, de novo).

4ª) Princípio da preclusão ou da aquisição sucessiva.

Conforme tem reiterado o Tribunal Constitucional, todos os atos dos procedimentos eleitorais são impugnáveis e não é possível passar de uma fase à outra sem que a primeira esteja definitivamente consolidada. Porém, não sendo os atos correspondentes à dada fase objeto de reclamação ou recurso no prazo legal ou, tendo-o sido, não sendo declarada a invalidade ou a irregularidade, já não mais poderão esses atos ser contestados no futuro.

A não ser assim, o processo eleitoral, delimitado por uma calendarização rigorosa, acabaria por ser subvertido mercê de decisões extemporâneas, que, em muitos casos, determinariam a impossibilidade de realização dos atos eleitorais (Acórdão nº 322/85).

Mas este não é um princípio absoluto, pois há vícios de tal maneira graves, insanáveis, que impedem a preclusão (como exemplo, um candidato a presidente da República não ser português ou, na realidade, não ter ainda completado 35 anos).

5ª) Prevalência dos elementos objetivistas sobre os elementos subjetivistas, exceto no contencioso de inscrição no recenseamento e no das candidaturas.

6ª) Contencioso de plena jurisdição, porque, independentemente da anulação ou declaração de nulidade de um ato, o Tribunal Constitucional pode decretar uma providência adequada a cada caso, com vista à plena regularidade e validade dos procedimentos e até substituir-se à entidade recorrida na prática de um ato de processo sempre que tal se torne necessário.

7ª) Não repetição da votação em assembleia de voto (ou em círculo eleitoral), quando a nulidade verificada não afete o resultado da eleição.

XXXI – Em que medida são os princípios gerais de direito eleitoral político constantes da Constituição suscetíveis de valer como princípios gerais de direito eleitoral, válidos para as eleições não políticas que se realizam tanto no domínio do direito administrativo como no do direito civil?

Sem dúvida, um princípio há, no mínimo, de alcance universal: o da eleição por sufrágio secreto. Imperativo ético de liberdade, ele aparece, aliás, na Lei Fundamental não apenas a propósito das eleições dos titulares dos órgãos do poder político [arts. 10º, nº 1, 49º, nº 2, 113º, nº 1, 121º, nº 1, 231º, nº 2, 239º, nº 2, 288º, alínea h)], mas também a propósito de todas as eleições que são objeto de normas constitucionais (arts. 54º, nº 2, 55º, nº 3 e 264º, nº 3, relativos às comissões de trabalhadores, aos órgãos dirigentes de associações sindicais e às comissões de moradores).

Também se poderá reconhecer, sem custo, que as regras contidas no art. 113º, nº 3 não são mais que afloramentos de princípios gerais de toda a ordem jurídica sobre a liberdade e a igualdade em quaisquer campanhas eleitorais. E o mesmo se diga quanto à regra da jurisdicionalidade da apreciação dos atos eleitorais contemplada pelo art. 113º, nº 7.

Noutro plano se situa a adoção da representação proporcional na eleição dos titulares dos órgãos colegiais do tipo de assembleias. Mas talvez não seja ousado considerar que o princípio deve também valer para a designação dos representantes a quaisquer assembleias fora da organização do poder político, por as razões que militam a favor do princípio serem *mutatis mutandis* as mesmas em qualquer assembleia.

Informação bibliográfica deste texto, conforme a NBR 6023:2002 da Associação Brasileira de Normas Técnicas (ABNT):

MIRANDA, Jorge. Os princípios constitucionais gerais do direito eleitoral português. In: COSTA, Daniel Castro Gomes da et al. (Coord.). *Direito Eleitoral comparado*. Belo Horizonte: Fórum, 2018. p. 13-26. ISBN 978-85-450-0550-6.

CAPÍTULO 2

ELEIÇÕES PARA A ASSEMBLEIA DA REPÚBLICA E NOMEAÇÃO DO PRIMEIRO-MINISTRO: MUTAÇÃO CONSTITUCIONAL OU SIMPLES FUNCIONAMENTO DO SISTEMA DE GOVERNO PORTUGUÊS?

MARIANA MELO EGÍDIO

2.1 Introdução

I – Quando recebemos o convite para integrar a presente obra, pareceu-nos que a escolha mais natural seria abordar um dos temas recentes com maior interesse em sede de sistema político português, inclusive para o leitor brasileiro: compreender se a nomeação, pelo presidente da República, do líder de um partido que não foi o mais votado nas eleições parlamentares e a necessidade de celebração de acordos parlamentares pós-eleitorais configuram uma mutação constitucional quanto à formação do Executivo e ao relacionamento entre Assembleia da República e Governo.[1] Esse tema resulta, assim, da análise do recente contexto político português e das reflexões que as eleições de 4.10.2015 suscitaram em torno da caracterização do sistema de governo português[2] e da constitucionalidade de alguns dos actos políticos então praticados.[3] Devido a

---

[1]   O presente texto beneficia-se assim das reflexões que fizémos já em dois estudos anteriores: *O funcionamento do sistema de governo português em XXI pontos (a partir de um "caso prático" de direito constitucional)*, no prelo e Poder constituinte, legitimidade democrática e mutações constitucionais. In: MENDES, Gilmar Ferreira; BLANCO DE MORAIS, Carlos (Org.). *Mutações constitucionais*. São Paulo: Saraiva, 2016. p. 333-361.

[2]   Enquanto "as diferentes modalidades de relacionamento institucional entre os vários órgãos de exercício do poder político" (NOVAIS, Jorge Reis. *Semipresidencialismo*. Coimbra: Almedina, 2007. v. I. p. 20).

[3]   O conceito de "actos políticos" é aqui utilizado no sentido de actos da função política do Estado, Cf. BLANCO DE MORAIS, Carlos. *Curso de direito constitucional*. 3. ed. Coimbra: Coimbra Editora, 2012. t. I. p. 44, enquanto

uma aparente quebra com aquela que fora a prática seguida até então a propósito da nomeação do líder do Governo, cumpre questionar se ocorreu uma verdadeira mutação constitucional ou se, pelo contrário, se tratou apenas do mero funcionamento do sistema de governo português – que, como é sabido, pode apresentar diferentes metamorfoses e, consoante o período temporal analisado, o peso dos partidos políticos e sua representatividade parlamentar, a relação do Parlamento com o Governo e a natureza do Presidente da República em funções, poderá assumir também diferentes pendores.

2.2 O sistema eleitoral para a Assembleia da República e a nomeação do Executivo no quadro do sistema de governo português

II – É sabido – mas certamente beneficiará o leitor brasileiro recuperar esta ideia – que um dos problemas debatidos na Assembleia Constituinte de 1975-1976 foi, precisamente, o da *escolha* do sistema de governo a ser adoptado na Constituição da República Portuguesa de 1976: nem o presidencialismo que se vivera no período do Estado Novo, nem o parlamentarismo da I República. Num caso pelos riscos de degenerescência quanto ao *polo* do chefe de Estado, no outro quanto ao *polo* parlamentar (envolvendo os partidos e a instabilidade governativa daí adveniente), a escolha do relacionamento entre os órgãos titulares do poder político teve ainda de atender ao próprio contexto político e compromissório na génese da Constituição de 1976.[4]

Entendida a opção pelo semipresidencialismo de tipo francês como pacífica na Assembleia Constituinte, muito mais duvidosa se tornaria a caracterização do sistema de governo português como sendo, efectivamente, semipresidencialista.[5] Entre adesões e contestações da classificação –[6] entendendo alguns autores até que aquela seria uma classificação incorrecta, sem autonomia –[7] é possível ainda encontrar actualmente na doutrina nacional diferentes classificações do sistema de governo português: *sistema misto parlamentar-presidencial*,[8] *presidencialismo de primeiro-ministro na Constituição não oficial e*

---

actos portadores de eficácia jurídica e aprovados pelos órgãos constitucionalmente competentes para o exercício da função política, assumindo conteúdo individual concreto e o sentido obrigatório ou imperativo que deles dimana, projectando-se, exclusivamente, na esfera jurídica dos órgãos de poder político. Entre os diferentes actos políticos saliente-se, com mais relevo para o presente texto, o acto de nomeação do primeiro-ministro e dos restantes membros do Governo (actos de *direcção* política) e o acto de rejeição do programa do Governo (acto de controlo político). Cf., para esta última distinção, BLANCO DE MORAIS, Carlos. *Curso de direito constitucional.* 3. ed. Coimbra: Coimbra Editora, 2012. t. I. p. 41-43.

4   MIRANDA, Jorge. *Manual de direito constitucional* – Preliminares. O Estado e os sistemas constitucionais. 9. ed. Coimbra: Coimbra Editora, 2011. t. I. p. 371, "O sistema de governo de 1976 foi moldado com a preocupação maior de evitar os vícios inversos do parlamentarismo de assembleia da Constituição de 1911 e da concentração de poder da Constituição de 1933, e tendo como pano de fundo a situação institucional pós-revolucionária". Cf. BLANCO DE MORAIS, Carlos. *Curso de direito constitucional* – Teoria da Constituição em tempo de crise do Estado Social. Coimbra: Coimbra Editora, 2014. v. II. t. II. p. 186 e ainda OTERO, Paulo. *Direito constitucional português* – Organização do poder político. Coimbra: Almedina, 2010. v. II. p. 228.

5   Para uma análise das diferentes matrizes do semipresidencialismo e o enquadramento do sistema de governo português neste âmbito, Cf. NOVAIS, Jorge Reis. *Semipresidencialismo.* Coimbra: Almedina, 2007. v. I, nomeadamente p. 233 e seguintes.

6   Para uma síntese das diferentes posições, Cf. ALEXANDRINO, José Melo. *Lições de direito constitucional.* Lisboa: AAFDL, 2015. v. II. p. 191-201.

7   Cf., para uma síntese de argumentos, NOVAIS, Jorge Reis. *Semipresidencialismo.* Coimbra: Almedina, 2007. v. I. p. 112-131.

8   Cf. CANOTILHO, J. J. Gomes. *Direito constitucional e teoria da Constituição.* 7. ed. Coimbra: Almedina, 2003. p. 591-592. Os traços que o autor elenca para caracterizar o sistema de governo são os seguintes: i) dois órgãos

parlamentar racionalizado na Constituição oficial,[9] *sistema de base parlamentar, a inserir nos sistemas mistos, no qual quem governa é sempre o Governo.*[10]

Propendemos para a classificação do sistema de governo português como *semipresidencialista*, assente nos quatro traços já apresentados e condensados por Blanco de Morais (alguns dos quais, contudo, são específicos do caso português): i) ocorre uma *diarquia institucional* entre presidente da República e primeiro-ministro, não chefiando o presidente o Executivo; ii) o presidente da República é *eleito por sufrágio universal*, o que reforça a sua legitimidade política; iii) ocorre uma *dupla responsabilidade* do Governo, perante o presidente (responsabilidade institucional) e a Assembleia da República (responsabilidade política);[11] iv) permite-se a *livre dissolução* da Assembleia pelo presidente, o que consubstancia uma importante faculdade moderadora daquele.[12]

O sistema semipresidencialista é, assim, um sistema dotado de uma geometria variável[13] e passível de várias metamorfoses, mais do as que se verificam nos sistemas de governo clássicos.[14]

(presidente da República e Parlamento) eleitos por sufrágio directo; ii) dupla responsabilidade do governo (gabinete) perante o presidente da República e perante o Parlamento; iii) dissolução do Parlamento por decisão e iniciativa autónomas do presidente da República (diferentemente do que existe quer no regime presidencial quer no regime parlamentar); iv) configuração do gabinete como órgão constitucional autónomo (diversamente do regime presidencial e analogamente ao regime parlamentar); v) presidente da República com poderes de direcção política próprios (à semelhança do regime presidencial, mas diversamente do regime parlamentar).

[9] Mais recentemente: "Deste modo, a qualificação tradicional do sistema de governo em torno das expressões 'parlamentarismo racionalizado' ou 'semipresidencialismo' tornaram-se, numa perspectiva que atende à prática do funcionamento do sistema de governo baseado numa maioria parlamentar, desajustadas face à crescente 'soberania do primeiro-ministro', enquanto eixo nuclear do sistema governativo: a identidade do sistema de governo traçado pelas normas escritas da Constituição sofreu, por isso, uma transfiguração" (OTERO, Paulo. *Direito constitucional português* – Identidade constitucional. Coimbra: Almedina, 2010. v. I. p. 225) "Num gesto de verdadeiro desvio de poder do acto de votar, a razão determinante do voto da esmagadora maioria do eleitorado centra-se na escolha de quem se pretende ver como primeiro-ministro; O primeiro-ministro passa a gozar, por esse efeito, de uma legitimidade política reforçada, verdadeiramente conferido pelo eleitorado em termos directos, bem diferente do modelo resultante das normas constitucionais escritas que baseiam essa legitimidade na investidura presidencial e na confiança (ou não desconfiança) parlamentar" (OTERO, Paulo. *Direito constitucional português* – Identidade constitucional. Coimbra: Almedina, 2010. v. I. p. 226).

[10] Cf. ALEXANDRINO, José Melo. *Lições de direito constitucional*. Lisboa: AAFDL, 2015. v. II. p. 202.

[11] Para a distinção entre responsabilidade *política* e *institucional*, cf., entre outros, NOVAIS, Jorge Reis. *Semipresidencialismo*. Coimbra: Almedina, 2007. v. I. p. 145-147 e OTERO, Paulo. *Direito constitucional português* – Organização do poder político. Coimbra: Almedina, 2010. v. II. p. 35.

[12] Cf. BLANCO DE MORAIS, Carlos. Parte III da Constituição da República: semipresidencialismo "on probation". In: BLANCO DE MORAIS, Carlos *et al. A Constituição revista*. Lisboa: Fundação Francisco Manuel dos Santos, 2011. p. 65, actualizando assim o pensamento expresso em As metamorfoses do semipresidencialismo português. *Revista Jurídica da Associação Académica da Faculdade de Direito de Lisboa*, Lisboa, n. 22, p. 141-160, mar. 1998. p. 144, identificando então a diarquia do Poder Executivo como uma característica do sistema de governo português. Também nesse texto o autor identifica três traços complementares do sistema semipresidencialista: i) o veto presidencial de eficácia absoluta sobre diplomas do Governo e de eficácia meramente suspensiva sobre diplomas da Assembleia; ii) a autonomia legislativa do Governo e o controlo político parlamentar; iii) a existência de limites ao poder de referenda ministerial. Em bom rigor, como explica Jorge Reis Novais, a classificação do sistema português como semipresidencialista advém da conjugação do traço *responsabilidade política do Governo perante o Parlamento* com o eixo *eleição directa do chefe de Estado, o que lhe permite exercer poderes significativos atribuídos pela Constituição* (NOVAIS, Jorge Reis. *Semipresidencialismo*. Coimbra: Almedina, 2007. v. I. p. 127; 141 e ss.).

[13] Cf. BLANCO DE MORAIS, Carlos. As metamorfoses do semipresidencialismo português. *Revista Jurídica da Associação Académica da Faculdade de Direito de Lisboa*, Lisboa, n. 22, p. 141-160, mar. 1998. p. 150 e BLANCO DE MORAIS, Carlos. Parte III da Constituição da República: semipresidencialismo "on probation". In: BLANCO DE MORAIS, Carlos *et al. A Constituição revista*. Lisboa: Fundação Francisco Manuel dos Santos, 2011. p. 65.

[14] Cf. NOVAIS, Jorge Reis. *Semipresidencialismo*. Coimbra: Almedina, 2007. v. I. p. 129, "o semipresidencialismo é o sistema mais complexo, porque o leque das suas possibilidades de concretização é o mais amplo, porque há mais factores de ordem conjuntural ou circunstancial susceptíveis de determinar ou influenciar o tipo de

Existindo uma perspectiva *jurídica* e uma perspectiva *política* de análise dos sistemas de governo[15] e tendo em conta, com José de Melo Alexandrino, que a fisionomia do sistema de governo deriva tanto ou mais da forma como a Constituição é efectivamente aplicada (Constituição real) do que das regras da Constituição escrita,[16] importa saber o que a Constituição escrita realmente diz a este propósito e compreender se o procedimento conducente à entrada em funções do actual Governo foi realmente díspar ou se indicia, por outro lado, uma *evolução da componente dominante do semipresidencialismo português*.

III – Recorde-se (ou, porventura para o leitor brasileiro, explique-se pela primeira vez) que, em 4.10.2015, nas eleições para a Assembleia da República, a coligação Portugal à Frente, formada por PSD e CDS-PP, obteve 36,86% dos votos, elegendo 102 deputados. O PS obteve 32,3% dos votos e elegeu 86 deputados, seguindo-se o Bloco de Esquerda (BE), com 10,2% e 19 deputados. A CDU (PCP/PEV) obteve cerca de 8,3% dos votos e elegeu 17 deputados: 15 do PCP e 2 do PEV. O PAN – Pessoas-Animais-Natureza, com 1,4%, elegeu pela primeira vez um deputado[17] (contrariando uma das críticas feitas ao sistema eleitoral nacional – a de que dificulta a chegada de novos partidos ao Parlamento).[18] Nessas eleições registou-se, porém, uma elevada taxa de abstenção (cerca de 43,07%).

Embora obtendo a maioria dos votos, os 107 mandatos obtidos pela coligação Portugal à Frente não permitiram alcançar a maioria absoluta.

Os resultados eleitorais, em si, nada de insólito tiveram: a existência de círculos plurinominais e a adopção do sistema de representação proporcional e do método da média mais alta de Hondt na conversão dos votos em número de mandatos[19] permitem que nenhum partido obtenha maioria absoluta no Parlamento – ainda que o sistema permita, também, que se possa obter essa maioria, como aconteceu aliás em 1991-1995, 2002-2005, 2005-2009 e 2011-2015.

Aquilo que se afigurou relevante foi, na própria noite eleitoral, PCP, PEV e BE anunciarem que iriam rejeitar na Assembleia da República um Governo minoritário PSD/CDS-PP.

---

funcionamento prático, porque é maior a incerteza quanto à probabilidade de evolução de funcionamento num ou noutro sentido".

[15] Cf. NOVAIS, Jorge Reis. *Semipresidencialismo*. Coimbra: Almedina, 2007. v. I. p. 52.

[16] Cf. ALEXANDRINO, José Melo. *Lições de direito constitucional*. Lisboa: AAFDL, 2015. v. II. p. 192.

[17] Cf. COMPOSIÇÃO dos Grupos Parlamentares. Assembleia da República. Disponível em: <http://www. parlamento.pt/DeputadoGP/Paginas/GruposParlamentaresI.aspx> e MAPA Oficial nº 2-B/2015. *Diário da República*, 1ª série, n. 205, 20 out. 2015, bem como <http://www.eleicoes.mai.gov.pt/legislativas2015/> (já não mais disponível *on-line*).

[18] Sintetizando as principais críticas e sintomas da crise democrática, cf. CALDEIRA, Marco. Nos 40 anos da Constituição: maturidade ou decrepitude do sistema político? *E-Pública*, v. 3, n. 3, p. 68-94, dez. 2016, particularmente p. 72-73, acentuando, entre outros, o número elevado de abstenções em todas as eleições, a pouca renovação da classe política, o desvio da representação política, transformada em representação só de partidos e a intromissão dos directórios partidários.

[19] Nos termos do art. 149º da Constituição (círculos eleitorais): "1. Os Deputados são eleitos por círculos eleitorais geograficamente definidos na lei, a qual pode determinar a existência de círculos plurinominais e uninominais, bem como a respectiva natureza e complementaridade, por forma a assegurar o sistema de representação proporcional e o método da média mais alta de Hondt na conversão dos votos em número de mandatos. 2. O número de Deputados por cada círculo plurinominal do território nacional, exceptuando o círculo nacional, quando exista, é proporcional ao número de cidadãos eleitores nele inscritos". A lei eleitoral para a Assembleia da República (Lei nº 14/79, de 16 de maio) concretiza no Capítulo I do Título II (arts. 12º e 13º) a organização dos círculos eleitorais, e no Capítulo II, o regime de eleição da Assembleia, especificando como se faz a conversão de votos em mandatos. Cf., sobre o sistema eleitoral para a Assembleia da República, MIRANDA, Jorge. *Manual de direito constitucional* – Estrutura constitucional da democracia. Coimbra: Coimbra Editora, 2007. t. VII. p. 220-227.

A 7 de outubro, o PSD e o CDS-PP celebraram um "Acordo de Governo e Colaboração Política", propondo ao Presidente da República Cavaco Silva um Executivo de coligação entre os dois partidos, chefiado por Pedro Passos Coelho.

A 12 de outubro, a porta-voz do BE, Catarina Martins, declara que "no que depende do BE fica hoje claro que o Governo de Passos Coelho e Paulo Portas acabou".

O presidente da República começa então, a 20.10.2015, a receber os partidos que elegeram deputados à Assembleia da República. Surgem duas pretensões opostas: o PSD assume a expectativa de formar Governo com o CDS-PP, por terem vencido coligados as legislativas, ainda que sem maioria absoluta; o PS, por sua vez, entende estarem reunidas as condições para formar Governo.

Dois dias depois, o presidente da República comunica ao país que indigitou o presidente do PSD para o cargo de primeiro-ministro, pois "nos 40 anos de democracia portuguesa a responsabilidade de formar Governo foi sempre atribuída a quem ganhou as eleições".

A 30 de outubro toma posse o XX Governo Constitucional.

A 10 de novembro, o secretário-geral do PS anuncia que os acordos políticos com o BE, o PCP e o PEV iriam ser assinados, entregando o PS, no mesmo dia, uma moção de rejeição ao Programa do Governo, seguido de apresentação de moções de rejeição pelo PCP, BE e PEV.

Foram, aliás, assinados pelo PS com cada um desses partidos documentos de "posição política conjunta",[20] embora estes não proíbam a apresentação de moções de censura a um futuro executivo PS.

Nesse mesmo dia, a moção de rejeição apresentada pelo PS ao Programa do XX Governo Constitucional é aprovada com 123 votos a favor (BE, PCP, PEV e PAN) e 107 votos contra (PSD/CDS-PP), o que determina, nos termos constitucionais – cf. art. 195º, nº 1, alínea d) – a demissão do Governo e a manutenção do Governo em gestão.

Após vários dias em que recebe os partidos e várias personalidades em Belém, a 24 de novembro a Presidência da República emite uma nota na qual se lê que "O Presidente da República decidiu, ouvidos os partidos políticos com representação parlamentar, indicar o Dr. António Costa para primeiro-ministro", sendo igualmente referido que a continuação em gestão do XX Governo Constitucional "não corresponderia ao interesse nacional".[21]

IV – 2015 foi, portanto, um ano espantoso para o estudo do direito constitucional português e em particular do seu sistema de governo – com as eleições legislativas de outubro de 2015, deixa de existir uma maioria absoluta da coligação que suporta o governo. Apesar de um início de acordo entre os partidos de esquerda, foi nomeado para primeiro-ministro o líder do PSD. O governo minoritário vê então o seu programa rejeitado na Assembleia. Segue-se a discussão sobre a constitucionalidade de manutenção em funções de um governo de gestão[22] ou a necessidade de o presidente nomear um

---

[20] Cf. POSIÇÃO conjunta do Partido Socialista e do Bloco de Esquerda sobre solução política. *CDN*. Disponível em: <http://cdn.impresa.pt/284/9c2/9700333/BE.pdf>; POSIÇÃO conjunta do PS e do PCP sobre solução política. *CDN*. Disponível em: <http://cdn.impresa.pt/14d/378/9700329/PCP.pdf> e POSIÇÃO conjunta do PS e do PEV sobre solução política. *Os Verdes*. Disponível em: <http://www.osverdes.pt/media/Parlamento/PosicaoConjuntaPS_PEV.pdf>.

[21] A referida nota já não está disponível *on-line*.

[22] Levando a questionar, no quadro dos poderes que poderia exercer, se aí se enquadraria a apresentação da proposta de Lei do Orçamento do Estado. Note-se que a Lei de Enquadramento Orçamental (Lei nº 151/2015, de

novo Executivo. O presidente da República acaba por nomear como primeiro-ministro o líder do segundo partido mais votado.

Ora, essas manifestações de um fenómeno de "democracia somativa", em que movimentos que não aceitariam formar ou apoiar governos agora o fazem,[23] e a sucessão de eventos mencionada permitiram questionar a constitucionalidade das opções tomadas pelo presidente da República e pelo Parlamento, bem como a *legitimidade* do Executivo agora em funções, suscitando opiniões contraditórias mesmo entre especialistas.[24]

V – Como é sabido, a formação do Governo em Portugal comporta um procedimento que se inicia após o apuramento dos resultados das eleições para a Assembleia da República e que implica quatro fases: i) audição dos partidos representados na Assembleia; ii) indigitação de um primeiro-ministro; iii) nomeação e posse do primeiro-ministro; iv) nomeação e posse dos restantes membros do Governo,[25] estes dois últimos só após a primeira reunião da Assembleia.

Como salienta Jorge Miranda, "não havendo partido ou coligação pré-eleitoral maioritária, compete ao Presidente da República interpretar esses resultados de maneira a que, de acordo com os seus critérios, venha a formar-se um Governo estável e coerente".[26]

A opção do presidente da República pela nomeação de um Executivo PSD/CDS-PP apresentava-se, portanto, plenamente conforme à Constituição. Vejamos mais detalhadamente.

VI – O acto de nomeação do primeiro-ministro no sistema português não é, ao contrário do que muitas vezes se julga, um acto vinculado. Contudo, também não é um acto livre. Trata-se de um acto político do presidente, mas de *exercício condicionado*, dependente de uma circunstância de facto – a leitura que aquele faz dos resultados

---

11 de setembro), prevê, no seu art. 36º, nº 1, que o Governo elabora e apresenta à Assembleia da República, até 1 de outubro de cada ano, a proposta de Lei do Orçamento do Estado para o ano económico seguinte. Contudo, o próprio art. 39º (prazo de apresentação e votação da proposta de Lei do Orçamento em situações especiais) prevê, por sua vez, que aquele prazo não se verifica nos casos em que: a) a tomada de posse do novo Governo ocorra entre 15 de julho e 30 de setembro; b) o Governo em funções se encontra demitido em 1 de outubro; c) o termo da legislatura ocorra entre 1 de outubro e 31 de dezembro. Nesses casos, a Proposta de Lei do Orçamento do Estado para o ano económico seguinte, acompanhada dos elementos a que se refere o art. 37º, é apresentada pelo Governo à Assembleia da República e enviada à Comissão Europeia no prazo de 90 dias a contar da tomada de posse do Governo.

23 Cf. BOTELHO, Leonete. A nova modernidade ultrapassa o Estado e a Constituição. *Público*, 25 abr. 2016. Disponível em: <https://www.publico.pt/2016/04/25/politica/noticia/a-nova-modernidade-ultrapassa-o-estado-e-a-constituicao-1729821>.

24 Refere Gomes Canotilho, por exemplo, que dizer que o Governo do PS não seria legítimo seria confundir "legitimidade" com legitimação, já que a legitimação parlamentar é dada pelo Parlamento e pelos partidos que aí têm maioria. Cf. BOTELHO, Leonete. A nova modernidade ultrapassa o Estado e a Constituição. *Público*, 25 abr. 2016. Disponível em: <https://www.publico.pt/2016/04/25/politica/noticia/a-nova-modernidade-ultrapassa-o-estado-e-a-constituicao-1729821>. Sobre o conceito de legitimidade, entre outros, MIRANDA, Jorge. *Manual de direito constitucional*. 6. ed. Coimbra: Coimbra Editora, 2010. t. III. p. 343-352 e OTERO, Paulo. *Direito constitucional português* – Organização do poder político. Coimbra: Almedina, 2010. v. II. p. 77-81, especialmente quanto à legitimidade democrática.

25 Cf. MIRANDA, Jorge. Anotação ao artigo 187º. In: MIRANDA, Jorge; MEDEIROS, Rui (Coord.). *Constituição portuguesa anotada*. Coimbra: Coimbra Editora, 2006. t. II. p. 648.

26 Cf. MIRANDA, Jorge. Anotação ao artigo 187º. In: MIRANDA, Jorge; MEDEIROS, Rui (Coord.). *Constituição portuguesa anotada*. Coimbra: Coimbra Editora, 2006. t. II. p. 649-650, "Havendo partido maioritário, cabe-lhe propor o Primeiro-Ministro indigitado, que será normalmente o seu presidente ou secretário-geral. Havendo coligação maioritária, serão os partidos coligados a fazê-lo, com prevalência, em princípio, para o partido mais votado".

eleitorais,[27] para além de condicionado à audição dos partidos representados na Assembleia da República.

Convém relembrar que a Constituição da República Portuguesa apenas refere, no art. 187º, nº 1, que o primeiro-ministro é nomeado pelo presidente da República "ouvidos os partidos representados na Assembleia da República e tendo em conta os resultados eleitorais". Em lado algum diz que terá de ser nomeado o líder do partido que obteve mais mandatos no Parlamento. É, contudo, esta a prática seguida, por um motivo muito simples: sendo o sistema de governo português semipresidencialista, partilha, com o sistema parlamentar, o traço referente à responsabilidade política do Executivo perante o Parlamento. Por esse motivo, pretende-se que o Governo que seja nomeado pelo presidente seja um Governo estável, que consiga o apoio do Parlamento, motivo pelo qual o presidente nomeia, geralmente, o líder do partido que obteve mais votos (*rectius*, mais mandatos parlamentares), por ser esse, em princípio, o partido que consegue obter mais facilmente o apoio parlamentar.

O art. 187º torna-se, pois, "um dos preceitos fundamentais para a compreensão da estrutura do Governo em Portugal",[28] pois dele resultam, entre outros aspectos, dois traços relevantes e que confirmam a natureza semipresidencialista do sistema – o poder do presidente na escolha do Executivo (o que confirma que não se trata de uma mera figura simbólica ou protocolar) e os limites que a Assembleia pode apresentar a essa escolha (o que comprova que se trata, também, de um órgão com poderes efectivos de controlo sobre o Executivo).

Ora, perante o cenário resultante das eleições legislativas atrás descrito – em que nenhum partido, inclusivamente a coligação PaF, conseguira obter maioria absoluta – e em que inexistiam ainda compromissos sólidos entre os partidos de esquerda que permitissem validar um Executivo liderado pelo Partido Socialista, a escolha do líder do Partido Social-Democrata para formar Governo ia ao encontro da Constituição.

VII – Por outro lado, também nos termos da Constituição – cf. art. 186º, nº 5 – o Governo só entra em plenitude de funções após a apreciação do seu programa na Assembleia[29] (apreciação, mas não aprovação, convém relembrar).

Segundo o art. 192º, nº 1, o programa do Governo é submetido à apreciação da Assembleia da República, através de uma declaração do primeiro-ministro, no prazo máximo de dez dias após a sua nomeação, sendo que nos termos do nº 3, até ao encerramento do debate pode qualquer grupo parlamentar propor a rejeição do programa ou o Governo solicitar a aprovação de um voto de confiança. A rejeição do programa do Governo exige, porém, maioria absoluta dos deputados em efectividade de funções

---

[27] Cf. Paulo Otero, tal acto depende "de um juízo avaliativo ou densificador a realizar pelo Presidente da República (v.g., 'tendo em conta os resultados eleitorais')" (OTERO, Paulo. *Direito constitucional português* – Organização do poder político. Coimbra: Almedina, 2010. v. II. p. 240). Cf. também: "a intervenção do PR nos termos constitucionais na indigitação do PM evidencia a falta de fundamento jurídico para a parlamentarização e primo-ministerialização do regime através da ideia de legitimação eleitoral de "candidatos a Primeiro-Ministro". Naturalmente, esse poder torna-se, sob o ponto de vista político, bastante limitado no caso de haver uma maioria partidária" (CANOTILHO, J. J. Gomes; MOREIRA, Vital M. Anotação ao artigo 187º. In: CANOTILHO, J. J. Gomes; MOREIRA, Vital M. *Constituição da República portuguesa anotada* – Artigos 108º a 296º. Coimbra: Coimbra Editora, 2010. v. II. p. 434).

[28] CANOTILHO, J. J. Gomes; MOREIRA, Vital M. Anotação ao artigo 187º. In: CANOTILHO, J. J. Gomes; MOREIRA, Vital M. *Constituição da República portuguesa anotada* – Artigos 108º a 296º. Coimbra: Coimbra Editora, 2010. v. II. p. 433.

[29] O programa será previamente aprovado pelo Governo em Conselho de Ministros, cf. art. 201º, nº 1, alínea a).

(nº 4). A apreciação do programa do Governo é, assim, o primeiro momento em que se pode dar a efectivação de responsabilidade política por parte do Parlamento,[30] caso seja apresentada uma moção de rejeição, o que permite colocar Portugal no quadro de um "parlamentarismo negativo".[31] O Governo, até esse momento, não tem plenitude de poderes e pode, até, nunca deixar de ser um governo de gestão.

VIII – Ora, o que se acaba de descrever, em termos teóricos, foi precisamente o que ocorreu com o XX Governo Constitucional:[32] o seu programa foi rejeitado pela maioria constitucionalmente necessária na Assembleia da República, não havendo, portanto, investidura daquele Executivo pelo Parlamento. O recurso à rejeição do programa do Governo em si nada tem de inconstitucional e está previsto na própria Constituição. A rejeição do programa em concreto apenas foi possível precisamente porque a coligação PaF, embora obtendo mais votos, não conseguiu obter uma maioria absoluta que inviabilizasse uma moção de rejeição do programa do Governo.

IX – Segue-se a questão seguinte: tendo o Executivo recém-nomeado sido demitido e não podendo o presidente dissolver a Assembleia, que opções lhe assistiam? Manter o Executivo em funções até que a dissolução do Parlamento fosse possível –[33] o que iria só ocorrer a partir de abril, com um novo presidente já em funções, dados os limites do art. 172º da Constituição – nomear um novo Executivo no quadro ainda dos resultados eleitorais para a Assembleia ou nomear um governo de iniciativa presidencial?[34]

---

[30] Como referem Canotilho e Vital Moreira, tal corresponde a uma "passagem parlamentar" sendo, aliás, nas palavras dos autores, "uma consequência da natureza parlamentar do sistema de governo. O executivo é escolhido e nomeado pelo PR, e toma posse e inicia funções sem precisar de um voto de investidura parlamentar. Mas só deixa de ser um Governo imperfeito depois de se submeter à AR". Esta passagem parlamentar consiste, assim, numa decorrência do princípio democrático da responsabilidade parlamentar do Governo (CANOTILHO, J. J. Gomes; MOREIRA, Vital M. Anotação ao artigo 187º. In: CANOTILHO, J. J. Gomes; MOREIRA, Vital M. *Constituição da República portuguesa anotada* – Artigos 108º a 296º. Coimbra: Coimbra Editora, 2010. v. II. p. 430).

[31] Cf. CANOTILHO, J. J. Gomes. *Direito constitucional e teoria da Constituição*. 7. ed. Coimbra: Almedina, 2003. p. 575.

[32] "Naturalmente, se o Governo vir rejeitado o seu programa na AR, não entra na 2.ª fase, passando directamente da 1.ª para a 3.ª, nunca chegando a funcionar como Governo pleno, no exercício das respectivas funções constitucionais" (CANOTILHO, J. J. Gomes; MOREIRA, Vital M. Anotação ao artigo 187º. In: CANOTILHO, J. J. Gomes; MOREIRA, Vital M. *Constituição da República portuguesa anotada* – Artigos 108º a 296º. Coimbra: Coimbra Editora, 2010. v. II. p. 432).

[33] Hipótese terminantemente afastada por Jorge Miranda: "Se um governo não conseguir passar na Assembleia da República, se houver uma moção de rejeição aprovada, terá de ser substituído. [...] Não é possível manter indefinidamente um governo de gestão, até pela sua natureza, porque é um Governo que, segundo a Constituição, está confinado às decisões absolutamente necessárias para a correcta gestão. Gestão, não é sequer decisão fundamental. Quando pensamos que ainda não há um Orçamento para 2016 e que há uma situação internacional tão difícil, com a crise dos refugiados, a situação na Síria, a situação na União Europeia... o país não aguentaria um governo de gestão e esse seria inconstitucional[...] Se um governo não passar na Assembleia, esse governo fica demitido e o Presidente tem de nomear um novo governo" (MIRANDA, Jorge. Entrevista. *Diário Económico*, 26 out. 2015. p. 6). Na verdade, embora resulte da configuração dos poderes de um Executivo de gestão que este se pretende transitório (cf. CANOTILHO, J. J. Gomes; MOREIRA, Vital M. Anotação ao artigo 187º. In: CANOTILHO, J. J. Gomes; MOREIRA, Vital M. *Constituição da República portuguesa anotada* – Artigos 108º a 296º. Coimbra: Coimbra Editora, 2010. v. II. p. 432), nada no art. 186º, nº 5 (nem, aliás, em qualquer outro preceito constitucional) aponta para um período máximo de duração de um governo de gestão; por outro lado, quanto aos poderes deste Executivo, o Tribunal Constitucional, no Acórdão nº 65/02, Processo nº 58/02 de 8.2.2002, teve oportunidade de esclarecer que um governo de gestão não se terá de limitar a actos de gestão corrente, pelo que a opção de manutenção de um Executivo em gestão – à semelhança do ocorrido em outros países europeus – e ao contrário da posição expendida pelo Professor Jorge Miranda, parece não só não violar a Constituição como não comportar consequências tão catastróficas como as avançadas.

[34] "A Constituição não impõe que o PM seja escolhido dentre os dirigentes do partido mais votado, nem exige qualquer dever de 'boa fé' ou de 'confiança constitucional', no sentido de o PR se certificar previamente da

X – A propósito desse alegado impasse, a doutrina portuguesa aproveitou para discutir a existência de limites temporais ao poder de dissolução da Assembleia da República, defendendo então que, mais do que outras alterações à Constituição, como a eventual introdução de uma moção de censura construtiva, a alteração ao art. 172º da Constituição poderia ser repensada – sobretudo o limite temporal referente à proibição de dissolução no primeiro semestre do mandato da Assembleia da República, que poderia ser encurtado.[35] Por esse motivo, ouviu-se defender a necessidade de rever o art. 172º, que consagra limites temporais à dissolução da Assembleia da República e que impedia a convocação de novas eleições no período posterior à rejeição do programa do Governo, por ser o primeiro semestre pós-eleições para a Assembleia (e o último do presidente cessante). Avançou-se como argumento que, se as eleições pudessem ter sido convocadas – e independentemente dos resultados – o Governo resultante dessas eleições conseguiria adquirir uma legitimidade política reforçada.

XI – A opção seguida pelo presidente da República, entre as três avançadas, foi a segunda. Também aqui não houve qualquer interpretação abusiva da Constituição ou uma leitura enviesada dos seus artigos.

Um dos casos práticos clássicos a propósito do sistema de governo português dado nas aulas de direito constitucional assenta na possibilidade de o presidente nomear como primeiro-ministro o líder do partido B, que coligado com o partido C consegue obter mais votos do que o partido A. Juridicamente, constitucionalmente, não existe qualquer problema. No "caso prático", a nomeação (após a demissão do Executivo saído das eleições de 4 de outubro) de um governo formado pelo PS e com o apoio parlamentar do BE e PCP nada tem de inconstitucional. Poder-se-ia questionar, contudo, a sua legitimidade política (mas não jurídica) já que, perante esse desfecho, talvez os resultados eleitorais nas eleições de 4 de outubro tivessem sido outros.

---

possibilidade de o Governo ver aprovado o seu programa, não tendo contra si a maioria da AR. Por isso, não estão constitucionalmente excluídos governos constituídos à margem do quadro partidário (os chamados 'governos de iniciativa presidencial'), designadamente quando a composição da AR não propiciar uma base parlamentar para um governo partidário (e isso tanto pode ocorrer no início da legislatura, como principalmente no seu decurso, após o esgotamento das fórmulas possíveis de base parlamentar). Formas particulares de governos desse tipo são os denominados 'governos intercalares' ou 'governos de gestão', constituídos precisamente para gerir o país enquanto não se encontram fórmulas de base parlamentar ou até à realização de novas eleições que renovem o quadro parlamentar" (CANOTILHO, J. J. Gomes; MOREIRA, Vital M. Anotação ao artigo 187º. In: CANOTILHO, J. J. Gomes; MOREIRA, Vital M. *Constituição da República portuguesa anotada* – Artigos 108º a 296º. Coimbra: Coimbra Editora, 2010. v. II. p. 434-435).

[35] CARRAPATOSO, Miguel Santos. Proibição de dissolução do Parlamento. A regra dos 6 meses ainda faz sentido. *Observador*, 28 out. 2015. Disponível em: <http://observador.pt/2015/10/28/proibicao-de-dissolucao-do-parlamento-a-regra-dos-6-meses-ainda-faz-sentido/>. Hipótese que foi afastada por Jorge Miranda (Entrevista. *Diário Económico*, 26 out. 2015). Cf. também: "a proibição de dissolução nos seis meses posteriores à eleição destina-se não só a salvaguardar um mínimo de tempo de funcionamento da Assembleia e a evitar a constante repetição de eleições mas também a prevenir uma eventual pressão do Presidente da Assembleia da República sobre o eleitorado no sentido de a Assembleia a eleger vir a estar em sintonia com ele" (MIRANDA, Jorge. Anotação ao artigo 172º. In: MIRANDA, Jorge; MEDEIROS, Rui (Coord.). *Constituição portuguesa anotada*. Coimbra: Coimbra Editora, 2006. p. 587). Em sentido contrário quanto à revisão do art. 172º, cf. "A actual crise política aconselha que o Presidente possa dissolver em qualquer momento do seu mandato e que o parlamento possa também ser dissolvido por aquele volvidos três meses sobre a sua eleição e não apenas volvidos os primeiros seis meses, como actualmente sucede" (BLANCO DE MORAIS, Carlos. Entrevista. *Jornal I*, 30 out. 2015. p. 9). No sentido do encurtamento do prazo, Cf. ainda BLANCO DE MORAIS, Carlos. Parte III da Constituição da República: semipresidencialismo "on probation". In: BLANCO DE MORAIS, Carlos *et al*. *A Constituição revista*. Lisboa: Fundação Francisco Manuel dos Santos, 2011. p. 68.

Recorde-se, novamente, que o presidente não podia dissolver a Assembleia da República e que a alternativa a esta nomeação seria manter o Executivo em gestão ou, eventualmente, nomear um governo de iniciativa presidencial.[36]

XII – O Executivo recém-empossado apresentou seguidamente o seu programa do Governo, que foi apreciado pela Assembleia da República. Não tendo havido a aprovação por maioria absoluta de qualquer moção de rejeição,[37] aquele entrou em plenitude de funções. À data de conclusão da redacção dessas notas, encontrava-se em funções há um ano e oito meses, com perspectivas de vir a cumprir todo o mandato.

Contudo, o facto de o XXI Governo Constitucional ter entrado em plenitude de funções não afastou dúvidas em torno da sua capacidade para assim se manter: a primeira ameaça surgiu em torno da possibilidade de o novo presidente da República, passado o prazo de "defeso" dos seis meses após as eleições para a Assembleia da República que a Constituição impõe como limite temporal ao acto de dissolução, vir mesmo a dissolver o Parlamento.

Afastada essa preocupação – expressamente pelo chefe de Estado – surgiram ventos de preocupação aquando da constituição de uma comissão parlamentar de inquérito à recapitalização da Caixa Geral de Depósitos e à gestão do banco[38] ou a propósito da cessação de vigência do Decreto-Lei nº 11-A/2017, de 17 de janeiro, que criava uma medida excecional de apoio ao emprego através da redução da taxa contributiva a cargo da entidade empregadora.[39]

Porém, qualquer um desses aspectos se reconduz a manifestações da relação de *responsabilidade política* que se estabelece entre Governo e Parlamento e que implicam, consequentemente, mecanismos de fiscalização política por parte do órgão parlamentar sobre o Executivo – num caso, aquele previsto no art. 178º, nº 4, no outro, nos arts. 162º, alínea c) e 169º da Constituição.[40]

2.3 Mutação constitucional ou metamorfose do funcionamento do sistema?

XIII – Como já profusamente salientado pela doutrina, um governo minoritário em regime de coabitação acentua um maior pendor parlamentar do sistema.[41]

---

[36] A hipótese, ainda que admissível juridicamente, seria sempre desaconselhada politicamente. Como refere Carlos Blanco de Morais, "Se atentarmos apenas na Constituição, um governo de iniciativa presidencial é tão admissível hoje como no período 1976-1982. Perante um cenário parlamentar em que nenhum partido ou coligação pré-eleitoral tenha obtido maioria absoluta e ante dificuldades na criação de uma nova maioria com garantias de duração e consistência, o Presidente pode sempre nomear um primeiro-ministro da sua confiança que forme um governo de técnicos ou independentes" (BLANCO DE MORAIS, Carlos. Entrevista. *Jornal I*, 30 out. 2015. p. 8). Num momento temporal anterior a este "caso prático", veja-se o contributo de vários autores em torno da questão "quando pode o presidente da República nomear um governo de iniciativa presidencial?" (*Direito & Política*, n. 2, p. 90-134, jan./mar. 2013).

[37] O que não significa que o PSD e o CDS-PP não tenham apresentado uma moção de rejeição ao XXI Governo Constitucional, o que fizeram, em 3.12.2015, tendo esta obtido 122 votos contra, 106 a favor e 1 abstenção.

[38] Cf. a Resolução da Assembleia da República nº 122/2016, publicada no *Diário da República* (n. 125, Série I, 1º jun. 2016).

[39] Cf. Resolução da Assembleia da República nº 11/2017, publicada no *Diário da República* (n. 20, Série I, 27 jan. 2017).

[40] Sobre os diferentes mecanismos de fiscalização política que podem ser exercidos pela Assembleia, cf. OTERO, Paulo. *Direito constitucional português* – Organização do poder político. Coimbra: Almedina, 2010. v. II. p. 324-326.

[41] Cf. BLANCO DE MORAIS, Carlos. Parte III da Constituição da República: semipresidencialismo "on probation".

Na verdade – e o presente caso é também importante pois serve para o relembrar – é da própria essência do sistema semipresidencialista que este esteja dependente e varie consoante o peso de factores políticos – atendendo aqui a aspectos como a composição do Parlamento ou a personalidade do presidente da República. Aliás, o papel do presidente, como regulador do sistema é, a esse respeito, muito relevante, dependendo assim o funcionamento do sistema "da variabilidade e grande dependência que mostra relativamente ao peso de factores políticos, como a composição do Parlamento, a personalidade e estratégia do Presidente da República".[42]

XIV – A evolução recente sentida no sistema de governo português confirma assim:

> para além da importância que releva do acervo dos *poderes presidenciais* (como é o caso da dissolução parlamentar, do veto político, da fiscalização preventiva da constitucionalidade e da "magistratura de influências"), *o factor mais determinante para definir o pendor do sistema radica na maioria absoluta ou relativa que sustenta o Governo no Parlamento e na relação entre a mesma e a maioria presidencial.* Essa relação poderá ser de *confluência* (identidade política) entre as duas maiorias) ou de *coabitação* (distonia entre elas) [o que acentua o carácter verdadeiramente determinante do momento eleitoral].[43]

Ora, com a entrada em cena de novos actores – a composição da Assembleia da República não é a mesma, há novos partidos representados e até novos líderes partidários; por outro lado, o presidente também não é o mesmo e tem caracterizado o início desse mandato por uma postura bastante diferente do seu antecessor – é normal que na prática o sistema funcione de forma diferente. Tal não significa, novamente, que o sistema tenha deixado de ser semipresidencialista ou que os actos políticos praticados durante o mandato do XX e do XXI Governos Constitucionais tenham sido contrários à Constituição.

Significa, apenas, que no quadro da já referida "democracia somativa" é normal que o sistema funcione em moldes diferentes dos anteriores, quando existe um partido que governa não tendo maioria absoluta na Assembleia, mas antes parceiros parlamentares que, contudo, não concordam integralmente com todas as posições do Executivo (o que se viu, mais recentemente, na aprovação da cessação de vigência do Decreto-Lei nº 11-A/2017, de 17 de janeiro).

Note-se que o Regimento do Conselho de Ministros do XXI Governo Constitucional,[44] no seu art. 35º, nº 1, prevê que "Os projetos devem ser objeto de circulação por um prazo mínimo de 15 dias, que pode ser prorrogado pelo Secretário de Estado da Presidência do Conselho de Ministros", dispondo o nº 2 que "O Secretário de Estado dos Assuntos Parlamentares pode requerer a prorrogação do prazo de circulação, mediante pedido fundamentado". Não tendo esse preceito paralelo em regimentos de conselhos de ministros anteriores, parece encontrar-se aqui mais uma manifestação

---

In: BLANCO DE MORAIS, Carlos *et al. A Constituição revista*. Lisboa: Fundação Francisco Manuel dos Santos, 2011. p. 65.

[42] Cf. ALEXANDRINO, José Melo. *Lições de direito constitucional*. Lisboa: AAFDL, 2015. v. I. p. 161.

[43] Cf. BLANCO DE MORAIS, Carlos. Parte III da Constituição da República: semipresidencialismo "on probation". In: BLANCO DE MORAIS, Carlos *et al. A Constituição revista*. Lisboa: Fundação Francisco Manuel dos Santos, 2011. p. 66.

[44] Cf. Resolução do Conselho de Ministros nº 95-A/2015, publicada no *Diário da República* (n. 246, 1º Suplemento, Série I, 17 dez. 2015).

da nova configuração parlamentar que comprova a existência da referida situação de "democracia somativa".

XV – O sistema de governo semipresidencial, nos termos atrás traçados, apresenta virtualidades, talvez mais do que qualquer dos outros sistemas de governo, dados os *eixos* (ou seja, a forma como se encontram relacionados entre si os órgãos que exercem o poder político soberano) que o caracterizam e o facto de permitir um funcionamento em diferentes moldes – uma verdadeira *geometria variável*. Nunca é demais recordar, como já o fizemos neste texto, que uma coisa é o que o sistema é, outra como ele *funciona*.[45]

Poderá, como enunciávamos no início do texto, considerar-se que os diferentes moldes de funcionamento em concreto do sistema de governo português e, consequentemente, a diferente preponderância das suas componentes (parlamentar, presidencial, governamental) levam a que esta mudança no plano fáctico signifique que ocorreu uma mutação constitucional, logo, uma verdadeira mudança jurídica do sistema de governo?

Será que podemos ainda defender que ocorre um "protagonismo do executivo na moderna sociedade de bem-estar, acompanhado pelo 'vedetizar' do primeiro-ministro e o subalternizar do parlamento: a inicial 'soberania parlamentar' deu origem, num primeiro momento, à 'soberania governamental' e, num segundo momento, é possível hoje recortar uma efectiva 'soberania do primeiro-ministro', tudo isto sem qualquer alteração das normas escritas da Constituição de 1976"?[46]

Com efeito, perante este "caso prático" real, algumas das afirmações de Jorge Miranda[47] a propósito do sistema de governo português já não podem ser consideradas verdadeiras. Refiro-me à afirmação constante do ponto IV, alínea b): "Nenhum Governo minoritário teve o seu programa rejeitado pela Assembleia da República"; e f): "Este último ponto [Formado qualquer Governo, o Presidente, mais preocupado com o equilíbrio político geral, guardou sempre perante ele um maior ou menos distanciamento], assim como a menor afirmação do Parlamento (por causas históricas antigas e por dificuldades actuais de funcionamento) têm contribuído para uma efectiva autonomia do Governo frente tanto ao Presidente como à Assembleia e, em caso de Governo maioritário, para a tendência para uma 'governamentalização' do sistema", bem como do ponto V, alínea b): "Desde 1987 tem havido estabilidade governativa com Governos maioritários ou quase maioritários de um só partido ou de coligações póseleitorais". Os pontos anteriores deste texto demonstram que assim não é.

XVI – Assistimos neste momento a um predomínio da componente parlamentar do sistema de governo, no quadro de um período de coabitação entre presidente e Governo. Embora se trate formalmente de uma coabitação, a relação harmoniosa entre os dois órgãos, no quadro de uma "presidência dos afectos", anuncia um fortalecimento da componente presidencial do sistema.

---

[45] Cf. ALEXANDRINO, José Melo. *Lições de direito constitucional*. Lisboa: AAFDL, 2015. v. II. p. 192. Cf., também, "ninguém conhece o efectivo sistema do governo vigente num Estado se apenas recorrer à leitura e interpretação das normas escritas da respectiva Constituição "oficial": a realidade constitucional ultrapassa o texto da Constituição formal" (OTERO, Paulo. *Direito constitucional português* – Identidade constitucional. Coimbra: Almedina, 2010. v. I. p. 229).

[46] Cf. OTERO, Paulo. *Direito constitucional português* – Identidade constitucional. Coimbra: Almedina, 2010. v. I. p. 229 p. 228.

[47] MIRANDA, Jorge. *Manual de direito constitucional* – Preliminares. O Estado e os sistemas constitucionais. 9. ed. Coimbra: Coimbra Editora, 2011. t. I, p. 431-432.

Parece assim que, *sem qualquer alteração das normas escritas da Constituição*, se inverteu a tendência de governamentalização do sistema de governo, assumindo agora relevo o órgão parlamentar. Será contudo tal aspecto suficiente para se defender uma mutação constitucional?

XVII – Como expõe Jorge Miranda:

> Uma Constituição que perdura por um tempo relativamente longo vai-se realizando através da congregação de interpretação evolutiva, revisão constitucional e costume *secundum, praeter* e *contra legem*.[...] O desenvolvimento constitucional não comporta a emergência de uma constituição diversa, apenas traz a reorientação do sentido da constituição vigente [...] Foi um fenómeno de desenvolvimento constitucional, e não de rutura, aquele que atravessou a Constituição de 1976 ao longo desses anos, por efeito da jurisprudência, das revisões constitucionais (pelo menos das três primeiras) e da interação dialéctica da aplicação das normas e do crescimento da cultura cívica no país. Desenvolvimento constitucional, e não transfiguração ou desfiguração da Constituição.[48]

A evolução recente comprova que o sistema de governo português apresenta uma "sensível ductilidade", na medida em que o seu pendor variará consoante a preponderância de cada um dos órgãos políticos de soberania,[49] atendendo a um princípio de "permeabilidade factual".[50] Independentemente das configurações que este assume em concreto, tal não significa, contudo, que não estejamos, sempre, perante o mesmo sistema de governo –[51] desde que os traços essenciais do sistema semipresidencialista supraenunciados se mantenham.

XVIII – Relembre-se que, para defender que em causa estaria uma mutação constitucional, primeiro ter-se-ia que configurar se é admissível a existência de mutações tácitas no ordenamento jurídico português, face à existência de uma Constituição rígida.[52]

---

[48] Cf. MIRANDA, Jorge. *Manual de direito constitucional* – Preliminares. O Estado e os sistemas constitucionais. 9. ed. Coimbra: Coimbra Editora, 2011. t. I, p. 435-436.

[49] Cf. BLANCO DE MORAIS, Carlos. As metamorfoses do semipresidencialismo português. *Revista Jurídica da Associação Académica da Faculdade de Direito de Lisboa*, Lisboa, n. 22, p. 141-160, mar. 1998. p. 158.

[50] OTERO, Paulo. *Direito constitucional português* – Organização do poder político. Coimbra: Almedina, 2010. v. II. p. 478-477; 497-502.

[51] Aliás, novamente como refere Paulo Otero, "ninguém conhece o efectivo sistema do governo vigente num Estado se apenas recorrer à leitura e interpretação das normas escritas da respectiva Constituição "oficial": a realidade constitucional ultrapassa o texto da Constituição formal" (OTERO, Paulo. *Direito constitucional português* – Identidade constitucional. Coimbra: Almedina, 2010. v. I. p. 229).

[52] Não há, aliás, uma aceitação unívoca sobre a existência do fenómeno no ordenamento português. Veja-se, por exemplo, ALEXANDRINO, José Melo. *Lições de direito constitucional*. Lisboa: AAFDL, 2015. v. I. p. 195, entendendo que o fenómeno das vicissitudes tácitas se reconduz a "fenómenos melhor enquadrados na teoria das fontes e na teoria das normas". Outra perspectiva possível é atender às mutações constitucionais como expressão da chamada *inconstitucionalidade deslizante*, que pretende designar a situação em que uma norma, gradualmente, se vai tornando inconstitucional em razão da evolução interpretativa em torno da própria norma constitucional-parâmetro (cf., sobre o conceito, por exemplo, BLANCO DE MORAIS, Carlos. *Justiça constitucional* – O direito do contencioso constitucional. 2. ed. Coimbra: Coimbra Editora, 2011. t. II. p. 624, n. 949, dando como exemplo o caso das pensões dos viúvos e viúvas – Acórdão nº 449/87, Processo nº 268/86, Rel. Conselheiro Cardoso da Costa. Disponível em: <http://www.tribunalconstitucional.pt/tc/acordaos/19870449.html>), considerando que "a emancipação feminina ocorrida desde 1976, permitiu uma nivelação relativa do estatuto económico, social e profissional entre os dois sexos, a qual retirou, à luz do princípio da igualdade, razão de ser à subsistência da referida discriminação positiva [benefício acrescido em favor de sujeitos do sexo feminino que fossem cônjuges de pessoas mortas em acidentes de trabalho, em relação às pessoas do sexo masculino na mesma situação], passando a norma a enfermar de inconstitucionalidade. Tratou-se de uma inconstitucionalidade superveniente de carácter deslizante, tratada, contudo, como inconstitucionalidade originária com eventual restrição de efeitos" (note-se, contudo, que o autor não reconduz o fenómeno das mutações constitucionais informais a este conceito).

A resposta é afirmativa. Jorge Miranda dedicou algumas páginas a este fenómeno,[53] bem como Gomes Canotilho.[54] Já Paulo Otero, embora abordando o tema, não lhe deu a designação aqui adoptada, pese embora se reporte ao mesmo fenómeno. Ao analisar a Constituição de 1976, entende que esta seria hoje uma Constituição transfigurada, fruto de uma normatividade não oficial que concorreria com o texto escrito, subvertendo o seu sentido em aspectos importantes como o sistema de governo, a atenuação do princípio socialista ou a Constituição económica.[55] Na doutrina portuguesa, foi Carlos Blanco de Morais quem mais desenvolveu o tema nos últimos anos, sob a designação de "mutações informais".[56]

Ora, uma mutação constitucional será, à partida, passível de ser caracterizada como uma transformação, uma alteração apta a afectar a Constituição e a ordem constitucional,[57] por imposição da realidade constitucional,[58] sendo uma mutação *informal*

---

[53] Jorge Miranda aborda o tema a propósito das vicissitudes constitucionais, salientando que "as modificações tácitas da Constituição compreendem, antes de mais, as que são trazidas por costume constitucional *praeter* e *contra legem* e, depois, as que resultam da interpretação evolutiva da Constituição e da revisão indirecta" (MIRANDA, Jorge. *Manual de direito constitucional* – Constituição. 6. ed. Coimbra: Coimbra Editora, 2007. t. II. p. 168). Veio depois designar o fenómeno expressamente como "mutações tácitas", mas reportando-se à mesma realidade já enunciada no tomo II: "A Constituição tem sofrido modificações por via de interpretação evolutiva e de costume *praeter* e *contra legem*" (MIRANDA, Jorge. *Manual de direito constitucional* – Preliminares. O Estado e os sistemas constitucionais. 9. ed. Coimbra: Coimbra Editora, 2011. t. I. p. 421-423). Já na 10ª edição do tomo I do manual, continua a designar a mesma realidade como "mutações tácitas", mas assimila agora os casos de costume a "mutações tácitas em sentido estrito da Constituição" (MIRANDA, Jorge. *Manual de direito constitucional* – O sistema constitucional português. 10. ed. Coimbra: Coimbra Editora, 2014. t. I, 2. p. 265). Note-se ainda que o autor, pese embora aceite a existência de mutações tácitas, discorda do entendimento de Paulo Otero, considerando-o uma "visão excessiva" (MIRANDA, Jorge. *Manual de direito constitucional* – O sistema constitucional português. 10. ed. Coimbra: Coimbra Editora, 2014. t. I, 2. p. 267).

[54] CANOTILHO, J. J. Gomes. *Direito constitucional e teoria da Constituição*. 7. ed. Coimbra: Almedina, 2003. p. 1228-1230.

[55] Paulo Otero trata o tema sob o manto da "Constituição não oficial", cf. As instituições políticas e a emergência de uma "Constituição não oficial". In: OTERO, Paulo *et al. Anuário português de direito constitucional*. Coimbra: Coimbra Editora, 2002. v. II. p. 83-116 e também *Legalidade e Administração Pública* – O sentido da vinculação administrativa à juridicidade. Coimbra: Almedina, 2003, nomeadamente p. 181-183; 424-436; 566-567, numa construção, como o próprio admite, de transposição para o direito constitucional de uma construção com origem no direito administrativo, Cf. SANTAMARIA PASTOR, Juan Alfonso. *Fundamentos de Derecho Administrativo* – I. Madrid: Centro de Estudios Ramón Areces, 1991. p. 172 – "o Direito Constitucional é algo mais do que aquilo que resulta da Constituição escrita. Ora, o domínio constitucional mostra-se especialmente propício ao desenvolvimento de um conjunto de regras informais susceptíveis de lançar a discussão sobre a admissibilidade da emergência de uma normatividade constitucional 'não oficial' que, por via integrativa ou subversiva da Constituição 'oficial', faça emergir uma Constituição 'não oficial'" (p. 424-425) e ainda em OTERO, Paulo. *Direito constitucional português* – Organização do poder político. Coimbra: Almedina, 2010. v. II. p. 158 e ss. No final do texto, veremos se esta qualificação da Constituição de 1976 como uma "Constituição transfigurada" fará realmente sentido.

[56] Com maior detalhe nas duas obras já anteriormente referidas, BLANCO DE MORAIS, Carlos. As mutações constitucionais implícitas e os seus limites jurídicos: autópsia de um acórdão controverso. *Jurismat (Revista Jurídica do Instituto Superior Manuel Teixeira Gomes)*, Portimão, n. 3, p. 55-90, 2012; e *Curso de direito constitucional* – Teoria da Constituição em tempo de crise do Estado Social. Coimbra: Coimbra Editora, 2014. v. II. t. II. p. 242-268 (as mutações informais da Constituição), para além de outras menções a propósito da jurisprudência do Tribunal Constitucional em vários escritos, nomeadamente em BLANCO DE MORAIS, Carlos. *Justiça constitucional* – O direito do contencioso constitucional. 2. ed. Coimbra: Coimbra Editora, 2011. t. II.

[57] Cf. BLANCO DE MORAIS, Carlos. *Direito constitucional* – Sumários desenvolvidos. 2. ed. Lisboa: AAFDL, 2012. p. 47.

[58] Ferdinand Lassalle, no original em alemão denominado Über die Verfassungswesen, correspondente à conferência de 16.4.1862 sobre o mesmo tema, aborda em uma perspectiva sociológica a origem das Constituições. Aos factores reais do poder – a que reconduziria a ideia de Constituição real – opõe uma Constituição escrita, mera "folha de papel". Cf. LASSALLE, Ferdinand. *O que é uma Constituição*. Lisboa: Escolar, 2013. p. 82: "Esta é, em síntese, em essência, a Constituição de um país: *a soma dos factores reais do poder que regem esse país. Mas que relação*

aquela que provoca uma alteração no sentido das normas da Constituição sem afectar o seu texto.[59]

---

existe entre isto e o que vulgarmente chamamos Constituição?; quer dizer, com a Constituição *jurídica*? Não é difícil compreender a relação que ambos os conceitos guardam entre si. Juntam-se esses *factores reais do poder*, escrevemo-los numa folha de papel e eles adquirem expressão escrita. A partir desse momento, incorporados a um papel, deixam de ser simples *factores reais do poder* e convertem-se em Direito, em instituições *jurídicas*"; e p. 88: "Acabámos de ver, senhores, a relação que existe entre as duas Constituições de um país: a Constituição *real* e *efectiva*, constituída pelo somatório dos factores reais e efectivos que vigoram na sociedade e essa outra Constituição *escrita*, a que, para distingui-la da primeira, daremos o nome de *folha de papel* [alusão à célebre frase arrogantemente pronunciada por Frederico Guilherme IV, em 11.4.1847, numa mensagem à coroa: 'Julgo-me obrigado a fazer aqui a solene declaração de que nem agora nem nunca permitirei que entre Deus no céu e o meu pais se interponha uma folha de papel escrita, como se fosse uma segunda Providência']". Esse entendimento significa, pois, que a Constituição escrita é *boa e duradoura* "quando essa Constituição escrita corresponder à *Constituição real*, cujas raízes mergulham nos *factores de poder que regem o país*. Sempre que a Constituição *escrita* não corresponde à real, desencadeia-se inevitavelmente um conflito, que é impossível evitar e no qual, mais dia menos dia, a Constituição escrita, a folha de papel, tem necessariamente de sucumbir perante a pressão da Constituição real, das verdadeiras forças que vigoram no país" (p. 96); e que "As Constituições escritas só têm valor e são duradouras quando são a *expressão* fiel dos factores de poder que imperam na realidade social" (p. 105). Já a obra de Konrad Hesse (*A força normativa da Constituição*. Tradução de Gilmar Ferreira Mendes Porto Alegre: Sergio Antonio Fabris Editor, 1991) assume importância como contraponto à teoria de Lassalle. Como assinala Gilmar Ferreira Mendes em apresentação à obra (p. 5), "esforça-se Hesse por demonstrar que o desfecho do embate entre os factores reais do Poder e a Constituição não há de verificar-se, necessariamente, em desfavor desta. Ressalta Hesse que a Constituição não significa apenas um pedaço de papel, como definido por Lassalle. Existem pressupostos realizáveis (*realizierbare Voraussetzungen*) que, mesmo em caso de eventual confronto, permitem assegurar a sua força normativa" e ainda "A Constituição, ensina Hesse, transforma-se em força ativa se existir a disposição de orientar a própria conduta segundo a ordem nela estabelecida, se fizerem-se presentes, na consciência geral – particularmente, na consciência dos principais responsáveis pela ordem constitucional-, não só a vontade de poder (*Wille zur Macht*), mas também a vontade de Constituição (*Wille zur Verfassung*)". Opondo-se à tese de Lassalle, vem o autor (p. 11) expor que pretende demonstrar como aquela doutrina se encontra desprovida de fundamento "se se puder admitir que a Constituição contém, ainda que de forma limitada, uma força própria, motivadora e ordenadora da vida do Estado. A questão que se apresenta diz respeito à força normativa da Constituição. Existiria, ao lado do poder determinante das relações fácticas, expressas pelas forças políticas e sociais, também uma força determinante do Direito Constitucional?". Adepto também de uma relação e condicionamento recíproco entre ordenação (norma) e realidade, vem, assim, expor que a não consideração desta inter-relação está ausente do pensamento de Laband e Jellinek, bem como do positivismo sociológico de Carl Schmitt (p. 13), impondo fazer-se uma síntese entre normatividade e realidade. "A norma constitucional não tem existência autônoma em face da realidade. A sua essência reside na sua *vigência*, ou seja, a situação por ela regulada pretende ser concretizada na realidade" (p. 14) e, concluindo, "A força condicionante da realidade e a normatividade da Constituição podem ser diferenciadas; elas não podem, todavia, ser definitivamente separadas ou confundidas" (p. 15). E continua "a força normativa da Constituição não reside, tão-somente, na adaptação inteligente a uma dada realidade [...] Embora a Constituição não possa, por si só, realizar nada, ela pode impor tarefas. A Constituição transforma-se em força ativa se essas tarefas forem efetivamente realizadas, se existir a disposição de orientar a própria conduta segundo a ordem nela estabelecida, se, a despeito de todos os questionamentos e reservas provenientes dos juízos de conveniência, se puder identificar a vontade de concretizar essa ordem". Cf. ainda "A constituição jurídica logra conferir forma e modificação à realidade. Ela logra despertar 'a força que reside na natureza das coisas', tornando-a ativa. Ela própria converte-se em força ativa que influi e determina a realidade política e social" (p. 19) e "Nenhum poder do mundo, nem mesmo a Constituição, pode alterar as condicionantes naturais" (p. 24).

[59] Cf., entre outros, HESSE, Konrad. *Escritos de derecho constitucional*. Editado por Pedro Cruz Villalón e Miguel Azpitarte Sánchez. Madrid: Centro de Estudios Políticos y Constitucionales, 2012. p. 98 e ss. Cf. também MENDES, Gilmar Ferreira; BRANCO, Paulo Gustavo Gonet. *Curso de direito constitucional*. 9. ed. rev. e atual. São Paulo: Saraiva, 2014. p. 134 "O estudo do poder constituinte de reforma instrui sobre o modo como o Texto Constitucional pode ser formalmente alterado. Ocorre que, por vezes, em virtude de uma evolução na situação de fato sobre a qual incide a norma, ou ainda por força de uma nova visão jurídica que passa a predominar na sociedade, a Constituição muda, sem que as suas palavras hajam sofrido modificação alguma. O texto é o mesmo, mas o sentido que lhe é atribuído é outro. Como a norma não se confunde com o texto, repara-se, aí, uma mudança da norma, mantido o texto. Quando isso ocorre no âmbito constitucional, fala-se em mutação constitucional. A nova interpretação há, porém, de encontrar apoio no teor das palavras empregadas pelo constituinte e não deve violentar os princípios estruturantes da Lei Maior; do contrário, haverá apenas interpretação inconstitucional". Veja-se também RIBEIRO, Joaquim Sousa. *Mutações constitucionais: um conceito vazio? Estudos em Memória do Conselheiro Artur Maurício*. Coimbra: Coimbra Editora, 2015. p. 613: "Pode

Na senda de Michele Carducci, podemos descortinar por um lado i) fontes fácticas de formação espontânea (costume, práticas constitucionais, desuso e omissões constitucionais, ii) fontes-acto: decisões derrogatórias dos poderes constituídos e direito da União Europeia e iii) fontes jurisprudenciais de base interpretativa (sentenças "construtivas", sentenças "aditivas de revisão constitucional", interpretação evolutiva e as decisões do Tribunal de Justiça da União Europeia).[60]

XIX – Haverá lugar para a mutação constitucional informal num ordenamento pautado por uma Constituição relativamente recente, escrita e, comparativamente a outras, bastante extensa?

A Constituição, num Estado como o português, corresponde maioritariamente a um texto escrito e dotado de estabilidade (ainda que se possam criticar as revisões operadas ao texto da Constituição – no que foi até qualificado como um frenesim constitucional ou mesmo um cio constitucional – desde 2005 que esta não sofreu qualquer alteração textual expressa) e consiste num documento cuja aprovação é a "mais elevada manifestação de soberania e de unidade política de um povo",[61] cunhada por uma forte legitimidade democrática[62] e, na sua génese, mesmo revolucionária.

---

concluir-se que, pelo menos na esfera jurisprudencial, é como um problema de interpretação-concretização que a possibilidade de consagrar mutações constitucionais deve ser encarada".

[60] Não é a única tipologia possível (embora no geral as tipologias coincidam, quanto muito aglutinando ou decompondo determinadas manifestações em grupos diferentes). José Afonso da Silva menciona que "Existem também processos não-formais de mudança constitucional. São *mutações constitucionais* que se operam no correr da história de uma Constituição, como se verifica com a Constituição dos Estados Unidos da América do Norte, cujo sentido hoje é profundamente diferente do seu significado original. São mutações semânticas que transformam o sentido, o significado e o alcance da Constituição, sem lhe alterar o enunciado formal, sem mudar a letra do texto. Isto se dá por força da modificação das tradições, da adequação político-social, dos costumes, de alteração empírica e sociológica, pela interpretação judicial e pelo ordenamento de estatutos que afetam a estrutura orgânica do Estado" (SILVA, José Afonso da. *Poder constituinte e poder popular*: estudos sobre a constituição. São Paulo: Malheiros, 2000. p. 241-242). Continua o autor: "Quando, no entanto, se fala em mudança constitucional, na teoria do Direito Constitucional, quer-se referir aos processos de acomodação das normas constitucionais à realidade, não se incluíndo aí as formas de rompimento ou de esvaziamento da Constituição. Assim, só há duas maneiras de realizar essa acomodação: a *reforma constitucional* e a *mutação constitucional*, que revelam respetivamente processos formais e processos informais de modificação da Constituição. É certo, no entanto, que as mutações deixarão de ter sentido na medida em que o ordenamento constitucional se veja submetido a contínuas reformas, como é o caso brasileiro" (p. 264 e ss.). Essa observação é muito interessante, pois, como se verá, é o que ocorre no caso português: a teorização mais séria das mutações ocorre com o fim do "frenesim constitucional" das sete revisões à Constituição de 1976. Cf. ainda Adriano Sant'Ana Pedra, salientando que "não se pode catalogar, com a pretensão de esgotar-se, um rol de todas as hipóteses em que as mutações constitucionais podem ocorrer" (PEDRA, Adriano Sant'Ana. *Mutação constitucional*: interpretação evolutiva da constituição na democracia constitucional. Rio de Janeiro: Lumen Juris, 2013. p. 111 e ss.). Também Anna Cândida da Cunha Ferraz propõe uma tipologia "Poder-se-á ter mutação constitucional sempre que, a partir da comparação (cotejo) do entendimento atribuído aos preceitos constitucionais em período afastado no tempo, se percebe que houve: a) um alargamento do sentido do texto constitucional, aumentando, assim, a sua abrangência para que passe a alcançar novas realidades; b) a atribuição de um sentido determinado e concreto à norma constitucional antes carecedora de tal densificação; c) a alteração do sentido da interpretação outrora atribuído para se atender a evolução da realidade constitucional; d) a adaptação do texto constitucional a uma nova realidade social, não prevista no momento da elaboração da Constituição; e) a adaptação do texto constitucional para atender exigências no momento de aplicação da norma; f) o preenchimento de lacunas outrora existentes no texto constitucional" (FERRAZ, Anna Cândida da Cunha. *Processos informais de mudança da Constituição*: mutações constitucionais e mutações inconstitucionais. São Paulo: Max Limonad, 1986. p. 128-129).

[61] Cf. BLANCO DE MORAIS, Carlos. *Curso de direito constitucional* – Teoria da Constituição em tempo de crise do Estado Social. Coimbra: Coimbra Editora, 2014. v. II. t. II. p. 420.

[62] A Constituição da República Portuguesa declara a soberania do povo (art.s 1°, 2°, 3°, n° 1 e 108°), estabelecendo que o povo exerce o poder por meio do sufrágio universal, igual, directo, periódico e secreto, do referendo e das demais formas previstas na Constituição (arts. 10°, n° 1, 113°, n° 1, e 288°, alínea h) da Constituição).

Como defender assim o surgimento, ao lado do texto, de alterações informais, silentes, passíveis de alterarem o sentido das normas constitucionais, legitimamente postas pelo legislador constituinte e alteradas pelo legislador da revisão, por parte de um "poder constituinte sem povo e sem vontade democrática legitimadora"?[63]

XX – Impõe-se, neste momento, compreender que as mutações informais são essenciais para que a Constituição não se feche à realidade política e social que pretende reger, deixando de cumprir com a sua função integradora. Ainda que pareça óbvio, nunca será demais recordar que a realidade constitucional é dinâmica e que o texto constitucional, positivado em determinada altura, ter-se-á que adaptar às mudanças que ocorrerem no substrato ao qual se aplica.[64] *Esse é o papel das mutações constitucionais.*

2.4 Síntese conclusiva

XXI – A Constituição de 1976 tem, efectivamente, sofrido alterações, sejam elas *expressas* – relembre-se as sete revisões constitucionais já ocorridas à Constituição de 1976 – sejam *tácitas*: e neste âmbito podemos elencar um conjunto de figuras, como o costume constitucional, a interpretação evolutiva[65] e a prática jurisprudencial,[66] pensando nomeadamente na actividade do Tribunal Constitucional.

Ainda assim, grande parte das alterações sentidas na Constituição, fruto de práticas costumeiras *praeter* e *contra constitutionem*, acabaram por ser incorporadas no seu texto, através da mutação formal que é a *revisão constitucional*.

Explicando: a maior parte das alterações à Constituição foi feita por *revisão constitucional* (o que no Brasil se designa por emenda constitucional) e, por isso, muitos dos factores que implicariam uma "transfiguração" da constituição oficial – ou o surgimento

---

[63] Cf. BLANCO DE MORAIS, Carlos. *Curso de direito constitucional* – Teoria da Constituição em tempo de crise do Estado Social. Coimbra: Coimbra Editora, 2014. v. II. t. II. p. 266. O fundamento delas parece estar no poder constituinte difuso. Nesse sentido é o pensamento de Anna Cândida da Cunha Ferraz: "Tais alterações constitucionais, operadas fora das modalidades organizadas de exercício do poder constituinte instituído ou derivado, justificam-se e têm fundamento jurídico: são, em realidade, obra ou manifestação de uma espécie inorganizada do poder constituinte, o chamado *poder constituinte difuso*, na feliz expressão de Burdeau. Destina-se a função constituinte difusa a completar a Constituição, a preencher vazios constitucionais, a continuar a obra da Constituinte" (FERRAZ, Anna Cândida da Cunha. *Processos informais de mudança da Constituição*: mutações constitucionais e mutações inconstitucionais. São Paulo: Max Limonad, 1986. p. 10).

[64] Como refere António Araújo: "Haverá sempre espaço para benfeitorias constitucionais, porque a Constituição, como toda a obra humana, será sempre susceptível de aperfeiçoamento. O ponto é determinar com clareza se, num dado momento, vale a pena rever um texto que aspira a ser 'fundamental'" (ARAÚJO, António. A Constituição como problema. In: ARAÚJO, António *et al. A Constituição revista.* Lisboa: Fundação Francisco Manuel dos Santos, 2011. p. 136). De notar ainda a ideia expressa por André Ramos Tavares de que "a nota característica do poder constituinte é sua perenidade, o que não ocorrerá com o poder de reforma constitucional [...] o que permite a essa energia constituinte sua permanência eterna é o fato de tanto conceber-se como força dinâmica quanto como estática, em forma de potência, mas pronta para agir em todo o seu dinamismo quando assim impuserem as circunstâncias" (TAVARES, André Ramos. *Curso de direito constitucional.* 2. ed. rev. e ampl. São Paulo: Saraiva, 2003. p. 31).

[65] Recorde-se a citação, já referida, de Jorge Miranda, "A Constituição tem sofrido modificações por via de interpretação evolutiva e de costume *praeter* e *contra legem*" (MIRANDA, Jorge. *Manual de direito constitucional* – Preliminares. O Estado e os sistemas constitucionais. 9. ed. Coimbra: Coimbra Editora, 2011. t. I. p. 421).

[66] A este respeito, registe-se, pela sua expressividade, a frase de Howard Lee Mcbain, "'A word', says Mr. Justice Holmes, 'is the skin of an idea'. As applied to the words of a living constitution the expression is peculiarly apt; for living skin is elastic, expansile, and is constantly being renewed. The constitution of the United States contains only about six thousand words; but millions of words have been written by the courts in elucidation of the ideas these few words encase. Under the magic of judicial interpretation the constitution is neither an Ethiopian nor yet a leopard" (MCBAIN, Howard Lee. *The living Constitution.* New York: The Macmillan Company, 1927. p. 33).

de uma normatividade não oficial –[67] acabaram por ser legitimados por revisão constitucional,[68] logo, pelo órgão democraticamente eleito (a Assembleia da República), o que nos permite concluir que, no ordenamento português, as mutações expressas andam de mãos dadas com as mutações informais.[69]

Acresce a constatação de que, carecendo as mutações tácitas, tal como o costume, de uma prática reiterada e minimamente consistente, bem como de determinado tempo para a sua aceitação – ainda que tácita, por falta de oposição – e de interiorização e consolidação[70] por parte dos seus destinatários, se encontram aqui mecanismos para obviar às críticas sobre uma hipotética violação da separação de poderes.[71]

XXII – Mesmo as Constituições rígidas e extensas como a portuguesa são organismos vivos[72] e não podem ser consideradas um "produto acabado de decisão constituinte".[73]

---

[67] Contra esta distinção, ALEXANDRINO, José Melo. *Lições de direito constitucional*. Lisboa: AAFDL, 2015. v. I. p. 215-216 – o que interessaria seria a Constituição real, o que implica uma articulação com a teoria das fontes e da interpretação, colocando "sérias dificuldades em matéria de inconstitucionalidade e de revisão constitucional", podendo, quanto muito, ser utilizada como "recurso estilístico e explicativo".

[68] Atente-se ao elenco, em Jorge Miranda (*Manual de direito constitucional* – Preliminares. O Estado e os sistemas constitucionais. 9. ed. Coimbra: Coimbra Editora, 2011. t. I. p. 421), das alterações posteriormente incorporadas no texto da Constituição mediante revisão constitucional – tais como a reserva de competência legislativa da Assembleia da República sobre direitos, liberdades e garantias dos trabalhadores, formalizada em 1982 e constante agora dos arts. 53º e seguintes e 165º, nº 1, alínea b), as especialidades das autorizações legislativas orçamentais, formalizadas em 1989 (art. 165º, nº 5) bem como a figura dos governos de gestão, introduzidas em 1982 no art. 186º, nº 6, entre outras. Todas elas, inicialmente mutações informais, foram depois introduzidas no texto da Constituição por revisão constitucional, tornando-se, pois, mutações expressas. Cf. o reparo feito por Carlos Blanco de Morais (As mutações constitucionais implícitas e os seus limites jurídicos: autópsia de um acórdão controverso. *Jurismat (Revista Jurídica do Instituto Superior Manuel Teixeira Gomes)*, Portimão, n. 3, p. 55-90, 2012, nomeadamente p. 67).

[69] "They soon get into the books and become part of the law as it is written. They mark where there was once a distinction between law in the books and law in action, and show one way in which the two have been brought into accord. They show where and how legal theory has yielded to the pressure of lay ideas and lay conduct" (POUND, Roscoe. Law in books and law in action. *American Law Review*, v. 44, 1910. p. 14-15).

[70] Cf. BLANCO DE MORAIS, Carlos. As mutações constitucionais implícitas e os seus limites jurídicos: autópsia de um acórdão controverso. *Jurismat (Revista Jurídica do Instituto Superior Manuel Teixeira Gomes)*, Portimão, n. 3, p. 55-90, 2012. p. 64. Cf. também PEDRA, Adriano Sant'Ana. *Mutação constitucional*: interpretação evolutiva da constituição na democracia constitucional. Rio de Janeiro: Lumen Juris, 2013. p. 205 e ss.

[71] BLANCO DE MORAIS, Carlos. As mutações constitucionais implícitas e os seus limites jurídicos: autópsia de um acórdão controverso. *Jurismat (Revista Jurídica do Instituto Superior Manuel Teixeira Gomes)*, Portimão, n. 3, p. 55-90, 2012. p. 64. "Frequentemente as mutações envolvem uma alteração constitucional que se vai realizando silenciosa e deslizantemente, de uma forma lenta e nem sempre perceptível, como é o caso dos costumes, de práticas constitucionais, de atuações legislativas ou normativas derrogatórias e de uma interpretação constitucional permanente e consistente em torno da construção de novos critérios, feita a partir de fórmulas antigas. A inércia, a aquiescência tácita e a legitimação interpretativa dos tribunais cria uma mutação por sedimentação que vai fazendo o seu caminho e se acaba por impor".

[72] A ideia da Constituição como um organismo vivo (*living constitution*) deriva do título da obra de Howard Lee Mcbain, *The living Constitution* (New York: The Macmillan Company, 1927. nomeadamente p. 11): "And wholly apart from amendments by which the actual words of the constitution have been altered or added to, a living constitution cannot remain static. Our constitution has, as we shall see, developed by the growth of custom, by the practices of political parties, by the action or inaction of Congress or the President, and especially by judicial interpretation". Contudo, deve assinalar-se que já antes se encontravam referências a esta ideia de Constituição como ser vivo, cf. por exemplo: "Living political constitutions must be Darwinian in structure and in practice" (WILSON, Woodrow. *Constitutional Government in the United States*. New York: Columbia University Press, 1917. p. 57, publicação de Columbia University Lectures, George Blumenthal Foundation, de 1907). O termo não designa, como é óbvio, um método de interpretação em si, mas implica uma recusa das teses *originalistas* de interpretação da Constituição. Como assinala William H. Rehnquist, "It is not an easy question to answer; the phrase 'living Constitution' has about it a teasing imprecision that makes it a coat of many colors", acentuando que nem McBain nem outros autores posteriores deram uma noção da expressão, sendo esta susceptível de

Contudo, tal não significa que toda e qualquer alteração da realidade constitucional implique de imediato a conclusão de que ocorreu uma mutação constitucional. Feito este périplo, estamos em condições de afirmar que, face ao resultado das últimas eleições legislativas ocorridas em Portugal e a consequente impossibilidade de formação de um Executivo maioritário, levando à nomeação para primeiro-ministro do líder do segundo partido, não ocorreu qualquer mutação constitucional, ainda que tácita.

XXIII – O que o contexto político português recente nos mostrou é que o funcionamento do sistema permitiu aproximar a realidade da forma como o relacionamento entre os órgãos está configurado na Constituição, dessa forma diminuindo a transfiguração sentida pela Constituição de 1976,[74] no quadro de um princípio de flexibilidade do

---

significados diferentes (REHNQUIST, William H. The notion of a living Constitution. *Texas Law Review*, v. 54, p. 693-706, 1976. p. 693). Também no caso State of Missouri *v.* Holland, 252 U.S. 416 (1920), da *Supreme Court* norte-americana, sendo relator o Juiz Holmes, foi enunciado o seguinte: "With regard to that we may add that, when we are dealing with words that also are a constituent act, like the Constitution of the United States, we must realize that they have called into life a being the development of which could not have been foreseen completely by the most gifted of its begetters. It was enough for them to realize or to hope that they had created an organism; it has taken a century and has cost their successors much sweat and blood to prove that they created a nation. The case before us must be considered in the light of our whole experience, and not merely in that of what was said a hundred years ago" (STATE of Missouri v. Holland, 252 U.S. 416 (1920). *Justia*. Disponível em: <https://supreme.justia.com/cases/federal/us/252/416/case.html>). A mesma ideia encontra-se, entre outros, no ordenamento alemão, cf. LOEWENSTEIN, Karl. Über Wesen, Technik und Grenzen der Verfassungsänderung. Berlin: Walter de Gruyter, 1961, consultado na tradução espanhola, que incorporou aquela obra na tradução de LOEWENSTEIN, Karl. *Teoría de la Constitución*. Barcelona: Ariel, 1982, tradução de *Verfassungslehre*. Tübingen: Mohr Siebeck, 1959, com a adenda já mencionada. Cf. nomeadamente p. 164-165: "Cada Constituição é um organismo vivo, sempre em movimento como a vida em si mesma, e está submetida à dinâmica da realidade que jamais pode ser captada através de fórmulas fixas". Por melhor que ela esteja redigida, haverá sempre um momento em que a realidade constitucional não coincide com o texto da Constituição. Ora, como expõe o autor, "Estas inevitáveis acomodações do Direito Constitucional à realidade constitucional são tidas em conta somente de duas maneiras, as quais a Teoria Geral do Estado denominou de *revisão constitucional* e *mutação constitucional*. [...] Na mutação constitucional, por outro lado, produz-se uma transformação na realidade da configuração do poder político, da estrutura social ou equilíbrio de interesses, sem que essa transformação fique actualizada no documento constitucional: o texto da Constituição permanece intacto. Este tipo de mutações constitucionais ocorre em todos os Estados dotados de uma Constituição escrita e são muito mais frequentes que as revisões constitucionais formais. A sua frequência e intensidade é de tal ordem que o texto constitucional em vigor será dominado e coberto pelas ditas mutações sofrendo um considerável aligeiramento da realidade, ou posto fora de vigor". O autor enumera em seguida com exemplos retirados de diferentes ordenamentos jurídicos: assim, no Reino Unido, as convenções constitucionais (centradas na forma de conduta dos órgãos constitucionais); nos Estados Unidos, pese embora a "feliz redacção" das normas da Constituição de 1787, que permitiu que através de interpretação judicial elas pudessem ir sendo adaptadas à realidade social, surgiram práticas não directamente albergadas pela Constituição escrita (entre outros, a *judicial review* e o uso do veto presidencial por motivos políticos face a leis aprovadas pelo Congresso, "de onde surge na essência o fenómeno designado como mutação constitucional", já que "todas estas mutações constitucionais profundamente enraizadas na dinâmica constitucional ocorreram sem ter lugar uma revisão constitucional formal" – p. 168); em França, "o curioso fenómeno do uso constitucional que se pratica, não já sem uma regra constitucional válida , mas neutralizando e até pondo fora de vigor esta norma. Um exemplo adequado, cuja importância para o desenvolvimento político da França dificilmente pode ser exagerado, é a atrofia do direito de dissolução do Presidente face ao Parlamento (Lei constitucional de 25 de Fevereiro de 1875, artigo 5)" (p. 169).

[73] Cf. BLANCO DE MORAIS, Carlos. *Curso de direito constitucional* – Teoria da Constituição em tempo de crise do Estado Social. Coimbra: Coimbra Editora, 2014. v. II. t. II. p. 246 e TRIBE, Laurence H. *The invisible Constitution*. New York: Oxford University Press, 2008. p. 22 e ss. Cf. ainda BLANCO DE MORAIS, Carlos. As mutações constitucionais implícitas e os seus limites jurídicos: autópsia de um acórdão controverso. *Jurismat (Revista Jurídica do Instituto Superior Manuel Teixeira Gomes)*, Portimão, n. 3, p. 55-90, 2012. p. 61, "A normatividade de uma Constituição nunca é reconduzível ao seu texto. Isto porque toda a construção positivamente decidida nunca é uma construção acabada".

[74] Com efeito, assinalava Paulo Otero que o relacionamento entre o Governo e a Assembleia se transfigurara, no sentido de uma soberania de primeiro-ministro (OTERO, Paulo. *Direito constitucional português* – Identidade constitucional. Coimbra: Almedina, 2010. v. I. p. 229).

equilíbrio orgânico-funcional.[75] Tal não configura, porém, uma mutação constitucional; aliás, o que sucedeu foi o inverso – reaproximou-se a realidade constitucional do plano da normatividade constitucional.

O papel hodiernamente desempenhado pelo Parlamento permite aproximar a realidade da preponderância funcional que a Constituição atribui à Assembleia da República face ao Governo: i) o Governo, sendo politicamente responsável perante a Assembleia da República, não pode ter contra si a maioria absoluta dos deputados em efectividade de funções; ii) o Governo só entra em plenitude de funções após a apreciação do seu programa pela Assembleia da República, podendo, caso o programa seja rejeitado, nunca deixar de ser um governo de gestão; iii) a Assembleia da República goza de uma competência fiscalizadora sobre a actividade do Governo, podendo ainda submeter à apreciação política a maioria dos decretos-leis elaborados pelo Governo.[76]

Perante a influência da realidade política e o funcionamento prático do sistema, parece que no fim deste texto podemos concluir que a normatividade constitucional sai, afinal, reforçada, aproximando-se a realidade do texto da Constituição "oficial".[77] Tal permite também reafirmar a seguinte conclusão (nem sempre tão evidente como agora): no sistema eleitoral português, não há uma escolha directa do primeiro-ministro, destinando-se as eleições legislativas à eleição de deputados à Assembleia da República.

Referências

ALEXANDRINO, José Melo. *Lições de direito constitucional*. Lisboa: AAFDL, 2015. v. I.

ALEXANDRINO, José Melo. *Lições de direito constitucional*. Lisboa: AAFDL, 2015. v. II.

ARAÚJO, António. A Constituição como problema. In: ARAÚJO, António *et al*. *A Constituição revista*. Lisboa: Fundação Francisco Manuel dos Santos, 2011.

BLANCO DE MORAIS, Carlos. As metamorfoses do semipresidencialismo português. *Revista Jurídica da Associação Académica da Faculdade de Direito de Lisboa*, Lisboa, n. 22, p. 141-160, mar. 1998.

BLANCO DE MORAIS, Carlos. As mutações constitucionais implícitas e os seus limites jurídicos: autópsia de um acórdão controverso. *Jurismat (Revista Jurídica do Instituto Superior Manuel Teixeira Gomes)*, Portimão, n. 3, p. 55-90, 2012.

BLANCO DE MORAIS, Carlos. *Curso de direito constitucional* – Teoria da Constituição em tempo de crise do Estado Social. Coimbra: Coimbra Editora, 2014. v. II. t. II.

---

[75] OTERO, Paulo. *Direito constitucional português* – Organização do poder político. Coimbra: Almedina, 2010. v. II. p. 478; 503-506.

[76] Baseio-me aqui nos traços indicados por Paulo Otero, que apontavam para que "a simples leitura do texto escrito da Constituição indica-nos a existência de uma preponderância funcional da Assembleia da República face ao Governo" (OTERO, Paulo. *Direito constitucional português* – Identidade constitucional. Coimbra: Almedina, 2010. v. I. p. 229-230).

[77] Nesse sentido, apresentando diferentes possibilidades de equilíbrio orgânico-funcional, Paulo Otero: "Se, ao invés, o Governo for minoritário, o funcionamento do sistema de governo tende a aproximar-se do texto da Constituição 'oficial', afirmando-se como um parlamentarismo monista e racionalizado [...] se o Presidente da República se mostrar politicamente solidário com o Governo minoritário, sintonizados ambos em termos políticos ou numa postura de estreita colaboração institucional recíproca, poder-se-á atenuar a debilidade do estatuto do Governo'. O autor avança mesmo que o Presidente pode recorrer à sua 'magistratura de influências' ao serviço do Governo, 'moderando ou racionalizando os ímpetos parlamentares', o que implica que 'a racionalização do parlamentarismo, por meio do efeito conjugado entre o Presidente da República e o Governo, permitirá ainda a sobrevivência do presidencialismo de primeiro-ministro, apesar de a última palavra estar agora nas mãos da oposição maioritária no parlamento" (OTERO, Paulo. *Direito constitucional português* – Organização do poder político. Coimbra: Almedina, 2010. v. II. p. 505-506).

BLANCO DE MORAIS, Carlos. *Curso de direito constitucional*. 3. ed. Coimbra: Coimbra Editora, 2012. t. I.

BLANCO DE MORAIS, Carlos. *Direito constitucional* – Sumários desenvolvidos. 2. ed. Lisboa: AAFDL, 2012.

BLANCO DE MORAIS, Carlos. Entrevista. *Jornal I*, 30 out. 2015.

BLANCO DE MORAIS, Carlos. *Justiça constitucional* – O direito do contencioso constitucional. 2. ed. Coimbra: Coimbra Editora, 2011. t. II.

BLANCO DE MORAIS, Carlos. Parte III da Constituição da República: semipresidencialismo "on probation". In: BLANCO DE MORAIS, Carlos *et al. A Constituição revista*. Lisboa: Fundação Francisco Manuel dos Santos, 2011.

BOTELHO, Leonete. A nova modernidade ultrapassa o Estado e a Constituição. *Público*, 25 abr. 2016. Disponível em: <https://www.publico.pt/2016/04/25/politica/noticia/a-nova-modernidade-ultrapassa-o-estado-e-a-constituicao-1729821>.

CALDEIRA, Marco. Nos 40 anos da Constituição: maturidade ou decrepitude do sistema político? *E-Pública*, v. 3, n. 3, p. 68-94, dez. 2016.

CANOTILHO, J. J. Gomes. *Direito constitucional e teoria da Constituição*. 7. ed. Coimbra: Almedina, 2003.

CANOTILHO, J. J. Gomes; MOREIRA, Vital M. Anotação ao artigo 187º. In: CANOTILHO, J. J. Gomes; MOREIRA, Vital M. *Constituição da República portuguesa anotada* – Artigos 108º a 296º. Coimbra: Coimbra Editora, 2010. v. II.

CARRAPATOSO, Miguel Santos. Proibição de dissolução do Parlamento. A regra dos 6 meses ainda faz sentido. *Observador*, 28 out. 2015. Disponível em: <http://observador.pt/2015/10/28/proibicao-de-dissolucao-do-parlamento-a-regra-dos-6-meses-ainda-faz-sentido/>.

COMPOSIÇÃO dos Grupos Parlamentares. Assembleia da República. Disponível em: <http://www.parlamento.pt/DeputadoGP/Paginas/GruposParlamentaresI.aspx>.

COSTA, José Manuel M. Cardoso da. *A jurisdição constitucional em Portugal*. 2. ed. Coimbra: Coimbra Editora, 1992. Separata dos Estudos em Homenagem ao Prof. Afonso Rodrigues Queiró, número especial do *Boletim da Faculdade de Direito de Coimbra*, 1986.

EGÍDIO, Mariana Melo. Poder constituinte, legitimidade democrática e mutações constitucionais. In: MENDES, Gilmar Ferreira; BLANCO DE MORAIS, Carlos (Org.). *Mutações constitucionais*. São Paulo: Saraiva, 2016.

FERRAZ, Anna Cândida da Cunha. *Processos informais de mudança da Constituição*: mutações constitucionais e mutações inconstitucionais. São Paulo: Max Limonad, 1986.

HESSE, Konrad. *A força normativa da Constituição*. Tradução de Gilmar Ferreira Mendes Porto Alegre: Sergio Antonio Fabris Editor, 1991.

HESSE, Konrad. *Escritos de derecho constitucional*. Editado por Pedro Cruz Villalón e Miguel Azpitarte Sánchez. Madrid: Centro de Estudios Políticos y Constitucionales, 2012.

LASSALLE, Ferdinand. *O que é uma Constituição*. Lisboa: Escolar, 2013.

LOEWENSTEIN, Karl. *Teoría de la Constitución*. Barcelona: Ariel, 1982.

MAPA Oficial nº 2-B/2015. *Diário da República*, 1ª série, n. 205, 20 out. 2015.

MCBAIN, Howard Lee. *The living Constitution*. New York: The Macmillan Company, 1927.

MENDES, Gilmar Ferreira; BRANCO, Paulo Gustavo Gonet. *Curso de direito constitucional*. 9. ed. rev. e atual. São Paulo: Saraiva, 2014.

MIRANDA, Jorge. Anotação ao artigo 187º. In: MIRANDA, Jorge; MEDEIROS, Rui (Coord.). *Constituição portuguesa anotada*. Coimbra: Coimbra Editora, 2006. t. II.

MIRANDA, Jorge. Entrevista. *Diário Económico*, 26 out. 2015.

MIRANDA, Jorge. *Manual de direito constitucional* – Constituição. 6. ed. Coimbra: Coimbra Editora, 2007. t. II.

MIRANDA, Jorge. *Manual de direito constitucional* – Estrutura constitucional da democracia. Coimbra: Coimbra Editora, 2007. t. VII.

MIRANDA, Jorge. *Manual de direito constitucional* – O sistema constitucional português. 10. ed. Coimbra: Coimbra Editora, 2014. t. I, 2.

MIRANDA, Jorge. *Manual de direito constitucional* – Preliminares. O Estado e os sistemas constitucionais. 9. ed. Coimbra: Coimbra Editora, 2011. t. I.

MIRANDA, Jorge. *Manual de direito constitucional*. 6. ed. Coimbra: Coimbra Editora, 2010. t. III.

NOVAIS, Jorge Reis. *Semipresidencialismo*. Coimbra: Almedina, 2007. v. I.

OTERO, Paulo. As instituições políticas e a emergência de uma "Constituição não oficial". In: OTERO, Paulo et al. *Anuário português de direito constitucional*. Coimbra: Coimbra Editora, 2002. v. II.

OTERO, Paulo. *Direito constitucional português* – Identidade constitucional. Coimbra: Almedina, 2010. v. I.

OTERO, Paulo. *Direito constitucional português* – Organização do poder político. Coimbra: Almedina, 2010. v. II.

OTERO, Paulo. *Legalidade e Administração Pública* – O sentido da vinculação administrativa à juridicidade. Coimbra: Almedina, 2003.

PEDRA, Adriano Sant'Ana. *Mutação constitucional*: interpretação evolutiva da constituição na democracia constitucional. Rio de Janeiro: Lumen Juris, 2013.

POSIÇÃO conjunta do Partido Socialista e do Bloco de Esquerda sobre solução política. *CDN*. Disponível em: <http://cdn.impresa.pt/284/9c2/9700333/BE.pdf>.

POSIÇÃO conjunta do PS e do PCP sobre solução política. *CDN*. Disponível em: <http://cdn.impresa.pt/14d/378/9700329/PCP.pdf>.

POSIÇÃO conjunta do PS e do PEV sobre solução política. *Os Verdes*. Disponível em: <http://www.osverdes.pt/media/Parlamento/PosicaoConjuntaPS_PEV.pdf>.

POUND, Roscoe. Law in books and law in action. *American Law Review*, v. 44, 1910.

REHNQUIST, William H. The notion of a living Constitution. *Texas Law Review*, v. 54, p. 693-706, 1976.

RIBEIRO, Joaquim Sousa. *Mutações constitucionais*: um conceito vazio? Estudos em Memória do Conselheiro Artur Maurício. Coimbra: Coimbra Editora, 2015.

SANTAMARIA PASTOR, Juan Alfonso. *Fundamentos de Derecho Administrativo* – I. Madrid: Centro de Estudios Ramón Areces, 1991.

SILVA, José Afonso da. *Poder constituinte e poder popular*: estudos sobre a constituição. São Paulo: Malheiros, 2000.

TAVARES, André Ramos. *Curso de direito constitucional*. 2. ed. rev. e ampl. São Paulo: Saraiva, 2003.

TRIBE, Laurence H. *The invisible Constitution*. New York: Oxford University Press, 2008.

Informação bibliográfica deste texto, conforme a NBR 6023:2002 da Associação Brasileira de Normas Técnicas (ABNT):

EGÍDIO, Mariana Melo. Eleições para a Assembleia da República e nomeação do primeiro-ministro: mutação constitucional ou simples funcionamento do sistema de Governo português?. In: COSTA, Daniel Castro Gomes da et al. (Coord.). *Direito Eleitoral comparado*. Belo Horizonte: Fórum, 2018. p. 27-48. ISBN 978-85-450-0550-6.

CAPÍTULO 3

O FINANCIAMENTO ELEITORAL NOS ESTADOS UNIDOS: *CITIZENS UNITED V. FEC* E OS *SUPER PAC*

JOSÉ ANTONIO DIAS TOFFOLI

3.1 Considerações iniciais[1]

Há muito, as regras de financiamento eleitoral, a influência do dinheiro no processo político e o efeito corruptor das doações de campanha são objeto de preocupação no direito norte-americano, marcado pelo alto grau de regulamentação e pelo esforço empreendido para mitigar possíveis influências deletérias do dinheiro no processo político e nas liberdades políticas fundamentais. No contexto norte-americano, é notável também a diversidade de fontes normativas que regulam o tema: há normas federais para as eleições federais e normas estaduais para os pleitos locais e estaduais.

No Brasil, por seu turno, as legislações eleitorais vigentes nos períodos do Império, da República Velha e do Estado Novo não regulavam o financiamento das campanhas eleitorais. Somente após a Constituição democrática de 1946 e a retomada das eleições diretas para presidente da República é que se editaram as primeiras normas dedicadas a regulamentar o financiamento das eleições, quais sejam, o Decreto-Lei nº 9.258, de 14.5.1946, e o Decreto-Lei nº 1.164, de 24.7.1950, que instituiu o Código Eleitoral.[2] Contudo, somente com a edição das leis nº 4.740, de 15.7.1965, e nº 5.682, de 21.7.1971,

---

[1] Esse artigo é uma versão atualizada de artigo originalmente publicado no livro PINTO, Felipe Chiarello de Souza; PASIN, João Bosco Coelho; SIQUEIRA NETO, José Francisco (Org.). *Direito, economia e política*: Ives Gandra, 80 anos do humanista. São Paulo: IASP, 2015.

[2] FIGUEIREDO FILHO, Dalson Britto; MELO, Natália Maria Leitão de. Financiamento de campanha em perspectiva comparada: uma análise exploratória. In: TRIBUNAL SUPERIOR ELEITORAL. *1º concurso de monografias do Tribunal Superior Eleitoral*: direito eleitoral e os desafios de sua concretização. Brasília: Tribunal Superior Eleitoral, 2012. p. 219.

é que se regulamentaram as doações eleitorais por empresas privadas, vedando-se aos partidos políticos receber, direta ou indiretamente, sob qualquer forma ou pretexto, contribuição, auxílio ou recurso procedente de empresa privada de finalidade lucrativa ou de entidade de classe ou sindical. Todavia, as legislações posteriores adotaram uma posição mais maleável, permitindo, desde então, que as empresas privadas com fins lucrativos também contribuíssem no financiamento eleitoral.[3]

Para a presente análise, cumpre ressaltar, desde já, dois aspectos distintos entre os sistemas do Brasil e dos Estados Unidos no financiamento de campanhas eleitorais. Primeiramente, a questão relativa a propagandas nos meios de comunicação: enquanto, no Brasil, a lei proíbe a compra de propaganda eleitoral no rádio e na televisão,[4] bem como na internet,[5] somente sendo admitida – observados certos parâmetros – na imprensa escrita (art. 43, Lei nº 9.504/97), nos Estados Unidos, não existe horário eleitoral gratuito, de forma que os próprios partidos, candidatos e apoiadores podem comprar tempo no rádio ou na televisão, ou, ainda, espaços na imprensa escrita para fazer suas propagandas. Em segundo lugar, no Brasil, as pessoas jurídicas podem fazer doações e contribuições para as campanhas eleitorais –[6] exceto aquelas expressamente vedadas pelo art. 24 da Lei nº 9.504/97 –,[7] permissão essa que tem sido objeto de questionamentos no Supremo Tribunal Federal. Conforme se verá a seguir, nos Estados Unidos, as corporações não podem financiar diretamente as campanhas dos candidatos, mas podem contribuir de forma indireta por meio dos Comitês de Ação Política (*Political Action Committees – PAC*).[8]

O debate acerca da constitucionalidade da participação de empresas privadas no financiamento de campanhas eleitorais foi objeto de análise pelo Supremo Tribunal Federal, no julgamento da ADI nº 4.650, ajuizada pelo Conselho Federal da Ordem dos Advogados do Brasil, ocasião em que a Corte considerou inconstitucionais as regras relativas a doações de empresas privadas para campanhas eleitorais e partidos políticos, uma grande inovação que passou a valer a partir das eleições municipais de 2016.

---

[3] FIGUEIREDO FILHO, Dalson Britto; MELO, Natália Maria Leitão de. Financiamento de campanha em perspectiva comparada: uma análise exploratória. In: TRIBUNAL SUPERIOR ELEITORAL. *1º concurso de monografias do Tribunal Superior Eleitoral*: direito eleitoral e os desafios de sua concretização. Brasília: Tribunal Superior Eleitoral, 2012. p. 222.

[4] De acordo com o *caput* do art. 44 da Lei nº 9.504/97, "a propaganda eleitoral no rádio e na televisão restringe-se ao horário gratuito definido nesta Lei, vedada a veiculação de propaganda paga".

[5] Lei nº 9.504/97: "Art. 57-C. Na internet, é vedada a veiculação de qualquer tipo de propaganda eleitoral paga. §1º É vedada, ainda que gratuitamente, a veiculação de propaganda eleitoral na internet, em sítios: I - de pessoas jurídicas, com ou sem fins lucrativos; II - oficiais ou hospedados por órgãos ou entidades da administração pública direta ou indireta da União, dos Estados, do Distrito Federal e dos Municípios".

[6] O limite de doação às campanhas eleitorais a que estão sujeitas as pessoas jurídicas é de dois por cento do seu faturamento bruto no ano anterior à eleição (art. 81, §1º, da Lei nº 9.504/97).

[7] Lei nº 9.504/97: "Art. 24. É vedado, a partido e candidato, receber direta ou indiretamente doação em dinheiro ou estimável em dinheiro, inclusive por meio de publicidade de qualquer espécie, procedente de: I - entidade ou governo estrangeiro; II - órgão da administração pública direta e indireta ou fundação mantida com recursos provenientes do Poder Público; III - concessionário ou permissionário de serviço público; IV - entidade de direito privado que receba, na condição de beneficiária, contribuição compulsória em virtude de disposição legal; V - entidade de utilidade pública; VI - entidade de classe ou sindical; VII - pessoa jurídica sem fins lucrativos que receba recursos do exterior. VIII - entidades beneficentes e religiosas; IX - entidades esportivas; X - organizações não-governamentais que recebam recursos públicos; XI - organizações da sociedade civil de interesse público".

[8] FIGUEIREDO FILHO, Dalson Britto; MELO, Natália Maria Leitão de. Financiamento de campanha em perspectiva comparada: uma análise exploratória. In: TRIBUNAL SUPERIOR ELEITORAL. *1º concurso de monografias do Tribunal Superior Eleitoral*: direito eleitoral e os desafios de sua concretização. Brasília: Tribunal Superior Eleitoral, 2012. p. 210.

É notório, por sua vez, que recentes decisões da Suprema Corte americana têm afetado e alterado substancialmente a dinâmica do financiamento de campanha nos Estados Unidos, trazendo questões fundamentais para o primeiro plano do debate constitucional; especialmente a partir do cotejo entre a regulamentação das contribuições às campanhas eleitorais e a Primeira Emenda à Constituição americana, asseguradora da liberdade de expressão e de seu corolário, o discurso político.

No presente ensaio, focalizaremos a perspectiva norte-americana sobre as regras de financiamento das campanhas eleitorais, concedendo especial atenção à decisão da Suprema Corte dos Estados Unidos no caso *Citizens United v. FEC* e ao surgimento dos chamados *super* PAC.

3.2 Processo histórico do financiamento eleitoral nos Estados Unidos

A controvérsia sobre o financiamento do processo eleitoral tem sido uma constante no processo histórico-político dos Estados Unidos. Conforme lembra Anthony Corrado, podem-se rastrear pedidos de reforma do financiamento de campanha desde pelo menos a Guerra Civil (1861 – 1865).[9]

As reformas mais profundas na legislação norte-americana sobre financiamento eleitoral foram decorrentes de escândalos envolvendo doações ou corrupção. Anthony Corrado narra que, no final do século XIX, era marcante, nas eleições federais, a influência e a importância de grandes empresas com interesses nas políticas dos governos.[10]

Em 1904, acusações formuladas pelo Juiz Alton B. Parker, candidato pelo Partido Democrata, de que o então Presidente Theodore Roosevelt estaria favorecendo grandes empresas que teriam realizado doações para a campanha presidencial, com a finalidade de influenciar as decisões do governo, resultaram na edição, em 1907, do chamado *Tillman Act*, proibindo contribuições de empresas e de bancos nas eleições federais.[11]

Anos depois, em razão do crescimento do poder dos sindicatos dos trabalhadores como importante fonte de financiamento das campanhas eleitorais, durante a era do *New Deal*, foi editado, em 1947, o *Taft-Hartley Act*, estendendo a proibição imposta às empresas às doações sindicais.[12] Como saída para essa proibição, os sindicatos passaram a organizar comitês independentes de apoio a candidatos, mediante financiamento de seus próprios membros, surgindo, assim, os chamados *PAC* (*Political Action Committees*), prática essa a que, posteriormente, as empresas também aderiram.[13]

---

[9] CORRADO, Anthony. Money and politics: a history of Federal Campaign Finance Law. In: CORRADO, Anthony et al. *The new campaign finance sourcebook*. Washington, DC: Brookings Institution Press, 2005. Disponível em: <http://fackler.webhost.utexas.edu/gov370-money/brookings/chap2.PDF>. Acesso em: 10 ago. 2014.

[10] CORRADO, Anthony. Money and politics: a history of Federal Campaign Finance Law. In: CORRADO, Anthony et al. *The new campaign finance sourcebook*. Washington, DC: Brookings Institution Press, 2005. Disponível em: <http://fackler.webhost.utexas.edu/gov370-money/brookings/chap2.PDF>. Acesso em: 10 ago. 2014.

[11] CORRADO, Anthony. Money and politics: a history of Federal Campaign Finance Law. In: CORRADO, Anthony et al. *The new campaign finance sourcebook*. Washington, DC: Brookings Institution Press, 2005. Disponível em: <http://fackler.webhost.utexas.edu/gov370-money/brookings/chap2.PDF>. Acesso em: 10 ago. 2014.

[12] CORRADO, Anthony. Money and politics: a history of Federal Campaign Finance Law. In: CORRADO, Anthony et al. *The new campaign finance sourcebook*. Washington, DC: Brookings Institution Press, 2005. Disponível em: <http://fackler.webhost.utexas.edu/gov370-money/brookings/chap2.PDF>. Acesso em: 10 ago. 2014.

[13] TELLES, Olivia Raposo da Silva. *Direito eleitoral comparado*: Brasil, Estados Unidos, França. São Paulo: Saraiva, 2009. p. 220.

Em 1971, o Congresso, em mais uma tentativa de conter o aumento dos custos das campanhas eleitorais, editou o *Federal Election Campaign Act* (*Feca*), que entrou em vigor em 1972. Conforme resume Anthony Corrado, a reforma combinou duas abordagens: na primeira parte, estabelecia-se o limite legal de gastos que os candidatos podiam ter com suas próprias campanhas, assim como o limite de gastos com os meios de comunicação; na segunda parte, impunham-se rigorosos procedimentos de divulgação dos gastos dos candidatos federais e dos comitês políticos.

Contudo, em 1974, após relatos de abusos financeiros na campanha de Nixon (1972) e a eclosão do escândalo *Watergate*, o *Feca* sofreu ampla e abrangente reforma. Conforme explicita Olivia Raposo da Silva Telles:

> [a]s Emendas de 1974 ao FECA representaram a mais abrangente reforma já feita nos Estados Unidos em matéria de financiamento eleitoral. A lei de 1974 deixou poucas das disposições originais intactas. De fato, ela tornou mais estritas as regras sobre a prestação de informações, impôs novos limites aos gastos e às contribuições, incluindo as de indivíduos, dos comitês dos partidos nacionais e dos comitês de ação política [...], substituiu os limites impostos aos gastos com a mídia por limites totais de gastos com campanhas federais e restringiu os gastos partidários nas campanhas. Além do mais, instituiu um programa de financiamento público de campanhas presidenciais, e uma nova agência, a *Federal Election Commission* (FEC), para dar publicidade às informações e aplicar a lei.[14]

Assim, para administrar e dar efetividade às novas disposições, foi criada a *Federal Election Commission* (*FEC*), uma agência independente, com a atribuição de regular e fiscalizar o financiamento eleitoral.

É importante mencionar ainda que a reforma de 1974 criou um sistema opcional de financiamento público para as campanhas presidenciais, administrado pela *FEC*. Nas eleições gerais, o candidato podia receber um montante fixo[15] para cobrir todas as despesas de campanha, mas devia abster-se de receber qualquer doação privada adicional (de indivíduos, *PAC* ou comitês do partido). Nas eleições primárias, os candidatos podiam receber bonificações proporcionais às pequenas contribuições privadas que recebessem.

Segundo Anthony Corrado, "o objetivo desse sistema era reduzir as pressões de angariações de fundos nas campanhas nacionais e incentivar as pequenas contribuições nas campanhas presidenciais".[16] Para ingressar no programa, o candidato devia submeter-se a limites de gastos de campanha, inclusive de recursos próprios. Vale ressaltar, ainda, que os recursos do programa adviriam de uma opção assinalada pelos contribuintes individuais no formulário de declaração do imposto de renda, direcionando US\$3 do seu imposto para o *Presidential Election Campaign Fund*, conta mantida pelo Tesouro dos EUA.[17]

---

[14] TELLES, Olivia Raposo da Silva. *Direito eleitoral comparado*: Brasil, Estados Unidos, França. São Paulo: Saraiva, 2009. p. 222.

[15] Segundo informações contidas na página eletrônica da FEC, o valor básico de doação é US\$20 milhões, ajustado pela inflação a cada ano de eleição presidencial. Em 2012, a concessão foi de US\$91,2 milhões dólares americanos.

[16] CORRADO, Anthony. Money and politics: a history of Federal Campaign Finance Law. In: CORRADO, Anthony *et al. The new campaign finance sourcebook*. Washington, DC: Brookings Institution Press, 2005. Disponível em: <http://fackler.webhost.utexas.edu/gov370-money/brookings/chap2.PDF>. Acesso em: 10 ago. 2014.

[17] CORRADO, Anthony. Money and politics: a history of Federal Campaign Finance Law. In: CORRADO, Anthony *et al. The new campaign finance sourcebook*. Washington, DC: Brookings Institution Press, 2005. Disponível em: <http://fackler.webhost.utexas.edu/gov370-money/brookings/chap2.PDF>. Acesso em: 10 ago. 2014.

A Suprema Corte norte-americana, em 1976, analisou a constitucionalidade das disposições das emendas ao *Feca* no célebre caso *Buckley v. Valeo*, ocasião em que decidiu pela constitucionalidade da imposição de limites de contribuições diretas às campanhas eleitorais e da sua divulgação, a fim de evitar a corrupção ou a "aparência" de corrupção e salvaguardar a integridade do processo eleitoral. Todavia, a Corte declarou inconstitucionais os limites de gastos de recursos financeiros dos próprios candidatos e os limites de gastos independentes realizados por indivíduos ou comitês políticos que não fossem coordenados com a campanha dos candidatos, por restringirem substancialmente a liberdade de expressão e de participação política, protegidos pela primeira emenda. Segundo a Corte,

> [a] restrição sobre a quantidade de dinheiro que uma pessoa ou grupo pode gastar em comunicação política durante a campanha reduz necessariamente a quantidade de expressão, pois restringe o número de questões discutidas, a profundidade de sua exploração e o tamanho do público atingido. Isto porque praticamente todos os meios de comunicação de ideias na atual sociedade de massa requerem o gasto de dinheiro. A distribuição de folheto ou panfleto humilde implica custos de impressão, de papel e de circulação. Discursos e comícios geralmente exigem a contratação de um salão e divulgação do evento. O aumento da dependência do eleitorado da televisão, do rádio e de outros meios de comunicação de notícias e informação tem encarecido esses modelos de comunicação, instrumentos indispensáveis para um discurso político eficaz.[18]

No referido julgado, a Suprema Corte instituiu a importante distinção entre limites de gastos que indivíduos e comitês de ação política (*PAC*) podem fazer de forma independente e os limites de contribuições diretas a partido ou candidato, ou de contribuições coordenadas com a campanha. A noção de gastos coordenados e não coordenados (independentes) é de fundamental importância para as regras de financiamento eleitoral nos Estados Unidos. Conforme conceito citado por Olivia Raposo da Silva Telles, a "coordenação é genericamente definida como gastos feitos em cooperação, consulta ou concerto com, ou atendendo a[,] pedido ou sugestão de candidato, de comitê autorizado de candidato, ou de seus agentes, ou de comitê de partido político ou de seus agentes".[19]

De acordo com a decisão da Corte norte-americana, quando há coordenação com os candidatos ou os partidos, as atividades realizadas passam a ser doações para a campanha, sujeitando-se aos limites da lei. Contudo, se os gastos são realizados de forma independente, sem coordenação com a campanha de um candidato, são ilimitados. Conforme exemplifica Stephen Holmes:

> se você simplesmente preenche um cheque de mil dólares e o dá ao tesoureiro de campanha de um candidato, você está fazendo uma contribuição; se você publica um anúncio no jornal em favor do candidato sem consultar sua equipe de campanha, você está fazendo um gasto.[20]

---

[18] BUCKLEY V. VALEO. 424, U.S. 1, 1976. *Legal Information Institute*. Disponível em: <http://www.law.cornell.edu/supremecourt/text/424/1>. Acesso em: 10 ago. 2014.

[19] TELLES, Olivia Raposo da Silva. *Direito eleitoral comparado*: Brasil, Estados Unidos, França. São Paulo: Saraiva, 2009. p. 226.

[20] *Apud* SILVA, Júlio César Casarin Barroso. Financiamento de campanhas políticas e igualdade política: uma perspectiva liberal-igualitária. *GT 13 – Financiamento político no Brasil – do 35º Encontro Anual da Anpocs*, Caxambu/MG, 2011.

Acerca do sistema instituído pelo *Feca* e suas emendas, conclui Anthony Corrado:

> Apesar de seu início instável, o novo sistema de financiamento de campanha representou um grande avanço em relação à miscelânea de normas que substituiu. A divulgação e os requisitos de informação melhoraram drasticamente o acesso do público às informações financeiras e a capacidade das entidades reguladoras em fazer cumprir a lei. Os limites máximos de contribuição eliminaram as grandes doações que mancharam o processo em 1972. O financiamento público rapidamente ganhou ampla aceitação entre os candidatos, e pequenas contribuições tornaram-se uma parte importante do financiamento das campanhas presidenciais.[21]

Contudo, com o tempo, esse sistema foi sendo enfraquecido com o surgimento de novas técnicas de financiamento eleitoral, especialmente, a partir da década de 1980, com o chamado *soft Money*.[22] Por meio do denominado *soft money*, os comitês dos partidos poderiam receber contribuições de fontes proibidas, inclusive acima dos limites estabelecidos no *Feca*, desde que "fossem depositados em contas separadas e não fossem utilizados para influenciar a eleição federal".[23] Esses recursos só poderiam ser utilizados pelos comitês dos partidos em "atividades partidárias genéricas", tais como "custeio de despesas administrativas, campanhas de comparecimento às urnas, gastos com arrecadação de contribuições".[24] Contudo, nas palavras de Olivia Raposo da Silva Telles,

> [c]om o tempo, houve o desvirtuamento dessa finalidade, e os fundos assim levantados foram passando a ser empregados em atividades que favoreciam diretamente candidatos federais. A partir da eleição de 1988 e pelos 15 anos seguintes, o *soft money* tornou-se a principal fonte de recursos das campanhas eleitorais.
>
> Nos anos 1990, os partidos nacionais levantaram somas cada vez maiores de *soft money*. A arrecadação de *soft money* passou de US$86 milhões em 1992 para cerca de US$260 milhões em 1996 e mais de US$495 milhões em 2000. A ideia de que as quantias arrecadadas a título de *soft money* não eram utilizadas para influenciar a eleição federal tinha se tornado risível. Os comitês partidários iam encontrando a cada vez mais novas maneiras de gastar esses fundos de forma a afetar as eleições federais, com pouca ou nenhuma objeção por parte da *FEC*.[25]

A partir da conclusão de que o sistema instituído pelo *Feca* estava cada vez mais sendo contornado por práticas que burlavam os limites de contribuições e de gastos e após denúncias de irregularidades no financiamento das campanhas eleitorais de 1996, depois de anos de debate no Congresso norte-americano, em março de 2002, foi editada uma nova lei sobre financiamento de campanhas eleitorais para os cargos eletivos federais

---

[21] CORRADO, Anthony. Money and politics: a history of Federal Campaign Finance Law. In: CORRADO, Anthony et al. *The new campaign finance sourcebook*. Washington, DC: Brookings Institution Press, 2005. Disponível em: <http://fackler.webhost.utexas.edu/gov370-money/brookings/chap2.PDF>. Acesso em: 10 ago. 2014.

[22] TELLES, Olivia Raposo da Silva. *Direito eleitoral comparado*: Brasil, Estados Unidos, França. São Paulo: Saraiva, 2009. p. 222.

[23] TELLES, Olivia Raposo da Silva. *Direito eleitoral comparado*: Brasil, Estados Unidos, França. São Paulo: Saraiva, 2009. p. 222.

[24] TELLES, Olivia Raposo da Silva. *Direito eleitoral comparado*: Brasil, Estados Unidos, França. São Paulo: Saraiva, 2009. p. 222.

[25] TELLES, Olivia Raposo da Silva. *Direito eleitoral comparado*: Brasil, Estados Unidos, França. São Paulo: Saraiva, 2009. p. 223.

nos Estados Unidos, o *Bipartisan Campaign Reform Act* (*BCRA*), o qual reforçou os limites anteriormente já fixados no *Feca*, reiterou a proibição de certas fontes de recursos e, principalmente, proibiu o *soft money* – seu principal feito.[26]

3.3 A Suprema Corte e o caso *Citizens United v. FEC*

Desde 1907, com a edição do *Tillman Act*, empresas e bancos – e posteriormente, em 1947, os sindicatos, com o *Taft-Hartley Act* – foram proibidos de financiar as eleições federais nos Estados Unidos. A lei federal proíbe tanto a contribuição direta para a campanha dos candidatos (chamados de gastos coordenados) como os gastos independentes com a finalidade de influenciar as eleições, dentro de 30 dias de uma eleição primária e 60 dias de uma eleição geral por meio de qualquer forma de mídia, seja para defender expressamente a eleição ou a derrota dos candidatos ou para transmitir comunicações eleitorais.

Contudo, em 2010, a Suprema Corte dos Estados Unidos proferiu polêmica decisão no caso *Citizens United v. FEC*, revertendo entendimentos anteriores, para declarar que as corporações e os sindicatos têm o direito constitucional de realizar gastos independentes visando apoiar determinados candidatos.

No referido caso, relativo às eleições primárias de 2008, a corporação sem fins lucrativos *Citizens United*, que recebe recursos de pessoas físicas, mas também de empresas com fins lucrativos, tentou lançar, dentro do prazo proibido pelo *BCRA*, um documentário crítico acerca da então Senadora Hillary Clinton, postulante à indicação do Partido Democrata como candidata à Presidência da República. Em razão da declaração de ilegalidade da *Federal Election Commission* (*FEC*), a *Citizens United* pediu à Suprema Corte que a declarasse excetuada da restrição legal, tendo em vista que a transmissão do filme se daria em canal *pay-per-view*.

A Suprema Corte, ao julgar a questão, em decisão apertada de 5 votos a 4, decidiu que as restrições contidas no *BCRA* às corporações, bancos e sindicatos eram inconstitucionais, por afrontarem o discurso político e a liberdade de expressão, assegurados pela primeira emenda. Conforme consta no voto condutor do acórdão, redigido por Anthony Kennedy:

> Tendo como premissa a desconfiança do poder governamental, a Primeira Emenda se opõe às tentativas de desfavorecer certos assuntos ou pontos de vista. Ver, por exemplo, *United States v. Playboy Entertainment Group, Inc.*, 529 US 803, 813 (2000) (derrubando restrições baseadas em conteúdo). Proibidas, também, são as restrições que distinguem entre diferentes oradores, permitindo a fala de alguns, mas de outros não. Veja *First Nat. Bank of Boston v. Bellotti*, 435 US 765, 784 (1978). Como instrumentos de censura, essas categorias estão inter-relacionadas: restrições ao discurso a partir da identidade de quem fala são muitas vezes simplesmente um meio para controlar o conteúdo.
>
> Para além do objetivo ou o efeito de regular o conteúdo, o Governo pode cometer um erro constitucional quando por lei identifica certos oradores preferenciais. Tomando-se o direito de fala de alguns e dando a outros, o Governo priva a pessoa ou classe desfavorecida do direito de utilizar o discurso para mostrar o esforço de seu valor, prestígio e respeito pela voz

---

[26] TELLES, Olivia Raposo da Silva. *Direito eleitoral comparado*: Brasil, Estados Unidos, França. São Paulo: Saraiva, 2009. p. 224.

do locutor. O Governo não pode por estes meios privar o público do direito e do privilégio de determinar por si próprio o que falar e quais oradores são dignos de consideração. A Primeira Emenda protege o discurso e os oradores, e as ideias que fluem de cada um.[27]

A Suprema Corte não permitiu doações diretas às campanhas eleitorais, nem despesas coordenadas com candidatos e partidos, mas as corporações e os sindicatos foram autorizados a gastar seus próprios recursos, desde que sem nenhuma coordenação ou participação de candidato ou de seus agentes, para apoiar ou fazer oposição a qualquer postulante de cargo político, mediante comunicações independentes, na forma, por exemplo, de publicidade ou de comerciais de TV.

Tal decisão representou uma mudança radical em anos de regulamentação sobre o tema, e acabou por elevar a quantidade de dinheiro nas eleições presidenciais de 2012. Como advertiu John Paul Stevens em seu voto dissidente no referido caso, "a Corte funciona com uma marreta, em vez de um bisturi, quando ela derruba um dos esforços mais significativos do Congresso para regulamentar o papel que as empresas e os sindicatos desempenham na política eleitoral", decisão essa que poderá "minar a integridade das instituições eleitas em toda a nação".[28]

3.4 Contexto Pós-*Citizens*: eleições de 2012 e os *super PAC*

Dworkin ressalta que "[n]enhuma decisão da Suprema Corte dos Estados Unidos da América gerou, nas últimas décadas, tantas hostilidades abertas entre os três poderes do nosso governo".[29] O Presidente Obama fez severa crítica à decisão da Corte:

> Com o devido respeito à separação de poderes, na semana passada, a Suprema Corte reverteu um século de legislação que eu acredito que vai abrir as comportas para que interesses especiais – incluindo empresas estrangeiras – possam gastar sem limites nas nossas eleições. Eu não acho que as eleições americanas devem ser financiadas pelos interesses mais poderosos da América, ou pior, por entidades estrangeiras. Elas devem ser decididas pelo povo americano. E eu exorto democratas e republicanos para aprovar uma lei que ajude a corrigir alguns destes problemas.[30]

---

[27] CITIZENS UNITED V. FEC. 558 U.S. 2010. *Supreme Court*. Disponível em: <http://www.supremecourt.gov/opinions /09pdf/08-205.pdf>. Acesso em: 10 ago. 2014.

[28] CITIZENS UNITED V. FEC. 558 U.S. 2010. *Supreme Court*. Disponível em: <http://www.supremecourt.gov/opinions /09pdf/08-205.pdf>. Acesso em: 10 ago. 2014.

[29] DWORKIN, Ronald. Uma decisão que ameaça a democracia. In: FREITAS, Juarez; TEIXEIRA, Anderson V. (Coord.). *Direito à democracia*: ensaios transdisciplinares. São Paulo: Conceito, 2011. p. 41.

[30] DOWLING, Conor M.; MILLER, Michael G. *Super Pac!*: money, elections, and voters after Citizens United. New York: Routledge, 2014. p. 7-8. Segundo relata Dworkin: "Enquanto ele discursava, um dos juízes conservadores, Samuel Alito, numa evidente violação do decoro, balbuciou uma refutação e, pouco tempo depois, o Presidente da Suprema Corte, John Roberts, repreendeu publicamente o Presidente por expressar tal opinião naquela ocasião. O secretário de imprensa da Casa Branca, Robert Gibbs, explicou, em seguida, as observações de Obama: 'O Presidente tem se comprometido com a redução da influência indevida de interesses especiais e dos seus lobistas no governo. Foi por essa razão que ele discursou condenando a decisão e está trabalhando com o Congresso para uma resposta legislativa.' Os democratas no Congresso têm, de fato, sustentado a necessidade de uma emenda constitucional para repelir a decisão e vários deles, mais realisticamente, têm propostas para atenuar os seus danos" (DWORKIN, Ronald. Uma decisão que ameaça a democracia. In: FREITAS, Juarez; TEIXEIRA, Anderson V. (Coord.). *Direito à democracia*: ensaios transdisciplinares. São Paulo: Conceito, 2011. p. 42).

A decisão da Suprema Corte teve impacto direto nos chamados *Political Action Committees* (*PAC*), que sempre desenvolveram papel relevante no sistema eleitoral americano. Esses comitês independentes já podiam desenvolver atividades ligadas ao processo eleitoral, mas, quando voltados a apoiar determinados candidatos federais, sujeitavam-se às proibições de fontes de recursos e limites de contribuições. Todavia, podiam fazer gastos independentes ilimitadamente, com, por exemplo, campanhas de alistamento de eleitores ou de comparecimento às urnas, ou até com propagandas em prol ou contra determinados candidatos.[31]

Como as corporações e os sindicatos não podiam contribuir para as campanhas eleitorais nem fazer gastos independentes, não eram autorizados a contribuir para os *PAC*. Contudo, eram autorizados a criar os chamados *PAC* conectados, os quais podiam realizar propagandas com conteúdo eleitoral, sendo seus fundos financeiros separados e suas verbas limitadas às doações dos acionistas ou dos empregados da empresa instituidora ou, ainda, dos membros do sindicato. As empresas e os sindicatos não podiam fazer contribuições financeiras para os fundos do *PAC*, mas somente custear despesas administrativas ou com instalações ou campanhas de solicitação de contribuições.[32]

Com a decisão da Suprema Corte em *Citizens*, abriu-se caminho para o surgimento dos chamados *super PAC*, assim denominados porque podem realizar gastos independentes sem nenhuma limitação e levantar recursos ilimitadamente junto a empresas, bancos, sindicatos, associações ou indivíduos. Conquanto sejam proibidos de fazer gastos coordenados com os candidatos ou partidos, é muito comum que os *super PAC* sejam dirigidos por pessoas ligadas às campanhas de determinados candidatos. A título de exemplo, Conor M. Dowling e Michael G. Miller, citando as primárias das eleições de 2012, mencionam o fato de o *super PAC* pró-Romney ter sido fundado e dirigido por vários dos principais assessores de sua campanha de 2008.[33]

Em que pese a resistência inicial, especialmente em razão do sucesso de sua campanha presidencial de 2008, financiada principalmente por pequenos doadores (arrecadação de US$650 milhões de doações de indivíduos), o Presidente Barack Obama acabou por aderir, nas eleições de 2012, à onda de criação de *super PAC*.[34]

Os *super PAC* são obrigados a declarar seus doadores e os respectivos valores para a *Federal Election Commission* (*FEC*). Segundo dados do *site* OpenSecrets.org, no ciclo eleitoral de 2012, 1.310 grupos organizados como *super PAC* relataram receitas totais de US$828.224.700 e despesas independentes totais de US$609.417.654.[35]

A matéria intitulada *Spending big to fight big donors in campaigns*, publicada no *New York Times*,[36] mostra a luta de grupos contrários à influência do poder econômico

---

[31] TELLES, Olivia Raposo da Silva. *Direito eleitoral comparado*: Brasil, Estados Unidos, França. São Paulo: Saraiva, 2009. p. 229.

[32] TELLES, Olivia Raposo da Silva. *Direito eleitoral comparado*: Brasil, Estados Unidos, França. São Paulo: Saraiva, 2009. p. 243.

[33] DOWLING, Conor M.; MILLER, Michael G. *Super Pac!*: money, elections, and voters after Citizens United. New York: Routledge, 2014. p. 1.

[34] DOWLING, Conor M.; MILLER, Michael G. *Super Pac!*: money, elections, and voters after Citizens United. New York: Routledge, 2014. p. 2-3.

[35] SUPER PACs. *OpenSecrets.org*. Disponível em: <https://www.opensecrets.org/pacs/superpacs.php?cycle=2012>. Acesso em: 10 ago. 2014.

[36] CONFESSORE, Nicholas. Spending big to fight big donors in campaigns. *The New York Times*, 28 jul. 2014.

nas campanhas eleitorais. A notícia narra a estratégia utilizada por Lawrence Lessig, na formação de um *super PAC*, o *Mayday PAC*, exatamente para combater os *super PAC*, apoiando candidatos favoráveis a reformas no financiamento de campanha e à diminuição das grandes doações nas campanhas eleitorais.

Mais recentemente, a Suprema Corte, no caso *McCutcheon vs. FEC*, em abril de 2014, novamente por uma maioria de 5 votos a 4, declarou inconstitucional a limitação (agregada) de contribuição que uma pessoa física pode fazer em determinado período a candidatos e partidos políticos, por entender como violadora da proteção à liberdade de expressão. A lei federal fixava em US$123.200 a quantia máxima que um indivíduo podia destinar durante dois anos a candidatos, partidos e comitês de ação política. Foi mantido como válido o limite de US$2.600 que um candidato pode receber por cada contribuinte particular.

Em seu voto dissidente, Stephen Breyer advertiu que a Corte "subestima a importância de proteger a integridade política", derrogando "um precedente essencial que abre o caminho a enormes lacunas na lei e que mina, inclusive devasta, o que resta da legislação que regula as campanhas eleitorais".[37] Ainda segundo Stepher Breyer, se, com o caso *Citizen United*, a Corte "abriu uma porta", com a decisão em *McCutcheon*, "pode estar abrindo uma eclusa", pois permite que um indivíduo "contribua com milhões de dólares para um partido político ou para a campanha de um candidato".[38]

3.5 Conclusão

Em que pesem as críticas às mais recentes e polêmicas decisões da Suprema Corte dos Estados Unidos, há de se destacar a centralidade do debate norte-americano acerca do financiamento do processo eleitoral, a partir das máximas dos princípios da liberdade de expressão e da participação política, tão destacadas nos julgados citados neste ensaio e, infelizmente, praticamente inexistente nos debates acerca do tema no Brasil.

Segundo Anthony Corrado:

> A influência do dinheiro no processo político tem sido uma preocupação, uma consequência da luta contínua de nossa nação [EUA] para conciliar noções básicas de igualdade política, tais como o princípio de "uma pessoa, um voto", com a distribuição desigual de recursos econômicos e a vontade de um grupo relativamente pequeno de cidadãos de participar financeiramente nas campanhas políticas.[39]

De fato, a proteção ao discurso político e à participação do cidadão são questões centrais no debate sobre o financiamento das eleições, elemento essencial para a legitimidade do processo político-eleitoral. Como bem destaca Robert Post, a democracia é uma forma de governo em que as próprias pessoas se autogovernam, sendo

---

[37] MCCUTCHEON VS. FEC. 572 U.S. 2014. *Supreme Court*. Disponível em: <http://www.supremecourt.gov/opinions/13pdf/12-536_e1pf.pdf>. Acesso em: 10 ago. 2014.

[38] MCCUTCHEON VS. FEC. 572 U.S. 2014. *Supreme Court*. Disponível em: <http://www.supremecourt.gov/opinions/13pdf/12-536_e1pf.pdf>. Acesso em: 10 ago. 2014.

[39] CORRADO, Anthony. Money and politics: a history of Federal Campaign Finance Law. In: CORRADO, Anthony *et al. The new campaign finance sourcebook*. Washington, DC: Brookings Institution Press, 2005. Disponível em: <http://fackler.webhost.utexas.edu/gov370-money/brookings/chap2.PDF>. Acesso em: 10 ago. 2014.

fundamental para a democracia a crença de que as pessoas têm a garantia de participar da livre formação da opinião pública e que o governo é responsável perante a opinião pública.[40]

Não é demais ressaltar que o processo eleitoral é o principal instrumento de efetivação do modelo democrático representativo, pois viabiliza a concretização dos ideais republicanos e da soberania popular. Contudo, não se pode admitir uma análise indiferente à influência distorciva do poder econômico na política. Para que a genuína vontade popular se consubstancie, é preciso que esse processo eleitoral garanta que a escolha dos representantes políticos pelos cidadãos se dê mediante campanhas livres e equânimes.

Nesse cenário, sobressai a discussão acerca do financiamento de partidos e campanhas eleitorais, pois, conquanto necessário para a realização do processo democrático – afinal, não há como negar os altos custos de uma campanha eleitoral –, o financiamento não pode gerar distorções e desigualdades na disputa eleitoral, nem afetar a premissa democrática da participação livre, igual e consciente dos eleitores no processo político, tendo em vista que o fator preponderante nesse processo deve ser sempre a livre vontade popular.

No Brasil, por sua vez, este importante debate passou a ser reduzido a uma solução bifurcada entre o financiamento público exclusivo e o financiamento privado por parte de pessoas naturais e jurídicas sem distinção.

Já me pronunciei no STF, no julgamento da ADI nº 4.650, no sentido de não ser admitida pela nossa Carta a vedação da participação do indivíduo na manutenção e no apoio financeiro aos partidos políticos e às candidaturas de sua preferência.

Estabelecer o financiamento público exclusivo, como forma de tentar evitar ou impedir os malefícios do abuso do poder econômico na democracia, seria a meu ver ignominioso expediente a tolher a liberdade individual do cidadão quanto ao uso de seu dinheiro, além de uma afronta direta aos princípios da livre manifestação do pensamento e da liberdade de expressão.

Temos muito a refletir a partir do histórico de leis, discussões teóricas e decisões judiciais no direito norte-americano, no qual o debate é pautado pela liberdade de expressão e pela necessidade de limites à utilização de valores econômicos no financiamento dos partidos e de campanhas, o que, ao fim e ao cabo, é o próprio financiamento da democracia. Quem pode financiar e como deve ser financiada a democracia? Eis a questão.

Referências

BUCKLEY V. VALEO. 424, U.S. 1, 1976. *Legal Information Institute*. Disponível em: <http://www.law.cornell.edu/supremecourt/text/424/1>. Acesso em: 10 ago. 2014.

CITIZENS UNITED V. FEC. 558 U.S. 2010. *Supreme Court*. Disponível em: <http://www.supremecourt.gov/opinions /09pdf/08-205.pdf>. Acesso em: 10 ago. 2014.

---

[40] POST, Robert. Campaign finance regulation and first amendment fundamentals. In: YOUN, Monica (Org.). *Money, politics and the Constitution*: beyond Citizens United. New York: Century Foundation e Brennan Center for Justice at NYU School of Law, 2011. p. 15.

CONFESSORE, Nicholas. Spending big to fight big donors in campaigns. *The New York Times*, 28 jul. 2014.

CORRADO, Anthony. Money and politics: a history of Federal Campaign Finance Law. In: CORRADO, Anthony *et al. The new campaign finance sourcebook*. Washington, DC: Brookings Institution Press, 2005. Disponível em: <http://fackler.webhost.utexas.edu/gov370-money/brookings/chap2.PDF>. Acesso em: 10 ago. 2014.

DOWLING, Conor M.; MILLER, Michael G. *Super Pac!*: money, elections, and voters after Citizens United. New York: Routledge, 2014.

DWORKIN, Ronald. Uma decisão que ameaça a democracia. In: FREITAS, Juarez; TEIXEIRA, Anderson V. (Coord.). *Direito à democracia*: ensaios transdisciplinares. São Paulo: Conceito, 2011.

FIGUEIREDO FILHO, Dalson Britto; MELO, Natália Maria Leitão de. Financiamento de campanha em perspectiva comparada: uma análise exploratória. In: TRIBUNAL SUPERIOR ELEITORAL. *1º concurso de monografias do Tribunal Superior Eleitoral*: direito eleitoral e os desafios de sua concretização. Brasília: Tribunal Superior Eleitoral, 2012.

MCCUTCHEON VS. FEC. 572 U.S. 2014. *Supreme Court*. Disponível em: <http://www.supremecourt.gov/opinions/13pdf/12-536_e1pf.pdf>. Acesso em: 10 ago. 2014.

PINTO, Felipe Chiarello de Souza; PASIN, João Bosco Coelho; SIQUEIRA NETO, José Francisco (Org.). *Direito, economia e política*: Ives Gandra, 80 anos do humanista. São Paulo: IASP, 2015.

POST, Robert. Campaign finance regulation and first amendment fundamentals. In: YOUN, Monica (Org.). *Money, politics and the Constitution*: beyond Citizens United. New York: Century Foundation e Brennan Center for Justice at NYU School of Law, 2011.

SILVA, Júlio César Casarin Barroso. Financiamento de campanhas políticas e igualdade política: uma perspectiva liberal-igualitária. *GT 13 – Financiamento político no Brasil – do 35º Encontro Anual da Anpocs*, Caxambu/MG, 2011.

TELLES, Olivia Raposo da Silva. *Direito eleitoral comparado*: Brasil, Estados Unidos, França. São Paulo: Saraiva, 2009.

Informação bibliográfica deste texto, conforme a NBR 6023:2002 da Associação Brasileira de Normas Técnicas (ABNT):

TOFFOLI, José Antonio Dias. O financiamento eleitoral nos Estados Unidos: Citizens United v. FEC e os super PAC. In: COSTA, Daniel Castro Gomes da et al. (Coord.). *Direito Eleitoral comparado*. Belo Horizonte: Fórum, 2018. p. 49-60. ISBN 978-85-450-0550-6.

CAPÍTULO 4

APRESENTAÇÃO DO DIREITO ELEITORAL BRASILEIRO – FINANCIAMENTO DE CAMPANHA, CLÁUSULA DE BARREIRA, FIDELIDADE PARTIDÁRIA E REELEIÇÃO

GILMAR FERREIRA MENDES

4.1 Considerações iniciais

A Constituição de 1998 foi um marco importante na nossa história institucional. O período de 1891 a 1988 foi marcado por sucessivas interrupções, tentativas de golpe e comprometimento da democracia. Mas, sob a Carta de 1988, estamos vivendo, com todas as suas vicissitudes e problemas, o mais longo período de normalidade institucional de nossa história republicana.

É claro que as mazelas se manifestam. E nós, que temos características ciclotímicas, passamos do entusiasmo à depressão com muita rapidez. Contudo, o modelo está em funcionamento. As respostas que damos a eventuais distorções comprovam-no. As instituições continuam exercendo seus papéis e são respeitadas. As questões polêmicas são tratadas pelas instâncias competentes. Há a possibilidade de se recorrer ao Judiciário sempre que haja violação de direitos e déficits que precisem ser superados.

No que diz respeito ao sistema político eleitoral, parecia, até agora, que não conseguíamos de fato avançar, nem sugerir mudanças adequadas. Fomos extremamente inventivos nas mais diversas searas, por exemplo, no que concerne ao papel do Ministério Público na nova sociedade pós-1988. É um modelo singular, certamente com problemas, os quais, porém, são detectáveis e passíveis de correção.

Percebemos as deficiências do Judiciário, cujo papel independente é determinante para uma democracia funcional. Mas, quanto às questões políticas, ficamos, até este ano de 2017, alheios a uma evolução mais profunda. Daí a frase de Ulysses Guimarães quanto ao fácil prognóstico de que "a próxima legislatura será sempre pior que a atual".

Quer dizer, havia-se um quadro de deterioração política. Os debates políticos haviam se ausentado do Congresso Nacional. Temas importantes não eram discutidos e projetos de leis relevantes acabavam não sendo vistos pelas comissões temáticas.

No entanto, neste ano de 2017 foram promulgados dois atos normativos que instituíram a significativa e necessária reforma política brasileira. A Lei nº 13.488/2017 e a Emenda Constitucional nº 97/2017, conjuntamente, exibiram uma série de modificações no sistema político brasileiro, com profundas e animadoras alterações no nosso direito eleitoral.

Ademais, é importante salientar que, no quadro institucional do país, o Supremo Tribunal Federal (STF) e o Tribunal Superior Eleitoral (TSE) vêm sendo chamados a apreciar questões de grande relevo, que repercutem diretamente no cenário político brasileiro.

O presente texto aborda algumas das mais marcantes particularidades do direito eleitoral brasileiro, e visa discutir como decisões paradigmáticas do STF e do TSE e a recém-nascida reforma política repercutem sobre o sistema eleitoral adotado pela Constituição de 1988. O objetivo aqui é analisar especificamente o estágio atual do sistema eleitoral brasileiro quanto às regras vigentes de financiamento de partidos políticos e campanhas eleitorais, quanto à denominada cláusula de barreira ou de desempenho, quanto à fidelidade partidária e quanto aos debates que circundam o instituto da reeleição no ordenamento jurídico brasileiro.

4.2 O financiamento de campanhas eleitorais no modelo brasileiro

O regime de regras de financiamento de partidos políticos e campanhas é um dos temas de maior relevância no sistema eleitoral brasileiro, que tem sido sofrido uma série de profundas transformações nos últimos tempos, e que merece ser estudado pormenorizadamente.

Embora os partidos políticos tenham surgido a partir de 1831, as suas primeiras regras de financiamento somente foram criadas pela Lei nº 4.740, em 15.7.1965, a qual instituiu o Fundo Especial de Assistência Financeira aos Partidos Políticos, denominado também de Fundo Partidário. Esse fundo era formado pelas multas e penalidades aplicadas nos termos do Código Eleitoral e leis conexas, dos recursos financeiros que lhe fossem destinados por lei, em caráter permanente ou eventual, e de doações particulares.

Esse diploma legal vedou aos partidos políticos receberem, direta ou indiretamente, contribuição ou auxílio pecuniário ou estimável em dinheiro, procedente de pessoa ou entidade estrangeira; recurso de autoridades ou órgãos públicos, ressalvadas as dotações referidas nos incs. I e II do art. 60, e no art. 61;[1] qualquer espécie de auxílio ou contribuição das sociedades de economia mista e das empresas concessionárias de serviço público; e, sob qualquer forma ou pretexto, contribuição, auxílio ou recurso procedente de empresa

---

[1] Lei nº 4.740 de 1965: "Art. 60. É criado o fundo especial de assistência financeira aos partidos políticos, que será constituído: I - das multas e penalidades aplicadas nos têrmos do Código Eleitoral e leis conexas: II - dos recursos financeiros que lhe forem destinados por lei, em caráter permanentes ou eventual; [...]. Art. 61. A previsão orçamentária de recursos para o fundo partidário deverá ser consignada no Anexo do Poder Judiciário, ao Tribunal Superior Eleitoral. §1º Os créditos a que se referem este artigo e o inciso II do artigo anterior, serão registrados no Tribunal de Contas e automaticamente distribuídos ao Tesouro Nacional".

privada, de finalidade lucrativa (art. 56). Posteriormente, a Lei nº 5.682, de 21.7.1971, revogou esse dispositivo.

Com a redemocratização do país, o retorno do pluripartidarismo e a consolidação da utilização da televisão e das pesquisas eleitorais, demonstrou-se evidente que seria necessário injetar muito mais recursos nas campanhas eleitorais. De fato, a evolução democrática pela qual passamos e o fortalecimento dos partidos políticos revelaram o acirramento da competição eleitoral, com a consequente necessidade de aplicação de recursos financeiros expressivos nas campanhas políticas, ante a ausência de limites aos gastos eleitorais e ao elevado custo das campanhas. Tais transformações demonstraram a constante demanda por regras que pudessem nortear essa sistemática.

Essas regras não foram disciplinadas pelo constituinte no Brasil, restando à legislação ordinária regular o financiamento de campanhas eleitorais. Dessa forma, devido ao fato de não haver limites bem definidos de regulação na Lei Maior, conferiu-se ao legislador uma ampla liberdade para a conformação do tema.

Depois da experiência institucional vivenciada pelo Brasil, que culminou com o afastamento do primeiro presidente da República eleito diretamente pelo povo após a redemocratização e o advento da Constituição de 1988, Fernando Collor, firmou-se o consenso de que a proibição de contribuição por pessoas jurídicas, por si só, seria uma opção hipócrita. A nossa experiência político-institucional recente – de escândalos que permearam o processo de *impeachment* presidencial em 2015/2016, e que o sucederam – demonstrou que tal vedação não surtia nenhum efeito prático para o combate à corrupção, mas tão somente estimulava o caixa dois ou outras práticas do gênero.

Após a experiência relacionada ao afastamento do Presidente Collor, sobreveio a Lei nº 9.096/1995, a Lei dos Partidos Políticos, que cuidou de estabelecer regras para a aplicação dos recursos provenientes do Fundo Partidário. Adotou-se o modelo de financiamento de partidos que contemplava a transferência de recursos públicos e a utilização de recursos privados. Nessa concepção, os recursos públicos eram repassados mediante a utilização do Fundo Especial de Assistência aos Partidos Políticos, o Fundo Partidário, o qual é composto de (1) recursos provenientes de multa e penalidades pecuniárias aplicadas nos termos do Código Eleitoral e leis conexas; (2) dotações orçamentárias da União em valor nunca inferior, cada ano, ao número de eleitores inscritos em 31 de dezembro do ano anterior ao da proposta orçamentária, multiplicados por trinta e cinco centavos de real, em valores de agosto de 1995; (3) doações de pessoas físicas ou jurídicas; e (4) recursos financeiros que lhe forem destinados por lei, em caráter permanente ou eventual (art. 38).

Essa lei não somente retirou do rol de fontes vedadas as empresas privadas, como estabeleceu que o Fundo Partidário pudesse receber doações de pessoas jurídicas.

De igual maneira, a Lei nº 9.504/1997, que estabeleceu normas para as eleições, não incluiu no rol de fontes vedadas as pessoas jurídicas que pretendessem doar às campanhas eleitorais, ressalvadas as concessionárias e permissionárias de serviço público. Contudo, a recente Reforma Eleitoral, introduzida pela Lei nº 13.165/2015, que ratificou a decisão do Supremo Tribunal Federal na análise da ADI nº 4.650, passou a vedar o financiamento privado por pessoas jurídicas. Essa mudança passou a valer a partir das Eleições de 2016.

O modelo de doação exclusivamente por pessoas físicas, no cenário de controle de arrecadação e gastos de campanha, além de não vedar a doação por dirigentes de pessoas jurídicas, que são, obviamente, pessoas físicas, significa um estímulo à proliferação da figura do "doador laranja", o que impediria qualquer tentativa de fiscalização pela Justiça Eleitoral. Efetivamente, esse modelo permite o gasto simulado nos pleitos vindouros: candidatos e partidos podem passar a buscar cidadãos brasileiros que, no ano anterior às eleições, declararam não haver recebido rendimento acima do valor máximo para a isenção de imposto de renda. Esses poderão doar 10% do valor- limite para a isenção, segundo a Lei nº 9.504/1997.

Esse cenário elide qualquer possibilidade de a Justiça Eleitoral verificar se o recurso doado efetivamente é ou não do doador originário, ou seja, se oriundo ou não de fonte lícita.

Ademais, não prospera o argumento acerca de eventual dificuldade operacional em busca dessa espécie de doador, pois basta que se obtenha o CPF da pessoa que não auferiu rendimentos acima do limite de isenção e o dinheiro não se sabe de onde virá.

O Brasil já conviveu, em sua história, com a proibição de doação por parte de empresas privadas (art. 56, inc. IV, da Lei nº 4.740/1965) e demonstrou que, apesar dessa proibição legal, não foram excluídos os abusos, os gastos excessivos nem a corrupção, conforme amplamente evidenciado por ocasião do *impeachment* do Ex-Presidente Fernando Collor de Mello. Destarte, não parece crível a ideia de que a proibição de doações de pessoas jurídicas às candidaturas represente uma solução para as deficiências do atual modelo de financiamento de partidos políticos. Outrossim, episódios como o "Mensalão" e a "Lava-Jato" diagnosticam um quadro maior de vulnerabilidades do sistema eleitoral que carece de reformas mais profundas. Necessita-se de reformas que atinjam além da mera proibição de doações de pessoas jurídicas a partidos políticos.

Muito embora tenha havido a constante preocupação em amoldar uma efetiva previsão legal que pudesse garantir um justo processo eleitoral, a problemática do financiamento de campanha não está no modelo adotado pela legislação brasileira, mas, historicamente, na ausência de políticas institucionais que possibilitem o efetivo controle dos recursos arrecadados e dos gastos durante a campanha eleitoral, o que acaba por mitigar o controle do uso excessivo ou abusivo de recursos privados no certame eleitoral, expressamente vedados pelo art. 14, §9º, da Constituição Federal de 1988.[2]

Deve-se persistir em uma empreitada séria em busca do aperfeiçoamento de nossos procedimentos e instituições, a fim de que, sem ceder a proposições milagrosas, se possa chegar a um processo eleitoral minimamente transparente e hígido.

Outrossim, cumpre destacar a necessidade de meios eficazes, capazes de engrenar um responsivo processo de prestação de contas eleitorais.

Nossos mecanismos atuais de controle e de fiscalização de contas de campanha são deveras limitados. O prazo exíguo para o exame da contabilidade e da documentação relativa à movimentação de vultosas quantias e a reduzida estrutura de serviços da Justiça Eleitoral são apenas alguns dos obstáculos enfrentados, mormente em um cenário de indesejável proliferação de partidos políticos e, consequentemente, aumento do volume de processos de prestação de contas envolvendo recursos públicos.

---

[2] "Art. 14. [...] §9º Lei complementar estabelecerá outros casos de inelegibilidade e os prazos de sua cessação, a fim de proteger a probidade administrativa, a moralidade para exercício de mandato considerada vida pregressa do candidato, e a normalidade e legitimidade das eleições contra a influência do poder econômico ou o abuso do exercício de função, cargo ou emprego na administração direta ou indireta".

Além disso, a almejada redução de gastos de campanha com a exclusão das pessoas jurídicas como potenciais doadoras no processo eleitoral ignora o fato de que a legislação eleitoral em vigor possui um amplo leque de ferramentas de aproximação entre candidatos e eleitores.[3]

A utilização desses mecanismos de propaganda exige recursos que não são suportáveis pelo Fundo Partidário, tampouco serão completamente pagos por doações lícitas de pessoas físicas. Consequentemente, isso estimula candidatos a buscarem alternativas à margem da legislação eleitoral, pois os custos continuarão os mesmos, reduzindo-se apenas formalmente quem participará do processo eleitoral na condição de doador, equação que certamente chegará à Justiça Eleitoral para solução, na forma de milhares de processos judiciais.

É preciso olhar adiante e com uma perspectiva histórica, dado que, no atual estado de desorganização do cenário político nacional, vê-se pouco resultado. A tão almejada reforma eleitoral foi pouco efetivada e o sistema político-eleitoral, na sua substância, ainda está viciado. Destarte, modificar o sistema eleitoral brasileiro será tarefa árdua. Trata-se de alterar uma sistemática já instaurada, na qual os que decidem essa matéria chegaram ao Congresso por essa via. Portanto, essa é a via de eleição que já conhecem e buscar a mudança, isto é, um novo sistema, seria um salto para o desconhecido.

O Congresso Nacional já emitiu sinais de que poderia aprovar emenda constitucional restabelecendo as doações de pessoas jurídicas às campanhas eleitorais, o que traria outra hipótese de diálogo institucional bastante interessante à cena jurídico-política.

Com efeito, após a referida decisão do Supremo Tribunal Federal, o Congresso Nacional editou nova legislação que permitia a doação de pessoas jurídicas para os partidos políticos. Contudo, a Presidência da República vetou o dispositivo, justificando:

> a possibilidade de doações e contribuições por pessoas jurídicas a partidos políticos e campanhas eleitorais, que seriam regulamentadas por esses dispositivos, confrontaria a igualdade política e os princípios republicano e democrático, como decidiu o Supremo Tribunal Federal – STF em Ação Direita de Inconstitucionalidade (ADI 4650/DF) proposta pelo Conselho Federal da Ordem dos Advogados do Brasil – CFOAB. O STF determinou, inclusive, que a execução dessa decisão aplica-se às eleições de 2016 e seguintes, a partir da Sessão de Julgamento, independentemente da publicação do acórdão, conforme ata da 29ª sessão extraordinária de 17 de setembro de 2015.

A legislação até as Eleições de 2016, portanto, admitia apenas as doações de pessoas físicas, sejam para candidatos, sejam para partidos políticos, nos termos das leis nºs 9.096/95 e 9.504/97, com as modificações promovidas pela Lei nº 13.165/2015.

---

[3] A saber: (i) participação em entrevistas, programas e debates antes do registro de candidatura; (ii) propaganda em bens particulares (adesivos ou papel); (iii) mesas para a distribuição de material de propaganda e bandeiras ao longo das vias públicas; (iv) distribuição de folhetos, volantes e outros impressos; (v) realização de comícios e utilização de aparelhagem de som (vi) realização de caminhada, de carreata, de passeata do carro de som que transite pela cidade divulgando *jingles* ou mensagens de candidatos; (vii) criação e divulgação de *jingles*; (viii) divulgação de propaganda paga na imprensa escrita, respeitados os limites fixados em lei; (ix) realização de propaganda em rádio e em televisão; (x) realização de propaganda na internet, entre outras inúmeras formas de propaganda.

Pois bem, com as drásticas modificações legislativas e jurisprudenciais ocorridas, praticamente jogando as campanhas para a ilegalidade, a baixa participação das pessoas físicas na condição de doadoras de campanhas eleitorais, bem como o elevado número de doações realizadas por pessoas sem capacidade econômica para tanto,[4] o Congresso Nacional novamente viu-se na obrigação de apresentar uma resposta às mazelas detectadas nas campanhas eleitorais.

Assim, a Lei nº 13.487/2017 criou o Fundo Especial de Financiamento de Campanha (FEFC), de caráter público e custeado com dotações orçamentárias da União da seguinte forma: (i) o definido pelo Tribunal Superior Eleitoral, a cada eleição, com base nos parâmetros definidos em lei; (ii) a 30% (trinta por cento) dos recursos da reserva específica de que trata o inc. II, do §3º, do art. 12 da Lei nº 13.473, de 8.8.2017.

Dessa forma, coube à Lei nº 13.488/2017 definir os critérios de distribuição daqueles recursos (art. 16-D da Lei nº 9.504/97). A legislação adotou quatro critérios para a divisão dos recursos: (i) valor igual a todos os partidos com estatuto registrado no TSE; (ii) percentual dividido entre todos os partidos que possuem pelo menos um deputado, na proporção de votos da última Eleição Geral; (iii) percentual dividido na proporção de representantes na Câmara de Deputados; (iv) percentual dividido na proporção de representantes no Senado Federal. Nas eleições seguintes, o número de representantes será identificado no último dia da sessão legislativa anterior ao ano das eleições.

Por fim, para as Eleições de 2018, a Lei nº 13.488/2017 definiu os limites de gastos de campanha, com os seguintes critérios: (i) valor máximo para a disputa de presidente e vice-presidente da República; (ii) diversos valores para a campanha de governador, vice-governador e senador da República, levando-se em conta o número de eleitores da unidade da Federação; (iii) valor máximo para as disputas de deputado federal, estadual e distrital, pouco importando o número de eleitores na unidade da Federação.

Como se percebe, a legislação eleitoral brasileira, ao longo dos anos, sofreu expressivas alterações que incidiram sobre o sistema de financiamento de campanhas eleitorais.

Não resta dúvida de que o combate à corrupção deve ser uma preocupação de nossos agentes públicos. Não se questiona, também, que a troca de favores entre o setor político e o ramo empresarial deve ser reprovada. No entanto, a história brasileira mostra – juntamente com o cenário delineado nas eleições municipais de 2016 – que a simples proibição de doação a campanhas eleitorais por pessoas jurídicas não é apta, por si só, a tornar o processo eleitoral mais hígido. Na verdade, pôde-se observar que a medida fez com que o sistema de financiamento eleitoral se tornasse menos transparente, na medida em que estimulou a adoção de diversos mecanismos questionáveis para obtenção de recursos financeiros, que passam à margem da legislação eleitoral.

Portanto, para que se crie, de fato, um cenário de maior higidez no sistema de financiamento eleitoral no Brasil, é necessário o aprimoramento das instituições e dos procedimentos de fiscalização das campanhas e das contas eleitorais. Apenas dessa forma é que se fará possível atingir um processo eleitoral mais transparente e responsivo.

---

[4] Nas eleições de 2016, os números divulgados pelo Tribunal Superior Eleitoral mostraram que, dos aproximados 730 mil doadores, 300 mil não possuíam renda condizente com o valor da doação, sendo algum deles, inclusive, beneficiários do Programa Bolsa Família. Nesse sentido confira-se matéria jornalística disponibilizada em: RIBEIRO, Jeferson. TSE pede investigação sobre interferência do crime organizado na política. *O Globo*, 8 out. 2017. Disponível em: <https://oglobo.globo.com/brasil/tse-pede-investigacao-sobre-interferencia-do-crime-organizado-na-politica-21922376>. Acesso em: 11 dez. 2016.

4.3 A cláusula de barreira/desempenho

A cláusula de barreira estava prevista, de forma peculiar, na legislação brasileira como requisito para o pleno funcionamento parlamentar dos partidos políticos. A regra possuía fundamento no art. 17, IV, da Constituição Federal, dispositivo que assegura aos partidos políticos o funcionamento parlamentar de acordo com a lei.

O art. 13 da Lei nº 9.096/95 – a denominada Lei dos Partidos Políticos – previa que somente teria direito a funcionamento parlamentar, em todas as Casas Legislativas para as quais houvesse eleito representante, o partido que, em cada eleição para a Câmara dos Deputados, obtivesse, no mínimo, 5% (cinco por cento) dos votos apurados, não computados os brancos e os nulos, distribuídos em pelo menos um terço dos estados, com um mínimo de dois por cento do total de cada um deles.

Destarte, o partido político que não lograsse em obter o referido desempenho não teria direito ao funcionamento parlamentar, o que significaria a não formação de bancadas e de lideranças, a não participação em comissões parlamentares, o não exercício de cargos e funções nas Casas Legislativas, bem como todas as demais consequências daí decorrentes. Além disso, o partido somente teria direito a receber 1% (um por cento) do Fundo Partidário (art. 41, II) e a realizar apenas um programa em cadeia nacional, em cada semestre, com a ínfima duração de 2 (dois) minutos (art. 48).

Observe-se, nesse particular, que, diversamente do modelo adotado no direito alemão, por exemplo, a fórmula adotada pela legislação brasileira restringia o funcionamento parlamentar do partido, mas não afetava a própria eleição do representante. Não haveria de se cogitar, pois, de repercussão direta sobre os mandatos dos representantes obtidos para a agremiação que não satisfizesse à referida cláusula de funcionamento parlamentar.

Nos termos de disposição transitória (art. 57 da Lei nº 9.096/95), essa norma do art. 13 somente entraria em vigor para a legislatura do ano de 2007. Assim, além de definir as regras e, portanto, os contornos legais do sistema proporcional, fixando o quociente eleitoral e o quociente partidário, o sistema de distribuição de mandatos por restos ou sobras etc., o legislador criou mais essa limitação ao funcionamento da agremiação partidária.

Diante dessa regra, levantou-se questão sobre a possibilidade ou não de a lei estabelecer uma cláusula de barreira que repercutisse sobre o funcionamento parlamentar dos partidos políticos, tal como o fez o legislador brasileiro.

Os referidos dispositivos foram então questionados por meio das ações diretas de inconstitucionalidade nºs 1.351 e 1.354[5] perante o Supremo Tribunal Federal. Propostas por importantes partidos políticos brasileiros, as ações sustentavam que as normas impugnadas padeciam de vício de inconstitucionalidade por violar os princípios da liberdade e autonomia partidárias, previstos no art. 17 da Constituição Federal.

---

[5] Ementa: "Partido Político - Funcionamento parlamentar - Propaganda partidária gratuita - Fundo Partidário. Surge conflitante com a Constituição Federal lei que, em face da gradação de votos obtidos por partido político, afasta o funcionamento parlamentar e reduz, substancialmente, o tempo de propaganda partidária gratuita e a participação no rateio do Fundo Partidário. Normatização - Inconstitucionalidade - Vácuo. Ante a declaração de inconstitucionalidade de leis, incumbe atentar para a inconveniência do vácuo normativo, projetando-se, no tempo, a vigência de preceito transitório, isso visando a aguardar nova atuação das Casas do Congresso Nacional" (Rel. Min. Marco Aurélio. *DJ*, 30 mar. 2007).

Nos julgados, reconheceu-se a inconstitucionalidade do art. 13; da expressão "obedecendo aos seguintes critérios" contida no art. 41, assim como dos incs. I e II deste artigo; do art. 48; da expressão "que atenda ao disposto no art. 13" contida no art. 49; e da expressão "no art. 13 ou" contida no inc. II do art. 57. Ademais, decidiu-se que os arts. 56 e 57 deveriam ser interpretados no sentido de que as normas de transição neles contidas continuem em vigor até que o legislador discipline novamente a matéria, dentro dos limites esclarecidos pelo Tribunal nesse julgamento.[6]

Assim, como se fez constar do voto condutor do julgamento, reconheceu o Supremo Tribunal Federal que a cláusula de barreira, prevista no art. 13 da Lei nº 9.096/95, veio a mitigar o que é garantido aos partidos políticos pela Constituição Federal, asfixiando-os sobremaneira, a ponto de alijá-los do campo político, com isso ferindo de morte, sob o ângulo político-ideológico, certos segmentos, certa parcela de brasileiros.

As normas questionadas condicionavam o funcionamento parlamentar a determinado desempenho eleitoral, conferindo aos partidos diferentes proporções de participação no Fundo Partidário e de tempo disponível para a propaganda partidária ("direito de antena"), conforme alcançados, ou não, os patamares de desempenho impostos para o funcionamento parlamentar.

Portanto, o Tribunal entendeu, naquele momento, que a cláusula de barreira estabelecida pela Lei nº 9.096/95 não representava nenhum avanço em termos de reforma política, mas sim um retrocesso, na medida em que intensificava as deformidades do singular sistema eleitoral proporcional brasileiro.

Concluiu a Corte Constitucional que os dispositivos impugnados violavam o pluralismo político – fundamento da República (CF, art. 1º, V); a livre criação, fusão, incorporação e extinção de partidos políticos (CF, art. 17); e a representação proporcional dos partidos ou dos blocos parlamentares na constituição das Mesas e das comissões permanentes ou temporárias da Câmara dos Deputados e do Senado Federal (CF, art. 58, §1º).

---

[6] Lei nº 9.096 de 1995: "Art. 13. Tem direito a funcionamento parlamentar, em todas as Casas Legislativas para as quais tenha elegido representante, o partido que, em cada eleição para a Câmara dos Deputados obtenha o apoio de, no mínimo, cinco por cento dos votos apurados, não computados os brancos e os nulos, distribuídos em, pelo menos, um terço dos Estados, com um mínimo de dois por cento do total de cada um deles. [...] Art. 41. O Tribunal Superior Eleitoral, dentro de cinco dias, a contar da data do depósito a que se refere o §1º do artigo anterior, fará a respectiva distribuição aos órgãos nacionais dos partidos, obedecendo aos seguintes critérios: I - um por cento do total do Fundo Partidário será destacado para entrega, em partes iguais, a todos os partidos que tenham seus estatutos registrados no Tribunal Superior Eleitoral; II - noventa e nove por cento do total do Fundo Partidário serão distribuídos aos partidos que tenham preenchido as condições do art. 13, na proporção dos votos obtidos na última eleição geral para a Câmara dos Deputados. [...] Art. 48. O partido registrado no Tribunal Superior Eleitoral que não atenda ao disposto no art. 13 tem assegurada a realização de um programa em cadeia nacional, em cada semestre, com a duração de dois minutos. Art. 49. O partido que atenda ao disposto no art. 13 tem assegurado: I - a realização de um programa, em cadeia nacional e de um programa, em cadeia estadual em cada semestre, com a duração de vinte minutos cada; II - a utilização do tempo total de quarenta minutos, por semestre, para inserções de trinta segundos ou um minuto, nas redes nacionais, e de igual tempo nas emissoras estaduais. [...] Art. 56. No período entre a data da publicação desta Lei e o início da próxima legislatura, será observado o seguinte: (interpretação que elimina qualquer limite temporal). Art. 57. No período entre o início da próxima Legislatura e a proclamação dos resultados da segunda eleição geral subseqüente para a Câmara dos Deputados, será observado o seguinte: (interpretação que elimina qualquer limite temporal) II - vinte e nove por cento do Fundo Partidário será destacado para distribuição, aos Partidos que cumpram o disposto no art. 13 ou no inciso anterior, na proporção dos votos obtidos na última eleição geral para a Câmara dos Deputados".

Naquela assentada, o Tribunal entendeu que a inconstitucionalidade não residiria na natureza desse tipo de restrição à atividade dos partidos políticos, mas sim na forma e na proporção estabelecida pelo legislador brasileiro. Com efeito, a regra não havia deixado qualquer espaço para a atuação parlamentar das agremiações partidárias que não atingissem os percentuais exigidos pelo art. 13 da Lei nº 9.096/95, muito embora, contraditoriamente, tais agremiações pudessem eleger um cabedal expressivo de representantes.

Assim, o STF reconheceu que a competência do legislador ordinário para tratar do funcionamento parlamentar (CF, art. 17) não poderia esvaziar os princípios constitucionais do pluripartidarismo, e inviabilizar, por completo, o funcionamento de agremiações menores, fulminando as bancadas dos partidos minoritários e impedindo os respectivos representantes de compor a Mesa Diretiva e as comissões parlamentares. Ademais, sob o ângulo da razoabilidade, o Tribunal considerou inaceitáveis os patamares de desempenho e a forma de rateio concernente à participação no Fundo Partidário e ao tempo disponível para a propaganda partidária adotados pela lei.

No Estado Democrático de Direito, é cediço que a nenhuma maioria é dado tirar ou restringir os direitos e liberdades fundamentais das minorias, tais como a liberdade de se expressar, de se organizar, de denunciar, de discordar e de se fazer representar nas decisões que influem nos destinos da sociedade como um todo, enfim, de participar plenamente da vida pública. À vista disso, considerou o Tribunal que a cláusula de barreira, da forma como estava prevista pela legislação, violava o princípio da reserva legal proporcional, da "igualdade de chances", do pluripartidarismo, assim como os direitos de liberdade assegurados às minorias parlamentares.

À época, ademais, o Supremo Tribunal Federal entendeu que as restrições impostas pela Lei nº 9.096/95 ao acesso gratuito pelos partidos políticos à rádio e à televisão, assim como aos recursos do fundo partidário, afrontavam o princípio da igualdade de chances na disputa eleitoral.

A Lei dos Partidos Políticos estabelecia as seguintes regras.

a) Quanto ao acesso dos partidos políticos aos recursos do fundo partidário:

a.1) o partido que não obtiver os percentuais de votação previstos pelo art. 13, ou seja, que não ultrapassar a denominada "cláusula de barreira" somente terá direito a receber 1% (um por cento) do Fundo Partidário (art. 41, I);

a.2) os partidos que cumprirem os requisitos do art. 13 compartilharão os restantes 99% (noventa e nove por cento) do total do Fundo Partidário na proporção dos votos obtidos na última eleição geral para a Câmara dos Deputados (art. 41, II).

b) Quanto ao acesso dos partidos políticos ao rádio e à televisão:

b.1) o partido que não obtiver os percentuais de votação previstos pelo art. 13 terá direito à realização de um programa em cadeia nacional, em cada semestre, com a duração de apenas 2 (dois) minutos (art. 48);

b.2) o partido que atenda ao disposto no art. 13 tem assegurada: 1) a realização de um programa em cadeia nacional e de um programa em cadeia estadual, em cada semestre, com a duração de vinte minutos cada; 2) a utilização do tempo total de quarenta minutos, por semestre, para inserções de trinta segundos ou um minuto, nas redes nacionais, e de igual tempo nas emissoras estaduais (art. 49).

Assim, na visão do Supremo Tribunal Federal, essas regras tornavam inviável a própria sobrevivência dos partidos que não ultrapassassem a cláusula de barreira, na medida em que destinava a todos eles apenas 1% (um por cento) dos recursos do Fundo Partidário, permanecendo os 99% (noventa e nove por cento) restantes com os demais partidos. Haveria, portanto, um modelo legal do Fundo Partidário restritivo para com os partidos menores e, especialmente, com as agremiações em formação.

Por esses motivos, o Supremo Tribunal Federal, no referido julgamento, entendeu ser inconstitucional a "cláusula de barreira à brasileira".

Os efeitos práticos dessa decisão da Corte Constitucional brasileira, no entanto, foram infelizes. Sobretudo se analisada conjuntamente às decisões tomadas no MS nº 26.602/DF e MS nº 26.603/DF, que instituíram o modelo de fidelidade partidária em nosso sistema político-eleitoral – o que será mais bem explanado no tópico seguinte do presente artigo – as decisões tomadas nas ADIs nºs 1.351 e 1.354 incentivaram a criação desenfreada de novos partidos políticos. Isso porque, com o fim da cláusula de barreira, mesmo as agremiações que acabavam de ser concebidas teriam acesso ao Fundo Partidário e receberiam o tempo de propaganda em cadeia nacional, tais quais os partidos maiores, o que chamava a atenção dos parlamentares brasileiros.

Dez anos após o julgamento das ADIs nºs 1.351 e 1.354 pelo STF, foi promulgada a Emenda Constitucional nº 97/2017, que instituiu a reforma política brasileira, juntamente com a Lei nº 13.488/2017. A EC nº 97/2017, entre outras inovações, criou um novo conceito de cláusula da barreira para o sistema político brasileiro, de forma gradativa e a partir da legislatura seguinte às eleições de 2018, para fins de acesso aos recursos do fundo partidário e acesso gratuito ao rádio e à televisão. Assim restou estabelecido:

a) Legislatura após as eleições de 2018 – terão acesso ao Fundo Partidário e ao tempo gratuito de rádio e TV os partidos que:

I) obtiverem, nas eleições para a Câmara dos Deputados, no mínimo, 1,5% (um e meio por cento) dos votos válidos, distribuídos em pelo menos um terço das unidades da Federação, com um mínimo de 1% (um por cento) dos votos válidos em cada uma delas; ou
Ii) tiverem elegido pelo menos nove Deputados Federais distribuídos em pelo menos um terço das unidades da Federação;

b) Legislatura após as eleições de 2022 – terão acesso ao Fundo Partidário e ao tempo gratuito de rádio e TV os partidos que:

I - obtiverem, nas eleições para a Câmara dos Deputados, no mínimo, 2% (dois por cento) dos votos válidos, distribuídos em pelo menos um terço das unidades da Federação, com um mínimo de 1% (um por cento) dos votos válidos em cada uma delas; ou
II - tiverem elegido pelo menos onze Deputados Federais distribuídos em pelo menos um terço das unidades da Federação;

c) Legislatura após as eleições de 2026 – terão acesso ao Fundo Partidário e ao tempo gratuito de rádio e TV os partidos que:

I - obtiverem, nas eleições para a Câmara dos Deputados, no mínimo, 2,5% (dois e meio por cento) dos votos válidos, distribuídos em pelo menos um terço das unidades da Federação, com um mínimo de 1,5% (um e meio por cento) dos votos válidos em cada uma delas; ou

II - tiverem elegido pelo menos treze Deputados Federais distribuídos em pelo menos um terço das unidades da Federação.

d) A partir das eleições de 2030 – terão acesso ao Fundo Partidário e ao tempo gratuito de rádio e TV os partidos que:

I - obtiverem, nas eleições para a Câmara dos Deputados, no mínimo, 3% (três por cento) dos votos válidos, distribuídos em pelo menos um terço das unidades da Federação, com um mínimo de 2% (dois por cento) dos votos válidos em cada uma delas; ou
II - tiverem elegido pelo menos quinze Deputados Federais distribuídos em pelo menos um terço das unidades da Federação.

Como se vê, as novas regras serão aplicadas a partir das legislaturas de 2019, 2023, 2027 e 2031. Os requisitos para o acesso aos recursos do fundo partidário e ao acesso gratuito ao rádio e à televisão não são cumulativos, mas alternativos, pois, ou o partido atinge a votação mínima (número mínimo de votos válidos no país, distribuído em um terço das unidades da federação, com um mínimo de votos em cada uma delas), ou alcança um número mínimo deputados federais distribuídos em pelos menos um terço das unidades da Federação.

Portanto, a referida cláusula de barreira, além de não causar ruptura à legislatura em vigor (necessária segurança jurídica), se apresenta escalonada em quatro legislaturas, com critérios aparentemente proporcionais e sem abandonar, a princípio, a ideia de igualdade de chances em relação às agremiações representativas de minorias, sobretudo porque a reforma eleitoral de 2017 extinguiu a propaganda partidária no rádio e na televisão (Lei nº 13.487/2017), o que já revela um maior equilíbrio em períodos não eleitorais, bem como permitiu que os partidos políticos que não alcançaram o quociente eleitoral possam participar das sobras de cadeiras nas eleições, permitindo uma nova oportunidade em disputar uma vaga no Legislativo (Lei nº 13.488/2017). E ainda: a Emenda Constitucional nº 97/2017 eliminou as coligações para os cargos disputados pelo critério proporcional a partir das eleições de 2020, garantindo uma maior competitividade entre as agremiações que verdadeiramente pretendem disputar cadeiras nas Casas Legislativas em nome de segmentos da sociedade.

Com efeito, a nova regra da cláusula de barreira, associada às recentes reformas eleitorais, revela um maior equilíbrio e estabilidade ao sistema político brasileiro, na medida em que respeita a segurança jurídica e prestigia o princípio da igualdade de chances entre os competidores da disputa eleitoral.

Por fim, a Emenda Constitucional nº 97/2017 facultou aos parlamentares cujas agremiações não atingiram os requisitos a possibilidade de mudarem de partido sem a perda do mandato eletivo (art. 17, §5º, da CF/88), mas sem a denominada portabilidade dos votos. Contudo, a referida regra de exceção à fidelidade partidária somente terá aplicação na legislatura de 2031, pois a norma remete ao não preenchimento dos requisitos do art. 17, §3º da Constituição Federal, que corresponde à última fase da gradação do novo sistema de cláusula de barreira, inaugurado com a EC nº 97/2017.

4.4 Fidelidade partidária

Os partidos políticos, importantes instituições na formação da vontade política, realizam suas ações de maneira formal e organizada, possuindo uma função de mediação entre a sociedade e o Estado no processo de formação da vontade política, especialmente no que concerne ao processo eleitoral.[7] No entanto, não somente durante essa fase ou período há o processo de formação da vontade política. Esta transcende o momento eleitoral e se projeta para além desse período.

Como instituições permanentes de participação política, os partidos desempenham função singular na complexa relação entre o Estado e a sociedade. Como bem leciona Grimm, se os partidos políticos estabelecem a mediação entre o povo e o Estado, na medida em que apresentam lideranças pessoais e programas para a eleição e procuram organizar as decisões do Estado consoante as exigências e as opiniões da sociedade, não restam dúvidas de que eles atuam nos dois âmbitos.

Há, no sistema eleitoral brasileiro, o monopólio das candidaturas pelos partidos, não sendo possível, até então, a denominada candidatura avulsa. A filiação partidária, no sistema político delineado na Constituição, constitui uma condição de elegibilidade, como prescreve o art. 14, §3º, inc. V da Carta Constitucional brasileira. Nesse sentido, o art. 87 do Código Eleitoral é enfático ao determinar que "somente podem concorrer às eleições candidatos registrados por partidos". Ademais, a Lei nº 9.096/1995, em seu art. 18, dispõe que, "para concorrer a cargo eletivo, o eleitor deverá estar filiado ao respectivo partido pelo menos 1 (um) ano antes da data fixada para as eleições, majoritárias ou proporcionais". Em 2015, a Lei nº 13.165 deu nova redação ao art. 9º da Lei nº 9.504/97, passando a exigir a filiação partidária deferida seis meses antes da realização do pleito eleitoral, para a validade da candidatura. Por sua vez, a Lei nº 13.488/2017, que instituiu a reforma política brasileira, expressamente reforçou que "é vedado o registro de candidatura avulsa, ainda que o requerente tenha filiação partidária".

Conforme determina o art. 17, §1º, da Constituição Federal, todo estatuto de partido deve estabelecer normas afetas à fidelidade partidária. Esse princípio busca assentar a ideia de representação política, "pois impõe que o mandatário popular paute sua atuação pela orientação programática do partido pelo qual foi eleito".[8]

Contudo, a prática e os ideais que embasam tais dispositivos guardam marcantes distanciamentos. Isso porque, em vista da necessidade de obtenção de um grande número de votos para lograr êxito nos pleitos eleitorais, os partidos convidam a filiarem-se os chamados "puxadores de votos", aos quais acabam por ficar cativos. São figuras públicas que geralmente possuem certa independência em relação à agremiação partidária, mas que atraem muitos votos. Essa situação gera, em consequência, um modelo proporcional desequilibrado.

Sob o prisma jurídico, parece que o tema precisa ser discutido, uma vez que a Constituição estabeleceu a filiação partidária como condição de elegibilidade.

A crise política tornou evidente a necessidade de que sejam revistas as atuais regras concernentes à fidelidade partidária, em outros termos, somos desafiados a

---

[7] GRIMM, Dieter. Politische Parteien. In: BENDA, Ernst; MAIHOFER, Wemer; VOGEL, Hans-Jochen (Hrsg.). *Handbuch des Verfassungsrechts*. Band 1. Berlim/Nova York: Gruyter, 1995. p. 606.

[8] GOMES, José Jairo. *Direito eleitoral*. 13. ed. rev., atual. e ampl. São Paulo: Atlas, 2017. p. 129.

repensar o atual modelo, a partir, inclusive, da própria jurisprudência do STF. Nesse sentido, merecem destaque as decisões do Supremo Tribunal Federal proferidas quando do julgamento dos mandados de segurança nº 26.602/DF,[9] nº 26.603/DF[10] e 26.604/DF,[11]

---

[9] "EMENTA: CONSTITUCIONAL. ELEITORAL. MANDADO DE SEGURANÇA. FIDELIDADE PARTIDÁRIA. DESFILIAÇÃO. PERDA DE MANDATO. ARTS. 14, §3º, V E 55, I A VI DA CONSTITUIÇÃO. CONHECIMENTO DO MANDADO DE SEGURANÇA, RESSALVADO ENTENDIMENTO DO RELATOR. SUBSTITUIÇÃO DO DEPUTADO FEDERAL QUE MUDA DE PARTIDO PELO SUPLENTE DA LEGENDA ANTERIOR. ATO DO PRESIDENTE DA CÂMARA QUE NEGOU POSSE AOS SUPLENTES. CONSULTA, AO TRIBUNAL SUPERIOR ELEITORAL, QUE DECIDIU PELA MANUTENÇÃO DAS VAGAS OBTIDAS PELO SISTEMA PROPORCIONAL EM FAVOR DOS PARTIDOS POLÍTICOS E COLIGAÇÕES. ALTERAÇÃO DA JURISPRUDÊNCIA DO SUPREMO TRIBUNAL FEDERAL. MARCO TEMPORAL A PARTIR DO QUAL A FIDELIDADE PARTIDÁRIA DEVE SER OBSERVADA [27.3.07]. EXCEÇÕES DEFINIDAS E EXAMINADAS PELO TRIBUNAL SUPERIOR ELEITORAL. DESFILIAÇÃO OCORRIDA ANTES DA RESPOSTA À CONSULTA AO TSE. ORDEM DENEGADA. 1. Mandado de segurança conhecido, ressalvado entendimento do Relator, no sentido de que as hipóteses de perda de mandato parlamentar, taxativamente previstas no texto constitucional, reclamam decisão do Plenário ou da Mesa Diretora, não do Presidente da Casa, isoladamente e com fundamento em decisão do Tribunal Superior Eleitoral. 2. A permanência do parlamentar no partido político pelo qual se elegeu é imprescindível para a manutenção da representatividade partidária do próprio mandato. Daí a alteração da jurisprudência do Tribunal, a fim de que a fidelidade do parlamentar perdure após a posse no cargo eletivo. 3. O instituto da fidelidade partidária, vinculando o candidato eleito ao partido, passou a vigorar a partir da resposta do Tribunal Superior Eleitoral à Consulta n. 1.398, em 27 de março de 2007. 4. O abandono de legenda enseja a extinção do mandato do parlamentar, ressalvadas situações específicas, tais como mudanças na ideologia do partido ou perseguições políticas, a serem definidas e apreciadas caso a caso pelo Tribunal Superior Eleitoral. 5. Os parlamentares litisconsortes passivos no presente mandado de segurança mudaram de partido antes da resposta do Tribunal Superior Eleitoral. Ordem denegada" (MS nº 26.602. Rel. Min. Eros Grau, Tribunal Pleno, j. 4.10.2007. DJe-197, divulg. 16.10.2008, public. 17.10.2008).

[10] "MANDADO DE SEGURANÇA - QUESTÕES PRELIMINARES REJEITADAS - O MANDADO DE SEGURANÇA COMO PROCESSO DOCUMENTAL E A NOÇÃO DE DIREITO LÍQUIDO E CERTO - NECESSIDADE DE PROVA PRÉ-CONSTITUÍDA - A COMPREENSÃO DO CONCEITO DE AUTORIDADE COATORA, PARA FINS MANDAMENTAIS - RESERVA ESTATUTÁRIA, DIREITO AO PROCESSO E EXERCÍCIO DA JURISDIÇÃO - INOPONIBILIDADE, AO PODER JUDICIÁRIO, DA RESERVA DE ESTATUTO, QUANDO INSTAURADO LITÍGIO CONSTITUCIONAL EM TORNO DE ATOS PARTIDÁRIOS 'INTERNA CORPORIS' - COMPETÊNCIA NORMATIVA DO TRIBUNAL SUPERIOR ELEITORAL - O INSTITUTO DA 'CONSULTA' NO ÂMBITO DA JUSTIÇA ELEITORAL: NATUREZA E EFEITOS JURÍDICOS - POSSIBILIDADE DE O TRIBUNAL SUPERIOR ELEITORAL, EM RESPOSTA À CONSULTA, NELA EXAMINAR TESE JURÍDICA EM FACE DA CONSTITUIÇÃO DA REPÚBLICA - CONSULTA/TSE Nº 1.398/DF - FIDELIDADE PARTIDÁRIA - A ESSENCIALIDADE DOS PARTIDOS POLÍTICOS NO PROCESSO DE PODER - MANDATO ELETIVO - VÍNCULO PARTIDÁRIO E VÍNCULO POPULAR - INFIDELIDADE PARTIDÁRIA - CAUSA GERADORA DO DIREITO DE A AGREMIAÇÃO PARTIDÁRIA PREJUDICADA PRESERVAR A VAGA OBTIDA PELO SISTEMA PROPORCIONAL - HIPÓTESES EXCEPCIONAIS QUE LEGITIMAM O ATO DE DESLIGAMENTO PARTIDÁRIO - POSSIBILIDADE, EM TAIS SITUAÇÕES, DESDE QUE CONFIGURADA A SUA OCORRÊNCIA, DE O PARLAMENTAR, NO ÂMBITO DE PROCEDIMENTO DE JUSTIFICAÇÃO INSTAURADO PERANTE A JUSTIÇA ELEITORAL, MANTER A INTEGRIDADE DO MANDATO LEGISLATIVO - NECESSÁRIA OBSERVÂNCIA, NO PROCEDIMENTO DE JUSTIFICAÇÃO, DO PRINCÍPIO DO 'DUE PROCESS OF LAW' (CF, ART. 5º, INCISOS LIV E LV) - APLICAÇÃO ANALÓGICA DOS ARTS. 3º A 7º DA LEI COMPLEMENTAR Nº 64/90 AO REFERIDO PROCEDIMENTO DE JUSTIFICAÇÃO - ADMISSIBILIDADE DE EDIÇÃO, PELO TRIBUNAL SUPERIOR ELEITORAL, DE RESOLUÇÃO QUE REGULAMENTE O PROCEDIMENTO DE JUSTIFICAÇÃO - MARCO INICIAL DA EFICÁCIA DO PRONUNCIAMENTO DESTA SUPREMA CORTE NA MATÉRIA: DATA EM QUE O TRIBUNAL SUPERIOR ELEITORAL APRECIOU A CONSULTA Nº 1.398/DF - OBEDIÊNCIA AO POSTULADO DA SEGURANÇA JURÍDICA - A SUBSISTÊNCIA DOS ATOS ADMINISTRATIVOS E LEGISLATIVOS PRATICADOS PELOS PARLAMENTARES INFIÉIS: CONSEQÜÊNCIA DA APLICAÇÃO DA TEORIA DA INVESTIDURA APARENTE - O PAPEL DO SUPREMO TRIBUNAL FEDERAL NO EXERCÍCIO DA JURISDIÇÃO CONSTITUCIONAL E A RESPONSABILIDADE POLÍTICO-JURÍDICA QUE LHE INCUMBE NO PROCESSO DE VALORIZAÇÃO DA FORÇA NORMATIVA DA CONSTITUIÇÃO - O MONOPÓLIO DA 'ÚLTIMA PALAVRA', PELA SUPREMA CORTE, EM MATÉRIA DE INTERPRETAÇÃO CONSTITUCIONAL – MANDADO DE SEGURANÇA INDEFERIDO PARTIDOS POLÍTICOS E ESTADO DEMOCRÁTICO DE DIREITO" (MS nº 26.603. Rel. Min. Celso de Mello, Pleno. DJe, 19 dez. 2008).

[11] "DIREITO CONSTITUCIONAL E ELEITORAL. MANDADO DE SEGURANÇA IMPETRADO PELO PARTIDO DOS DEMOCRATAS - DEM CONTRA ATO DO PRESIDENTE DA CÂMARA DOS DEPUTADOS. NATUREZA JURÍDICA E EFEITOS DA DECISÃO DO TRIBUNAL SUPERIOR ELEITORAL - TSE NA CONSULTA

de 2007, nas quais se firmou entendimento no sentido de que os mandatos políticos pertencem às agremiações políticas e não aos candidatos eleitos, de modo que fidelidade partidária diz respeito à garantia constitucional, que protege a vontade do eleitor.

O STF reconheceu que a "a transmigração de partidos políticos, muitas vezes imotivada, sem causa legítima, culmina por representar uma falsificação, uma deformação do resultado das urnas".[12]

O relator, em seu voto, fez consignar que aquela decisão não beneficiava "os trânsfugas, os infiéis, aqueles que não guardaram fidelidade em relação ao seu partido político e, muito mais grave, não guardaram fidelidade em relação ao conjunto dos cidadãos". Afirmou ainda que "a cidadania representa um dos fundamentos básicos em que se apoia o estado democrático de direito e isso vem claramente enunciado no artigo 1º da Constituição Federal".

A partir dessas conclusões, o Supremo Tribunal Federal entendeu que a migração injustificada do detentor de mandato eletivo para partido diverso do qual o elegeu é apta a ensejar a perda de seu mandato.

O abandono de agremiação, antes desse entendimento do STF, em 2007, nas lições do Professor Augusto Aras, enfraquecia o partido frente ao detentor do mandato, *verbis*:

> [...] embora todos tivessem contribuído para a eleição de um determinado candidato, depois de empossado cabia tão somente a ele determinar como desempenharia (o conteúdo) o mandato - repita-se, conquistado por todos. Ficava difícil ao partido impor-se aos seus filiados em geral e, em particular, aos filiados eleitos para o exercício de mandatos eletivos. Abandonar o partido era e ainda é atitude que traz graves prejuízos ao ente político.
>
> Ao candidato, ponderando sobre perdas e ganhos em abandonar a agremiação, caso assim decidisse fazê-lo, nenhum ônus lhe adviria dessa decisão, ou se algum prejuízo lhe adviesse, seria mínimo se comparado com a lesão causada ao partido político, à autenticidade do sistema representativo e à democracia. Após o STF ter dado efetividade ao instituto da Fidelidade Partidária, o desligamento injustificado passou a acarretar a perda do mandato ou cargo eletivo, por configurar ato de infidelidade.[13]

A decisão do Supremo Tribunal Federal buscava o fortalecimento do princípio democrático no cenário político-eleitoral, bem como procurava trazer maior concretude à efetivação dos direitos políticos fundamentais. No entanto, a conclusão adotada no julgamento dos MS nºs 26.602/DF e 26.603/DF também gerou consequências desastrosas ao sistema político brasileiro.

N. 1.398/2007. NATUREZA E TITULARIDADE DO MANDATO LEGISLATIVO. OS PARTIDOS POLÍTICOS E OS ELEITOS NO SISTEMA REPRESENTATIVO PROPORCIONAL. FIDELIDADE PARTIDÁRIA. EFEITOS DA DESFILIAÇÃO PARTIDÁRIA PELO ELEITO: PERDA DO DIREITO DE CONTINUAR A EXERCER O MANDATO ELETIVO. DISTINÇÃO ENTRE SANÇÃO POR ILÍCITO E SACRIFÍCIO DO DIREITO POR PRÁTICA LÍCITA E JURIDICAMENTE CONSEQÜENTE. IMPERTINÊNCIA DA INVOCAÇÃO DO ART. 55 DA CONSTITUIÇÃO DA REPÚBLICA. DIREITO DO IMPETRANTE DE MANTER O NÚMERO DE CADEIRAS OBTIDAS NA CÂMARA DOS DEPUTADOS NAS ELEIÇÕES. DIREITO À AMPLA DEFESA DO PARLAMENTAR QUE SE DESFILIE DO PARTIDO POLÍTICO. PRINCÍPIO DA SEGURANÇA JURÍDICA E MODULAÇÃO DOS EFEITOS DA MUDANÇA DE ORIENTAÇÃO JURISPRUDENCIAL: MARCO TEMPORAL FIXADO EM 27.3.2007. MANDADO DE SEGURANÇA CONHECIDO E PARCIALMENTE CONCEDIDO" (MS 26.604. Rel. Min. Cármen Lúcia. *DJe*, 3 out. 2008).

[12] Trecho do voto do Ministro Celso de Mello, relator dos processos.

[13] ARAS, Augusto. *Fidelidade partidária*: efetividade e aplicabilidade. 1. ed. Rio de Janeiro: LMJ Mundo Jurídico, 2016. p. 146.

A partir da decisão do STF, o candidato eleito, por simples ato de vontade, não pôde mais simplesmente se desvencilhar dos vínculos partidários originalmente estabelecidos e migrar para outro partido, carregando consigo o mandato eletivo obtido por meio da primeira agremiação.

Nesse diapasão, cumpre destacar que com a redemocratização e com o desenvolvimento da democracia partidária, sobretudo após a promulgação da Constituição Federal de 1988, o denominado "troca-troca" partidário passou a ser fortemente desaprovado no ordenamento jurídico-eleitoral.

Nessa via, reconheceu a Corte Constitucional brasileira que, ressalvadas situações específicas decorrentes de ruptura de compromissos programáticos por parte da agremiação, perseguição política em face do detentor de cargo eletivo ou outra situação de igual significado, o abandono da legenda deveria sempre dar ensejo à extinção do mandato.

Ocorre que, a partir da decisão tomada pelo Supremo Tribunal Federal, permitiu-se que os candidatos migrassem dos partidos pelos quais haviam se elegido, injustificadamente, desde que fosse para fundar outra agremiação. Essa conclusão, ao não impor qualquer tipo de punição aos trânsfugas que deixassem suas siglas originais para criar outros partidos políticos, gerou um significativo aumento no número de agremiações registradas no Tribunal Superior Eleitoral. Com efeito, o Brasil, que antes da referida decisão possuía apenas dezoito partidos políticos registrados perante o TSE, hoje possui trinta e cinco, praticamente o dobro.

Esse resultado prático mostra que, apesar de bem-intencionada, a decisão tomada pelo Supremo Tribunal Federal contribuiu, de certa forma, para o desarranjo do sistema político brasileiro, uma vez que estimulou a criação desenfreada de partidos políticos. A crise de autenticidade do sistema representativo brasileiro advém de uma estruturação frágil dos partidos políticos, que não guardam correspondência ideológica e translúcida com seus filiados. Destarte, é necessário combater a infidelidade partidária, que solapa a tutela da participação dos eleitores, haja vista que retiram deles o significado de seus votos, representação mais evidente da confiança do povo em seus representantes.

As instituições partidárias devem sempre se empenhar na efetividade da soberania popular, buscando sempre seguir as normas de fidelidade e disciplina partidárias. Para tanto, faz-se mister que as agremiações busquem fortificar os ideais democráticos e republicanos, a fim de que se cumpram devidamente os princípios constitucionais que tutelam a fidelidade partidária, e que visam proteger a vontade do eleitor.

4.5 Reeleição

O art. 14, §5º, da Constituição, com a redação determinada pela Emenda Constitucional nº 16/97, dispõe que "o Presidente da República, os Governadores de Estado e do Distrito Federal, os Prefeitos e quem os houver sucedido ou substituído no curso dos mandatos poderão ser reeleitos para um único período subsequente". Assim, a Emenda Constitucional nº 16, de 1997, instituiu a reeleição para os cargos de chefe do Poder Executivo, permitindo que ela ocorra apenas uma única vez.

O novo texto do §5º do art. 14 foi objeto de apreciação do Supremo Tribunal Federal na Medida Cautelar na Ação Direta de Inconstitucionalidade nº 1.805 (de relatoria do Min. Neri da Silveira, julgado em 26.3.1998). Na ocasião, o Tribunal indeferiu o pedido de medida cautelar, acolhendo o voto substancioso do Ministro Néri da Silveira, que realizou um profundo estudo sobre o instituto da reeleição. Julgado o pedido de medida cautelar, o mérito da ação continua pendente de apreciação. Após a aposentadoria do Ministro Néri da Silveira, houve substituição de relator por três vezes e a ação encontra-se atualmente sob a Relatoria da Ministra Rosa Weber.

O instituto da reeleição criado pela EC nº 16/97 constituiu mais uma *condição de elegibilidade* do cidadão. Como esclarecido e definido pelo Supremo Tribunal Federal no julgamento da referida ADI nº 1.805, na redação original, o §5º do art. 14 da Constituição perfazia uma *causa de inelegibilidade absoluta*, na medida em que proibia a reeleição dos ocupantes dos cargos de chefe do Poder Executivo. Com a EC nº 16/97, o dispositivo passou a ter a natureza de *norma de elegibilidade*. Assim, na dicção do Supremo Tribunal Federal,

> não se tratando, no §5º do art. 14 da Constituição, na redação dada pela Emenda Constitucional n. 16/1997, de caso de inelegibilidade, mas, sim, de hipótese em que se estipula ser possível a elegibilidade dos Chefes dos Poderes Executivos, federal, estadual, distrital, municipal e dos que os hajam sucedido ou substituído no curso dos mandatos, para o mesmo cargo, para um período subsequente, não cabe exigir-lhes desincompatibilização para concorrer ao segundo mandato, assim constitucionalmente autorizado.

Portanto, concluiu a Corte: "a exegese conferida ao §5º do art. 14 da Constituição, na redação da Emenda Constitucional nº 16/1997, ao não exigir desincompatibilização do titular para concorrer à reeleição, não ofende o art. 60, §4º, IV, da Constituição".

A reelegibilidade, como bem asseverado pelo Ministro Carlos Velloso, assenta-se em um postulado de *continuidade administrativa*. "É dizer – nas palavras do Ministro Carlos Velloso – a permissão para a reeleição do Chefe do Executivo, nos seus diversos graus, assenta-se na presunção de que a continuidade administrativa, de regra, é necessária" (ADI-MC nº 1.805, acima referida).

Por outro lado, não se olvide que a Constituição de 1988, mais especificamente a Emenda Constitucional nº 16/97, ao inovar, criando o instituto da reeleição (até então não previsto na história republicana brasileira,[14] o fez permitindo apenas uma única nova eleição para o cargo de chefe do Poder Executivo de mesma natureza. Assim, contemplou-se não somente o postulado da *continuidade administrativa*, mas também o *princípio republicano* que impede a perpetuação de uma mesma pessoa ou grupo no poder, chegando-se à equação cujo denominador comum está hoje disposto no art. 14, §5º, da Constituição: permite-se a reeleição, porém apenas por uma única vez.

---

[14] Assim esclareceu o Ministro Pertence no julgamento do RE nº 344.882 (*DJ*, 6 ago. 2004): "A evolução do Direito Eleitoral brasileiro, no campo das inelegibilidades, girou durante décadas em torno do princípio basilar da vedação de reeleição para o período imediato dos titulares do Poder Executivo: regra introduzida, como única previsão constitucional de inelegibilidade, na primeira Carta Política da República (Const. 1891, art. 47, §4º), a proibição se manteve incólume ao advento dos textos posteriores, incluídos os que regeram as fases de mais acendrado autoritarismo (assim, na Carta de 1937, os arts. 75 a 84, embora equívocos, não chegaram à admissão explícita da reeleição; e a de 1969 (art. 151, §1º, a) manteve-lhe o veto absoluto). As inspirações da irreelegibilidade dos titulares serviram de explicação legitimadora da inelegibilidade de seus familiares próximos, de modo a obviar que, por meio da eleição deles, se pudesse conduzir ao continuísmo familiar. Com essa tradição uniforme do constitucionalismo republicano, rompeu, entretanto, a EC 16/97, que, com a norma permissiva do §5º do art. 14 da CF, explicitou a viabilidade de uma reeleição imediata para os Chefes do Executivo".

A clareza da norma quanto à unicidade da reeleição não afasta diversas questões quanto à sua interpretação e aplicação aos variados casos concretos. A jurisprudência do STF, por exemplo, já teve a oportunidade de enfrentar diversos casos em que se colocaram difíceis questões quanto à interpretação/aplicação desse instituto da reeleição.[15] Já abordamos, acima, a repercussão da introdução desse instituto sobre a interpretação da cláusula impeditiva da candidatura de parentes (CF, art. 14, §7º).

Interessante questão diz respeito à elegibilidade de cidadão que, tendo exercido por dois períodos consecutivos o cargo de prefeito do município X, transfere regularmente seu domicílio eleitoral para o município Y (comumente o município Y é limítrofe ou resulta de desmembramento do município X) e tenta nova eleição nesse último em cargo de mesma natureza do anterior.

Mesmo antes do advento do instituto da reeleição, a questão já se colocava ante a regra da inelegibilidade absoluta ("irreelegibilidade") de quem já havia exercido cargos de chefe do Poder Executivo. Sob a égide da Constituição de 1967/69, no julgamento do RE nº 100.825,[16] o Supremo Tribunal Federal enfrentou a questão de saber se o prefeito de um município – na hipótese dos autos, o município de Curiúva, no Paraná – poderia, desde que se desincompatibilizasse oportunamente, candidatar-se ao cargo de prefeito de outro município – no caso, o município de Figueira, no mesmo estado, resultante do desmembramento do município de Curiúva. Na ocasião, a Corte entendeu que a irreelegibilidade prevista na letra "a" do §1º do art. 151 da Constituição de 1967/69 deve ser compreendida como proibitiva da reeleição para o mesmo cargo.

No caso dos autos, o cargo de prefeito de Figueira, embora se tratasse de cargo da mesma natureza e resultante do desmembramento do antigo município, seria um outro cargo, na visão do Tribunal. Ao proferir voto-vista, o Ministro Oscar Correa teceu as seguintes considerações:

> Há, pois, que buscarlhe o sentido exato, que é o de vedação de reeleição. E, obviamente, não há de ser senão de eleger, de novo, para o mesmo lugar. Não se reelege quem se elege, de novo, para outro cargo. Quando se afirma que alguém se reelegeu, não se precisa acrescentar nada, pois, no vocábulo está implícito a exigência de ser para a mesma função, cargo. Ou não seria reeleição.

O Ministro Moreira Alves assim se manifestou sobre a questão:

> A questão da irreelegibilidade é de natureza estritamente objetiva: a Constituição impede que alguém, por duas vezes consecutivas, exerça o mesmo cargo. Ora, no caso presente, os cargos são inequivocamente diversos, o que afasta a incidência da vedação constitucional.[17]

---

[15] RE nº 597.994. Red. p/ o ac. Min. Eros Grau, Plenário, j. 4.6.2009. *DJe*, de 28 ago. 2009, com repercussão geral; RE nº 344.882. Rel. Min. Sepúlveda Pertence, Plenário, j. 7.4.2003. *DJ*, 6 ago. 2004; RE nº 366.488. Rel. Min. Carlos Velloso, 2ª Turma, j. 4.10.2005. *DJ*, 28 out. 2005.

[16] Red. p/ o acórdão Min. Aldir Passarinho. *DJ*, 7 dez. 1984.

[17] A ementa do julgado está assim transcrita: "Eleitoral. Constituição de Município. Desmembramento territorial de um município. Eleição de Prefeito Municipal. Inelegibilidade e Irreelegibilidade. O prefeito de um Município – na hipótese dos autos, o Município de Curiúva, no Paraná – pode, desde que se desincompatibilize oportunamente, candidatar-se ao cargo de prefeito de outro município – no caso o de Figueira, no mesmo Estado –, embora este tenha resultado do desmembramento territorial daquele primeiro. Não se tornou o candidato inelegível, por não ter ocorrido a substituição prevista na letra 'b' do par. 1º, do artigo 151 da Constituição Federal, e em face de haver ele sido afastado tempestivamente do exercício do cargo (letra 'c', do par. 1º do mesmo artigo), e

Sobre a questão, o Tribunal Superior Eleitoral manteve por muitos anos entendimento pacífico no sentido de que o instituto da reeleição diz respeito à candidatura ao mesmo cargo e no mesmo território, de modo que não haveria proibição à candidatura de prefeito reeleito em determinado município a cargo de mesma natureza em outro município, vizinho ou não, em período subsequente, desde que transferisse regularmente seu domicílio eleitoral e se afastasse do cargo seis meses antes do pleito. A exceção a essa regra ocorreria apenas nas hipóteses de município desmembrado, incorporado ou que resultasse de fusão em relação ao município anterior.[18]

Em sessão do dia 17.12.2008, o Tribunal Superior Eleitoral, ao julgar o Recurso Especial Eleitoral nº 32.507 (Rel. Min. Eros Grau), modificou sua antiga jurisprudência, passando a adotar o seguinte entendimento, bem resumido em trecho do voto do Ministro Carlos Britto: "[...] o princípio republicano está a inspirar a seguinte interpretação basilar dos §§5º e 6º do art. 14 da Carta Política: somente é possível eleger-se para o cargo de prefeito municipal por duas vezes consecutivas".

Após isso, apenas permite-se, respeitado o prazo de desincompatibilização de 6 meses, a candidatura a "outro cargo", ou seja, a mandato legislativo, ou aos cargos de governador de estado ou de presidente da República; não mais de prefeito Municipal, portanto.[19] O novo entendimento do TSE parte do pressuposto de que a mudança do domicílio eleitoral para o município Y, por quem já exerceu dois mandatos consecutivos como prefeito do município X, configura *fraude* à regra constitucional que proíbe uma segunda reeleição (art. 14, §5º). A prática de um ato aparentemente lícito (a mudança do domicílio eleitoral) configuraria, em verdade, um *desvio de finalidade*, uma clara burla à regra constitucional visando à monopolização do poder local.

A questão chegou ao Supremo Tribunal Federal que, em sessão de 1º.8.2012, acolheu o entendimento firmado pelo TSE e decidiu que o art. 14, §5º, da Constituição, deve ser interpretado no sentido de que a proibição da segunda reeleição é absoluta e torna inelegível para determinado cargo de chefe do Poder Executivo o cidadão que já exerceu dois mandatos consecutivos (reeleito uma única vez) em cargo da mesma natureza, ainda que em ente da federação diverso.[20]

---

a irreelegibilidade prevista na letra 'a', ainda do par. 1º do art-151, há de ser compreendida como descabendo a reeleição para o mesmo cargo que o candidato já vinha ocupando, ou seja, o de Prefeito de Curiúva. Com este não pode ser confundido o cargo de Prefeito de um novo Município, pois aí, embora se trate de cargo da mesma natureza e resultante do desmembramento do antigo Município, é um outro cargo" (RE nº 100.825. Rel. p/ o acórdão Min. Aldir Passarinho. *DJ*, 7 dez. 1984).

[18] Acórdão nº 21.564/DF. Rel. Min. Carlos Velloso. *DJ*, 5 dez. 2003; Acórdão nº 21.487/DF. Rel. Min. Barros Monteiro. *DJ*, 16 set. 2003; CTA nº 1.016 – Resolução nº 21.706. Rel. Min. Carlos Velloso. *DJ*, 7 maio 2004; CTA nº 841. Rel. Min. Fernando Neves. *DJ*, 27 fev. 2003.

[19] Na mesma ocasião, o TSE julgou o Recurso Especial Eleitoral nº 32.539 e igualmente adotou o novo entendimento, resumido na seguinte ementa: "RECURSO ESPECIAL ELEITORAL. MUDANÇA DE DOMICÍLIO ELEITORAL. PREFEITO ITINERANTE 'EXERCÍCIO CONSECUTIVO DE MAIS DE DOIS MANDATOS DE CHEFIA DO EXECUTIVO EM MUNICÍPIOS DIFERENTES. IMPOSSIBILIDADE. INDEVIDA PERPETUAÇÃO NO PODER. OFENSA AOS §§5º E 6º DO ART. DA CONSTITUIÇÃO DA REPÚBLICA. NOVA JURISPRUDÊNCIA DO TSE. Não se pode, mediante a prática de ato formalmente lícito (mudança de domicílio eleitoral), alcançar finalidades incompatíveis com a Constituição: a perpetuação no poder e o apoderamento de unidades federadas para a formação de clãs políticos ou hegemonias familiares. O princípio republicano está a inspirar a seguinte interpretação basilar dos §§5º e 6º do art. 14 da Carta Política: somente é possível eleger-se para o cargo de „prefeito municipal por duas vezes consecutivas. Após isso, apenas permite-se, respeitado o prazo de desincompatibilização de 6 meses, a candidatura a 'outro cargo', ou seja, a mandato legislativo, ou aos cargos de Governador de Estado ou de Presidente da República; não mais de Prefeito Municipal, portanto. Nova orientação jurisprudencial do Tribunal Superior Eleitoral, firmada no Respe 32.507".

[20] RE nº 637.485. Rel. Min. Gilmar Mendes, j. 1º.8.2012.

Destarte, como analisado acima, a jurisprudência do STF a respeito do art. 14, §5º, da Constituição, entende que essa norma constitucional configura (1) uma *condição de elegibilidade*, fundamenta-se em (2) um postulado de *continuidade administrativa* e, ao permitir a reeleição por apenas uma única vez, visa (3) *impedir a perpetuação no poder* de uma mesma pessoa ou grupo.

O Supremo Tribunal Federal, no julgamento da citada ADI nº 1.805, considerou que o §5º do art. 14 da Constituição, na sua redação original, perfazia uma *causa de inelegibilidade absoluta*, na medida em que proibia a reeleição "para os mesmos cargos", no período subsequente, dos ocupantes dos cargos de chefe do Poder Executivo. Com a EC nº 16/97, o dispositivo passou a ter a natureza de *condição de elegibilidade*. A mudança foi, portanto, substancial.

Na redação anterior, ao instituir causa de inelegibilidade absoluta, a norma do §5º do art. 14 da Constituição assumia *caráter proibitivo*, vedando a candidatura daqueles cidadãos que se encaixavam em sua hipótese de aplicação: ter exercido o cargo de presidente da República, governador de estado ou do Distrito Federal, os prefeitos e quem os houver sucedido ou substituído nos seis meses anteriores ao pleito. Assim, tal como nas Constituições anteriores, a norma constitucional estabelecia uma causa de inelegibilidade que, de acordo com a interpretação adotada pelo STF no citado RE nº 100.825, vedava somente a candidatura para "o mesmo cargo", isto é, o cargo de chefe do Poder Executivo da unidade da federação em questão. Daí o Tribunal realizar a diferenciação entre "cargo de mesma natureza" e "mesmo cargo". Nas palavras do Ministro Oscar Correa, o sentido exato da reeleição vedada ("irreelegibilidade" na expressão da Constituição de 1967/69) "não há de ser senão de eleger, de novo, para o mesmo lugar". Até o advento da EC nº 16/97, portanto, a proibição de reeleição constituía verdadeira causa de inelegibilidade absoluta e tinha o sentido de vedar a eleição para o mesmo cargo, no mesmo domicílio eleitoral.

A EC nº 16/97 passou a permitir a reeleição, ainda que por uma única vez, e, dessa forma, estruturou o §5º do art. 14 como uma *permissão*, isto é, perfazendo uma condição de elegibilidade para os cargos de chefe do Poder Executivo. Assim, diz a norma que "o Presidente da República, os Governadores de Estado e do Distrito Federal, os Prefeitos e quem os houver sucedido ou substituído no curso dos mandatos poderão ser reeleitos para um único período subsequente".

A nova condição de elegibilidade fundamenta-se no postulado de *continuidade administrativa*, que lhe dá sentido e, dessa forma, condiciona sua aplicação teleológica. Não estando presentes a possibilidade e a necessidade da continuidade administrativa, não se preenche o requisito essencial dessa condição de elegibilidade. Em outros termos, pode-se dizer que esse princípio constitui o substrato da condição de aplicação da norma do art. 14, §5º, da Constituição.

De toda forma, crucial é compreender que, como abordado acima, o instituto da reeleição tem fundamento não somente no postulado da *continuidade administrativa*, mas também no *princípio republicano*, que impede a perpetuação de uma mesma pessoa ou grupo no poder. O princípio republicano condiciona a interpretação e a aplicação do próprio *comando da norma* (resultado ou solução normativa): a reeleição é permitida por apenas uma única vez. E é sensato considerar que esse princípio impede a terceira eleição não apenas no mesmo município, mas em relação a qualquer outro município da federação. Entendimento contrário tornaria possível a figura do denominado "prefeito itinerante" ou do "prefeito profissional", o que claramente é incompatível com esse princípio republicano, que também traduz um postulado de *temporariedade/alternância* do exercício do poder.

Portanto, ambos os princípios – continuidade administrativa e republicanismo – condicionam a interpretação e a aplicação teleológicas do art. 14, §5º, da Constituição. A reeleição, como condição de elegibilidade, somente estará presente nas hipóteses em que esses princípios forem igualmente contemplados e concretizados. Não estando presentes as hipóteses de incidência desses princípios (é o que ocorre quando o caso envolve municípios diversos) e, dessa forma, não havendo a condição de elegibilidade, fica proibida a reeleição. Significa, ao fim e ao cabo, que o cidadão que exerce dois mandatos consecutivos como prefeito de determinado município fica inelegível para o cargo da mesma natureza em qualquer outro município da federação. Em suma, traduzindo em outros termos, pode-se placitar a interpretação do art. 14, §5º, da Constituição, dada pelo Ministro Carlos Britto no âmbito do Tribunal Superior Eleitoral:

> somente é possível eleger-se para o cargo de prefeito municipal por duas vezes consecutivas. Após isso, apenas permite-se, respeitado o prazo de desincompatibilização de 6 meses, a candidatura a outro cargo, ou seja, a mandato legislativo, ou aos cargos de Governador de Estado ou de Presidente da República; não mais de Prefeito Municipal, portanto.[21]

4.6 Conclusões

Desde a Constituição de 1988, o Brasil tem passado por uma rica e singular experiência em termos de desenvolvimento político, dentro de paradigmas democráticos.

O Tribunal Superior Eleitoral tem sido personagem vital nesse importante período da nação, não apenas fiscalizando o processo eleitoral, mas agindo ativamente por meio de campanhas institucionais e incentivo ao exercício da cidadania. Junto a ele, o Supremo Tribunal Federal tem também exercido papel imprescindível na manutenção da estabilidade de nosso país, proferindo relevantes decisões sobre a temática dos direitos políticos – como demonstrado ao longo deste texto.

Paralelamente, as modificações recentes na Constituição Federal e na legislação eleitoral – que materializam a denominada reforma política brasileira – demonstram notável esforço de superação das fragilidades do nosso sistema político-eleitoral.

Nossa Constituição Federal de 1988 marca a consolidação da democracia brasileira, da estabilidade de nossas instituições, e tem demonstrado força normativa capaz de regular, com folga, inclusive situações extremas. Com efeito, parece que a reforma política recém-instituída acertou ao evitar concepções aventureiras, que poderiam comprometer definitivamente, se adotadas, o capital institucional acumulado com muito sacrifício, e também acertou em inovar em experimentos institucionais que prometem responder a algumas das complexidades da sociedade brasileira.

---

[21] Recurso Especial Eleitoral nº 32.359/AL.

Referências

ALBUQUERQUE, Xavier de *et al*. *Estudos Eleitorais – TSE*, n. 2, maio/ago. 1997.

ARAS, Augusto. *Fidelidade partidária*: efetividade e aplicabilidade. 1. ed. Rio de Janeiro: LMJ Mundo Jurídico, 2016.

DEGENHART, Christoph. *Staatsrecht I*. 21. ed. Heidelberg: [s.n.], 2005.

GOMES, José Jairo. *Direito eleitoral*. 13. ed. rev., atual. e ampl. São Paulo: Atlas, 2017.

GRIMM, Dieter. Politische Parteien. In: BENDA, Ernst; MAIHOFER, Wemer; VOGEL, Hans-Jochen (Hrsg.). *Handbuch des Verfassungsrechts*. Band 1. Berlim/Nova York: Gruyter, 1995.

MAINWARING, Scott. Políticos, partidos e sistemas eleitorais. *Estudos Eleitorais – TSE*, n. 2, maio/ago. 1997.

PORTO, Walter Costa. *A mentirosa urna*. São Paulo: Martins Fontes, 2004.

PORTO, Walter Costa. *Dicionário do voto*. Brasília: Ed. da UnB, 2000.

PORTO, Walter Costa. *Pinheiro Machado e seu tempo*. Brasília: INL, 1995.

PORTO, Walter Costa. *Sistema eleitoral brasileiro*. In: CONGRESSO BRASILIENSE DE DIREITO CONSTITUCIONAL, IX. *Palestra...* Brasília, 10 nov. 2006.

RIBEIRO, Jeferson. TSE pede investigação sobre interferência do crime organizado na política. *O Globo*, 8 out. 2017. Disponível em: <https://oglobo.globo.com/brasil/tse-pede-investigacao-sobre-interferencia-do-crime-organizado-na-politica-21922376>. Acesso em: 11 dez. 2016.

SILVA, José Afonso da. *Curso de direito constitucional positivo*. 27. ed. São Paulo: Malheiros, 2006.

TAVARES, Giusti José Antonio. *Sistemas eleitorais nas democracias contemporâneas*. Rio de Janeiro: Relume-Dumará, 1994.

TEIXEIRA, J. H. Meirelles. *Curso de direito constitucional*. São Paulo: Forense Universitária, 1991.

Informação bibliográfica deste texto, conforme a NBR 6023:2002 da Associação Brasileira de Normas Técnicas (ABNT):

MENDES, Gilmar Ferreira. Apresentação do direito eleitoral brasileiro – Financiamento de campanha, cláusula de barreira, fidelidade partidária e reeleição. In: COSTA, Daniel Castro Gomes da et al. (Coord.). *Direito Eleitoral comparado*. Belo Horizonte: Fórum, 2018. p. 61-81. ISBN 978-85-450-0550-6.

CAPÍTULO 5

BREVE ENSAIO SOBRE A DEMOCRACIA INTERNA DOS PARTIDOS POLÍTICOS NA ESPANHA

ANA CLAUDIA SANTANO

TAILAINE CRISTINA COSTA

5.1 A relevância do tema

É fato que os partidos políticos não são uma unanimidade na sociedade e que geram sentimentos e percepções antagônicas. Se há política, há partidos, uma vez que a sua existência é necessária para qualquer regime democrático. No entanto, eles também estão diretamente vinculados ao lado mais "nebuloso" das instituições públicas, ostentando, talvez, a posição mais "incômoda" dentro dessa arena. A trajetória histórica dos partidos tem acompanhado o próprio desenvolvimento das sociedades democráticas ocidentais, já que, desde o século XIX, os partidos políticos foram se incorporando paulatinamente à cena pública, servindo como suportes de demandas sociais específicas dos grupos que representam, ou, de igual maneira, reivindicando direitos dos cidadãos frente ao Estado.

Por outro lado, a existência, a continuidade e o comportamento das agremiações partidárias sempre estiveram longe de formar um consenso e, ao que parece, o momento de uma pacificação acerca desses fatores ainda está distante. As políticas e os governos são coordenados por tais organizações, adotam certos padrões de condutas que frequentemente colidem com o ideal democrático que os fundou, o que causa, inevitavelmente, o distanciamento das esferas de poder da população em geral, bem como descontentamento – e em alguns casos, desafetação política –, levando a questionamentos acerca da própria democracia representativa. Isto está claro em muitos países, não sendo a Espanha ou os países europeus uma exceção.

A doutrina tampouco integrou positivamente os partidos de maneira imediata. A sua aceitação foi resultado de um lento processo, e apesar de não estar totalmente convencida da idoneidade de tais organizações na direção dos assuntos públicos, também não dificultou a sua posterior adoção como instrumentos vitais à democracia contemporânea. Se as primeiras análises realizadas sobre os partidos não foram muito favoráveis – como o caso de Ostrogorski[1] e Michels,[2] com o passar do tempo, tais organizações foram sendo inseridas na sociedade, não sem continuar causando polêmica acerca de sua atuação, o que novamente as coloca em uma posição um tanto dúbia na dinâmica sociedade-Estado.

A partir da análise crítica dos argumentos, este breve ensaio trará o tema da democracia interna dos partidos políticos na Espanha. Sabe-se que as organizações partidárias espanholas gozam de inegável consolidação, mas o seu prestígio é inversamente proporcional a isso. Logo após a redemocratização a partir da Constituição de 1978, o sistema político espanhol depositou nas agremiações grandes tarefas para a reconstrução do país depois de um longo período ditatorial. No entanto, o fato é que os partidos não vêm correspondendo às expectativas, sendo constantemente alvos de duras críticas, principalmente devido às suas estruturas fechadas, piramidais e carentes de participação interna ampla.

Obviamente, não se pretende esgotar o tema, devido à sua complexidade e relevância, mas apenas expor o seu estado da arte, despertando o interesse da academia e instigando novas pesquisas. É essa, ao menos, a principal intenção.

5.2 Regular ou não regular os partidos... eis a questão

A decisão de regular ou não os partidos políticos e em qual intensidade esse controle deve ser realizado é algo que ainda desperta muitos e acalorados debates.[3] A linha que separa a regulação do intervencionismo é muito tênue e, em um país como a Espanha, que atravessou um longo período ditatorial, deixando marcas profundas em sua história política, trata-se de uma questão que sempre está na pauta parlamentar, quando envolve algum episódio com os partidos políticos.[4] É justamente por isso que parece conveniente abordar, antes do tema da democracia interna, o dilema da decisão do Estado de regular ou não as organizações partidárias, bem como qual deve ser o nível desse controle, o detalhe e a densidade dessas medidas de regulação.

É certo que, devido à importância dos partidos políticos no processo político moderno e de sua mediação na concretização da democracia, a sua regulação seja imprescindível, a fim de garantir a participação dos cidadãos na atuação do Estado. Essa regulação deve se dar para assegurar a atuação desse ator político frente ao Estado, o que impede que seus órgãos, através de suas atividades, discriminem umas

---

[1] OSTROGORSKI, Moisei. *La democracia y los partidos políticos*. Madrid: Trotta, 2008.

[2] MICHELS, Robert. *Los partidos políticos I*. Buenos Aires: Amorrortu, 1996.

[3] Somente como exemplo, García Giráldez afirma que o primeiro país a regular os partidos foram os Estados Unidos, tanto no nível federal como estatal, em 1866 (GARCÍA GIRÁLDEZ, Teresa. Los partidos políticos y el derecho. In: VV.AA. *Curso de partidos políticos*. Madrid: Akal, 2003. p. 148).

[4] GARCÍA ROCA, F. Javier; MURILLO DE LA CUEVA, Pablo Lucas. Democracia interna y control de los partidos políticos. *Revista de Estudios Políticos – Nueva Época*, n. 42, p. 239-268, nov./dic. 1984.

agremiações de outras. Essa regulação também deve ser de controle, não repressivo ou instrumentalista, diante de uma possível atuação ilícita por parte dessas organizações.[5] Segundo Raúl Morodo, da mesma maneira que a incorporação dos partidos foi gradual, a constitucionalização dos controles estatais sobre eles também vem gradualmente e, logicamente, é tecnicamente mais adequado que se regule ao máximo nível uma garantia eficaz para a sua consolidação e bom funcionamento do sistema democracia em sua globalidade.[6]

Tratando-se de regulação, limites constitucionais podem auxiliar na tarefa de elaborar controles eficazes. Estando inseridos no texto constitucional, estes limites se tornam mais protegidos, o que faz com que as bases da regulação não estejam totalmente vulneráveis aos movimentos dos próprios partidos no Parlamento. Complementos à regulação são bem-vindos, ao mesmo tempo que a legislação necessita se adaptar aos novos tempos, considerando, também, que as normas constitucionais são, por natureza, mais rígidas. Contudo, esses complementos apontados pelas leis sempre devem corresponder fielmente ao que dita a Constituição sobre o regime a ser aplicado às organizações partidárias.[7] Dessa forma, Rodrígues Días afirma que, ao regular determinada matéria no texto constitucional, ele mesmo cumpre uma função garantista, já que assegura a regulação e a existência dessas agremiações, frente às possíveis tentativas de erradicá-las. Essa garantia também opera diante dos poderes públicos ordinários do Estado, em virtude da situação hierárquica em que se encontra o poder constituinte (personificado na Constituição) e os constituídos.[8] Por isso, é altamente recomendável que o texto constitucional não silencie completamente sobre o tema, ainda que seja mais conveniente que se deixem espaços para a conformação do legislador.

Por outro lado, também é certo que a regulação dos partidos é muito direcionada pela natureza jurídica que se atribui a eles. No caso da Espanha, as organizações partidárias são tidas como associações de caráter privado, com funções constitucionais.[9] E, como um ente privado, ainda que exerça certas tarefas de perfil público, isso impede que o Estado se aprofunde nas normas de regulação, permitindo-lhe somente que sejam delineados os limites que se objetiva que tenham os partidos.

Contudo, trata-se de uma grande discussão, já que interfere na densidade da legislação. Ter uma normativa muito detalhada sobre as agremiações partidárias nem sempre é defendido pela doutrina, e exemplo disso é Manuel García Pelayo, que não está de acordo com uma regulação legal estrita para os partidos, uma vez que isso pode representar uma limitação à sua liberdade. Devido a isso, ele opina que pode haver constitucionalização da regulação que se pretende, mas que a responsável pelo seu

---

[5] SOLOZABAL ECHAVARRIA, J. J. Sobre la constitucionalización de los partidos políticos en el derecho constitucional y en el ordenamiento español. *Revista de Estudios Políticos*, n. 45, p. 155-164, mayo/jun. 1985. p. 157-158.

[6] MORODO, Raúl. Partidos y democracia: los partidos políticos en la Constitución española. In: MORODO, Raúl *et al. Los partidos políticos en España*. Barcelona: Labor Politeia, 1979. p. 10. Tradução livre.

[7] MORODO, Raúl; MURILLO DE LA CUEVA, Pablo Lucas. *El ordenamiento constitucional de los partidos políticos.* México: Unam – Instituto de Investigaciones Jurídicas, Derechos Fundamentales, 2001. p. 32-35.

[8] RODRIGUEZ DIAZ, Ángel. *Transición política y consolidación constitucional de los partidos políticos.* Madrid: Centro de Estudios Constitucionales, 1989. p. 203. Tradução livre.

[9] Nesse sentido, cf. SANTANO, Ana Claudia. La evolución de la definición de la naturaleza jurídica de los partidos en el derecho español. *Ideología y Militancia – Revista de Derecho Estasiológico*, Ciudad de México, p. 1-18, 2014.

aprofundamento será a lei, que pode ou não proceder dessa forma. Isso, obviamente, muda de país para país.[10]

Outro autor que acompanha a opinião de García Pelayo por uma escassa limitação dos partidos é Presno Linera, que os entende como instrumentos de formação e de expressão da vontade popular e, assim, os partidos devem poder operar no processo político sem barreiras maiores do que as estritamente necessárias para preservar a liberdade dos cidadãos,[11] e isso deve ser assim porque estas organizações "prestam serviços" que favorecem o princípio democrático, dentro de qualquer contexto que prestigie a formação e a expressão dessa vontade popular.[12]

A postura do Tribunal Constitucional espanhol adere a este posicionamento, no sentido de reconhecer a ampla liberdade do legislador concedida pela Constituição espanhola, e que limites legais são admitidos, desde que devidamente justificados e estabelecidos em prol do funcionamento do sistema democrático.[13]

No entanto, devido à breve atenção que foi dedicada ao tema pelo Tribunal Constitucional, isso provocou críticas, acusando a legislação referente à problemática muito "obscura", omissa e, muitas vezes, insuficiente. Uma crítica nesse sentido é de Cascajo Castro, que entende que não cabem falsos moralismos, e que leis não são a solução para os problemas que se mostram, já que tudo conectado ao assunto sofre com as reais situações e com as desconhecidas relações entre as forças políticas. Dessa forma, o autor afirma parecer até "absurdo" que se proponha uma regulação jurídica em profundidade, para que logo termine se traduzindo em medidas de autocontrole. Nessa linha, o cumprimento e a melhora da qualidade democrática dos processos decisórios não têm ainda um adequado sistema de fiscalização.[14]

O autor continua a sua crítica sobre o fato de que uma norma remeta aos estatutos dos partidos o cumprimento dos limites impostos pela Constituição, sendo que não há nenhum tipo de fiscalização efetiva dessas regras, fazendo com que os partidos políticos sejam como "um santuário desde o ponto de vista do controle judicial". Dessa maneira, o autor entende que tais normas de autocontrole permitem às organizações partidárias espaços imunes à aplicação do direito existente.[15]

Como se verifica, o tema é controverso e merece atenção. E um desses campos no qual esse dilema se vê muito presente é com relação à democracia interna das agremiações partidárias.

---

[10] O autor complementa a ideia afirmando que esta constitucionalização tem como característica mais comum tratar do *status* dos partidos: (i) *status* de liberdade (direitos e deveres dos partidos); (ii) *status* de liberdade interna (direitos e deveres dos partidos) (GARCÍA-PELAYO, Manuel. *El estado de partidos*. Madrid: Alianza, 1986. p. 52-61). Também com esse posicionamento, García Roca e Murillo de la Cueva entendem que a profunda conexão entre partidos e poderes públicos faz com que qualquer discriminação na democraticidade das agremiações se traduza em uma discriminação também do nível da democracia das instituições nas que aqueles operam (GARCÍA ROCA, F. Javier; MURILLO DE LA CUEVA, Pablo Lucas. Democracia interna y control de los partidos políticos. *Revista de Estudios Políticos – Nueva Época*, n. 42, p. 239-268, nov./dic. 1984. p. 252).

[11] PRESNO LINERA, Miguel Ángel. *Los partidos políticos en el sistema constitucional español* – Prontuario de jurisprudencia constitucional 1980-1999. Navarra: Aranzadi, 2000. p. 43.

[12] PRESNO LINERA, Miguel Ángel. *Los partidos políticos en el sistema constitucional español* – Prontuario de jurisprudencia constitucional 1980-1999. Navarra: Aranzadi, 2000. p. 43.

[13] Um exemplo dessa posição do Tribunal Constitucional está na STC nº 75/85, F.J. 4º.

[14] CASCAJO CASTRO, José Luis. Controles sobre los partidos políticos. In: GONZÁLEZ ENCINAR, José Juan (Coord.). *Derecho de partidos*. Madrid: Espasa-Calpe, 1992. p. 182.

[15] CASCAJO CASTRO, José Luis. Controles sobre los partidos políticos. In: GONZÁLEZ ENCINAR, José Juan (Coord.). *Derecho de partidos*. Madrid: Espasa-Calpe, 1992. p. 164-200.

5.3 O discurso negativo sobre a democracia interna dos partidos

Tema de altíssima relevância devido à sua complexidade, a democracia interna dos partidos políticos envolve muitos outros pontos, como a já citada natureza jurídica dessas organizações, o seu financiamento ordinário e o de seus candidatos, bem como o cumprimento de obrigações impostas pela Constituição espanhola.

Há muito tempo que se acusam os partidos de tenderem a uma estrutura oligárquica, contrariando as respectivas disposições constitucionais. No início do século XX, Ostrogorski já havia escrito que as organizações partidárias eram democráticas só externamente, propondo um outro modelo que os substituísse, originado a partir da ação social da sociedade.[16] Já Michels foi mais contundente em suas críticas, pois, ao analisar os partidos políticos sob uma perspectiva sociológica, o autor afirmou que, sem organização, não haveria democracia, e que essa organização, conhecida então por partido político, é feita na busca por um fim, inevitavelmente pela quantidade de membros na sociedade de massas. Dessa forma, os líderes teriam que impor procedimentos burocráticos para que esta máquina agigantada funcionasse. A partir desse momento, geram-se dentro da organização classes de pessoas, parecidas com a estrutura de classes que existe no capitalismo, e isso, segundo ele, é inexorável, porque na maioria sempre haverá uma minoria, forçosamente ou não, que será a classe governante dessa massa. Esse processo desencadeia uma evolução oligárquica dentro do partido, compondo, assim, o que o autor chama de "lei de ferro".[17]

Em outro de seus trabalhos, Michels utiliza uma linguagem ainda mais forte para expor a sua posição sobre o tema, a partir de um viés pessimista e negativo da relação existente entre dirigentes, líderes e membros das organizações partidárias, que chega a reduzir o papel dos filiados a meros votantes esporádicos de algum representante para a estrutura burocrática da organização. Dessa forma, o fato de que a base da vida dos partidos tenha uma forma democrática não corresponde à verdade no que tange à tendência à aristocracia ou, mais especificamente, à oligarquia a que se se submetem essas agremiações.[18] Essa posição é acompanhada por Max Weber, que entende que dentro dos partidos políticos sempre haverá uma estrutura oligárquica, baseando-se em um princípio semelhante ao da hierarquia administrativa, e isso é assim porque as organizações partidárias como um todo se constituem, no que em suas palavras seria "a partir de uma estrutura pura de dominação do quadro administrativo", ou seja, da burocracia.[19]

Alexander Schinfrin acompanha Michels, mas afirma que os males da oligarquização em um partido não são inevitáveis e, para combatê-los, a democracia interna deve estar composta por três pontos: (i) liberdade de expressão, que é a condição principal da democracia interna; (ii) intensa autonomia e vida própria das organizações locais,

---

[16] OSTROGORSKI, Moisei. *La democracia y los partidos políticos*. Madrid: Trotta, 2008. p. 35 e ss.

[17] MICHELS, Robert. *Los partidos políticos II* – Un estudio sociológico de las tendencias oligárquicas de la democracia moderna. 5. reimpr. Buenos Aires: Amorrortu, 1996. p. 170-181. Para entender o raciocínio utilizado pelo autor, cf. MICHELS, Robert. *Los partidos políticos I*. Buenos Aires: Amorrortu, 1996.

[18] MICHELS, Robert. Democracia formal y realidad oligárquica. In: LENK, Kurt; NEUMANN, Franz (Ed.). *Teoría y sociología críticas de los partidos políticos*. Barcelona: Anagrama, 1980. p. 242.

[19] WEBER, Max. *Economía y sociedad I*: teoría de la organización social. México: Fondo de Cultura Económica, 1944. p. 228.

como uma proteção contra a centralização exagerada, como se fossem "células primárias" nas decisões políticas, sendo delas a formação da vontade política do partidos, e são livres para tomar decisões próprias, conduzindo uma politização da agremiação; (iii) constituição democrática do partido através de um processo democrático em toda a organização, a partir de regras estabelecidas nos estatutos.[20]

Esse estigma das agremiações é, também, abordado por Giorgio Lombardi, que afirma que o momento de luta em suas recíprocas relações e a estrutura oligárquica interna são suas características, as quais as indagações sociológicas têm verificado há muito tempo e que afastam os partidos dos princípios inspiradores da democracia, ainda que sejam essenciais a ela.[21]

Como se pode perceber, essa dualidade de percepções no que se refere aos partidos pouco mudou, sendo que, talvez, tenha se acentuado.

5.4 A democracia interna no marco constitucional espanhol

É certo que o tema da democracia interna dos partidos foi introduzido no texto constitucional espanhol sem maiores debates, acompanhando o consenso havido em grande parte dos conteúdos da Constituição de 1978. Isso porque o que se buscava, de forma unânime, era que o princípio democrático, necessário inspirador de toda a Carta Maior, impregnasse não somente o Estado, mas também todas as organizações sociais, ao menos aquelas "associações" que representam interesses da sociedade frente às instâncias públicas, a fim de procurar a maior autenticidade possível nessa representação.[22] É devido a isso que os partidos políticos, dotados desse dever de democracia interna, possibilitam que exista um funcionamento coerente de todo o sistema democrático. É nesse sentido que a democracia interna, para Martínez Cuevas, engloba basicamente os critérios que operam o cerne das agremiações, pelo que apresenta uma dimensão processual que precisa ser completada com outra de índole substancial, referente ao reconhecimento de certos direitos que deve gozar um filiado dentro dessa organização.[23]

Da mesma forma que ocorre com o tema do registro dos partidos, muitas posições doutrinárias acerca da democracia interna foram elaboradas e pensadas durante a vigência da já revogada Lei Ordinária nº 54/78, lei esta julgada insuficiente. As críticas em torno da norma expõem bem a falta de uma regulação legal adequada da problemática, e esses clamores não puderam alcançar o aperfeiçoamento das normativas posteriores, refletidas na Lei Ordinária nº 6/2002, de 27 de junho, ainda que se deva reconhecer que suas regras são visivelmente melhores que as anteriores, considerando também as alterações da LO nº 3/2015, de 30 de março.

---

[20] SCHIFRIN, Alexander. Aparato de partido y democracia interna – Una crítica socialista de Michels. In: LENK, Kurt; NEUMANN, Franz (Ed.). *Teoría y sociología críticas de los partidos políticos.* Barcelona: Anagrama, 1980. p. 275-276.

[21] LOMBARDI, Giorgio. Corrientes y democracia interna de los partidos políticos. *Revista de Estudios Políticos – Nueva Época,* n. 27, p. 7-28, mayo/jun. 1982. p. 15. También, cf. GONZÁLEZ ENCINAR, José Juan. Democracia de partidos "versus" Estado de partidos. In: GONZÁLEZ ENCINAR, José Juan (Coord.). *Derecho de partidos.* Madrid: Espasa-Calpe, 1992. p. 51 e ss.

[22] PRESNO LINERA, Miguel Ángel. *Los partidos y las distorsiones jurídicas de la democracia.* Barcelona: Ariel, 2000. p. 62.

[23] MARTÍNEZ CUEVAS, María Dolores. *El régimen jurídico de los partidos políticos.* Madrid: Marcial Pons, 2006. p. 37.

Hoje já é um consenso na doutrina que a regulação contida na LO nº 54/78 era bastante incompleta. O seu art. 4º – único destinado à democracia interna dos partidos –, e seus três pontos, devido à sua brevidade, não seriam capazes de englobar toda a problemática advinda de um assunto tão denso como esse. Assim, como não poderia ser de outra maneira, as disposições contidas nessa norma, na verdade, não fazem nada além do que citar o tópico dentro da lei, já que não apresenta nenhuma solução concreta, pelo seu texto abstrato e de difícil interpretação jurídica, o que deixou uma margem muito grande para que as agremiações não fossem obrigadas a cumprir verdadeiramente esses deveres.

Diante disso, em um primeiro momento, a doutrina se preocupou em conceituar o disposto no art. 6º da Constituição espanhola,[24] como foi o caso de Manuel Ramírez, que afirma que a democracia interna deve ser entendida como a participação dos membros no processo de tomada de decisões e na eleição de dirigentes, em todos os níveis. Já o funcionamento democrático teria que ser valorado na atenção ao respeito ao pluralismo ou pluralidade de partidos sobre o que descansa a vida política. Se um ou outro falha, significa que há forças que se movem à margem do respeito à Constituição, com as óbvias consequências que derivam desse fato.[25]

No entanto, a existência de disposições constitucionais acerca do tema não evita que alguns atores entendam que, na verdade, não existe disposição alguma. É assim que Jorge de Esteban e López Guerra se pronunciam, já que entendem que se trata de uma ficção jurídica, ao mesmo tempo que pouquíssimos partidos de massa podem funcionar de maneira democrática, pois as agremiações, muitas vezes, necessitam atuar com rapidez em certas situações, algo que dificulta muito a realização de consultas constantes. Contudo, os autores entendem que as organizações partidárias deveriam pelo menos tentar ser mais democráticas, com a celebração periódica de congressos, por exemplo.[26]

Uma visão mais recente sobre a definição de democracia interna é a de Navarro Méndez, que afirma que, devido à dificuldade de ter fixado um conteúdo assim, este conceito deverá começar pelos elementos essenciais, capazes de formá-lo de forma "mínima", ou seja, que pode não agradar a toda a doutrina, mas que permita a abertura de um caminho consensual para isso e que caiba nas inumeráveis situações existentes, sem objetivar ter um conceito universal. Assim, o autor afirma que "uma coisa é definir o que se entende por 'democracia interna' e outra bem distinta, ainda que complementar e conexa, é regular determinadas exigências mínimas para conseguir tal objetivo".[27]

---

[24] Assim dispõe esse artigo: "Artículo 6. Los partidos políticos expresan el pluralismo político, concurren a la formación y manifestación de la voluntad popular y son instrumento fundamental para la participación política. Su creación y el ejercicio de su actividad son libres dentro del respeto a la Constitución y a la ley. Su estructura interna y funcionamiento deberán ser democráticos".

[25] RAMIREZ, Manuel. Los partidos políticos en la Constitución española de 1978. *Revista de Estudios Políticos – Nueva Época*, n. 13, p. 45-60, ene./feb. 1980. p. 56. Tradução livre. Por sua vez, Gallardo Moya afirma que o sentido trazido pela expressão do art. 6º da Constituição espanhola de "funcionamento de estrutura" democráticos, na verdade, não concretiza nem especifica em que consiste uma estrutura e um funcionamento democráticos, deixando, dessa forma, uma amplíssima margem de realização. Isso se vê agravado pela dispersão que caracteriza o termo *democracia*, sobre o que se tem construído uma noção cada vez mais ambígua. (GALLARDO MOYA, Rosario. Derecho de asociación y exigencia de democracia interna de los partidos políticos (Comentarios a la STS 56/1995, de 6 de marzo). *Derecho Privado y Constitución*, n. 8, p. 237-250, ene./abr. 1996. p. 240).

[26] ESTEBAN, Jorge de; LÓPEZ GUERRA, Luís. *El régimen constitucional español 1.* 1. ed. reimpr. Barcelona: Labor, 1983. p. 79-80.

[27] NAVARRO MENDEZ, José Ignacio. *Partidos políticos y "democracia interna".* Madrid: CEPC, 1999. p. 32.

Contudo, o autor afirma que a lei (LO nº 54/78) somente previa alguns meios, não todos, para lograr este objetivo, o restante está por ser definido pelo intérprete. Logo, ao analisar os elementos existentes, o autor conceitua democracia interna:

> um conjunto de regras do jogo para determinar quem e como se exerce o poder dentro do partido, e para evitar que as tendências "naturais" à oligarquização dos órgãos reitores dos partidos, – que, segundo a sociologia política, vão estar sempre presentes –, consigam marginar o parecer da maioria para favorecer o interesse da minoria dirigente.[28]

Saindo da definição de democracia interna e partindo para a problemática propriamente dita, Sánchez de Vega entende que o pluralismo político no interior do partido é algo difícil porque o poder é, pela sua própria natureza, expansivo e tende à concentração. Porém, o autor afirma que o princípio democrático no interior das agremiações, como expressão do pluralismo político, não está na contradição com as tendências oligárquicas que costumam se manifestar nas lutas pelo poder no seio dos partidos, mas sim que precisamente serve para encaixar democraticamente as disputas inatas ao fenômeno do poder. É diante disso que o autor estabelece que, através da democracia interna, objetivam-se duas coisas: (i) aproximar o filiado do processo de tomada de decisões do partido, obrigando-o, por meio dos estatutos e normas, a traduzir na prática a vontade dos integrantes da organização; (ii) evitar as tendências oligárquicas, quando possível. No entanto, igualmente existe o problema do trunfo eleitoral, que não pode ser ignorado quando há dissidência no partido. O autor também destaca dois aspectos da democracia interna: o eletivo e o democrático da estrutura interna, bem como o participativo e de funcionamento interno democrático, ambos acolhidos pelo art. 6º da Constituição espanhola. Nesse sentido, a adoção da democracia por parte do constituinte não se trata tanto de uma característica como de uma condição constitucional imposta aos partidos para cumprir corretamente suas funções no sistema democrático.[29]

Em outro de seus trabalhos, Sánchez de Vega afirma que se deve considerar que, sob a exigência de democracia interna do partido, há uma tensão constante entre o jogo com os princípios, como o da liberdade dos membros e o seu direito de participar na vida política, de um lado, e de outro o princípio da autonomia do partido. Justamente por isso, a democracia interna legitima a função das organizações partidárias porque ajusta democraticamente a dialética entre o interesse individual e o coletivo.[30]

Junto a isso, Morodo e Murillo de la Cueva entendem que a condição democrática na estrutura dos partidos é uma condição necessária para a sua existência e cumprimento de suas funções. Nessa linha, quando a agremiação não é democrática internamente, poder-se-ia autorizar a denegação de sua inscrição registral, ou seja, um partido que se organize de forma incompatível com os requerimentos da lei antes mencionados não seria democrático, não sendo, materialmente, um partido, já que, no caso do ordenamento jurídico espanhol, somente o são os que adotam uma configuração de natureza

---

[28] NAVARRO MENDEZ, José Ignacio. *Partidos políticos y "democracia interna"*. Madrid: CEPC, 1999. p. 33-76.

[29] SÁNCHEZ DE VEGA, Agustín. Constitución, pluralismo político y partidos. *Revista de las Cortes Generales*, Madrid, n. 26, 2º cuatrimestre, p. 69-116, 1992. p. 99-101.

[30] SANCHEZ DE VEGA, Agustín. Notas para un estudio del derecho de partidos. In: ASENSI SABATER, José (Coord.). *Ciudadanos e instituciones en el constitucionalismo actual*. Valencia: Tirant Lo Blanch, 1997. p. 321.

democrática. Em consequência, não só não procederia inscrever-se, mas também não poderia desfrutar das vantagens reconhecidas a estas organizações partidárias. Nesse ponto, a denegação da inscrição tem consequências práticas importantes, pois é a constância no registro que abre a passagem ao protagonismo nas eleições e a eventuais mecanismos de financiamento público direto e indireto. No entanto, os autores reconhecem que este controle é complicado, pois é possível fazê-lo formalmente por meio dos estatutos, mas exigir o cumprimento das regras pode ser visto como limitar ou interferir na sua autonomia.[31]

Sem embargo, os autores conhecem que este controle é bastante complicado, afinal, o controle formal por meio dos estatutos é possível, contudo, exigir o cumprimento das regras já é limitar ou interferir na sua autonomia.

Como se pode verificar, é certo que, na época da LO nº 54/78, os partidos ignoravam a obrigação do funcionamento interno[32] e que, ainda que tenha havido um esforço para melhorar a situação, na LO nº 6/2002 o problema não foi solucionado. Posições como as de Soriano Díaz persistiram na doutrina e explicam bem a situação real da questão, quando afirmam que os filiados aos partidos na Espanha seguem sendo bem escassos, que eles saberão as razões pelas quais se mantêm e que consentem estruturas oligárquicas dentro das agremiações, quando podem mudá-las mediante a reforma dos estatutos. Contudo, ele lembra que são os próprios cidadãos que sofrem as consequências de uma falta de democracia e de transparência no funcionamento das organizações partidárias, porque somente mediante um processo democrático e transparente as agremiações podem oferecer aos votantes seus melhores candidatos. Nesse sentido, a democratização interna se converte na garantia de uma seleção de candidatos capazes e honestos.[33]

5.5 O debate sobre a forma de controle

Como ocorre também com outros temas envolvendo partidos políticos, como é o caso do registro, também há um debate sobre os possíveis mecanismos de controle da democracia interna dessas organizações. Nesse debate, ainda que esteja de acordo que no momento do registro do partido só é permitido que se faça um controle formal dos estatutos a ser inscritos, há opiniões que entendem que o controle deveria ser mais eficaz, incluindo, talvez, uma intervenção judicial.

Segundo Navarro Mendez, há dois grupos que representam posições opostas no debate: (i) que deve ter mecanismos jurídicos para que os partidos políticos funcionem democraticamente; (ii) que deve ter capacidade de autorregulação das agremiações,

---

[31] MORODO, Raúl; MURILLO DE LA CUEVA, Pablo Lucas. *El ordenamiento constitucional de los partidos políticos*. México: Unam – Instituto de Investigaciones Jurídicas, Derechos Fundamentales, 2001. p. 114-119.

[32] Cf. BLANCO VALDÉS, Roberto L. Crisis en los partidos, partidos en la crisis: la democracia en los partidos en la frontera del fin de siglo. In: ASENSI SABATER, José (Coord.). *Ciudadanos e instituciones en el constitucionalismo actual*. Valencia: Tirant Lo Blanch, 1997. p. 129 e ss.; ESPARZA MARTÍNEZ, Bernardino. Estructura y Funcionamiento democrático de los partidos políticos españoles. *Revista de las Cortes Generales*, Madrid, n. 43, 1º cuatrimestre, 1998. p. 140 e ss.; MANUEL ABELLÁN, Ángel. Problemas representativos y participación de los ciudadanos: la democratización de los partidos políticos y la perspectiva electoral. In: ASENSI SABATER, José (Coord.). *Ciudadanos e instituciones en el constitucionalismo actual*. Valencia: Tirant Lo Blanch, 1997. p. 286 e ss.

[33] SORIANO DÍAZ, Ramón Luís. El dominio de los partidos políticos: partidos y sociedad. *Revista de Estudios Políticos – Nueva Época*, n. 105, p. 265-277, jul./sep. 1999. p. 268-269. Nesse sentido, cf. BAUTISTA PLAZA, David. *La función constitucional de los partidos políticos*. Granada: Comares, 2006.

sem que o direito as obrigue a nada, já que pode não ser a solução. As duas correntes se diferenciam pelo meio pelo qual alcançam a democracia, não pelo seu fim.[34] Entretanto, deve-se sublinhar que o consenso ainda se encontra distante.

É certo que os partidos são estruturados de forma piramidal, considerando que são organizações de caráter profissional.[35] Com isso, a elite que é superior às demais classes de filiados em um partido tende a dominar mais determinados assuntos que a massa de militantes, gerando conflitos na ideia de democracia interna. Tanto é assim que há casos – como no italiano –, que os estatutos partidários possuem uma proibição expressa contra as correntes internas organizadas. A existência de correntes internas é reconhecida, mas é fato que, sem a sua organização, ainda que consigam se manifestar nos debates e em votações, estas correntes atuarão em condições de clandestinidade, não sendo isso democrático.[36] Não é por acaso que Soriano Díaz afirma que são raras as vezes que a elite dos partidos estabelece momentos aos seus militantes para ouvir sua opinião, menos ainda para assumir diante deles o controle de suas decisões.[37] E se trata de um problema tão complicado[38] que diversas intervenções são defendidas pela doutrina, e exemplo de uma medida extrema é a sustentada por José María Mohedano, que entende que deveria haver uma intervenção legislativa no tema, não indicando um modelo final de partido, mas estabelecendo um mínimo de regras e controles em sua estrutura interna.[39]

Caso isso se concretize, deve-se ter em conta que a existência de lei para regular a esfera interna dos partidos pode acabar por gerar uma judicialização da vida interna da organização.[40] Com essa posição, García Pelayo, que entende que deve haver garantias de liberdade interna na agremiação, para que o sistema democrático também funcione,

---

[34] NAVARRO MENDEZ, José Ignacio. *Partidos políticos y "democracia interna"*. Madrid: CEPC, 1999. p. 151.

[35] Esse processo de profissionalização pode se verificar com os partidos *catch-all*, que têm uma ideologia fragilizada e que se colocam em uma posição mais central do espectro político. Esse tipo de ideologia favorece a falta de democracia interna porque, diante da fragilidade ideológica do eleitorado, não é raro que os líderes partidários preferam se ver livres do controle de alguns militantes motivados ideologicamente e que bloqueiam a flexibilidade estratégica da direção para se adaptar às tendências do eleitorado (LÓPEZ GUERRA, Luis. El carácter instrumental de las organizaciones partidistas de masa. In: VEGA, Pedro de (Ed.). *Teoría y práctica de los partidos políticos*. Madrid: Edicusa, 1977. p. 109).

[36] LOMBARDI, Giorgio. Corrientes y democracia interna de los partidos políticos. *Revista de Estudios Políticos – Nueva Época*, n. 27, p. 7-28, mayo/jun. 1982. p. 18.

[37] SORIANO DÍAZ, Ramón Luís. El dominio de los partidos políticos: partidos y sociedad. *Revista de Estudios Políticos – Nueva Época*, n. 105, p. 265-277, jul./sep. 1999. p. 266. Também nessa linha, GARCÍA-ESCUDERO MÁRQUES, Piedad; PENDÁS GARCIA, Benigno. Consideraciones sobre la naturaleza y financiación de los partidos políticos. *Revista de Administración Pública*, n. 115, p. 371-389, ene./abr. 1988. p. 376.

[38] Seria, para o autor, "enquadradar" um círculo, pois a Constituição espanhola impõe somente um controle formal, sendo o controle de cumprimento uma intervenção à autonomia dos partidos e à sua vida interna (NAVARRO MENDEZ, José Ignacio. *Partidos políticos y "democracia interna"*. Madrid: CEPC, 1999). Também nesse sentido, cf. GARCÍA ROCA, F. Javier; MURILLO DE LA CUEVA, Pablo Lucas. Democracia interna y control de los partidos políticos. *Revista de Estudios Políticos – Nueva Época*, n. 42, p. 239-268, nov./dic. 1984.

[39] VV.AA. Debates. *Cuadernos y Debates – Régimen Jurídico de los Partidos Políticos y Constitución*, Madrid, n. 51, 1994. p. 63 e ss.

[40] Sobre este problema, VV.AA. Debates. *Cuadernos y Debates – Régimen Jurídico de los Partidos Políticos y Constitución*, Madrid, n. 51, 1994. p. 65 e ss. Ainda sobre o tema da judicialização, Satrustegui Gil Delgado entende que, diante das garantias jurisdicionais, e também para evitar que a vida intrapartidária sempre seja resolvida pelos tribunais, a lei deve regular a questão dando um procedimento interno para os partidos, estabelecendo um caráter subsidiário do controle judicial (SATRUSTEGUI GIL DELGADO, Miguel. La reforma legal de los partidos políticos. *Revista Española de Derecho Constitucional*, año 16, n. 46, p. 81-105, ene./abr. 1996. p. 98).

mas que deve haver uma regulação especial voltada a combater o comando por uma minoria dentro da estrutura partidária. Nesse mesmo sentido, Flores Giménez afirma que a especial posição dos partidos nos sistemas democráticos, suas funções e atividades, justificam a possibilidade de que o Estado elabore normas que os afetem. Essa regulação deve ter como limite a própria liberdade de auto-organização das agremiações e sua funcionalidade para o desenvolvimento do sistema democrático.[41]

Na opinião de Flores Giménez, a atuação normativa da democracia interna é favorecida por uma legislação mínima do tema, e que ao mesmo tempo seja flexível, para que não interfira no núcleo essencial da liberdade e da funcionalidade da agremiação. Nesse mesmo sentido, o autor complementa afirmando que, para os partidos, deve-se dedicar pouca legislação, bem como a mais adequada à sua natureza social, e nem mesmo se deve tentar regular todos os aspectos da organização e do funcionamento. Ou seja, sempre haverá prós e contras na dosimetria dessa regulação.[42]

Outro posicionamento que defende que deve ter um controle externo – feito judicialmente –, da democracia interna dos partidos é a de Fernández-Miranda Campoamor, que afirma que é possível um controle realizado pela jurisdição contencioso-administrativa, no seu papel de fiscalização da administração (no caso espanhol, a Junta Eleitoral da zona), porque há uma incorporação por parte do ordenamento jurídico do Estado das normas internas do partido, postas em seu estatuto. Assim, se há alguma violação do estatuto, há uma violação do ordenamento jurídico, cabendo e permitindo um controle estatal externo.[43]

Por outro lado, Blanco Valdés afirma que a lei de partidos políticos (LO nº 6/2002) determina o conteúdo dos estatutos a partir de princípios "indispensáveis" para o legislador (o que não garante que sejam partidos democráticos internamente). Contudo, o problema está em que a Constituição espanhola não possui uma previsão de que possa ter dissolução ou suspensão das agremiações quando suas estruturas internas sejam não democráticas, além do problema do controle disso. Assim, o autor não se opõe ao controle feito pela jurisdição civil, que está sendo utilizada para isso em questões de conflitos internos das organizações partidárias. A dúvida é se a jurisdição contencioso-administrativa poderia tratar desses conflitos quando se entende que os partidos exercem funções públicas, ou se o controle deveria ser realizado de forma indireta, através de amparo para o Tribunal Constitucional. No entanto, embora reconheça que o controle judicial possa ser uma boa solução, há também o fato de que os próprios juízes se mostram resistentes a proteger os direitos dos militantes ou o ilegal funcionamento dos partidos por considerá-los produto de disputas políticas, mais do que conflitos políticos.[44]

---

[41] FLORES GIMÉNEZ, Fernando. *La democracia interna de los partidos políticos*. Madrid: Congreso de los Diputados, 1998. p. 83.

[42] FLORES GIMÉNEZ, Fernando. *La democracia interna de los partidos políticos*. Madrid: Congreso de los Diputados, 1998. p. 74 e ss.

[43] FERNÁNDEZ-MIRANDA CAMPOAMOR, Alfonso. El control estructural-funcional de los partidos políticos en la jurisprudencia contencioso-administrativa. *Revista Española de Derecho Constitucional*, año 2, v. II, n. 4, p. 123-131, ene./abr. 1982. p. 127. Junto com o autor, está García Cotarelo (*Los partidos políticos*. Madrid: Sistema, 1985. p. 165).

[44] BLANCO VALDÉS, Roberto L. *Los partidos políticos*. Madrid: Tecnos, 1990. p. 168-170. Com igual posição, cf. CARRERAS SERRA, Francesc de. Los partidos en nuestra democracia de partidos. *Revista Española de Derecho Constitucional*, año 24, n. 70, p. 121-199, ene./abr. 2004. p. 99.

A posição a favor do controle é acentuada por Giorgio Lombardi, que afirma que, sem a possibilidade de um controle externo exercido pelos órgãos imparciais (como não pensar que, inclusive para isso, os tribunais podem ser considerados "juízes naturais"), não alcança a entender em que nível se detêm as limitações no exercício dos direitos fundamentais no interior dos partidos (justificados pelos programas e pelos seus estatutos, intimamente unidos mediante um nexo de congruência) e onde começam, por outro lado, as vantagens frente às novas tendências evolutivas por parte dos grupos – oligarquias – dominantes.[45]

Já do outro lado da extremidade, há autores que entendem que não deve haver controle externo nenhum da democracia interna dos partidos, sendo que o controle deve ser algo restrito à esfera interna de cada organização. Considerando que as agremiações são associações privadas, Navarro Méndez entende que elas não devem sofrer intervenção alguma, ou a mais mínima possível.[46] Contudo, se se a considerasse um órgão do Estado, o autor admitiria mais intervenção.[47] Por sua vez, Satrustegui Gil Delgado – que não concorda que diminuam ou impugnem o alcance das normas de democracia interna contidas no art. 6º da Constituição Espanhola –[48] sustenta que o problema do controle dessa democracia no nível interno dos partidos faz com que as leis referentes ao tema sejam inoperantes justamente porque são fruto da política, e por isso o mais adequado seria a autorregulação. Nessa linha, a democracia interna exigida pelo art. 6º do texto constitucional forma parte do perfil institucional imprescindível dos partidos, como também a sua função específica de expressar o pluralismo político e de concorrer à formação da vontade popular. Assim, os poderes públicos estão plenamente vinculados por essa disposição constitucional e não pode reconhecer-se como partido uma organização política que rechace radicalmente em sua estrutura interna o princípio democrático.[49]

No entanto, a análise não estaria completa se não se examinasse a posição do Tribunal Constitucional sobre o tema, e uma das decisões referência é a STC nº 56/95, muito estudada pela doutrina.

5.6 O posicionamento do Tribunal Constitucional e uma observação final

Ao comentar a STC nº 56/95, Gallardo Moya cita a conexão que o Tribunal Constitucional fez entre os arts. 6º e 22 da Constituição espanhola (que trata sobre o direito de associação),[50] afirmando que essa combinação produz resultados exagerados porque, se a

---

[45] LOMBARDI, Giorgio. Corrientes y democracia interna de los partidos políticos. *Revista de Estudios Políticos – Nueva Época*, n. 27, p. 7-28, mayo/jun. 1982. p. 26-28.

[46] Nesse sentido, cf. GARCÍA-ESCUDERO MÁRQUES, Piedad; PENDÁS GARCIA, Benigno. Consideraciones sobre la naturaleza y financiación de los partidos políticos. *Revista de Administración Pública*, n. 115, p. 371-389, ene./abr. 1988. p. 383.

[47] NAVARRO MENDEZ, José Ignacio. *Partidos políticos y "democracia interna"*. Madrid: CEPC, 1999. p. 255.

[48] SATRUSTEGUI GIL DELGADO, Miguel. La reforma legal de los partidos políticos. *Revista Española de Derecho Constitucional*, año 16, n. 46, p. 81-105, ene./abr. 1996. p. 86.

[49] SATRUSTEGUI GIL DELGADO, Miguel. La reforma legal de los partidos políticos. *Revista Española de Derecho Constitucional*, año 16, n. 46, p. 81-105, ene./abr. 1996. p. 86.

[50] "Artículo 22: 1. Se reconoce el derecho de asociación. 2. Las asociaciones que persigan fines o utilicen medios tipificados como delito son ilegales. 3. Las asociaciones constituidas al amparo de este artículo deberán inscribirse

premissa da qual se parte é a de que os direitos que derivam da exigência constitucional de democracia interna integram o conteúdo do direito de associação, a conclusão à qual deveria chegar é a de que os direitos a serem eleitores e elegíveis, bem como o acesso à informação sobre as atividades e a situação econômica de sua organização são direitos universais que se reconhecem a todos os cidadãos, e que se garantam frente ao Estado, os poderes públicos e os particulares. Por outro lado, os direitos de participação política democrática interna se reconhecem às pessoas que formam parte do partido em sua condição de filiados, assegurando-os frente aos atos realizados por esta organização.[51]

A STC nº 56/95 deixa claro que a democracia interna conforma um dos encargos impostos aos partidos pela Constituição espanhola, e que a sua configuração legal tem como limite o direito de auto-organização dos partidos, e que, por sua vez, também tenha seu limite no direito dos filiados em sua participação política. Contudo, pelo direito de livre organização das agremiações, elas podem estabelecer outros direitos aos filiados que não estejam contidos no direito positivado, por meio de seus estatutos. O que o Tribunal Constitucional esclarece é que os direitos constantes somente nos estatutos não são direitos que possam ser tutelados pela jurisdição constitucional, por se tratar de um direito estatutário ou negocial, segundo a expressão do próprio Tribunal. Ainda assim, este órgão judicial considera que não se trata de uma esfera sem proteção jurídica, já que se pode recorrer à jurisdição ordinária, com seus procedimentos próprios. Dessa forma, o Tribunal Constitucional, em seu Fundamento Jurídico 3, atesta que o direito de associação nos partidos políticos é, essencialmente, um direito frente aos poderes públicos sobre o que paira o direito à auto-organização sem ingerências públicas. No entanto, a diferença do que costuma suceder em outros tipos de associação, no caso do direito de auto-organização, é que há um limite no direito dos próprios filiados à participação em sua organização e funcionamento.[52]

Parece que o Tribunal Constitucional verifica a existência de um espaço entre os partidos políticos e seus filiados que ainda não esteja devidamente tutelado pelo Poder Judiciário, e que esse mesmo poder é bastante cauteloso na proteção de tais direitos. Se há direitos que estão inseridos nos estatutos, e tanto o partido como o filiado concordaram no seu cumprimento, pode-se dizer que entre as partes há leis, e elas devem ser observadas. Se há descumprimento de regras estatutárias que violem direitos fundamentais dos filiados, a questão perde a sua natureza privada para tornar-se pública, e por isso merece a atenção do Judiciário e do próprio Tribunal Constitucional. Trata-se de uma violação indireta de direitos que não se pode admitir em atores democráticos como se pretendem ser os partidos, sob pena de se transmitir a ideia de que não há obrigações a serem cumpridas, sem qualquer tipo de sanção, formando, inclusive, um padrão de comportamento das organizações partidárias.

É por isso que a observação de Herrero de Miñon é tão apropriada. Ele entende que a negação dos direitos fundamentais dos cidadãos filiados não ocorre, nem se tolera,

---

en un registro a los solos efectos de publicidad. 4. Las asociaciones sólo podrán ser disueltas o suspendidas en sus actividades en virtud de resolución judicial motivada. 5. Se prohíben las asociaciones secretas y las de carácter paramilitar".

[51] GALLARDO MOYA, Rosario. Derecho de asociación y exigencia de democracia interna de los partidos políticos (Comentarios a la STS 56/1995, de 6 de marzo). *Derecho Privado y Constitución*, n. 8, p. 237-250, ene./abr. 1996. p. 247.

[52] Ver F. J. 3 do acórdão.

em outro tipo de associações. Quando ocorre nos partidos, é, de fato, uma quebra do princípio democrático proclamado no art. 6º da Constituição espanhola.[53]

Referências

BAUTISTA PLAZA, David. *La función constitucional de los partidos políticos*. Granada: Comares, 2006.

BLANCO VALDÉS, Roberto L. Crisis en los partidos, partidos en la crisis: la democracia en los partidos en la frontera del fin de siglo. In: ASENSI SABATER, José (Coord.). *Ciudadanos e instituciones en el constitucionalismo actual*. Valencia: Tirant Lo Blanch, 1997.

BLANCO VALDÉS, Roberto L. *Los partidos políticos*. Madrid: Tecnos, 1990.

CARRERAS SERRA, Francesc de. Los partidos en nuestra democracia de partidos. *Revista Española de Derecho Constitucional*, año 24, n. 70, p. 121-199, ene./abr. 2004.

CASCAJO CASTRO, José Luis. Controles sobre los partidos políticos. In: GONZÁLEZ ENCINAR, José Juan (Coord.). *Derecho de partidos*. Madrid: Espasa-Calpe, 1992.

SÁNCHEZ DE VEGA, Agustín. Constitución, pluralismo político y partidos. *Revista de las Cortes Generales*, Madrid, n. 26, 2º cuatrimestre, p. 69-116, 1992.

SÁNCHEZ DE VEGA, Agustín. Notas para un estudio del derecho de partidos. In: ASENSI SABATER, José (Coord.). *Ciudadanos e instituciones en el constitucionalismo actual*. Valencia: Tirant Lo Blanch, 1997.

ESPARZA MARTÍNEZ, Bernardino. Estructura y Funcionamiento democrático de los partidos políticos españoles. *Revista de las Cortes Generales*, Madrid, n. 43, 1º cuatrimestre, 1998.

ESTEBAN, Jorge de; LÓPEZ GUERRA, Luís. *El régimen constitucional español 1*. 1. ed. reimpr. Barcelona: Labor, 1983.

FERNÁNDEZ-MIRANDA CAMPOAMOR, Alfonso. El control estructural-funcional de los partidos políticos en la jurisprudencia contencioso-administrativa. *Revista Española de Derecho Constitucional*, año 2, v. II, n. 4, p. 123-131, ene./abr. 1982.

FLORES GIMÉNEZ, Fernando. *La democracia interna de los partidos políticos*. Madrid: Congreso de los Diputados, 1998.

GALLARDO MOYA, Rosario. Derecho de asociación y exigencia de democracia interna de los partidos políticos (Comentarios a la STS 56/1995, de 6 de marzo). *Derecho Privado y Constitución*, n. 8, p. 237-250, ene./abr. 1996.

GARCÍA COTARELO, Ramón. *Los partidos políticos*. Madrid: Sistema, 1985.

GARCÍA GIRÁLDEZ, Teresa. Los partidos políticos y el derecho. In: VV.AA. *Curso de partidos políticos*. Madrid: Akal, 2003.

GARCÍA ROCA, F. Javier; MURILLO DE LA CUEVA, Pablo Lucas. Democracia interna y control de los partidos políticos. *Revista de Estudios Políticos – Nueva Época*, n. 42, p. 239-268, nov./dic. 1984.

GARCÍA-ESCUDERO MÁRQUES, Piedad; PENDÁS GARCIA, Benigno. Consideraciones sobre la naturaleza y financiación de los partidos políticos. *Revista de Administración Pública*, n. 115, p. 371-389, ene./abr. 1988.

GARCÍA-PELAYO, Manuel. *El estado de partidos*. Madrid: Alianza, 1986.

GONZÁLEZ ENCINAR, José Juan. Democracia de partidos "versus" Estado de partidos. In: GONZÁLEZ ENCINAR, José Juan (Coord.). *Derecho de partidos*. Madrid: Espasa-Calpe, 1992.

HERRERO R. DE MIÑÓN, Miguel. Los partidos como estamentos privilegiados: ideas para su reforma. In: VV.AA. *La democracia constitucional*. Estudios en homenaje al Prof. Francisco Rubio Llorente. Madrid: CEPC, 2003.

---

[53] HERRERO R. DE MIÑÓN, Miguel. Los partidos como estamentos privilegiados: ideas para su reforma. In: VV.AA. *La democracia constitucional*. Estudios en homenaje al Prof. Francisco Rubio Llorente. Madrid: CEPC, 2003. p. 211.

LOMBARDI, Giorgio. Corrientes y democracia interna de los partidos políticos. *Revista de Estudios Políticos – Nueva Época*, n. 27, p. 7-28, mayo/jun. 1982.

LÓPEZ GUERRA, Luis. El carácter instrumental de las organizaciones partidistas de masa. In: VEGA, Pedro de (Ed.). *Teoría y práctica de los partidos políticos*. Madrid: Edicusa, 1977.

MANUEL ABELLÁN, Ángel. Problemas representativos y participación de los ciudadanos: la democratización de los partidos políticos y la perspectiva electoral. In: ASENSI SABATER, José (Coord.). *Ciudadanos e instituciones en el constitucionalismo actual*. Valencia: Tirant Lo Blanch, 1997.

MARTÍNEZ CUEVAS, María Dolores. *El régimen jurídico de los partidos políticos*. Madrid: Marcial Pons, 2006.

MICHELS, Robert. Democracia formal y realidad oligárquica. In: LENK, Kurt; NEUMANN, Franz (Ed.). *Teoría y sociología críticas de los partidos políticos*. Barcelona: Anagrama, 1980.

MICHELS, Robert. *Los partidos políticos I*. Buenos Aires: Amorrortu, 1996.

MICHELS, Robert. *Los partidos políticos II* – Un estudio sociológico de las tendencias oligárquicas de la democracia moderna. 5. reimpr. Buenos Aires: Amorrortu, 1996.

MORODO, Raúl. Partidos y democracia: los partidos políticos en la Constitución española. In: MORODO, Raúl *et al. Los partidos políticos en España*. Barcelona: Labor Politeia, 1979.

MORODO, Raúl; MURILLO DE LA CUEVA, Pablo Lucas. *El ordenamiento constitucional de los partidos políticos*. México: Unam – Instituto de Investigaciones Jurídicas, Derechos Fundamentales, 2001.

NAVARRO MENDEZ, José Ignacio. *Partidos políticos y "democracia interna"*. Madrid: CEPC, 1999.

OSTROGORSKI, Moisei. *La democracia y los partidos políticos*. Madrid: Trotta, 2008.

PRESNO LINERA, Miguel Ángel. *Los partidos políticos en el sistema constitucional español* – Prontuario de jurisprudencia constitucional 1980-1999. Navarra: Aranzadi, 2000.

PRESNO LINERA, Miguel Ángel. *Los partidos y las distorsiones jurídicas de la democracia*. Barcelona: Ariel, 2000.

RAMIREZ, Manuel. Los partidos políticos en la Constitución española de 1978. *Revista de Estudios Políticos – Nueva Época*, n. 13, p. 45-60, ene./feb. 1980.

RODRIGUEZ DIAZ, Ángel. *Transición política y consolidación constitucional de los partidos políticos*. Madrid: Centro de Estudios Constitucionales, 1989.

SANCHEZ DE VEGA, Agustín. Notas para un estudio del derecho de partidos. In: ASENSI SABATER, José (Coord.). *Ciudadanos e instituciones en el constitucionalismo actual*. Valencia: Tirant Lo Blanch, 1997.

SANTANO, Ana Claudia. La evolución de la definición de la naturaleza jurídica de los partidos en el derecho español. *Ideología y Militancia – Revista de Derecho Estasiológico*, Ciudad de México, p. 1-18, 2014.

SATRUSTEGUI GIL DELGADO, Miguel. La reforma legal de los partidos políticos. *Revista Española de Derecho Constitucional*, año 16, n. 46, p. 81-105, ene./abr. 1996.

SCHIFRIN, Alexander. Aparato de partido y democracia interna – Una crítica socialista de Michels. In: LENK, Kurt; NEUMANN, Franz (Ed.). *Teoría y sociología críticas de los partidos políticos*. Barcelona: Anagrama, 1980.

SOLOZABAL ECHAVARRIA, J. J. Sobre la constitucionalización de los partidos políticos en el derecho constitucional y en el ordenamiento español. *Revista de Estudios Políticos*, n. 45, p. 155-164, mayo/jun. 1985.

SORIANO DÍAZ, Ramón Luís. El dominio de los partidos políticos: partidos y sociedad. *Revista de Estudios Políticos – Nueva Época*, n. 105, p. 265-277, jul./sep. 1999.

VV.AA. Debates. *Cuadernos y Debates – Régimen Jurídico de los Partidos Políticos y Constitución*, Madrid, n. 51, 1994.

WEBER, Max. *Economía y sociedad I*: teoría de la organización social. México: Fondo de Cultura Económica, 1944.

Informação bibliográfica deste texto, conforme a NBR 6023:2002 da Associação Brasileira de Normas Técnicas (ABNT):

SANTANO, Ana Claudia; COSTA, Tailaine Cristina. Breve ensaio sobre a democracia interna dos partidos políticos na Espanha. In: COSTA, Daniel Castro Gomes da et al. (Coord.). *Direito Eleitoral comparado*. Belo Horizonte: Fórum, 2018. p. 83-98. ISBN 978-85-450-0550-6.

CAPÍTULO 6

EXTRAPOLAÇÃO ILEGAL DE OBJETO OU INDEVIDA AMPLIAÇÃO OBJETIVA DE DEMANDAS ELEITORAIS – REFLEXOS DO CÉLEBRE CASO DILMA/TEMER NO TRIBUNAL SUPERIOR ELEITORAL

TARCISIO VIEIRA DE CARVALHO NETO

6.1 Apresentação de caso e delimitação de objeto

Entre as inúmeras interessantes questões recentemente debatidas pelo Tribunal Superior Eleitoral (TSE) no âmbito do célebre caso Dilma/Temer,[1] avulta a preliminar relativa à extrapolação ilegal do objeto ou indevida ampliação objetiva das demandas eleitorais.

A matéria que dividiu o tribunal clama por sistematização científica maior, mais verticalizada.

Dilma Rousseff e Michel Temer, eleitos presidente e vice, respectivamente, nos processos que perseguiam a cassação da chapa vitoriosa no pleito de 2014, sustentaram que as ações eleitorais foram gradativamente ampliadas à medida que novas notícias – de duvidosa relação com o objeto original – foram surgindo.

Afirmaram que todos os fatos revelados na Fase Odebrecht não guardariam qualquer relação com aqueles narrados nas três ações conexas, sendo evidente a extrapolação do objeto.

---

[1] Entenda-se como *célebre caso Dilma/Temer* o conjunto de ações eleitorais representadas pela Ação de Investigação Judicial Eleitoral (AIJE) nº 1943-58.2014.6.00.0000/DF, pela Ação de Impugnação de Mandato Eletivo (AIME) nº 7-61.2015.6.00.000; pela Representação nº 8-46 e pela AIJE nº 1.54781, todos os feitos da relatoria do Ministro Herman Benjamim.

Defenderam que, depois de mais de dois anos de intensa tramitação processual, superada a etapa de oitiva de testemunhas e em fase final de conclusão dos trabalhos periciais, a lide e o objeto processual encontravam-se estabilizados. Entretanto, sem qualquer solicitação das partes, foi determinada a oitiva dos empresários do Grupo Odebrecht, decisão fundada em vazamentos ilegais noticiados na imprensa, quando foram trazidos fatos novos, estranhos à inicial.

Alegaram que as provas produzidas nessa fase não respeitaram o *princípio da estabilização da demanda* e não poderiam ser utilizadas para fundamentar eventual condenação, sob pena de *violação aos princípios do contraditório e da ampla defesa e ao procedimento estabelecido no art. 22 da LC nº 64*.

O presente trabalho visa apresentar, de maneira sumariada, quanto ao substrato teórico, as razões do voto que proferi na ocasião.

6.2 Delimitação da causa de pedir no processo civil e no processo eleitoral

O tema da necessidade de precisa delimitação da causa de pedir, tanto no processo civil comum quanto no processo eleitoral, não é de somenos importância. É dizer: não se está diante de matéria que possa ser desprezada ou mesmo superada antes do enfretamento das questões de fundo abrangidas pelos feitos em desate.

Para Bedaque,[2] a *causa petendi* é representada pelo fato constitutivo do vínculo jurídico, bem como o fato afirmado pelo autor que torna necessária a intervenção judicial. Assim, "tais fatos dão origem a uma relação jurídica de direito material e a um direito que dela se origina. Tudo isso da ótica do autor".

Se assim é, prossegue o Professor Bedaque,[3] "a causa de pedir é elemento essencial da ação, pois revela a conexão entre o provimento jurisdicional pleiteado pelo autor e a pretensão por ele formulada". O provimento, por sua vez, "será emitido em razão de uma situação jurídica material".

E arremata Bedaque:[4] "assim, o perfeito entendimento sobre as relações entre direito material e relação processual constitui fator imprescindível para a demarcação do objeto litigioso do processo".

Tucci[5] escreveu, certamente, uma das obras mais importantes do direito brasileiro acerca da *causa petendi*, demarcando o contexto e a relevância desse elemento da ação que faz a ligação entre o direito processual e o direito material e, de outro lado, não menos importante, circunscreve o raio de incidência da exigência constitucional do contraditório e da ampla defesa (CF/88, art. 5º, inc. LV).

---

[2] BEDAQUE, José Roberto dos Santos. *Direito e processo* – Influência do direito material sobre o processo. 2. ed. São Paulo: Malheiros, 2007. p. 85.

[3] BEDAQUE, José Roberto dos Santos. *Direito e processo* – Influência do direito material sobre o processo. 2. ed. São Paulo: Malheiros, 2007. p. 85.

[4] BEDAQUE, José Roberto dos Santos. *Direito e processo* – Influência do direito material sobre o processo. 2. ed. São Paulo: Malheiros, 2007. p. 86.

[5] TUCCI, José Rogério Cruz e. *A causa petendi no processo civil*. São Paulo: Revista dos Tribunais, 1993.

Com mestria, ensinou-nos:

> [...] ninguém pode ser privado da liberdade ou de seus bens sem que se lhe propicie a produção de ampla defesa (*nemo inauditus damnari potest*); e que esta, por via de consequência, só poderá efetivar-se em sua plenitude com a participação ativa e contraditória dos sujeitos parciais em todos os atos e termos do processo.[6]

E ao tratar especificamente do relevante tema do *regramento do contraditório* em relação à *imutabilidade da causa petendi*, explicitou, ainda à luz do CPC/1973:

> [...] a exigência de um efetivo contraditório implica que o *thema decidendum* haja sido previamente fixado para que o demandado e o Estado, representado pelo agente do Poder Judiciário, tenham pleno conhecimento da lide e do efeito jurídico que deve ser objeto da decisão.[7]

Forte em Corrado Ferri, Tucci[8] assinala que "se ao autor fosse permitido exercer um novo poder processual de ação no curso do processo, modificando radicalmente a demanda, ocorreria, dado o elemento surpresa, uma situação de injustificada desigualdade entre as partes".

E aludindo aos escritos de Gabriel de Rezende Filho, o Professor Tucci[9] arremata que "ao autor não é lícito variar *ex radice* nem a substância nem o gênero da ação, uma vez que isto transformaria o campo judiciário numa arena de surpresa e o duelo judiciário numa emboscada".

6.3 A estabilização das demandas eleitorais

Novas causas de pedir não podem ser introduzidas em ações em curso em virtude da regra da *estabilização da demanda*.

Segundo a teoria da substanciação, adotada no Código de Processo Civil de 2015, art. 319, III, deve o autor indicar, na petição inicial, o fato constitutivo do seu direito – causa de pedir remota – e os fundamentos jurídicos do seu pedido – causa de pedir próxima –, sob pena de indeferimento. Ainda, de acordo com a técnica de distribuição do ônus da prova assumida pelo nosso CPC, art. 373,[10] cabe ao autor comprovar os fatos constitutivos do seu direito e, ao réu, a existência de fatos impeditivos, modificativos ou extintivos do direito do autor.

Por sua vez, ao julgador cumpre analisar objetivamente os fatos à luz do que efetivamente consta no processo, pronunciando-se rigorosamente dentro dos limites da demanda proposta, no tocante a partes, pedido e causa de pedir, à luz do disposto nos arts. 141[11] e 492[12] do CPC/2015.

---

6   TUCCI, José Rogério Cruz e. *A causa petendi no processo civil*. São Paulo: Revista dos Tribunais, 1993. p. 154.

7   TUCCI, José Rogério Cruz e. *A causa petendi no processo civil*. São Paulo: Revista dos Tribunais, 1993. p. 154.

8   TUCCI, José Rogério Cruz e. *A causa petendi no processo civil*. São Paulo: Revista dos Tribunais, 1993. p. 154-155.

9   TUCCI, José Rogério Cruz e. *A causa petendi no processo civil*. São Paulo: Revista dos Tribunais, 1993. p. 155.

10   CPC/2015: "Art. 373. O ônus da prova incumbe: I - ao autor, quanto ao fato constitutivo de seu direito; II - ao réu, quanto à existência de fato impeditivo, modificativo ou extintivo do direito do autor".

11   CPC/2015: "Art. 141. O juiz decidirá o mérito nos limites propostos pelas partes, sendo-lhe vedado conhecer de questões não suscitadas a cujo respeito a lei exige iniciativa da parte".

12   CPC/2015: "Art. 492. É vedado ao juiz proferir decisão de natureza diversa da pedida, bem como condenar a parte em quantidade superior ou em objeto diverso do que lhe foi demandado".

Nos termos do art. 329 do CPC/2015, o autor poderá:

I - até a citação, aditar ou alterar o pedido ou a causa de pedir, independentemente de consentimento do réu;
II - até o saneamento do processo, aditar ou alterar o pedido e a causa de pedir, com consentimento do réu, assegurado o contraditório mediante a possibilidade de manifestação deste no prazo mínimo de 15 (quinze) dias, facultado o requerimento de prova suplementar.

Didier Júnior[13] assenta que, "após o saneamento, é *vedada qualquer alteração objetiva promovida pelo autor, mesmo com o consentimento do réu*. Em razão disso, não se pode alterar objetivamente o processo em fase recursal, até mesmo para que não haja supressão de instância".

Tucci[14] ensina que, se o litigante fica impedido de incluir novos fatos e fundamentos que resultem na alteração da causa de pedir, "*o julgador também não pode valer-se de elementos fáticos estranhos* à *demanda*, suprindo a iniciativa das partes, para formar a *ratio decidendi* da sentença de mérito. É a regra consubstanciada na vetusta máxima *setentia debet esse conformis libelo* [...]".

Ferindo tema da correlação entre a *causa petendi* e a *motivação da sentença*, Tucci[15] vai além para dizer que, se bem examinada a máxima *ne eat iudex ultra petita partium*, tem razão Chiovenda ao explicitar que o juiz não só precisa ater-se aos lindes da demanda como deve abster-se de conhecer de ofício fatos que importam a modificação da controvérsia, aduzindo que se "è vietato alla parte di scostarsi dalla domanda iniziali, cio è vietato a più forte ragione al giudice".

O culto autor[16] do Largo do São Francisco recorre ainda aos balizados magistérios de Orosimbo Nonato e Jacques Miguet, lavrados no mesmo sentido. Para o primeiro, muito embora o julgador não se ache "grilhetado" aos fundamentos de direito invocados pelo litigante, "não pode ele, porém, alterar o *meritum causae* e decidir fora de suas raias". Para o jurista francês, o juiz detém o poder de "puiser les motifs de sa decisión dans les divers éléments du débat même si ces faits n'ont pás été spécialmente invoques par les parties [...] à la seule condition de ne pás modifier l'objet du litige [...]".

Gomes,[17] por sua vez, sustenta:

[...] nos domínios do Processo Civil comum deve o juiz decidir "o mérito nos limites propostos pelas partes, sendo-lhe vedado conhecer de questões não suscitadas a cujo respeito a lei exige iniciativa da parte" (CPC, art. 141). Por isso, lhe é vedado "proferir decisão de natureza diversa da pedida, bem como condenar a parte em quantidade superior ou em objeto diverso do que lhe foi demandado" (CPC, art. 492).

Ora, delimitado o núcleo fático da demanda, nada justifica o julgamento com base em causa de pedir diversa e em fato não deduzido na inicial. Nesse sentido, foi a decisão desta Corte Superior, proferida no julgamento do AgR-REspe nº 1593-89/AL:[18]

---

[13] DIDIER JÚNIOR, Fredie. *Curso de direito processual civil*. 18. ed. Salvador: JusPodivm, 2016. v. 1. p. 587. Grifos nossos.

[14] TUCCI, José Rogério Cruz e. *A causa petendi no processo civil*. São Paulo: Revista dos Tribunais, 1993. p. 162.

[15] TUCCI, José Rogério Cruz e. *A causa petendi no processo civil*. São Paulo: Revista dos Tribunais, 1993. p. 162-163.

[16] TUCCI, José Rogério Cruz e. *A causa petendi no processo civil*. São Paulo: Revista dos Tribunais, 1993. p. 163.

[17] GOMES, José Jairo. *Direito eleitoral*. 12. ed. São Paulo: Atlas, 2016. p. 648.

[18] Redator para o acórdão Ministro Arnaldo Versiani. *DJe*, 7 nov. 2012

Ação de impugnação de mandato eletivo. Causa de pedir.

"- A ação de impugnação de mandato eletivo não pode ser julgada com base em causa de pedir diversa da que foi exposta na respectiva inicial".

Agravo regimental provido.

Do voto condutor do referido precedente, extraio o seguinte excerto:

É certo que, no direito eleitoral, não existe mesmo maior rigor quanto ao princípio da demanda, assim como o citado art. 23 realmente autoriza a formação de convicção através do exame de fatos públicos e notórios, além de outras particularidades próprias do processo eleitoral, de natureza eminentemente investigativa.

Nada disso, porém, justifica o julgamento de ação de impugnação de mandato eletivo com base em causa de pedir diversa e em fato, dependente de prova, não deduzido na respectiva inicial, sob pena de ofensa ao princípio constitucional do devido processo legal.

Não comungo do entendimento do relator, com a devida vênia, de que "*o pedido central da AIME diz respeito à corrupção eleitoral – oferecimento de vantagem (transporte de eleitores) com o fim de angariar votos do eleitor –, constituindo base probatória mínima para o ajuizamento da ação constitucional*".

Ainda que a base probatória possa ser mínima para o ajuizamento da ação, mesmo assim essa base probatória tem de estar relacionada com o fato objeto da inicial, não lhe podendo ser estranho.

E, no caso dos autos, a mudança da causa de pedir é mais evidente, porque a corrupção, que antes dizia respeito única e exclusivamente ao transporte de eleitores, passou a ser representada pela compra direta do voto por determinada quantia em dinheiro, o que não foi nem minimamente alegado na inicial. (Grifos nossos)

Assim, determinado fato novo ou de conhecimento superveniente não pode ser incorporado à demanda apenas porque se encaixa na mesma categorização jurídica indicada na inicial.

Nos dizeres de Tucci,[19] "qualquer tentativa de modificação do núcleo fático em que se funda a demanda corresponde ao inválido exercício *ex novo* de um poder de ação diverso daquele verificado na instauração do processo".

6.4 O art. 493 do CPC/2015

É certo que o art. 493 do CPC/2015 não deixa dúvida ao dispor que, "se, depois da propositura da ação, algum fato constitutivo, modificativo ou extintivo do direito influir no julgamento do mérito, caberá ao juiz tomá-lo em consideração, de ofício ou a requerimento da parte, no momento de proferir a decisão". Trata-se, portanto, de regra que claramente enfraquece o rigor preclusivo do art. 329 do CPC, pois permite o acréscimo de nova causa de pedir, até mesmo de ofício, como registra Didier Júnior.[20]

Salienta o referido doutrinador,[21] quanto à possibilidade de o magistrado julgar procedente uma demanda com base em causa de pedir superveniente, que a questão é controversa:

---

[19] TUCCI, José Rogério Cruz e. *A causa petendi no processo civil*. São Paulo: Revista dos Tribunais, 1993. p. 154.

[20] DIDIER JÚNIOR, Fredie. *Curso de direito processual civil*. 18. ed. Salvador: JusPodivm, 2016. v. 1. p. 586.

[21] DIDIER JÚNIOR, Fredie. *Curso de direito processual civil*: teoria da prova, direito probatório, ações probatórias, decisão, precedente, coisa julgada e antecipação dos efeitos da tutela. 11. ed. Salvador: JusPodivm, 2016. v. 2. p. 409.

[...] mas, de uma forma geral, prevalece o entendimento de que os fatos supervenientes cuja apreciação é admitida pelo art. 493 são apenas os fatos simples ou fatos constitutivos, que não alterem a causa de pedir, mas apenas a confirmem; ou seja, os fatos que se conformam à causa petendi alegada.

Nesse sentido também é a orientação de Porto.[22] No seu entender, o fato superveniente cuja consideração é admitida pelo dispositivo em questão "é aquele estreitamente vinculado à lide posta à apreciação, levando em conta a causa de pedir já deduzida, não podendo, por conseguinte, ser considerado para a decisão da lide fato novo estranho à causa petendi e que constitua fundamento suficiente para nova demanda".

Na mesma linha firmou-se a jurisprudência do Superior Tribunal de Justiça,[23] que tem admitido a apreciação de fatos novos, à luz do direito superveniente, desde que não importe a alteração do pedido ou da causa de pedir.

Para o insigne Carreira Alvim:[24]

[...] a lide deve ser julgada na sua conformação com a realidade, e tal desiderato só será alcançado se o juiz tomar em consideração, além dos fatos que compuseram a fase postulatória, fatos outros – impeditivos, modificativos ou extintivos do direito –, que vierem a surgir depois dela, independentemente da posição da parte a quem beneficiem ou prejudiquem (de autor ou de réu).

No particular, é lícito observar que o direito comparado dá conta de uma tendência do *processo civil* à sua *privatização*. E o CPC/2015 se alinha a tal movimento. Consoante o escólio de Marinoni e Arenhart:[25]

[...] é comum em países nos quais o processo civil está atrelado a litígios privados: França, Itália, Alemanha e outros países que desenvolvem, de modo separado, a análise da Justiça Civil, da Justiça Administrativa e da Justiça Trabalhista, por exemplo, tendem a ligar a atividade da Justiça Civil à solução do litígio das partes, e a função da Justiça "Pública" à atuação do Direito.

E mesmo no domínio do processo civil, no ambiente da chamada *privatização do processo* ou do *neoprivatismo no processo civil* (expressão de José Carlos Barbosa Moreira), o tema da flexibilização de ritos e formas assume contornos delicados.

Marinoni e Arenhart[26] explicam que a jurisdição tem funções muito mais amplas, que não podem ser resumidas à resolução do litígio entre as partes, em razão do que "se mostra preocupante essa virada do processo em direção a centrar suas preocupações

---

[22] PORTO, Sérgio Gilberto. *Comentários ao Código de Processo Civil*. São Paulo: Revista dos Tribunais, 2000. v. 6. p. 127.

[23] ALVIM, José Eduardo Carreira. *Comentários ao Novo Código de Processo Civil*. Curitiba: Juruá, 2015. v. VII. Precedentes: REspe nº 11.090-48/PR. Rel. Min. Luiz Fux, 1ª Turma. *DJe*, 14 dez. 2010; AgRg no REspe nº 9.890-26/ES. Rel. Min. Eliana Calmon, 2ª Turma. *DJe*, 17 fev. 2009; e REspe nº 7.100-81/SP. Rel. Min. Luiz Fux, 1ª Turma. *DJ*, 27 mar. 2006.

[24] ALVIM, José Eduardo Carreira. *Comentários ao Novo Código de Processo Civil*. Curitiba: Juruá, 2015. v. VII. p. 214.

[25] MARINONI, Luiz Guilherme; ARENHART, Sérgio Cruz. *Comentários ao Código de Processo Civil*: arts. 369 ao 380. São Paulo: Revista dos Tribunais, 2016. p. 143.

[26] MARINONI, Luiz Guilherme; ARENHART, Sérgio Cruz. *Comentários ao Código de Processo Civil*: arts. 369 ao 380. São Paulo: Revista dos Tribunais, 2016. p. 143.

na resolução do litígio e, particularmente, no interesse das partes envolvidas". Insistem que "essa privatização do processo civil, simplesmente, desconsidera todos os outros compromissos da jurisdição com os seus mais elevados fins". E que: "ao eleger a tutela do interesse das partes como primordial, o Código menospreza todos os outros valores que conformam o Estado e a atividade jurisdicional".

Os cultos doutrinadores relembram que o processo civil brasileiro tem premissas muito diferentes, por exemplo, do processo civil dos Estados Unidos da América – pautado em grande medida pelo *adversary system* –, em que se valorizam, de maneira extrema, a iniciativa e a condução da parte em favor da autonomia da vontade. Flexibilizações tais que seriam naturais decorrências da própria disponibilidade do direito material. Marinoni e Arenhart[27] assinalam:

> [...] se as partes podem dar fim a um processo, desistindo da demanda, ou pleitear a qualquer tempo a sua suspensão, em favor de uma solução consensual da controvérsia, então que sentido haveria em se negar a elas o poder de ditar o andamento do processo e a forma de solução do litígio em juízo?

Em precioso arremate, explicam por que é preciso ter cuidado:

> Embora o argumento seduza em um primeiro momento, é necessário perceber que as concessões dadas pelo Estado em favor da vontade dos litigantes não podem ser tomadas como uma permissão geral, para que elas ditem aquilo que o Estado deve ou não fazer de modo mais amplo. Se há espaço para que as partes optem por soluções consensuais e se, *eventualmente*, é admitido que as partes disponham de alguns *momentos do processo*, daí não decorre a conclusão de que, então, todo ato de disposição deve ser admitido. Essas limitações à atuação oficial do Estado devem ser vistas como parte da política pública de melhor atingir *os próprios objetivos do Estado*, e não como uma solução natural ao sistema de composição dos litígios.
>
> Em conta disso, é preciso tomar com cautela a tendência à contratualização do processo civil, a fim de que esse não se converta em mero instrumento privado de solução de litígios. Lembre-se que mesmo países tradicionalmente ligados ao *adversarial system*, em que se exaltam os poderes de disposição processual das partes, diante das *injustiças* que esse sistema é capaz de produzir, optaram por outorgar maiores poderes de condução do processo ao juiz (*case management*).[28]

6.5 A flexibilização da causa de pedir no processo eleitoral

Se a flexibilização da causa de pedir, no contexto do processo civil, é tema belicoso, o mesmo não se pode dizer da moldura do processo eleitoral.

Deveras, processo civil e processo eleitoral instrumentalizam direitos materiais substancialmente distintos. Enquanto o processo civil dá natural concretude a direitos materiais individuais, privados, marcados pela nota da disponibilidade, o processo

---

[27] MARINONI, Luiz Guilherme; ARENHART, Sérgio Cruz. *Comentários ao Código de Processo Civil*: arts. 369 ao 380. São Paulo: Revista dos Tribunais, 2016. p. 143-144.

[28] MARINONI, Luiz Guilherme; ARENHART, Sérgio Cruz. *Comentários ao Código de Processo Civil*: arts. 369 ao 380. São Paulo: Revista dos Tribunais, 2016. p. 144.

eleitoral perfectibiliza, em juízo, direitos materiais supraindividuais, públicos, adstritos à tônica da indisponibilidade.

Ainda que o CPC/2015, comparado ao CPC/1973, tenha abrandado tal premissa, ela ainda se faz presente, com imenso rigorismo.

A regra do art. 493, do CPC/2015, não pode ser invocada, *ex vi* do disposto no art. 15 do mesmo diploma legal, para acobertar a ampliação da causa de pedir originalmente fixada na fase postulatória do processo eleitoral. Do contrário, restariam francamente desnaturados os valores específicos tutelados pelo direito eleitoral.

Como bem pontuam Tavares e Agra,[29] na obra coordenada por Luiz Fernando Pereira – *O direito eleitoral e o Novo Código de Processo Civil* –, "o *sistema processual eleitoral tem regras próprias* e concebidas à tutela de um Direito Material com características e princípios específicos *que impedem a automática aplicação subsidiária do CPC*".

Quanto ao ponto, é válido destacar precedente do TSE:

> Questão de Ordem. Ação de impugnação de mandato eletivo. Art. 14, §10, da Constituição Federal. Procedimento. Rito ordinário. Código de Processo Civil. Não observância. Processo eleitoral. Celeridade. Rito ordinário da Lei Complementar nº 64/90. Registro de candidato. Adoção. Eleições 2004.
>
> 1. O rito ordinário que deve ser observado na tramitação da ação de impugnação de mandado eletivo, até a sentença, é o da Lei Complementar nº 64/90, não o do Código de Processo Civil, cujas disposições são aplicáveis apenas subsidiariamente.
>
> 2. *As peculiaridades do processo eleitoral - em especial o prazo certo do mandato - exigem a adoção dos procedimentos céleres próprios do Direito Eleitoral, respeitadas, sempre, as garantias do contraditório e da ampla defesa.* (Questão de Ordem na Instrução nº 81. Rel. Min. Fernando Neves. *DJ*, 9 mar. 2014)

Desse modo, ainda que se possa, por amor à controvérsia, admitir a flexibilização do rigor da estabilidade objetiva do processo, por aplicação do art. 463 do CPC/2015, essa possibilidade, na seara eleitoral, encontra um óbice intransponível: o prazo decadencial a que se submetem as demandas eleitorais.[30]

---

[29]   TAVARES, André Ramos; AGRA, Walber de Moura. *O direito eleitoral e o Novo Código de Processo Civil*. Belo Horizonte: Fórum, 2016. p. 84. Grifos nossos.

[30]   A propósito, cito os seguintes precedentes do Tribunal Superior Eleitoral: "AGRAVO REGIMENTAL. RECURSO ESPECIAL ELEITORAL. ELEIÇÕES 2008. AÇÃO DE IMPUGNAÇÃO DE MANDATO ELETIVO. PREFEITO E VICE-PREFEITO. CONTAGEM DO PRAZO DECADENCIAL. ART. 184, §1º, DO CPC. TERMO AD QUEM. PRORROGAÇÃO PARA O PRIMEIRO DIA ÚTIL SUBSEQUENTE AO FIM DO PRAZO, CASO SE TRATE DE DIA NÃO ÚTIL. PRECEDENTES DO TSE. AIME E AIJE. LITISPENDÊNCIA E COISA JULGADA. FUNDAMENTO SUFICIENTE INATACADO. SÚMULA 283/STF. 1. O TSE já assentou que o prazo para o ajuizamento da ação de impugnação de mandato eletivo, apesar de decadencial, prorroga-se para o primeiro dia útil seguinte se o termo final cair em feriado ou dia em que não haja expediente normal no Tribunal. Aplica-se essa regra ainda que o tribunal tenha disponibilizado plantão para casos urgentes, uma vez que plantão não pode ser considerado expediente normal. Precedentes. 2. [...]. 3. Agravo regimental não provido" (AgR-REspe nº 366-23/ES. Rel. Min. Aldir Guimarães Passarinho Junior. *DJe*, 24 maio 2010); "ELEIÇÕES 2012. AGRAVO REGIMENTAL NA AÇÃO RESCISÓRIA. DESCABIMENTO. *CAUSA PETENDI* QUE NÃO VERSA SOBRE INELEGIBILIDADE. DESCABIMENTO. ART. 22, I, J, DO CÓDIGO ELEITORAL. VIOLAÇÃO AO ART. 15 DA CONSTITUIÇÃO DA REPÚBLICA. INOVAÇÃO RECURSAL. INADMISSIBILIDADE. MANUTENÇÃO DA DECISÃO FUSTIGADA POR SEUS PRÓPRIOS FUNDAMENTOS. DESPROVIMENTO. 1. O princípio da tutela jurisdicional efetiva, *ex vi* do art. 5º, XXXV, não é ultrajado quando o Relator do processo, mediante *decisum* monocrático, nega seguimento à pretensão do Autor, ancorado na manifesta inadmissibilidade, improcedência, prejudicialidade ou quando o aresto esteja em confronto com súmula ou com jurisprudência dominante deste Tribunal Superior Eleitoral, do Supremo Tribunal Federal ou de Tribunal Superior, nos termos do art. 36, §6º, do TSE. 2. *A ação rescisória, no*

Devido às peculiaridades do processo eleitoral, que reclama soluções ágeis e efetivas, exige-se da Justiça Eleitoral um esforço no cumprimento dos prazos firmados. Nesse particular, Jorge, Liberato e Rodrigues[31] asseveram:

> Ao contrário do processo civil tradicional que tem que ter uma duração razoável, o processo civil eleitoral (processo e procedimento eleitoral) não pode se dar ao luxo de ter um fim incerto, nem sequer razoável. O seu início e o seu fim têm que estar absolutamente adequado aos prazos dos atos eleitorais, pois, do contrário estará comprometida a legitimidade (e muitas vezes até mesmo impedida a realização) do processo eleitoral.

Por relevantes, valho-me das ponderações realizadas por Tavares e Agra, na já mencionada obra coordenada por Luiz Fernando Pereira – *O direito eleitoral e o Novo Código de Processo Civil*:[32]

> Os princípios da celeridade e da preclusão – típicos princípios de direito eleitoral – são peças fundamentais para a observância de uma duração razoável dos feitos eleitorais (principalmente os que, na dicção legal, "possam resultar em perda de mandato"). O desiderato do legislador é que a prestação jurisdicional eleitoral tenha uma tramitação célere, apresentando um resultado definitivo de mérito em tempo razoável, mas sempre observando o devido processo legal, o contraditório e a ampla defesa.

6.6 A correlação entre tempo e processo em matéria eleitoral

No processo eleitoral, sobretudo na perspectiva da duração finita dos mandatos eletivos, a questão "tempo do processo" assume foros de dramaticidade.

âmbito desta Justiça Especializada, revela-se medida excepcional, destinada a rescindir decisão judicial definitiva que assenta a restrição ao ius honorum (inelegibilidade) dentro do prazo decadencial de 120 (cento e vinte) dias, sendo defeso proceder à interpretação extensiva de suas hipóteses de cabimento. [...] 4. Agravo regimental desprovido" (AgR-AR nº 528-40/MG. Rel. Min. Luiz Fux. *DJe*, 2 out. 2015. Grifos nossos); "ELEIÇÕES 2012. AGRAVO REGIMENTAL EM RECURSO ESPECIAL. REPRESENTAÇÃO COM FUNDAMENTO NO ART. 81 DA LEI Nº 9.504/1997. DOAÇÃO ACIMA DO LIMITE LEGAL PARA CAMPANHA. MANUTENÇÃO DA DECISÃO AGRAVADA. 1. Tempestividade do pedido. Nas *representações por excesso de doação, o prazo de 180 dias para a formalização do pedido tem como termo inicial o dia seguinte ao da diplomação, ainda que não seja dia útil*. A regra estabelecida no art. 184, §1º, do CPC aplica-se na seara eleitoral. Prorroga-se o termo final da contagem do prazo decadencial de 180 dias para o primeiro dia útil subsequente quando este cair em feriado, ou for determinado o fechamento do fórum, ou for encerrado o expediente forense antes da hora normal. 2. Quebra do sigilo fiscal autorizada judicialmente. 3. [...]" (AgR-REspe nº 62-66/BA. Rel. Min. Gilmar Ferreira Mendes. *DJe*, 17 mar. 2016. Grifos nossos); "ELEIÇÕES 2014. QUESTÃO DE ORDEM. PETIÇÃO. AÇÃO DE PERDA DE CARGO ELETIVO POR DESFILIAÇÃO PARTIDÁRIA SEM JUSTA CAUSA. RES.-TSE Nº 22.610/2007. DATA DA PROPOSITURA DA AÇÃO. INEXISTÊNCIA DE SUPLENTE. INTERESSE PROCESSUAL. AUSÊNCIA. PRECEDENTES. POSTERIOR FILIAÇÃO. INALTERAÇÃO DO QUADRO JURÍDICO. NECESSIDADE DE HAVER SUPLENTE NA DATA DO PEDIDO. ACOLHIMENTO DA QUESTÃO DE ORDEM. EXTINÇÃO DO FEITO SEM RESOLUÇÃO DO MÉRITO (ART. 485, VI, DO CPC). 1. O interesse de agir do partido político para a propositura da ação de perda de cargo eletivo por infidelidade partidária não se faz presente quando ausente, em seus quadros, suplente apto a assumir o mandato na hipótese de acolhimento do pedido formulado. 2. *Os requisitos processuais da ação de perda de cargo eletivo por desfiliação sem justa causa, entre os quais a existência de suplente, devem estar preenchidos na data do ajuizamento da demanda, respeitado o prazo decadencial da Res.-TSE nº 22.610/2007*. 3. Questão de ordem acolhida. Extinção do processo sem resolução do mérito, nos termos do art. 485, VI, do CPC/2015" (Questão de Ordem em Petição nº 518-59/DF. Rel. Min. Luciana Lóssio. *DJe*, 21 set. 2016. Grifos nossos).

31 JORGE, Flávio Cheim; LIBERATO, Ludgero; RODRIGUES, Marcelo Abelha. *Curso de direito eleitoral*. Salvador: JusPodivm, 2016. p. 72-73.

32 TAVARES, André Ramos; AGRA, Walber de Moura. *O direito eleitoral e o Novo Código de Processo Civil*. Belo Horizonte: Fórum, 2016. p. 199.

Se os mandatos têm prazo certo, dias interrompidos são insubstituíveis.

Como decorrência lógica, os feitos eleitorais devem ter, em geral, tramitação célere, sem o que a (serôdia) tutela jurisdicional eleitoral, a par de nada efetiva, atrairá a pecha de inconstitucional.

Descortina-se campo fértil, então, para a edificação de um sistema processual (eleitoral) que prime pela celeridade, o que justifica, em maior ou menor extensão, a existência de institutos especiais, totalmente estranhos ou diferentes em relação ao direito processual comum (civil), entre os quais:

a) prazos menores, até mesmo fixados não em dias, mas em horas;

b) ritos procedimentais mais simplificados e expeditos;

c) recursos sem efeito suspensivo;

d) execução imediata das decisões;

e) restrições adicionais ao cabimento de recursos;

f) possibilidade de envolvimento direto de matéria constitucional no recurso especial eleitoral;

g) restrições severas ao cabimento e encurtamento do prazo de ajuizamento da ação rescisória eleitoral;

h) fortalecimento do sistema de preclusões e de nulidades;

i) possibilidade de representação contra juiz eleitoral que descumprir ou der causa ao descumprimento dos prazos da Lei nº 9.504/97.

No plano infraconstitucional, é imperioso referir, ainda, a existência de norma expressa sobre a duração razoável do processo eleitoral que implica cassação de mandato. Trata-se do art. 97-A da Lei das Eleições (Lei nº 9.504/97), do seguinte teor:

> Art. 97-A. Nos termos do inciso LXXVIII do art. 5º da Constituição Federal, considera-se duração razoável do processo que possa resultar em perda de mandato eletivo o período máximo de 1 (um) ano, contado da sua apresentação à justiça Eleitoral.
>
> §1º A duração do processo de que trata o *caput* abrange a tramitação em todas as instâncias da Justiça Eleitoral.
>
> §2º Vencido o prazo de que trata o *caput*, será aplicável o disposto no art. 97, sem prejuízo de representação ao Conselho Nacional de Justiça.

As decorrências do art. 97 da Lei das Eleições e o manuseio de representação contra as autoridades judiciárias eleitorais não esgotam o rol de consequências jurídicas advindas do descumprimento injustificado do prazo de um ano.

Como decorrência lógica da adoção da cláusula do Estado de Direito e por intuitiva derivação dos princípios constitucionais da razoável duração do processo (CF/88, art. 5º, LXXVIII) e da responsabilidade civil extracontratual do Estado (CF/88, art. 37, §6º), faz-se possível, em tese, a responsabilização do Estado-juiz eleitoral.

A jurisprudência do TSE se consolidou no sentido de reconhecer a decadência do direito de agir nos casos em que a citação do vice-prefeito não ocorra no prazo para a propositura da ação que implique pena de cassação do registro ou diploma do titular.[33]

---

[33] Confira-se: "AGRAVO REGIMENTAL. RECURSO ESPECIAL ELEITORAL. ELEIÇÕES 2008. PREFEITA. REPRE-SENTAÇÃO. ABUSO DE PODER. CONDUTA VEDADA. ART. 73 DA LEI 9.504/97. AUSÊNCIA DE CITAÇÃO DO VICE-PREFEITO. DECADÊNCIA DO DIREITO DE AÇÃO. NÃO PROVIMENTO. 1. [...] 2. *Há litisconsórcio passivo necessário entre titular e vice da chapa majoritária nas ações eleitorais que possam implicar a cassação do registro*

Dessa forma, não admitida a ampliação subjetiva, em virtude da decadência do direito de ação, com maior razão não se deve reconhecer a possibilidade de ampliação objetiva da demanda originária se decorrido o prazo decadencial.

Note-se que o *caput* do art. 96-B da Lei das Eleições, introduzido no ordenamento jurídico pela Lei nº 13.165/2015, estabelece que "serão reunidas para julgamento comum as ações eleitorais propostas por partes diversas sobre o mesmo fato". Assim, *a priori*, havendo um fato em comum, podem ser reunidas para julgamento em conjunto, por exemplo, uma ação de investigação judicial eleitoral (AIJE), uma representação por conduta vedada e uma ação de impugnação de mandato eletivo (AIME).

O §3º do referido artigo estipula que, "se proposta ação sobre o mesmo fato apreciado em outra cuja decisão já tenha transitado em julgado, não será ela conhecida pelo juiz, *ressalvada a apresentação de outras ou novas provas*". Tal dispositivo cuida, portanto, do instituto da coisa julgada *secundum eventum probationis*.

Tavares e Agra, na referida obra coordenada por Luiz Fernando Pereira,[34] lecionam:

> A técnica da coisa julgada *secundum eventum probationis* é utilizada para duas situações jurídicas. Primeiro para os casos de procedimentos que limitam a cognição (e por isso autorizam nova discussão em cognição exauriente). Segundo para os casos nos quais o sistema não se conforma com a coisa julgada a partir de uma improcedência por insuficiência de provas, em razão dos direitos indisponíveis envolvidos. *Por opção do legislador, a coisa julgada não se forma quando o pedido é julgado improcedente por ausência de prova.* É o caso das ações coletivas. Adota-se a *primazia da tutela de mérito*. Por idêntico pressuposto, é também o caso das ações eleitorais.

Para Jorge, Liberato e Rodrigues,[35] não se deve negar o uso de uma prova nova para se obter o convencimento de que houve o dano à democracia e ao sufrágio popular, *mas advertem: desde que respeitados os prazos para ajuizamento das demandas eleitorais.*

De fato, se não é possível o ajuizamento de uma nova ação devido ao esgotamento do prazo para sua proposição, de igual forma não se pode admitir seja a ação original dilatada para alcançar fatos estranhos à petição inicial.

Cumpre, ainda, relembrar que o TSE, no julgamento do REspe nº 213-32, de Ibiúna/SP,[36] em importante discussão jurídica para fins eleitorais, concluiu que "fatos

---

ou do diploma. Precedentes. 3. Na espécie, a representação com fundamento no art. 73 da Lei 9.504/97 foi proposta somente contra o prefeito, sem determinação posterior de citação do vice-prefeito, *impondo-se o reconhecimento da decadência do direito de ação*. [...] 5. No caso dos autos, a AIJE foi proposta em 25.8.2008, ou seja, após a definição do novo entendimento jurisprudencial, sendo obrigatória, portanto, a citação do vice-prefeito. 6. Agravo regimental não provido" (AgR-REspe nº 7.848-84. Rel. Min. Castro Meira. *DJe*, 24 jun. 2013. Grifos nossos).

[34] TAVARES, André Ramos; AGRA, Walber de Moura. *O direito eleitoral e o Novo Código de Processo Civil*. Belo Horizonte: Fórum, 2016. p. 160. Grifos nossos.

[35] JORGE, Flávio Cheim; LIBERATO, Ludgero; RODRIGUES, Marcelo Abelha. *Curso de direito eleitoral*. Salvador: JusPodivm, 2016. p. 440.

[36] "ELEIÇÕES 2012. RECURSO ESPECIAL. PREFEITO. REGISTRO DE CANDIDATURA. ART. 26-C DA LC nº 64/1990. REVOGAÇÃO. LIMINAR. CURSO DO MANDATO. SEGURANÇA JURÍDICA. NÃO APLICABILIDADE. ART. 26-C, §2º, DA LC nº 64/1990. 1. Em homenagem ao princípio da segurança jurídica, a revogação ou suspensão dos efeitos da liminar que deu suporte à decisão de deferimento do registro de candidatura, nos termos do ad. 26-C, §2º, da LC nº 64/1 990, somente pode vir a produzir consequências, na seara eleitoral, se, ocorrida ainda no prazo das ações eleitorais, desvelar uma das hipóteses de incidência. 2. *In casu*, a suspensão da liminar que deu suporte ao deferimento do registro do candidato eleito, ocorrida no curso do mandato, não tem o condão de desconstituí-lo, repercute seus efeitos, tão somente, nas eleições futuras. 3. Recurso especial provido" (REspe nº 213-32/SP. Red. p/ acórdão Min. Gilmar Mendes. *DJe*, 3 out. 2016).

surgidos após a diplomação não podem ser admitidos para se cassar mandatos [*sic*], justamente em prol da necessária estabilização da relações jurídicas eleitorais".

Em direito eleitoral, a preocupação de banir o flagelo da *eternização dos litígios* é, pois, uma constante. Legisladores e julgadores trabalham em uníssono para dar cabo de tal desiderato.

6.7 O art. 23 da LC nº 64/90

O art. 23 da Lei Complementar nº 64/90[37] permite ao tribunal formar sua "convicção pela livre apreciação dos fatos públicos e notórios, dos indícios e presunções e prova produzida, atentando para circunstâncias ou fatos, ainda que não indicados ou alegados pelas partes, mas que preservem o interesse público de lisura eleitoral".

O Supremo Tribunal Federal (STF) já teve oportunidade de se manifestar sobre a constitucionalidade do referido dispositivo legal na Ação Direta de Inconstitucionalidade (ADI) nº 1.082/DF, proposta pelo Partido Socialista Brasileiro (PSB), na qual se apontou contrariedade aos arts. 1º, 2º, 5º, LIV, LV, XXXV, XLI, e §2º, 93, IX, e 95, parágrafo único, III, da Constituição Federal.

A liminar foi indeferida pelo Pleno da Suprema Corte, em decisão unânime. O Ministro Néri da Silveira, então relator, consignou ser possível ao magistrado conhecer de ofício aspectos da controvérsia, mormente quando envolve direitos de ordem pública, com fundamento na regra estampada no art. 131 do Código de Processo Civil, vigente ao tempo da decisão.

Em 22.5.2014, quase vinte anos após a propositura da ADI, o STF decidiu o mérito da ação. Sob relatoria do Ministro Marco Aurélio, prevaleceu o entendimento de que, consideradas as regras do Código de Processo Civil vigente à época, a finalidade de produção de provas de ofício pelo magistrado seria possibilitar a elucidação de fatos imprescindíveis para a formação da convicção necessária ao julgamento do mérito. Todavia, o próprio relator, em seu voto, fez as seguintes ressalvas:

> É claro que se recomendam temperamentos na aplicação da regra. A atenuação do princípio dispositivo no direito processual moderno não serve a tornar o magistrado o protagonista da instrução processual. *A iniciativa probatória estatal, se levada a extremos, cria, inegavelmente, fatores propícios à parcialidade, pois transforma o juiz em assistente de um litigante em detrimento do outro. As partes continuam a ter a função precípua de propor os elementos indispensáveis à instrução do processo,* mesmo porque não se extinguem as normas atinentes à isonomia e ao ônus da prova. (Grifos nossos)

Por pertinentes, vale ainda destacar trechos do voto proferido pelo eminente Ministro Luiz Fux naquela assentada:

> Senhor Presidente, num primeiro momento, eu confesso que fiquei com severas dúvidas, porque o art. 7º dessa Lei Complementar nº 64 permite que o juiz do tribunal forme sua livre convicção, atendendo aos fatos e às circunstâncias constantes dos autos, ainda que não alegados pelas partes.

---

[37] LC nº 64/90: "Art. 23. O Tribunal formará sua convicção pela livre apreciação dos fatos públicos e notórios, dos indícios e presunções e prova produzida, atentando para circunstâncias ou fatos, ainda que não indicados ou alegados pelas partes, mas que preservem o interesse público de lisura eleitoral".

Na verdade, *aqui não é uma indicação de uma causa petendi diversa, porque nós sabemos que a regra é a de que o juiz não pode proferir uma decisão fora do pedido ou da causa petendi; são fatos relativos ao pedido e a causa petendi que o juiz pode conhecer.*

[...] *se são fatos que não foram alegados, e o juiz leve em consideração e ninguém falou nada sobre esses fatos e nem provou nada, a afronta ao princípio do devido processo legal e ao contraditório é claríssima.* Mas aqui não; aqui são interesses indisponíveis que permitem ao juiz conhecê-los de ofício, o que significa dizer: independentemente de provocação da parte. (Grifos nossos)

No mesmo sentido, a abalizada doutrina de Gomes:[38]

Para formar sua convicção, o órgão judicial goza de liberdade para apreciar o acervo probatório, devendo atentar aos fatos e às circunstâncias constantes dos autos.

Conforme ressaltado inicialmente, *por força do princípio da congruência, deve haver correlação entre os fatos imputados na petição inicial (= causa petendi) e a decisão de mérito.* [...]

Dispõe o artigo 23 da LC n- 64/90: "O Tribunal formará sua convicção pela livre apreciação dos fatos públicos e notórios, dos indícios e presunções e prova produzida, atentando para circunstâncias ou fatos, ainda que não indicados ou alegados pelas partes, mas que preservem o interesse público de lisura eleitoral." Entretanto, *se é mister haver correlação entre a imputação fática feita na peça exordial e o conteúdo da decisão judicial, ao juiz não é dado fundamentar sua decisão em fato não descrito naquela peça.* Do contrário, violar-se-ia o *due process of law*, mormente por haver surpresa para o réu, o qual não poderia se defender de fatos não descritos, e, portanto, desconhecidos. Nesse contexto, o citado artigo 23 deve ser compreendido como uma exortação ao magistrado para imergir na realidade que circunda as eleições, vivendo-a com interesse, sendo imperdoáveis a omissão e a apatia. Só assim ser-lhe-á possível alcançar exata compreensão do contexto em que sua decisão se insere. Não lhe autoriza, porém, a julgar procedente o pedido do autor com base em fato não narrado na petição inicial.

Sobre o tema, oportuno também destacar o entendimento do jurista e juiz de direito Fernando de Castro Faria, abordado no artigo intitulado *Uma releitura do artigo 23 da Lei Complementar 64/90 sob a mirada do novo Código de Processo Civil:*[39]

1ª) A decisão do STF na ADI n. 1.082 foi proferida em outro contexto (CPC/1973), pelo que merece ser revisitada;

2ª) Não cabe ao juiz eleitoral a produção de prova, tarefa que compete às partes. Se assim entender possível, que seja estabelecido, no mínimo, o contraditório;

3ª) A lisura das eleições, no plano contencioso, é incumbência recíproca das partes envolvidas e do Ministério Público Eleitoral, cabendo à Justiça Eleitoral a decisão a respeito do que foi demonstrado por referidos atores;

4ª) A Justiça Eleitoral detém, sim, legitimidade constitucional para aplicar as sanções previstas em lei, desde que a decisão esteja de acordo com a própria Constituição e sejam observadas as regras democráticas do jogo, inclusive do novo Código de Processo Civil, notadamente do devido processo legal (em especial o contraditório substancial), da ampla defesa e da distribuição do ônus da prova entre as partes, *devendo o juiz evitar conhecer de fatos ou circunstâncias não alegados pelas partes ou apoiar sua decisão em indícios e presunções.*

---

[38] GOMES, José Jairo. *Direito eleitoral*. 12. ed. São Paulo: Atlas, 2016. p. 701-702. Grifos nossos.

[39] FARIA, Fernando de Castro. Uma releitura do artigo 23 da Lei Complementar 64/90 sob a mirada do novo Código de Processo Civil. *Empório do Direito*, 17 ago. 2016. Disponível em: <http://emporiododireito.com.br/leitura/uma-releitura-do-artigo-23-da-lei-complementar-64-90-sob-a-mirada-do-novo-codigo-de-processo-civil-1>. Grifos nossos.

Nesse passo, cito, ainda, as lições dos aludidos doutrinadores Tavares e Agra:[40]

> [...] de maneira mais singela e direta, deve-se reconhecer, de plano e apesar da improcedência da ação direta de inconstitucionalidade que buscava afastar o dispositivo, que um *Estado Democrático de Direito não permite que o poder estatal baseie suas decisões judiciais em elementos não conhecidos pelas partes da relação processual em caso algum.* Menos ainda quando está em jogo a soberania popular.

Na mesma trilha exegética, a vertical abordagem de Jorge, Liberato e Rodrigues,[41] reproduzida a seguir:

> Não é possível que o magistrado possa valer-se desse dispositivo para fazer do processo uma caixa de surpresa e apresentar na sentença uma convicção sobre o fato que não fora sequer trazido aos autos. É preciso encontrar o equilíbrio entre a importante e vanguardista norma aí descrita e as garantias fundamentais do processo, até porque a intenção do dispositivo não é criar um processo de surpresas, mas permite que se encontre a verdade para uma justa a convicção do magistrado.

6.8 A gravidade dos fatos não justifica a subversão do devido processo legal

Em nome do devido processo legal, fatos estranhos à delimitação original da causa de pedir não podem ser considerados pela Justiça Eleitoral, o que não quer significar, obviamente, impunidade.

Fatos graves não só podem como devem ser aquilatados nas instâncias próprias, com método e cientificidade.

Tais aspectos, aliás, não escaparam à percepção do Tribunal Superior no julgamento da prestação de contas de Dilma Vana Rousseff (PC nº 976-13), pois, segundo avaliado no voto do relator, Ministro Gilmar Mendes, a problemática do financiamento de campanha contaminava todo o modelo adotado em nosso ordenamento jurídico, hoje extinto por força da decisão do STF na ADI nº 4.650 e pelos novos parâmetros positivados na Lei nº 13.165/2015.

Naquela assentada, o Ministro Gilmar Mendes, após fazer digressões históricas valiosas para a compreensão do cenário do financiamento político-eleitoral no Brasil, ressaltou a ausência de mecanismos adequados de controle por parte desta Justiça Especializada e elucidou:

> A problemática do financiamento de campanha, portanto, não está no modelo de doações adotado pela legislação brasileira, que antes vedava a contribuição de pessoas jurídicas, depois passou a permitir, visto que os ilícitos estão registrados na história do Brasil. O ponto nodal está na ausência de políticas institucionais que possibilitem um efetivo controle dos recursos arrecadados e gastos durante a campanha eleitoral, o que acaba por

---

[40] TAVARES, André Ramos; AGRA, Walber de Moura. *O direito eleitoral e o Novo Código de Processo Civil*. Belo Horizonte: Fórum, 2016. p. 357. Grifos nossos.

[41] JORGE, Flávio Cheim; LIBERATO, Ludgero; RODRIGUES, Marcelo Abelha. *Curso de direito eleitoral*. Salvador: JusPodivm, 2016. p. 446.

mitigar o controle do uso abusivo de recursos privados ou outras práticas condenáveis, expressamente vedadas pelo art. 14, §9º, da Constituição Federal de 1988.

Ao rememorar o voto proferido pelo Ministro Sepúlveda Pertence no julgamento da ADI nº 1.076/DF, em 15.6.1994, em ambiente ainda conturbado em razão do *impeachment* do Presidente Fernando Collor de Mello, o Ministro Gilmar Mendes concluiu que "se deve persistir em uma empreitada séria em busca do aperfeiçoamento de nossos procedimentos e instituições, a fim de que, sem ceder a proposições milagrosas, se possa chegar a um processo eleitoral minimamente transparente e hígido".

Vale sublinhar, ainda, o citado episódio envolvendo a maior empresa brasileira, a Petrobras, em que um gerente tentou devolver, no contexto da delação premiada, algo em torno de US$100 milhões, o que indicaria que "esse dinheiro não era para campanha eleitoral, deveria ter outro tipo de destinação, e assim por diante".

Tudo a revelar que, no emaranhado de ilicitudes e escândalos acerca de ligações suspeitas entre partidos políticos e grandes corporações, que vem perpassando por diversos governos e campanhas eleitorais, os valores resultantes das propinas e comissões não têm destino certo, já que variam ao sabor dos mais escusos propósitos e interesses, sempre em detrimento do interesse público.

Com essas ponderações atinentes à dolorosa transição por que passa o país, tanto do ponto de vista jurídico-normativo quanto do amadurecimento das instituições responsáveis por resguardar a higidez do nosso sistema democrático, cabe reafirmar a convicção no sentido de não admitir a ampliação da *causa petendi* nos processos eleitorais, reforçando a ideia de que haja rigorosa apuração de responsabilidades, com a aplicação das penalidades cabíveis, sobretudo no âmbito criminal.

A sociedade clama pelo fim da impunidade, mas a resposta, decerto, há de ser dada pelos órgãos competentes, preservando-se o desenho institucional positivado na Constituição Federal.

Referências

ALVIM, José Eduardo Carreira. *Comentários ao Novo Código de Processo Civil*. Curitiba: Juruá, 2015. v. VII.

BEDAQUE, José Roberto dos Santos. *Direito e processo* – Influência do direito material sobre o processo. 2. ed. São Paulo: Malheiros, 2007.

BRASIL. *Código de Processo Civil*: Lei nº 13.105, de março de 2015. Disponível em: <http://www2.senado.gov.br/bdsf/handle/id/507525>. Acesso em: 31 out. 2017.

BRASIL. *Constituição Federal de 1988*. Promulgada em 5 de outubro de 1988. Disponível em: <http://www.planalto.gov.br/ccivil_03/constituicao/constituição.htm>. Acesso em: 31 out. 2017.

BRASIL. *Lei Complementar nº 64, de 18 de maio de 1990*. Estabelece, de acordo com o art. 14, §9º, da Constituição Federal, casos de inelegibilidade, prazos de cessação, e determina outras providências. Disponível em: <http://www.planalto.gov.br/ccivil_03/leis/lcp/lcp64.htm>. Acesso em: 31 out. 2017.

DIDIER JÚNIOR, Fredie. *Curso de direito processual civil*. 18. ed. Salvador: JusPodivm, 2016. v. 1.

DIDIER JÚNIOR, Fredie. *Curso de direito processual civil*: teoria da prova, direito probatório, ações probatórias, decisão, precedente, coisa julgada e antecipação dos efeitos da tutela. 11. ed. Salvador: JusPodivm, 2016. v. 2.

FARIA, Fernando de Castro. Uma releitura do artigo 23 da Lei Complementar 64/90 sob a mirada do novo Código de Processo Civil. *Empório do Direito*, 17 ago. 2016. Disponível em: <http://emporiododireito.com.br/leitura/uma-releitura-do-artigo-23-da-lei-complementar-64-90-sob-a-mirada-do-novo-codigo-de-processo-civil-1>.

GOMES, José Jairo. *Direito eleitoral*. 12. ed. São Paulo: Atlas, 2016.

JORGE, Flávio Cheim; LIBERATO, Ludgero; RODRIGUES, Marcelo Abelha. *Curso de direito eleitoral*. Salvador: JusPodivm, 2016.

MARINONI, Luiz Guilherme; ARENHART, Sérgio Cruz. *Comentários ao Código de Processo Civil*: arts. 369 ao 380. São Paulo: Revista dos Tribunais, 2016.

PORTO, Sérgio Gilberto. *Comentários ao Código de Processo Civil*. São Paulo: Revista dos Tribunais, 2000. v. 6.

TAVARES, André Ramos; AGRA, Walber de Moura. *O direito eleitoral e o Novo Código de Processo Civil*. Belo Horizonte: Fórum, 2016.

TUCCI, José Rogério Cruz e. *A causa petendi no processo civil*. São Paulo: Revista dos Tribunais, 1993.

Informação bibliográfica deste texto, conforme a NBR 6023:2002 da Associação Brasileira de Normas Técnicas (ABNT):

CARVALHO NETO, Tarcisio Vieira de. Extrapolação ilegal de objeto ou indevida ampliação objetiva de demandas eleitorais – Reflexos do célebre caso Dilma/Temer no Tribunal Superior Eleitoral. In: COSTA, Daniel Castro Gomes da et al. (Coord.). *Direito Eleitoral comparado*. Belo Horizonte: Fórum, 2018. p. 99-114. ISBN 978-85-450-0550-6.

CAPÍTULO 7

O DIREITO FUNDAMENTAL À IMAGEM: OS SEUS PRINCIPAIS REFLEXOS NO ÂMBITO DO PROCESSO ELEITORAL

DELMIRO DANTAS CAMPOS NETO

MARIA STEPHANY DOS SANTOS

7.1 Introdução

O presente trabalho tem por objetivo trazer alguns influxos do direito constitucional acerca do direito fundamental à imagem e as suas garantias dentro do âmbito do processo eleitoral.

De proêmio, destacam-se aspectos primaciais do exercício do direito político passivo e, consequentemente, os fatores internos e externos de uma campanha eleitoral e a sua nítida relação com a imagem do candidato e o respectivo limite no exercício da liberdade de expressão em relação à honra do respectivo candidato.

Dentro dessa fase padrômica, ainda se enfatiza o instrumento jurídico do direito de resposta como caráter de segurança à dignidade da pessoa humana. E, por fim, não menos importante, arrazoam-se os crimes delineados no âmbito do Código Eleitoral e que podem ser cometidos em detrimento à imagem e honra subjetiva e objetiva do candidato, e a clarividente anomia em relação às ações investigatórias na incidência de crime no ajuizamento de lides temerárias, conforme se extrai do art. 25, da LC nº 64/90, a qual se limita às ações de impugnação ao registro de candidatura.

A partir dessa verificação procura-se delinear a questão de forma clara. Isso não significa, contudo, que a empreitada almejada foi necessariamente cumprida, parcial ou integralmente.

7.2 Considerações iniciais

A Constituição Federal de 1988 garante a proteção do direito à imagem no art. 5º incs. V, X e XXVIII.[1] Este direito constitucional está no seio da primeira dimensão dos direitos fundamentais, tais direitos expressam poderes de agir, reconhecidos e protegidos pela ordem jurídica a todos os seres humanos, independentemente da ingerência do Estado, e correspondem ao *status negativo* da teoria do filósofo *Jellinek*, fazendo-se ressaltar a ordem dos valores políticos e a nítida separação entre o Estado e a sociedade.[2]

Nessa seara, os direitos fundamentais cumprem demasiadas funções na ordem jurídica, dependendo do âmbito particular de proteção.[3] Destaque-se que os direitos fundamentais possuem uma carga dúplice ou garantem o direito de defesa frente ao Estado, ora congregam a exigência de atuação positiva do Estado e, ainda, podem assegurar ao indivíduo o chamado direito de participação.

Dirley da Cunha Júnior aduz que se mede o grau de democracia de um país pela expansão dos direitos fundamentais e por sua afirmação em juízo.[4] Deliberando nesse mesmo sentido, os constitucionalistas entendem que os direitos humanos fundamentais servem de norte para aferição da democracia numa sociedade.[5] *Karl Lowenstein* citado por Dirley da Cunha Júnior reconhece em seu texto a necessidade de se dar maior proteção aos direitos e às liberdades fundamentais:

> encarnan La distribución del poder sin la que la democracia constitucional no puede funcionar. Cuanto más amplios se anestos âmbitos y más intensa sea suprotección, tanto menos peligro existirá para que se produzca uma concentración del poder. Reconocimiento u observamncia de lãs libertades fundamentales se paran el sistema político de la democracia constitucional de la autocracia.[6]

Atrela-se (ou melhor conjuga-se) a preservação do direito constitucional à imagem ao fundamento constitucional da dignidade da pessoa humana, esta última engloba um conjunto de direitos que são intrínsecos ao ser humano, pois sem essa peculiaridade se qualificaria como um simples objeto. Assim, são corolários do fundamento constitucional (dignidade da pessoa humana) a saúde, a educação, o trabalho, a cultura, o lazer e a

---

[1] "Art. 5º Todos são iguais perante a lei, sem distinção de qualquer natureza, garantindo-se aos brasileiros e aos estrangeiros residentes no País a inviolabilidade do direito à vida, à liberdade, à igualdade, à segurança e à propriedade, nos termos seguintes: [...] V - é assegurado o direito de resposta, proporcional ao agravo, além da indenização por dano material, moral ou à imagem; [...] X - são invioláveis a intimidade, a vida privada, a honra e a imagem das pessoas, assegurado o direito a indenização pelo dano material ou moral decorrente de sua violação; [...] XXVIII - são assegurados, nos termos da lei: a) a proteção às participações individuais em obras coletivas e à reprodução da imagem e voz humanas, inclusive nas atividades desportivas; b) o direito de fiscalização do aproveitamento econômico das obras que criarem ou de que participarem aos criadores, aos intérpretes e às respectivas representações sindicais e associativas; [...]".

[2] BONAVIDES, Paulo. *Curso de direito constitucional*. 9. ed. rev., atual. e ampl. São Paulo: Malheiros, 2000. p. 517.

[3] Daniel Sarmento e Claudio Pereira compreendem que a principal característica da Constituição Federal de 1988 é o seu profundo compromisso com os direitos fundamentais e, consequentemente, preocupou-se em reforçar a sua proteção (SOUZA NETO, Cláudio Pereira de; SARMENTO, Daniel. *Direito constitucional* – teoria, história e métodos de trabalho. 2. ed. Belo Horizonte: Fórum, 2017. p. 307-308).

[4] CUNHA JÚNIOR, Dirley da. *Curso de direito constitucional*. Salvador: JusPodivm, 2007. p. 511.

[5] MENDES, Gilmar Ferreira; BRANCO, Paulo Gustavo Gonet; COELHO, Inocêncio Mártires. *Curso de direito constitucional*. 4. ed. São Paulo: Saraiva, 2009. p. 104.

[6] LOWENSTEIN, Karl *apud* CUNHA JÚNIOR, Dirley da. *Curso de direito constitucional*. Salvador: JusPodivm, 2007. p. 512.

própria vida, este último prerrequisito para existência de todos os direitos insculpidos na ordem jurídica.[7]

Nesse diapasão, o homem se torna um ser peculiar e único, o qual não haverá outro com as mesmas qualidades e características, assim esse traço original ganha um respaldo de cautela na *lex mater* apto a trazer diversos dispositivos no texto constitucional no intuito de preservá-lo. Assim, o direito à imagem entre os direitos fundamentais alcançou êxito devido ao desenvolvimento e o acesso à fotografia e a todo o conjunto da sociedade e, hodiernamente, com o avanço das tecnologias, o campo da internet se tornou um importante meio veiculador e de grandes proporções.[8] [9]

Nessa perspectiva, a interpretação que deve ser dada em relação ao direito fundamental à imagem, direito individual por excelência – logo, cláusula pétrea –, é no sentido de afastar o seu uso indevido, através da transgressão literal seja direta/indireta do direito de personalidade do ser humano, a qual compreende não apenas o seu retrato, mas, sim, estende-se ao seu nome, honra, saúde, integridade psicológica,[10] boa fama ou respeitabilidade.[11]

Nessas hipóteses, a utilização indevida da imagem de terceiro sem o seu consentimento ensejará uma série de consequências, como exemplo, o direito de indenização a título de danos morais e/ou materiais (a depender do contexto factual) é um direito inviolável, por determinação constitucional, o que inviabiliza a sua disposição sem a devida autorização de seu respectivo titular.

Heinrich Hubmann citado por Szaniawski elucida que a personalidade humana é composta por três elementos fundamentais, quais sejam: a) a dignidade; b) a individualidade; c) a pessoalidade.[12] [13]

---

[7]   MORAES, Alexandre de. *Direito constitucional*. 17. ed. São Paulo: Atlas, 2005. p. 30.

[8]   COMPLAK, Krystian. Dignidad humana como categoría normativa em Polonia. *Cuestiones Constitucionales – Revista Mexicana de Derecho Constitucional*, n. 14, ene./jun. 2006.

[9]   Os direitos humanos levam em consideração a dignidade humana, mas estão no plano internacional, transnacionais humanos, enquanto os direitos fundamentais estão concatenados no plano interno de cada país, isto é, na Constituição formal que positive tais direitos. Canotilho com maestria assim entende: "As expressões 'direito do homem' e 'direitos fundamentais' são frequentemente utilizadas como sinônimas. Segundo a sua origem e significado poderíamos distingui-las da seguinte maneira: direitos do home são direitos válidos para todos os povos e em todos os tempos (dimensão jusnaturalista); direitos fundamentais são os direitos do homem, jurídico-institucionalmente garantidos e limitados espacio-temporalmente. Os direitos do homem arrancariam da própria natureza humana e daí o seu caráter inviolável, intertemporal e universal; os direitos fundamentais seriam os direitos objectivamente vigentes numa ordem jurídica concreta" (CANOTILHO, J. J. Gomes. *Direito constitucional e teoria da Constituição*. 3. ed. Coimbra: Almedina, 1999. p. 369).

[10] TRF 2ª Região. Apelação Cível nº 96.02.43696-4/RJ. Rel. Desembargadora Federal Tanyra Vargas, 5ª Turma.

[11] Enunciado nº 278, da IV Jornada de Direito Civil que, analisando o disposto no art. 18 do Código Civil, concluiu: "A publicidade que divulgar, sem autorização, qualidades inerentes a determinada pessoa, ainda que sem mencionar seu nome, mas sendo capaz de identificá-la, constitui violação a direito da personalidade". Em caráter ilustrativo insta trazer o pensamento do professor e jurista Lenio Streck, que tece severas críticas aos enunciados, principalmente na seara processualística, mas que claramente pode ser estendido ao presente caso, pois assevera com exatidão que "quando a realidade é mais forte, transfere-se o poder de decidir para o juiz [...]", pois "não podemos adivinhar as coisas e tampouco dar respostas antes que as perguntas sejam feitas" (STRECK, Lenio. *O que é isto – O senso incomum?* Porto Alegre: Livraria do Advogado, 2017. p. 23-24).

[12] HUBMANN, Heinrich *apud* SZANIAWSKI, Elimar. *Direitos de personalidade e sua tutela*. 2. ed. São Paulo: Revista dos Tribunais, 2005. p. 114.

[13] A ordem jurídica supranacional tem por principal escopo tutelar a personalidade humana amplamente, garantir o pleno desenvolvimento da personalidade e salvaguardar a dignidade do ser humano, sendo informada pelo caráter universal que a personalidade humana apresenta; tendo como fontes: a declaração universal dos direitos do homem, a convenção europeia dos direitos dos homens e das liberdades fundamentais e a 17º convenção de Haia, de 1993, entre outras (HUBMANN, Heinrich *apud* SZANIAWSKI, Elimar. *Direitos de personalidade e sua tutela*. 2. ed. São Paulo: Revista dos Tribunais, 2005. p. 115-116).

Os direitos de personalidade, que dizem respeito predominantemente a relações entre particulares, distinguem-se dos direitos humanos, maiormente referidos às relações com Estado.[14]

A rigor, há de ser feito um corte epistemológico em relação à preservação do direito de imagem daquele que possui alguma notoriedade no meio social e daquele que não tem nenhuma pretensão de se tornar uma figura pública. O que se entende por pessoa pública? A doutrina entende que são todos aqueles que, de alguma forma, ganharam notoriedade regional, nacional ou internacional, que se pode configurar na pessoa de um político, de atores, de músicos etc.[15] Nesse sentido, assevera *Farias*:[16]

> As pessoas célebres, em face do interesse que despertam na sociedade, sofrem restrição no seu direito à imagem. Admite-se que elas tacitamente consentem na propagação de sua imagem como uma consequência natural da própria notoriedade que desfrutam. Todavia, considera-se que a notoriedade não provém apenas da fortuna ou mérito das pessoas, alcançada por meio da arte, ciência, desporto ou política, mas podendo surgir independentemente da vontade pessoal, notadamente naquelas situações em que a pessoas são envolvidas como vítima de desgraças, de destinos anormais, de delitos.

Em todas as situações referentes às pessoas públicas e comuns sempre haverá proibição da veiculação de suas imagens quando estiverem em situações constrangedoras e vexatórias, pois uma situação dessas não é de interesse da coletividade. Portanto, o limite para o exercício da liberdade de informação é a honra da pessoa que é objeto da informação divulgada.[17]

---

[14] "Art. 11. Com exceção dos casos previstos em lei, os direitos da personalidade são intransmissíveis e irrenunciáveis, não podendo o seu exercício sofrer limitação voluntária. Art. 12. Pode-se exigir que cesse a ameaça, ou a lesão, a direito da personalidade, e reclamar perdas e danos, sem prejuízo de outras sanções previstas em lei. Parágrafo único. Em se tratando de morto, terá legitimação para requerer a medida prevista neste artigo o cônjuge sobrevivente, ou qualquer parente em linha reta, ou colateral até o quarto grau. Art. 13. Salvo por exigência médica, é defeso o ato de disposição do próprio corpo, quando importar diminuição permanente da integridade física, ou contrariar os bons costumes. Parágrafo único. O ato previsto neste artigo será admitido para fins de transplante, na forma estabelecida em lei especial. Art. 14. É válida, com objetivo científico, ou altruístico, a disposição gratuita do próprio corpo, no todo ou em parte, para depois da morte. Parágrafo único. O ato de disposição pode ser livremente revogado a qualquer tempo. Art. 15. Ninguém pode ser constrangido a submeter-se, com risco de vida, a tratamento médico ou a intervenção cirúrgica. Art. 16. Toda pessoa tem direito ao nome, nele compreendidos o prenome e o sobrenome. Art. 17. O nome da pessoa não pode ser empregado por outrem em publicações ou representações que a exponham ao desprezo público, ainda quando não haja intenção difamatória. Art. 18. Sem autorização, não se pode usar o nome alheio em propaganda comercial. Art. 19. O pseudônimo adotado para atividades lícitas goza da proteção que se dá ao nome. Art. 20. Salvo se autorizadas, ou se necessárias à administração da justiça ou à manutenção da ordem pública, a divulgação de escritos, a transmissão da palavra, ou a publicação, a exposição ou a utilização da imagem de uma pessoa poderão ser proibidas, a seu requerimento e sem prejuízo da indenização que couber, se lhe atingirem a honra, a boa fama ou a respeitabilidade, ou se se destinarem a fins comerciais. Parágrafo único. Em se tratando de morto ou de ausente, são partes legítimas para requerer essa proteção o cônjuge, os ascendentes ou os descendentes. Art. 21. A vida privada da pessoa natural é inviolável, e o juiz, a requerimento do interessado, adotará as providências necessárias para impedir ou fazer cessar ato contrário a esta norma".

[15] STOFFEL, Roque. *A colisão entre direitos de personalidade e direito à informação*. Critérios de solução. São Leopoldo: Ed. Unisinos, 2000. p. 30.

[16] FARIAS, Edilsom Pereira de. *Colisão de direitos*: a honra, a intimidade, a vida privada e a imagem versus a liberdade de expressão e informação. Porto Alegre: Sergio Antonio Fabris, 1996. p. 25.

[17] Nesse sentir, contrapõem-se o direito de imagem e o direito à liberdade de expressão, este último, núcleo comum às espécies de *liberté*, representa a extensão do desenvolvimento da personalidade (ALEXY, Robert. *Teoría de los derechos fundamentales*. Madrid: Centro de Estudios Constitucionales, 1997. p. 349), aduzido sobre a premissa de poder fazer tudo o que as leis permitem (MONTESQUIEU, Charles de Secondat. *O espírito das leis*. São Paulo:

Nesse contexto, e diante de toda a conjuntura sistemática do processo eleitoral, é factível que o uso da imagem do candidato é o ponto forte de sua campanha eleitoral, e uma possível violação aos seus direitos de imagem, principalmente, no que concerne às questões de sua honra, não é auferível no âmbito da Justiça Eleitoral, e com o ritmo frenético desse período e, consequentemente, a análise ou mesmo retirada de qualquer mácula em desfavor da imagem do candidato restam inócuas. Deve-se levar em conta, ainda, fatores internos e externos da campanha que se encontram responsáveis pelo gerenciamento da imagem do candidato, pois podem indiretamente/diretamente causar algum tipo de constrangimento incapaz de ser solucionado em tempo hábil para as eleições. Tais pontos serão analisados a seguir, por questões de mero esclarecimento.

7.2.1 Fatores internos da campanha eleitoral. *Marketing* político

Esses respectivos fatores internos estão concatenados com a estrutura/estratégia (norte) que a campanha deve seguir e, principalmente, como deve ser arregimentada a exposição da imagem do candidato durante o pleito eleitoral.

Nota-se que a parte que demanda mais tempo e, principalmente, garante a maior participação dos candidatos é o período da propaganda eleitoral. Essa exposição da imagem do candidato garante sua visibilidade no campo político e, consequentemente, uma ligação mais direta com os respectivos eleitores. Nesse caminho, exige-se uma coordenação na estrutura de campanha que, a depender do cargo, poderá alcançar caráter nacional, regional ou local. A análise do contexto social, político e econômico é de suma importância para que seja possível balizar a atuação do candidato: "La estrategia de campañaelectorales La definición de um deagnóstico de La coyuntura política y delposicionamiento de nuestro candidato em ese contexto a partir delanálisis de todos losfactores relevantes que pueden incidir enel resultado de laelección".[18]

Ressalte-se que não estar-se-ia a criar um produto comercial, mas, sim, evidenciar a relação particular existente entre o candidato e o eleitorado que deve ser perfilhada pela estratégia da campanha eleitoral.[19]

Essa íntima relação existente entre o candidato e o eleitor, a ciência política, comumente é denominada de democracia de público, que seria aquela em que a mídia possui um papel preponderante na política:

Saraiva, 1987. p. 163). Ideal central da luta pela democracia, a busca pela tutela do direito à liberdade remonta o momento de reencontro do homem com a razão – sob as luzes do iluminismo –, tratando-se de fiel instrumento à contenção das arbitrariedades estatais. Outrossim, na análise factual em que houve o nítido conflito de preceitos constitucionais, o respectivo imbróglio resolver-se-ia por meio da proporcionalidade (sopesabilidade, segundo o doutrinador ÁVILA, Humberto. *Teoria dos princípios*: da definição aplicação dos princípios jurídicos. 4. ed. rev. 2. tir. São Paulo: Malheiros, 2005), e ainda o STF entende "[...] 2. Constitui questão constitucional da maior importância definir os limites da liberdade de expressão em contraposição a outros direitos de igual hierarquia jurídica, como os da inviolabilidade da honra e da imagem, bem como fixar parâmetros para identificar hipóteses em que a publicação deve ser proibida e/ou o declarante condenado ao pagamento de danos morais, ou ainda a outras consequências jurídicas [...]" (STF. RE nº 662.055/SP. Rel. Min. Roberto Barroso, RG, j. 27.8.2015. *DJe*-173, 3 set. 2015).

[18] ODACA – ORGANIZACIÓN DEMÓCRATA CRISTIANA DE AMÉRICA. *Manual de campaña electoral*: marketing y comunicación política. 1. ed. Buenos Aires: Konrad Adeanauer Stifftung, 2006. p. 144.

[19] LIMA, Marcelo O. Coutinho de. *Marketing eleitoral*. [s.l.]: eBooksBrasil.org, 2002. Disponível em: <http://www.ebooksbrasil.org/eLibris/mktpolB.html>. Acesso em: 30 ago. 2017.

[...] A configuração atual da arena política como um espaço de competição, no qual a linguagem persuasiva da publicidade tem um papel significativo, nos permite associar o fazer ligado ao universo político-administrativo a uma política de imagem [...] A comunicação, aliada ao planejamento de marketing de um político, revela-se fundamental para a política de imagem, uma vez que a construção da imagem dos homens públicos requer a organização de estratégias comunicativas capazes não só de administrar, gerenciar e controlar mensagens, mas, sobretudo, de estabelecer relações entre os políticos e os diferentes públicos responsáveis pela formação da opinião pública.[20]

Nota-se que a imagem dos líderes e a função que desempenha no processo de informação e a estrutura de campanha e suas atitudes acabam influenciando diretamente no comportamento político dos eleitores,[21] haja vista que a atual sociedade prima pelo alcance do interesse público primário e, principalmente, pelo enaltecimento da moralidade na atuação dos pretensos candidatos como gestores junto à Administração Pública, logo, a exposição da imagem deve estar intrinsecamente baseada na relação direta com o eleitor capaz de gerar pontos positivos na opinião pública.

Dessa forma, a estrutura de campanha deve estar atenta a todos os fatores que circundam o interesse social, econômico e político da região onde o candidato disputará o pleito eleitoral.[22]

Sem olvidar que a globalização fomentou uma participação mais ativa da sociedade no contexto político e social, atualmente, não há como realizar qualquer campanha eleitoral sem uma estratégia de imagem, nome, história e enaltecimento das qualidades pessoais do candidato. Tanto é assim que os gastos nas campanhas ultrapassam a marca dos milhões a cada eleição, prevalecendo-se a máxima de que "só ganha a eleição quem tem dinheiro",[23] por exemplo, cite-se a campanha eleitoral à Presidência da República no ano de 2014, que se utilizou do montante de R$11.365.571,46 (onze milhões, trezentos e sessenta e cinco mil, quinhentos e setenta e um reais e quarenta e seis centavos).[24] Observa-se que, anteriormente, obtinha-se a conquista do eleitorado através de propostas menos robustas, como exemplo, a utilização de panfletos simples com a exposição de uma cadeia ideológica. Atualmente, com o avanço da tecnologia, os custos estão calcados na busca incessante do eleitorado no mundo além do contato físico.[25]

Por outra perspectiva, ao se analisar o total gasto na campanha supramencionada e distribuí-lo entre os 27 (vinte e sete) estados, essa conta corresponderia uma soma de, mais ou menos, R$420.947,09 (quatrocentos e vinte mil reais, novecentos e quarenta e

---

[20] SILVA, Célia Lúcia; MARQUES, Ângela Cristina Salgueiro. Estratégias comunicativas para a (des) construção da imagem pública: a política de imagem no contexto de campanhas eleitorais. *Em Questão*, Porto Alegre, v. 15, n. 2, 2009. p. 45.

[21] RICO, Guillem *apud* OTERO, Rocío. *Líderes políticos, opinión pública y comportamiento electoral en España*. Madrid: Centro de Investigaciones Sociológicas, 2009. Disponível em: <http://www.reis.cis.es/REIS/PDF/REIS_132_071285920281800.pdf>. Acesso em: 14 nov. 2017.

[22] Para maiores esclarecimentos: BLAIS, André. ¿Qué afecta a la participación electoral?. *Revista Española de Ciencia Política*, n. 18, p. 9-27, abr. 2008.

[23] SANTANO, Ana Cláudia. *O financiamento da política* – Teoria geral e experiências no direito comparado. Curitiba: Íthala, 2014. p. 11.

[24] Segundo dados informados pelo *site* do TSE (TRIBUNAL SUPERIOR ELEITORAL. *Informação nº 459/2014 Asepa*. Disponível em: <http://www.justicaeleitoral.jus.br/arquivos/tse-relatorio-tecnico-conclusivo-do-exame-da-prestacao-de-contas-eleitoral-da-candidata>. Acesso em: 15 out. 2017).

[25] SANTANO, Ana Cláudia. *O financiamento da política* – Teoria geral e experiências no direito comparado. Curitiba: Íthala, 2014. p. 11.

sete reais e nove centavos) gastos durante 45 (quarenta e cinco) dias de pleito eleitoral, o que denota um gasto que não seria tão abissal. De todo modo, *a quaestio iuris* está intimamente relacionada com o *quantum* total deliberado nas campanhas eleitorais, o que reafirma a importância na divulgação da imagem do candidato durante o pleito eleitoral.

Tenciona-se destacar, inclusive, a novel sistemática advinda com a Lei nº 13.105/2015, que afastou a suposta propaganda eleitoral extemporânea a partir de confecções de instrumentos propagandísticos que não tragam em seu contexto o pedido de voto expresso, art. 36-A da Lei nº 9.504/97.[26]

Há uma diferenciação acerca da propaganda e da publicidade. Por vezes, a sociedade contemporânea confunde os referidos institutos, porém eles são diametralmente opostos, uma vez que o primeiro visa influenciar, enquanto o segundo visa auferir lucros atuando no campo econômico/comercial. Contudo, há um atrelamento entre a propaganda eleitoral, aquela que observa as filigranas do processo eleitoral, e a publicidade eleitoral (*marketing* político), que consiste em uma estratégia constante de aproximação do partido e do candidato com o eleitorado. Propaganda, em si, é um meio de difundir uma mensagem que não só é informativa, mas também persuasiva.[27]

Ou seja, a imagem do candidato e, principalmente, as suas qualidades pessoais são o ponto nodal e de insofismável interesse no pleito eleitoral.

7.2.2 Fatos incontroversos, publicados na mídia e críticas políticas (fatores externos), *fake news*

Na arena política há dois tipos de propagandas eleitorais que podem trazer benefícios e malefícios aos respectivos candidatos e que, por vezes, devem ser evitadas, conforme se extrai da recorrente jurisprudência. A primeira propaganda eleitoral que visa tutelar a isonomia (paridade de armas) é aquela que limita e traz algumas nuances acerca da propaganda eleitoral, conforme se extrai a partir do art. 37, da Lei nº 9.504/97. Logo, permitida, está concatenada com a propaganda positiva, este tipo de propaganda se perfaz pela reprodução da personalidade do candidato de modo a transmitir uma imagem com a qual os votantes criam laços e à qual são capazes de atribuir seu voto, conforme já exposto alhures.[28] Enquanto a negativa, a proibida, é uma construção jurisprudencial e, principalmente, doutrinária e resta caracterizada pelo "menoscabo ou a desqualificação dos candidatos oponentes, sugerindo que não detém os adornos morais ou a aptidão necessária à investidura do cargo eletivo".[29] Assim, a propaganda negativa é aquela que incita os eleitores a não votar em determinado candidato. Suas mensagens podem ter o cunho total ou parcialmente verdadeiro e até mesmo falso. O Tribunal Superior Eleitoral rechaça esse tipo de propaganda:

---

[26] "Art. 36-A. Não configuram propaganda eleitoral antecipada, desde que não envolvam pedido explícito de voto, a menção à pretensa candidatura, a exaltação das qualidades pessoais dos pré-candidatos e os seguintes atos, que poderão ter cobertura dos meios de comunicação social, inclusive via internet: (Redação dada pela Lei nº 13.165, de 2015)".

[27] GOMES, José Jairo. *Direito eleitoral*. 3. ed. Belo Horizonte: Del Rey, 2008. p. 288.

[28] GOMES, José Jairo. *Direito eleitoral*. 12. ed. São Paulo: Atlas, 2016. p. 483.

[29] GOMES, José Jairo. *Direito eleitoral*. 12. ed. São Paulo: Atlas, 2016. p. 484.

ELEIÇÕES 2012. AGRAVO REGIMENTAL EM RECURSO ESPECIAL. REPRESENTAÇÃO. PROPAGANDA ELEITORAL NEGATIVA. CARACTERIZAÇÃO ANTE O DESVIRTUAMENTO DO CONTEÚDO DO PROGRAMA DE RÁDIO. MANUTENÇÃO DA DECISÃO AGRAVADA. [...] *Na linha da jurisprudência do TSE, ¿a livre manifestação do pensamento, a liberdade de imprensa e o direito de crítica não encerram direitos ou garantias de caráter absoluto, atraindo a sanção da lei eleitoral, a posteriori, no caso de ofensa a outros direitos, tais como os de personalidade (AgR-AI nº 42-24/PR, rel. Min. Castro Meira, julgado em 17.9.2013). [...].* (TSE. AgR-Respe nº 104.075/BA. Rel. Min. Gilmar Ferreira Mendes, j. 26.2.2015. *DJe*, t. 91, p. 37-38, 15 maio 2015)

Nesse seguimento, *Skaperdas* e *Grofman* consignam que as mensagens veiculadas nas propagandas produzem duas vertentes, uma positiva e outra negativa. A primeira tenta converter indecisos em apoiadores, enquanto a segunda tenta induzir os apoiadores do adversário a ficarem indecisos.[30] Sem olvidar que a referida propaganda negativa poderá criar artificialmente, na opinião pública, estados mentais, emocionais ou passionais. E este tipo de propaganda eleitoral é proibido desde a alteração dada pela Lei nº 7.476, de 15.5.1986, ao Código Eleitoral de 1965, senão vejamos:

> Art. 242. A propaganda, qualquer que seja a sua forma ou modalidade, mencionará sempre a legenda partidária e só poderá ser feita em língua nacional, não devendo empregar meios publicitários destinados a criar, artificialmente, na opinião pública, estados mentais, emocionais ou passionais.

Nessa conjuntura, a exposição da imagem dos candidatos é inerente para lograr êxito nas eleições, haja vista que não é possível galgar qualquer cargo público eletivo sem o devido impulsionamento da figura política. Assim, para afastar qualquer tipo de propaganda negativa em desfavor de determinado candidato, a legislação eleitoral trouxe, a partir de seu art. 58, da Lei nº 9.504/97, o direito de resposta, que no lapidar ensinamento do eleitoralista *Walber Agra* "emerge como decorrência lógica da ocorrência de propaganda eleitoral e da liberdade de expressão, como o objetivo teleológico de corrigir distorções e excessos, cometidos pelos candidatos, durante o certame eleitoral".[31]

Carlos Neves Filho aduz acerca da temática o seguinte "vê-se, mais uma vez que é livre a propaganda – o que não quer dizer que é irresponsável, posto que sempre se concederá direito de resposta por matéria ou propaganda veiculada com ofensa à honra, na proporção do agravo".[32] Para *Coneglian* "Também é proibida propaganda que traga ofensa à honra de pessoa ou entidade, e que caracterize crime de calúnia, injúria, difamação, ou que contenha alegação falsa, ou que degrade ou ridicularize candidato, partido político ou coligação".[33]

Assim, por se tratar de fatores externos e fora do controle do respectivo candidato, em prol da preservação de sua honra surge esse instrumento jurídico apto a restaurar a imagem do candidato perante a sociedade. Um ponto que merece destaque é que

---

[30] SKAPERDAS, S.; GROFMAN, B. Modeling negative campaigning. *American Political Science Review*, v. 89, p. 49-61, 1995.

[31] AGRA, Walber de Moura. *Manual prático de direito eleitoral*. Belo Horizonte: Fórum, 2016. p. 45.

[32] NEVES FILHO, Carlos. *Propaganda eleitoral e o princípio da liberdade da propaganda política*. Belo Horizonte: Fórum, 2012. p. 95.

[33] CONEGLIAN, Olivar. *Propaganda eleitoral* – Eleições 2014. Curitiba: Juruá, 2014. p. 338.

só pode ser objeto (causa de pedir) do direito de resposta aquela violação que esteja diretamente relacionada com o pleito eleitoral e que culmine na propaganda eleitoral negativa, logo questões que não estejam afetas à Justiça Eleitoral devem ser levadas para análise da Justiça Comum.

Assim, o direito de resposta garante ao candidato que sofreu a referida e injusta agressão – a qual poderá ser feita em jornal, propaganda eleitoral na TV, rádio e ainda na internet (em qualquer meio de informação) – ajuizar representação eleitoral com fins de corrigir a informação veiculada e dar a devida resposta, sendo esta divulgada nos mesmos moldes da notícia inverídica ou errônea. Portanto, esse instrumento jurídico configura-se como um legítimo mecanismo de preservação da isonomia de informações difundidas durante o pleito eleitoral.[34]

A hipótese de incidência do direito de resposta pressupõe sempre um acinte, ainda que de forma indireta, por conceito, imagem ou afirmação caluniosa, difamatória, injuriosa ou sabidamente inverídica. Nos três primeiros casos, atinge-se a honra pessoal do cidadão. Vale lembrar que o conceito de honra se depreende em vertente objetiva e subjetiva. No primeiro, trata-se da reputação do cidadão perante o contexto social, ao passo que, no segundo caso, trata-se de um caráter axiológico individual de cada cidadão, agregado ao autorrespeito.

No Capítulo II do Código Eleitoral, que trata sobre os crimes eleitorais, vê-se que quem divulga, na propaganda, fatos de que tinha conhecimento não serem verdadeiros, sendo inverídicos, portanto, tanto em relação a partidos ou candidatos, sendo capaz de exercer influência perante o eleitorado, terá transgredido direito de outrem, sendo viável nestes casos o direito de resposta.

Caracteriza-se como informação sabidamente inverídica aquela que é incontroversamente falsa, não havendo abertura para interpretação ou discussão. Como estão dispostos no art. 323 do Código Eleitoral "Divulgar, na propaganda, fatos que sabe inverídicos, em relação a partidos ou candidatos e capazes de exercerem influência perante o eleitorado", sofrendo a punição de detenção por um período de dois meses a um ano, ou pagamento de 120 a 150 dias-multa. Essa modalidade de crime se agrava se o crime é cometido pela imprensa, rádio ou televisão.[35]

Podem ser considerados crimes em razão da exposição de determinado candidato fatos que acabam culminando no degrado de sua imagem a calúnia, a difamação e a injúria. Ao contrário do direito processual penal, no âmbito do direito eleitoral, a ação é pública incondicionada e quem possui legitimidade para o seu respectivo ajuizamento é o membro do Ministério Público, conforme se extrai do art. 355, do Código Eleitoral.

---

[34] AGRA, Walber de Moura; VELLOSO, Carlos Mário da Silva. *Elementos de direito eleitoral*. 3. ed. São Paulo: Saraiva, 2012. p. 252.

[35] "REPRESENTAÇÃO. PROPAGANDA ELEITORAL. HORÁRIO GRATUITO. PEDIDO DE RESPOSTA. ATUAÇÃO POLÍTICA DE CANDIDATO. CRÍTICA. POSSIBILIDADE. OFENSA. AFIRMAÇÃO SABIDAMENTE INVERÍDICA. NÃO COMPROVAÇÃO. Além da apresentação de ideias e propostas, a exploração de aspectos supostamente negativos da atuação política de determinado candidato também é legítima na propaganda eleitoral gratuita, inclusive porque a crítica é salutar à democracia e é necessária para formação do convencimento do eleitor. Ainda que questione a aptidão de candidato para o exercício do cargo postulado, a propaganda eleitoral que não resvala para a ofensa nem divulga afirmação sabidamente inverídica configura mera crítica política e não revela, portanto, os requisitos para a concessão de direito de resposta. Recurso a que se nega provimento" (Recurso em Representação nº 297.710. Acórdão de 29.9.2010. Rel. Min. Joelson Costa Dias. PSESS – Publicado em Sessão, 29.9.2010).

Assim, considera-se calúnia a imputação a alguém de fato tipificado como crime, por sua vez, será considerada crime de difamação a imputação de fato ofensivo à reputação de candidato. Tanto a calúnia quanto a difamação atingem a honra objetiva do cidadão. Não obstante, a injúria atinge a honra subjetiva do sujeito, ante a imputação de ofensa à sua dignidade ou decoro, devendo esta imputação ser sabidamente inverídica.

Destaque-se que "(...) o ofendido por calúnia, difamação ou injúria, sem prejuízo e independentemente da ação penal competente poderá demandar, no Juízo Cível, a reparação do dano moral respondendo por este o ofensor e, solidariamente, o partido político deste, quando responsável por ação ou omissão a quem que favorecido pelo crime, haja de qualquer modo contribuído para ele", conforme se extrai do art. 243, §1º do Código Eleitoral.

O direito de resposta é um paradoxo o qual concerne à liberdade de expressão e, a partir da democratização, à informação e à participação ativa e efetiva da sociedade na política por meio, principalmente, da internet. É ululante que esse instrumento jurídico ganhará, cada vez mais, força no combate a qualquer tipo de mácula à honra dos candidatos durante o pleito eleitoral.

Contudo, deve ser uma feita uma ressalva em relação à internet, pois é perceptível que este meio de comunicação traz a essência da isonomia, haja vista que não há uma clivagem social, pois a todos é garantida a participação direta/indireta, o que amplia a liberdade de expressão sem qualquer tipo de margem de retaliações. Contudo, a problemática gira em torno da utilização deste meio de comunicação com esteio em macular a imagem de determinado candidato anonimamente, conforme se extrai do art. 57-D, que é livre a manifestação do pensamento, vedado o anonimato durante a campanha eleitoral, por meio da rede mundial de computadores – internet, assegurado o direito de resposta, nos termos das alíneas "a", "b" e "c" do inc. IV do §3º dos arts. 58 e 58-A, e por outros meios de comunicação interpessoal mediante mensagem eletrônica. Nada obstante, como será possível a identificação dos usuários que utilizam a rede de computadores, principalmente, as redes sociais, onde não se exige a identificação do usuário, concomitantemente, ao período eleitoral?

Uma vez que o período eleitoral compreende 45 (quarenta e cinco) dias e, presumivelmente, não será possível a identificação dos usuários em tempo hábil – haja vista que a identificação é feita por meio de endereço de protocolo de internet (endereço IP), definido segundo parâmetros internacionais, o qual não traz pormenorizadamente o real proprietário do IP –, até o fornecimento do IP já haverá decorrido um bom tempo na exposição em face da imagem do candidato.

Assim, esse meio de comunicação é o imbróglio de toda a seara política, haja vista que para a introdução de qualquer matéria injuriosa, caluniosa ou mesmo difamatória a respeito de determinado candidato não se exige a identificação do usuário o que, por exemplo, diferencia-se dos outros meios de comunicação que indicam claramente quem realizou a referida propaganda eleitoral negativa.

O que se quer dizer é que a atual sociedade de informação traz um novo estilo democrático de participação ativa dos brasileiros de modo que há pontos positivos e negativos – como qualquer outro meio de comunicação –, e a proliferação de mensagens com o fito de macular a imagem do candidato durante o pleito eleitoral, possivelmente, não será contida em tempo hábil, o que culminará, inexoravelmente, em um prejuízo incomensurável para a candidatura que será comprometida pela informação errônea ou inverídica propagada.

Sabe-se que, ainda, as maiorias das redes sociais que sofreram algum tipo de ação não obedecem à ordem judicial, o que configura crime de desobediência,[36] mas o próprio Supremo Tribunal Federal, ao analisar o contexto factual e extrair dele que além do descumprimento da ordem judicial há a incidência de astreintes, afastou a configuração desse crime, nos termos do art. 386, inc. III, do Código de Processo Penal.[37]

De todo modo, aqueles candidatos que se abstêm de utilizar a internet em sua campanha eleitoral poderão sofrer uma perda exponencial no quantitativo de votos, haja vista que estudos apontam que o voto está, intimamente, ligado à opinião e comportamento do eleitor,[38] portanto, como a sociedade está adstrita à tecnologia – internet, não há como restar desassociada a campanha eleitoral de tal contexto social.

Insta frisar, ainda, após a experiência vivida nas eleições presidenciais dos Estados Unidos, a figura das *fake news*, a qual consiste na propagação de boatos, informações mentirosas por meio da internet ou mesmo qualquer outro meio de comunicação. Nesse caminho, o Tribunal Superior Eleitoral, em conjunto com o Ministério da Defesa, a Agência Brasileira de Inteligência (Abin) e os representantes do Google e do Facebook, está envolvido em discussões acerca da regulamentação do risco de disseminação de *fake News*, que pode impactar de sobremaneira o pleito eleitoral do ano de 2018. Há de ser destacado que a referida regulamentação não poderá se sobrepor à liberdade de expressão do candidato, haja vista que a própria legislação eleitoral veda a censura prévia nas propagandas eleitorais:

> Art. 53. Não serão admitidos cortes instantâneos ou qualquer tipo de censura prévia nos programas eleitorais gratuitos.
>
> §1º É vedada a veiculação de propaganda que possa degradar ou ridicularizar candidatos, sujeitando-se o partido ou coligação infratores à perda do direito à veiculação de propaganda no horário eleitoral gratuito do dia seguinte.
>
> §2º Sem prejuízo do disposto no parágrafo anterior, a requerimento de partido, coligação ou candidato, a Justiça Eleitoral impedirá a reapresentação de propaganda ofensiva à honra de candidato, à moral e aos bons costumes.

---

[36] "Ementa: AÇÃO PENAL ORIGINÁRIA. FALSIDADE IDEOLÓGICA. DESOBEDIÊNCIA. AUSÊNCIA DE DOLO. INSUFICIÊNCIA DE PROVAS. ABSOLVIÇÃO. DENÚNCIA JULGADA IMPROCEDENTE. RÉU ABSOLVIDO NOS TERMOS DO INC. III, DO ART. 386, DO CÓDIGO DE PROCESSO PENAL. 1. O crime de desobediência se configura quando demonstrada a clara intenção do agente de não cumprir ordem emanada da autoridade pública. Para a configuração do delito é insuficiente que a ordem não seja cumprida, sendo necessário que tenha sido endereçada diretamente a quem tem o dever de cumpri-la e que este, com vontade específica de contrariar, desatenda ao comando. 2. No caso dos autos, ficou demonstrado que o réu não foi responsável pelo descumprimento da ordem judicial, inexistindo, ademais, qualquer proceder doloso no fato ocorrido. 3. Denúncia julgada improcedente, nos termos do art. 386, inciso III, do Código de Processo Penal" (STF. AP nº 633/RS. Rel. Min. Teori Zavascki, Tribunal Pleno, j. 24.10.2013. *DJe-036*, divulg. 20.2.2014, public. 21.2.2014).

[37] "CRIME DE DESOBEDIÊNCIA - COMINAÇÃO DE MULTA DIÁRIA ("ASTREINTE"), SE DESRESPEITADA A OBRIGAÇÃO DE NÃO FAZER IMPOSTA EM SEDE CAUTELAR - INOBSERVÂNCIA DA ORDEM JUDICIAL E CONSEQÜENTE DESCUMPRIMENTO DO PRECEITO - ATIPICIDADE PENAL DA CONDUTA – 'HABEAS CORPUS' DEFERIDO. - Não se reveste de tipicidade penal - descaracterizando-se, desse modo, o delito de desobediência (CP, art. 330)- a conduta do agente, que, embora não atendendo a ordem judicial que lhe foi dirigida, expõe-se, por efeito de tal insubmissão, ao pagamento de multa diária ('astreinte') fixada pelo magistrado com a finalidade específica de compelir, legitimamente, o devedor a cumprir o preceito. Doutrina e jurisprudência" (STF. HC nº 86.254/RS. Rel. Min. Celso de Mello, Segunda Turma, j. 25.10.2005. *DJ*, 10 mar. 2006).

[38] SARTORI, Giovanni. *Elementos de teoria política*. Barcelona: Alianza, 1992. p. 12.

Nota-se que, além de ser vedada a censura prévia, para que seja possível a intervenção da Justiça Eleitoral, com fins de obstar a propaganda supostamente mentirosa, é de suma importância que haja o viés de degrado ou achincalhamento dos referidos candidatos, senão estar-se-ia mitigando o pleno exercício da liberdade de expressão.

Assim, para que haja uma compatibilização aos direitos à liberdade de expressão e à inviolabilidade da imagem, a Justiça Eleitoral deverá agir coercitivamente, buscando afastar a notícia falsa e punindo o respectivo responsável pela veiculação, como ensina Coneglian:

> A Justiça Eleitoral pode exercer a censura sobre aquilo que já foi ao ar e que lhe foi trazido por ter traduzido ou produzido ofensa. Em termos penais, a Justiça deve coibir a prática de um crime depois que crime semelhante já foi cometido, mas não se pode antecipar ao crime.[39] [40]

Dessa forma e diante da necessidade de expor a imagem, nome etc., do respectivo candidato como fim teleológico da vitória, é necessária a obediência a algumas filigranas percucientes ao processo eleitoral, principalmente com o fito de se afastar qualquer tipo de predominância de apenas um candidato e, principalmente, envidar nítidos esforços para afastar a prática de propaganda negativa em total degrado à honra subjetiva e objetiva do pretenso candidato.

7.3 O abuso putativo e a imagem do candidato durante o pleito eleitoral

O étimo da palavra *abuso*, decorrente do latim (*abūsus*), é polissêmico, mas traz arraigado em sua essência o uso errado ou o exercício irregular de um direito. Sartori em sua icônica obra esclarece que seria "un abuso y um exceso de autoridad que aplastan la libertad".[41] Já o Aurélio aduz: "1. Abuso mau uso, ou uso errado, excessivo ou injusto; excesso, abusão. 2. Exorbitante de atribuições ou poderes. Aquilo que contraria as boas

---

[39] CONEGLIAN, Olivar. *Propaganda eleitoral* – Eleições 2014. Curitiba: Juruá, 2014. p. 302.

[40] "ELEIÇÃO 2012. PROPAGANDA ELEITORAL. REPRESENTAÇÃO. CONTROLE ANTECIPADO. AUSÊNCIA DE DEMONSTRAÇÃO DE OFENSA. PEDIDO JURIDICAMENTE IMPOSSÍVEL. DESPROVIMENTO. 1- Não serão admitidos cortes instantâneos ou qualquer tipo de censura prévia nos programas eleitorais gratuitos. Inteligência do art. 53, da Lei nº 9.504/97. 2- Impossibilidade de censura prévia ou controle antecipado do conteúdo de propaganda política. A apreciação judicial prescinde de restar configurada e devidamente demonstrada a ofensa advinda de eventual difusão de mensagem publicitária eleitoral. 3- A Justiça Eleitoral deve intervir, quando provocada, para impedir a reapresentação de propaganda ofensiva e não se antecipar a sua veiculação. 4- Recurso desprovido" (RE – Recurso Eleitoral nº 4.663 - Caruaru/PE. Acórdão de 2.10.2012. Rel. Roberto de Freitas Morais). "REPRESENTAÇÃO. AGRAVO. NÃO É POSSÍVEL UTILIZAR-SE DA JUSTIÇA ELEITORAL PARA PROIBIR DEBATES DE QUESTÕES PÚBLICAS OU CENSURÁ-LOS POR ANTECIPAÇÃO, O QUE CONSTITUIRIA UMA PRÁTICA ABOMINÁVEL, VEDADA EXPRESSAMENTE EM NOSSA LEGISLAÇÃO. PROIBIR A VEICULAÇÃO DE CRÍTICAS É SEM DÚVIDA ADMITIR A CENSURA PRÉVIA. INEXISTE NORMA ELEITORAL QUE VEDE A UTILIZAÇÃO DE IMAGENS OU VOZES DE CANDIDATO, DESTACANDO A CONDUTA POLÍTICA DAQUELES QUE PLEITEIAM CARGOS POLÍTICOS. O DEBATE POLÍTICO NÃO PODE SER CERCEADO COM O PRETEXTO DE HAVER O DIREITO CONSTITUCIONAL À INVIOLABILIDADE DA IMAGEM, HAJA VISTA QUE SE TRATANDO DE IMAGEM OU VOZ DECORRENTE DA CONDUTA PÚBLICA DO CANDIDATO, NÃO HÁ QUE SE FALAR EM PRESERVAÇÃO DE IMAGEM. AGRAVO A QUE SE NEGOU PROVIMENTO" (REP – Representação nº 303 - Recife/PE. Acórdão nº 303, de 16.9.2002. Rel. Marco Antônio Cabral Maggi).

[41] SARTORI, Giovanni. *La democracia em 30 lecciones*. Edición de Lorenza Foschini. Madrid: Taurus, 2008. p. 55.

normas e, os bons costumes; 4. Ultraje ao pudor. 5. Violação".[42] O eleitoralista *Agra*, nesse contexto, entende que o abuso de poder é "todo o ato que se configura como um ilícito previsto legalmente, traduzindo-se na utilização exacerbada de uma prerrogativa estatal com o intuito de influir na vontade livre dos eleitores".[43]

No que concerne à sua etimologia, há um consenso – sem nenhum tipo de tergiversação – a respeito de sua gênese, ou mesmo de seu sentido. Há apenas de ser pontuado que, a depender do ramo do direito, a ser estudado, o abuso poderá ganhar diversas nuances, mas o seu fim teleológico sempre restará atrelado a algum tipo de excesso ou mau/errado/excessivo uso etc.[44]

Gomes argumenta que o abuso de poder é um conceito *sui generis*, isto é, um conceito jurídico indeterminado, e apenas na prática pode-se auferir tal conceituação, mas corrobora no sentido de que:

> [...] o conceito, em si, é uno e indivisível. As variações que possa assumir decorrem de sua indeterminação a priori. Sua concretização tanto pode dar por ofensa ao processo eleitoral, resultando o comprometimento da normalidade ou legitimidade das eleições quando pela subversão da vontade do eleitor, em sua indevassável esfera de liberdade e pelo comprometimento da igualdade da disputa.[45]

No seio do direito eleitoral, há diversos instrumentos normativos que visam a mitigar/afastar o abuso eleitoral, de alguma forma, e, consequentemente, garantir a normalidade e a legitimidade do pleito eleitoral, conforme se observa no art. 14, da Constituição Federal,[46] no art. 237, do Código Eleitoral,[47] e no art. 19, da LC nº 64/90.[48]

No direito eleitoral, o abuso de poder é gênero do qual surgem o abuso de poder político (poder de autoridade), o abuso de poder econômico e o abuso no uso indevido

---

[42] HOLANDA, Aurélio Buarque de. *Dicionário da língua portuguesa*. 5. ed. Curitiba: Positivo, 2010. p. 2222.

[43] AGRA, Walber de Moura. *Manual prático de direito eleitoral*. Belo Horizonte: Fórum, 2016. p. 197.

[44] SANTOS, Maria Stephany dos; CAMPOS NETO, Delmiro Dantas. O abuso no direito eleitoral e seus principais aspectos. *Justiça Eleitoral em Debate*, v. 7, p. 26-45, 2017.

[45] GOMES, José Jairo. *Direito eleitoral*. 3. ed. Belo Horizonte: Del Rey, 2008. p. 244.

[46] "Art. 14. [...] §9º Lei complementar estabelecerá outros casos de inelegibilidade e os prazos de sua cessação, a fim de proteger a probidade administrativa, a moralidade para exercício de mandato considerada vida pregressa do candidato, e a normalidade e legitimidade das eleições contra a influência do poder econômico ou o abuso do exercício de função, cargo ou emprego na administração direta ou indireta. §10 - O mandato eletivo poderá ser impugnado ante a Justiça Eleitoral no prazo de quinze dias contados da diplomação, instruída a ação com provas de abuso do poder econômico, corrupção ou fraude" (BRASIL. Constituição (1988). *Constituição da República Federativa do Brasil*: promulgada em 5 de outubro de 1988. Disponível em: <http://www.planalto.gov.br/ccivil_03/constituicao/constituicaocompilado.htm>. Acesso em: 26 jul. 2017).

[47] "Art. 237. A interferência do poder econômico e o desvio ou abuso do poder de autoridade, em desfavor da liberdade do voto, serão coibidos e punidos. §1º O eleitor é parte legítima para denunciar os culpados e promover-lhes a responsabilidade, e a nenhum servidor público. Inclusive de autarquia, de entidade paraestatal e de sociedade de economia mista, será lícito negar ou retardar ato de ofício tendente a esse fim. §2º Qualquer eleitor ou partido político poderá se dirigir ao Corregedor Geral ou Regional, relatando fatos e indicando provas, e pedir abertura de investigação para apurar uso indevido do poder econômico, desvio ou abuso do poder de autoridade, em benefício de candidato ou de partido político".

[48] "Art. 19. As transgressões pertinentes à origem de valores pecuniários, abuso do poder econômico ou político, em detrimento da liberdade de voto, serão apuradas mediante investigações jurisdicionais realizadas pelo Corregedor-Geral e Corregedores Regionais Eleitorais. Parágrafo único. A apuração e a punição das transgressões mencionadas no caput deste artigo terão o objetivo de proteger a normalidade e legitimidade das eleições contra a influência do poder econômico ou do abuso do exercício de função, cargo ou emprego na administração direta, indireta e fundacional da União, dos Estados, do Distrito Federal e dos Municípios".

dos meios de comunicação, três espécies consagradas na legislação eleitoral (arts. 18-B, 22, §3º, 25, 74 da Lei nº 9.504/97) e ainda uma sofisticada união entre o abuso econômico e político (abuso misto), o qual não poderá ser considerado uma quarta espécie, haja vista que é apenas o cometimento conjunto de práticas abusivas já existentes.

Hodiernamente, o Tribunal Superior Eleitoral trouxe uma nova espécie de abuso, muito abrangente, e que possui uma interpretação muito extensa, a fraude.[49] Nessa inovação, tudo poderá ser considerado abuso, o que poderá trazer alguns transtornos práticos, diante da margem ampla de interpretação do julgador. *Guibourg* entende que uma boa teoria serve de norte para interpretação da realidade e acredita que a prática serve de revisão à teoria,[50] assim, ao se analisar a prática corriqueira dos ajuizamentos de ações investigatórias durante os pleitos eleitorais, insta mencionar que grande parcela é julgada improcedente, por diversas razões. Cite-se, por exemplo, a AIJE nº 194.358, a AIME nº 761 e a RP nº 846, intentadas em face da chapa Dilma-Temer, sob a relatoria do Ministro Herman Benjamin.

As referidas ações eleitorais foram julgadas improcedentes, pois o material comprobatório de uma suposta prática abusiva pelos investigados só foi levado aos autos após o referido ajuizamento (em total contradição aos ditames preconizados no art. 14, §10, da Constituição Federal), mas o cerne da questão pulula na imagem e propaganda negativa que sobressaiu à referida improcedência. Explica-se, a respectiva demanda eleitoral teve início no ano de 2014, e só foi julgada improcedente no ano de 2017. Apesar do grande contexto factual, é palmilhar que foram mais de dois anos de exposição dos investigados, através de uma demanda eleitoral inócua e sem qualquer lastro probatório de cometimento de prática abusiva.

Ou seja, diferentemente da ação de impugnação ao registro de candidatura que possui crime próprio referente ao ajuizamento de lide temerária, na AIJE não existe nenhuma consequência maléfica para aqueles investigantes que utilizam a referida ação no claro intuito de macular a imagem do investigado. Diante da prática que nos demonstra o recorrente ajuizamento de demandas eleitorais infrutíferas, o legislador ordinário já deveria ter criado norma penal no intuito de obstar a proliferação dessas demandas inócuas.

Nos termos do art. 25 da LC nº 64/90, constituiu crime a arguição de inelegibilidade, ou a impugnação de registro de candidato feita por interferência do poder econômico, desvio ou abuso de poder de autoridade, deduzida de forma temerária ou de manifesta má-fé. Segundo *José Jairo Gomes* essa lide temerária é a ação precipitada, inconsiderada, imprudente, pois embora o autor não reúna todos os elementos (informações, provas) necessários para produzir a demanda na Justiça Eleitoral, o faz mesmo assim, com o viés de degrado à imagem, honra e respeitabilidade do impugnado.

Suzana Gomes esclarece que essa conduta delituosa pode decorrer de influência do poder econômico, como também de desvio ou abuso do poder de autoridade, além de que pode apresentar-se de forma temerária ou revestida de má-fé.[51]

---

[49] TSE. REspe – Recurso Especial Eleitoral nº 63.184 - São João Batista/SC, Acórdão de 2.8.2016. Rel. Min. Luiz Fux. *DJe – iário de Justiça Eletrônico*, t. 192, p. 68-70, 5 out. 2016. Disponível em: <https://tse.jusbrasil.com.br/jurisprudencia/445805376/recurso-especial-eleitoral-respe-63184-sao-joao-batista-sc/inteiro-teor-445805376>. Acesso em: 10 jul. 2017.

[50] GUIBOURG, Ricardo. *El fenómeno normativo*. Buenos Aires: Astrea, 1987. p. 28.

[51] GOMES, Suzana de Camargo. *Crimes eleitorais*. 4. ed. rev., atual. e ampl. São Paulo: Revista dos Tribunais, 2010. p. 135.

O elemento subjetivo desse crime é o dolo, podendo ser tanto o dolo direto como o eventual. Na realidade, em se tratando de arguição temerária de inelegibilidade, o dolo eventual é o que mais se amolda à espécie, bastando, portanto, deter o agente a consciência acerca do risco de produzir o resultado.[52] [53]

Nesse passo, insta destacar, contudo, que o referido crime não se aplica às ações investigatórias judiciais eleitorais – AIJE – haja vista que o referido dispositivo que regula o crime da lide temerária aplica-se apenas e, tão somente, às ações de impugnação ao registro de candidatura – AIRC –, logo, se esta última for realizada sem embasamento fático e legal, apresentando-se despropositada, temerária, eivada de má-fé, haverá a subsunção do crime delineado no âmbito do Código Eleitoral.

Dessa forma, diante da omissão do legislador ordinário para coibir e evitar o ajuizamento de ações investigatórias temerárias capazes de macular a imagem dos investigados, sobrepuja uma propaganda negativa, pois a instauração dessa lide gera grande repercussão na comunidade, sobretudo se políticos conhecidos estiverem envolvidos. Assim, diante desse "vácuo" normativo, o direito eleitoral sofre, principalmente, com o abarrotamento de demandas eleitorais sem qualquer resquício de prova direta, em razão da inexistência de sanção oriunda de lide temerária capaz de obstar o ajuizamento dessas.

7.4 Considerações finais

O direito à imagem é um direito constitucional, fundamental e, portanto, cláusula pétrea. A Constituição Federal já traz insculpidas em seu bojo as consequências advindas de um estiolamento a esse direito, quais sejam a respectiva indenização pelo dano material ou moral.

No âmbito do direito processual eleitoral, sabe-se que os candidatos figuram na órbita de pessoas públicas e, portanto, há uma liberdade de exposição maior de sua vida pessoal do que de pessoas que não se encontram na esfera da notoriedade. Destarte, no que concerne ao direito de imagem na seara do direito eleitoral é factível que apenas

---

[52] GOMES, Suzana de Camargo. *Crimes eleitorais*. 4. ed. rev., atual. e ampl. São Paulo: Revista dos Tribunais, 2010. p. 135.

[53] Dissertando sobre as origens do dolo, Patricia Laurenzo Copello esclarece que "o dolo como pressuposto do delito, aparece pela primeira vez no Direito romano, onde foi concebido com perfis muito nítidos e definidos, identificando-o com a intenção ou, melhor ainda, com a 'má intenção' ou malícia na realização do fato ilícito. Deste modo ficava superada a primitiva concepção do ilícito penal como mera causação objetiva de resultados, exigindo-se a 'intenção imoral dirigida a um fim antijurídico' – 'dolus malus' – como fundamento para a aplicação da pena pública" (COPELLO, Patricia Laurenzo. *Dolo y conocimiento*. Valencia: Tirant lo Blanch, 1999. p. 27). Dolo é a vontade e consciência dirigidas a realizar a conduta prevista no tipo penal incriminador. Conforme preleciona Welzel, toda ação consciente e conduzida pela decisão da ação, quer dizer, pela consciência do que se quer – o momento intelectual – e pela decisão a respeito de querer realizá-lo – o momento volitivo. Ambos os momentos, conjuntamente, como fatores configuradores de uma ação típica real, formam o dolo (= dolo do tipo) (WELZEL, Hans. *Derecho penal alemán*. Santiago do Chile: Jurídica de Chile, 1997. p. 77). Na lição de Zaffaroni, "dolo é uma vontade determinada que, como qualquer vontade, pressupõe um conhecimento determinado". Dessa feita, percebe-se que o dolo é formado por um elemento intelectual e um elemento volitivo (ato de vontade) (ZAFFARONI, Eugenio Raúl. *Manual de derecho penal* – Parte general. Buenos Aires: Sociedad Anonima Editora, 2006. p. 405), ou, ainda, como entende Muñoz Conde, "para agir dolosamente, o sujeito ativo deve saber o que faz e conhecer os elementos que caracterizam sua ação como ação típica. Quer dizer, deve saber, no homicídio, por exemplo, que mata outra pessoa; no furto, que se apodera de uma coisa alheia móvel" (BITENCOURT, Cezar Roberto; CONDE, Francisco Muñoz. *Teoria geral do delito*. São Paulo: Saraiva, 2000. p. 57).

as questões que estejam associadas às filigranas eleitorais é que poderão ser apreciadas pela Justiça Eleitoral, logo qualquer demanda que traga como causa de pedir matéria que diga respeito, tão somente, à honra, à imagem, ao retrato etc., sem qualquer vínculo eleitoral, deverá ser ajuizada e apreciada pela Justiça Comum.

Durante o período eleitoral poderão surgir propagandas com o nítido viés de degrado à imagem de determinado candidato, a legislação eleitoral é omissa em relação a esse tipo de propaganda, mas a doutrina e jurisprudência delineiam a respeito e a denominam de propaganda negativa, a qual poderá ser rechaçada por meio do instrumento jurídico do direito de resposta.

Além do que se configura crime a propaganda que traga fatos inverídicos em relação a partidos ou candidatos e capazes de exercer influência perante o eleitorado, bem como aqueles que imputem falsamente fato definido como crime e fato ofensivo à reputação e, ainda, ofendam a dignidade ou o decoro de determinado candidato.

Ou seja, a Justiça Eleitoral assegura o pleno exercício da liberdade de expressão, garantindo a preservação da honra de qualquer candidato que tiver o seu direito à imagem transgredido que ultrapasse meras críticas políticas.

Outrossim, insta mencionar a ausência de norma que culmine na prática de crime no ajuizamento de ações investigatórias – AIJE – sem nenhuma prova direta ou mesmo que induza na procedência da demanda, ante a lide temerária e o prejuízo inerente à imagem do candidato perante a sociedade, o que só é possível nas ações de impugnação ao registro de candidatura.

Isso posto, mesmo havendo uma profusão de garantias ao direito de imagem dos candidatos, essa omissão legislativa, em relação a um suposto crime de lide temerária em AIJE, gera desconforto e prejuízo incontornável seja à Justiça Eleitoral, que despende de tempo, pessoal e estrutura, seja ao candidato, que até a improcedência carregará a mácula de inelegível, ante o cometimento de abuso putativo.

Referências

AGRA, Walber de Moura. *Manual prático de direito eleitoral*. Belo Horizonte: Fórum, 2016.

AGRA, Walber de Moura; VELLOSO, Carlos Mário da Silva. *Elementos de direito eleitoral*. 3. ed. São Paulo: Saraiva, 2012.

ALEXY, Robert. *Teoría de los derechos fundamentales*. Madrid: Centro de Estudios Constitucionales, 1997.

ALVIM, Frederico Franco. *Curso de direito eleitoral*. 2. ed. Curitiba: Juruá, 2016.

ÁVILA, Humberto. *Teoria dos princípios*: da definição aplicação dos princípios jurídicos. 4. ed. rev. 2. tir. São Paulo: Malheiros, 2005.

BITENCOURT, Cezar Roberto; CONDE, Francisco Muñoz. *Teoria geral do delito*. São Paulo: Saraiva, 2000.

BLAIS, André. ¿Qué afecta a la participación electoral?. *Revista Española de Ciencia Política*, n. 18, p. 9-27, abr. 2008.

BONAVIDES, Paulo. *Curso de direito constitucional*. 9. ed. rev., atual. e ampl. São Paulo: Malheiros, 2000.

BRASIL. Constituição (1988). *Constituição da República Federativa do Brasil*: promulgada em 5 de outubro de 1988. Disponível em: <http://www.planalto.gov.br/ccivil_03/constituicao/constituicaocompilado.htm>. Acesso em: 26 jul. 2017.

CANOTILHO, J. J. Gomes. *Direito constitucional e teoria da Constituição*. 3. ed. Coimbra: Almedina, 1999.

COMPLAK, Krystian. Dignidad humana como categoría normativa em Polonia. *Cuestiones Constitucionales – Revista Mexicana de Derecho Constitucional*, n. 14, ene./jun. 2006.

CONEGLIAN, Olivar. *Propaganda eleitoral* – Eleições 2014. Curitiba: Juruá, 2014.

COPELLO, Patricia Laurenzo. *Dolo y conocimiento*. Valencia: Tirant lo Blanch, 1999.

CUNHA JÚNIOR, Dirley da. *Curso de direito constitucional*. Salvador: JusPodivm, 2007.

ENGELS, Friedrich; MARX, Karl Heinrich. *Manifesto comunista*. São Paulo: Rocketedition, 2002.

FARIAS, Edilsom Pereira de. *Colisão de direitos*: a honra, a intimidade, a vida privada e a imagem versus a liberdade de expressão e informação. Porto Alegre: Sergio Antonio Fabris, 1996.

GOMES, José Jairo. *Direito eleitoral*. 12. ed. São Paulo: Atlas, 2016.

GOMES, José Jairo. *Direito eleitoral*. 3. ed. Belo Horizonte: Del Rey, 2008.

GOMES, Suzana de Camargo. *Crimes eleitorais*. 4. ed. rev., atual. e ampl. São Paulo: Revista dos Tribunais, 2010.

GUIBOURG, Ricardo. *El fenómeno normativo*. Buenos Aires: Astrea, 1987.

HOLANDA, Aurélio Buarque de. *Dicionário da língua portuguesa*. 5. ed. Curitiba: Positivo, 2010.

LIMA, Marcelo O. Coutinho de. *Marketing eleitoral*. [s.l.]: eBooksBrasil.org, 2002. Disponível em: <http://www.ebooksbrasil.org/eLibris/mktpolB.html>. Acesso em: 30 ago. 2017.

MENDES, Gilmar Ferreira; BRANCO, Paulo Gustavo Gonet; COELHO, Inocêncio Mártires. *Curso de direito constitucional*. 4. ed. São Paulo: Saraiva, 2009.

MONTESQUIEU, Charles de Secondat. *O espírito das leis*. São Paulo: Saraiva, 1987.

MORAES, Alexandre de. *Direito constitucional*. 17. ed. São Paulo: Atlas, 2005.

NEVES FILHO, Carlos. *Propaganda eleitoral e o princípio da liberdade da propaganda política*. Belo Horizonte: Fórum, 2012.

ODACA – ORGANIZACIÓN DEMÓCRATA CRISTIANA DE AMÉRICA. *Manual de campaña electoral*: marketing y comunicación política. 1. ed. Buenos Aires: Konrad Adeanauer Stifftung, 2006.

OTERO, Rocío. *Líderes políticos, opinión pública y comportamiento electoral en España*. Madrid: Centro de Investigaciones Sociológicas, 2009. Disponível em: <http://www.reis.cis.es/REIS/PDF/REIS_132_071285920281800.pdf>. Acesso em: 14 nov. 2017.

SANTANO, Ana Cláudia. *O financiamento da política* – Teoria geral e experiências no direito comparado. Curitiba: Íthala, 2014.

SANTOS, Maria Stephany dos; CAMPOS NETO, Delmiro Dantas. O abuso no direito eleitoral e seus principais aspectos. *Justiça Eleitoral em Debate*, v. 7, p. 26-45, 2017.

SARTORI, Giovanni. *Elementos de teoria política*. Barcelona: Alianza, 1992.

SARTORI, Giovanni. *La democracia em 30 lecciones*. Edición de Lorenza Foschini. Madrid: Taurus, 2008.

SILVA, Célia Lúcia; MARQUES, Ângela Cristina Salgueiro. Estratégias comunicativas para a (des)construção da imagem pública: a política de imagem no contexto de campanhas eleitorais. *Em Questão*, Porto Alegre, v. 15, n. 2, 2009.

SKAPERDAS, S.; GROFMAN, B. Modeling negative campaigning. *American Political Science Review*, v. 89, p. 49-61, 1995.

SOUZA NETO, Cláudio Pereira de; SARMENTO, Daniel. *Direito constitucional* – teoria, história e métodos de trabalho. 2. ed. Belo Horizonte: Fórum, 2017.

STOFFEL, Roque. *A colisão entre direitos de personalidade e direito à informação*. Critérios de solução. São Leopoldo: Ed. Unisinos, 2000.

STRECK, Lenio. *O que é isto* – O senso incomum? Porto Alegre: Livraria do Advogado, 2017.

SZANIAWSKI, Elimar. *Direitos de personalidade e sua tutela*. 2. ed. São Paulo: Revista dos Tribunais, 2005.

WELZEL, Hans. *Derecho penal alemán*. Santiago do Chile: Jurídica de Chile, 1997.

ZAFFARONI, Eugenio Raúl. *Manual de derecho penal* – Parte general. Buenos Aires: Sociedad Anonima Editora, 2006.

Informação bibliográfica deste texto, conforme a NBR 6023:2002 da Associação Brasileira de Normas Técnicas (ABNT):

CAMPOS NETO, Delmiro Dantas; SANTOS, Maria Stephany dos. O direito fundamental à imagem: os seus principais reflexos no âmbito do processo eleitoral. In: COSTA, Daniel Castro Gomes da et al. (Coord.). *Direito Eleitoral comparado*. Belo Horizonte: Fórum, 2018. p. 115-132. ISBN 978-85-450-0550-6.

CAPÍTULO 8

A INCONSTITUCIONALIDADE DO FINANCIAMENTO DAS CAMPANHAS ELEITORAIS POR PESSOAS JURÍDICAS

MARCO AURÉLIO MENDES DE FARIAS MELLO

8.1 Introdução

O Supremo encerrou, recentemente, o julgamento da Ação Direta de Inconstitucionalidade nº 4.650/DF, da relatoria do Ministro Luiz Fux, com a qual o Conselho Federal da Ordem dos Advogados do Brasil postulou a declaração de inconstitucionalidade dos arts. 23, §1º, incs. I e II, 24 e 81, cabeça e §1º, da Lei nº 9.504/1997, e 31, 38, inc. III, e 39, cabeça e §5º, da Lei nº 9.096/1995. Pretendeu o reconhecimento da inconstitucionalidade do modelo de financiamento privado, por pessoas naturais e jurídicas, das campanhas eleitorais e dos partidos políticos. Aduziu que a sistemática acarreta ofensa aos princípios da isonomia, democrático, republicano e da proporcionalidade considerada a proibição de proteção insuficiente.

Quanto às doações por pessoas jurídicas, o pedido foi de inconstitucionalidade absoluta, visando afastar, em definitivo, a prática de financiamento eleitoral por empresas e congêneres. No tocante aos aportes feitos por pessoas naturais, o pleito envolveu a proclamação de invalidade da disciplina com modulação temporal dos efeitos da decisão, mantendo-se a eficácia das normas inconstitucionais pelo prazo de 24 meses. Não buscou a extinção da autorização legal para doações por pessoas naturais, e sim limites quantitativos reduzidos e lineares a serem estabelecidos pelo legislador no prazo assinalado e, em caso de inércia do Congresso, vir o Tribunal Superior Eleitoral a suprir a lacuna normativa.

A apreciação do processo teve início em 11.12.2013, tendo os ministros Luiz Fux, relator, Joaquim Barbosa, Dias Toffoli e Luís Roberto Barroso votado pela procedência do pedido. O Ministro Teori Zavascki pediu vista. Em 2 de abril do ano seguinte, o julgamento foi retomado e Sua Excelência consignou a insubsistência da pretensão veiculada. O Ministro Gilmar Mendes formulou, então, pedido de vista. Antecipei voto pela procedência parcial, assentando a inconstitucionalidade das doações de campanha por pessoas jurídicas e a competência exclusiva do Congresso Nacional para deliberar sobre as limitações do financiamento por pessoas naturais. Também o fez o Ministro Ricardo Lewandowski, entendendo procedente o que pretendido.

O julgamento teve sequência com o voto de Sua Excelência no sentido da improcedência dos pedidos. O Ministro Teori Zavascki reajustou o voto. Em vez de assentar improcedente o que postulado, concluiu pelo empréstimo de interpretação conforme à Constituição aos dispositivos impugnados, de modo que fossem proibidas: doações feitas por empresas, controladas ou com elas coligadas, que tenham contratos onerosos celebrados com a Administração Pública; doações a partidos e candidatos diversos, concorrentes entre si, vindas da mesma pessoa jurídica; e contratação com o Poder Público por empresas doadoras em campanhas eleitorais, consideradas as gestões subsequentes aos respectivos pleitos.

As ministras Rosa Weber e Cármen Lúcia acompanharam a maioria já formada, proclamando a inconstitucionalidade das doações eleitorais por pessoas jurídicas. O Ministro Celso de Mello seguiu a nova conclusão do Ministro Teori Zavascki, assentando constitucionais as doações se condicionadas a medidas impeditivas do abuso do poder econômico. Não obstante a convicção quanto à improcedência dos pedidos, sustentada veementemente em voto-vista, o Ministro Gilmar Mendes alterou a óptica para, na linha adotada pelo Ministro Teori Zavascki, dar às normas atacadas interpretação conforme. Alfim, por maioria de oito votos, prevaleceu o entendimento de procedência do pedido no tocante à inconstitucionalidade dos dispositivos legais versando doações de pessoas jurídicas às campanhas eleitorais. O acórdão ficou assim resumido:

> Direito constitucional e eleitoral. Modelo normativo vigente de financiamento de campanhas eleitorais. Lei das eleições, arts. 23, §1º, incisos I e II, 24 e 81, *caput* e §1º. Lei orgânica dos partidos políticos, arts. 31, 38, inciso III, e 39, caput e §5º. Critérios de doações para pessoas jurídicas e naturais e para o uso de recursos próprios pelos candidatos. Preliminares. Impossibilidade jurídica do pedido. Rejeição. Pedidos de declaração parcial de inconstitucionalidade sem redução de texto (itens E.1.e E.2). Sentença de perfil aditivo (item E.5). Técnica de decisão amplamente utilizada por cortes constitucionais. Atuação normativa subsidiária e excepcional do Tribunal Superior Eleitoral, somente se legitimando em caso de *inertia deliberandi* do Congresso Nacional para regular a matéria após o transcurso de prazo razoável (*in casu*, de dezoito meses). Inadequação da via eleita. Improcedência. Pretensões que veiculam ultraje à Lei Fundamental por ação, e não por omissão. Mérito. Ofensa aos princípios fundamentais democrático e da igualdade política. Cumulação de pedidos de ADI e de ADI por omissão em uma única demanda de controle concentrado de constitucionalidade. Viabilidade processual. Premissas teóricas. Postura particularista e expansiva da Suprema Corte na salvaguarda dos pressupostos democráticos. Sensibilidade da matéria, afeta que é ao processo político-eleitoral. Autointeresse dos agentes políticos. Ausência de modelo constitucional cerrado de financiamento de campanhas. Constituição-moldura. Normas fundamentais limitadoras da discricionariedade legislativa. Pronunciamento do Supremo Tribunal Federal que não encerra o debate constitucional em sentido amplo. Diálogos institucionais. Última palavra provisória. Mérito. Doação por pessoas jurídicas. Inconstitucionalidade dos limites previstos na legislação (2% do faturamento bruto do ano anterior à eleição). Violação

aos princípios democrático e da igualdade política. Captura do processo político pelo poder econômico. "Plutocratização" do prélio eleitoral. Limites de doação por naturais e uso de recursos próprios pelos candidatos. Compatibilidade material com os cânones democrático, republicano e da igualdade política. Ação direta de inconstitucionalidade julgada parcialmente procedente.

O tema é de envergadura maior, objeto de toda e qualquer discussão quando envolvidas propostas de reforma política. Neste artigo, busco aprofundar as reflexões do voto proferido, vinculando as conclusões adotadas à noção teórica sobre a participação política dos cidadãos, como núcleo essencial do regime democrático. O texto será desenvolvido segundo estrutura a seguir delineada: no tópico 8.2, apresento o conceito de democracia. Em 8.3, discorro sobre a relação entre democracia representativa e o direito fundamental a um processo eleitoral justo e igualitário. Em 8.4, trato dos efeitos nocivos do poder econômico nos processos eleitorais. Ao final, no item 8.5, verso as premissas reveladoras da inconstitucionalidade do sistema de doações por pessoas jurídicas às campanhas eleitorais.

8.2 O que é democracia?

Democracia não é apenas o regime político mais adequado entre tantos outros. É um direito do cidadão fundado nos valores da soberania popular e do autogoverno. Conforme a pesquisa mais recente feita pela revista *The Economist*, ao menos 115 países experimentam alguma forma democrática de governo; destes, 25 possuem "democracia plena", presentes bons índices de processo eleitoral e pluralismo, funcionamento do governo, participação política, cultura política e liberdades civis.[1] Mas, afinal, o que é democracia? Quais critérios devem ser satisfeitos para afirmar-se democrático determinado sistema político?

De acordo com Charles Tilly, a definição de democracia classifica-se em quatro principais tipos: constitucional, substancial, procedimental e orientada ao processo. A abordagem constitucional refere-se às leis promulgadas em relação à atividade política. O foco recai nas formas constitucionais e nos arranjos legais. A concepção substancial diz respeito às condições de vida e de política propiciadas por dado regime. A questão é saber se há promoção de bem-estar humano, liberdade individual, segurança, igualdade social, deliberação pública e resolução pacífica de conflitos. O critério procedimental prende-se ao exame das eleições, do quanto são genuinamente competitivas e capazes de produzir alternância do governo e das políticas. Não existe a preocupação com o conteúdo das políticas, e sim com as trocas de poder.[2]

Por fim, e mais importante para este texto, há a definição vinculada à capacidade de o processo político preencher o requisito de igualdade política. O processo político, para ser democrático, deve oferecer condições para que todos se sintam igualmente qualificados a participar da tomada de decisões mediante as quais a vida da comunidade será governada. Significa dizer: democracia pressupõe serem os membros da comunidade tratados como politicamente iguais. Tilly serviu-se dos cinco conceitos elaborados por Robert Dahl para identificar o caráter democrático do processo político.

---

[1]   Disponível em: <https://archive.org/details/F6465DemocracyIndex2012>.
[2]   TILLY, Charles. *Democracy*. New York: Cambridge University Press, 2007. p. 7-8.

O renomado cientista político norte-americano Robert Dahl, falecido recentemente, associou a democracia ao objetivo de assegurar o direito de participação igual dos cidadãos nas decisões relevantes de uma comunidade. O autor reconheceu que há muitos meios, alguns até impenetráveis, para definição de democracia. Defendeu poderem alguns critérios ser identificados como imprescindíveis para satisfazer a exigência do direito à igual participação política como elemento nuclear da democracia. Apontou cinco:

1) Participação efetiva – antes de uma política ser adotada, todos os membros da comunidade devem ter igual e efetiva oportunidade para revelar as próprias visões, relativas ao conteúdo dessa política, conhecidas dos outros membros;

2) Igualdade de voto – quando chegar o momento no qual a decisão política será finalmente tomada, os membros devem ter uma oportunidade igual e efetiva de votar, e todos os votos hão de ser contados como iguais;

3) Conhecimento esclarecido – dentro de limites razoáveis de tempo, cabe dar a cada membro oportunidade igual e efetiva para conhecer as políticas alternativas relevantes e as consequências prováveis;

4) Controle da agenda – cumpre viabilizar aos membros a decisão sobre como e quais questões devam ser colocadas na agenda política, o que assegura a mudança constante das pautas temáticas se assim escolherem;

5) Inclusão de adultos – todos ou, ao menos, a maior parte dos adultos residentes devem ter plenos direitos da cidadania implicados os quatro critérios anteriores, o que vem a ser condição inafastável para tratamento igualitário dos membros da comunidade.[3]

Conforme Dahl, cada um desses critérios é necessário a ponto de os membros serem menos politicamente iguais na medida em que tais exigências forem violadas. Se determinado grupo tiver mais oportunidades do que outro para expressar opiniões, ser ouvido, formar agendas, aprender sobre as medidas alternativas, não se poderá falar em igualdade política. Como seria possível evitar tais desvios? Robert Dahl diz que apenas se previstos mecanismos dirigidos a incentivar e assegurar a participação efetiva dos cidadãos nos assuntos de governo.

A democracia é, portanto, o regime a assegurar, na maior medida possível, a igual participação política dos integrantes da comunidade. Trata-se de um conceito ideal. Não se mostra viável alcançar essa igualdade na plenitude. No entanto, isso não significa a inutilidade dos critérios mencionados. Permanecem valiosos, como guias para formulação de desenhos constitucionais, arranjos institucionais e sistemas políticos que aspirem ser democráticos, isto é, que possuam a pretensão de promover a igualdade política.[4]

Esta última está no centro da definição de democracia. Como destaca Dahl, "nenhum sistema não democrático permite aos seus cidadãos (ou sujeitos) amplo arranjo de direitos políticos. Se algum sistema político fosse assim fazer, tornar-se-ia, por definição, uma democracia".[5] Democracia é o regime no qual todos possuem oportunidades de participar nas decisões políticas de certa comunidade. Há de se

---

[3] DAHL, Robert. *On democracy*. New Haven: Yale University Press, 1996. p. 37-38.

[4] DAHL, Robert. *On democracy*. New Haven: Yale University Press, 1996. p. 42.

[5] DAHL, Robert. *On democracy*. New Haven: Yale University Press, 1996. p. 49.

ressaltar ser assim não apenas como questão de definição, mas também como condição empiricamente necessária: igualdade de participação política é condição da própria existência da democracia. Na Ação Direta de Inconstitucionalidade nº 4.650/DF, essa circunstância foi destacada pelo Ministro Luís Roberto Barroso:

> A ideia essencial por trás da democracia é a ideia de igualdade, é a ideia de uma pessoa, um voto, é a ideia de que todos merecem igual respeito e consideração. E, portanto, se o peso do dinheiro é capaz de desequiparar as pessoas, eu acho que este modelo apresenta um problema.

A premissa mostra-se verdadeira tanto para a ideia tradicional de democracia representativa como para a noção contemporânea de democracia deliberativa. Na primeira, o poder é exercido apenas indiretamente pelos membros da sociedade e diretamente pelos representantes políticos eleitos. A tomada de decisões políticas – como a criação de leis –, diretamente pelos cidadãos, mantém-se inviável nas sociedades plurais e complexas contemporâneas. Assim, a soberania popular não é, necessariamente, autora das decisões fundamentais, e sim legitimadora do papel desempenhado pelos representantes escolhidos mediante voto. Na democracia representativa, essa legitimidade pressupõe a ideia de autogoverno popular, que depende da igualdade de participação política.

Contemporaneamente, o professor Jeremy Waldron tem construído bem articulada proposta para resgatar o espaço perdido pela democracia representativa, especificamente, pelo Poder Legislativo nas últimas décadas,[6] resgatando o valor do autogoverno popular atrelado ao de igual participação política. Waldron defende o direito incondicional dos cidadãos de resolverem as divergências sobre direitos e princípios entre eles mesmos ou entre os representantes, de forma que a autoridade legítima para dizer os direitos só pode ser aquela cujo procedimento privilegie a autonomia e a responsabilidade de cada pessoa: o processo legislativo.

Essa autoridade pertenceria ao legislador porque o único critério legítimo para defini-la é o de identificação de um processo decisório no qual são levadas a sério as informações de todos os que disputam o acordo de sentidos, produzindo conclusões precedidas de debates norteados pelo mútuo respeito dos diferentes pontos de vista de cada participante. A proposta é construída sobre a convicção de serem a igual participação política e o autogoverno, em si mesmos, condições do desenvolvimento da personalidade humana.[7] Para Waldron, o Legislativo é a única instituição na qual há respeito a essas condições.

Segundo o autor, participação política sob iguais termos (igual voz nas decisões) e autogoverno são, em si mesmos, direitos fundamentais e, por isso, existe profunda conexão entre um procedimento que privilegie esses direitos e a essência das concepções modernas de direitos. Dignidade e autonomia individual consubstanciam valores

---

[6] WALDRON, Jeremy. *The dignity of legislation*. New York: Cambridge University Press, 1999.

[7] "Participação é de toda valiosa em razão da importância de se agregar diversas perspectivas e experiências quando estão sendo tomadas decisões públicas; e é valiosa também porque a mera experiência de se argumentar em circunstâncias de pluralidade humana nos ajuda a desenvolver opiniões mais interessantes e provavelmente mais válidas do que poderíamos fazer sozinhos" (WALDRON, Jeremy. A right-based critique of constitutional rights. *Oxford Journal of Legal Studies*, v. 13, n. 1, 1993. p. 37).

essenciais que as pessoas, como agentes e eleitores, desenvolvem melhor em condições de autogoverno, sendo a opinião de cada uma "intitulada não apenas a ser respeitada no sentido de 'não suprimida', mas também a *somar* em qualquer tomada de decisão política que ocorra na sociedade em que vive". Seria uma "concessão à pluralidade humana".[8] Waldron defende, portanto, um vínculo entre os direitos fundamentais dos indivíduos e o respeito pelas capacidades morais de igual participação política.[9]

O processo legislativo, conforme salienta, é o único "formado e elaborado de modo que se dê igual peso às preferências e opiniões de todos".[10] Os titulares dos direitos, pelo debate, deliberação, voto e mecanismos de representação política, formularão as respostas às divergências sobre direitos e princípios. Em síntese, Jeremy Waldron vislumbra um projeto de (re)dignificação do papel da legislação como meio legítimo de autogoverno e de participação política sob bases igualitárias.

A igual participação política também está no centro do desenvolvimento da chamada democracia deliberativa. Esse modelo apresenta-se como alternativo às concepções variáveis da *democracia representativa*, vinculadas aos processos de representação política. Sem negar a importância do processo popular de escolha de representantes, os partidários da democracia deliberativa sustentam não poder a democracia ser reduzida à representação política, devendo envolver "também a possibilidade efetiva de se deliberar publicamente sobre as questões a serem decididas".[11] A efetiva deliberação pública racionaliza e legitima as decisões tomadas no âmbito dos processos políticos e de gestão pública, evitando o amesquinhamento e a manipulação desses processos.

Todavia, para alcançar a legitimidade, a deliberação há de ocorrer em contexto *aberto, livre* e *igualitário*, ou seja, todos devem participar livres de qualquer coerção física ou moral, em condições de iguais possibilidades e capacidades para influenciar e persuadir. Em suma, a igual oportunidade de partição política configura pressuposto de uma deliberação justa e eficiente. Dentro da perspectiva procedimental da democracia deliberativa, defendida por autores como Jürgen Habermas,[12] cabe manter as decisões abertas no tocante ao conteúdo dos resultados, mas limitadas pela observância dos princípios que asseguram condições procedimentais de legitimidade, os quais são voltados a garantir a participação equânime dos membros da sociedade na deliberação pública.

Vê-se ser a igual oportunidade de participação política condição conceitual e empírica da democracia sob a óptica tanto representativa quanto deliberativa. Como ideal a ser sempre buscado, essa igualdade de participação política acaba revelando-se um princípio de governo a homenagear a capacidade e a autonomia do cidadão em decidir

---

[8] WALDRON, Jeremy. A right-based critique of constitutional rights. *Oxford Journal of Legal Studies*, v. 13, n. 1, 1993. p. 38.

[9] WALDRON, Jeremy. Judicial review and the conditions of democracy. *The Journal of Political Philosophy*, v. 6, n. 4, 1998. p. 341-342.

[10] WALDRON, Jeremy. Introduction: disagreements on justice and rights. *New York University Journal of Legislation and Public Policy*, v. 6, n. 1, 2002. p. 9.

[11] SOUZA NETO, Cláudio Pereira de. Deliberação pública, constitucionalismo e cooperação democrática. In: BARROSO, Luís Roberto (Org.). *A reconstrução democrática do direito público no Brasil*. Rio de Janeiro: Renovar, 2007. p. 44.

[12] HABERMAS, Jürgen. *Facticidad y validez*. 4. ed. Madrid: Trotta, 2005.

ou julgar o que é melhor para a comunidade que habita. Ao fazê-lo, esse cidadão resolve o que é melhor para si mesmo, o que vem a ser condição de legitimidade de um sistema político baseado na liberdade.

8.3 Democracia representativa e o direito fundamental a um processo eleitoral justo e igualitário

A participação política não se resume à eleitoral, mas deve começar por esta. É condição procedimental da democracia a realização de eleições periódicas, com sufrágio universal e processos justos e igualitários de escolha. A participação política é muito mais do que o ato de votar, envolve também o controle das decisões públicas pelos membros da sociedade. Criticar e fiscalizar o comportamento dos agentes políticos consistem em modos fundamentais de participação política, essenciais para a vitalidade prática da democracia. O povo que não exerce tal controle não se autogoverna. Todavia, o ponto de partida para a garantia de idêntica participação política deve ser a existência de um processo eleitoral justo e igualitário.

O cidadão tem o direito fundamental a um sistema político verdadeiramente democrático. Democracia não é apenas o regime político mais adequado entre tantos outros, é um direito do cidadão fundado nos valores da soberania popular e do autogoverno. Mas qual espécie de democracia o povo merece? Bastam eleições periódicas com sufrágio universal para afirmar-se vigorar uma democracia como direito fundamental assentado? A resposta é desenganadamente negativa. Para mostrar-se efetiva como direito fundamental, a democracia precisa desenvolver-se por meio de um processo eleitoral justo e igualitário.

A democracia representativa pressupõe, necessariamente, a participação popular no processo político, o exercício dos direitos políticos, de cidadania, entre os quais a participação nas eleições. Estas últimas transformam-se em instrumento, segundo o Mestre José Afonso da Silva, mediante o qual o "povo adere a uma política e confere seu consentimento, e por consequência, legitima, às autoridades governamentais. É assim, o modo pelo qual o povo, nas democracias representativas, participa na formação da vontade do governo e no processo político".[13]

Se o processo eleitoral não se mostra igualitário, o consentimento não existe ou é viciado. Os representantes eleitos não são legitimados a atuar em favor da população. A representação política indireta, própria da democracia representativa, constrói-se a partir da escolha popular de quem tomará as decisões políticas, sociais e morais fundamentais. Se o procedimento de escolha se revela corrompido, a representação democrática torna-se uma ilusão. Esse é um risco real que sofre a democracia, em razão da forte influência do poder econômico sobre os resultados das eleições, e o qual, com a propositura da Ação Direta de Inconstitucionalidade nº 4.650/DF, o Conselho Federal da Ordem dos Advogados do Brasil buscou combater.

---

[13] SILVA, José Afonso. *Poder constituinte e poder popular*: estudos sobre a Constituição. São Paulo: Malheiros, 2002. p. 48.

8.4 A nefasta influência do dinheiro nas eleições em prejuízo da democracia representativa

A democracia precisa de normas que impeçam os processos eleitorais de serem subvertidos pela influência do poder econômico. Em artigo da *Revista de Direitos Humanos da Universidade de Harvard*, volume 26, publicada no ano de 2013, o professor da Universidade da Georgia Timothy Kuhner relata que o financiamento privado por empresas em favor de campanhas eleitorais e de partidos políticos tende a corromper as democracias em razão de quatros fatores inter-relacionados:

(1º) O poder financeiro é distribuído desigualmente em todas as democracias, e, como traduz-se em poder político, a igualdade política torna-se cada vez menor.

(2º) Os doadores de campanhas veem o financiamento como meio de obter acesso e influência sobre os candidatos, agentes e partidos políticos, vindo o "dinheiro" a pautar todo o debate eleitoral.

(3º) Os interesses dos financiadores ultrapassam o processo eleitoral e alcançam o processo legislativo, de modo que a formulação das leis responderá a esses interesses em detrimento da sociedade como um todo.

(4º) As atividades de financiamento privado eleitoral, de maneira geral, são controladas em grau insuficiente pelo poder público, incluído o Judiciário.[14]

Os resultados da conjunção desses fatores, prossegue o autor, surgem inquietantes: o poder financeiro acaba promovendo influências indevidas sobre as decisões políticas do país, os cidadãos médios não são levados em consideração – digo, são invisíveis – e o esforço de espírito público em obter o bem comum revela-se, na realidade, uma competição entre grupos de interesses que buscam maximizar ganhos. O sistema político mostra-se carente de transparência, dependente do dinheiro privado, vazio de ideologia partidária e marcado por um processo eleitoral injusto e corrompido. O dinheiro faz as vezes do eleitor.

O autor norte-americano não mencionou qualquer sistema específico, ressaltando serem elementos comuns a toda democracia em que ausente a regulação dos financiamentos eleitorais ou mesmo quando verificada regulação fraca, de baixa qualidade prática. Presentes esses fatores e consequências, não merecerá o modelo natureza de direito fundamental efetivado. Sistema político que não possibilita que o cidadão comum e a sociedade civil influenciem as decisões legislativas, derrotados que são pela força das elites econômicas, não é democrático em sentido pleno. A competição eleitoral desigual macula todo o processo político, desde a base de formação das alianças partidárias até o resultado das deliberações legislativas.

Pois bem. Qual é a relação desse sistema descrito e criticado pelo professor da Georgia com o atualmente em vigor no Brasil? Nosso sistema sofre de idênticas imperfeições e possui os mesmos resultados perturbantes? Pode-se defender que temos um modelo igualitário de eleições como componente essencial de nossa sociedade democrática? Ou nossas práticas permitem que a riqueza de poucos seja obstáculo à participação política de muitos?

---

[14] KUHNER, Timothy K. The Democracy to Which We Are Entitled: Human Rights and the Problem of Money in Politics (October 16, 2012). *Harvard Human Rights Journal*, v. 26, nº 1, 2013.

Em dezembro de 2013, a revista francesa *Le Monde* trouxe como título de capa "A Democracia que temos", contendo cinco artigos que apontam fragilidades e imperfeições de nosso regime político-democrático. No intitulado "A representação política no Brasil e o despotismo indireto", o Professor de Teoria Política da Universidade de São Paulo Cicero Araújo aborda dificuldades concernentes à representação democrática no Brasil contemporâneo.[15]

Relata conduta contraditória dos detentores de cargos públicos e das altas burocracias do Estado que, embora venham manifestando o desejo de "ouvir as ruas", permanecem incapazes de dar respostas firmes e concretas à cidadania reivindicatória, inclusive quanto à tão prometida e esperada Reforma Política. Há ponto fundamental: a inaptidão dos representantes políticos de viabilizar que as grandes pretensões da cidadania façam parte dos conflitos encenados na arena institucional, fomentando a alienação da sociedade relativamente à vida pública e o distanciamento, cada vez maior, entre representante e representado.

Sem comprometer-se com afirmações peremptórias, o autor vê o risco de nosso regime democrático ter chegado a estágio em que, mesmo assegurados direitos e liberdades, a representação política revela-se impedida de ser exercida no interesse dos representados, ficando, ao contrário, voltada exclusivamente aos interesses dos próprios representantes. Chamando esse vício de "despotismo indireto", consigna: "No fundo, é o fracasso da ideia mesmo de representação, que só teria como funcionar em nível adequado se gerasse, nas palavras certeiras de Nadia Urbinati, 'um processo contínuo de circulação entre sociedade e Estado, durante e entre os embates eleitorais'".

O professor da Universidade de São Paulo pode não ter sido peremptório, mas o serei: o Brasil vive profunda crise de representatividade política marcada pelo distanciamento entre as pretensões e os anseios sociais e as ações concretas dos mandatários políticos. Os representantes fazem prevalecer, além de interesses próprios, os propósitos nada republicanos daqueles que financiaram as campanhas eleitorais que os levaram aos cargos. A causa principal desse descolamento está na forma de conduzir o processo de escolha dos representantes no Brasil. O valor da igualdade política é substituído, desde o primeiro momento, pela riqueza das grandes empresas doadoras que controlam o processo eletivo. Não vivemos uma democracia autêntica, mas uma plutocracia – sistema político no qual o poder é exercido pelo grupo mais rico, implicando a exclusão dos menos favorecidos.

Conforme informações oficiais do Tribunal Superior Eleitoral, nas eleições de 2010, um deputado federal gastou, em média, R$1,1 milhão, um senador, R$4,5 milhões, e um governador, R$23,1 milhões. A campanha presidencial custou mais de R$336 milhões. Nas eleições municipais de 2012, segundo recente contabilização do Tribunal, teriam sido gastos incríveis R$6 bilhões. Apontou-se que os maiores financiadores são empresas que possuem contratos com órgãos públicos. O setor líder é o da construção civil, tendo contribuído com R$638,5 milhões, seguido da indústria de transformação, com R$329,8 milhões, e do comércio, com R$311,7 milhões. Os dados demonstram a relevância maior e o papel decisivo do poder econômico para os resultados das eleições.

---

[15] ARAÚJO, Cicero. A representação política no Brasil e o despotismo indireto. *Le Monde*, n. 77, dez. 2013.

A investigação das fontes financiadoras das campanhas no Brasil dá conta de quanto "os interesses econômicos das elites influenciam as eleições e o processo das políticas públicas", consoante afirmou o Cientista Político David Samuels, da Universidade de Minnesota, Estados Unidos. Segundo o professor, as empresas doadoras "tendem a vir de setores econômicos particularmente vulneráveis à intervenção ou regulação governamental", revelando-se interessante o fato de "candidatos para diferentes cargos receberem quantias relativamente diferentes dos distintos setores empresariais".[16]

Exemplifica o autor: os candidatos a presidente da República obtêm mais doações dos setores financeiros e da indústria pesada, isso porque o chefe do Poder Executivo federal tem responsabilidade direta sobre questões de política macroeconômica como juros, tarifas e taxas de câmbio. Na disputa pelo cargo de governador, o maior financiador é o setor da construção civil, em razão de o ganho de empreiteiras aumentar quando se tem como aliados agentes políticos responsáveis pelas decisões sobre os grandes projetos de obras públicas.[17]

Não se pode acreditar, sob pena de ingenuidade indisfarçável, que a distinção no financiamento está atrelada a questões ideológicas. A análise empírica das doações aos partidos reforça o argumento. Nas eleições de 1994 e de 1998, os considerados "partidos de direita", titulares do poder federal à época, receberam três vezes mais doações em comparação aos partidos reputados "de esquerda", como o Partido dos Trabalhadores – PT. Nas eleições de 2012, verificou-se certo equilíbrio no financiamento das campanhas, tendo sido o Partido dos Trabalhadores – PT, com pequena diferença em relação ao Partido do Movimento Democrático Brasileiro – PMDB e ao Partido da Social Democracia do Brasil – PSDB, a agremiação mais beneficiada com as doações. Evidencia-se que o financiamento favorece os partidos maiores e detentores dos cargos eletivos. Há aqui, como bem destacado pelo Ministro Luís Roberto Barroso no voto proferido na aludida ação direta, uma séria ameaça ao princípio republicano:

> Penso que há também um problema em relação ao princípio republicano, e aqui é um problema mais complexo. É que a ideia de República está associada à circunstância de que os agentes públicos, os administradores, gerem alguma coisa que não lhes pertence; é uma coisa pública, uma *res publicae*, algo que pertence à coletividade. E o pacto que muitas vezes se faz, por conta do sistema eleitoral brasileiro, entre esses agentes políticos responsáveis pela gestão pública e os interesses privados que participam do processo eleitoral compromete este caráter republicano, reforçando a pior tradição brasileira de patrimonialismo, essa nossa tradição ibérica, essa tradição de um modelo de Estado que não separava a fazenda do rei da fazenda do reino, e consequentemente não distinguia adequadamente o público do privado.
>
> E até hoje nós enfrentamos essa dificuldade no Brasil, a ponto de haver um dispositivo na Constituição que proíbe o uso de dinheiro público para promoção pessoal; talvez seja a única Constituição no mundo que precisou fazer isto: declarar esta evidência de que ninguém deve usar dinheiro público para atender interesses pessoais. E mesmo assim nós bem sabemos como é difícil de cumprir. E foi preciso que o Supremo Tribunal Federal

---

[16] SAMUELS, David. Financiamento de campanha e eleições no Brasil. In: BENEVIDES, Maria Victoria; VANNUCHI, Paulo; KERCHE, Fábio (Org.). *Reforma política e cidadania*. São Paulo: Instituto da Cidadania, 2003.

[17] SAMUELS, David. Financiamento de campanha e eleições no Brasil. In: BENEVIDES, Maria Victoria; VANNUCHI, Paulo; KERCHE, Fábio (Org.). *Reforma política e cidadania*. São Paulo: Instituto da Cidadania, 2003. p. 374.

declarasse a inconstitucionalidade do nepotismo nos três Poderes, porque essa era uma prática corriqueira na vida brasileira e, de certa forma, ainda é. Portanto, porque há esta tradição não republicana e patrimonialista no Brasil, a ordem jurídica deve procurar atenuar este risco, minimizar este risco, e, ao permitir o financiamento privado de campanha, eu acho que esse risco não é minimizado, ele é aumentado, ele é potencializado.

Há mais. De acordo, novamente, com David Samuels, o número de empresas doadoras é pequeno, dado o universo empresarial brasileiro. Todavia, essa parcela menor oferta valores altíssimos, o que implica a influência política por uma estrutura socioeconômica hierarquizada, cujos membros trocam "dinheiro" por futuros "serviços governamentais".[18]

Ante o quadro, é forçoso concluir que os fatores e os resultados aventados pelo Professor Timothy Kuhner, quanto ao financiamento privado das campanhas eleitorais, estão presentes no Brasil e resultam na fragilidade da democracia representativa. Como denunciam o Professor Daniel Sarmento e Aline Osório, em artigo acerca do tema da aludida ação direta, a aplicação das regras eleitorais impugnadas:

> Tem comprometido a igualdade política entre cidadãos, possibilitando que os mais ricos exerçam influência desproporcional sobre a esfera pública. Além disso, ela prejudica a paridade de armas entre candidatos e partidos, que é essencial para o funcionamento da democracia. Não bastasse, o modelo legal vigente alimenta a promiscuidade entre agentes econômicos e a política, contribuindo para a captura dos representantes do povo por interesses econômicos dos seus financiadores, e disseminando com isso a corrupção e o patrimonialismo, em detrimento dos valores republicanos.[19]

Os autores destacam prática das mais nocivas à integridade do regime democrático ao ressaltarem que, "no Brasil, os principais doadores de campanha contribuem para partidos e candidatos rivais, que não guardam nenhuma identidade programática ou ideológica entre si", de forma que as doações não constituem "instrumento para expressão de posições ideológicas ou políticas, mas se voltam antes à obtenção de vantagens futuras ou à neutralização de possíveis perseguições". Há casos em que, nas eleições direcionadas ao Executivo, as empresas investem recursos em favor de todos os candidatos que possuem chances de vitória segundo pesquisas de intenção de votos. Com isso, a elite econômica brasileira, por meio de ações puramente pragmáticas, modela as decisões de governo e as políticas públicas prioritárias, além de contribuir para a debilidade ideológica de nosso sistema partidário.

Em hipótese alguma pode-se cogitar do financiamento ilimitado como um reforço do processo democrático. Não impressiona o argumento de o maior financiamento implicar maior circulação de ideias. Ao contrário, tal prática ameaça a democracia. Isso ficou bem claro na seguinte passagem do voto do relator da Ação Direta de Inconstitucionalidade nº 4.650/DF, Ministro Luiz Fux:

---

[18] SAMUELS, David. Financiamento de campanha e eleições no Brasil. In: BENEVIDES, Maria Victoria; VANNUCHI, Paulo; KERCHE, Fábio (Org.). *Reforma política e cidadania*. São Paulo: Instituto da Cidadania, 2003.

[19] OSORIO, Aline R. P.; SARMENTO, Daniel. Eleições, dinheiro e democracia: a ADI 4.650 e o modelo brasileiro de financiamento de campanhas eleitorais. *Direitos Fundamentais & Justiça*, v. 26, p. 15-38, 2014.

Poder-se-ia cogitar, em franca oposição ao que se afirmou, que a participação de pessoas jurídicas no processo político, por meio de contribuições a campanhas e partidos políticos, encerraria um reforço às próprias instituições democráticas, máxime porque permitiria a circulação de mais propostas e a ampliação das discussões em torno de temas públicos. A meu juízo, ocorre justamente o oposto: a participação de pessoas jurídicas tão só encarece o processo eleitoral, sem oferecer, como contrapartida, a melhora e o aperfeiçoamento do debate. De fato, ao vertiginoso aumento dos custos de campanhas não se segue o aprimoramento do processo político, com a pretendida veiculação de ideias e de projetos pelos candidatos. A rigor, essa elevação dos custos possui uma justificativa pragmática, mas dolorosamente verdadeira: os candidatos que despendam maiores recursos em suas campanhas possuem maiores chances de êxito nas eleições.

Este cenário se agrava quando se constata que as pessoas jurídicas, nomeadamente as empresas privadas, são as principais doadoras para candidatos e partidos políticos. Deveras, as pessoas jurídicas são as grandes protagonistas no financiamento das campanhas eleitorais, respondendo pela absoluta maioria das doações. E os dados a este respeito são bastante eloquentes. De acordo com a substanciosa petição apresentada pela entidade Clínica de Direitos Fundamentais da prestigiada Faculdade de Direito da Universidade do Estado do Rio de Janeiro – Clínica UERJ Direitos, nas eleições de 2012, por exemplo, as pessoas naturais doaram pouco menos de 5% dos recursos. Mesmo entre as pessoas jurídicas existe uma forte concentração entre os principais doadores. No pleito de 2010, por exemplo, apenas 1% dos doadores, o equivalente a 191 empresas, foi responsável por 61% do montante doado. Não bastasse, os dez principais financiadores – em geral construtoras, bancos e indústria – contribuíram com aproximadamente 22% do total arrecadado (Fonte: Instituto Ethos de Empresas e Responsabilidade Social e Transparency International, em estudo intitulado A responsabilidade das empresas no processo eleitoral, 2012, p. 34).

Diante desse quadro empírico, não é difícil constatar que um número restrito de pessoas jurídicas – aproximadamente 20 mil empresas, o que corresponde a menos de 0,5% do total de empresas brasileiras, segundo informações do IBGE – financia as campanhas políticas no Brasil.

Mais: se considerarmos que existe uma correlação de quase 100% (cem por cento) entre a quantidade de dinheiro despendida na campanha eleitoral e os votos amealhados pelos candidatos, como restou demonstrado pelo professor e cientista político Geraldo Tadeu, na Audiência Pública, conclui-se que há irrefragável dependência de partidos políticos e candidatos com relação ao capital dessas empresas. Destarte, diversamente do que alegado nas informações prestadas pela Presidência da República, por intermédio da Consultoria-Geral do Ministério da Justiça e da Consultoria-Geral da União, a doação por pessoas jurídicas consubstancia, sim, fator de desequilíbrio nos certames eleitorais, máxime porque os limites máximos previstos na legislação, em vez de inibir, estimulam que as maiores empresas façam maiores doações. Diante desse quadro, eu indago: é salutar, à luz dos princípios democrático e republicano, a manutenção de um modelo como esse, que permite a captura do político pelos titulares do poder econômico? Aqui também a resposta se afigura negativa.

O exposto por Sua Excelência deixa claro que o financiamento ilimitado das empresas não produz quaisquer vantagens ao processo democrático. Atrai, sim, maiores dúvidas quanto à higidez deste último, retirando-lhe a mínima margem de republicanismo, indispensável ao desenvolvimento da ordem moral, jurídica e democrática das nações.

8.5 A inconstitucionalidade do financiamento, no Brasil, das campanhas pelas pessoas jurídicas

Revelada a influência do poder econômico no processo político, fica evidenciado que a disciplina jurídica do financiamento eleitoral transgride princípios fundamentais da ordem constitucional: os da democracia, da igualdade, da República e da proporcionalidade – arts. 1º, cabeça e parágrafo único, 3º, incs. I e IV, e 5º, cabeça, da Constituição Federal. Ofende os mencionados princípios constitucionais a disciplina legal a autorizar o financiamento eleitoral e de partidos políticos por pessoas jurídicas privadas. A participação política no Brasil, considerado o estágio atual de desigualdade de forças socioeconômicas, apenas pode ser elevada, do ponto de vista tanto quantitativo como qualitativo, se for limitada, acentuadamente, a participação daqueles que buscam cooptar o processo eleitoral por meio do "dinheiro".

A comunidade jurídica nacional não pode acreditar no patrocínio desinteressado das pessoas jurídicas. Ao contrário, deve evitar que a riqueza tenha o controle do processo eleitoral em detrimento dos valores constitucionais compartilhados pela sociedade. A pretensão formulada na Ação Direta de Inconstitucionalidade nº 4.650/DF, cuja procedência foi assentada pelo Supremo, mostrou-se passo largo e indispensável para colocar fim no monopólio financeiro das empresas e grandes corporações sobre as eleições e alcançar a equidade do processo eleitoral exigida pela Constituição de 1988. O Supremo chegou a um resultado, como ressaltado em voto pela atual Presidente do Tribunal e Ex-Presidente do Tribunal Superior Eleitoral, Ministra Cármen Lúcia, que prestigia a cidadania:

> Mantenho que abusos – aqui nem é o que me chama a atenção –, haverá, e como diria Machado de Assis, a virtude é uma, os pecados são muitos. Faz-se a lei, imediatamente dá-se um jeito de contorná-la. Compete a nós juízes fazer com que não haja esse contorno e que se resguarde a legalidade, se resguardem os princípios constitucionais da formação da vontade popular por quem é do povo. É o cidadão que participa do processo, em qualquer condição, de candidato ou eleitor, de eleito ou de militante de uma determinada ideologia, ou agremiação. A participação no processo depende dessa condição de cidadania que é própria da pessoa física.

Concluindo, estamos vivenciando momento histórico. O financiamento privado das campanhas eleitorais e dos partidos políticos é problema de grande amplitude e não tem permitido que a democracia se firme, no Brasil, como direito fundamental plenamente conquistado. Pode ser direito de todos se tantos estão alijados do processo político? Como falar em soberania popular e autogoverno se impera representatividade política tão frágil? Consoante afirmou o Professor Timothy Kuhner, se a democracia é um direito fundamental, então a plutocracia, que vigora no sistema político-eleitoral brasileiro, é a violação desse direito, sendo o afastamento de transgressões dessa natureza a missão mais dignificante do Supremo como instituição republicana e democrática. O Tribunal atuou de modo acertado ao declarar a inconstitucionalidade da prática. Espera-se, agora, que os órgãos de controle e a sociedade façam a parte que lhes cabe e não permitam que a decisão acabe revelando esperança vã.

Referências

ARAÚJO, Cicero. A representação política no Brasil e o despotismo indireto. *Le Monde*, n. 77, dez. 2013.

DAHL, Robert. *On democracy*. New Haven: Yale University Press, 1996.

HABERMAS, Jürgen. *Facticidad y validez*. 4. ed. Madrid: Trotta, 2005.

KUHNER, Timothy K. The Democracy to Which We Are Entitled: Human Rights and the Problem of Money in Politics (October 16, 2012). *Harvard Human Rights Journal*, v. 26, nº 1, 2013.

OSORIO, Aline R. P.; SARMENTO, Daniel. Eleições, dinheiro e democracia: a ADI 4.650 e o modelo brasileiro de financiamento de campanhas eleitorais. *Direitos Fundamentais & Justiça*, v. 26, p. 15-38, 2014.

SAMUELS, David. Financiamento de campanha e eleições no Brasil. In: BENEVIDES, Maria Victoria; VANNUCHI, Paulo; KERCHE, Fábio (Org.). *Reforma política e cidadania*. São Paulo: Instituto da Cidadania, 2003.

SILVA, José Afonso. *Poder constituinte e poder popular*: estudos sobre a Constituição. São Paulo: Malheiros, 2002.

SOUZA NETO, Cláudio Pereira de. Deliberação pública, constitucionalismo e cooperação democrática. In: BARROSO, Luís Roberto (Org.). *A reconstrução democrática do direito público no Brasil*. Rio de Janeiro: Renovar, 2007.

TILLY, Charles. *Democracy*. New York: Cambridge University Press, 2007.

WALDRON, Jeremy. A right-based critique of constitutional rights. *Oxford Journal of Legal Studies*, v. 13, n. 1, 1993.

WALDRON, Jeremy. Introduction: disagreements on justice and rights. *New York University Journal of Legislation and Public Policy*, v. 6, n. 1, 2002.

WALDRON, Jeremy. Judicial review and the conditions of democracy. *The Journal of Political Philosophy*, v. 6, n. 4, 1998.

WALDRON, Jeremy. *The dignity of legislation*. New York: Cambridge University Press, 1999.

Informação bibliográfica deste texto, conforme a NBR 6023:2002 da Associação Brasileira de Normas Técnicas (ABNT):

MELLO, Marco Aurélio Mendes de Farias. A inconstitucionalidade do financiamento das campanhas eleitorais por pessoas jurídicas. In: COSTA, Daniel Castro Gomes da et al. (Coord.). *Direito Eleitoral comparado*. Belo Horizonte: Fórum, 2018. p. 133-146. ISBN 978-85-450-0550-6.

CAPÍTULO 9

O FINANCIAMENTO DE CAMPANHAS À LUZ DA VEDAÇÃO DE DOAÇÕES POR PARTE DE PESSOAS JURÍDICAS: ANÁLISE, REFLEXÕES E DESAFIOS PARA AS ELEIÇÕES DE 2018

SÉRGIO SILVEIRA BANHOS

9.1 Notas de introdução

Somos uma sociedade que se sente atrasada e com pressa. E temos razão. Muito há que ser efeito, em especial no que diz respeito à promoção de uma efetiva reforma política.

O sistema eleitoral, as coligações nas eleições proporcionais, as federações partidárias, a duração dos mandatos, a coincidência entre os certames eleitorais, a forma de arrecadação, aplicação e controle dos fundos partidários, o estabelecimento de cláusula de desempenho, a concentração e a perpetuação do poder na intimidade dos partidos políticos, a melhor utilização da propaganda partidária, o momento de desincompatibilização, a antecipação do registro, o incentivo à participação das mulheres na política, a obrigatoriedade do voto e o modelo de financiamento de campanhas políticas são exemplos que traduzem o grau de complexidade nesse caminhar necessário.

A primeira dificuldade a ser enfrentada é a de superar a barreira do poder eleito, da "assembleia dos vitoriosos". Qualquer mudança na legislação eleitoral desestabiliza o atual quadro político e gera novas perspectivas eleitorais, dado que a realidade de cada candidato é estruturada em sofisticada construção de poder junto aos eleitores. Nenhuma outra legislação produz impacto tão direto para os próprios legisladores do que as de cunho político. Com efeito, mudanças na legislação eleitoral podem alterar dramaticamente o equilíbrio de forças, tornando vencidos os outrora vitoriosos.

O calendário eleitoral também dificulta a votação de mudanças legislativas de cunho eleitoral. Eleições de dois em dois anos e a circunstância de que a novel legislação deve ser promulgada no ano anterior ao certame dramatizam a complexidade do procedimento legislativo, marcado pela difícil busca do consenso entre os interesses individuais em jogo.

O tema financiamento de campanhas eleitorais está em profundo debate na quase totalidade das democracias contemporâneas. O mesmo acontece no Brasil. A vedação ao financiamento por parte de pessoas jurídicas a partir do julgamento da ADI nº 4.650 pelo STF torna-se objeto precioso de avaliação continuada.

Das eleições de 2016, já ocorridas sob a égide da vedação das doações por parte de pessoas jurídicas, algumas reflexões foram extraídas quanto aos aparentes efeitos perpetrados pela proibição de financiamento de campanhas por parte das pessoas jurídicas. Para as eleições de 2018, agora com as inovações trazidas pela criação do Fundo Especial de Financiamento de Campanha (FEFC), da arrecadação coletiva (*crowdfunding*) e da comercialização de bens e serviços, com a possibilidade de realização de eventos pelo próprio candidato e pelos partidos políticos, novos e instigantes desafios estão lançados.

É de se notar que o financiamento de campanhas sempre foi assunto muito debatido. A doutrina é farta ao reportar as idas e vindas sobre a temática. A matéria foi objeto de densa abordagem quando do julgamento da ADI nº 4.650 pelo STF. Nos votos proferidos naquela decisão, houve profícuo debate, com posições contrapostas e sobrepostas, advindo um acórdão histórico, tendo em vista a verticalidade em que as teses foram debatidas.

Não se pretende questionar se o tema "vedação de doações eleitorais por parte de pessoas jurídicas" seria ou não objeto de ADI, se havia inconstitucionalidade a ser debatida pelo STF. Isso não está mais na agenda. Essa matéria preliminar já foi decidida pelo plenário da Corte Suprema, e isso basta. O fato é que o STF se debruçou sobre a temática e decidiu pela impossibilidade de as empresas participarem como doadoras nos certames eleitorais.

Verificados os efeitos decorrentes da vedação de financiamento de campanhas por parte de pessoas jurídicas nas eleições de 2016, restará compreender os efeitos dessa proibição agora somados à utilização do Fundo Especial de Financiamento de Campanha (FEFC), do *crowdfunding* e da comercialização de bens e serviços, elementos que darão a tônica quanto à matéria nas eleições de 2018.

9.2 O financiamento de campanhas e a democracia

O financiamento de campanhas é matéria muito cara ao Estado Democrático de Direito. Como registrou o Ministro Dias Tofolli,[1] a denominação mais adequada ao tema não seria financiamento de campanha, nem mesmo financiamento partidário, mas financiamento da própria democracia.

Por sua inegável importância, esse conteúdo encontra-se na agenda contemporânea de quase todos os países democráticos. É objeto de congressos nacionais e internacionais.

---

[1] SUPREMO TRIBUNAL FEDERAL – STF. Acórdão. Ação Direta de Inconstitucionalidade n. 4.650. Relator Min. Luiz Fux, Tribunal Pleno, julgado em 17/09/2015 *DJe*, 23 fev. 2016.

É que a relação entre recursos financeiros e política, como salientou o Ministro Gilmar Mendes,[2] "é extremamente complexa, e uma breve pesquisa da realidade de outros países comprova que não há fórmulas universais à regulação da matéria".

Com efeito, como registra Daniel Zovatto,[3] "a história e a experiência comparada mostram que a relação entre dinheiro e política foi, é e continuará sendo complexa, e que ela constitui uma questão fundamental para a qualidade e a estabilidade da democracia".

O desafio, pois, como observa Rubio Ferreira[4], é:

> criar os meios para que a relação entre dinheiro e política seja cada vez mais transparente e possibilite ao cidadão o exercício do voto informado, ao mesmo tempo em que estimule os partidos a exercer um controle recíproco para ajustar sua conduta às normas existentes e às expectativas da cidadania.

Isso porque, nas palavras de E. H. Monjobi, "embora a democracia não tenha preço, ela tem um custo de funcionamento que é preciso pagar e, por isso, é indispensável que seja o sistema democrático que controle o dinheiro e não o oposto".[5]

O enfrentamento da matéria, portanto, nunca será de fácil lida. Na intenção de preservar ao máximo a legitimidade na escolha dos representantes políticos, o ingresso de verbas para financiamento de campanhas será sempre ensejador de dúvidas. Se, por um lado, tem-se que o poder econômico das empresas pode afetar os certames, por outro não se pode deixar de considerar que abusos ainda mais nocivos podem advir sob outras facetas, como a dos "recursos não contabilizados", o caixa dois.

A única certeza é que o dispêndio de recursos financeiros em campanhas é inevitável. Daí o paradoxo assinalado pelo Ministro Teori Zavascki:[6] "o dinheiro pode fazer muito mal à democracia, mas ele, na devida medida, é indispensável ao exercício e à manutenção de um regime democrático".

9.3 O financiamento de campanhas no Brasil recente

Até o julgamento da ADI nº 4.650 pelo STF, os gastos de campanhas eleitorais eram financiados com doações de recursos de pessoas físicas e pessoas jurídicas e com valores oriundos do Fundo Partidário. Historicamente, doações de pessoas jurídicas eram em valor muito superior às realizadas por pessoas físicas. Os custos das campanhas também vinham aumentando drasticamente, principalmente a partir das doações de empresas. O quadro não era nada bom. Algo realmente teria de mudar, mas será que a proibição de doação para candidatos por parte de pessoas jurídicas foi suficiente para promover a esperada e necessária concorrência isonômica entre os candidatos?

---

[2]   SUPREMO TRIBUNAL FEDERAL – STF. Acórdão. Ação Direta de Inconstitucionalidade n. 4.650. Relator Min. Luiz Fux, Tribunal Pleno, julgado em 17/09/2015 *DJe*, 23 fev. 2016.

[3]   ZOVATTO, Daniel. Financiamento dos partidos e campanhas eleitorais na América Latina: uma análise comparada. *Opinião Pública*, Campinas, v. 11, n. 2, 2005.

[4]   FERREIRA, Rubio. Financiamiento político: rendición de cuentas y divulgación. In: GRINER, S.; ZOVATTO, D. (Ed.). *De las normas a las buenas prácticas*. San José: OEA, 2004.

[5]   MOJOBI, E. H. *Dinero y contienda político-electoral*. México: Fondo de Cultura Económica, 2003.

[6]   SUPREMO TRIBUNAL FEDERAL – STF. Acórdão. Ação Direta de Inconstitucionalidade n. 4.650. Relator Min. Luiz Fux, Tribunal Pleno, julgado em 17/09/2015 *DJe*, 23 fev. 2016.

Nessa perspectiva é que se buscará preliminarmente analisar os principais argumentos que levaram o STF a entender, por maioria de votos, pela impossibilidade de as pessoas jurídicas participarem como doadoras nos certames eleitorais.

Foram essencialmente dois núcleos de argumentos que sustentaram a inconstitucionalidade do financiamento de campanhas por parte de empresas: (i) violação aos princípios democrático, republicano e da igualdade entre candidatos, além da captura do processo político pelo poder econômico; e (ii) ausência do *status* de "cidadão" da pessoa jurídica, o que não a habilitaria a exercer atos de cidadania.

O primeiro dos argumentos diz com a alegada assimetria de chances entre os candidatos, dado que o antigo modelo de financiamento privilegiaria aqueles que tivessem a possibilidade de introduzir em suas campanhas significativas quantias a partir de boas ligações com pessoas jurídicas. Essa desigualdade de oportunidade política violaria o princípio da isonomia entre os candidatos, permitindo a eventual captura do político pelos titulares do poder econômico, malferindo, em decorrência, os princípios democrático e republicano.

A moralidade dos certames também seria posta em xeque. As empresas se sentiriam coagidas a colaborar nos certames eleitorais. Isso favoreceria a corrupção. A consequência não seria outra senão a de obter influência futura, sobre os candidatos eleitos, na execução dos orçamentos, nas licitações e nos contratos, no processo legislativo etc. As futuras decisões administrativas e a formulação das novas leis seriam, ao ver da maioria que definiu o julgado, a *mais-valia* proporcionada pelo modelo.

Outro argumento que pautou os debates em relação à participação política por pessoas jurídicas referiu-se à alegada ausência de cidadania. É que, para muitos, o exercício da cidadania não comporta a participação de empresas, porque não teria nenhum significado cívico o investimento empresarial de vultosas quantias em campanhas eleitorais. De fato, o que se verificava na prática era a contribuição de uma mesma empresa para a campanha dos principais candidatos em disputa.

Esse comportamento traduzia mais um agir estratégico do que ideológico. Mais do que apoiar candidatos ou partidos, significava a intenção de não contrariar interesses contrapostos, de garantir a boa imagem com todos os competidores, de não perder, em qualquer circunstância, as eleições. Nessas condições equivocadas, nem aos doadores pessoas jurídicas tal modelo agradava. A Constituição, entretanto, não faz nenhuma relação entre a capacidade de votar e a possibilidade de financiar campanhas. Não há, por exemplo, impedimento às pessoas físicas que estejam eventualmente com cidadania suspensa de exercer o seu direito de financiar campanhas. A cidadania, sob esse aspecto, não seria determinante.

E mais. Como registrou o Ministro Teori Zavascki:[7]

> as pessoas jurídicas, embora não votem, embora sejam entidades artificiais do ponto de vista material, ainda assim fazem parte da nossa realidade social, na qual desempenham papel importante e indispensável, inclusive como agentes econômicos, produtores de bens e serviços, geradores de empregos e de oportunidades de realização aos cidadãos.

---

[7] SUPREMO TRIBUNAL FEDERAL – STF. Acórdão. Ação Direta de Inconstitucionalidade n. 4.650. Relator Min. Luiz Fux, Tribunal Pleno, julgado em 17/09/2015 *DJe*, 23 fev. 2016.

A proibição de doação de empresas surpreende ainda por revelar a curta memória política do Brasil. É de se recordar que a permissão de doação por parte de pessoas jurídicas ocorreu exatamente após os escândalos da era Collor, da CPI PC Farias. Na ocasião, estava em vigor a Lei nº 5.682/71, no bojo da qual havia vedação expressa[8] à doação de empresas. A edição da Lei nº 9.096/95 ocorreu exatamente sob o argumento de que se buscava por intermédio dela evitar abusos, gastos excessivos e corrupção eleitoral. Essa amnésia que assola o país, de pensar o presente sem as referências do passado, é responsável por vários desacertos de nossa história de sempre.

Não se sustenta, ademais, o argumento de que as pessoas jurídicas só contribuem por interesse. Não se contesta esse fato; o interesse é inerente à atividade empresarial. O mesmo também ocorre com as pessoas físicas: não há desinteressados políticos. O que não se pode é generalizar o todo a partir da patologia. Incorreto afirmar que as razões para doar para as campanhas políticas sejam sempre traduzíveis em interesses espúrios. Ao contrário, não se pode esquecer que é efetivamente legítimo o interesse de pessoas físicas e jurídicas em ver eleitos candidatos favoráveis a impulsionar certas reformas legislativas ou em ver priorizadas determinadas políticas públicas, por exemplo.

Nociva à democracia é a corrupção política. Doações originadas de atividades ilegais, de organizações criminosas, de pessoas físicas cooptadas para simular doações em valores com os quais não poderiam arcar, da fraude da contribuição mediante o uso de CPF de pessoas falecidas, do abuso de poder exercido sobre empregados e servidores na forma de contribuição estimulada ou compulsória; essas, sim, são práticas espúrias e devem ser combatidas com rigor.

Não bastasse esse grave quadro, a proibição de doação por empresas não evitou a busca por dinheiro em espécie. E quem em tese detém esse dinheiro vivo: o jogo do bicho, os agiotas, o tráfico de entorpecentes, as milícias urbanas, as igrejas, as empresas de transporte público etc. Enfim, a realidade vivenciada nas eleições de 2016 está repleta de exemplos no sentido de que a proibição de doação por pessoas jurídicas não evitou as desigualdades entre os candidatos nem moralizou o certame.

9.4 O financiamento e as eleições de 2016

É inquestionável que os candidatos com maior capacidade de arrecadar recursos junto às empresas experimentavam reais vantagens em relação aos demais. Não há dúvida de que a probabilidade de vitória sofre severa influência desse aporte de recursos.

A experiência das eleições de 2016, sem a influência registrada de recursos provenientes de pessoas jurídicas, todavia, não afetou os resultados: mantiveram-se favorecidas as grandes agremiações, dado que são as que recebem maiores cotas do fundo partidário,[9] assim como os candidatos políticos,[10] tendo em vista que as suas imagens já estavam consolidadas junto ao eleitorado.

---

[8] "Art. 91. É vedado aos Partidos: [...] IV - receber, direta ou indiretamente, sob qualquer forma ou pretexto, auxílio ou recurso procedente de empresa privada, de finalidade lucrativa, entidade de classe ou sindical".

[9] Em outubro de 2016, o Fundo Partidário pagou R$65.565.858,92 aos 35 partidos políticos com registro definitivo no Tribunal Superior Eleitoral. Desse total, em relação ao recebimento de duodécimos, três agremiações receberam as maiores cotas: o Partido dos Trabalhadores (PT) recebeu a maior parte: R$7.972.580,52; o Partido do Movimento Democrático Brasileiro (PMDB) obteve R$6.540.147,35 e o Partido da Social-Democracia Brasileira (PSDB) recebeu R$6.736.120,75.

[10] Considerados aqueles candidatos que se declararam "políticos" no campo profissão no sistema Candex (Sistema de Candidatura – Módulo externo).

Com efeito, da análise dos dados que sumarizam os resultados eleitorais relativos a prefeitos eleitos por partido no certame de 2016, percebe-se que as principais agremiações mantiveram número de prefeituras muito assemelhado ao pleito de 2012.[11]

A mais significativa exceção ocorreu com a diminuição do quadro de prefeitos eleitos pelo PT. Tal resultado deve ter decorrido da reação do eleitorado aos escândalos de corrupção envolvendo a referida agremiação. Afinal, nada mais explicaria esse fato, tendo em vista que o PT é detentor da maior cota do fundo partidário. Ou seja, estava em igual ou até mesmo melhor situação financeira do que seus principais concorrentes. A partir de tal quadro, o PSDB acabou por resgatar parte do eleitorado perdido durante os anos de administração do PT.

Em relação aos princípios da isonomia, da democracia e da república, a exclusão da contribuição financeira por parte de pessoas jurídicas nas competições eleitorais de 2016 não logrou afetar o *establishment*: as grandes agremiações continuaram grandes.

Da mesma forma, mantiveram-se prestigiados com votos os candidatos que já exerciam a política como atividade profissional. A dificuldade de formação de uma nova imagem política, aliada à impossibilidade de se receberem verbas de pessoas jurídicas, prejudicou as novas candidaturas. A fixação da imagem junto ao eleitorado, nesse contexto, tornou-se o desafio dos entrantes nesse certame de 2016, dado que competiam com os que já estavam no cenário político, além das celebridades, tais como artistas, desportistas, radialistas e outros.

Não há dúvida de que os candidatos políticos levam vantagem. Além da imagem consolidada, recebem contribuição adicional dos eleitores interessados na preservação de seus cargos públicos, de suas colocações políticas, na manutenção de seus interesses na Administração.

Da análise dos dados tabulados, parece evidente que a proibição da participação das empresas nas campanhas não logrou alterar o quadro eleitoral vigente, de modo a prestigiar os princípios da isonomia, da democracia e da República.[12] Ao contrário disso, os números denotam que a busca de um certame mais isonômico não experimentou o deslinde esperado. O quadro merece reflexão mais apurada, mais consentânea com a realidade político-social brasileira.

A partir dos dados trazidos das eleições de 2016, parece evidente que a proibição não logrou sanear as desigualdades na disputa eleitoral. Não ficou demonstrada nenhuma mudança significativa no que tange ao respeito aos princípios da isonomia, democrático e republicano. Tampouco se pode garantir que a doação por pessoas jurídicas não tenha ocorrido de maneira pior, de forma transversa, isto é, de pessoa jurídica a determinada pessoa física que, ao final, repassaria os valores ao candidato.

Nesse sentido, demonstrando que há sempre uma reação muitas vezes não republicana a uma ação legislativa, os mais recentes dados divulgados pelo TSE,[13] obtidos a partir do cruzamento de dados com outros órgãos conveniados, indicam

---

[11] Percentual de prefeituras obtidas/partido nas eleições de 2016: PMDB (2012: 18,34%; 2016: 18,74%); PSDB (2012: 12,48%; 2016: 14,51%); PT (2012: 5,51%; 2016: 4,58%).

[12] Percentual de prefeitos eleitos/ocupação "políticos", nas eleições de 2012 e 2016: deputados (2012: 1,26%; 2016: 1,01%); prefeitos (2012: 18,32%; 2016: 16,53%); vereadores (2012: 3,04%; 2016: 3,47%).

[13] ELEIÇÕES 2016: Novo batimento nas prestações de contas aponta 408 falecidos como doadores de campanha. *TSE*, 9 nov. 2016. Disponível em: <http://www.tse.jus.br/imprensa/noticias-tse/2016/Novembro/eleicoes-2016-novo-batimento-nas-prestacoes-de-contas-aponta-408-falecidos-como-doadores-de-campanha>.

que, nas prestações de contas de candidatos e partidos às eleições municipais de 2016, 408 doadores possuíam registro de óbito. Ou seja, um considerável número de pessoas falecidas teve seus nomes utilizados de forma irregular em doações a candidatos e partidos.

Da mesma forma, segundo o referido levantamento, a concentração de doadores de uma mesma empresa soma 89.040 casos. Demais disso, o levantamento inaugural registra que 141.278 doadores não possuíam vínculo empregatício ativo, entretanto o valor por eles doado foi próximo a R$157 milhões. Há também registro de que 71.179 doadores reconhecidos como beneficiários do programa Bolsa Família contribuíram com mais de R$63 milhões. Somam, ainda, 77 as empresas constituídas em 2015 ou 2016 com sócio filiado a partido político. Enfim, os dados preliminares indicam que as possíveis irregularidades nas prestações das contas das eleições de 2016 podem alcançar R$1,3 bilhão, envolvendo 424.506 casos. Uma situação lamentável!

A captura do político pelo poder econômico aparentemente não foi evitada, decerto. Se, por um lado, é verdade que os gastos de campanha diminuíram em 2016,[14] o que é salutar para o sistema, por outro não há comprovação de que as empresas não tenham doado de forma espúria, por intermédio de "recursos não contabilizados", do caixa dois, o que só piora a saúde do modelo.

Dessa forma, mais do que evitar a participação de empresas nas doações de campanhas, os dados prefaciais assinalam que outra estratégia deve ser adotada no combate aos abusos no financiamento de campanhas. Mais relevante seria o estabelecimento de novos critérios de doações por parte de empresas, com maiores restrições. Proibir a doação de empresas para candidaturas adversárias e vedar a participação das empresas doadoras em licitações e contratos com a Administração que ajudaram financeiramente a eleger são medidas que parecem mais eficazes.

Uma melhor distribuição do direito de antena e uma mais justa definição da distribuição das cotas do fundo partidário também devem ser pensadas como soluções a ser integradas ao modelo. A busca da transparência, viabilizando o controle pelos outros candidatos, pelas agremiações e até mesmo pela sociedade, deve ser cada vez mais estimulada, somada à fiscalização diligente das doações, com a participação integrada dos órgãos conveniados com o TSE, tais como o Tribunal de Contas da União, o Ministério Público Federal, o Ministério Público Eleitoral, a Polícia Federal, a Receita Federal, o Ministério do Desenvolvimento Social e Agrário e o Conselho de Controle de Atividades Financeiras (Coaf). Em verdade, os dados acima referidos só foram obtidos, na premência e fidedignidade apresentadas, a partir da parceria firmada entre o TSE e os referidos órgãos públicos.

Algumas diligências foram promovidas nesse sentido pelo TSE. Foi oferecida aos cidadãos, via internet, a possibilidade de que os doadores e fornecedores informassem voluntariamente, por meio de formulário próprio, as doações, os bens e serviços prestados a partidos e candidatos na campanha. Demais disso, foi criado o Núcleo de Inteligência, que objetiva a identificação de indícios de crimes eleitorais de qualquer natureza, em especial aqueles relacionados ao financiamento das campanhas eleitorais. Nas eleições de 2016, a cada semana, foram realizados cruzamentos de informações

---

[14] Dados do TSE indicam que houve uma diminuição nas despesas declaradas nas eleições de 2012 e 2016, de 6,24 para 3,59 bilhões de reais.

com os dados declarados nas prestações de contas de campanha disponibilizadas por partidos e candidatos.

Logo, a impossibilidade de pessoas jurídicas financiarem campanhas eleitorais não teve o condão de assegurar maior grau de isonomia entre os candidatos no certame de 2016 nem de evitar o uso – e abuso – de recursos oriundos, ainda que de forma transversa, do mundo empresarial. O controle dos abusos, das fraudes, das simulações e da eventual captura teria mais eficácia se passasse pela restrição no perfil das pessoas jurídicas que poderiam doar, pela transparência nas informações prestadas, para o consequente melhor nível de controle e fiscalização das doações realizadas.

É de se notar que, em prestígio à transparência, o TSE disponibilizou ademais, via internet, o sistema *DivulgaCandContas*, mediante o qual puderam ser consultadas informações de receitas e despesas das campanhas, com a demonstração dos maiores doadores e fornecedores dos candidatos, além do histórico de entrega dos relatórios financeiros de campanha.

9.5 Desafios para as eleições de 2018

Após quase um ano de fervorosos debates no Poder Legislativo, com a publicação das leis nºs 13.487 e 13.488 em edição extra do *Diário Oficial*, uma reforma eleitoral tímida, mas significativa em alguns avanços, foi concluída poucas horas antes do prazo fatal para que pudesse ser aplicada às eleições de 2018.

A respeito do financiamento de campanhas, destacou-se a criação do Fundo Especial de Financiamento de Campanha (FEFC), estimado em R$1,7 bilhão, a ser constituído a partir do remanejamento do orçamento de 2018: uma parte referente a 30% dos recursos destinados às emendas de bancada de execução obrigatória; outra, a partir da compensação fiscal devida às emissoras de rádio e televisão pela veiculação da propaganda partidária, que deixará de ocorrer no primeiro semestre dos anos eleitorais.

A novel legislação trouxe uma distribuição taxativa do FEFC. A parcela de 2% deverá ser dividida igualitariamente entre todos os partidos; 35% serão divididos proporcionalmente ao número de votos obtidos pelos partidos com um representante para a Câmara dos Deputados; 48% deverão ser rateados considerado o número de deputados federais e, por fim, 15% será a cota a ser dividida a partir do número de senadores.

Perceba-se que o percentual estabelecido em 2% para divisão igualitária e a restrição da divisão da parcela relativa ao número de votos obtidos nas últimas eleições somente aos partidos com representação na Câmara acabam por ensejar a concentração das verbas nas maiores e mais tradicionais agremiações, desprestigiando uma melhor igualdade de oportunidades entre os partidos.

A matéria ensejará muitos debates jurídicos. Daí porque Henrique Neves da Silva[15] entende que, por ser de natureza constitucional, a temática "ensejará debates e, eventualmente, o pronunciamento do Supremo Tribunal Federal sobre a matéria". É que, no julgamento da ADI nº 1.351, o STF, "ainda que tenha admitido um critério

---

[15] SILVA, Henrique Neves. O saldo da reforma eleitoral: as regras para as eleições de 2018. *Jota*, 9 out. 2017. Disponível em: <https://www.jota.info/opiniao-e-analise/colunas/e-leitor/o-saldo-da-reforma-eleitoral-09102017>.

de igualdade gradual, considerou que a destinação de apenas um por cento do fundo partidário para divisão igualitária entre os partidos era inconstitucional, por não garantir um mínimo necessário a cada agremiação".

Ou seja, no entendimento do jurista, é bem provável que, nas renovadas discussões que venham a ocorrer no ambiente constitucional, possam ser reeditados argumentos relativos ao crescimento do número de partidos políticos e à sua efetiva representatividade, contrapostos às dificuldades enfrentadas pelas novas agremiações de manter um lugar ao sol.

É de se notar, ainda, que não foi definido nenhum critério quanto à divisão interna dessas verbas. A autonomia partidária prevaleceu, determinando-se tão somente que sejam estabelecidos e divulgados os critérios adotados. Tal liberdade de distribuição interna parece acertada. Com efeito, cabe aos partidos apostarem nos candidatos com mais chances de vencer, dado que a cláusula de desempenho alcançará as agremiações malsucedidas eleitoralmente nas eleições subsequentes. Não parece hora de preferências pessoais nem de uma distribuição a todos os candidatos, mas do exercício de uma visão pragmática na escolha dos candidatos mais habilitados ao bom resultado eleitoral, à conquista dos votos.

Nesse momento, a imprensa noticia que as agremiações partidárias darão prioridade à reeleição na divisão de FEFC. Além disso, também devem priorizar o espaço da propaganda eleitoral gratuita no rádio e na TV para os ditos caciques partidários, bem como para os candidatos mais conhecidos em seus redutos. Esse comportamento acaba por ir na contramão da expectativa de que as novas regras eleitorais teriam o condão de acelerar uma renovação na política, prestigiando as candidaturas dos entrantes.

Outro aspecto de relevo trazido na nova legislação diz respeito à previsão de uma entrega única aos partidos dos recursos do FEFC: não há previsão de valores a serem distribuídos para um eventual segundo turno eleitoral. A decisão de reservar parte da verba para um eventual segundo turno será exclusiva das agremiações, sendo certo que aquele montante do FEFC que não for gasto retornará necessariamente ao Erário.

Em relação aos limites de gastos por tipo de candidatura, foram estabelecidos tetos fixos. Para as campanhas proporcionais de deputados federais, o valor de R$2,5 milhões; para as de deputados estaduais e distritais, o valor de R$1 milhão e, ainda, para a campanha para presidente da República, um valor máximo de R$70 milhões. No caso das eleições de governadores e de senadores, por sua vez, os tetos consideraram o número de eleitores de cada unidade da Federação, podendo variar de R$2,8 a 14 milhões no caso de candidaturas para o cargo governador e de R$2,5 a 5,6 milhões no caso de pleito para senador.

Outra questão muito debatida pelo Congresso Nacional foi a referente à limitação do autofinanciamento. É que era evidente o interesse de promover-se o equilíbrio do jogo político, com vistas a evitar que os candidatos mais favorecidos financeiramente pudessem doar a si mesmos muito acima da média dos demais contendores ou que pudessem até mesmo vir a financiar toda a sua campanha.

Depois de idas e vindas, em uma queda de braço entre a Câmara e o Senado Federal, ao final, com a derrubada do veto presidencial pelo Congresso Nacional, em 13.12.2017, foi estipulado que as doações nominais não poderiam ultrapassar 10 salários mínimos e que o autofinanciamento estaria restrito ao limite de 10% do rendimento bruto do doador no ano anterior ao certame.

Neste momento, com a derrubada do veto, não há consenso sobre quando as novas regras passarão a valer, já que a matéria foi promulgada no dia 18.12.2017, ou seja, a menos de um ano do período eleitoral. A questão deve ser decidida pelo TSE.

A nova legislação trouxe, ademais, duas novas formas de financiamento. A primeira, o *crowdfunding*, que nada mais é do que arrecadação coletiva de pequenas doações, a ser administrado por empresas chanceladas pelo TSE. A segunda, a comercialização de bens e serviços, a partir da promoção de eventos realizados pelos candidatos ou pelas agremiações.

A boa notícia é o *crowdfunding*, a ser implementado por intermédio da internet, em contas administradas por empresas especializadas nessa modalidade de arrecadação. A legislação impõe transparência nas transações, com a identificação do doador e com a possibilidade de vários meios de contribuição, dependendo do valor a ser doado, tais como depósito em conta corrente, cartão de crédito e de débito, bem como transferência bancária.

A nova lei permite também que a arrecadação das doações via internet possa ser realizada a partir do mês de maio do ano eleitoral. Se o pré-candidato for escolhido em convenção e se tornar candidato, poderá sacar os recursos para as eleições; se não, o valor arrecadado será devolvido aos doadores, descontada a taxa de administração do fundo.

9.6 Conclusão

O que é necessário combater com empenho é a influência econômica abusiva, desleal, espúria, que desequilibre a igualdade entre os candidatos.

No mundo contemporâneo, não se toleram mais as práticas ilegítimas de arrecadação de recursos, de excessos de gastos, de corrupção política. Ocorre, todavia, que, nas eleições de 2016, não obstante a proibição de doação por pessoas jurídicas, não se observou o efeito esperado. A corrupção nas eleições, o abuso do poder econômico, as verbas espúrias, clandestinas e o caixa dois não podem ser combatidos de forma simplista, não integrada com diversas outras ações. É que haverá sempre uma rápida reação, com o cometimento de práticas nocivas por parte daqueles a quem não interessa o prestígio dos princípios democrático e republicano.

As eleições de 2018 oferecerão um ambiente para novas observações quanto ao tema. A partir da inclusão no sistema de financiamento de campanha de novas modalidades, tais como do Fundo Especial de Financiamento de Campanha (FEFC), da arrecadação coletiva e da comercialização de bens e serviços, nova análise da eficácia do modelo poderá ser feita.

Até lá, fica mantido o entendimento de que o caminho adequado para a eliminação da indevida interferência do poder econômico nos pleitos eleitorais passa pelo retorno da contribuição por parte das pessoas jurídicas, revestida de maiores restrições. Só as empresas que se adequarem aos rigores na novel legislação estarão aptas a doar. Evitar-se-á, assim, a doação por parte daquelas que já tenham contratos firmados com a Administração; será proibida a participação em licitações e a celebração de contratos de qualquer natureza até o término do respectivo mandato e no âmbito da circunscrição eleitoral respectiva das empresas que financiarem campanha de candidato vitorioso; empresas serão proibidas de doar para candidatos adversários no mesmo certame, o que evitará a extorsão e prestigiará a demonstração de preferência legítima das pessoas jurídicas pela linha de pensamento e pelo agir político de determinado candidato.

Com essas simples restrições, deverão ser mais administráveis os legítimos conflitos de interesse entre os setores políticos, sociais e econômicos, minimizando a captura dos candidatos pelos financiadores de campanha. Nas palavras do Ministro Celso de Mello:[16]

> o que a Constituição da República não tolera nem admite é o abuso do poder econômico; não, porém, o seu regular exercício, cuja atuação não provoca os efeitos perversos – e deslegitimadores dos resultados eleitorais – que decorrem dos excessos que, efetivamente, devem ser coibidos.

Com o estabelecimento de limites realistas de gastos, com a manutenção e o aprimoramento de ferramentas de controle e fiscalização de recursos, com o prestígio aos convênios firmados pela Justiça Eleitoral com outros órgãos da Administração, ensejando maior transparência das informações e permitindo análise em tempo quase real das contas por parte dos demais candidatos, das agremiações e da própria sociedade, além do aperfeiçoamento das sanções para torná-las mais adequadas aos tempos de agora, será prestigiada de maneira mais eficaz a isonomia entre os candidatos, resultando daí o verdadeiro prestígio à democracia e à república.

Uma sociedade se constrói com mudanças continuadas. O mundo contemporâneo está em profunda transformação. A democracia representativa clama por novos ares que assegurem a manutenção da credibilidade dos atores políticos envolvidos neste evento cívico, repleto de significados, que são as eleições. O momento é de ação, revestida de reflexão. Não são tempos de arroubos, mas de decisões acordadas, costuradas com mestria nesse cenário cada vez mais dinâmico. Os tempos de agora são de desafios constantes.

Os reclamos sociais são intensos. Os meios de comunicação, agora com a prevalência das mídias sociais, analisam as circunstâncias muitas vezes sem a cautela devida, prestigiando a versão ao fato. A sociedade do espetáculo, já retratada por Guy Debord em 1968, consolidada no mundo contemporâneo, cobra seu preço vil. É a época da pós-verdade, das *fake news*, na qual, como aduz Matthew D'Ancona,[17] "a certeza predomina sobre os fatos, o visceral sobre o racional, o enganosamente simples sobre o honestamente complexo". Nosso tempo, sem dúvida, prefere "a imagem à coisa, a cópia ao original, a representação à realidade, a aparência ao ser".[18]

E tudo isso, toda essa realidade, tende a gerar a manipulação do debate político nas redes sociais, fenômeno que atingirá escala jamais vista nas eleições de 2018. O preço alto das campanhas nas ruas, em uma eleição que será marcada pela limitação dos recursos, trará para todos situações nunca antes enfrentadas. São tempos de transição, que impõem prudência, firmeza e sabedoria.

---

[16] SUPREMO TRIBUNAL FEDERAL – STF. Acórdão. Ação Direta de Inconstitucionalidade n. 4.650. Relator Min. Luiz Fux, Tribunal Pleno, julgado em 17/09/2015 *DJe*, 23 fev. 2016.

[17] D'ANCONA, Matthew. *Pos truth*: the new war on truth and how to fight back. Londres: Ebury Press, 2017.

[18] DEBORD, Guy. *A sociedade do espetáculo*. São Paulo: Contraponto, 2003.

Mudar a forma de pensar, analisando os acontecimentos na toada dos novos tempos, é sempre possível e devido. E não poderia ser diferente. Em uma sociedade pautada na esperança, a partir de uma Constituição que se propôs cidadã, as mudanças, embora difíceis, são imperiosas e inevitáveis. As resistências serão sempre desafiantes, mas, como asseverou Heráclito, o príncipe da dialética, "não há no mundo nada mais permanente que a mudança...".

Referências

ARAGÃO, Murillo de. *Reforma Política* – O debate inadiável. Rio de Janeiro: Civilização Brasileira, 2014.

D'ANCONA, Matthew. *Pos truth*: the new war on truth and how to fight back. Londres: Ebury Press, 2017.

DEBORD, Guy. *A sociedade do espetáculo*. São Paulo: Contraponto, 2003.

ELEIÇÕES 2016: Novo batimento nas prestações de contas aponta 408 falecidos como doadores de campanha. *TSE*, 9 nov. 2016. Disponível em: <http://www.tse.jus.br/imprensa/noticias-tse/2016/Novembro/eleicoes-2016-novo-batimento-nas-prestacoes-de-contas-aponta-408-falecidos-como-doadores-de-campanha>.

FERREIRA, Rubio. Financiamiento político: rendición de cuentas y divulgación. In: GRINER, S.; ZOVATTO, D. (Ed.). *De las normas a las buenas prácticas*. San José: OEA, 2004.

MOJOBI, E. H. *Dinero y contienda político-electoral*. México: Fondo de Cultura Económica, 2003.

PEREIRA, Erick Wilson (Org.). *Reforma Política* – Brasil República: em homenagem ao Ministro Celso de Mello. Brasília: OAB, Conselho Federal, 2017.

SILVA, Henrique Neves. O saldo da reforma eleitoral: as regras para as eleições de 2018. *Jota*, 9 out. 2017. Disponível em: <https://www.jota.info/opiniao-e-analise/colunas/e-leitor/o-saldo-da-reforma-eleitoral-09102017>.

SUPREMO TRIBUNAL FEDERAL – STF. Acórdão. Ação Direta de Inconstitucionalidade n. 4.650. Relator Min. Luiz Fux, Tribunal Pleno, julgado em 17/09/2015 *DJe*, 23 fev. 2016.

ZOVATTO, Daniel. Financiamento dos partidos e campanhas eleitorais na América Latina: uma análise comparada. *Opinião Pública*, Campinas, v. 11, n. 2, 2005.

Informação bibliográfica deste texto, conforme a NBR 6023:2002 da Associação Brasileira de Normas Técnicas (ABNT):

BANHOS, Sérgio Silveira. O financiamento de campanhas à luz da vedação de doações por parte de pessoas jurídicas: análise, reflexões e desafios para as eleições de 2018. In: COSTA, Daniel Castro Gomes da et al. (Coord.). *Direito Eleitoral comparado*. Belo Horizonte: Fórum, 2018. p. 147-158. ISBN 978-85-450-0550-6.

CAPÍTULO 10

A CONSTITUCIONALIZAÇÃO DA LIBERDADE PARTIDÁRIA E SUA LIMITAÇÃO PELA DEMOCRACIA INTERNA

REYNALDO SOARES DA FONSECA

RAFAEL CAMPOS SOARES DA FONSECA

10.1 Introdução

É certo que as regras de criação, extinção e funcionamento e a estrutura organizacional dos partidos políticos representam tema fulcral em qualquer sociedade civil ou comunidade política que se constitua em um Estado Democrático de Direito na atualidade. Nesse ponto, considera-se que inexiste Estado Democrático sem a presença de agremiações políticas como intermediários entre a vontade popular e a formação da vontade estatal.

No particular, depreendem-se da história constitucional brasileira os mais diversos modelos de regime político, democrático ou autoritário, promovendo arranjos institucionais partidários com diferentes aptidões para funcionalizar a representação de interesses políticos de segmentos populacionais.

Sob a égide da Constituição da República de 1988 (CFRB/88), em reação ao cenário do regime militar, adotou-se como fundamento republicano o pluralismo político, assim como a coexistência de mecanismos de democracias direta e representativa orientadas ao povo, na qualidade de titular da soberania estatal.

Ademais, constitucionalizou-se a instituição partido político no bojo do art. 17 do Texto Constitucional em capítulo próprio do título dos direitos e garantias fundamentais, estabelecendo preceitos, objetivos, liberdades públicas e proibições próprias. No plano empírico, o bipartidarismo transladou-se em um mosaico de agremiações as quais totalizam 35 com registro junto ao Tribunal Superior Eleitoral[1] e 25 com representação na Câmara dos Deputados.[2]

Posto isso, com espeque em um pensamento político brasileiro, a despeito da referida generalidade do problema da crise de representatividade nas democracias ocidentais, e com a finalidade de redução das complexidades intrínsecas ao tema, o presente artigo perquire em que medida a dogmática dos direitos fundamentais e o regime democrático constituem indutores ou limites substanciais à liberdade das agremiações partidárias.

Nesse sentido, especializa-se o escopo da pesquisa a partir da hipótese de trabalho segundo a qual a democracia interna dos partidos políticos é categoria jurídica com potencialidade de restringir a autonomia privada e a liberdade de conformação organizacional dessas entidades em prol de fins e princípios constitucionais igualmente relevantes.

Com esteio nessas premissas, o presente artigo será subdividido em três seções: a articulação entre as formas democráticas, a relação de representatividade dos partidos políticos e respectivo desenvolvimento institucional na história constitucional brasileira; o processo de constitucionalização das agremiações partidárias na ordem jurídica vigente com a explicitação dos fundamentos, preceitos e vedações referenciadas ao direito dos partidos; e a tensão entre a liberdade partidária como garantia constitucional e a democracia intrapartidária ou interna.

10.2 Pressupostos democráticos e o desenvolvimento institucional dos partidos políticos no Brasil

A despeito de o objeto precípuo da presente análise ser as repercussões fáticas e normativas da Constituição da República Federativa do Brasil (CRFB/88), é imperativo considerar a tradição do pensamento político brasileiro e o papel do partido político ao longo da história constitucional brasileira, haja vista que não se concebe a condição de possibilidade de ruptura teórica e superação do passado, ainda que oligárquico ou autoritário, mediante ênfase filosófica de caráter iluminista nas categorias do direito constitucional.[3]

Por conseguinte, parte-se de uma revisitação histórica sobre a função democrática das agremiações políticas com o singelo objetivo de contextualização das sucessivas engenharias constitucionais brasileiras.

A propósito, a reconstrução perpassa o liame entre o regime democrático e a fundamentação da representação popular. Nesse aspecto, o partido político ocupa progressivamente a função de órgão mediador da esfera pública, não só entre governante e governado, mas também entre a organização política estatal e a sociedade civil.

---

[1] PARTIDOS políticos registrados no TSE. *TSE.* Disponível em: <http://www.tse.jus.br/partidos/partidos-politicos/registrados-no-tse>. Acesso em: 14 nov. 2017.

[2] PARTIDO/Bloco Bancada Líder / Representante Nome do Partido/Bloco. *Câmara dos Deputados.* Disponível em: <http://www.camara.leg.br/Internet/Deputado/bancada.asp>. Acesso em: 14 nov. 2017.

[3] Cf. LYNCH, Christian Edward Cyril; MENDONÇA, José Vicente Santos de. Por uma história constitucional brasileira: uma crítica pontual à doutrina da efetividade. *Direito & Práxis*, Rio de Janeiro, v. 8, n. 2, p. 979-1007, 2017.

Segundo Orides Mezzaroba, há quatro fases evolutivas das formas democráticas: direta; representativa; representativa partidária; e democracia de partidos.[4] Trata-se de gradiente de autodeterminação coletiva entre o indivíduo-cidadão e o partido como associação. Na modalidade direta, as ações dos governantes na formação da vontade estatal coincidem com a vontade dos governados, logo não há necessidade de mediação política.

Por sua vez, a democracia representativa é a solução liberal para a contenção da massificação do sufrágio, porquanto há um binômio representante-representado, sendo que somente aquele que representa, em regra no exercício de mandato, apresenta juridicidade nos atos jurídicos praticados, repercutindo nas atividades governamentais, pressuposta a autorização do representado como eleitor.

Na democracia representativa partidária, insere-se novo órgão de mediação entre o governo soberano e o povo, porquanto os partidos políticos passam a intermediar as relações entre representante e representado, de modo que aqueles possuem a função monopolística de ligação entre o corpo cívico e os cargos eletivos de direção política.

Por fim, a democracia de partidos ou o estado de partidos consiste em forma democrática resultante da articulação entre sistema partidário e estrutura do Estado. Aqui, também o partido se presta à mediação da representação política. Com base em correntes ideológicas e nos princípios partidários da democracia e disciplina, os representantes ficariam submetidos aos mandatos de pertinência exclusiva das agremiações políticas. Desse modo, "[o] centro das decisões políticas deslocar-se-ia do seio do Parlamento para o inteiro dos partidos políticos [...] A vontade dos indivíduos seria precisamente determinada e harmonizada na estrutura interna dos partidos".[5]

Em contrapartida a esse movimento democrático, os partidos institucionalizaram-se em perspectiva mundial, bem como ganharam importância na seara pública e perante o Estado-Nação. De início, a agremiação aparece como solução de ruptura a partir da metade do século XIX, pois "a sua existência, enquanto organizações espontâneas e não institucionalizadas de vontades, implica que a Sociedade se levante ao Estado para transformar a estrutura política existente".[6] Logo, os partidos surgem para a reforma do Estado, em busca da socialização deste. Nesse sentido, a doutrina do direito público e da filosofia política ligada à democracia liberal mostra-se de caráter antipartidário, tendo em vista que a associação política levaria inexoravelmente ao comportamento faccioso e desestabilizador da governabilidade.

A situação reverte-se com o esgotamento do Estado Liberal de Direito, por diversas razões, entre as quais a ampliação do sufrágio, a democracia das massas e as experiências históricas do totalitarismo e dos processos de restauração do regime político nas ondas de democratização.

---

[4] MEZZAROBA, Orides. A crise do modelo liberal de representação e construção da democracia de partidos. In: OLIVEIRA NETO, Francisco José Rodrigues de et al (Org.). *Constituição e Estado Social*: os obstáculos à concretização da constituição. São Paulo: Revista dos Tribunais, 2008. p. 289.

[5] MEZZAROBA, Orides. A crise do modelo liberal de representação e construção da democracia de partidos. In: OLIVEIRA NETO, Francisco José Rodrigues de et al (Org.). *Constituição e Estado Social*: os obstáculos à concretização da constituição. São Paulo: Revista dos Tribunais, 2008. p. 292.

[6] MEZZAROBA, Orides. *Introdução ao direito partidário brasileiro*. 2. ed. Rio de Janeiro: Lumen Juris, 2004. p. 90.

A liberdade e igualdade abstratas, bem como a propriedade privada terminam por fundamentar as práticas sociais do período de maior exploração do homem pelo homem de que se tem notícia, possibilitando um acúmulo de capital jamais visto, as revoluções industriais e uma disseminação da miséria também sem precedentes. Idéias socialistas, comunistas e anarquistas começam a colocar agora em xeque a ordem liberal e a um só tempo animam os movimentos coletivos de massa cada vez mais significativos e neles se reforçam coma luta pelo direito de voto, pelos direitos coletivos e sociais, como o de greve e de livre organização sindical e partidária, como a pretensão a um salário mínimo, a uma jornada máxima de trabalho, à seguridade e previdências sociais, ao acesso à saúde, à educação e ao lazer. Mudanças profundas também de toda ordem conformam a nova sociedade de massas que surge após a Primeira Guerra Mundial e, com ela o novo *paradigma constitucional do Estado Social.*[7]

Nesse quadro, por representarem afronta direta ao ideário do Estado liberal, é somente no Estado Social que as agremiações políticas passam a serem diretamente associadas à formação da vontade estatal. Isso porque no sistema representativo pressuposto pela democracia representativa de índole liberal o representante, investido em mandato eleitoral, somente possui compromisso com sua consciência, devendo exercer seu mister institucional sem limitações a grupos, organizações ou forças sociais com capacidade de constrição de seu procedimento político, porquanto o representante legitima-se pelo voto como fonte primária da vontade geral da nação. No entanto, os partidos políticos persistiram como realidade sociológica, apesar da marginalização da temática em seara normativa, pois não havia figura similar com capacidade de canalizar os anseios dos grupos políticos na democracia de massas. Nesse contexto, a institucionalização legal dos partidos políticos converge à realidade sociológica em contexto.[8]

De fato, a representação política mediada por partidos políticos como intermediários entre a comunidade política plural e o ente estatal torna-se inevitável, inclusive na organização do pleito eleitoral. Assim, reconhece-se *status* jurídico-político às uniões políticas até o ponto de legalizá-las com regime jurídico específico. A esse respeito, paulatinamente, exsurge no direito eleitoral uma plêiade de normas pelas quais se regulam essas organizações políticas, a ponto de denominá-la direito dos partidos, na qualidade de variável dependente do princípio democrático.[9]

Em síntese, o processo de desenvolvimento institucional dos partidos políticos culminou no tratamento normativo dessas organizações em diversas constituições do mundo, bem como na irradiação da eficácia dos direitos fundamentais políticos correlatos. Conclui-se que a centralidade dessas figuras de mediação nas democracias hodiernas gerou a sensibilidade em momento constituinte de constitucionalização dos direitos, deveres e garantias dos partidos políticos como dinâmica histórica.

> O partido político, a nosso ver, é uma organização de pessoas que inspiradas por ideias movidas por interesses, buscam tomar o poder, normalmente pelo emprego de meios legais, e nele conservar-se para realização dos fins propugnados.

---

[7] CARVALHO NETTO, Menelick de. A hermenêutica constitucional sob o paradigma do estado democrático de direito. In: OLIVEIRA, Marcelo Andrade Cattoni (Coord.). *Jurisdição e hermenêutica constitucional no Estado Democrático de Direito*. Belo Horizonte: Mandamentos, 2004. p. 34.

[8] BONAVIDES, Paulo. *Ciência política*. 22. ed. São Paulo: Malheiros, 2015. p. 379 e ss.

[9] SANTANO, Ana Cláudia. Do surgimento à constitucionalização dos partidos políticos: uma revisão histórica. *Resenha Eleitoral*, Florianópolis, v. 20, n. 2, p. 9-32, ago./dez. 2016. p. 10.

Das definições expostas, deduz-se sumariamente que vários dados entram de maneira indispensável na composição dos ordenamentos partidários: a) um grupo social; b) um princípio de organização; c) um acervo de ideias e princípios, que inspiram a ação do partido; d) um interesse básico em vista: a tomada de poder; e e) um sentimento de conservação desse mesmo poder ou de domínio do aparelho governativo quando este lhes chega às mãos.[10]

No mesmo sentido, José Afonso da Silva define o partido político como "uma forma de agremiação de um grupo social que se propõe organizar, coordenar e instrumentar a vontade popular com o fim de assumir o poder para realizar seu programa de governo".[11]

Em síntese, na tradição ocidental, a representatividade política encontra-se em crise em diversos cenários políticos e eleitorais, bem como a própria democracia resta em fase histórica transitiva entre os polos da representatividade partidária e do estado de partidos. Embora não seja o escopo do presente trabalho, a própria função do partido político como intermediário entre os grupos sociais e a formação da vontade estatal acha-se em xeque, a merecer melhores análises da doutrina jurídica constitucional e eleitoral, ante fenômenos como, por exemplo, a expansão da internet como meio de comunicação ou a captura da estrutura partidária por elites políticas.

10.2.1 Percursos dos partidos políticos na história constitucional brasileira

Sem maiores pretensões historiográficas, pretende-se nesta subseção cotejar as fases evolutivas da democracia e representação política supracitadas com as experiências imperial e republicana no Brasil, a partir de levantamento bibliográfico e com enfoque nas ordens constitucionais.

Ainda no fim do período colonial, as tendências do pensamento político brasileiro transitavam entre propostas colonialistas e pró-independência, sendo que este último polo comportava divisão em relação à forma de governo. Nesse contexto, a dinâmica facciosa das associações propagadoras desse ideário não permitia a configuração de uma estrutura partidária com estabilidade organizacional e funcional, com fulcro em programas ideológicos.[12]

Com o advento da independência e a assunção imperial, os grupos em questão transladaram suas divergências da relação colônia-metrópole para o sistema de governo, traduzíveis em três forças: os monarquistas, os moderados ou conservadores e os radicais (revolucionários e anarquistas). Sob a forma partidária e com congêneres no contexto latino-americano, as elites políticas se organizaram como conservadores e liberais ou republicanos, alternando-se no poder, sob a lógica do "parlamentarismo às avessas".

Os liberais do Império exprimiam na sociedade do tempo os interesses urbanos da burguesia comercial, o idealismo dos bacharéis, o reformismo progressista das classes sem compromissos diretos com a escravidão e o feudo.

---

[10] BONAVIDES, Paulo. *Ciência política*. 22. ed. São Paulo: Malheiros, 2015. p. 372.

[11] SILVA, José Afonso da. *Curso de direito constitucional positivo*. 29. ed. São Paulo: Malheiros, 2007. p. 394.

[12] MEZZAROBA, Orides. *O partido político no Brasil*: teoria, história, legislação. Joaçaba: Unoesc, 1995. p. 42.

Os conservadores, pelo contrário, formavam o partido da ordem, o núcleo das elites satisfeitas e reacionárias, a fortaleza dos grupos econômicos mais poderosos, os da lavoura e pecuária [...] No entanto, essa linha divisória e imaginária, traçado pelo historiador político, nem sempre reflete a coerência das posições que assumiram as duas forças partidárias do Império. [...] Daí, na prática, ser quase nenhuma a diferença entre um liberal e um conservador, com o que vínhamos a ter também no Brasil imperial.[13]

Na própria Constituição imperial outorgada houve indiferença à figura partidária, sem qualquer menção direta à representação política. Na verdade, as próprias limitações constitucionais às liberdades religiosas, de consciência e de expressão, bem como o voto censitário e a figura do Poder Moderador – alternando o poder entre os partidos, convocando eleições irregulares – foram determinantes para a figuração das agremiações não como organizações estáveis e programáticas, mas como instâncias representativas dos interesses particularizados dos referidos grupos regentes.[14]

Com a proclamação da República, observam-se percursos históricos, acidentários e precários, de avanços e retrocessos no que toca à institucionalização jurídica dos partidos políticos. Nesse quadro, a conexão entre democracia e representação política não se reflete evolutivamente em fases a desembocar no Estado de partidos, mas simplesmente desenvolvimento regressivo ou progressivo de acordo com as contingências políticas.

De início, a Constituição da República de 1881 não distinguiu as agremiações políticas de outras formas organizativas, garantidas nos termos da liberdade negativa de associação dos indivíduos. Na verdade, intensifica-se a associação entre partido político e facções como sinonímias igualmente maléficas ao sucesso político do país. Igualmente, o regionalismo ganha força, em razão da inevitável descentralização promovida pela forma de Estado federal, de modo que partidos de caráter regional eram reconhecidos como *loci* mais institucionalmente capazes de identificar e resolver os problemas de natureza pública. Em âmbito nacional, identificava-se singularmente o Partido Republicano Federal, controlador de grande parte do aparato estatal em ambos os níveis federativos, ao passo que se praticava a "política dos governadores", possibilitando ao governo central administrar a agenda nacional por intermédio de comandos políticos locais.[15]

Finda a República Velha com a Revolução de 1930, conjuga-se a fragmentação do movimento republicano em partidos regionais, como o Partido Republicano Paulista, e o surgimento de novas propostas partidárias sem proporções nacionais, *v.g.* o Partido Democrático em São Paulo, o Partido Nacionalista de Minas Gerais, Partido Libertador gaúcho, à luz da lógica do coronelismo, assim como se observa a força do tenentismo e sua estruturação no Clube Três de Outubro, embora neste caso tenha sido proposta a formação de conselhos regionais de segmentos da sociedade como alternativa à agremiação política.[16]

Sob o título de Governo Provisório, a ação política de Getulio Vargas em relação aos partidos era voltada a retirar a legitimidade dessas organizações ou mesmo do próprio sistema eleitoral. Tinha-se como intuito amealhar quaisquer forças políticas concorrentes do poder de comando estatal, ainda que institucionalizadas no Parlamento.

---

[13] BONAVIDES, Paulo. *Ciência política*. 22. ed. São Paulo: Malheiros, 2015. p. 407.
[14] MEZZAROBA, Orides. *Introdução ao direito partidário brasileiro*. 2. ed. Rio de Janeiro: Lumen Juris, 2004. p. 190-192.
[15] MEZZAROBA, Orides. *Introdução ao direito partidário brasileiro*. 2. ed. Rio de Janeiro: Lumen Juris, 2004. p. 195-197.
[16] SILVA, José Afonso da. *Curso de direito constitucional positivo*. 29. ed. São Paulo: Malheiros, 2007. p. 396.

Nesse diapasão sociopolítico, veio a lume o primeiro Código Eleitoral do país, mediante o Decreto nº 21.076/1932. Trata-se do primeiro diploma normativo que reconheceu os partidos e buscou regulá-los, oferecendo as bases de seu funcionamento, como se depreende dos arts. 99 e 100 do *codex*. Contudo, além do projeto de poder varguista, a realidade do Brasil não condizia com a criação de um Estado Social, em que a existência das agremiações fosse indispensável para a democratização do poder. Assim, equiparou-se o partido político, como pessoa jurídica de natureza privada, às associações de classe, desprovidas da pretensão de ocupar o poder e implementar um programa de governo. Além disso, referidos artigos tornaram facultativa a filiação partidária na medida em que se permitia a candidatura avulsa, como "partidos" provisórios, apoiados por mais de 500 eleitores.

Por sua vez, no art. 26 da Constituição da República de 1934, os partidos não encontram guarida expressa, na medida em que a máxima concessão foi a proporcionalidade de representação na Câmara dos Deputados das correntes de opinião. Como resultante, não havia organização política com projeção nacional com aptidão a intermediar a vontade do representado com a ação do representante, conforme pressuposto na democracia representativa partidária.[17]

> Na falta de organizações políticas com projeção nacional, ainda na década de 30 do século XX delinearam-se duas agremiações com características ideológicas profundamente opostas [...] De um lado, a Ação Integralista Brasileira (AIB); do outro, a Aliança Nacional Libertadora (ANL), ambas refletindo, de forma geral, as aspirações de uma nova classe média que se encontrava deslocada do Poder. Enquanto a AIB, moldada nos movimentos anti-fascistas europeus, exaltava o antipartidarismo e propunha uma sociedade corporativa, na qual as pessoas deveriam estar completamente integradas à vontade estatal, a ANL, com definição ideológica anti-imperialista e antilatifundiária, pregava ampla reforma social, econômica e política do Estado brasileiro.[18]

Com o Golpe de Estado de Getulio Vargas em 1937, tem-se até a democratização em 1946 a presença de uma forte cultura antipartidarista, cujo reflexo jurídico foi a edição do Decreto-Lei nº 37/1937, extinguindo todos os partidos políticos como meios de propaganda de ideias políticas e vedando a criação de novos. Do mesmo modo, a instituição não constou na Constituição da República de 1937, denominada de Polaca, as restrições ao gozo das liberdades de reunião, associação e expressão dos cidadãos, de maneira que se inviabilizou no plano empírico o fenômeno das agremiações políticas.

> No período compreendido entre a redemocratização pós-Estado Novo e os nossos dias, o Brasil conheceu mais quatro das sete formações partidárias da sua história, a saber, 1. Um pluripartidarismo que vai de 1945 até a sua extinção pelo Ato Institucional no. 2, em 1965; 2. um bipartidarismo tutelado (Aliança Renovada Nacional – Arena *versus* Movimento Democrático Brasileiro – MDB) no âmbito do regime militar, de 1965 a 1979; 3. o retorno controlado ao pluralismo através da reforma partidária de 1979, apresentando como principais organizações o Partido Democrático Social (PDS) e o Partido do Movimento Democrático Brasileiro (PMDB), sucessores, respectivamente, da Arena e do MDB, até

---

[17] MEZZAROBA, Orides. *Introdução ao direito partidário brasileiro*. 2. ed. Rio de Janeiro: Lumen Juris, 2004. p. 201.

[18] MEZZAROBA, Orides. *Introdução ao direito partidário brasileiro*. 2. ed. Rio de Janeiro: Lumen Juris, 2004. p. 201.

1985; 4. a ampliação do espectro pluripartidário a partir da Emenda Constitucional 25, de 1985, que permitiu inclusive a legalização dos partidos comunistas e revogou restrições à constituição de novos partidos.[19]

Para além das formações partidárias, impende registar que se incorporou à Constituição da República de 1967 a categoria jurídica dos partidos políticos, inovando-se na tradição constitucional brasileira, ao estabelecer um plexo de normas relativo à criação, organização e funcionamento das agremiações políticas. Porém, consistiu em experiência passível de explicação pelo constitucionalismo abusivo, tendo em vista que se utilizou de expedientes constitucionais para a redução das possibilidades democráticas da sociedade.[20] Isso porque se previa cláusula de barreira que aniquilaria as condições de exercício do pluralismo político, com quórum de 10% do eleitorado votante no pleito eleitoral anterior referente à Câmara dos Deputados, distribuídos em dois terços dos Estados federados, com no mínimo 7% dos votos em cada entidade estadual.

No cenário de transição democrática, a partir da vitória na campanha presidencial da Aliança Democrática no Colégio Eleitoral, ocorreu um aumento exponencial da quantidade de partidos políticos de caráter nacional, impulsionados pelos requisitos menos exigentes para criação de agremiações, nos termos da Emenda Constitucional nº 25/1985 ao Texto Constitucional de 1967. Já na emenda constitucional seguinte, a nº 26/1985, atribui-se função distinta aos partidos políticos. A despeito da ausência de tradição político-partidária no ideário nacional, compreendeu-se pela necessidade da intermediação de uniões programáticas formalmente organizativas para a escolha dos constituintes pela população.

Por importar na situação dos partidos políticos entre o público e o privado, embora a temática não tenha sido objeto de intensa mobilização social, Mezzaroba nota que as principais contribuições correspondiam ao grau de integração das agremiações ao Estado, as quais repercutiriam necessariamente na natureza jurídicas desses sujeitos de direito. Assim, havia uma corrente de pensamento pela total autonomia partidária, por intermédio da desregulamentação e da vedação de ingerências estatais, ao passo que em sentido oposto se defendia o controle estatal sobre os partidos políticos, a título de manutenção dos pressupostos democráticos e evitar a radicalização ideológica.[21]

Em relação ao processo de elaboração da Constituição da República vigente, pode-se afirmar que os dois anos de funcionamento da Constituinte representaram um dos mais interessantes experimentos sociopolíticos da história brasileira, caracterizado pela abertura às instâncias sociais, a publicidade mediante o acompanhamento midiático e social e a riqueza de argumentos, matizes ideológicos e movimentos sociais civicamente engajados no processo de elaboração do texto da CR/88.[22]

Por outro lado, enxerga-se o processo constituinte como expressão de uma crise de hegemonia localizada historicamente na redemocratização, pois o bloco de apoio político da ditadura militar se desagregou a ponto de não controlar a transição para a

---

[19] MORAES, Filomeno. Os partidos e a evolução político-constitucional brasileira. In: SALGADO, Eneida Desiree; DANTAS, Ivo (Org.). *Partidos políticos e seu regime jurídico*. Curitiba: Juruá, 2013. p. 62.

[20] Cf. LANDAU, David. Abusive constitutionalism. *University of California Davis Law Review*, Davis, v. 47, p. 189-260, 2013/2014.

[21] MEZZAROBA, Orides. *O partido político no Brasil*: teoria, história, legislação. Joaçaba: Unoesc, 1995. p. 85.

[22] PINTO, Marcos Barbosa. *Constituição e democracia*. Rio de Janeiro: Renovar, 2009. p. 79-85.

democracia, ao passo que não houve a formação de um bloco alternativo com aptidão para dirigir o processo. Por conseguinte, a Constituinte foi um processo descentralizado e policêntrico, no qual as diversas forças políticas buscaram a posição hegemônica sem êxito. Assim, "o processo constituinte fez com que todas as forças políticas passassem a recorrer ao direito para conquistar e preservar espaços na luta por direitos e por fundos públicos".[23] Conclui-se que foram justamente as contradições da CR/88 que permitiram sua legitimidade e vitalidade, na medida em que diferentes grupos e movimentos buscam a fundamentação de suas ações e objetivos políticos no Texto Constitucional positivo.

No que diz respeito aos partidos políticos, a tensão entre as correntes de pensamento liberalizantes e restritivas mostraram-se presentes no curso do processo constituinte. Em resultado majoritário, estabeleceu a mais ampla liberdade partidária da história constitucional brasileira, após a derrota de cláusulas de desempenho eleitoral. Igualmente, positivou-se uma série de princípios, garantias e vedações consistente no direito dos partidos já referido, com aplicabilidade imediata e eficácia irradiante e conformadora a todo ordenamento jurídico pátrio, demonstrável com o devido vagar na seção seguinte.

10.3 A constitucionalização dos partidos políticos no Brasil

No Estado Constitucional, a preponderância do Texto Constitucional perante o restante do ordenamento jurídico, o que se pode chamar de supremacia da Constituição (*paramount law*), reconfigura a vinculação do Poder Público à juridicidade autodeterminada pela soberania popular. Com efeito, compreende-se que as normas constitucionais possuem aplicabilidade imediata e força cogente. Esse quadro, por si só, altera a natureza do Estado de Direito, ao colocá-lo como "Estado de Direitos", em que os direitos fundamentais ocupam posição central no sistema jurídico.[24]

Nesses termos, nota-se a fundamentalidade das normas de direitos fundamentais no ordenamento jurídico nas perspectivas formal e substancial. Pelo lado formal, tem-se que "a *fundamentalidade formal* das normas de direitos fundamentais decorre da sua posição no ápice da estrutura escalonada do ordenamento jurídico, como direitos que vinculam diretamente o legislador, o Poder Executivo e o Judiciário".[25] Sob a ótica substancial, a fundamentalidade se explica a partir da atuação dos direitos fundamentais como instrumentos para a tomada de decisões sobre a estrutura normativa básica do Estado e da sociedade.[26]

Portanto, esse conjunto de transformações no modelo de organização política estatal se identifica com um processo de "constitucionalização do Direito", cuja resultante seria uma ordem jurídica completamente "impregnada" pelas normas constitucionais. Demais, nota-se uma Constituição extremamente invasora, intrometida e condicionante da legislação, da jurisprudência, da doutrina, da ação dos atores políticos e das

---

[23] NOBRE, Marcos. Indeterminação e estabilidade. *Novos Estudos*, São Paulo, n. 82, p. 97-106, nov. 2008. p. 101.

[24] BONAVIDES, Paulo. *Curso de direito constitucional*. 20. ed. São Paulo: Malheiros, 2007. p. 584-592.

[25] ALEXY, Robert. *Teoria dos direitos fundamentais*. Tradução de Virgílio Afonso da Silva. São Paulo: Malheiros, 2008. p. 520. Grifos no original.

[26] ALEXY, Robert. *Teoria dos direitos fundamentais*. Tradução de Virgílio Afonso da Silva. São Paulo: Malheiros, 2008. p. 522.

relações sociais. Vale ressaltar, ainda, que a constitucionalização é processo gradativo no tempo e no espaço, porquanto não existe uma resposta binária para o estado da constitucionalização de uma ordem jurídica.[27]

Em síntese, "a idéia de constitucionalização do Direito [...] está associada a um efeito expansivo das normas constitucionais, cujo conteúdo material e axiológico se irradia, com força normativa, por todo o sistema jurídico".[28]

Nesse sentido, o processo de constitucionalização do direito envolve dois movimentos fenomênicos distintos. Por um lado, questões antes delegadas ao Poder legiferante passam a ser tratadas pelo Poder Constituinte, o que retira uma série de decisões do alcance das maiorias legislativas momentâneas. De outro, há uma "filtragem constitucional"[29] oportunizada pela conformação do ordenamento jurídico à normatividade constitucional, o que gera uma releitura do direito posto.[30] Busca-se, afinal, a realização empírica dos comandos normativos da CR/88.

Na seara dos partidos políticos, a pedra de toque se dá no art. 17 da CRFB/88, transcrita para fins elucidativos, com a redação conferida pela recente Emenda Constitucional nº 97/2017:

> Art. 17. É livre a criação, fusão, incorporação e extinção de partidos políticos, resguardados a soberania nacional, o regime democrático, o pluripartidarismo, os direitos fundamentais da pessoa humana e observados os seguintes preceitos:
>
> I - caráter nacional;
>
> II - proibição de recebimento de recursos financeiros de entidade ou governo estrangeiros ou de subordinação a estes;
>
> III - prestação de contas à Justiça Eleitoral;
>
> IV - funcionamento parlamentar de acordo com a lei.
>
> §1º É assegurada aos partidos políticos autonomia para definir sua estrutura interna e estabelecer regras sobre escolha, formação e duração de seus órgãos permanentes e provisórios e sobre sua organização e funcionamento e para adotar os critérios de escolha e o regime de suas coligações nas eleições majoritárias, vedada a sua celebração nas eleições proporcionais, sem obrigatoriedade de vinculação entre as candidaturas em âmbito nacional, estadual, distrital ou municipal, devendo seus estatutos estabelecer normas de disciplina e fidelidade partidária.
>
> §2º Os partidos políticos, após adquirirem personalidade jurídica, na forma da lei civil, registrarão seus estatutos no Tribunal Superior Eleitoral.
>
> §3º Somente terão direito a recursos do fundo partidário e acesso gratuito ao rádio e à televisão, na forma da lei, os partidos políticos que alternativamente:
>
> I - obtiverem, nas eleições para a Câmara dos Deputados, no mínimo, 3% (três por cento) dos votos válidos, distribuídos em pelo menos um terço das unidades da Federação, com um mínimo de 2% (dois por cento) dos votos válidos em cada uma delas; ou

---

[27] GUASTINI, Riccardo. La constitucionalización del ordenamiento jurídico: el caso italiano. Tradução de José Maria Lujambio. In: CARBONELL, Miguel (Org.). *Neoconstitucionalismo(s)*. 3. ed. Madrid: Trotta, 2009. p. 75-98.

[28] BARROSO, Luís Roberto. Neoconstitucionalismo e a constitucionalização do direito: o triunfo tardio do direito constitucional no Brasil. In: SOUZA NETO, Cláudio Pereira de; SARMENTO, Daniel. *A constitucionalização do direito*: fundamentos teóricos e aplicações específicas. Rio de Janeiro: Lumen Juris, 2007. p. 217.

[29] Cf. SCHIER, Paulo Ricardo. *Filtragem constitucional*: construindo uma nova dogmática jurídica. Porto Alegre: Sérgio Antônio Fabris, 1999.

[30] SARMENTO, Daniel. Ubiqüidade constitucional: os dois lados da moeda. In: SARMENTO, Daniel; SOUZA NETO, Cláudio Pereira de (Coord.). *A constitucionalização do direito*: fundamentos teóricos e aplicações específicas. Rio de Janeiro: Lumen Juris, 2007. p. 116-122.

II - tiverem elegido pelo menos quinze Deputados Federais distribuídos em pelo menos um terço das unidades da Federação.

§4º É vedada a utilização pelos partidos políticos de organização paramilitar.

§5º Ao eleito por partido que não preencher os requisitos previstos no §3º deste artigo é assegurado o mandato e facultada a filiação, sem perda do mandato, a outro partido que os tenha atingido, não sendo essa filiação considerada para fins de distribuição dos recursos do fundo partidário e de acesso gratuito ao tempo de rádio e de televisão.

Por conseguinte, inova-se na história constitucional brasileira, por se explicitar os fundamentos normativos do reconhecimento formal das agremiações como atores ativos no sistema político. Demais, o *leitmotiv* da arquitetura constitucional consiste no direito fundamental do partido político e respectivos associados a liberdades públicas próprias da vida partidária, isto é, a criação, organização, funcionamento e extinção da pessoa jurídica. Por sua vez, o direito subjetivo funcionaliza-se como uma proibição de intervenção estatal com vistas a qualquer tipo de controle ideológico ou embaraço às atividades regulares do particular.[31]

Por outro lado, nada obstante a autonomia privada e a autodeterminação coletiva sejam a regra, o Poder Constituinte certificou-se de balizar o direito partidário a partir de preceitos fundamentais para a manutenção dos fundamentos da República, notadamente o pluralismo político e a democracia representativa. Nesse aspecto, elenca-se a soberania nacional, o regime democrático, o pluripartidarismo e os direitos fundamentais da pessoa humana.

Nesse contexto, a agremiação política é entidade promotora de direitos fundamentais, a despeito de sua natureza jurídica e regime normativo. Tal como ocorre com toda a esfera pública, inclusive estatal, o partido existe em função da pessoa humana, sendo que esta não pode ser objeto de relativização para o alcance de metas daquele, limitando os programas de governo e correntes ideológicas passíveis de guarida no Estado Democrático de Direito.

Por sua vez, como resultado de processo constituinte dotado de peculiaridades históricas já abordadas, o regime democrático impõe-se como salvaguarda institucional do relacionamento entre partidos políticos e democracia representativa partidária, porquanto se estabelece a indispensabilidade do intermediário, ao passo que se obriga os agentes da política a agir em conformidade com o marco institucional.

Isso porque a democracia consolida-se quando o *compliance* constitui o ponto de equilíbrio das estratégias descentralizadas de todas as forças políticas relevantes. Em termos menos técnicos, uma democracia revela-se estabelecida na hipótese de todas as forças políticas considerarem melhor submeterem seus interesses e valores a uma dinâmica incerta entre as instituições. Logo, independentemente do resultado, o agir político é orientado dentro do marco institucional em detrimento da tentativa de subverter a democracia para fins de implantação de um projeto político hegemônico.[32]

O pluralismo partidário como decorrência da diversidade política se situa como rechaço à situação anterior de bipartidarismo artificial ou da própria inexistência de

---

[31] CANARIS, Claus-Wilhelm. *Direitos fundamentais e direito privado*. Tradução de Ingo Wolfgang Sarlet e Paulo Mota Pinto. Coimbra: Almedina, 2013. p. 56 e ss.

[32] PRZEWORSKI, Adam. *Democracy and the market*: political and economic reforms in Eastern Europe and Latin America. Nova York: Cambridge University Press, 1991. p. 26.

uniões políticas. Assim, considera-se como preceito indissociável da vida democrática que a qualquer corrente de opinião ou ideológica democrática seja possível institucionalizar-se de modo associativo e concorrer a pleitos eleitorais, eventualmente ocupando cargos eletivos.

> O princípio do pluralismo político se caracteriza pela oposição a qualquer artefato monopolista, seja social, político, cultural, educacional, econômico ou de comunicação. O princípio do pluripartidarismo, por sua vez, se fundamenta pelo compromisso de o Estado brasileiro institucionalizar um sistema político que tenha por base a existência de vários partidos representativos socialmente, e todos com certa igualdade para alcançarem o poder pelo processo eleitoral livre e democrático. Ao estabelecer o princípio do pluripartidarismo, a vontade do Estado deixa, portanto, de coincidir com a vontade de um único grupo, e passa a garantir que os diferentes grupos políticos possam se expressar e concorrer entre si, sem qualquer tipo de limitação política.[33]

Por fim, a soberania nacional é o reflexo interno dos princípios das relações internacionais que orientam a atuação da República Federativa do Brasil no contexto global, mormente a não intervenção, a autodeterminação dos povos e igualdade jurídica dos Estados. Por conseguinte, o governo soberano como elemento constitutivo desse sujeito de direito internacional público somente pode ocorrer quando a autonomia dos partidos políticos não resta comprometida com interesses ou valores de entes ou instituições não nacionais.

Em outra seara, constata-se que, embora a liberdade partidária seja a diretriz da constitucionalização das agremiações, há requisitos constitucionais para criação de partidos políticos, de maneira a evitar abusos ou desvios de finalidade da figura partidária, isto é, uma forma de acomodação das preocupações das correntes restritivas expressadas nos debates constitucionais. Logo, são imperativos para a criação de partidos o caráter nacional, a prestação de contas à Justiça Eleitoral e o funcionamento parlamentar na forma da lei.

A nacionalidade pressupõe qualidades ideológicas que coloquem o projeto de governo partidário em sintonia com o país globalmente considerado. Trata-se de negação à experiência histórica de fragmentação partidária de índole regional ocorrida na República Velha. Consiste-se, ainda, na garantia de integração do partido político com o princípio federativo da unidade nacional.

No plano infraconstitucional, não se prevê o controle substancial da articulação programática das agremiações, de modo que ao TSE somente é dado desenvolver atividade cartorária de verificação do apoiamento de eleitores globalmente considerada e vinculada a unidades federadas estaduais.

Igualmente, é da vida partidária a prestação de contas à Justiça Eleitoral, com maior ênfase em pleitos eleitorais, de modo a garantir a coibir abusos de poder econômico. Com essa obrigação, objetiva-se aferir a regularidade da arrecadação e da aplicação de recursos de campanha ao longo do período eleitoral, "conferindo maior transparência e buscando evitar o trânsito de valores fora dos lançamentos contábeis decorrentes da

---

[33] MEZZAROBA, Orides. Art. 17. In: CANOTILHO, J. J. Gomes et al. Comentários à Constituição do Brasil. São Paulo: Saraiva/Almedina, 2013. p. 692.

movimentação financeira espelhada pelas contas eleitorais abertas para esta especifica finalidade".[34]

O funcionamento parlamentar em consonância à lei significa que o objetivo basilar do grupo social que se associa de forma organizada em termos de ideias e princípios cinge-se à assunção do poder político, o que acarreta em ocupação de cargos eletivos e do aparato estatal. Para além da dicotomia governo e oposição, o acesso da estrutura partidária às garantias constitucionais das agremiações demanda representatividade política, por sua vez aferida por quantidade de congressistas eleitos.

> O entendimento corrente é de que, para funcionar, os partidos devam possuir representação no Legislativo, a fim de usufruir do direito à estrutura de lideranças e participar na divisão proporcional da composição das mesas e comissões de acordo com o Regimento Interno de cada Casa Legislativa. Pela ação ou funcionamento parlamentar, os Partidos políticos marcam presença no Legislativo, constituindo bancadas e lideranças por meio de seus representantes eleitos (art. 12 da Lei n. 9.096/1995). Participando com representações em Comissões, analisando e discutindo matérias de relevância social, apresentando e votando projetos de leis, o legislador estará desenvolvendo a ação parlamentar do partido (art. 25 da Lei n. 9.096/1995).[35]

Na qualidade de corolários lógicos das limitações ideológicas previstas para a criação de um partido político, o Poder Constituinte já positivou duas vedações expressas à conduta política dessas organizações, quais sejam, a proibição de recebimento de recursos financeiros e de subordinação a organismos estrangeiros, à luz da soberania nacional, assim como a impossibilidade de utilização de organização paramilitar, já existente para todo e qualquer tipo de associação, nos termos do art. 5º, XVII, da CFRB/88.

10.3.1 Natureza jurídica dos partidos políticos

A importância da definição da natureza jurídica dos partidos políticos reside no regime jurídico, público ou privado, aplicável a essas instituições. Logo, para além das finalidades de taxonomia, a relação de substância do sujeito de direito implica depreender a proporcionalidade dos deveres atribuídos e a conexão orgânica das agremiações ao Estado, haja vista que a conformação da vinculação de um órgão ao princípio da juridicidade deriva da *summa divisio* pública e privada.

A esse respeito, em aspecto clássico, haure-se a natureza jurídica de pessoa jurídica a partir da conjugação de elementos objetivos e subjetivos. Assim, o público se define pela predominância do interesse geral e coletivo e dedica-se a regular a relação entre Estados ou Estado-particular em condição de desigualdade justificada pela soberania. Noutra banda, o privado visa satisfazer precipuamente os interesses de ordem particular, normatizando o relacionamento entre pessoas singulares em patamar de igualdade jurídica.[36]

---

[34] PELEGRINI, Marcia. Temas atuais sobre prestação de contas dos partidos políticos e candidatos. *Caderno de Pós-Graduação em Direito – Comissão de Pós-Graduação em Direito da Faculdade de Direito da Universidade de São Paulo*, n. 38, 2016. p. 5.

[35] MEZZAROBA, Orides. Art. 17. In: CANOTILHO, J. J. Gomes *et al. Comentários à Constituição do Brasil*. São Paulo: Saraiva/Almedina, 2013. p. 694.

[36] PEREIRA, Caio Mário da Silva. *Instituições de direito civil*. 22. ed. Rio de Janeiro: Forense, 2008. v. 1. p. 17-18.

Nesse sentido, é possível afirmar que há correntes doutrinárias predominantes quanto à natureza jurídica dos partidos, a depender da personalidade jurídica da agremiação e da relação de pertencimento ao aparato estatal. Logo, o partido pode ser pessoa jurídica de direito público interno, sendo órgão pertencente ou meramente auxiliar da Administração Pública. Por outro lado, a despeito de prestar atividades de relevância pública ou funções com assento constitucional, as agremiações partidárias são pessoas jurídicas de direito privado, possuindo ampla liberdade de conformação associativa e pouco controle ou ingerência por parte do Estado.[37]

Com esse universo de escolhas, decidiu-se em Assembleia Constituinte a atribuição de natureza privada aos partidos políticos. Assim, estes devem adquirir personalidade jurídica em Cartório de Registro de Títulos e Documentos, da mesma maneira que ocorre com as associações privadas, e depois proceder ao registro de seus estatutos sociais no Tribunal Superior Eleitoral, momento no qual os preceitos e vedações serão aferidos, nos termos do §3º do art. 17 da CRFB/88.

Por isso, provocou-se uma antinomia entre a escolha constitucional e o art. 2º da Lei nº 5.682/1971, segundo o qual as agremiações possuíam natureza pública, superável no plano da validade pelo critério da hierarquia e consequente não recepção na ordem constitucional vigente.

> Em síntese, pode-se concluir que: a) os partidos políticos brasileiros são dotados de personalidade jurídica; b) essa personalidade é de natureza privada, por se enquadrar nos procedimentos previstos pela lei civil; c) após a aquisição da personalidade jurídica os partidos políticos são obrigados a registrar os seus estatutos no Tribunal Superior Eleitoral; e d) o registro dos estatutos no Tribunal Superior Eleitoral não confere ao partido existência jurídica, pois se trata apenas de um rito para o controle da adequação dos estatutos partidários aos princípios programáticos da Constituição a que estão submetidos.[38]

Em síntese, "os partidos políticos, por mais que exerçam atividades públicas, não são pessoas de direito público".[39] No entanto, a despeito de não alterar o regime jurídico da entidade, o exercício de *múnus* público gera o influxo de normas de direito público em suas atividades. No Estado Democrático de Direito, a principal fonte dos referidos influxos é a eficácia dos direitos fundamentais, o que se dá com mais razão com esteio nos preceitos constitucionais de regência dos partidos políticos.

Nesses termos, é certo que o enquadramento jurídico de determinada pessoa jurídica como ator público ou privado refletirá no grau de vinculação direta e incondicional aos direitos fundamentais, restringindo o espaço da autonomia privada.

---

[37] MEZZAROBA, Orides. Os fundamentos da personalidade jurídica dos partidos políticos a partir da Constituição Federal de 1988. In: MOREIRA, Eduardo Ribeiro; GONÇALVES JUNIOR, Jerson Carneiro; BETTINI, Lucia Helena Polleti. *Hermenêutica constitucional*: homenagem aos 22 anos do grupo de estudos Maria Garcia. Florianópolis: Conceito, 2010. p. 672.

[38] MEZZAROBA, Orides. Os fundamentos da personalidade jurídica dos partidos políticos a partir da Constituição Federal de 1988. In: MOREIRA, Eduardo Ribeiro; GONÇALVES JUNIOR, Jerson Carneiro; BETTINI, Lucia Helena Polleti. *Hermenêutica constitucional*: homenagem aos 22 anos do grupo de estudos Maria Garcia. Florianópolis: Conceito, 2010. p. 673.

[39] VIOLIN, Tarso Cabral. O regime jurídico dos partidos políticos no Brasil. In: SALGADO, Eneida Desiree; DANTAS, Ivo (Org.). *Partidos políticos e seu regime jurídico*. Curitiba: Juruá, 2013. p. 98.

Portanto, Daniel Sarmento sustenta que quando a função primordial de um particular seja o exercício de atividades de índole pública, esse deve submissão ampla aos direitos fundamentais, independentemente da dependência formal ao aparato estatal. Segundo o constitucionalista, aplica-se a teoria da função pública (*public function theory*) aos partidos políticos, pois embora sejam pessoas jurídicas de direito privado, autônomas ao Estado, desempenham "relevantíssima função pública, na medida em que atuam como canais indispensáveis para a expressão da autonomia política do cidadão na democracia representativa".[40]

Essa consideração é relevante na medida em que explica sistematicamente o controle externo e permanente exercido sobre os partidos políticos por parte da Justiça Eleitoral. Igualmente, justifica a centralidade da democracia interna como norma fundamental implícita de atuação das agremiações, o que abarca as garantias constitucionais conferidas pelo §1º do art. 17 da CFRB/88.

10.4 As garantias constitucionais dos partidos políticos e a democracia interna

Em busca de concretizar a liberdade partidária, elegeram-se em processo constituinte garantias consideradas indispensáveis ao funcionamento dos partidos políticos de maneira autônoma em relação ao Estado e com possibilidades de desempenhar a intermediação em sede de representação política, conforme o depreendido dos §§1º e 3º do multicitado art. 17 do texto constitucional.

Sem dúvidas, a autonomia partidária é a principal delas, uma vez que estabelece uma reserva estatutária relativa às questões *interna corporis* das agremiações, o que inviabiliza a atuação do legislador ordinário tendente a intervir na intimidade estrutural, organizacional ou operacional dessas pessoas jurídicas.

Essa garantia também redefiniu o controle exercido pela Justiça Eleitoral em relação aos partidos políticos, uma vez que transfoge a competência para análise de lesões a direitos subjetivos na hipótese de ocorrerem no seio da estrutura partidária da Justiça Especializada para a Justiça Comum estadual, tendo em vista a natureza associativa em questão.

Neste tópico, importa dizer que a liberdade se estende tanto para a estrutura da organização partidária, quanto para a estratégia nos pleitos eleitorais, o que inclui a formação de coligações em todos os níveis federativos, desde que para cargos eletivos majoritários.

Igualmente, a despeito de sua natureza privada, o partido político possui direito de acesso a recursos próprios da atividade financeira do Estado, traduzíveis em dotações orçamentárias. Por conseguinte, impôs-se a toda sociedade brasileira mediante impostos e incentivos fiscais o dever de solidariedade no sustento financeiro das agremiações políticas. Atualmente, realiza-se isso por meio do Fundo Especial de Assistência Financeira aos Partidos Políticos e do recente Fundo Especial de Financiamento de Campanha, assim como pela cedência de horários por parte das concessionárias de televisão e rádio.

---

[40] SARMENTO, Daniel. *Direitos fundamentais e relações privadas*. Rio de Janeiro: Lumen Juris, 2004. p. 317.

Por outro lado, no âmbito da reserva estatutária do partido, há a necessidade de dispor-se obrigatoriamente sobre disciplina e fidelidade partidária. Trata-se de garantia à agremiação partidária em relação aos seus associados, ao mesmo tempo que delimita o projeto de governo e o ideário comum que organiza o grupo partidário.

No que toca à disciplina, os filiados partidários devem obediência aos princípios, ao programa e às finalidades políticas das organizações, uma vez que já manifestaram consentimento prévio no ato de filiação ou fundação do partido político. Além disso, o "filiado deve exercer com dignidade seus deveres e, quando convocados, exercer com integridade funções ou mandatos partidários".[41] Nessa categoria também se encontra o plexo de sanções administradas pela organização na hipótese de infração disciplinar por parte do filiado.

Por sua vez, a fidelidade partidária consiste no "compromisso que o representante assume em respeitar as deliberações democraticamente aprovadas pelo seu partido e de se manter fiel ao partido enquanto estiver no exercício de mandato".[42] Coloca-se novamente em tensão as formas democráticas da representação partidária e do Estado de partidos já abordados no item 10.2, porquanto se leva a perquirir a quem pertence o mandato eletivo e a quem deve o representante prestar contas.

Decerto, todas essas garantias constitucionais são relevantes para o desenvolvimento da vida partidária, contudo são, ainda sim, passíveis de restrição a partir da incidência direta dos direitos fundamentais, em razão da função pública emergente. Caso contrário, há um cenário de captura do partido por uma oligarquia diretiva, denominado no Brasil de "caciques partidários".

> Acusam-se também os partidos de serem organizações oligárquicas dominadas por um chefe e alguns assecias, que manejam a força eleitoral em proveito próprio, sacrificando interesses do povo, apresentando candidatos ineptos ou desconhecidos.
>
> Frequentemente acontece assim, mas é um mal que a educação política pode afastar. Os partidos não dispõem senão da força que lhes dão os seus aderentes, e nenhum chefe ou grupo de chefetes poderá obrigar os cidadãos a aprovar-lhes os manejos fraudulentos. Cada membro de um partido tem a seu dispor uma arma irresistível contra esses abusos: não votar, abster-se, retirar-se do partido. Quando a maioria, ou mesmo uma boa parte dos seus correligionários fizer ou ameaçar fazer isso, nenhuma direção de partido resistirá, e procederá de acordo com a opinião livremente manifestada pelos associados.[43]

De fato, a educação política do eleitor e a discordância interna dos filiados são ferramentas com aptidão para, no mínimo, amenizar a tendência oligárquica das agremiações políticas. Porém, a resistência externa do eleitor parece pouco provável ante o surgimento dos partidos *catch-all* nas democracias de massa, em que aqueles possuem expectativa razoável de "capturar" os votos do máximo de eleitores das diversas categorias sociais cujos interesses não impliquem conflitos desvantajosos à agremiação política, logo cingem suas ações e programas a temas de baixa resistência e difícil operabilidade,

---

[41] MEZZAROBA, Orides. Art. 17. In: CANOTILHO, J. J. Gomes *et al. Comentários à Constituição do Brasil.* São Paulo: Saraiva/Almedina, 2013. p. 698.

[42] MEZZAROBA, Orides. Art. 17. In: CANOTILHO, J. J. Gomes *et al. Comentários à Constituição do Brasil.* São Paulo: Saraiva/Almedina, 2013. p. 697.

[43] AZAMBUJA, Darcy. *Teoria geral do Estado.* 38. ed. São Paulo: Globo, 1998 [1941]. p. 291-292.

como metas societárias nacionais.[44] Portanto, o *marketing* político e a homogeneização de propostas partidárias dificultam a parcela majoritária dos cidadãos de identificar e rechaçar "fraudes eleitorais".

Por outro lado, a exigência de disciplina e fidelidade partidária assim como o processo dificultoso de criação ou troca de partido tornam a possibilidade da diversidade e discordância na unidade da agremiação um fator dependente da democracia intrapartidária ou interna, por sua vez direito de expressão implícita do sistema constitucional.

> A ideia que sai do texto constitucional é a de que os partidos hão de se organizar e funcionar em harmonia com o regime democrático e que sua estrutura interna também fica sujeita ao mesmo princípio. A autonomia é conferida na suposição de que cada partido busque, de acordo com suas concepções, realizar uma estrutura interna democrática. Não é compreensível que uma instituição resguarde o regime democrático se internamente não observa o mesmo regime.[45]

Por conseguinte, à mais importante vinculação dos partidos políticos aos direitos fundamentais repousa observância do regime democrático na estruturação interna, eventualmente limitando a autonomia partidária, seja pela necessidade de oitiva dos associados e tomada de decisão majoritária, seja por intermédio do resguardo dos procedimentos, da capacidade de fiscalização e dos direitos das minorias.[46]

Nesse quadro, "[n]o Brasil, o nó górdio é compatibilizar essas exigências com a visão ambiciosa que historicamente se construiu para a autonomia partidária garantida constitucionalmente".[47]

10.5 Considerações finais

Conforme já afirmado em introito, não se concebe Estado Democrático sem partidos políticos, no entanto também não resulta legítima agremiação partidária cuja regência e organizações não sejam democráticas. Nesse sentido, consiste-se em tema fulcral do constitucionalismo brasileiro garantir as liberdades partidárias, sem ingerência estatal, mas condicionadas à concretização dos preceitos de uma democracia representativa.

Assim, de modo a tornar efetiva a institucionalização dos partidos políticos, realizou-se transcurso histórico com enfoque na integração orgânica ou finalística entre essas entidades e o Estado brasileiro, assim como na existência de normas de índole constitucional incidentes sobre referida instituição jurídica.

---

[44] KIRCHHEIMER, Otto. A transformação dos sistemas partidários da Europa ocidental. *Revista Brasileira de Ciência Política*, Brasília, n. 7, p. 349-385, jan./abr. 2012. p. 365.

[45] SILVA, José Afonso da. *Curso de direito constitucional positivo*. 29. ed. São Paulo: Malheiros, 2007. p. 406.

[46] Cf. FREIDENBERG, Flavia. Democracia interna en los partidos politicos. In: NOHLEN, Dieter *et al. Tratado de derecho electoral comparado de América Latina*. Cidade do México: UNAM; San José: IFE, 2007.

[47] SALGADO, Eneida Desiree. Os partidos políticos e o estado democrático: a tensão entre a autonomia partidária e a exigência de democracia interna. In: SALGADO, Eneida Desiree; DANTAS, Ivo (Org.). *Partidos políticos e seu regime jurídico*. Curitiba: Juruá, 2013. p. 161.

Após, tratou-se do processo de constitucionalização do direito partidário. Verificou-se que a arquitetura constitucional dessas instituições se traduz na manifestação da autonomia partidária contraposta a qualquer intervenção estatal com vistas a algum controle ideológico ou embaraços às atividades regulares dos particulares, ainda que no exercício de funções públicas.

Essa opção constituinte encontra respaldo na natureza jurídica dos partidos, notadamente privada, com personalidade jurídica obtida a partir do registro público, mesmo que haja exigência posterior de submissão do pleito ao TSE para participação no pleito eleitoral. De toda forma, há incidência direta e vinculação ampla dessas pessoas jurídicas aos direitos fundamentais, acarretando o influxo de normas de resguardo ao interesse público.

A despeito dessa diretriz liberal, também se versou sobre os requisitos para a criação de agremiações políticas, de maneira a evitar abusos ou desvio de finalidade da figura partidária. Igualmente, houve precisão conceitual no que diz respeito às limitações ideológicas aos projetos de governo e ideário político veiculado pelos partidos políticos.

Por fim, articulou-se a reserva estatutária no que diz respeito às questões *interna corporis* das agremiações, impassível de intervenção restritiva legislativa ou judicial. Ademais, como garantias à pessoa jurídica, há exigência de normatização acerca da disciplina e fidelidade partidária.

Por outro lado, reputou-se exigência constitucional implícita a submissão dos partidos políticos ao regime democrático na organização interna e tomada de decisões com efeitos jurídicos, o que eventualmente termina por limitar a liberdade partidária, em prol dos interesses jurídicos dos eleitores e dos filiados.

Desse modo, os exatos contornos da democracia intrapartidária demandada são atividade interpretativa do direito em sua aplicação, exigindo maior atenção e análises mais detidas por parte da dogmática jurídica, como pressuposto para efetivação da força constitucional das agremiações na condição de instituição central no desenvolvimento da democracia representativa brasileira.

Referências

ALEXY, Robert. *Teoria dos direitos fundamentais.* Tradução de Virgílio Afonso da Silva. São Paulo: Malheiros, 2008.

AZAMBUJA, Darcy. *Teoria geral do Estado.* 38. ed. São Paulo: Globo, 1998.

BARROSO, Luís Roberto. Neoconstitucionalismo e a constitucionalização do direito: o triunfo tardio do direito constitucional no Brasil. In: SOUZA NETO, Cláudio Pereira de; SARMENTO, Daniel. *A constitucionalização do direito*: fundamentos teóricos e aplicações específicas. Rio de Janeiro: Lumen Juris, 2007.

BONAVIDES, Paulo. *Ciência política.* 22. ed. São Paulo: Malheiros, 2015.

BONAVIDES, Paulo. *Curso de direito constitucional.* 20. ed. São Paulo: Malheiros, 2007.

CANARIS, Claus-Wilhelm. *Direitos fundamentais e direito privado.* Tradução de Ingo Wolfgang Sarlet e Paulo Mota Pinto. Coimbra: Almedina, 2013.

CARVALHO NETTO, Menelick de. A hermenêutica constitucional sob o paradigma do estado democrático de direito. In: OLIVEIRA, Marcelo Andrade Cattoni (Coord.). *Jurisdição e hermenêutica constitucional no Estado Democrático de Direito.* Belo Horizonte: Mandamentos, 2004.

FREIDENBERG, Flavia. Democracia interna en los partidos politicos. In: NOHLEN, Dieter *et al. Tratado de derecho electoral comparado de América Latina.* Cidade do México: UNAM; San José: IFE, 2007.

GUASTINI, Riccardo. La constitucionalización del ordenamiento jurídico: el caso italiano. Tradução de José Maria Lujambio. In: CARBONELL, Miguel (Org.). *Neoconstitucionalismo(s)*. 3. ed. Madrid: Trotta, 2009.

KIRCHHEIMER, Otto. A transformação dos sistemas partidários da Europa ocidental. *Revista Brasileira de Ciência Política*, Brasília, n. 7, p. 349-385, jan./abr. 2012.

LANDAU, David. Abusive constitutionalism. *University of California Davis Law Review*, Davis, v. 47, p. 189-260, 2013/2014.

LYNCH, Christian Edward Cyril; MENDONÇA, José Vicente Santos de. Por uma história constitucional brasileira: uma crítica pontual à doutrina da efetividade. *Direito & Práxis*, Rio de Janeiro, v. 8, n. 2, p. 979-1007, 2017.

MEZZAROBA, Orides. A crise do modelo liberal de representação e construção da democracia de partidos. In: OLIVEIRA NETO, Francisco José Rodrigues de et al (Org.). *Constituição e Estado Social*: os obstáculos à concretização da constituição. São Paulo: Revista dos Tribunais, 2008.

MEZZAROBA, Orides. Art. 17. In: CANOTILHO, J. J. Gomes *et al. Comentários à Constituição do Brasil.* São Paulo: Saraiva/Almedina, 2013.

MEZZAROBA, Orides. *Introdução ao direito partidário brasileiro.* 2. ed. Rio de Janeiro: Lumen Juris, 2004.

MEZZAROBA, Orides. *O partido político no Brasil*: teoria, história, legislação. Joaçaba: Unoesc, 1995.

MEZZAROBA, Orides. Os fundamentos da personalidade jurídica dos partidos políticos a partir da Constituição Federal de 1988. In: MOREIRA, Eduardo Ribeiro; GONÇALVES JUNIOR, Jerson Carneiro; BETTINI, Lucia Helena Polleti. *Hermenêutica constitucional*: homenagem aos 22 anos do grupo de estudos Maria Garcia. Florianópolis: Conceito, 2010.

MORAES, Filomeno. Os partidos e a evolução político-constitucional brasileira. In: SALGADO, Eneida Desiree; DANTAS, Ivo (Org.). *Partidos políticos e seu regime jurídico.* Curitiba: Juruá, 2013.

NOBRE, Marcos. Indeterminação e estabilidade. *Novos Estudos*, São Paulo, n. 82, p. 97-106, nov. 2008.

PELEGRINI, Marcia. Temas atuais sobre prestação de contas dos partidos políticos e candidatos. *Caderno de Pós-Graduação em Direito – Comissão de Pós-Graduação em Direito da Faculdade de Direito da Universidade de São Paulo*, n. 38, 2016.

PEREIRA, Caio Mário da Silva. *Instituições de direito civil.* 22. ed. Rio de Janeiro: Forense, 2008. v. 1.

PINTO, Marcos Barbosa. *Constituição e democracia.* Rio de Janeiro: Renovar, 2009.

PRZEWORSKI, Adam. *Democracy and the market*: political and economic reforms in Eastern Europe and Latin America. Nova York: Cambridge University Press, 1991.

SALGADO, Eneida Desiree. Os partidos políticos e o estado democrático: a tensão entre a autonomia partidária e a exigência de democracia interna. In: SALGADO, Eneida Desiree; DANTAS, Ivo (Org.). *Partidos políticos e seu regime jurídico.* Curitiba: Juruá, 2013.

SANTANO, Ana Cláudia. Do surgimento à constitucionalização dos partidos políticos: uma revisão histórica. *Resenha Eleitoral*, Florianópolis, v. 20, n. 2, p. 9-32, ago./dez. 2016.

SARMENTO, Daniel. *Direitos fundamentais e relações privadas.* Rio de Janeiro: Lumen Juris, 2004.

SARMENTO, Daniel. Ubiqüidade constitucional: os dois lados da moeda. In: SARMENTO, Daniel; SOUZA NETO, Cláudio Pereira de (Coord.). *A constitucionalização do direito*: fundamentos teóricos e aplicações específicas. Rio de Janeiro: Lumen Juris, 2007.

SCHIER, Paulo Ricardo. *Filtragem constitucional*: construindo uma nova dogmática jurídica. Porto Alegre: Sérgio Antônio Fabris, 1999.

SILVA, José Afonso da. *Curso de direito constitucional positivo.* 29. ed. São Paulo: Malheiros, 2007.

VIOLIN, Tarso Cabral. O regime jurídico dos partidos políticos no Brasil. In: SALGADO, Eneida Desiree; DANTAS, Ivo (Org.). *Partidos políticos e seu regime jurídico.* Curitiba: Juruá, 2013.

Informação bibliográfica deste texto, conforme a NBR 6023:2002 da Associação Brasileira de Normas Técnicas (ABNT):

FONSECA, Reynaldo Soares da; FONSECA, Rafael Campos Soares da. A constitucionalização da liberdade partidária e sua limitação pela democracia interna. In: COSTA, Daniel Castro Gomes da et al. (Coord.). *Direito Eleitoral comparado*. Belo Horizonte: Fórum, 2018. p. 159-178. ISBN 978-85-450-0550-6.

CAPÍTULO 11

A SUSPENSÃO DOS DIREITOS POLÍTICOS PREVISTA NO ART. 15, II, DA CONSTITUIÇÃO FEDERAL EM FACE DA CONVENÇÃO DE NOVA IORQUE E DO ESTATUTO DA PESSOA COM DEFICIÊNCIA (LEI Nº 13.146/2015)

LEONARDO CAMPOS SOARES DA FONSECA

Considerações

O Estatuto da Pessoa com Deficiência (Lei nº 13.146/2015) foi promulgado com o intuito de corporificar, no plano normativo interno pátrio, a Convenção sobre os Direitos das Pessoas com Deficiência (Convenção de Nova Iorque), ratificada pelo Congresso Nacional por intermédio do Decreto Legislativo nº 186/08, consoante o procedimento previsto no art. 5º, §3º, da CF, isto é, com *status* de emenda constitucional.

Logo em seu primeiro artigo, o Estatuto preconizou seus objetivos fundamentais, quais sejam, "assegurar e promover, em condições de igualdade, o exercício dos direitos e das liberdades fundamentais por pessoa com deficiência, visando à sua inclusão social e cidadania". Nessa esteira, uma das principais soluções encontradas no diploma normativo para o cumprimento desse desiderato foi o estabelecimento de diferenciação técnica entre os conceitos de deficiência (psíquica ou física) e incapacidade.

É que a nova ordem normativa constitucional desautoriza a verificação de correlação imediata entre as noções explicitadas, pois a deficiência não induz, por si só, a inviabilidade de manifestação de vontade, bem como a incapacidade pode decorrer de uma causa de restrição distinta da deficiência.

Na verdade, a definição jurídica de pessoa com deficiência, agora positivada no art. 2º,[1] centra-se na limitação de índole física, mental, intelectual ou sensorial, sem ferir

---

[1] Considera-se pessoa com deficiência aquela que tem impedimento de longo prazo de natureza física, mental, intelectual ou sensorial, o qual, em interação com uma ou mais barreiras, pode obstruir sua participação plena e efetiva na sociedade em igualdade de condições com as demais pessoas.

o tema da incapacidade para os atos da vida civil, de forma a favorecer a inclusão e a valorização da expressão volitiva. Ao revés, a nota essencial da incapacidade é a impossibilidade de demonstração de autodeterminação, o que enseja a óbvia conclusão de que a tutela jurídica conferida ao incapaz deve, necessariamente, ser mais profunda do que a destinada à pessoa com deficiência que tenha disponibilidade para apresentar vontade válida.[2]

Atendendo a essas diretrizes, o novel instrumento legislativo em comento alterou os arts. 3º e 4º do Código Civil, da seguinte maneira:

> Art. 3º São absolutamente incapazes de exercer pessoalmente os atos da vida civil os menores de 16 (dezesseis) anos.
> I - (Revogado);
> II - (Revogado);
> III - (Revogado). (NR)
> Art. 4º São incapazes, relativamente a certos atos ou à maneira de os exercer:
> I - os maiores de dezesseis e menores de dezoito anos;
> II - os ébrios habituais e os viciados em tóxico;
> III - aqueles que, por causa transitória ou permanente, não puderem exprimir sua vontade;
> IV - os pródigos.

Infere-se, daí, que, hodiernamente, sob o prisma legal, apenas são considerados como absolutamente incapazes os menores de 16 anos. Na linha acima esposada, a teoria das incapacidades acabou substancialmente alterada, tornando-se mais flexível para melhor contemplar os valores encartados no novo arranjo constitucional, tendentes a possibilitar maior inclusão social e exaltação da vontade/dignidade das pessoas com deficiência.

Entretanto, se por um lado a novidade legislativa foi alvissareira, por outro, trouxe consigo perplexidades sistêmicas que impactam decisivamente na seara eleitoral.

O art. 15, II, da CF preceitua a suspensão dos direitos políticos no caso de incapacidade civil absoluta. Da leitura gramatical da norma constitucional, percebe-se que, a partir da alteração da redação dos arts. 3º e 4º do CC, está fora de sua abrangência mesmo o caso daqueles que não podem exprimir a própria vontade, porque agora considerados relativamente incapazes, podendo, nessa toada, exercer capacidade eleitoral passiva e ativa.

Dessa conjuntura, surgiu o tema que anima o debate ora posto em xeque, isto é: como se operacionalizar o exercício do voto por quem tenha sentença judicial reconhecendo a sua incapacidade relativa decorrente de causa permanente ou transitória que declare ser a pessoa impossibilitada de exprimir validamente a sua vontade? O voto seria válido? Poderia ser lançado no cadastro código impedindo o cidadão de votar, quando a Constituição Federal apenas condiciona a suspensão dos direitos políticos à incapacidade civil absoluta, e não a relativa?

Com efeito, impende narrar que o tema já foi enfrentado previamente pelo TSE no julgamento do Processo Administrativo nº 114-71.2016.6.00.0000, em resposta à

---

[2] FARIAS, Cristiano Chaves de; ROSENVALD, Nelson. *Curso de direito civil*: parte geral e LINDB. 14. ed. rev., ampl. e atual. Salvador: JusPodivm, 2016. v. 1. p. 327.

consulta elaborada pela Corregedoria Regional Eleitoral da Bahia. A qual foi vazada nos seguintes termos:

> PROCESSO ADMINISTRATIVO. QUESTIONAMENTOS. APLICABILIDADE. VIGÊNCIA. LEI Nº 13.146, de 2015. ALTERAÇÃO. ART. 3º. CÓDIGO CIVIL. INCAPACIDADE CIVIL ABSOLUTA. SUSPENSÃO. DIREITOS POLÍTICOS. ART. 15, II, DA CONSTITUIÇÃO. ANOTAÇÃO. CADASTRO ELEITORAL. ANTERIORIDADE.
>
> 1. O Estatuto da Pessoa com Deficiência - Lei nº 13.146, de 2015 - modificou o art. 3º do Código Civil, com a alteração do rol daqueles considerados absolutamente incapazes, circunstância que trouxe impactos no âmbito desta Justiça especializada, particularmente no funcionamento do cadastro eleitoral, cujos gerenciamento, fiscalização e regulamentação estão confiados à Corregedoria-Geral.
>
> 2. Alcançado o período de vigência do mencionado diploma legal, a incapacidade absoluta se restringiu unicamente aos menores de 16 (dezesseis) anos, os quais não detêm legitimidade para se alistar eleitores - exceção feita àqueles que completem a idade mínima no ano em que se realizarem eleições até a data do pleito (Res.-TSE nº 21.538, de 2003, art. 14).
>
> 3. Esta Justiça especializada, na via administrativa, deve se abster de promover anotações de suspensão de direitos políticos por incapacidade civil absoluta, ainda que decretada anteriormente à entrada em vigor da norma legal em referência, nos históricos dos respectivos eleitores no cadastro, de forma a se adequar aos novos parâmetros fixados.
>
> 4. Para regularização das inscrições em que o registro de suspensão de direitos políticos por incapacidade civil absoluta tenha sido feito antes da entrada em vigor da Lei de Inclusão da Pessoa com Deficiência, o eleitor deverá cumprir as formalidades previstas nos arts. 52 e 53, II, a, da Res.-TSE nº 21.538, de 2003.
>
> 5. Expedição das orientações necessárias às corregedorias regionais eleitorais, objetivando idêntica comunicação às Corregedorias-Gerais de Justiça dos Estados e do Distrito Federal e aos juízos eleitorais de todo o País. (Processo Administrativo nº 11.471. Acórdão de 7.4.2016. Rel. Min. Maria Thereza Rocha de Assis Moura. *DJe*, t. 80, p. 99-100, 27 abr. 2016)

Diante do julgado, em que pese as orientações nele desenvolvidas resolvam parte dos problemas advindos do novo horizonte legislativo, elas não se mostram aptas a prevenir e dirimir todas as perplexidades deles desinentes.

É forçoso, por isso, enfrentar alguns pontos ainda lacunosos sobre a disciplina para tentar apresentar sugestões de respostas às indagações acima esposadas.

Na linha do que preconizado no art. 29 da Convenção de Nova Iorque,[3] o Estatuto da Pessoa com Deficiência estabelece:

---

[3] "Os Estados Partes garantirão às pessoas com deficiência direitos políticos e oportunidade de exercê-los em condições de igualdade com as demais pessoas, e deverão: a) Assegurar que as pessoas com deficiência possam participar efetiva e plenamente na vida política e pública, em igualdade de oportunidades com as demais pessoas, diretamente ou por meio de representantes livremente escolhidos, incluindo o direito e a oportunidade de votarem e serem votadas, mediante, entre outros: I) Garantia de que os procedimentos, instalações e materiais e equipamentos para votação serão apropriados, acessíveis e de fácil compreensão e uso; II) Proteção do direito das pessoas com deficiência ao voto secreto em eleições e plebiscitos, sem intimidação, e a candidatar-se nas eleições, efetivamente ocupar cargos eletivos e desempenhar quaisquer funções públicas em todos os níveis de governo, usando novas tecnologias assistivas, quando apropriado; III) Garantia da livre expressão de vontade das pessoas com deficiência como eleitores e, para tanto, sempre que necessário e a seu pedido, permissão para que elas sejam auxiliadas na votação por uma pessoa de sua escolha; b) Promover ativamente um ambiente em que as pessoas com deficiência possam participar efetiva e plenamente na condução das questões públicas, sem discriminação e em igualdade de oportunidades com as demais pessoas, e encorajar sua participação nas questões públicas, mediante: I) Participação em organizações não-governamentais relacionadas com a vida pública e política do país, bem como em atividades e administração de partidos políticos; II) Formação de organizações para representar pessoas com deficiência em níveis internacional, regional, nacional e local, bem como a filiação de pessoas com deficiência a tais organizações".

Art. 76. O poder público deve garantir à pessoa com deficiência todos os direitos políticos e a oportunidade de exercê-los em igualdade de condições com as demais pessoas.

§1º À pessoa com deficiência será assegurado o direito de votar e de ser votada, inclusive por meio das seguintes ações:

I - garantia de que os procedimentos, as instalações, os materiais e os equipamentos para votação sejam apropriados, acessíveis a todas as pessoas e de fácil compreensão e uso, sendo vedada a instalação de seções eleitorais exclusivas para a pessoa com deficiência;

II - incentivo à pessoa com deficiência a candidatar-se e a desempenhar quaisquer funções públicas em todos os níveis de governo, inclusive por meio do uso de novas tecnologias assistivas, quando apropriado;

III - garantia de que os pronunciamentos oficiais, a propaganda eleitoral obrigatória e os debates transmitidos pelas emissoras de televisão possuam, pelo menos, os recursos elencados no art. 67 desta Lei;

IV - garantia do livre exercício do direito ao voto e, para tanto, sempre que necessário e a seu pedido, permissão para que a pessoa com deficiência seja auxiliada na votação por pessoa de sua escolha.

§O poder público promoverá a participação da pessoa com deficiência, inclusive quando institucionalizada, na condução das questões públicas, sem discriminação e em igualdade de oportunidades, observado o seguinte:

I - participação em organizações não governamentais relacionadas à vida pública e à política do País e em atividades e administração de partidos políticos;

II - formação de organizações para representar a pessoa com deficiência em todos os níveis;

III - participação da pessoa com deficiência em organizações que a representem.

De mais a mais, a Lei nº 13.146/2015 ainda insculpe em seu art. 85, §1º, que: "A definição da curatela não alcança o direito ao próprio corpo, à sexualidade, ao matrimônio, à privacidade, à educação, à saúde, ao trabalho e ao voto".

Os dispositivos transcritos não só revelam o escopo de priorizar a inclusão social das pessoas com deficiência, por intermédio da preservação de seus direitos políticos fundamentais, como também identificam bem a nova relação instituída entre capacidade e deficiência.

É que, atualmente, as pessoas com deficiência que possuem aptidão para expressão da vontade e autodeterminação são consideradas, em regra, plenamente capazes, podendo se valer da chamada tomada de decisão apoiada (TDA), instrumento que busca preservar a integralidade da capacidade civil de seus beneficiários, mas que, ao mesmo tempo, os protege por conta da vulnerabilidade decorrente de um tipo de debilidade física, mental ou intelectual. O art. 1783-A do Código Civil define a TDA:

> o processo pelo qual a pessoa com deficiência elege pelo menos 2 (duas) pessoas idôneas, com as quais mantenha vínculos e que gozem de sua confiança, para prestar-lhe apoio na tomada de decisão sobre atos da vida civil, fornecendo-lhes os elementos e informações necessários para que possa exercer sua capacidade.

Aliás, tal instituto jurídico pode ser importante na realização do exercício dos direitos políticos por essa categoria de pessoas com deficiência, pois traz melhor orientação para sua consecução com o maior grau de autonomia possível, contribuindo para evitar manipulações nefastas da tomada de opções eleitorais, e favorecendo, também, a própria lisura do processo eleitoral.

Por outro lado, as pessoas com deficiência física que não puderem apresentar autogoverno, inclusive pela impossibilidade de manifestação de vontade, assim identificadas durante o respectivo processo de curatela, serão consideradas relativamente incapazes, o que faz demandar a incidência das conhecidas técnicas de representação ou assistência, a partir do nível aferido de redução da expressão volitiva. Preserva-se, a princípio, também no que toca a esse grupo de pessoas com deficiência, os direitos de votar e ser votado, na dicção dos aludidos arts. 76 e 85, §1º, da Lei nº 13.146/2015.

No tópico, é preciso rememorar, ainda nos moldes dos mesmos preceitos legais, que a nova realidade de tratamento das pessoas com deficiência não exclui o dever especial estatal de garantia dos instrumentos necessários para a participação na vida pública e política desses cidadãos, permanecendo aqui plenamente aplicáveis os parâmetros traçados na Resolução TSE nº 23.381/2012, que instituiu o programa de acessibilidade da Justiça Eleitoral.

Repise-se, no ponto, que – pela interpretação gramatical do art. 15, II, da CF – somente pode se falar de suspensão dos direitos políticos dos menores impúberes, porque ainda absolutamente incapazes, visto que as pessoas com deficiência agora serão sempre tidas como plena ou relativamente incapazes.

Nada obstante, ocorre que a exegese fria do contexto em tela terminaria por redundar em consequências deletérias indesejadas, seja no ambiente eleitoral, seja na esfera de proteção das pessoas que não ostentem o necessário discernimento para o desempenho adequado de seus direitos políticos, em dissonância com o objetivo da promulgação do Estatuto multirreferido. Deflui dessa percepção a necessidade da efetivação de uma leitura mais refinada e sistemática do panorama em apreço.

Antes de tudo, é preciso rememorar que tanto a previsão contida no art. 15, II, da CF, quanto as diretrizes sufragadas pela Convenção de Nova Iorque, internalizada na forma do art. 5º, §3º, da CF, apresentam, como visto, grau hierárquico-normativo constitucional. Assim, devem ser valoradas de forma a buscar sintonia entre si (unidade das normas constitucionais). Essa noção está sobejamente explanada pelos professores Gilmar Ferreira Mendes e Paulo Gustavo Gonet Branco no seguinte excerto doutrinário:

> [...] O primeiro desses princípios, o da unidade da Constituição, postula que não se considere uma norma da Constituição fora do sistema em que se integra; dessa forma, evitam-se contradições entre as normas constitucionais. As soluções dos problemas constitucionais devem estar em consonância com as deliberações elementares do constituinte. Vale, aqui, o magistério, de Eros Grau, que insiste em que "não se interpreta o direito em tiras, aos pedaços", acrescentando que "a interpretação do direito se realiza não como mero exercício de leitura de textos normativos, para o que bastaria ao intérprete ser alfabetizado". Esse princípio concita o intérprete a encontrar soluções que harmonize tensões existentes entre as várias normas constitucionais, considerando a Constituição como um todo unitário.[4]

Ademais, as novidades trazidas pelo Estatuto da Pessoa com Deficiência também devem ser lidas à luz do espírito acima explicitado, de sorte a considerar todo o complexo de normas constitucionais que influenciam, regem e norteiam as situações problemáticas delas resultantes.

---

[4] MENDES, Gilmar Ferreira; BRANCO, Paulo Gustavo Gonet. *Curso de direito constitucional*. 11. ed. São Paulo: Saraiva, 2016. p. 91.

Pois bem. O art. 15, II, da CF, como já aludido, estabelece a suspensão dos direitos políticos no caso de incapacidade civil absoluta. A restrição visa retirar pessoas nessa situação do processo eleitoral, porque "implica a completa vedação do indivíduo para o exercício de atos da vida civil, já que ele se torna inapto para conduzir-se com independência, autonomia e eficiência na vida, de maneira a reger sua pessoa e seus bens".[5]

A Convenção Internacional sobre os Direitos das Pessoas com Deficiência, de caráter igualmente constitucional, dada sua aprovação na forma do art. 5º, §3º, da CF, resguarda, de uma ponta, o exercício pleno e equitativo dos direitos e liberdades fundamentais pelas pessoas com deficiência, com promoção de sua dignidade (art. 1º), inclusive os direitos políticos e a oportunidade de exercê-los em condições de igualdade com as demais pessoas, destacando-se o direito e a oportunidade de votarem e serem votadas (art. 29). De outra, nada obstante, observa a necessidade de proteção especial de seus destinatários em razão da condição particular de debilidade a eles inerente, objetivando coibir abusos e garantir o exercício próprio da capacidade legal a partir de salvaguardas adequadas (art. 12).[6]

Nesse giro, o CPC/2015 passou a prever procedimento especial de curatela,[7] de jurisdição voluntária, harmônico com tais vetores, considerando as peculiaridades das deficiências física, psíquica e intelectual de cada qual. O magistrado, após citação do curatelando para comparecimento à audiência designada para sua entrevista (art. 750), oitiva do Ministério Público (art. 752, §1º) e realização de perícia obrigatória marcada para avaliação individual, podendo ser composta por equipe multidisciplinar (art. 753, caput e §1º), deverá proferir sentença, considerando as características individuais da pessoa com deficiência, inclusive suas potencialidades, habilidades, vontades e preferências (art. 755, II), com nomeação de curador e indicação dos limites da curatela (até mesmo em que medida a pessoa considerada incapaz está habilitada ao exercício dos direitos políticos), segundo o estado e o desenvolvimento do curatelado (art. 755, I).[8]

Os professores Nelson Rosenvald e Cristiano Chaves, analisando essas particularidades, consignam que a decisão a ser proferida no processo de curatela evidencia verdadeiro projeto terapêutico individual que pode acarretar basicamente três diferentes feições:

---

[5] GOMES, José Jairo. *Direito eleitoral*. 12. ed. São Paulo: Atlas, 2016. p. 13.

[6] "4. Os Estados Partes assegurarão que todas as medidas relativas ao exercício da capacidade legal incluam salvaguardas apropriadas e efetivas para prevenir abusos, em conformidade com o direito internacional dos direitos humanos. Essas salvaguardas assegurarão que as medidas relativas ao exercício da capacidade legal respeitem os direitos, a vontade e as preferências da pessoa, sejam isentas de conflito de interesses e de influência indevida, sejam proporcionais e apropriadas às circunstâncias da pessoa, se apliquem pelo período mais curto possível e sejam submetidas à revisão regular por uma autoridade ou órgão judiciário competente, independente e imparcial. As salvaguardas serão proporcionais ao grau em que tais medidas afetarem os direitos e interesses da pessoa".

[7] A antiga ideia de processo de interdição não é mais compatível com o novo tratamento dispensado às pessoas com deficiência, eis que indica tratamento discriminatório restritivo de direitos. Com isso, deve-se falar em ação de curatela, de cunho protecionista, com nomeação de curador designado para a prática de certos atos nomeados pelo Juízo competente.

[8] O art. 85, §2º, do Estatuto da Pessoa com Deficiência palmilha o mesmo caminho ao estatuir que: "a curatela constitui medida extraordinária, devendo constar da sentença as razões e motivações de sua definição, preservados os interesses do curatelado".

(i) o curador pode se apresentar como um representante do relativamente incapaz para todos os atos jurídicos, porque este não possui qualquer condição de praticá-los sequer em conjunto. Seria o caso de alguém que se encontra no coma ou a quem falta qualquer discernimento.

(ii) o curador pode ser um representante para certos atos específicos e assistente para outros, em um regime misto, quando se percebe que o curatelando tem condições de praticar alguns atos, devidamente assistido, mas não possui qualquer possibilidade de praticar outros, como, por exemplo, os atos patrimoniais.

(iii) o curador sempre será assistente, na hipótese em que o curatelando tem condições de praticar qualquer ato, dês que devidamente acompanhado, para a sua proteção.[9]

O novo tratamento dispensado às pessoas com deficiência traz em seu bojo indisfarçável busca do estado de melhoria, de inclusão e promoção da dignidade desses indivíduos, não podendo a eles acarretar, ainda que colateralmente, prejuízo capaz de ferir sua própria razão de ser.

Seria este o caso se – após todo o transcurso do rito de curatela, de índole marcadamente protecionista, absolutamente afinado aos novos ditames constitucionais – ficasse atestada, por meio de decisão judicial, a ausência de discernimento necessário para o exercício do sufrágio pelo curatelando, sem que houvesse o enquadramento da hipótese no âmbito de incidência do art. 15, II, da CF, ainda que seja considerado relativamente incapaz, do ponto de vista legal.

Ora, é que a autorização ao exercício do sufrágio, nas dimensões ativa e passiva, nessa situação, resultaria na subversão da intenção inclusiva e promotora da dignidade norteadora do Estatuto da Pessoa com Deficiência, pois, no caso de impossibilidade material de consideração da vontade política de seus destinatários, estariam estes, na verdade, sendo utilizados como mero mecanismo de imposição dos interesses de outros.

Outrossim, se não há discernimento pleno, não há liberdade de escolha e, consequentemente, viabilidade para promover opções eleitorais livres, sem o risco de manipulações odiosas efetuadas por terceiros, vulnerando claramente o processo eleitoral, em desrespeito ao fim colimado pela regra constitucional de suspensão dos direitos políticos.

Em outro flanco, se as pessoas com deficiência, ainda que sem qualquer discernimento, forem consideradas habilitadas ao exercício dos direitos políticos, poderiam também sofrer inacreditáveis sanções eleitorais pelo simples fato de não fazerem o que comprovadamente não podem. Dessa forma, o sistema jurídico ratificaria uma incongruente determinação do dever de votar a um indivíduo que não está apto sequer a se portar de acordo com sua consciência, de querer, de entender e fazer uma escolha política livre, inclusive sob pena de ser desarrazoadamente punido pelo seu inadimplemento.

O cenário produziria, assim, esdrúxula situação em que as mudanças advindas da Lei nº 13.146/2015 militariam em desfavor daqueles a quem visam prestigiar e tutelar. A interpretação que deturpa a finalidade essencial da lei, que leva ao absurdo, contraria a lógica do pensamento do possível, desenvolvida por Häberle e muito bem explanada pelo Ministro Gilmar Mendes, em seu voto-vista, no PA nº 18.483/ES, que, a seu turno, conduziu à edição da Resolução TSE nº 21.920/2004. Veja-se:

---

[9] FARIAS, Cristiano Chaves de; ROSENVALD, Nelson. *Curso de direito civil*: parte geral e LINDB. 14. ed. rev., ampl. e atual. Salvador: JusPodivm, 2016. v. 1. p. 348.

[...] Em verdade, talvez seja Peter Häberle o mais expressivo defensor dessa forma de pensar o direito constitucional nos tempos hodiernos, entendendo ser o "pensamento jurídico do possível" expressão, conseqüência, pressuposto e limite para uma interpretação constitucional aberta.

Nessa medida, e essa parece ser uma das importantes conseqüências da orientação perfilhada por Häberle, "uma teoria constitucional das alternativas" pode converter-se numa "teoria constitucional da tolerância". Daí perceber-se também que a "alternativa enquanto pensamento possível afigura-se relevante, especialmente no evento interpretativo: na escolha do método, tal como verificado na controvérsia sobre a tópica enquanto força produtiva de interpretação".

A propósito, anota Häberle:

"O pensamento do possível é o pensamento em alternativas. Deve estar aberto para terceiras ou quartas possibilidades, assim como para compromissos. Pensamento do possível é pensamento indagativo (fragendes Denken). Na res publica existe um ethos jurídico específico do pensamento em alternativa, que contempla a realidade e a necessidade, sem se deixar dominar por elas. O pensamento do possível ou o pensamento pluralista de alternativas abre suas perspectivas para "novas" realidades, para o fato de que a realidade de hoje poder corrigir a de ontem, especialmente a adaptação às necessidades do tempo de uma visão normativa, sem que se considere o novo como o melhor.

Nessa linha, observa Häberle que "para o estado de liberdade da res publica afigurase decisivo que a liberdade de alternativa seja reconhecida por aqueles que defendem determinadas alternativas". Daí ensinar que "não existem apenas alternativas em relação à realidade, existem também alternativas em relação a essas alternativas".

O pensamento do possível tem uma dupla relação com a realidade. Uma é de caráter negativo: "o pensamento do possível" indaga sobre o também possível, sobre alternativas em relação à realidade, sobre aquilo que ainda não é real. "O pensamento do possível" depende também da realidade em outro sentido: possível é apenas aquilo que pode ser real no futuro (Möglich ist nur was in Zukunft wirklich sein kann). É a perspectiva da realidade (futura) que permite separar o impossível do possível.

Diante de todas essas premissas e à luz do ventilado princípio da unidade das normas constitucionais, impende concluir – considerando o escopo buscado pela limitação prevista no art. 15, II, da CF de garantir a legitimidade do processo eleitoral e o binômio proteção x valorização da vontade imposto pela Convenção de Nova Iorque – que às pessoas com deficiência, porquanto presumidamente capazes ou consideradas relativamente incapazes apenas após o transcurso de processo judicial pertinente, deve ser garantido o direito ao exercício dos direitos políticos em sua plenitude, na forma do que consignado no art. 85, §1º, da Lei nº 13.146, de 2015, desde que reste mantido o pleno discernimento para a prática dos atos da vida civil ou pelo menos para que possa votar e ser votado.

Neste último caso, deverá continuar incidindo a suspensão dos direitos políticos consagrada no art. 15, II, da CF, tendo em vista as asserções expostas. Tal vereda hermenêutica compatibiliza o novo regime flexível das incapacidades com os interesses constitucionais acima deduzidos, trazendo tratamento discriminatório positivo às pessoas com deficiência, haja vista seu caráter nitidamente protetivo. Observa, também, a melhor maneira de se efetuar inclusão/valorização da dignidade desses indivíduos e, além disso, cumpre a missão de amparar o processo eleitoral contra influências e consequências ruinosas.

Frise-se, uma vez mais: a suspensão dos direitos políticos, nesse enfoque, não poderá constituir efeito automático (art. 85, §1º, da Lei nº 13.146/2015), pois somente poderá decorrer da curatela, obedecendo-se ao procedimento previsto nos arts. 747 a 758 do CPC, quando o projeto terapêutico individual materializado pela sentença identificar a total supressão do discernimento da pessoa curatelada para a realização dos atos da vida civil ou para o específico exercício dos direitos políticos.

Destarte, deverá ficar o juízo cível competente orientado a comunicar a decisão ao correspondente cartório eleitoral, na esteira do art. 71, II e §2º, do Código Eleitoral, para que sejam confirmadas as anotações devidas no cadastro eleitoral.

No que tange ao item 4 da ementa do PA nº 114-71,[10] é indispensável vir a lume o procedimento do levantamento de curatela, previsto no art. 756,[11] do CPC, por meio do qual, mais uma vez a partir de técnicas adequadas e humanizadas, poderá ser traçado, por ato do juízo competente, projeto terapêutico individual capaz de apontar o discernimento ou não da pessoa curatelada para a prática dos atos da vida civil e para o exercício dos direitos políticos.

Nessa linha de intelecção, parece razoável que apenas posteriormente à comunicação dessa decisão ao cartório eleitoral, proferida na extensão já assinalada, é que poderá ser providenciada a regularização das inscrições em que o registro de suspensão dos direitos políticos por incapacidade tiver sido feito antes da entrada em vigor do Estatuto da Pessoa com Deficiência Física.

Pelo exposto, sem prejuízo das diretrizes traçadas no Processo Administrativo nº 114-71.2016.6.2016.6.00.0000, julgado pelo TSE em abril de 2016, conclui-se, à luz de todo raciocínio elaborado neste esforço acadêmico:

- à pessoa com deficiência deve-se garantir o exercício de todos os direitos políticos, nos termos do art. 85, §1º, da Lei nº 13.146/2015 – sobretudo porque, no momento atual, não pode ser considerada automaticamente incapaz apenas por ostentar essa condição –, assim como a oportunidade de exercê-los de forma plena por intermédio de ações que assegurem ampla acessibilidade para tal.

- embora a nova redação do art. 3º do Código Civil, concedida pelo Estatuto da Pessoa com Deficiência, preconize como absolutamente incapazes apenas os menores de 16 anos, a pessoa curatelada por determinada causa que lhe retire o total discernimento para a prática dos atos da vida civil, dada a inviabilidade de expressão da vontade, ou pelo menos para o exercício dos direitos políticos, assim considerado por sentença exarada pelo juízo cível competente – a partir de um projeto terapêutico individual baseado no novo modelo flexível das incapacidades –, permanecerá inviabilizada de exercer, enquanto perdurar a condição incapacitante, o poder de sufrágio, nas dimensões ativa e passiva, em função da incidência da hipótese de suspensão dos direitos políticos prevista no art. 15, II, da CF,

---

[10] "Para regularização das inscrições em que o registro de suspensão de direitos políticos por incapacidade civil absoluta tenha sido feito antes da entrada em vigor da Lei de Inclusão da Pessoa com Deficiência, o eleitor deverá cumprir as formalidades previstas nos arts. 52 e 53, II, a, da Res.-TSE nº 21.538, de 2003".

[11] "Art. 756. Levantar-se-á a curatela quando cessar a causa que a determinou. §1º O pedido de levantamento da curatela poderá ser feito pelo interdito, pelo curador ou pelo Ministério Público e será apensado aos autos da interdição. §2º O juiz nomeará perito ou equipe multidisciplinar para proceder ao exame do interdito e designará audiência de instrução e julgamento após a apresentação do laudo. §3º Acolhido o pedido, o juiz decretará o levantamento da interdição e determinará a publicação da sentença, após o trânsito em julgado, na forma do art. 755, §3o, ou, não sendo possível, na imprensa local e no órgão oficial, por 3 (três) vezes, com intervalo de 10 (dez) dias, seguindo-se a averbação no registro de pessoas naturais. §4º A interdição poderá ser levantada parcialmente quando demonstrada a capacidade do interdito para praticar alguns atos da vida civil".

devendo a Justiça Eleitoral, após ser comunicada, providenciar as anotações cabíveis no cadastro eleitoral.

- a regularização das inscrições em que o registro de suspensão dos direitos políticos por incapacidade tiver sido feita antes da entrada em vigor do Estatuto da Pessoa com Deficiência Física depende do cumprimento das formalidades previstas nos arts. 52 e 53, II, "a", da Res.-TSE nº 21.538, de 2003, ressaltando-se a comunicação da sentença exarada em procedimento de levantamento de curatela, previsto no art. 756, do NCPC, que igualmente por via de estabelecimento de projeto terapêutico individual, ateste o discernimento necessário do curatelado ao exercício dos direitos políticos.

Referências

BRASIL. Decreto nº 6.949, de 25 de agosto de 2009. Promulga a Convenção Internacional sobre os Direitos da Pessoas com Deficiência e seu Protocolo Facultativo, assinados em Nova Iorque, em 30 de março de 2007. *Diário Oficial da União*, Brasília, 25 ago. 2009. Disponível em: <http://www.planalto.gov.br/ccivil_03/_ato2007-2010/2009/decreto/d6949.htm>.

BRASIL. Lei nº 10.406, de 10 de janeiro de 2002. Institui o Código Civil. *Diário Oficial da União*, Brasília, 10 jan. 2002. Disponível em: <http://www.planalto.gov.br/ccivil_03/leis/2002/L10406.htm>.

BRASIL. Lei nº 13.105, de 16 de março de 2015. Código de Processo Civil. *Diário Oficial da União*, Brasília, 16 mar. 2015. Disponível em: <http://www.planalto.gov. br/ccivil_03/_ato2015-2018/2015/lei/l13105.htm>.

BRASIL. Lei nº 13.146, de 6 de julho de 2015. Institui a Lei Brasileira de Inclusão da Pessoa com Deficiência (Estatuto da Pessoa com Deficiência). *Diário Oficial da União*, Brasília, 6 jul. 2015. Disponível em: <http://www. planalto.gov. br/ccivil_03/_ato2015-2018/2015/lei/l13146.htm>.

BRASIL. Lei nº 4.737, de 15 de julho de 1965. Institui o Código Eleitoral. *Diário Oficial da União*, Brasília, 15 jul. 1965. Disponível em: <http://www.planalto.gov.br/ccivil_03/leis/L4737.htm>.

BRASIL. Novos *Comentários à Convenção sobre os Direitos das Pessoas com Deficiência*. Brasília: Presidência da República: Secretaria de Direitos Humanos – SDH; Secretaria Nacional de Promoção dos Direitos da Pessoa com Deficiência – SNPD, 2014. Disponível em: <http://www.pessoacomdeficiencia.gov.br/app/sites/ default/files/publicacoes/convencao-sdpcd-novos-comentarios.pdf>.

FARIAS, Cristiano Chaves de; ROSENVALD, Nelson. *Curso de direito civil*: parte geral e LINDB. 14. ed. rev., ampl. e atual. Salvador: JusPodivm, 2016. v. 1.

GOMES, José Jairo. *Direito eleitoral*. 12. ed. São Paulo: Atlas, 2016.

MENDES, Gilmar Ferreira; BRANCO, Paulo Gustavo Gonet. *Curso de direito constitucional*. 11. ed. São Paulo: Saraiva, 2016.

Informação bibliográfica deste texto, conforme a NBR 6023:2002 da Associação Brasileira de Normas Técnicas (ABNT):

FONSECA, Leonardo Campos Soares da. A suspensão dos direitos políticos prevista no art. 15, II, da Constituição Federal em face da Convenção de Nova Iorque e do Estatuto da Pessoa com Deficiência (Lei nº 13.146/2015). In: COSTA, Daniel Castro Gomes da et al. (Coord.). *Direito Eleitoral comparado*. Belo Horizonte: Fórum, 2018. p. 179-188. ISBN 978-85-450-0550-6.

CAPÍTULO 12

FIDELIDADE PARTIDÁRIA: UMA DÉCADA

ALEXANDRE LIMA RASLAN

12.1 Introdução

O sistema e o método político-partidários de determinado país devem, ao menos em tese, corresponder àquilo que a respectiva Constituição prevê, por exemplo, para concretizar a participação popular, em maior ou menor amplitude.

No Brasil, especificamente, a soberania popular deve ser exercida pelo sufrágio universal e pelo voto direto e secreto, com valor igual para todos, nos termos da lei (art. 14 CF). Tamanha a relevância disso que a Constituição Federal de 1988 grava essa garantia como uma de suas cláusulas pétreas (art. 60, III, CF).

Uma outra face é a previsão de que os representantes do povo, notadamente os deputados federais, serão eleitos pelo sistema proporcional, possibilitando-se a renovação dos quadros respectivos a cada quatro anos (arts. 44 e 45, CF). Simetricamente, aos deputados estaduais devem ser aplicadas as mesmas regras (art. 27, §1º, CF).

O sistema proporcional brasileiro, portanto, impõe que os deputados federais e deputados estaduais integrem os respectivos parlamentos, como representantes do povo, em número a que deve corresponder quociente eleitoral determinado para aquela eleição. Em outras palavras, o voto indicará o número de vagas a serem ocupadas por cada partido ou coligação, não significando que aqueles candidatos mais votados serão eleitos. Finalizada a votação, ainda que um candidato tenha recebido a maior quantidade de votos, é possível que não seja considerado eleito, pois dependerá do resultado do quociente eleitoral, do quociente partidário e das sobras, conforme os arts. 106 ao 111 da Lei nº 4.737/1965 (Código Eleitoral).

Assim, sobressai a importância da fidelidade partidária como elemento que determina, além da composição numérica inicial dos parlamentos submetidos à representação proporcional, a permanência durante a legislatura do reflexo da vontade popular, conforme preceitua o art. 108 da Lei nº 4.737/1965 (Código Eleitoral).

A realidade brasileira, até há uma década, era formada por um verdadeiro turismo partidário. Imediatamente após a posse havia uma ciranda parlamentar em que aquela configuração original resultante das urnas era degradada. Daquela forma, as composições desses parlamentos, em raros momentos, correspondiam àquele instantâneo extraído das urnas.

Aparentemente, até o ano de 2007, a ciranda parlamentar funcionava sem causar maiores perplexidades, servindo a parlamentares, suplentes, partidos, coligações e, porque não, ao próprio eleitor. Sendo mais preciso, havia críticas, sim, às mudanças frequentes de partido, mas, nem sequer um édito moral era lançado como sanção.

A partir da resposta do Tribunal Superior Eleitoral a respeito da anterior redação do art. 108 do Lei nº 4.737/1965 (Código Eleitoral), que veio a ser ratificada pelo Supremo Tribunal Federal, iniciou-se uma séria tentativa de manter, como regra, o resultado das urnas durante a legislatura. Não obstante, registre-se se tratar de mudança reveladora de ativismo judicial constitucional, que ainda persiste, uma vez que a infidelidade partidária não consta como causa de perda de mandato na Constituição Federal de 1988 (art. 55, CF).

12.2 Saturação da infidelidade partidária

Há dez anos o Tribunal Superior Eleitoral, respondendo à Consulta nº 1.398-DF (Resolução nº 25.526/2007-TSE)[1] de autoria do Partido Democratas (DEM), e o Supremo Tribunal Federal, julgando os mandados de segurança nºs 26.602, 26.603[2] e 26.604, trataram das hipóteses e do processo de perda do mandado, bem como definiram a possibilidade de justificação tendente à desfiliação partidária:

> MANDADO DE SEGURANÇA - QUESTÕES PRELIMINARES REJEITADAS - O MAN-DADO DE SEGURANÇA COMO PROCESSO DOCUMENTAL E A NOÇÃO DE DIREITO LÍQUIDO E CERTO - NECESSIDADE DE PROVA PRÉ-CONSTITUÍDA - A COM-PREENSÃO DO CONCEITO DE AUTORIDADE COATORA, PARA FINS MANDAMENTAIS - RESERVA ESTATUTÁRIA, DIREITO AO PROCESSO E EXERCÍCIO DA JURISDIÇÃO - INOPONIBILIDADE, AO PODER JUDICIÁRIO, DA RESERVA DE ESTATUTO, QUANDO INSTAURADO LITÍGIO CONSTITUCIONAL EM TORNO DE ATOS PARTIDÁRIOS "INTERNA CORPORIS" - COMPETÊNCIA NORMATIVA DO TRIBUNAL SUPERIOR ELEITORAL - O INSTITUTO DA "CONSULTA" NO ÂMBITO DA JUSTIÇA ELEITORAL: NATUREZA E EFEITOS JURÍDICOS - POSSIBILIDADE DE O TRIBUNAL SUPERIOR ELEITORAL, EM RESPOSTA À CONSULTA, NELA EXAMINAR TESE JURÍDICA EM FACE DA CONSTITUIÇÃO DA REPÚBLICA - CONSULTA/TSE Nº 1.398/DF - FIDELIDADE PARTIDÁRIA - A ESSENCIALIDADE DOS PARTIDOS POLÍTICOS NO PROCESSO DE PODER - MANDATO ELETIVO - VÍNCULO PARTIDÁRIO E VÍNCULO POPULAR - INFIDELIDADE PARTIDÁRIA - CAUSA GERADORA DO DIREITO DE A AGREMIAÇÃO PARTIDÁRIA PREJUDICADA PRESERVAR A VAGA OBTIDA PELO SISTEMA PROPORCIONAL - HIPÓTESES EXCEPCIONAIS QUE LEGITIMAM O ATO DE DESLIGAMENTO PARTIDÁRIO - POSSIBILIDADE, EM TAIS

---

[1] BRASIL. Tribunal Superior Eleitoral. *Consulta nº 1.398*. Rel. Min. César Asfor Rocha. Brasília, DF, 27 de março de 2007. Disponível em: <www.tse.gov.br>. Acesso em: 17 jun. 2008.

[2] BRASIL. Supremo Tribunal Federal. *Mandado de Segurança nº 26.603*. Rel. Min. Celso de Mello. Plenário. Brasília, DF, 4 de outubro de 2008. Disponível em: <http://redir.stf.jus.br/paginadorpub/paginador.jsp?docTP=AC&docID=570121>. Acesso em: 29 nov. 2017.

SITUAÇÕES, DESDE QUE CONFIGURADA A SUA OCORRÊNCIA, DE O PARLA-MENTAR, NO ÂMBITO DE PROCEDIMENTO DE JUSTIFICAÇÃO INSTAURADO PERANTE A JUSTIÇA ELEITORAL, MANTER A INTEGRIDADE DO MANDATO LEGISLATIVO - NECESSÁRIA OBSERVÂNCIA, NO PROCEDIMENTO DE JUSTIFI-CAÇÃO, DO PRINCÍPIO DO "DUE PROCESS OF LAW" (CF, ART. 5º, INCISOS LIV E LV) - APLICAÇÃO ANALÓGICA DOS ARTS. 3º A 7º DA LEI COMPLEMENTAR Nº 64/90 AO REFERIDO PROCEDIMENTO DE JUSTIFICAÇÃO - ADMISSIBILIDADE DE EDIÇÃO, PELO TRIBUNAL SUPERIOR ELEITORAL, DE RESOLUÇÃO QUE REGULAMENTE O PROCEDIMENTO DE JUSTIFICAÇÃO - MARCO INICIAL DA EFICÁCIA DO PRONUNCIAMENTO DESTA SUPREMA CORTE NA MATÉRIA: DATA EM QUE O TRIBUNAL SUPERIOR ELEITORAL APRECIOU A CONSULTA Nº 1.398/DF - OBE-DIÊNCIA AO POSTULADO DA SEGURANÇA JURÍDICA - A SUBSISTÊNCIA DOS ATOS ADMINISTRATIVOS E LEGISLATIVOS PRATICADOS PELOS PARLAMENTARES INFIÉIS: CONSEQÜÊNCIA DA APLICAÇÃO DA TEORIA DA INVESTIDURA APARENTE - O PAPEL DO SUPREMO TRIBUNAL FEDERAL NO EXERCÍCIO DA JU-RISDIÇÃO CONSTITUCIONAL E A RESPONSABILIDADE POLÍTICO-JURÍDICA QUE LHE INCUMBE NO PROCESSO DE VALORIZAÇÃO DA FORÇA NORMATIVA DA CONSTITUIÇÃO - O MONOPÓLIO DA "ÚLTIMA PALAVRA", PELA SUPREMA CORTE, EM MATÉRIA DE INTERPRETAÇÃO CONSTITUCIONAL - MANDADO DE SEGURANÇA INDEFERIDO. PARTIDOS POLÍTICOS E ESTADO DEMOCRÁTICO DE DIREITO. - A Constituição da República, ao delinear os mecanismos de atuação do regime democrático e ao proclamar os postulados básicos concernentes às instituições partidárias, consagrou, em seu texto, o próprio estatuto jurídico dos partidos políticos, definindo princípios, que, revestidos de estatura jurídica incontrastável, fixam diretrizes normativas e instituem vetores condicionantes da organização e funcionamento das agremiações partidárias. Precedentes. - A normação constitucional dos partidos políticos - que concorrem para a formação da vontade política do povo - tem por objetivo regular e disciplinar, em seus aspectos gerais, não só o processo de institucionalização desses corpos intermediários, como também assegurar o acesso dos cidadãos ao exercício do poder estatal, na medida em que pertence às agremiações partidárias - e somente a estas - o monopólio das candidaturas aos cargos eletivos. - A essencialidade dos partidos políticos, no Estado de Direito, tanto mais se acentua quando se tem em consideração que representam eles um instrumento decisivo na concretização do princípio democrático e exprimem, na perspectiva do contexto histórico que conduziu à sua formação e institucionalização, um dos meios fundamentais no processo de legitimação do poder estatal, na exata medida em que o Povo - fonte de que emana a soberania nacional - tem, nessas agremiações, o veículo necessário ao desempenho das funções de regência política do Estado. As agremiações partidárias, como corpos intermediários que são, posicionando-se entre a sociedade civil e a sociedade política, atuam como canais institucionalizados de expressão dos anseios políticos e das reivindicações sociais dos diversos estratos e correntes de pensamento que se manifestam no seio da comunhão nacional. A NATUREZA PARTIDÁRIA DO MANDATO REPRE-SENTATIVO TRADUZ EMANAÇÃO DA NORMA CONSTITUCIONAL QUE PREVÊ O "SISTEMA PROPORCIONAL". - O mandato representativo não constitui projeção de um direito pessoal titularizado pelo parlamentar eleito, mas representa, ao contrário, expressão que deriva da indispensável vinculação do candidato ao partido político, cuja titularidade sobre as vagas conquistadas no processo eleitoral resulta de "fundamento constitucional autônomo", identificável tanto no art. 14, §3º, inciso V (que define a filiação partidária como condição de elegibilidade) quanto no art. 45, "caput" (que consagra o "sistema proporcional"), da Constituição da República. - O sistema eleitoral proporcional: um modelo mais adequado ao exercício democrático do poder, especialmente porque assegura, às minorias, o direito de representação e viabiliza, às correntes políticas, o exercício do direito de oposição parlamentar. Doutrina. - A ruptura dos vínculos de caráter partidário e de índole popular, provocada por atos de infidelidade do representante eleito (infidelidade ao partido e infidelidade ao povo), subverte o sentido das instituições, ofende o senso de responsabilidade política, traduz gesto de deslealdade para com as agremiações partidárias de origem, compromete o modelo de representação popular e frauda, de modo acintoso e reprovável, a vontade soberana dos cidadãos eleitores, introduzindo fatores de desestabilização na prática do poder e gerando, como imediato efeito perverso, a deformação da ética de governo, com projeção vulneradora sobre a própria razão de ser e os fins visados pelo sistema eleitoral proporcional, tal como previsto e consagrado pela Constituição da República. A INFIDELIDADE PARTIDÁRIA COMO GESTO DE DES-RESPEITO AO POSTULADO DEMOCRÁTICO. - A exigência de fidelidade partidária traduz e reflete valor constitucional impregnado de elevada significação político- -jurídica, cuja observância, pelos detentores de mandato legislativo, representa expressão de respeito tanto aos cidadãos que os elegeram (vínculo popular) quanto aos partidos políticos que lhes propiciaram a candidatura (vínculo partidário). - O ato de infidelidade, seja ao partido político, seja, com maior razão, ao próprio cidadão-eleitor, constitui grave desvio ético-político, além de representar inadmissível ultraje ao princípio democrático e ao exercício legítimo do poder, na medida em que migrações inesperadas, nem sempre motivadas por justas razões, não só surpreendem o próprio corpo eleitoral e as agremiações partidárias de origem - desfalcando-as da representatividade por elas conquistada nas urnas -, mas culminam por gerar um arbitrário desequilíbrio de forças no Parlamento, vindo, até, em clara fraude à vontade popular e em frontal transgressão ao sistema eleitoral proporcional, a asfixiar, em face de súbita redução numérica, o exercício pleno da oposição política. A prática da infidelidade partidária, cometida por detentores de mandato parlamentar, por implicar violação ao sistema proporcional, mutila o direito das minorias que atuam no âmbito social, privando-as de representatividade nos corpos legislativos, e ofende direitos essenciais - notadamente o direito de oposição - que derivam dos fundamentos que dão suporte legitimador ao próprio Estado Democrático de Direito, tais como a soberania popular, a cidadania e o pluralismo político (CF, art. 1º, I, II e V). - A repulsa jurisdicional à infidelidade partidária, além de prestigiar um valor eminentemente constitucional (CF, art. 17, §1º, "in fine"), (a) preserva a legitimidade do processo eleitoral, (b) faz respeitar a vontade soberana do cidadão, (c) impede a deformação do modelo de representação popular, (d) assegura a finalidade do sistema eleitoral proporcional, (e) valoriza e fortalece as organizações partidárias e (f) confere primazia à fidelidade que o Deputado eleito deve observar em relação ao corpo eleitoral e ao próprio partido sob cuja legenda disputou as eleições. HIPÓTESES EM QUE SE LEGITIMA, EXCEPCIONALMENTE, O VOLUNTÁRIO DESLIGAMENTO PARTIDÁRIO. - O parlamentar, não obstante faça cessar, por sua própria iniciativa, os vínculos que o uniam ao partido sob cuja legenda foi eleito, tem o direito de preservar o mandato que lhe foi conferido, se e quando ocorrerem situações excepcionais que justifiquem esse voluntário desligamento partidário, como, p. ex., nos casos em que se demonstre "a existência de mudança significativa de orientação programática do partido" ou "em caso de comprovada perseguição política dentro do partido que abandonou" (Min. Cezar Peluso). A INSTAURAÇÃO, PERANTE A JUSTIÇA ELEITORAL, DE PROCE-DIMENTO DE JUSTIFICAÇÃO. - O Tribunal Superior Eleitoral, no exercício da competência normativa que lhe é atribuída pelo ordenamento positivo, pode, validamente, editar resolução destinada a disciplinar o procedimento de justificação, instaurável perante órgão competente da Justiça Eleitoral, em ordem a estruturar, de modo formal, as fases rituais desse mesmo procedimento, valendo-se, para tanto, se assim o entender pertinente, e para colmatar a lacuna normativa existente, da "analogia legis", mediante aplicação, no que couber, das normas inscritas nos arts. 3º a 7º da Lei Complementar nº 64/90. - Com esse procedimento de justificação, assegura-se, ao partido político e ao parlamentar que dele se desliga voluntariamente, a possibilidade de demonstrar, com ampla dilação probatória, perante a própria Justiça Eleitoral - e com pleno respeito ao direito de defesa (CF, art. 5º, inciso LV) -, a ocorrência, ou não, de situações excepcionais legitimadoras do desligamento partidário do parlamentar eleito (Consulta TSE nº 1.398/DF), para que se possa, se e quando for o caso, submeter, ao Presidente da Casa legislativa, o requerimento de preservação da vaga obtida nas eleições proporcionais. INFIDELIDADE PARTIDÁRIA E LEGITIMIDADE DOS ATOS LEGISLATIVOS PRATICADOS PELO PARLAMENTAR INFIEL. A desfiliação partidária do candidato eleito e a sua filiação a partido diverso daquele sob cuja legenda se elegeu, ocorridas sem justo motivo, assim reconhecido por órgão competente da Justiça Eleitoral, embora configurando atos de transgressão à fidelidade partidária - o que permite, ao partido político prejudicado, preservar a vaga até então ocupada pelo parlamentar infiel -, não geram nem provocam a invalidação dos atos legislativos e administrativos, para cuja formação concorreu, com a integração de sua vontade, esse mesmo parlamentar. Aplicação, ao caso, da teoria da investidura funcional aparente. Doutrina. Precedentes. REVISÃO JURISPRUDENCIAL E SEGURANÇA JURÍDICA: A INDICAÇÃO DE MARCO TEMPORAL DEFINIDOR DO MOMENTO INICIAL DE EFICÁCIA DA NOVA ORIEN-TAÇÃO PRETORIANA. - Os precedentes firmados pelo Supremo Tribunal Federal desempenham múltiplas e relevantes funções no sistema jurídico, pois lhes cabe conferir previsibilidade às futuras decisões judiciais nas matérias por eles abrangidas, atribuir estabilidade às relações jurídicas constituídas sob a sua égide e em decorrência deles, gerar certeza quanto à validade dos efeitos decorrentes de atos praticados de acordo com esses mesmos precedentes e preservar, assim, em respeito à ética do Direito, a confiança dos cidadãos nas ações do Estado. - Os postulados da segurança jurídica e da proteção da confiança, enquanto expressões do Estado Democrático de Direito, mostram-se impregnados de elevado conteúdo ético, social e jurídico, projetando-se sobre as relações jurídicas, inclusive as de direito público, sempre que se registre alteração substancial de diretrizes hermenêuticas, impondo-se à observância de qualquer dos Poderes do Estado e, desse modo, permitindo preservar situações já consolidadas no passado e anteriores aos marcos temporais definidos pelo próprio Tribunal. Doutrina. Precedentes. - A ruptura de paradigma resultante de substancial revisão de padrões jurisprudenciais, com o reconhecimento do caráter partidário do mandato eletivo proporcional, impõe, em respeito à exigência de segurança jurídica e ao princípio da proteção da confiança dos cidadãos, que se defina o momento a partir do qual terá aplicabilidade a nova diretriz hermenêutica. - Marco temporal que o Supremo Tribunal Federal definiu na matéria ora em julgamento: data em que o Tribunal Superior Eleitoral apreciou a Consulta nº 1.398/DF (27/03/2007) e, nela, respondeu, em tese, à indagação que lhe foi submetida. A FORÇA NORMATIVA DA CONSTITUIÇÃO E O MONOPÓLIO DA ÚLTIMA PALAVRA, PELO SUPREMO TRIBU-NAL FEDERAL, EM MATÉRIA DE INTERPRETAÇÃO CONSTITUCIONAL. - O exercício da jurisdição constitucional, que tem por objetivo preservar a supremacia da Constituição, põe em evidência a dimensão essencialmente política em que se projeta a atividade institucional do Supremo Tribunal Federal, pois, no processo de indagação constitucional, assenta-se a magna prerrogativa de decidir, em última análise, sobre a própria substância do poder. - No poder de interpretar a Lei Fundamental, reside a prerrogativa extraordinária de (re)formulá-la, eis que a interpretação judicial acha-se compreendida entre os processos informais de mutação constitucional, a significar, portanto, que "A Constituição está em elaboração permanente nos Tribunais incumbidos de aplicá-la". Doutrina. Precedentes. - A interpretação constitucional derivada das decisões proferidas pelo Supremo Tribunal Federal - a quem se atribuiu a função eminente de "guarda da Constituição" (CF, art. 102, "caput") - assume papel de fundamental importância na organização institucional do Estado brasileiro, a justificar o reconhecimento de que o modelo político-jurídico vigente em nosso País conferiu, à Suprema Corte, a singular prerrogativa de dispor do monopólio da última palavra em tema de exegese das normas inscritas no texto da Lei Fundamental.

O resultado desses julgamentos confirmou os termos da Resolução nº 22.610/2007[3] do Tribunal Superior Eleitoral, conforme segue:

> O TRIBUNAL SUPERIOR ELEITORAL, no uso das atribuições que lhe confere o art. 23, XVIII, do Código Eleitoral, e na observância do que decidiu o Supremo Tribunal Federal nos Mandados de Segurança nº 26.602, 26.603 e 26.604, resolve disciplinar o processo de perda de cargo eletivo, bem como de justificação de desfiliação partidária, nos termos seguintes:
>
> Art. 1º - O partido político interessado pode pedir, perante a Justiça Eleitoral, a decretação da perda de cargo eletivo em decorrência de desfiliação partidária sem justa causa.
>
> §1º - Considera-se justa causa:
>
> I) incorporação ou fusão do partido;
>
> II) criação de novo partido;
>
> III) mudança substancial ou desvio reiterado do programa partidário;
>
> IV) grave discriminação pessoal.
>
> §2º - Quando o partido político não formular o pedido dentro de 30 (trinta) dias da desfiliação, pode fazê-lo, em nome próprio, nos 30 (trinta) subseqüentes, quem tenha interesse jurídico ou o Ministério Público eleitoral.
>
> §3º - O mandatário que se desfiliou ou pretenda desfiliar-se pode pedir a declaração da existência de justa causa, fazendo citar o partido, na forma desta Resolução.
>
> Art. 2º - O Tribunal Superior Eleitoral é competente para processar e julgar pedido relativo a mandato federal; nos demais casos, é competente o tribunal eleitoral do respectivo estado.
>
> Art. 3º - Na inicial, expondo o fundamento do pedido, o requerente juntará prova documental da desfiliação, podendo arrolar testemunhas, até o máximo de 3 (três), e requerer, justificadamente, outras provas, inclusive requisição de documentos em poder de terceiros ou de repartições públicas.
>
> Art. 4º - O mandatário que se desfiliou e o eventual partido em que esteja inscrito serão citados para responder no prazo de 5 (cinco) dias, contados do ato da citação.
>
> Parágrafo único – Do mandado constará expressa advertência de que, em caso de revelia, se presumirão verdadeiros os fatos afirmados na inicial.
>
> Art. 5º - Na resposta, o requerido juntará prova documental, podendo arrolar testemunhas, até o máximo de 3 (três), e requerer, justificadamente, outras provas, inclusive requisição de documentos em poder de terceiros ou de repartições públicas.
>
> Art. 6º - Decorrido o prazo de resposta, o tribunal ouvirá, em 48 (quarenta e oito) horas, o representante do Ministério Público, quando não seja requerente, e, em seguida, julgará o pedido, em não havendo necessidade de dilação probatória.
>
> Art. 7º - Havendo necessidade de provas, deferi-las-á o Relator, designando o 5º (quinto) dia útil subseqüente para, em única assentada, tomar depoimentos pessoais e inquirir testemunhas, as quais serão trazidas pela parte que as arrolou.
>
> Parágrafo único – Declarando encerrada a instrução, o Relator intimará as partes e o representante do Ministério Público, para apresentarem, no prazo comum de 48 (quarenta e oito) horas, alegações finais por escrito.
>
> Art. 8º - Incumbe aos requeridos o ônus da prova de fato extintivo, impeditivo ou modificativo da eficácia do pedido.

---

[3] BRASIL. Tribunal Superior Eleitoral. *Resolução nº 22.610/2007*. Rel. Min. Cezar Peluzo. Brasília, DF, 25 de outubro de 2007. Disponível em: <http://www.tse.gov.br/internet/partidos/fidelidade_partidaria/res22610.pdf>. Acesso em: 18 de jun. 2008. Esta resolução foi republicada por determinação do art. 2º da Resolução nº 22.733, de 11.3.2008.

Art. 9º - Para o julgamento, antecipado ou não, o Relator preparará voto e pedirá inclusão do processo na pauta da sessão seguinte, observada a antecedência de 48 (quarenta e oito) horas. É facultada a sustentação oral por 15 (quinze) minutos.

Art. 10 - Julgando procedente o pedido, o tribunal decretará a perda do cargo, comunicando a decisão ao presidente do órgão legislativo competente para que emposse, conforme o caso, o suplente ou o vice, no prazo de 10 (dez) dias.

Art. 11 – São irrecorríveis as decisões interlocutórias do Relator, as quais poderão ser revistas no julgamento final. Do acórdão caberá, no prazo de 48 (quarenta e oito) horas, apenas pedido de reconsideração, sem efeito suspensivo.

Art. 11. São irrecorríveis as decisões interlocutórias do Relator, as quais poderão ser revistas no julgamento final, de cujo acórdão cabe o recurso previsto no art. 121, §4º, da Constituição da República. (Redação dada pela Resolução nº 22.733/2008)

Art. 12 – O processo de que trata esta Resolução será observado pelos tribunais regionais eleitorais e terá preferência, devendo encerrar-se no prazo de 60 (sessenta) dias.

Art. 13 - Esta Resolução entra em vigor na data de sua publicação, aplicando-se apenas às desfiliações consumadas após 27 (vinte e sete) de março deste ano, quanto a mandatários eleitos pelo sistema proporcional, e, após 16 (dezesseis) de outubro corrente, quanto a eleitos pelo sistema majoritário.

Parágrafo único – Para os casos anteriores, o prazo previsto no art. 1º, §2º, conta-se a partir do início de vigência desta Resolução.

Brasília, 25 de outubro de 2007.

Marco Aurélio, Presidente. Cezar Peluso, Relator.

A Consulta nº 1.398-DF provocou o Tribunal Superior Eleitoral a emitir pronunciamento acerca da interpretação do art. 108 da Lei nº 4.737/1965 (Código Eleitoral). Anote-se que em 2007 a redação desse texto normativo alvo da consulta era a seguinte, desde 1985: "Art. 108. Estarão eleitos tantos candidatos registrados por um Partido ou coligação quantos o respectivo quociente partidário indicar, na ordem da votação nominal que cada um tenha recebido".

Posteriormente, no julgamento reunido das ações diretas de inconstitucionalidade nºs 3.999[4] e 4.086, o Supremo Tribunal Federal reconheceu que o princípio da fidelidade partidária se trata de valor constitucional a ser protegido, o que não revela nesga de ativismo judicial. Não obstante, o ativismo do Supremo Tribunal Federal vem exposto no referendo ao ativismo do Tribunal Superior Eleitoral que, por resolução, adita o texto constitucional e acresce nova hipótese de causa de perda de mandato (art. 55):[5]

AÇÃO DIRETA DE INCONSTITUCIONALIDADE. RESOLUÇÕES DO TRIBUNAL SUPERIOR ELEITORAL 22.610/2007 e 22.733/2008. DISCIPLINA DOS PROCEDIMENTOS DE JUSTIFICAÇÃO DA DESFILIAÇÃO PARTIDÁRIA E DA PERDA DO CARGO ELETIVO. FIDELIDADE PARTIDÁRIA.

1. Ação direta de inconstitucionalidade ajuizada contra as Resoluções 22.610/2007 e 22.733/2008, que disciplinam a perda do cargo eletivo e o processo de justificação da desfiliação partidária.

---

[4] BRASIL. Supremo Tribunal Federal. *Ação Direta de Inconstitucionalidade nº 3.999*. Rel. Min. Joaquim Barbosa. Plenário. Brasília, DF, 12 de novembro de 2008. Disponível em: <http://redir.stf.jus.br/paginadorpub/paginador. jsp?docTP=AC&docID=586949>. Acesso em: 29 nov. 2017.

[5] ABBOUD, Georges. *Processo constitucional brasileiro*. São Paulo: Revista dos Tribunais, 2016. p. 10.

2. Síntese das violações constitucionais argüidas. Alegada contrariedade do art. 2º da Resolução ao art. 121 da Constituição, que ao atribuir a competência para examinar os pedidos de perda de cargo eletivo por infidelidade partidária ao TSE e aos Tribunais Regionais Eleitorais, teria contrariado a reserva de lei complementar para definição das competências de Tribunais, Juízes e Juntas Eleitorais (art. 121 da Constituição). Suposta usurpação de competência do Legislativo e do Executivo para dispor sobre matéria eleitoral (arts. 22, I, 48 e 84, IV da Constituição), em virtude de o art. 1º da Resolução disciplinar de maneira inovadora a perda do cargo eletivo. Por estabelecer normas de caráter processual, como a forma da petição inicial e das provas (art. 3º), o prazo para a resposta e as conseqüências da revelia (art. 3º, caput e par. ún.), os requisitos e direitos da defesa (art. 5º), o julgamento antecipado da lide (art. 6º), a disciplina e o ônus da prova (art. 7º, caput e par. ún., art. 8º), a Resolução também teria violado a reserva prevista nos arts. 22, I, 48 e 84, IV da Constituição. Ainda segundo os requerentes, o texto impugnado discrepa da orientação firmada pelo Supremo Tribunal Federal nos precedentes que inspiraram a Resolução, no que se refere à atribuição ao Ministério Público eleitoral e ao terceiro interessado para, ante a omissão do Partido Político, postular a perda do cargo eletivo (art. 1º, §2º). Para eles, a criação de nova atribuição ao MP por resolução dissocia-se da necessária reserva de lei em sentido estrito (arts. 128, §5º e 129, IX da Constituição). Por outro lado, o suplente não estaria autorizado a postular, em nome próprio, a aplicação da sanção que assegura a fidelidade partidária, uma vez que o mandato "pertenceria" ao Partido.) Por fim, dizem os requerentes que o ato impugnado invadiu competência legislativa, violando o princípio da separação dos poderes (arts. 2º, 60, §4º, III da Constituição).

3. O Supremo Tribunal Federal, por ocasião do julgamento dos Mandados de Segurança 26.602, 26.603 e 26.604 reconheceu a existência do dever constitucional de observância do princípio da fidelidade partidária. Ressalva do entendimento então manifestado pelo ministro-relator.

4. Não faria sentido a Corte reconhecer a existência de um direito constitucional sem prever um instrumento para assegurá-lo.

5. As resoluções impugnadas surgem em contexto excepcional e transitório, tão-somente como mecanismos para salvaguardar a observância da fidelidade partidária enquanto o Poder Legislativo, órgão legitimado para resolver as tensões típicas da matéria, não se pronunciar.

6. São constitucionais as Resoluções 22.610/2007 e 22.733/2008 do Tribunal Superior Eleitoral. Ação direta de inconstitucionalidade conhecida, mas julgada improcedente.

É evidente, portanto, que no período compreendido entre 1985 e 2007 já havia disposição legal suficiente para resultar na interpretação sedimentada atualmente pelo Supremo Tribunal Federal a respeito do princípio da fidelidade partidária.

Assim, apesar da leniente postura partidária em face dos denominados infiéis, iniciou-se, há uma década, o movimento tendente a emprestar consequência jurídica ao não atendimento do princípio da fidelidade partidária, cuja importância é inegável para preservação do sistema representativo proporcional, reflexo da vontade popular e garantidor do regime democrático.

Nesse ambiente, houve a reforma eleitoral de 2015, com o advento da Lei nº 13.165/2015, que alterou diversos textos normativos, entre eles, o Lei nº 4.737/1965 (Código Eleitoral) e a Lei nº 9.096/1995 (Partidos Políticos).

A partir de então, o art. 108 da Lei nº 4.737/1965 (Código Eleitoral) mantém a seguinte redação:

Art. 108. Estarão eleitos, entre os candidatos registrados por um partido ou coligação que tenham obtido votos em número igual ou superior a 10% (dez por cento) do quociente eleitoral, tantos quantos o respectivo quociente partidário indicar, na ordem da votação nominal que cada um tenha recebido.

Parágrafo único. Os lugares não preenchidos em razão da exigência de votação nominal mínima a que se refere o *caput* serão distribuídos de acordo com as regras do art. 109.

Houve, também, nessa reforma, a alteração da Lei nº 9.096/1995 (Partidos Políticos) para acrescer o art. 22-A, que prevê:

Art. 22-A. Perderá o mandato o detentor de cargo eletivo que se desfiliar, sem justa causa, do partido pelo qual foi eleito. Parágrafo único. Consideram-se justa causa para a desfiliação partidária somente as seguintes hipóteses:

I - mudança substancial ou desvio reiterado do programa partidário;

II - grave discriminação política pessoal; e

III - mudança de partido efetuada durante o período de trinta dias que antecede o prazo de filiação exigido em lei para concorrer à eleição, majoritária ou proporcional, ao término do mandato vigente.

Não obstante a previsão do art. 22-A da Lei nº 9.096/1995 (Partidos Políticos) acerca das causas de perda do mandato eletivo, que afasta, por derrogação, a incidência da Resolução nº 22.610/2007 do Tribunal Superior Eleitoral nesses aspectos, o processo que ambientará eventual discussão sobre a infidelidade partidária ainda deve seguir o procedimento previsto na referida resolução.

Destaque-se, por tudo, que o Supremo Tribunal Federal, na Ação Direta de Inconstitucionalidade nº 5.081,[6] da relatoria do Ministro Luiz Roberto Barroso, decidiu que o princípio da fidelidade partidária, para fins de perda de mandato, não se aplica aos mandatos obtidos em eleições majoritárias (prefeitos, governadores, senadores e do presidente da República):

DIREITO CONSTITUCIONAL E ELEITORAL. AÇÃO DIRETA DE INCONSTITUCIONALIDADE. RESOLUÇÃO Nº 22.610/2007 DO TSE. INAPLICABILIDADE DA REGRA DE PERDA DO MANDATO POR INFIDELIDADE PARTIDÁRIA AO SISTEMA ELEITORAL MAJORITÁRIO.

1. Cabimento da ação. Nas ADIs 3.999/DF e 4.086/DF, discutiu-se o alcance do poder regulamentar da Justiça Eleitoral e sua competência para dispor acerca da perda de mandatos eletivos. O ponto central discutido na presente ação é totalmente diverso: saber se é legítima a extensão da regra da fidelidade partidária aos candidatos eleitos pelo sistema majoritário.

2. As decisões nos Mandados de Segurança 26.602, 26.603 e 26.604 tiveram como pano de fundo o sistema proporcional, que é adotado para a eleição de deputados federais, estaduais e vereadores. As características do sistema proporcional, com sua ênfase nos votos obtidos pelos partidos, tornam a fidelidade partidária importante para garantir que as opções políticas feitas pelo eleitor no momento da eleição sejam minimamente preservadas. Daí

---

6   BRASIL. Supremo Tribunal Federal. *Ação Direta de Inconstitucionalidade nº 5081*. Rel. Min. Luiz Roberto Barroso. Plenário. Brasília, DF, 27 de maio de 2015. Disponível em: <http://redir.stf.jus.br/paginadorpub/paginador. jsp?docTP=TP&docID=9175293>. Acesso em: 29 nov. 2017.

a legitimidade de se decretar a perda do mandato do candidato que abandona a legenda pela qual se elegeu.

3. O sistema majoritário, adotado para a eleição de presidente, governador, prefeito e senador, tem lógica e dinâmica diversas da do sistema proporcional. As características do sistema majoritário, com sua ênfase na figura do candidato, fazem com que a perda do mandato, no caso de mudança de partido, frustre a vontade do eleitor e vulnere a soberania popular (CF, art. 1º, parágrafo único; e art. 14, caput).

4. Procedência do pedido formulado em ação direta de inconstitucionalidade.

Enfim, o estado da arte das regras legais necessárias para a discussão jurídica da infidelidade partidária e suas consequências pode ser assim sintetizado. Constatadas tais alterações normativas, cumpre revisitar[7] alguns aspectos desse assunto que gerou, e ainda gera, inúmeros questionamentos que devem ser enfrentados para, apesar das críticas, defender tanto o princípio da fidelidade partidária quanto a higidez constitucional contra o ativismo.

12.3 Democracia

A democracia é, com certeza, o mais relevante interesse difuso de coordenação, nos termos propostos pelo art. 1º, parágrafo único, da Constituição Federal de 1988. Tal proeminência submete e condiciona todos os demais valores e preceitos constitucionais ou infraconstitucionais. A modificação da realidade que é ansiada pelo texto constitucional exige a concretização de ideais expressos ou não, a exemplo dos objetivos contidos nos arts. 1º, 3º, 5º e 6º, da Constituição Federal.

A democracia, que deve ser compreendida como poder do povo, não deve significar apenas uma das formas de governo, qual seja, o governo do povo e para o povo. Deve, sim, ser um modo de pensar.[8]

O significado político da democracia exige a pressuposta compreensão de algumas das mais relevantes concepções de forma de governo ao longo da história. Na Idade Média, compreendiam-se três formas positivas de governo que visavam ao bem comum: a monarquia, governo de um, ou a aristocracia, governo de poucos, ou a democracia, governo de muitos. Governando-se para si próprio, trata-se de tirania ou de oligarquia ou de demagogia, que são formas negativas de governo.

Na Era Moderna a democracia se caracteriza por se opor ao absolutismo, liberal ou social. Na quadra contemporânea, a democracia rivaliza com o totalitarismo ideológico ou tecnológico, com as políticas desumanas. A democracia, portanto, atualmente, almeja produzir plena obediência aos ideais humanistas. Nesse horizonte, além da dignidade humana, busca garantir a universalização da participação política, com excepcionais restrições.

---

[7] RASLAN, Alexandre Lima. Infidelidade partidária (Res. 22.610/2007-TSE): legitimidade ativa do Ministério Público e temas relacionados. In: COSTA, Daniel Castro Gomes da (Org.). *Temas atuais de direito eleitoral*: estudos em homenagem do Min. José Augusto Delgado. São Paulo: Pillares, 2008. p. 163-195.

[8] ABBAGNANO, Nicola. *Dicionário de filosofia*. Tradução de Alfredo Rossi e Ivone Castilho Benedetti. 5. ed. São Paulo: Martins Fontes, 2007. p. 277-279.

A partir do século XX, inclusive, o maior dos anseios é que os homens, sem exceção, tenham garantido o poder de se manifestar publicamente sobre suas preferências políticas e de modo secreto durante o exercício do voto, ato de concretização do sufrágio universal.[9]

A par das diversas compreensões acerca da democracia, três pressupostos coincidem sempre. São eles: o sufrágio universal, a maioria governa com a participação da minoria e a garantia da alternância no poder. Há, portanto, que se estabelecer regras procedimentais, para emprestar garantia a tais pressupostos. De igual modo, os processos político e jurídico devem prever a defesa de valores que animam o ideal democrático. O processo político que deve servir à democracia deve prestigiar o povo como sujeito da política. Para tanto, o povo deve ver garantido o papel de protagonista dos destinos da sociedade que integra. Do contrário, o povo será convertido em coadjuvante ou, no extremo, em figurante na cena política. A democracia, em resumo, tem três aspectos que devem ser identificados à primeira vista, a saber: o respeito à pessoa humana, a aceitação do pluralismo e o fim de alcançar e manter a paz.

A participação irrestrita no processo político nacional, que por sua vez é submetido a regras estáveis, impostas pelo poder legitimado constitucionalmente, forma, em princípio, um Estado sob o império do direito e da democracia.[10]

Enfim, anote-se que o Estado de Direito e a democracia brasileiros fundem-se para, condicionados à participação popular mediante o sufrágio universal, direto e secreto, nos termos do art. 14 da Constituição Federal, outorgar legitimidade ao poder político corporificado por representantes devidamente filiados e organizados em partidos políticos, consoante o art. 14, §3º, inc. V, da Constituição Federal, que são encarregados de realizar os anseios da sociedade com os votos da maioria e da minoria.[11]

---

[9] BOBBIO, Norberto. *A era dos direitos*. Tradução de Carlos Nelson Coutinho. Rio de Janeiro: Campus, 1992. p. 1. Ver também: RASLAN, Alexandre Lima. Infidelidade partidária (Res. 22.610/2007-TSE): legitimidade ativa do Ministério Público e temas relacionados. In: COSTA, Daniel Castro Gomes da (Org.). *Temas atuais de direito eleitoral*: estudos em homenagem ao Min. José Augusto Delgado. São Paulo: Pillares, 2008. p. 166. A modernidade, por seu turno, emprestou à democracia um novo conceito que a considera a política fundada nos direitos humanos, que se inicia com os direitos civis ante o Estado absoluto, passa pelos direitos políticos no âmbito do Estado de Direito, chegando aos direitos sociais no Estado social e, enfim, e por enquanto, culmina nos direitos coletivos das estruturas supranacionais. A justificação da democracia se funda inicialmente na reivindicação da liberdade (Locke, Espinosa, Kant, Tocqueville e J. Stuart Mill) e em seguida com a reclamação por igualdade (Rousseau e Marx). Um segundo estágio finca convicção em face dos Estados totalitários.

[10] CANOTILHO, José Joaquim Gomes. *Direito constitucional e teoria da Constituição*. 3. ed. Coimbra: Almedina, 1999. p. 227. O Estado de Direito e o Estado Democrático articulam-se para formar o "Estado constitucional democrático de direito" que, em síntese, pode ser compreendido como "o governo de homens segundo a lei constitucional, ela própria imperativamente informada pelos princípios radicados na consciência jurídica geral".

[11] SILVA, José Afonso. *Comentário contextual à Constituição*. 4. ed. São Paulo: Malheiros, 2007. p. 40-41. E sobre o princípio democrático assenta José Afonso da Silva, ao tratá-lo sinteticamente, que o princípio da soberania popular vem insculpido na cláusula que prevê que "todo poder emana do povo", fundando o regime democrático, defendendo que a "Constituição combina representação com participação direta, tendendo, pois, para a democracia participativa" (art. 1º). Mas, esse autor, ao se referir à democracia representativa, que mais interessa a este estudo, diz que "a *democracia representativa* pressupõe um conjunto de instituições que disciplinam a participação popular no processo político, que vêm a formar direitos políticos que qualificam a cidadania, tais como as eleições, o sistema eleitoral, os partidos políticos etc., como consta dos arts. 14 e 17 da CF", e reafirma que: Na democracia representativa a participação popular é indireta, periódica e formal, por via das instituições eleitorais que visam disciplinar as técnicas de escolha dos representantes do povo. [...] Realmente, nas democracias de partido e sufrágio universal as eleições tendem a ultrapassar a pura função designatória, para se transformarem num instrumento pelo qual o povo adere a uma política governamental e confere seu consentimento – e, por conseqüência, legitimidade – às autoridades governamentais. Ela é, assim, o modo pelo qual o povo, nas democracias representativas, participa na formação da vontade do governo e no processo político".

12.4 Fidelidade partidária: leniência e giro institucional

A memória da tradição política brasileira autoriza concluir que a permanência de candidatos eleitos nos quadros daqueles partidos a que estavam filiados nunca foi uma virtude levada à sério, inclusive na perspectiva moral. Partidos, instituições e a própria sociedade devem ser apontados como responsáveis por esse comportamento antidemocrático.

Reforçando esse desvio vinha o Supremo Tribunal Federal, que mantinha entendimento dominante no sentido da "inaplicabilidade do princípio da fidelidade partidária aos parlamentares empossados", consoante o Mandado de Segurança nº 20.927:[12]

> Mandado de Segurança. Fidelidade Partidária. Suplente de Deputado Federal. Em que pese o princípio da representação proporcional e a representação parlamentar federal por intermédio dos partidos políticos, não perde a condição de suplente o candidato diplomado pela Justiça Eleitoral que, posteriormente, se desvincula do partido ou aliança partidária pelo qual se elegeu. A inaplicabilidade do princípio da fidelidade partidária aos parlamentares empossados se estende, no silencio da Constituição e da lei, aos respectivos suplentes. Mandado de segurança indeferido.

O Supremo Tribunal Federal, no Mandado de Segurança nº 23.405,[13] vinha decidindo que o princípio da fidelidade partidária não se aplicava ao caso de candidatos eleitos que, no transcurso do mandato, emigraram para outros partidos, diante da ausência de previsão expressa desse caso como uma das hipóteses de perda de mandato, exaustivamente inscritas no art. 55 da Constituição Federal:

> Mandado de Segurança. 2. Eleitoral. Possibilidade de perda de mandato parlamentar. 3. Princípio da fidelidade partidária. Inaplicabilidade. Hipótese não colocada entre as causas de perda de mandato a que alude o art. 55 da Constituição. 4. Controvérsia que se refere a Legislatura encerrada. Perda do objeto. 5. Mandado de segurança julgado prejudicado.

Como já defendido, o entendimento anterior do Supremo Tribunal Federal contribuiu para a degradação do ambiente democrático, promovendo um estado de irresponsabilidade quanto aos deveres do mandato parlamentar. A certeza de demora no julgamento ou do resultado favorável a objetivos não republicanos fomentou o turismo partidário.[14] Acresça-se que o Ministério Público, nos mandados de segurança nºs 20.927 e 23.405, posicionou-se contra emprestar consequências à infidelidade partidária. O que

---

[12] BRASIL. Supremo Tribunal Federal. *Mandado de Segurança nº 20.927*. Rel. Min. Moreira Alves. Plenário, Brasília, DF, 11 de outubro de 1989. Disponível em: <http://redir.stf.jus.br/paginadorpub/paginador.jsp?docTP=AC& docID=85369>. Acesso em: 29 nov. 2017.

[13] BRASIL. Supremo Tribunal Federal. *Mandado de Segurança nº 23.405*. Rel. Min. Gilmar Mendes. Plenário, Brasília, DF, 22 de março de 2004. Apenas para elucidar a situação concreta do Mandado de Segurança nº 23.405, a sua distribuição ocorreu em 8.4.1999 e seu julgamento foi realizado em 23.4.2004, permanecendo concluso desde o dia 1º.10.1999. Transcorrendo, portanto, pouco mais de cinco anos entre a provocação da jurisdição e a decisão final. Obviamente que não se pode afetar mandato parlamentar que já se extinguiu. Mas, também, não se pode deixar de reconhecer que a demora no julgamento foi essencial para influenciar o julgamento exarado, dando a impetração por "prejudicada".

[14] RASLAN, Alexandre Lima. Infidelidade partidária (Res. 22.610/2007-TSE): legitimidade ativa do Ministério Público e temas relacionados. In: COSTA, Daniel Castro Gomes da (Org.). *Temas atuais de direito eleitoral*: estudos em homenagem do Min. José Augusto Delgado. São Paulo: Pillares, 2008. p. 173.

mais dizer, quando os partidos políticos, legítimos titulares dos mandatos, e o Ministério Público, defensor da ordem democrática, silenciaram e incrementaram o quadro de ameaça à integridade democrática?

A insustentabilidade dessa situação parece haver chegado a ponto tal que sobreveio a Consulta nº 1.398-DF,[15] cujo requerente foi o Partido da Frente Liberal (PFL), atual Democratas (DEM), nos seguintes termos:

> Considerando o teor do art. 108 da Lei nº 4.737/65 (Código Eleitoral), que estabelece a eleição a cargos proporcionais é resultado do quociente eleitoral apurado entre os diversos partidos e coligações envolvidos no certame democrático.
>
> Considerando que é condição constitucional de elegibilidade a filiação partidária, posta para indicar ao eleitor o vínculo político e ideológico dos candidatos.
>
> Considerando ainda que, também o cálculo das médias, é decorrente do resultado dos votos válidos atribuídos aos partidos e coligações.
>
> INDAGA-SE:
>
> Os partidos e coligações têm o direito de preservar a vaga obtida pelo sistema eleitoral proporcional, quando houver pedido de cancelamento de filiação ou de transferência do candidato eleito por um partido para outra legenda?

12.5 Regras do jogo: a Resolução nº 22.610/2007-TSE e a Lei nº 9.096/1995

Respondida afirmativamente a Consulta nº 1.398-DF, o Tribunal Superior Eleitoral (Resolução nº 22.526/2007-TSE), por maioria de votos, depois dos julgamentos dos mandados de segurança nºs 26.602, 26.603 e 26.604 pelo Supremo Tribunal Federal, editou a Resolução nº 22.610/2007-TSE no que se destacam os arts. 1º, 2º, 3º e 8º:

> Art. 1º O partido político interessado pode pedir, perante a Justiça Eleitoral, a decretação da perda de cargo eletivo em decorrência de desfiliação partidária sem justa causa.
>
> §1º Considera-se justa causa:
>
> I) incorporação ou fusão do partido;
>
> II) criação de novo partido;
>
> III) mudança substancial ou desvio reiterado do programa partidário;
>
> IV) grave discriminação pessoal.
>
> §2º Quando o partido político não formular o pedido dentro de 30 (trinta) dias da desfiliação, pode fazê-lo, em nome próprio, nos 30 (trinta) subseqüentes, quem tenha interesse jurídico ou o Ministério Público eleitoral.
>
> §3º O mandatário que se desfiliou ou pretenda desfiliar-se pode pedir a declaração da existência de justa causa, fazendo citar o partido, na forma desta Resolução.
>
> Art. 2º O Tribunal Superior Eleitoral é competente para processar e julgar pedido relativo a mandato federal; nos demais casos, é competente o tribunal eleitoral do respectivo estado.
>
> Art. 3º Na inicial, expondo o fundamento do pedido, o requerente juntará prova documental da desfiliação, podendo arrolar testemunhas, até o máximo de 3 (três), e requerer, justificadamente, outras provas, inclusive requisição de documentos em poder de terceiros ou de repartições públicas. [...]

---

[15] BRASIL. Tribunal Superior Eleitoral. *Consulta nº 1.398*. Rel. Min. César Asfor Rocha. Brasília, DF, 27 de março de 2007. Disponível em: <www.tse.gov.br>. Acesso em: 17 jun. 2008.

Art. 8º Incumbe aos requeridos o ônus da prova de fato extintivo, impeditivo ou modificativo da eficácia do pedido.

Importante anotar que a resposta afirmativa dada pelo Tribunal Superior Eleitoral e ratificada pelo Supremo Tribunal Federal não exigiu inovação ou alteração legislativa. Conclui-se, de outra parte, que foi suficiente o giro[16] que posicionou o tema da fidelidade partidária de modo mais adequado àquele momento histórico da democracia brasileira.

A reforma eleitoral havida por meio da Lei nº 13.165/2015 alterou a Lei nº 9.096/1995 (Partidos Políticos), acrescentando o art. 22-A, que prevê a perda do mandato em favor do partido, no caso de desfiliação sem justa causa, tratando logo de prever o que configura justa causa:

> Art. 22-A. Perderá o mandato o detentor de cargo eletivo que se desfiliar, sem justa causa, do partido pelo qual foi eleito.
> Parágrafo único. Consideram-se justa causa para a desfiliação partidária somente as seguintes hipóteses:
> I - mudança substancial ou desvio reiterado do programa partidário;
> II - grave discriminação política pessoal; e
> III - mudança de partido efetuada durante o período de trinta dias que antecede o prazo de filiação exigido em lei para concorrer à eleição, majoritária ou proporcional, ao término do mandato vigente.

Vê-se, claramente, que as regras do jogo sofreram modificações com a edição do art. 22-A acima transcrito. Analisando tais alterações, tomando-se como paradigma o art. 1º, §1º, da Resolução nº 22.610/2007-TSE, pode-se concluir, inicialmente, que houve diminuição de hipóteses de justa causa, além de alguma especificação relevante. Vejamos.

Quadro comparativo	
Resolução nº 22.610/2007-TSE	**Lei nº 9.096/1995 (Partidos Políticos)**
Art. 1º O partido político interessado pode pedir, perante a Justiça Eleitoral, a decretação da perda de cargo eletivo em decorrência de desfiliação partidária sem justa causa.	Art. 22-A. Perderá o mandato o detentor de cargo eletivo que se desfiliar, sem justa causa, do partido pelo qual foi eleito.
§1º Considera-se justa causa:	Parágrafo único. Consideram-se justa causa para a desfiliação partidária somente as seguintes hipóteses:
I - incorporação ou fusão do partido;	I - mudança substancial ou desvio reiterado do programa partidário;
II - criação de novo partido;	II - grave discriminação política pessoal; e
III - mudança substancial ou desvio reiterado do programa partidário;	III - mudança de partido efetuada durante o período de trinta dias que antecede o prazo de filiação exigido em lei para concorrer à eleição, majoritária ou proporcional, ao término do mandato vigente.
IV - grave discriminação pessoal.	

---

[16] RASLAN, Alexandre Lima. Infidelidade partidária (Res. 22.610/2007-TSE): legitimidade ativa do Ministério Público e temas relacionados. In: COSTA, Daniel Castro Gomes da (Org.). *Temas atuais de direito eleitoral*: estudos em homenagem do Min. José Augusto Delgado. São Paulo: Pillares, 2008. p. 174.

Vê-se que as previsões da Resolução nº 22.610/2007-TSE sofreram baixa com a reforma eleitoral de 2015 que, ao acrescentar o art. 22-A da Lei nº 9.096/1995 (Partidos Políticos), diminuiu de quatro para três as hipóteses de justa causa. Além disso, houve significativa alteração na redação do *caput*, sobretudo quando torna fatal a perda do mandato, desde que sem justa causa.

Enfim, a decretação da perda de cargo eletivo por infidelidade depende de duas constatações, a saber: a desfiliação partidária e a ausência de justa causa.

12.5.1 Art. 22-A, *caput*, da Lei nº 9.096/1995 (Partidos Políticos)

Houve notável modificação com a redação do *caput* do art. 22-A da Lei nº 9.096/1995 (Partidos Políticos), que impressiona pela imperatividade, ao determinar que: "Art. 22-A. Perderá o mandato o detentor de cargo eletivo que se desfiliar, sem justa causa, do partido pelo qual foi eleito". O tempo verbal utilizado, qual seja, o futuro do presente ("perderá"), traduz consequência compulsória, salvo justa causa comprovada.

A redação do *caput* do art. 1º da Resolução nº 22.610/2007-TSE proclamava, literalmente, que a iniciativa para reclamar o mandato do infiel se tratava de uma faculdade dos partidos políticos, pois: "Art. 1º O partido político interessado pode pedir, perante a Justiça Eleitoral, a decretação da perda de cargo eletivo em decorrência de desfiliação partidária sem justa causa". Ainda que se pudesse afirmar que a interpretação adequada seria a de dever dos partidos, nada mais produtivo que o emprego de termos, palavras, verbos etc. o mais preciso possível.

12.5.2 Art. 22, incs. I, II e III, da Lei nº 9.096/1995 (Partidos Políticos)

Feitas essas considerações, cumpre doravante analisar as hipóteses de justa causa contidas no art. 22-A da Lei nº 9.096/1995 (Partidos Políticos), sem prejuízo da comparação com aquelas do art. 1º da Resolução nº 22.610/2007-TSE.

O vínculo político entre o cidadão e o partido político pode se dar de diversas formas, com ou sem filiação partidária. Neste último caso, não há qualquer consequência legal quando a relação é encerrada, bastando que haja o afastamento ou a abstenção de propagar a ideologia da agremiação partidária ou, mesmo, deixar de depositar a confiança e a esperança naquele partido político, concretizada pelo voto.

O vínculo jurídico-partidário, diferentemente, é formado quando se efetiva a filiação partidária, nos termos dos arts. 16 a 22-A da Lei nº 9.096/1995 (Partidos Políticos). Reforça-se, ainda, que o Estatuto do Partido Político também regula essa relação jurídica, sendo vedada discriminação ou abusos que maculem os direitos fundamentais, em razão da eficácia horizontal respectiva.[17] Nesse norte, o rompimento do vínculo jurídico entre o parlamentar eleito e o partido político deve, sim, ser objeto de proteção, nos casos exaustivamente[18] previstos no art. 22-A, incs. I, II e III, da Lei nº 9.096/1995 (Partidos Políticos).

---

[17] GOMES, José Jairo. *Direito eleitoral*. 12. ed. São Paulo: Atlas, 2016. p. 118-119.

[18] SEREJO, Lourival. *Direito eleitoral*. Belo Horizonte: Del Rey, 2016. p. 103.

A primeira das hipóteses de justa causa está no art. 22-A, inc. I, da Lei nº 9.096/1995 (Partidos Políticos). Trata-se da "mudança substancial ou desvio reiterado do programa partidário". O revogado art. 1º, §1º, inc. III, da Resolução nº 22.610/2007-TSE mantinha redação idêntica.

A "mudança substancial" no programa do partido político configurará justa causa quando a alteração atingir a essência[19] do ideário da agremiação. Anote-se que a grave mudança deve ser devidamente comprovada pelo parlamentar interessado. Obviamente, restando provado que a essência do partido político foi maculada pela própria organização política, o parlamentar deverá conservar o mandato conquistado anteriormente. Anote-se, ainda, que havendo modificação pontual ou eventual sobre questões determinadas e que não discrepem fundamentalmente daquelas que compõem as respectivas bases ideológicas, elas não configurarão a justa causa e, por consequência, não servirão para a proteção do mandato.

O "desvio reiterado do programa partidário", por sua vez, apresenta considerável fluidez. Dupla fluidez para ser mais exato. Apesar de a expressão *desvio* poder ser compreendida como ação concreta que divirja do estatuto ou de compromisso assumido formalmente, mesmo assim não escapa do casuísmo que deve onerar o interessado com a produção de prova de que, em determinado caso concreto, houve ou não houve a modificação de rota ideológica.[20] Reforçando a considerável elasticidade do conceito de desvio, emerge a expressão *reiterado*. Pois bem, também não está claro quantos desvios devem ser necessários para que se entenda que houve reiteração. Dificuldades não faltarão para aquele que deseje instruir judicialmente sua pretensão.

Como já defendido anteriormente,[21] a justa causa definida como "mudança substancial ou desvio reiterado do programa partidário" tem natureza mista ou híbrida. Ainda que deva ser aferida objetivamente, de forma análoga àquelas demais hipóteses, deve se abrir a possibilidade de ampla produção de provas, sem exceção. Sendo a todos assegurado o contraditório e ampla defesa, com os meios e recursos a ela inerentes (art. 5º, LV, CF), e sabendo-se que qualquer prova lícita pode apoiar uma pretensão ou defesa (art. 5º, LVI, CF), uma investigação acerca dos desvios reiterados pode se valer de provas não documentais. Óbvio que nem toda alteração na essência de um partido político vem com a modificação de estatutos.

A segunda das hipóteses de justa causa está no art. 22-A, inc. II, da Lei nº 9.096/1995 (Partidos Políticos). Trata-se de "grave discriminação política pessoal". O revogado art. 1º, §1º, inc. IV, da Resolução nº 22.610/2007-TSE mantinha redação diversa da vigente, sendo menos específica, a saber: "grave discriminação pessoal".

Novamente, a indeterminação do conceito utilizado para a moldura da hipótese não facilita o exercício da pretensão. Se de um lado houve evolução com a especificação de se tratar de discriminação política pessoal, o mesmo não se deve falar da expressão *grave*. Facilmente se constata que a gravidade de uma ocorrência, ou uma série delas, vai depender de uma avaliação que não possui uma medida segura, o que exige uma pesquisa verticalizada. A cada caso concreto, portanto, deve haver ampla produção de provas.

---

[19] ZILIO, Rodrigues López. *Direito eleitoral*. 5. ed. Porto Alegre: Verbo Jurídico, 2016. p. 118.

[20] GOMES, José Jairo. *Direito eleitoral*. 12. ed. São Paulo: Atlas, 2016. 2016, p. 126.

[21] RASLAN, Alexandre Lima. Infidelidade partidária (Res. 22.610/2007-TSE): legitimidade ativa do Ministério Público e temas relacionados. In: COSTA, Daniel Castro Gomes da (Org.). *Temas atuais de direito eleitoral*: estudos em homenagem do Min. José Augusto Delgado. São Paulo: Pillares, 2008. p. 182.

O Tribunal Superior Eleitoral já decidiu em favor do parlamentar acuado por grave discriminação política pessoal, conforme o acórdão de 17.4.2008, nas petições nºs 2.754[22] e 2.755, da relatoria do Ministro Marcelo Ribeiro:

> FIDELIDADE PARTIDÁRIA. DEPUTADO FEDERAL. ART. 1º, §1º DA RES.-TSE Nº 22.610/2007. DESIGUALDADE. DISTRIBUIÇÃO. RECURSOS FINANCEIROS. CAMPANHA ELEITORAL. EXTINÇÃO. ÓRGÃO PARTIDÁRIO. PREJUÍZO. LIDERANÇA. GRAVE DISCRIMINAÇÃO. CARACTERIZAÇÃO. JUSTA CAUSA. DESFILIAÇÃO PARTIDÁRIA.
>
> - Preliminares de falta de interesse de agir, termo inicial para aplicação do entendimento adotado pela Consulta nº 1.439 e possibilidade de mudança para partido da mesma coligação rejeitadas, vencido o relator.
>
> - Caracterização de grave discriminação pessoal, evidenciada pela prova dos autos, de modo a prejudicar a liderança política exercida pelo requerente em município que constituía sua base eleitoral. Flagrante desproporcionalidade na distribuição de recursos, pelo partido, para a campanha eleitoral, de modo a prejudicar o requerente, candidato à reeleição e político de tradição no Estado.
>
> - Reconhecimento de existência de justa causa para a desfiliação partidária.

A discriminação para ser considerada grave deve estar afastada de melindres pessoais, divergências de ideias, intrigas de somenos etc.[23] A gravidade, para ser mais preciso, deve produzir algo que tangencie a higidez do mandato parlamentar ou, ainda, que o transforme em um mero diploma. A discriminação grave, portanto, deve, no mínimo, ameaçar o mandato de se transformar em continente sem conteúdo. Evidentemente, trata-se aqui de uma hipótese subjetiva de justa causa.[24]

Nesse sentido o Tribunal Superior Eleitoral afastou a justa causa quando não comprovada a grave discriminação, nos termos do acórdão de 23.8.2008, na Petição nº 2.756,[25] da relatoria do Ministro José Augusto Delgado:

> 1. Fidelidade Partidária. Desfiliação sem justa causa. Procedência do Pedido.
>
> 2. Divergência entre filiados partidários no sentido de ser alcançada projeção política não constitui justa causa para desfiliação.
>
> 3. As causas determinantes da justa causa para a desfiliação estão previstas no art. 1º, §1º, da Resolução nº 22.610/2007.
>
> 4. O requerido não demonstrou grave discriminação pessoal a motivar o ato de desfiliação.
>
> 5. Pedido procedente.

---

[22] BRASIL. Tribunal Superior Eleitoral. *Petição nº 2.754*. Rel. Min. Marcelo Ribeiro. Brasília, DF, 17 de abril de 2008. Disponível em: <http://www.tse.jus.br/jurisprudencia/@@processrequest?sectionServers=TSE>. Acesso em: 29 nov. 2017.

[23] SEREJO, Lourival. *Direito eleitoral*. Belo Horizonte: Del Rey, 2016. p. 103.

[24] RASLAN, Alexandre Lima. Infidelidade partidária (Res. 22.610/2007-TSE): legitimidade ativa do Ministério Público e temas relacionados. In: COSTA, Daniel Castro Gomes da (Org.). *Temas atuais de direito eleitoral*: estudos em homenagem do Min. José Augusto Delgado. São Paulo: Pillares, 2008. p. 183.

[25] BRASIL. Tribunal Superior Eleitoral. *Petição nº 2.756*. Rel. Min. José Augusto Delgado. Brasília, DF, 23 de agosto de 2008. Disponível em: <http://www.tse.jus.br/jurisprudencia/@@processrequest?sectionServers=TSE>. Acesso em: 29 nov. 2017.

Em outro julgamento, desta vez no Recurso Ordinário nº 1.761,[26] da relatoria do Ministro Marcelo Ribeiro, em acórdão de 10.6.2009, decidiu-se que a resistência interna para se tornar candidato não constitui justa causa, uma vez que são do ambiente político disputas desta natureza:

> RECURSO ORDINÁRIO. FIDELIDADE PARTIDÁRIA. DEPUTADO ESTADUAL. CONSTITUCIONALIDADE. RES.-TSE Nº 22.610/2007. LEGITIMIDADE. MINISTÉRIO PÚBLICO. JUSTA CAUSA. DESFILIAÇÃO PARTIDÁRIA. DESCARACTERIZAÇÃO.
>
> 1. A constitucionalidade da Resolução-TSE nº 22.610/2007, que regulamenta os processos de perda de mandato eletivo e de justificação de desfiliação partidária, foi afirmada pelo Supremo Tribunal Federal no julgamento das ADI's nos 3.999 e 4.086.
>
> 2. O Ministério Público é parte legítima para atuar nos referidos processos.
>
> 3. A eventual resistência interna a futura pretensão de concorrer à prefeitura ou a intenção de viabilizar essa candidatura por outra sigla não caracterizam justa causa para a desfiliação partidária, pois a disputa e a divergência
>
> internas fazem parte da vida partidária.
>
> 4. Recurso ordinário desprovido.

A terceira das hipóteses de justa causa está no art. 22-A, inc. III, da Lei nº 9.096/1995 (Partidos Políticos). Trata-se de inovação que instaurou a denominada "janela" partidária, pois delimita um período de tempo em que as desfiliações e filiações podem se dar sem a perda do mandato: a "mudança de partido efetuada durante o período de trinta dias que antecede o prazo de filiação exigido em lei para concorrer à eleição, majoritária ou proporcional, ao término do mandato vigente".

No revogado art. 1º da Resolução nº 22.610/2007-TSE não havia previsão para esta "janela" partidária. As disposições revogadas tratavam da incorporação ou fusão do partido ed a criação de novo partido, conforme os incs. I e II do então §1º.

As hipóteses que foram revogadas não trouxeram qualquer abalo ou desvantagem aos mandatários que pretendem migrar de partido político, uma vez que a criação da "janela" partidária trouxe algo como uma imunidade ou isenção. Diga-se, também, que esta previsão veio depois de amplo debate no Congresso Nacional, o que presume estarem os interessados concordes.

Da redação que emoldura esta terceira hipótese, extrai-se que a desfiliação deve vir seguida de filiação a outro partido político. Deve, ainda, ocorrer no prazo de trinta dias que antecede o prazo de filiação partidária (art. 9º da Lei nº 9.504/1997), ou seja, seis meses antes do dia da eleição. As eleições brasileiras ocorrem no mês de outubro, sendo que a "janela" partidária ocorre durante o mês de março. Atente-se para o fato de que somente configurará justa causa se o transbordo ocorrer ao término do mandato vigente.[27]

Diversamente das anteriores, esta hipótese de justa causa possui natureza objetiva,[28] uma vez que poderá ser invocada, administrativamente, durante o período definido

---

[26] BRASIL. Tribunal Superior Eleitoral. *Recurso Ordinário nº 1.761*. Rel. Min. Marcelo Ribeiro. Brasília, DF, 10 de junho de 2009. Disponível em: <http://www.tse.jus.br/jurisprudencia/@@processrequest?sectionServers=TSE>. Acesso em: 29 nov. 2017.

[27] ZILIO, Rodrigues López. *Direito eleitoral*. 5. ed. Porto Alegre: Verbo Jurídico, 2016. p. 118.

[28] RASLAN, Alexandre Lima. Infidelidade partidária (Res. 22.610/2007-TSE): legitimidade ativa do Ministério Público e temas relacionados. In: COSTA, Daniel Castro Gomes da (Org.). *Temas atuais de direito eleitoral*: estudos em homenagem do Min. José Augusto Delgado. São Paulo: Pillares, 2008. p. 183.

pela lei. Por óbvio, dispensa-se a propositura de ação declaratória de desfiliação, em que o interessado buscará provar a existência de justa causa.

Enfim, há também a possibilidade de o mandatário e o partido político estarem de pleno acordo com a mudança de partido. Nada obsta, aqui, que decidam pela desfiliação sem a consequente perda do mandato parlamentar.

O Tribunal Superior Eleitoral já decidiu a respeito na Petição nº 2.797,[29] cuja relatoria coube ao Ministro José Gerardo Grossi:

> Petição. Justificação de desfiliação partidária. Res.-TSE nº 22.610. Declaração de existência de justa causa. Concordância da agremiação. Provimento do pedido. Havendo consonância do partido quanto à existência de fatos que justifiquem a desfiliação partidária, não há razão para não declarar a existência de justa causa. Pedido julgado procedente, para declarar a existência de justa causa para a desfiliação do partido.

Como visto, apesar da crítica procedente sobre o ativismo judicial que já perdura uma década, os partidos políticos e os parlamentares aparentam ter se adaptado ao regramento material e processual imposto pela Resolução nº 22.610/2007-TSE e pelo art. 22-A da Lei nº 9.096/1995 (Partidos Políticos).

Enfim, até que a atual regulação acerca da fidelidade partidária encontre um próximo ponto de saturação será este, em síntese, o cenário legal para a discussão de suas causas jurídicas e justas causas excludentes. Resta aguardar.

12.6 Conclusão

A fidelidade partidária e suas mazelas não são exclusivas da vida política brasileira, com certeza. Pelo visto, a fluidez dos interesses políticos está na causa desse fenômeno que, aparentemente, se encontra regulado no Brasil. Apenas regulado, pois, apesar das balizas comentadas, sabe-se que as traições, as rebeldias e as infidelidades partidárias permanecem ocorrendo, sem a necessidade de movimentar o carrossel parlamentar.

Ao menos no campo jurídico, nesta última década foram fixadas regras claras para a reivindicação dos mandatos dos apontados como infiéis, bem como para que mandatos legitimamente conquistados nas urnas sejam defendidos em face da degradação ideológica ou programática dos partidos políticos.

Referências

ABBAGNANO, Nicola. *Dicionário de filosofia*. Tradução de Alfredo Rossi e Ivone Castilho Benedetti. 5. ed. São Paulo: Martins Fontes, 2007.

ABBOUD, Georges. *Processo constitucional brasileiro*. São Paulo: Revista dos Tribunais, 2016.

BOBBIO, Norberto. *A era dos direitos*. Tradução de Carlos Nelson Coutinho. Rio de Janeiro: Campus, 1992.

---

[29] BRASIL. Tribunal Superior Eleitoral. *Petição nº 2.797*. Rel. Min. José Geraldo Grossi. Brasília, DF, 21 de fevereiro de 2008. Disponível em: <http://www.tse.jus.br/jurisprudencia/@@processrequest?sectionServers=TSE>. Acesso em: 29 nov. 2017.

BRASIL. Supremo Tribunal Federal. *Ação Direta de Inconstitucionalidade nº 3.999*. Rel. Min. Joaquim Barbosa. Plenário. Brasília, DF, 12 de novembro de 2008. Disponível em: <http://redir.stf.jus.br/paginadorpub/paginador. jsp?docTP=AC&docID=586949>. Acesso em: 29 nov. 2017.

BRASIL. Supremo Tribunal Federal. *Ação Direta de Inconstitucionalidade nº 5081*. Rel. Min. Luiz Roberto Barroso. Plenário. Brasília, DF, 27 de maio de 2015. Disponível em: <http://redir.stf.jus.br/paginadorpub/paginador. jsp?docTP=TP&docID=9175293>. Acesso em: 29 nov. 2017.

BRASIL. Supremo Tribunal Federal. *Mandado de Segurança nº 20.927*. Rel. Min. Moreira Alves. Plenário, Brasília, DF, 11 de outubro de 1989. Disponível em: <http://redir.stf.jus.br/paginadorpub/paginador. jsp?docTP=AC&docID=85369>. Acesso em: 29 nov. 2017.

BRASIL. Supremo Tribunal Federal. *Mandado de Segurança nº 23.405*. Rel. Min. Gilmar Mendes. Plenário, Brasília, DF, 22 de março de 2004.

BRASIL. Supremo Tribunal Federal. *Mandado de Segurança nº 26.603*. Rel. Min. Celso de Mello. Plenário. Brasília, DF, 4 de outubro de 2008. Disponível em: <http://redir.stf.jus.br/paginadorpub/paginador. jsp?docTP=AC&docID=570121>. Acesso em: 29 nov. 2017.

BRASIL. Tribunal Superior Eleitoral. *Consulta nº 1.398*. Rel. Min. César Asfor Rocha. Brasília, DF, 27 de março de 2007. Disponível em: <www.tse.gov.br>. Acesso em: 17 jun. 2008.

BRASIL. Tribunal Superior Eleitoral. *Petição nº 2.754*. Rel. Min. Marcelo Ribeiro. Brasília, DF, 17 de abril de 2008. Disponível em: <http://www.tse.jus.br/jurisprudencia/@@processrequest?sectionServers=TSE>. Acesso em: 29 nov. 2017.

BRASIL. Tribunal Superior Eleitoral. *Petição nº 2.756*. Rel. Min. José Augusto Delgado. Brasília, DF, 23 de agosto de 2008. Disponível em: <http://www.tse.jus.br/jurisprudencia/@@processrequest?sectionServers=TSE>. Acesso em: 29 nov. 2017.

BRASIL. Tribunal Superior Eleitoral. *Petição nº 2.797*. Rel. Min. José Geraldo Grossi. Brasília, DF, 21 de fevereiro de 2008. Disponível em: <http://www.tse.jus.br/jurisprudencia/@@processrequest?sectionServers=TSE>. Acesso em: 29 nov. 2017.

BRASIL. Tribunal Superior Eleitoral. *Recurso Ordinário nº 1.761*. Rel. Min. Marcelo Ribeiro. Brasília, DF, 10 de junho de 2009. Disponível em: <http://www.tse.jus.br/jurisprudencia/@@processrequest?sectionServers=TSE>. Acesso em: 29 nov. 2017.

BRASIL. Tribunal Superior Eleitoral. *Resolução nº 22.610/2007*. Rel. Min. Cezar Peluzo. Brasília, DF, 25 de outubro de 2007. Disponível em: <http://www.tse.gov.br/internet/partidos/fidelidade_partidaria/res22610. pdf>. Acesso em: 18 de jun. 2008.

CANOTILHO, José Joaquim Gomes. *Direito constitucional e teoria da Constituição*. 3. ed. Coimbra: Almedina, 1999.

GOMES, José Jairo. *Direito eleitoral*. 12. ed. São Paulo: Atlas, 2016.

RASLAN, Alexandre Lima. Infidelidade partidária (Res. 22.610/2007-TSE): legitimidade ativa do Ministério Público e temas relacionados. In: COSTA, Daniel Castro Gomes da (Org.). *Temas atuais de direito eleitoral*: estudos em homenagem do Min. José Augusto Delgado. São Paulo: Pillares, 2008.

SEREJO, Lourival. *Direito eleitoral*. Belo Horizonte: Del Rey, 2016.

SILVA, José Afonso. *Comentário contextual à Constituição*. 4. ed. São Paulo: Malheiros, 2007.

ZILIO, Rodrigues López. *Direito eleitoral*. 5. ed. Porto Alegre: Verbo Jurídico, 2016.

Informação bibliográfica deste texto, conforme a NBR 6023:2002 da Associação Brasileira de Normas Técnicas (ABNT):

RASLAN, Alexandre Lima. Fidelidade partidária: uma década. In: COSTA, Daniel Castro Gomes da et al. (Coord.). *Direito Eleitoral comparado*. Belo Horizonte: Fórum, 2018. p. 189-208. ISBN 978-85-450-0550-6.

CAPÍTULO 13

DEMOCRACIA DIRETA NO BRASIL: USO E ABUSO POLÍTICO E JURÍDICO DO PLEBISCITO E DO REFERENDO[1]

FABIANO PEREIRA GONÇALVES

13.1 Apresentação

A democracia direta, no Brasil, é exercida nos moldes do art. 14, da Constituição da República Federativa, através dos institutos do plebiscito, do referendo e da iniciativa popular. Este trabalho enfoca apenas os institutos do plebiscito e do referendo, seus limites e efeitos, pela similaridade de serem instrumentos políticos mais maleáveis e passíveis de alterarem a legislação partindo da iniciativa daqueles que se encontram no poder.

No caso da iniciativa popular, não se vislumbra possibilidade de fácil manipulação deste instituto a fim de subverter a ordem democrática, haja vista que a sua implementação é de difícil atingimento, dados os números necessários e a verificação da autenticidade dos proponentes, a iniciarem qualquer projeto de lei. De se notar que houve quatro tentativas de iniciativa popular no país, que foram encampadas por parlamentares, para então transformarem-se em lei.[2] O *recall* e o veto popular[3] não são previstos no nosso ordenamento constitucional e legal, inexistindo um interesse maior em lhes traçar objetivos e limites, o que justifica a sua exclusão.

---

[1] Artigo adaptado da Monografia de Conclusão do Curso de Pós-Graduação *Lato Sensu* em Direito Constitucional da Universidade para o Desenvolvimento do Estado e da Região do Pantanal – Uniderp, sob a orientação da Profª. Msc. Angela de Souza Martins Teixeira Marinho.

[2] Lei nº 8.930/94 – Lei de Crimes Hediondos; Lei nº 9.840/99 – Alteração do Código Eleitoral (inserção do art. 41-A, que trata do veto ao abuso econômico); Lei nº 11.124/05 – Sistema Nacional de Habitação de Interesse Social; e Lei Complementar nº 135/10 (estabeleceu novos casos e prazos de inelegibilidade).

[3] *Recall*, ou revogação popular, é a possibilidade de os eleitores cassarem, por motivos específicos, o mandato de algum representante eleito, e o veto popular é a chance dada à população afetada de revogar ato normativo em vigência.

13.2 Definições de democracia direta

13.2.1 Tipos de democracia

A democracia tem muitas variáveis, sendo "caracterizada por um conjunto de regras (primárias ou fundamentais) que estabelecem *quem* está autorizado a tomar as decisões coletivas e com quais *procedimentos*",[4] no entender do jusfilósofo italiano Norberto Bobbio. Já para o Professor José Afonso da Silva, "a democracia não é mero conceito político abstrato e estático, mas é um *processo* de afirmação do povo e de garantia dos direitos fundamentais que o povo vai conquistando no correr da história".[5]

Para Rousseau a democracia é um governo de deuses e, tamanha a perfeição de seus métodos, os homens não estariam preparados para aplicá-la no mundo real. Bonavides menciona que Churchill exclamava ser a democracia a pior de todas as formas de governo, exceto aquelas que já tinham sido experimentadas.[6] Mas, em síntese, a democracia será o regime em que os cidadãos governarão, representados ou diretamente, em contraposição à autocracia e à oligarquia.

Antes de avançar no estudo, devem ser diferenciadas as duas soberanias que serão mencionadas neste trabalho: a *soberania nacional* e a *soberania popular*. A soberania nacional é referida já no primeiro artigo da Carta, já que não há país sem soberania. Esta diz respeito à posição do país perante as outras nações, quanto à sua representação internacional e à defesa diplomática e física, mas também, internamente, em relação aos demais entes federativos, que, com a sua junção, outorgaram a soberania nacional à República Federativa, representada pela União.

O Brasil adotou o sistema representativo, entregando porções ou momentos de soberania, a órgãos da República, garantindo aos cidadãos o exercício da soberania popular (não a nacional), em casos específicos e com limites dados pela Carta Maior.

13.2.2 Democracia direta e semidireta

Dois modelos de democracia andaram lado a lado no correr da história: a *democracia representativa* e a *democracia direta*. Adota-se democracia direta como *nomem iuris* do instituto que possuímos no Brasil, considerando a democracia semidireta um sistema misto, nominação usada sempre que se quiser referir à estrutura como um todo.

Ambos os sistemas, de todo modo, propiciam a participação da população afetada, sendo a democracia representativa, nas palavras de José Afonso da Silva, "aquela na qual o povo, fonte primária do poder, não podendo dirigir os negócios do Estado diretamente, [...] outorga as funções de governo aos seus representantes, que elege periodicamente".[7]

Inexistiu, na história democrática mundial, uma forma de democracia direta *pura*, tal como se depreende do mais notório, aliás, inicial exemplo de democracia direta de

---

[4] BOBBIO, Norberto. *O futuro da democracia*: uma defesa das regras do jogo. 6. ed. Rio de Janeiro: Paz e Terra, 1986. p. 18.

[5] SILVA, José Afonso da. O sistema representativo, democracia semidireta e democracia participativa. *Revista do Advogado*, São Paulo, ano XXIII, n. 73, p. 94-108, nov. 2007. p. 94-95.

[6] BONAVIDES, Paulo. *Ciência política*. 11. ed. São Paulo: Malheiros, 2005. p. 266.

[7] SILVA, José Afonso da. O sistema representativo, democracia semidireta e democracia participativa. *Revista do Advogado*, São Paulo, ano XXIII, n. 73, p. 94-108, nov. 2007. p. 97.

todos os tempos, narrado pela Professora Mônica de Melo, quando detalha os órgãos que compunham o governo de Atenas:

> O que podemos observar é que a democracia grega possuía uma estrutura relativamente complexa, não se resumindo a um "bando de indivíduos" decidindo sobre tudo em praça pública. Havia uma organização que previa determinadas instituições: O Conselho de 500 [...], o Comitê de 50 [...], os Magistrados [...], as Cortes [...], os 10 Generais Militares, e a Assembléia (corpo soberano principal, com um mínimo de 40 sessões por ano e um quórum de 6.000 cidadãos para sessões plenárias), à qual eram atribuídas as questões fundamentais da cidade. Ou seja, havia um órgão principal e este não decidia a respeito de tudo. Portanto, um regime de *"todos* decidindo sobre *tudo"*, nunca existiu, nem mesmo na Grécia Antiga.[8]

O mesmo não se pode dizer da inexistência da forma representativa *pura*, pois mesmo que, eventualmente, existissem em determinado ordenamento político-jurídico previsões da aplicação conjunta da forma direta, esta é de difícil implemento, podendo nunca ser utilizada. Modernamente, a doutrina inclina-se a considerar que as formas devem ser sempre aplicadas em conjunto, para uma verdadeira efetivação da democracia:

> Norberto Bobbio, por exemplo, chama a atenção para o fato de que inexistem, na atualidade, democracias exclusivamente parlamentares – na medida em que formas de representação convivem com mecanismos de participação direta dos cidadãos – e tampouco democracias diretas "puras". Portanto, não teria sentido falar em democracia direta como se fosse regime "realmente existente" – mas apenas em *formas de democracia direta*, ou, então, em mecanismos de democracia direta, que nunca existem isoladamente.[9]

Retomando a discussão semântica, não se quer dizer que a questão se esgota tão somente a uma escolha de palavras ocasionais. A concepção que se faz é a de que democracia direta é o exercício mesmo de escolha, realizada pelos indivíduos que participam desse processo decisório. E, democracia semidireta seria a junção dos conceitos de democracia representativa e democracia direta, quando se apresentam os dois sistemas de escolha em um único ordenamento jurídico, como faz o nosso, com a devida adequação de cada sistema ao seu momento propício e com suas respectivas regras.

Não se defende uma relação de gênero e espécie, porque a democracia direta não está necessariamente contida pela semidireta, mas, de outro modo, esta resulta em uma soma: prática da democracia representativa com a prática da democracia direta. Sgarbi sistematiza três modelos de democracia, que trata por invariáveis junto a diversos autores:

> Em termos estruturais, das inúmeras perspectivas e linhas de força da democracia que arregimentam os autores, três são as análises praticamente invariáveis abstraindo-se das malversações de cunho ideológico que correm do liberalismo incipiente ao socialismo: Modelo (1) – sistema democrático direto: o povo dirige, ele mesmo, os atos da vida pública, os poderes governamentais;

---

[8] MELO, Mônica de. *Plebiscito, referendo e iniciativa popular*: mecanismos constitucionais de participação popular. Porto Alegre: Sergio Antonio Fabris, 2001. p. 22-23.

[9] BENEVIDES, Maria Victoria de Mesquita. *A cidadania ativa*. 3. ed. São Paulo: Ática, 2003. p. 44.

Modelo (2) – sistema democrático indireto: de maneira periódica e limitada, mandatários exercem, mediante outorga das funções de governo, o poder político;

Modelo (3) – sistema democrático participativo: sob a base decisória indireta (representativa) permite-se de forma não excludente a atuação incidental institucionalizada dos cidadãos através de instrumentos decisórios conjugados e (ou) diretos, demais da abertura às manifestações não-institucionalizadas de identidades coletivas.[10]

Não se entende dessa forma a classificação dos modelos de democracia atuais. Pode-se dizer que há apenas dois modelos de democracia nas sociedades que adotam tal regime, consubstanciadas na democracia direta (participativa e em sentido estrito) e na democracia representativa.

Autores há que dizem que o direito de petição ou a ação popular estão dentro do âmbito da classificada democracia participativa. Mas a palavra *participativa*, na despretensiosa opinião aqui expressada, denota que o indivíduo veio a lume e deu a sua contribuição, que tem pouco ou nenhum peso diante da totalidade, enquanto o vocábulo *direta* traduz uma sensação de ingerência imediata nos "assuntos estatais" (interesses de toda a sociedade, e não o mesquinho significado de vontade governamental).

A participação do cidadão, nas decisões políticas, através das manifestações permitidas constitucionalmente, na democracia direta participativa, realiza não só uma contribuição singela senão uma modificação importante no modo de condução dos assuntos que lhe dizem respeito, em sua comunidade, em seu país. Mônica Melo, porém, diferencia controle de participação, e encontra guarida nas lições do Ex-Ministro do STF, Ayres Britto:

> Carlos Ayres Britto, professor da Universidade Federal de Sergipe, contribui para a formulação da distinção entre controle e participação, no sistema constitucional brasileiro. Analisa que o termo controle está associado, pela Constituição de 1988, com fiscalização (art. 49, X, art. 70, art. 129, XII), que pode ser externa ou interna, na medida em que opera entre órgãos do Estado ou em que é provocada por particulares ou instituições. [...]
> Portanto, o exercício do controle está ligado às inúmeras possibilidades de representar, recorrer, reclamar, denunciar relativamente às decisões tomadas pelo Estado. [...]
> Na participação, há a possibilidade de intervir na elaboração, na construção da decisão. Trata-se de exercício direto da soberania popular, um dos fundamentos do exercício do poder no Brasil.[11]

Discordamos respeitosamente do citado, no entendimento de que os mecanismos que ora estudamos são sempre participação e controle, na medida em que a população dá a sua contribuição nos dois aspectos, em determinado momento e instituto.

Sobre a democracia representativa, pergunta-se: a plena participação da população, em suas diversas formas de manifestação de vontade, não faria parte do processo democrático? A escolha do líder do bairro não leva a uma democratização do processo de liderança e de tomada de decisões de uma comunidade? Bobbio novamente traz socorro com seus ensinamentos:

---

[10] SGARBI, Adrian. *O referendo*. Rio de Janeiro: Renovar, 1999. p. 78-79.

[11] MELO, Mônica de. *Plebiscito, referendo e iniciativa popular*: mecanismos constitucionais de participação popular. Porto Alegre: Sergio Antonio Fabris, 2001. p. 42-43.

Hoje não existem mais cidades-estados, salvo alguns casos tão excepcionais que devem ser, neste contexto, desprezados. [...] Nós as dividimos, é verdade, ou as estamos dividindo em bairros. Mas mesmo sendo verdade que no momento da formação inicial da participação de bairro ou zona, no momento do nascimento mais ou menos espontâneo dos comitês de bairro, pode-se falar apropriadamente de democracia direta (direta sim, mas quantitativamente muito limitada), é igualmente verdade – em decorrência da tendência natural que caracteriza a passagem de um movimento do *statu nascenti*, como afirma Alberoni, para o da sua institucionalização, da sua fase espontânea para a fase da necessária organização – que, tão logo são providenciadas a legitimação e a regulamentação da participação de base, a forma por esta assumida é a da democracia representativa.[12]

Para uma melhor compreensão do que se propõe no presente texto, apresenta-se uma sistematização do que se percebe como sistemas de democracia, atualmente:

   a) *democracia representativa* – é aquela em que os cidadãos escolhem representantes (pelo voto) que tomarão as decisões políticas, necessárias à condução dos assuntos do Estado. No mundo ideal, essa representação abrange todas as ideologias e matizes da sociedade em que está inserida;

   b.1) *democracia direta participativa* – ocorre no momento em que o cidadão ou um grupo de cidadãos utiliza-se de meios de participação e controle das atividades estatais, sem a necessidade de serem representados. Não há propriamente uma intervenção direta, mas a transmissão (essa, sim, direta), muitas vezes coercitiva, da vontade da população. Os exemplos mais comuns são a ação popular e a participação em conselhos, além dos orçamentos participativos. A iniciativa popular também está inserida nesta classificação;

   b.2) *democracia direta em sentido estrito* – ocorre nas escolhas diretas e imediatas, dos cidadãos, sobre determinado fato ou assunto, quando atua sem representantes, mas dentro de um padrão determinado pela Constituição e pela lei. Aí se inserem o referendo e o plebiscito;

   c) *democracia semidireta* – é o sistema que conjuga os anteriores, pondo em prática a realização da participação da população nas deliberações políticas do Estado.

A vantagem da democracia direta participativa em relação à democracia direta em sentido estrito está no fato de que, na primeira, a manifestação se dá cotidianamente e com poucas restrições, sendo que a segunda é a *ultima ratio*, devendo ter limites e métodos de controle severos e adequados, conforme exposto nos próximos capítulos deste trabalho.

13.2.3 Plebiscito e referendo

O *plebiscito* é uma consulta aos indivíduos de determinada região, sobre assunto ainda não normatizado. Alguns autores afirmam tratar-se de solicitação de deliberação a respeito de tema em abstrato, de maior relevância. Também se encontra uma subdivisão para o plebiscito, que toma duas formas, uma ampla, que seria o plebiscito geral, e outra orgânica, que seria o plebiscito geopolítico, nos ensinamentos de Denise Auad:

---

[12] BOBBIO, Norberto. *O futuro da democracia*: uma defesa das regras do jogo. 6. ed. Rio de Janeiro: Paz e Terra, 1986. p. 53.

O plebiscito no Brasil poderá abranger duas formas: a ampla e a orgânica. A ampla versa sobre qualquer questão de relevância nacional, de competência dos Poderes Legislativo ou Executivo (não é previsto para o Judiciário). [...] A orgânica está relacionada com a incorporação, subdivisão e desmembramento de Estados ou fusão, incorporação, criação e desmembramento de Municípios.[13]

Já o *referendo* é o mecanismo de avaliação sobre ato normativo posto, uma *decisão política tomada* que precisa de confirmação dos afetados por ela. Sgarbi auxilia, oferecendo-nos os conceitos:

> Assim, e em síntese, conforme nosso direito, e de acordo com a *ratio* dos institutos, é possível descortinar as seguintes duas regras de reconhecimento do referendo e do plebiscito:
> Regra 1.) quando se tratar de deliberação cujo objetivo seja decidir, precipuamente, *a sorte de uma norma/proposição concretamente disposta, e como decisão de fundo,* trata-se de referendo. Portanto, o que o peculiariza é a sua incidência sobre normas jurídicas *lato sensu*, de modo a *constituí-las* [sic], *revogá-las, conservá-las* ou *modificá-las*;
> Regra 2.) quando se tratar de deliberação cujo objetivo seja uma decisão a respeito de uma matéria em tese (= um fato, uma situação abstrata ou hipotética), ou, sobre assuntos atinentes a alterações geopolíticas, trata-se de plebiscito.
> Benevides nos alerta que, a imprecisão no uso dos termos, ao que parece, também decorre daquela distinção acima mencionada: o plebiscito é um recurso adequado para casos excepcionais (como, por exemplo, mudança de regime ou sistema de governo, prevista para 1993) e o referendo para "ratificar ou não atos prévios dos poderes constituídos.

13.2.4 Pluralismo

Thales Tácito Cerqueira menciona a existência da democracia *pluralista*, que define como "uma poliarquia (dispersão do poder numa multiplicidade de grupos), visando ao equilíbrio sempre renovado de forças".[14] Tem-se, por definição, que pluralista é um adjetivo, que vem enriquecer o exercício da democracia em qualquer país, e que também é chamada de democracia *consensual* por Samuel Dal-Farra Naspolini, quando diz:

> Quanto mais ampla a liberdade de organização e expressão política dos grupos, maior será a necessidade de reiterados consensos entre eles, e, conseqüentemente, maior será a "qualidade democrática" do Estado. Se o poder dos grupos sociais atinge tamanha envergadura que a condução política e econômica do Estado passa a ser um concerto tripartite entre categorias sociais e o Poder Público (trabalhadores-capitalistas-Poder Público; consumidores-fornecedores-Estado), atinge-se, segundo Arend Lijphart, o chamado modelo *corporativista* dos grupos de interesses que, aliado a outras características do sistema, tais como a existência de uma Constituição rígida, federalismo, multipartidarismo, representação proporcional, integraria o substrato das chamadas "*democracias consensuais*".[15]

---

[13] AUAD, Denise. Mecanismos de participação popular no Brasil: plebiscito, referendo e iniciativa popular. *Revista Eletrônica Unibero de Produção Científica*, São Paulo, set. 2005. p. 18. Disponível em: <http://www.unibero.edu.br/download/revistaeletronica/Set05_Artigos/DIR_PROF%20DENISE_OK.pdf>. Acesso em: 20 fev. 2009.

[14] CERQUEIRA, Thales Tácito Pontes Luz de Pádua. *Preleções de direito eleitoral*: direito material. Rio de Janeiro: Lumen Juris, 2006. t. I. p. 130.

[15] NASPOLINI, Samuel Dal-Farra. *Pluralismo político*. Curitiba: Juruá, 2006. p. 71-72.

É uma definição ideal, já que o mencionado equilíbrio é de difícil alcance, mostrando-se sempre tênue quando alcançado, em especial no Brasil, que não conseguiu, ainda, realizar um verdadeiro pluralismo político, ou ideológico, com a representação de todas as camadas de sua população.

13.2.5 Democracia direta em outros ordenamentos

A Grécia antiga iniciou o desenvolvimento do conceito democrático, a partir da implementação de meios participativos no governo das cidades-Estado. É o que nos conta Djalma Pinto, ao relatar ser "a democracia de Atenas, primeiro exemplo de poder exercido pelo povo [...]"[16] (séc. VII a.C.). Mas, nesses tempos idos, a democracia direta não era exclusividade dos gregos, como nos narra José Afonso da Silva, quanto ao sistema de plebiscito utilizado em Roma:

> *Plebiscitum* era, na República Romana, uma decisão soberana da plebe aprovada em *concilium plebis* (assembléia da plebe, do povo), por proposta de um tribuno da plebe sobre alguma medida; inicialmente as decisões plebiscitárias só obrigavam aos plebeus (*Lex Valeria Horatia de Plebiscitis*, 449 a.C.), mais tarde tornaram-se obrigatórias também para os patrícios, pela *Lex Hortencia de Plebiscitis*, 287 a.C. (Sgarbi).[17]

Depois de tal manifestação na antiguidade, somente na Idade Média se tem notícia da utilização de institutos assemelhados:

> Mais tarde, durante certos períodos da Idade Média, o instituto do referendo foi adotado em alguns cantões suíços, dos quais Berna parece ter sido o exemplo mais comum. Mais foi só bem posteriormente, entre os séculos XVI e XVIII e, depois, mais intensamente, durante o XIX, que ele passou a ser utilizado com alguma regularidade entre países como a própria Suíça, a França e os Estados Unidos.[18]

Também de importância histórica são a *Landsgemeinde*, que, conforme Grisel (1987),[19] remonta à Constituição Helvética de 1291, e seria "uma assembléia popular solene, formada por cidadãos ativos, que se reúne ao menos uma por ano em alguns cantões suíços para votar, com as mãos erguidas, assuntos atinentes à comunidade", e as *open town meetings* (séc. XVII), na Colônia de Massachusets, semelhantes à primeira.

Nos dias atuais, diversos países adotam mecanismos de participação e manifestação, dos indivíduos que os compõem, em suas decisões políticas, como informa Maria Benevides:

---

[16] PINTO, Djalma. *Direito eleitoral*: improbidade administrativa e responsabilidade fiscal – Noções gerais. 3. ed. São Paulo: Atlas, 2006. p. 81.

[17] SILVA, José Afonso da. O sistema representativo, democracia semidireta e democracia participativa. *Revista do Advogado*, São Paulo, ano XXIII, n. 73, p. 94-108, nov. 2007. p. 102.

[18] MOISÉS, José Álvaro. *Cidadania e participação*: ensaio sobre referendo, o plebiscito e a iniciativa popular legislativa na nova Constituição. São Paulo: Marco Zero, 1990. p. 63.

[19] *Apud* SGARBI, Adrian. *O referendo*. Rio de Janeiro: Renovar, 1999. p. 95.

Atualmente, está presente nos textos constitucionais da Austrália, Canadá, Espanha, França, Itália, Grécia, Suíça, Irlanda, Dinamarca, Finlândia, Luxemburgo, Países Baixos e vários países da África e de expressão francesa.

Nos Estados Unidos, o referendo estadual existe em quase todos os Estados, sendo encaminhadas cerca de 10 mil proposições por ano, a maioria no nível local [...].

[...] O referendo é permitido na Constituição Espanhola de 1978, para decisões do governo [...]. A Constituição portuguesa de 1976 referia-se apenas a "consultas directas às populações locais", mas o novo texto, fruto de revisão constitucional de 1989, incluiu vários artigos sobre o referendo [...].

Na América do Sul, a participação popular na atividade legislativa é pouco difundida [...]. Os exemplos mais evidentes do uso do referendo – que existe também do Equador – são do Chile e do Uruguai.[20]

A obra supracitada data de 2003, ocasião em que os plebiscitos populistas, nos países sul-americanos, ainda não estavam sendo utilizados para a legitimação dos dirigentes no poder.[21] Tal utilização rememora os plebiscitos bonapartistas, usados para a manutenção no poder de governantes e/ou ideologias, como os realizados por Napoleão Bonaparte (daí o nome bonapartismo), em 1804, e por Adolf Hitler, em 1938.

Na década de 1990, consultou-se a população dos países signatários do Tratado de Maastricht, em ratificação das adesões à Comunidade Europeia (Áustria, Suécia e Finlândia). Mais recentemente a Escócia, através de um plebiscito, decidiu não se separar do Reino Unido, e a Grã-Bretanha realizou um plebiscito em 2016, que confirmou a sua saída da União Europeia (o famoso *Brexit*). O último e mais rumoroso caso de plebiscito é o da Catalunha (comunidade autônoma espanhola) que pretende se separar da Espanha e no qual a população resolveu pela cisão, contra a disposição antissecessão da Constituição espanhola.

13.2.6 Democracia direita no Brasil

O primeiro vislumbre de democracia direta brasileira deu-se com a disponibilização do direito de petição na Constituição do Império de 1824, como nos faz ver Mônica de Melo, ao referir-se ao instituto, que ela chama de controle:

> O direito de controle também já existia desde a Constituição do Império: "Artigo 179, XXX – Todo o Cidadão poderá apresentar por escripto ao Poder Legislativo, e ao Executivo reclamações, queixas, ou petições, e até expôr qualquer infracção da Constituição, requerendo perante a competente Auctoridade a effectiva responsabilidade dos infratores".[22]

Obviamente que esse direito de petição não tinha os contornos, sequer a eficiência, dos dias atuais (que na verdade ainda se coloca em dúvida), ainda mais se levarmos em conta o conceito de cidadãos à época (mulheres e escravos eram excluídos). Havia,

---

[20] BENEVIDES, Maria Victoria de Mesquita. *A cidadania ativa*. 3. ed. São Paulo: Ática, 2003. 41-42.

[21] A exceção se dá com as consultas populares conduzidas por Pinochet, no Chile, e pelos militares, no Uruguai, ambos na década de 80, mas que não lograram êxito em perpetuar as políticas populistas pretendidas.

[22] MELO, Mônica de. *Plebiscito, referendo e iniciativa popular*: mecanismos constitucionais de participação popular. Porto Alegre: Sergio Antonio Fabris, 2001. p. 71.

ainda, um esboço de ação popular, no art. 157, da Constituição do Império, que podia ser intentada "por qualquer do povo":

> Outro tipo de participação direta do cidadão – como a ação popular – foi igualmente pensada ainda no Império. Lembre-se que a Constituição de 1824 previa a responsabilização penal dos juízes de direito e dos oficiais de justiça também por ação popular: "Por suborno, peita, peculato e concussão, haverá contra eles a ação popular, que poderá ser intentada dentro de ano e dia pelo próprio queixoso ou por qualquer do povo, guardada a ordem do processo estabelecida na lei" (art. 157).[23]

Até a Constituição de 1937 não havia previsão expressa de instrumentos de democracia direta *em sentido estrito* nos textos constitucionais, mesmo havendo alguma controvérsia sobre o tema na Carta de 1891, um ensaio de inserção de tais mecanismos na de 1934, e da existência de *recall* e de veto popular em algumas Constituições estaduais.[24] Em 1937, surgem quatro hipóteses constitucionais de utilização do plebiscito (nenhum deles realizado), segundo Benevides:[25]

> (1) para incorporação, subdivisão ou desmembramento de Estado (art. 5º); (2) para que fossem conferidos poderes de legislação ao Conselho de Economia Nacional, sobre matérias de sua competência (art. 63); (3) plebiscito nacional para aprovação de eventual "projeto de emenda, modificação ou reforma da Constituição", quando houvesse desacordo entre o projeto de iniciativa do presidente da República e o projeto de iniciativa da Câmara dos Deputados. "O projeto só se transformará em lei constitucional se lhe for favorável o plebiscito" (art. 174, §4º); (4) o próprio texto constitucional deveria ser submetido a plebiscito, por decreto do presidente da República (art. 187).

As Constituições de 1946 e 1967 e a EC nº 1/69 previram apenas a possibilidade de plebiscito geopolítico, também chamado de orgânico. Mas foi sob a vigência da Carta Maior de 1946 que foi realizado o primeiro plebiscito no Brasil. Promulgada a Emenda Constitucional nº 4/61, que instituiu o parlamentarismo no Brasil, o tema foi posto à prova no *plebiscito*[26] que se realizou no dia 6.1.1963, com a fragorosa vitória do "não", trazendo o presidencialismo de volta.

Com a instalação da Assembleia Nacional Constituinte de 1988 surgem as primeiras discussões para introduzir mecanismos de democracia direta *strictu sensu*, estabelecendo-se, no art. 14, a possibilidade de plebiscito, referendo e iniciativa popular. Talvez o fato de ser de iniciativa popular tenha deixado o art. 14 tão genérico, sujeito à interpretação e à manipulação do legislador ordinário, mesmo havendo limites em outros dispositivos constitucionais.

---

[23] MELO, Mônica de. *Plebiscito, referendo e iniciativa popular*: mecanismos constitucionais de participação popular. Porto Alegre: Sergio Antonio Fabris, 2001. p. 112.

[24] Para um estudo histórico mais aprofundado ver BENEVIDES, Maria Victoria de Mesquita. *A cidadania ativa*. 3. ed. São Paulo: Ática, 2003; SGARBI, Adrian. *O referendo*. Rio de Janeiro: Renovar, 1999; ou MELO, Mônica de. *Plebiscito, referendo e iniciativa popular*: mecanismos constitucionais de participação popular. Porto Alegre: Sergio Antonio Fabris, 2001, todos já citados.

[25] BENEVIDES, Maria Victoria de Mesquita. *A cidadania ativa*. 3. ed. São Paulo: Ática, 2003. p. 118.

[26] Os autores divergem sobre a natureza da consulta, uns chamando de referendo, por ser posterior à norma (CERQUEIRA, Thales Tácito Pontes Luz de Pádua. *Preleções de direito eleitoral*: direito material. Rio de Janeiro: Lumen Juris, 2006. t. I), e outros de plebiscito, por ter sido a população consultada por um assunto em tese (BENEVIDES, Maria Victoria de Mesquita. *A cidadania ativa*. 3. ed. São Paulo: Ática, 2003).

A Constituição Federal trouxe, também, a previsão de outras duas modalidades de plebiscito, além da forma ampla. Temos no art. 18, §§3º e 4º, o plebiscito orgânico, que tem por fim aprovar a criação, incorporação, fusão e o desmembramento de estados, municípios e territórios federais. No art. 2º, do Ato das Disposições Constitucionais Transitórias – ADCT, firmou-se a previsão de plebiscito para a escolha da forma e do sistema de governo, para o dia 7.9.1993. A Emenda nº 2, de 25.8.1992, alterou a data da realização deste plebiscito para o dia 21.4.1993, além de estabelecer a data da vigência do que fosse decidido e, o mais importante, a determinação de igualdade de tempo e paridade de horários nos meios de comunicação. Com a realização do plebiscito de 1993, ficou decidida a forma de governo republicana e o sistema de governo presidencialista.

Somente em 18.11.1998, foi editada a Lei nº 9.709, que regulamentou o exercício dos institutos criados com o art. 14, da CR. Em 2005, o país viveu novamente a participação direta com a realização do referendo sobre a proibição do comércio de armas de fogo e munição, tendo os cidadãos respondido que a venda deveria a eles continuar autorizada.

13.3 Os direitos fundamentais e o exercício da democracia direta

É fundamento da nossa República o pluralismo político, demonstrando a preocupação do poder constituinte originário com a participação de todos e de todas as ideologias, em equilíbrio, na condução dos negócios nacionais. Se todo poder emana do povo, também o povo deve garantir que haja a realização de justiça política, econômica e social, e isso deve fazer utilizando-se da segunda parte do princípio democrático, insculpido no parágrafo único, do art. 1º, mediante o exercício representativo ou direto, mas sem olvidar-se da última parte do dito: "nos termos desta Constituição".

Todo direito político também é um dever do cidadão, pois é a sua posição que definirá os rumos tomados, e que guiará toda a nação. Isso é mais que simples deontologia aplicada, pois a decisão tomada de cada cidadão, seja direta ou indiretamente, consistirá na vontade de todo o corpo social, resultando nas deliberações políticas fundamentais.

De onde se extrai que a realização da democracia (direta) é a realização mesma dos direitos fundamentais, posto que a manifestação política é o mais fundamental de todos os direitos. Do que valeria a vida sem a liberdade de escolha?

13.3.1 Sistema internacional de direitos humanos

A Declaração Universal dos Direitos do Homem e do Cidadão,[27] de 10.12.1948, trouxe, em seu art. 21, a previsão de proteção à participação democrática, nos seguintes termos:

> Artigo 21
> §1. Toda pessoa tem o direito de tomar parte no governo de seu país, diretamente ou por intermédio de representantes livremente escolhidos.
> §2. Toda pessoa tem igual direito de acesso ao serviço público do seu país.

---

[27] ONU. *Declaração Universal dos Direitos Humanos*. São Paulo: Biblioteca Virtual de Direitos Humanos, USP. Disponível em: <http://www.direitoshumanos.usp.br/counter/declaracao/declaracao_univ.html>. Acesso em: 28 fev. 2009.

§3. A vontade do povo será a base da autoridade do governo; esta vontade será expressa em eleições periódicas e legítimas, por sufrágio universal, por voto secreto ou processo equivalente que assegure a liberdade de voto.

Aproveitando as lições de Mônica de Melo, nota-se que o Brasil acolhe amplamente esta declaração e outras mais que visam ao mesmo intuito:

> No âmbito das Nações Unidas, O Brasil, em 1992, ratificou o Pacto Internacional de Direitos Civis e Políticos de 1966, que prevê expressamente a *participação direta* na condução dos negócios públicos:
> "Artigo 25 - Todo cidadão terá o direito e a possibilidade, sem qualquer das formas de discriminação mencionadas no artigo 2 e sem restrições infundadas:
> a) de participar da condução dos assuntos públicos, *diretamente* ou por meio de representantes livremente escolhidos; [...]"
> No âmbito regional (OEA), não é diferente. A ratificação do Brasil, em 1992, da Convenção Americana sobre Direitos Humanos ("Pacto de San José de Costa Rica"), de 1969, introduz em nosso sistema o direito de participar na direção dos assuntos públicos diretamente:
> "Artigo 23 - Direitos Públicos
> 1. Todos os cidadãos devem gozar dos seguintes direitos e oportunidades:
> a) de participar na direção dos assuntos públicos, *diretamente* ou por meio de representantes livremente eleitos; [...]".[28]

Assim, há inserção de nosso país no sistema internacional de proteção aos direitos humanos, especialmente no que diz respeito à participação popular direta e representativa dos nacionais nos assuntos da *res publica*.

13.3.2 Interesse público

Em suma, o Estado é a corporificação de toda a entidade social, ordenado ao atingimento dos mais básicos postulados de manutenção da vida humana; e a Constituição, a regra que conduz e sustenta o prosseguir do organismo estatal e seus componentes, nós, os cidadãos. Senão, vejamos o teor dos ensinamentos de Fávila Ribeiro, que parecem responder afirmativamente às questões propostas:

> O objetivo principal da organização estatal é contribuir, por todos os modos, para edificar uma sociedade em que o homem sinta o vigor de sua liberdade, dos seus direitos e encontre efetivas condições para uma forma digna de vida, ou se acaso assim já exista com essas características, devem ser unificadas as resistências coletivas para impedir a sua destruição por agentes dissolutos.[29]

Vamos resumir essas conceituações a duas palavras: *interesse público*. Bandeira de Mello nos auxilia com o conceito que considera como "resultante do conjunto dos interesses que os indivíduos *pessoalmente* têm quando considerados *em sua qualidade de*

---

[28] MELO, Mônica de. *Plebiscito, referendo e iniciativa popular*: mecanismos constitucionais de participação popular. Porto Alegre: Sergio Antonio Fabris, 2001. p. 60-63.

[29] RIBEIRO, Fávila. *Direito eleitoral*. Rio de Janeiro: Forense, 2000. p. 78.

membros da Sociedade e pelo simples fato de o serem".[30] É importante também mencionar que tal interesse pode ser defendido por particulares, através da democracia direta participativa, quando no exercício dos meios à disposição deles, como a ação popular.

O que deve ser indagado é se haverá efetivação de direitos ou garantias individuais com o exercício da democracia direta, ou seja, quando o cidadão decide escolher entre um *sim* ou um *não* em um plebiscito qualquer, ocorreu o atendimento a um direito ou garantia individual? Infere-se que não há um imediato cumprimento de um direito à vida ou à segurança (como no caso do referendo sobre armas de fogo), mas, sem dúvida, que o direito fundamental à liberdade de manifestação resta exaurido naquele exato momento.

John Rawls, filósofo político norte-americano, elaborou um conceito do que também poderíamos chamar de interesse público, se for vislumbrado do aspecto da reciprocidade e da razoabilidade. É a ideia da razão pública:

> A idéia da razão pública, tal como a compreendo, faz parte de uma concepção de sociedade democrática constitucional bem ordenada. [...] Isso porque uma característica básica da democracia é o pluralismo razoável – o fato de que uma pluralidade de doutrinas abrangentes razoáveis e conflitantes, religiosas, filosóficas e morais, é o resultado normal de sua cultura de instituições livres. [...] em vista disso, precisam considerar que tipos de razões podem oferecer razoavelmente um ao outro quando estão em jogo perguntas políticas fundamentais.[31]

Com tal pensamento, Rawls estabelece que a cultura da aceitação do razoável é que deve prevalecer nas questões políticas fundamentais, além da reciprocidade entre os cidadãos, consubstanciada na capacidade de o pluralismo se fazer presente e ativo na sociedade. Rawls também demonstra como se chegar a essa ideia ou ideal da razão pública, em especial, no que destacamos a atuação dos cidadãos na democracia direta:

> Como, porém, o ideal de razão pública é concretizado pelos cidadãos que não são funcionários do governo? Em um governo representativo, os cidadãos votam em representantes – executivos principais, legisladores e assemelhados –, não em leis particulares (exceto no âmbito estadual ou local, quando podem votar diretamente em questões de referendo, que raramente são questões fundamentais). Para responder a essa pergunta, dizemos que, idealmente, os cidadãos devem pensar em si mesmos *como se* fossem legisladores, e perguntar a si mesmos quais estatutos, sustentados por quais razões que satisfaçam o critério da reciprocidade, pensariam em ser mais razoável decretar.[32]

As duas ideias, coordenadas, servem de vela para uma nação navegar rumo ao futuro. Pensar que o interesse público, a observação das necessidades básicas humanas em sociedade, deve ser pautado pela razão pública, a atenção ao critério da reciprocidade, orientado à percepção do bem-estar do cidadão ao seu lado, concretiza a finalidade essencial do Estado Democrático de Direito.

---

[30] BANDEIRA DE MELLO, Celso Antônio. *Curso de direito administrativo.* 12. ed. São Paulo: Malheiros, 2000. p. 59.

[31] RAWLS, John. *O direito dos povos.* São Paulo: Martins Fontes, 2001. p. 173-174.

[32] RAWLS, John. *O direito dos povos.* São Paulo: Martins Fontes, 2001. p. 178-179.

13.3.3 Legitimidade

O estudo da legitimidade, na democracia, em especial a direta, perpassa o entendimento dos mecanismos de poder e da maneira que os seus titulares se investem dele e o utilizam. José de Oliveira Ascensão, catedrático da Faculdade de Direito de Lisboa, dispõe sobre a legitimação e os procedimentos do poder instituído:

> [...] Não pode ser único objeto da ordem jurídica reduzir a complexidade social através de processos. Doutra maneira, desinteressando-nos do objeto e conteúdo, apenas utilizaríamos técnicas que domesticam a conflituosidade, mas perpetuam também a injustiça. A paz da sociedade moderna, em que o outro é o inimigo, é uma falsa paz;
> A legitimação tem de passar assim, não apenas pelo *due process of law*, mas pelos objetivos últimos do sistema. Não há nenhuma legitimação que possa prescindir da justificação substancial.[33]

A Constituição de 1988, quando garante a observância do *substantive due process* visa, no sentido aqui preconizado, exercer o controle do poder exercido por aqueles que buscam o poder e que pretendem utilizar a democracia. O devido processo substantivo deve retê-los em suas ambições degeneradas, excluindo-lhes a legitimidade do poder.

No caso específico da democracia direta participativa, essa discussão é inócua, *exceto* se conduzir a um aproveitamento das instituições e organismos para beneficiar um grupo ou uma ideologia, já que essa participação é difusa e de efeitos mais delongados.

Mas há casos de uso ilegítimo das consultas populares. Bobbio é quem traz os elementos iniciais para a compreensão do que se expõe como cesarismo:

> Desde a célebre descrição platônica do advento do tirano como decorrência da dissolução da pólis provocada pela democracia "licenciosa" (o epíteto é de Maquiavel), a tirania como forma de governo corrupta foi associada bem mais à democracia que à monarquia. Porém, apenas no início do século passado, após a revolução francesa e o domínio napoleônico, é que encontrou um lugar de destaque entre os escritores políticos conservadores, ao lado das tradicionais formas de governo e, com uma conotação geralmente negativa, do assim chamado "cesarismo", que com Napoleão III se torna, especialmente por efeito da crítica de Marx, "bonapartismo". Pois bem: por todos os escritores que o fazem forma autônoma de governo, o cesarismo é definido como "tirania" (ou despotismo) popular; a reminiscência platônica, que se propagou nos séculos juntamente com o desprezo pelos demagogos, é evidente. *Em outras palavras, o cesarismo (ou bonapartismo) é aquela forma de governo de um só homem que nasce como efeito do desarranjo a que são levados inelutavelmente os governos populares*: [...].[34]

Trata-se, nada mais nada menos, da utilização da democracia direta em sentido estrito, ou seja, de consultas populares, a fim de perpetuar no poder um dirigente, ou mesmo uma ideologia, o que se consegue com a adesão de grandes camadas da sociedade afetada que, mobilizadas, acreditam nas promessas feitas a elas, forçando a sociedade,

---

[33] ASCENSÃO, José de Oliveira. *O direito*: introdução e teoria geral. 2. ed. rev. atual. e ampl. Rio de Janeiro: Renovar, 2001. p. 209.

[34] BOBBIO, Norberto. *O futuro da democracia*: uma defesa das regras do jogo. 6. ed. Rio de Janeiro: Paz e Terra, 1986. Grifos nossos.

em uma tentativa desesperada, a abrir mão da democracia, de direitos, de escolhas, afetando o tênue equilíbrio democrático. Alexandre de Moraes destaca a posição de Canotilho sobre as consultas cesaristas, em artigo na *Revista Suffragium*, do TRE do Ceará:

> Nessa forma de participação popular nos negócios políticos do Estado, importante ressalva é feita por Canotilho, quando ensina que "a teleologia intrínseca dos referendos e plebiscitos constituinte passou a ser diferente quando o plebiscito, além de sua associação a dimensões cesaristas do poder político, se transformou em consulta popular, divorciada de qualquer racionalidade jurídica e não raro violadora dos princípios estruturantes do Estado constitucional. A hipertrofia democrática aliada a uma concepção decisionista do direito explicam o sentido do plebiscito: decisão popular que se sobrepõe a qualquer tipo de racionalidade jurídica".[35]

Essa *política* foi intentada diversas vezes na história mundial, após ser realizada por Bonaparte, sendo que temos como exemplo paradigmático o plebiscito do *Anschluss*, de anexação da Áustria à Alemanha, em 10.04.1938, regido magistralmente por Hitler para forçar a população da Alemanha e da Áustria a aprovarem a incorporação do território deste país ao do alemão, num dos primeiros atos externos de expansão da Alemanha nazista. O plebiscito teve 99% de aprovação, algo suspeito pois tal unanimidade é de difícil atingimento, mas explicável à luz da verdade histórica, que demonstra a manipulação nazista, como narra William L. Shirer, que viveu o episódio:

> Numa eleição imparcial e honesta, em que socialdemocratas e cristãos sociais de Schuschnigg[36] tivessem liberdade de fazer abertamente campanha, o plebiscito, em minha opinião, poderia ser encerrado. Como se processava, só um austríaco bastante corajoso votaria *Não*. Como na Alemanha, e não sem motivo, os votantes temiam que a recusa em depositar um voto afirmativo pudesse ser descoberta. Na seção eleitoral que visitei em Viena, na tarde daquele domingo, amplas fendas nos cantos das cabines eleitorais davam ao comitê eleitoral nazista, situado a poucos passos adiante, uma boa visão de como se votava. Nos distritos do país poucos se incomodam em – ou ousavam – depositar seus votos nas cabines indevassáveis; votavam abertamente, para todos verem. Ouvi, por casualidade, a rádio às 19:30h, meia hora depois da votação encerrada quando poucos votos ainda tinham sido apurados. Um funcionário austríaco assegurou-me antes do anúncio do rádio que os austríacos votaram 99% *Sim*. Essa cifra foi a oficialmente fornecida mais tarde: 99,08% na Alemanha e 99,75% na Áustria. Dessa forma, a Áustria, como tal, passou, por um instante, para a margem da história, tendo seu próprio nome suprimido pelo vingativo austríaco que agora a unira à Alemanha.[37]

O mais interessante é que se viu essa forma de aproveitamento da democracia direta também nos países da América do Sul, com os plebiscitos dos militares uruguaios, e no Chile, promovido pelo general ditador Pinochet. Realizados na década de 80, resultaram contrários aos interesses de seus executores, desencadearam o fim das ditaduras militares naqueles países e o início da abertura democrática.

---

[35] MORAES, Alexandre de. Reforma política do Estado e democratização. *Revista Suffragium*, Ceará, v. 22, n. 236, p. 59-76, 2000.

[36] Chanceler austríaco à época, de orientação clerical-fascista, e que rivalizava Hitler, no plebiscito.

[37] SHIRER, William L. *Ascensão e queda do Terceiro Reich*: triunfo e consolidação (1933-1939). Tradução de Pedro Pomar. Rio de Janeiro: Agir, 2008. v. I. p. 466. Disponível em: <http://books.google.com.br/books?id=fMGWm2Ln-NYC>. Acesso em: 1º mar. 2009.

No Chile, o referido plebiscito foi realizado em 1988, e tentou copiar a consulta de 1978, em que Pinochet tinha saído vitorioso, e que lhe conferiu "legitimidade" para continuar no poder e fortalecer o regime, conforme Jelin e Hershberg:

> Durante o segundo período do regime, entre 1976-1980, o principal objetivo de Pinochet foi consolidar as forças internas. Os desafios internacionais colocados na época não estavam desconectados desta escolha de objetivo, que era motivada, ainda, pela necessidade de fortalecer a liderança pessoal de Pinochet. [...] Em 1978, um plebiscito foi convocado para apoiar o governo e para condenar as denúncias de violações de direitos humanos que tinham sido feitas à ONU. Uma vez que os resultados do plebiscito fortaleceram a posição do governo, uma lei de anistia foi aprovada, a fim de evitar eventuais processos contra os que tinham participado da repressão.[38]

Mas ainda não se abandonou o cesarismo. Ao contrário, foi inaugurado, neste século, o novo cesarismo (bonapartismo) sul-americano, desta feita advindo da esquerda socialista, sendo que o falecido presidente da Venezuela, Hugo Chávez, foi o seu maior expoente, utilizador e beneficiário, sendo seguido de outros líderes sul-americanos, tais como o presidente da Bolívia, Evo Morales, e o presidente do Equador, Rafael Corrêa. O atual presidente da Venezuela, Nicolás Maduro, mantém tal política.

Iniciando com uma aparência de legitimidade, o movimento passou a ter caracteres de populismo, e foram adotadas medidas ditatoriais, como o cerco à imprensa e a estatização forçada de empresas, com tendência ao totalitarismo.

A implantação de um regime que inadmite totalmente qualquer posição contrária, eiva de ilegitimidade a democracia, mesmo que a aparência seja de respeito aos princípios democráticos. A democracia deve ser, antes de mais nada, o berço no qual descansa o equilíbrio de forças políticas, todas elas representadas igualitariamente. Somente uma iniciativa que vise manter ou não afetar esse equilíbrio terá uma verdadeira legitimidade na convocação de plebiscitos ou referendos.

No Brasil, a Lei nº 9.709/98, que dispõe sobre os procedimentos legais sobre as consultas populares, tratou a questão da legitimidade de convocação dos plebiscitos e referendos, entregando-a somente aos membros do Congresso Nacional, sempre no mínimo de um terço de uma das casas. Dividindo em dois momentos o procedimento, enquanto a lei trata da proposta, a Constituição determina que a apreciação para autorizar referendo e convocar plebiscito é de competência exclusiva do Congresso Nacional.

Então, mesmo que haja volição de qualquer outro órgão, ou mesmo de cidadãos, a proposição, a análise e a aprovação de mecanismos de democracia direta, no Brasil, somente se dará pelo Congresso Nacional. Uns dirão que isto é um contrassenso, por restringir a participação da população, enquanto outros afirmarão o acerto do legislador, que vedou a iniciativa a um aventureiro ou arguto governante, ou mesmo de movimentos desestabilizadores da ordem posta.

---

[38] JELIN, Elizabeth; HERSHBERG, Eric. *Construindo a democracia*: direitos humanos, cidadania e sociedade na América Latina. Tradução de Ana Luiza Pinheiro. São Paulo: Editora da Universidade de São Paulo; Núcleo de Estudos da Violência (NEV), 2006. p. 57. Disponível em: <http://books.google.com.br/books?id=9rZtBj36RcoC>. Acesso em: 1º mar. 2009.

A observância desses mandamentos constitucionais e legais realizam o *substantive due process*, que se dirige a garantir que as decisões estatais não ofendam os direitos do cidadão. A aplicação do devido processo substantivo deve agir de maneira similar no caso de decisões tomadas diretamente da população, com o intuito de proteger ela mesma. É a inteligência do princípio, como estampada na decisão do Min. Carlos Velloso, do STF, citada por Euler Jansen:

> "*due process of law*, com conteúdo substantivo – *substantive due process* – constitui limite ao Legislativo, no sentido de que as leis devem ser elaboradas com justiça, devem ser dotadas de razoabilidade (*reasonableness*) e de racionalidade (*racinality*) [*sic*], devem guardar, segundo W. Holmes, um real substancial nexo com o objetivo que se quer atingir". Em verdade, o devido processo legal material não apresenta limites e, pode abranger quaisquer direitos que a imaginação permita conceber.[39]

Se o Poder Legislativo está "cerceado" pelo *due process of law*, devendo elaborar as leis em consonância com a razoabilidade e com a racionalidade, restringe-se, igualmente, a manifestação popular, pelo mesmo princípio, já que, em última instância, quem efetivará a decisão tomada pelo povo é o Congresso Nacional, seja em caso de plebiscito (norma posterior) ou de referendo (norma anterior).

Há de se ter em mente que nosso país é de sistema representativo, com momentos, nos quais deve ser observada a devida *relevância nacional*, em que a democracia direta haverá de ser brandida e se apresentará como elemento neutralizador das tensões sociais porventura existentes em dado contexto histórico.

13.3.4 Direito alternativo e direito achado na rua

Quando se falou acima sobre o aproveitamento da democracia para o fortalecimento de determinados grupos ou ideologias, também se pensava nas duas formas de interpretação da lei e da realidade adiante tratados.

Estas teorias, o direito alternativo e o direito achado na rua, têm fortes bases na esquerda socialista, sendo que é Gramsci, com a sua revolução passiva, um dos seus maiores inspiradores. Deixa-se claro que, apesar de serem enxergadas com desconfiança, por serem manipuladoras e por oferecerem riscos à democracia, não é por sua base socialista que se as recrimina. Passemos ao conceito de cada uma delas:

> *Direito Alternativo em sentido estrito*. Trata-se de uma visão do Direito sob a ótica do pluralismo jurídico. Significa o Direito existente nas ruas, emergente da população, ainda não elevado à condição de lei oficial, ao contrário, com ela competindo. [...]
> O professor Óscar Correas assim pensa. Para ele, o Direito Alternativo é um sistema normativo e a obediência a ele obriga à prática de condutas ou omissões tipificadas como delitos ou formas menores de faltas (contravenções, por exemplo). O Direito Alternativo, assevera, é uma forma jurídica, ou prática jurídica ligada à disputa de poder, mas não,

---

[39] JANSEN, Euler Paulo de Moura. O devido processo legal. *Jus Navigandi*, Teresina, ano 8, n. 202, 24 jan. 2004. Disponível em: <http://jus2.uol.com.br/doutrina/texto.asp?id=4749>. Acesso em: 13 mar. 2009.

via guerra civil. Busca chegar ao poder, debilitando a hegemonia do grupo social que o detém, para tomar o seu lugar.[40]

Entretanto, a concepção de O direito achado na rua é fruto da reflexão e da prática de um grupo de intelectuais reunidos num movimento denominado Nova Escola Jurídica Brasileira, cujo principal expoente foi o professor Roberto Lyra Filho e a docência que exercitou, por cerca de trinta anos, principalmente na Universidade de Brasília.

A proposta da Nova Escola insere-se na conjuntura de luta social e de cínica teórica, como pensamento alternativo, heterodoxo e não-conformista, voltado para a formulação de uma concepção jurídica de transformação social. Trata-se de uma leitura dialética do fenômeno jurídico, cuja captação se dá num plano alargado de sua manifestação positivada, isto é, a parar da realidade plural de múltiplos ordenamentos sociais e do aparecer de seus respectivos projetos de organização política.[41]

A Constituição, a lei, a democracia em suas diversas formas, devem conduzir à realização da justiça social, do bem-estar coletivo, e coletivo abarca todos os indivíduos da sociedade, ricos e pobres, não podendo aquelas servir de instrumento à derrocada do "poder dominante" para colocar no poder "os dominados". Passar-se-ia ao paradoxo no mesmo instante que tal fenômeno ocorresse.

Ao que nos parece, essas teorias visam à implantação silenciosa e contínua da tirania das massas, querendo, com um discurso apologético dos mais fracos e desvalidos, acusar o Estado de não fazer leis corretas ou de não as aplicar corretamente.

É público e notório que o nosso país é frutífero em leis, e que não sabe, ou não consegue, aplicá-las. No entanto, entregar a correção dos diplomas legais aos cidadãos, ou aos chamados movimentos sociais, é trazer desequilíbrio e caos a um ordenamento combalido pelas mazelas da corrupção e da busca da vantagem a qualquer custo.

Não devemos nunca nos esquecer que vivemos uma *democracia constitucional*, que se prefere chamar de *constitucionalismo democrático*, para que a ênfase seja dada mais ao *constitucionalismo*, ficando o *democrático* a adjetivá-lo, o que por si só já é tarefa de Sísifo, pela dificuldade em conciliarem-se os dois termos, havendo necessidade da existência de métodos de controle, como denotado por José Guilherme Berman Corrêa Pinto:

> Como indicado na introdução, a tarefa de conciliar democracia e constitucionalismo não é simples. A visão predominante, que defende a necessidade de uma constituição rígida que proteja os direitos fundamentais dos cidadãos, especialmente em face do Estado, carrega consigo (ao menos na grande maioria dos grandes países que se podem chamar "democracias constitucionais") a correspondente instalação de algum mecanismo de controle e proteção desses direitos.[42]

Veja-se que o *constitucionalismo popular* do século passado, segundo o qual "[...] o povo é quem deveria ser o intérprete final do texto constitucional, e não a Suprema

---

[40] ANDRADE, Lédio Rosa de. *O que é direito alternativo?* 3. ed. Florianópolis: Conceito, 2008. p. 70.

[41] SOUSA JÚNIOR, José Geraldo (Org.). *O direito achado na rua*: concepção e prática. Rio de Janeiro: Lumen Juris, 2015.

[42] PINTO, José Guilherme Berman Corrêa. Judicial review ontem e hoje. In: PINTO, José Guilherme Berman Corrêa. *Repercussão geral e Writ of certiorari*. Dissertação (Mestrado) – Departamento de Direito, PUC-Rio, Rio de Janeiro, 2006. p. 24. Disponível em: <http://www.maxwell.lambda.ele.puc-rio.br/cgi-bin/db2www/PRG_0490.D2W/INPUT?CdLinPrg=pt>. Acesso em: 3 mar. 2009.

Corte ou mesmo o Congresso Nacional",[43] está em descompasso com a atualidade e com as Constituições contemporâneas, em especial com a nossa.

Nos servimos do *judicial review*, o controle realizado pelo Judiciário, de constitucionalidade das leis e atos normativos que não forem compatíveis com a Constituição. O instituto, de origem norte-americana, utiliza-se de fundamento constitucional e legal para a sua existência e aplicação, firmando o Supremo Tribunal Federal como o guardião maior da Constituição Federal, e não o povo, resultado da soberania nacional aplicada. O *judicial review* faz o papel de balança, tanto entre os poderes instituídos, como da atuação estatal e os cidadãos, sendo mecanismo constitucional e democrático de amplo espectro e eficiência:

> Nos Estados Unidos, o *judicial review* consolidou-se como ferramenta de equilíbrio entre os poderes; entre a regra da maioria (que, em princípio, estabelece um predomínio do Poder Legislativo sobre os demais) e a proteção dos direitos conferidos às minorias (que não podem ser alterados, senão pelo difícil caminho das emendas constitucionais).[44]

Essas teorias parecem buscar a implantação de um sistema de *common law* "popular" em nosso ordenamento constitucional de feição eminentemente de *civil law*. Isso não é possível sem, como eles mesmos propalam, uma desconstrução do modelo atual, que se lê como implantação de uma nova ordem, ou seja, revolução, mas sem armas.

Mesmo em ordenamentos que escolheram o modelo do direito consuetudinário, o respeito a decisões judiciais é intenso e o controle é rígido ao ponto de toda a sociedade mobilizar-se quando da possível criação ou alteração de um *precedente*, como no caso *Roe versus Wade*, que possibilitou o aborto, em que toda a sociedade norte-americana bradou à Suprema Corte, cada qual com o seu posicionamento, realizando *lobbies* e pressões, para vê-lo vitorioso. Esse sim é um exemplo ideal de democracia direta participativa, em que os *contendores* de opiniões opostas podem manifestar-se livre e abertamente.

O que se quer, finalmente, com a crítica realizada a esses sistemas, não é afirmá-los totalmente ilegítimos, ou mesmo ilegais ou inconstitucionais, mas ressaltar que a sua existência pode levar ao embasamento teórico, científico e jurídico da implantação de uma ordem que subverta o Estado Democrático de Direito hoje vigente em nosso país.

Teme-se que se faça um plebiscito sobre questão política fundamental, que, na verdade, não poderia ser realizado, por ser inconstitucional (que verse sobre cláusula pétrea, *v.g.*, a possibilidade de pena de morte), e, tendo a população dito *sim*, busque-se, com fundamento na teoria de que o povo também possui o exercício de produção normativa, propor a inconstitucionalidade de um dispositivo originário da CF.

Com isso, quer-se dizer que os teóricos do direito alternativo e do achado na rua poderiam afirmar (e já o afirmam de certo modo) que os cidadãos podem alterar

---

[43] PINTO, José Guilherme Berman Corrêa. Judicial review ontem e hoje. In: PINTO, José Guilherme Berman Corrêa. *Repercussão geral e Writ of certiorari*. Dissertação (Mestrado) – Departamento de Direito, PUC-Rio, Rio de Janeiro, 2006. p. 28. Disponível em: <http://www.maxwell.lambda.ele.puc-rio.br/cgi-bin/db2www/PRG_0490.D2W/INPUT?CdLinPrg=pt>. Acesso em: 3 mar. 2009.

[44] PINTO, José Guilherme Berman Corrêa. Judicial review ontem e hoje. In: PINTO, José Guilherme Berman Corrêa. *Repercussão geral e Writ of certiorari*. Dissertação (Mestrado) – Departamento de Direito, PUC-Rio, Rio de Janeiro, 2006. p. 24. Disponível em: <http://www.maxwell.lambda.ele.puc-rio.br/cgi-bin/db2www/PRG_0490.D2W/INPUT?CdLinPrg=pt>. Acesso em: 3 mar. 2009.

a Constituição Federal, mesmo no que se refere ao seu *núcleo duro*, pois deles emana o poder e os fundamentos da norma hipotética fundamental (o que é inadmissível). Caso não fosse aceita tal argumentação, seria buscada via alternativa, como a convocação de nova constituinte para "adequar" a vontade do povo (leia-se maioria) a um sistema legal concertante com seus anseios.

Ainda que difira em suas características mais básicas, não há dúvida de que há semelhança entre as referidas teorias alternativas e o ocorrido na República de Weimar, quando Carl Schmitt criou o referencial jurídico-científico do regime nazista, ou, segundo Rodrigues,[45] como Wolin o chamava, o *Jurista da Coroa do Terceiro Reich*, dotando de legitimidade não o povo, mas o governante:

> [...] Ao contrário da maioria dos intelectuais que aderem ao nazismo, Carl Schmitt não será um político descompromissado com o regime, mas sim reconhecido como um dos mais eminentes teóricos do direito de sua geração.
>
> Partindo de Donoso Cortés, Schmitt vai defender a idéia segundo a qual a soberania deve ser entendida como uma questão da decisão sobre um caso de exceção; a ordem e a segurança públicas devem ser decididas pelo Estado soberano tendo por base uma instrumentação jurídica como a lei marcial ou o estado de sítio.[46]

Curiosamente, Schmitt também atacava o positivismo jurídico de Kelsen, de acordo com Corrêa Pinto:

> Wolin aponta Schmitt como o arquétipo do anti-normativismo alemão nos anos 20 e classifica seus escritos deste período como um ataque direto ao "normativismo" de Hans Kelsen, jurista positivista cujas idéias estavam muito em voga no período. Portanto, é o não-normativismo que caracteriza o pensamento schmitiano após a Primeira Guerra mundial e o que explica sua "obsessão" de um "estado de exceção". [...].[47]

A existência de teorias que atacam a democracia, direta ou insidiosamente, é de longa data. Se há necessidade de correção de rumos, no Brasil, que seja realizada dentro da legalidade existente e dos princípios constitucionais democráticos, e, acima de tudo, para o bem de todos.

13.3.5 Democracia que se defende (*Wehrhafte Demokratie*)

Por já ter vivenciado uma derrocada em seu regime democrático, a Alemanha, em sua *Grundgesetz* (Lei Fundamental) – a Constituição alemã –, estabeleceu um mecanismo

---

[45] RODRIGUES, Cândido Moreira. Apontamentos sobre o pensamento de Carl Schmitt: um intelectual nazista. *Saeculum – Revista de história*, Paraíba, n. 12, p. 76-94, jan./jun. 2005. Disponível em: <http://www.cchla.ufpb.br/saeculum/saeculum12_art06_rodrigues.pdf>. Acesso em: 4 mar. 2009.

[46] Idem, RODRIGUES, Cândido Moreira. Apontamentos sobre o pensamento de Carl Schmitt: um intelectual nazista. *Saeculum – Revista de história*, Paraíba, n. 12, p. 76-94, jan./jun. 2005. p. 80. Disponível em: <http://www.cchla.ufpb.br/saeculum/saeculum12_art06_rodrigues.pdf>. Acesso em: 4 mar. 2009.

[47] PINTO, José Guilherme Berman Corrêa. Judicial review ontem e hoje. In: PINTO, José Guilherme Berman Corrêa. *Repercussão geral e Writ of certiorari*. Dissertação (Mestrado) – Departamento de Direito, PUC-Rio, Rio de Janeiro, 2006. p. 78. Disponível em: <http://www.maxwell.lambda.ele.puc-rio.br/cgi-bin/db2www/PRG_0490.D2W/INPUT?CdLinPrg=pt>. Acesso em: 3 mar. 2009.

de defesa a impedir que a democracia posta, permissiva das manifestações das forças políticas e sociais do país, seja esvaziada, o que permitiria a assunção ao poder de um grupo ou ideologia totalitários. Esse mecanismo é chamado de *wehrhafte demokratie*, a democracia que se defende, ou *streitbare demokratie*, a democracia militante ou engajada. Os norte-americanos a chamam de *fighting democracy*.

Na *Grundgesetz*,[48] a previsão de tal remédio contra a malícia política está no art. 18 GG, bem como no art. 21 2 GG, art. 61 *1* e 2 GG e art. 98 2 GG, a seguir transcritos:

> *Artigo 18* [Privação dos direitos fundamentais]
> Quem abusar da liberdade de expressão, notadamente da liberdade de imprensa (artigo 5, §1), da liberdade de ensino (artigo 5, §3), da liberdade de reunião (artigo 8), da liberdade de associação (artigo 9), do sigilo da correspondência, do correio e das telecomunicações (artigo 10), do direito de propriedade (artigo 14) ou do direito de asilo (artigo 16a), *para conspirar contra o Estado de direito livre e democrático será privado desses direitos fundamentais.* Cabe ao Tribunal Constitucional Federal declarar a perda e a sua extensão.
> Artigo 21 [Partidos políticos]
> 2. *Serão inconstitucionais os partidos que, por seus objetivos ou pelas atitudes de seus adeptos, atentarem contra o Estado de direito livre e democrático ou tentarem subvertê-lo, ou puserem em perigo a existência da República Federal da Alemanha.* Caberá ao Tribunal Constitucional Federal decidir sobre a questão da inconstitucionalidade.
> *Artigo 61* [Impedimento perante o Tribunal Constitucional Federal]
> 1. O Parlamento Federal ou o Conselho Federal poderão acusar o Presidente Federal, perante o Tribunal Constitucional Federal, de *violação intencional da Lei Fundamental ou de outra lei federal.* [...].
> 2. Se comprovar que o Presidente Federal realmente violou intencionalmente a Lei Fundamental ou outra lei federal, o Tribunal Constitucional Federal poderá declarar a perda do cargo. Formalizada a acusação, poderá o Tribunal expedir disposição provisória declarando o Presidente impedido de exercer suas funções.
> *Artigo 98* [Situação jurídica de juízes federais e estaduais]
> 2. Quando juiz federal, dentro ou fora de sua função, *infringir princípios da Lei Fundamental ou a ordem constitucional de um Estado*, o Tribunal Constitucional Federal poderá decretar, por maioria de dois terços, a requerimento do Parlamento Federal, a transferência do juiz para outro cargo ou sua aposentadoria. Comprovada a intencionalidade da infração, o juiz poderá ser demitido. (Grifos nossos)

Quem explica mais detalhadamente o instituto é o Prof. Dr. Leonardo Martins, nos seguintes termos:

> O modelo constitucional material da *wehrhafte Demokratie* (democracia que se defende) tem seu contraponto processual constitucional nos quatro processos aqui elencados:
> aa) O *processo para a proibição de partido político* tem seu fundamento constitucional no Art. 21 II 2 GG, [...]. Trata-se de um processo muito raramente introduzido. Somente dois partidos políticos foram proibidos nesses mais de 50 anos de jurisprudência do TCF, ambos ainda na década de 1950. [...].

---

[48] ALEMANHA. *Constituição da Alemanha (1949)*. Brasília, Embaixada da Alemanha no Brasil. Disponível em: <http://www.brasilia.diplo.de/Vertretung/brasilia/pt/03/Constituicao/constituicao.html>. Acesso em: 4 mar. 2009.

A dificuldade consiste no modo de constatar a inconstitucionalidade de um partido. Porém, uma vez julgada procedente a proposição da proibição de partido por pelo menos dois terços do Senado competente do TCF,[49] o partido que figurou no pólo passivo da relação processual perde toda a sua personalidade e capacidade jurídica *ex nunc*.

bb) Quanto ao *processo destituição de direito fundamental (Grundrechtsverwirkung)*, o Art. 18 GG determina que, quem "abusar" de alguns direitos fundamentais, entre os quais principalmente os de comunicação social, de reunião, de associação profissional etc. para combater a ordem fundamental livre e democrática, perderá esses direitos fundamentais. Trata-se do pendão individual para a defesa constitucional, promovida em face de partidos políticos conforme o procedimento supra aludido. Propor a destituição de direito fundamental, podem a Câmara Federal, o Conselho Federal, o Governo Federal e qualquer governo estadual.

Trata-se também de um processo muito raro, cuja procedência é igualmente difícil de ser verificada. A exemplo do que acontece com o processo de proibição de partido político, também aqui é necessária uma maioria qualificada de dois terços do Senado competente para o seu julgamento. Também aqui a decisão tem efeito *ex nunc*.

cc) No que tange ao *processo contra o "Presidente Federal" ("Bundespräsident"* em oposição aos *"Ministerpräsidenten"*, equivalentes aos governadores de Estado brasileiros), isto é, contra o Presidente Federal, inicia-se por uma denúncia *(Anklage)*, que deve atender aos requisitos estabelecidos no Art. 61 I GG e no §49 BVerfGG. Parte legítima para propor a denúncia são, respectivamente, a Câmara Federal e o Conselho Federal. [...] Objeto do processo só pode ser uma violação dolosa da *Grundgesetz* ou de uma lei federal formal pelo Presidente, violação essa que tenha sido praticada no interregno do mandato. [...]

dd) Quanto ao *processo iniciado pela denúncia contra juiz de direito*, a parte legítima para a denúncia *(Richteranklage)* é somente a Câmara Federal, não sendo necessária, ao contrário do que ocorre com a denúncia contra o presidente, uma determinada parcela deste órgão constitucional. A diferença para o processo contra o presidente está no objeto da denúncia, que, além de violações à *Grundgesetz*, atinge também a violação da ordem constitucional de um Estado-membro. [...].[50]

Leo da Silva Alves, em uma defesa da restrição de direitos, em matéria criminal, em determinadas circunstâncias, também menciona o princípio da *streitbare demokratie* e a teoria funcionalista dos direitos fundamentais:

> A então República Federal da Alemanha tratou igualmente da matéria no seu sistema constitucional. A Lei Fundamental de Bona [sic] consagrou várias disposições fortemente limitativas dos direitos fundamentais, *o que levou Streitbaren Demokratie a desenvolver o conceito de democracia militante, segundo o qual a democracia tem o dever de adotar uma posição de defesa e não uma indiferença política em relação à violência organizada.*
>
> A Constituição da velha Alemanha Ocidental acolhia, dessa forma, a teoria funcionalista dos direitos fundamentais. De acordo com ela, essas garantias são concebidas ao cidadão para que o seu exercício seja realizado em favor da comunidade a que pertence. *Estampa-se, assim, o caráter público dos direitos fundamentais, com o que se justificou a intervenção do Estado nas ocasiões em que esses direitos fossem utilizados de forma abusiva.*

---

[49] Tribunal Constitucional Federal.

[50] SCHWABE, Jürgen. *Cinqüenta anos de jurisprudência do Tribunal Constitucional Federal alemão.* Organização e introdução de Leonardo Martins. Montevidéu: Fundação Konrad-Adenauer, 2005. p. 73-75. Disponível em: <http://www.bibliojuridica.org/libros/libro.htm?l=2241>. Acesso em: 10 jan. 2009.

"De acordo com a teoria funcionalista, os direitos fundamentais são concebidos ao cidadão para que o seu exercício seja realizado em favor da comunidade a que pertence. Estampa-se, assim, o caráter público desses direitos, com o que se justificou, na Europa, a intervenção do Estado nas ocasiões em que essas garantias fossem utilizadas de forma abusiva".[51]

O que se percebe, mesmo com a pouca literatura que trata do princípio em nossas terras, é que se veda o uso abusivo de um direito fundamental (individual ou coletivo) se ele atentar contra a democracia e o Estado de direito, como nos demonstra a decisão colecionada por Ana Mattos: "Mediante a utilização da doutrina da 'democracia militante' (*Streitbare Demokratie*), 'o Tribunal declarou que ataques à democracia liberal não podem ser tolerados em nome de um uso abusivo dos direitos fundamentais" (VIEIRA, 1999, p. 150)'".[52]

No Brasil não há uma contraparte de tal princípio, tal como delineado na *Grundgesetz*, mas se podem entrever elementos de garantia da democracia em nosso texto constitucional, dos quais destaca-se, de início, o preâmbulo. O preâmbulo, ainda que não seja norma, é elemento de interpretação, devendo orientar a exegese dos especialistas, quando buscam os fundamentos históricos e políticos de uma nova Constituição. O nosso preâmbulo enfatiza a instituição do Estado Democrático brasileiro, para realçar a entrada do Brasil em uma nova época.

Iniciando a Carta Magna brasileira também temos, no art. 1º, que o nosso país é um *Estado Democrático de Direito* (nesse caso, constitucionalizado), não podendo tal regime ser alterado, nem por emenda constitucional, ainda mais por outro meio, consubstanciando um modelo que se amolda ao princípio da *democracia engajada*.

Reforçando esse caráter de defesa da sociedade democrática, tem-se o art. 3º, indicando como um dos objetivos da nossa República a construção de uma sociedade livre, justa e solidária, identificando-se com o art. 18 2, da *Grundgesetz*, por ser a liberdade um valor do qual o nosso Estado não pode abrir mão.

O que se tem, na Carta de 1988, que mais se aproxima do instituto da perda de direitos, é a reserva legal do inc. VIII, do art. 5º, em que, aquele que se negar a cumprir obrigação a todos imposta, por qualquer dos motivos ali elencados, e que não cumprir prestação alternativa, será *privado* de direitos, na forma estabelecida em lei. Certo é que essa privação é temporária.

O mesmo mandamento encontra guarida no inc. IV, art. 15, da CF, que enumera os casos de perda e suspensão de direitos políticos, significando que, ao menos, os direitos políticos ficam comprometidos com a falta de cidadania verificada. As duas outras hipóteses, do art. 15, que ofendem a coletividade e que são passíveis de perda ou suspensão dos direitos políticos são: a condenação criminal transitada em julgado e a prática de improbidade administrativa. A privação imposta ao sujeito, nesses casos, protege a coletividade do mau uso que o penalizado poderia fazer de seus direitos.

---

[51] ALVES, Leo da Silva. Restrição de direitos no enfrentamento ao terror. *Jus Navigandi*, Teresina, ano 8, n. 227, 20 fev. 2004. Disponível em: <http://jus2.uol.com.br/doutrina/texto.asp?id=4854>. Acesso em: 4 mar. 2009. Grifos nossos.

[52] MATTOS, Ana Letícia Queiroga de. A realidade constitucional da República Federal da Alemanha. *Revista de Informação Legislativa*, Brasília, n. 169, p. 127-142, jan./mar. 2006. p. 139. Disponível em: <http://www.senado.gov.br/web/cegraf/ril/Pdf/pdf_169/R169-09.pdf>. Acesso em: 4 mar. 2009.

Voltando ao art. 5º, os incs. XVII e XIX, determinam, respectivamente, que não poderá haver associação de caráter paramilitar, e que as associações somente poderão ser dissolvidas ou ter as atividades suspensas por decisão judicial. Incluem-se essas determinações por se vislumbrar o uso de associações em ofensa ao Estado Democrático. É certo que o inc. XIX mais garante a existência da associação do que a sua dissolução. Entretanto, a previsão constitucional encerra, também, implicitamente, mandamento de as associações não terem objeto ilícito e desconforme aos princípios republicanos e democráticos.

No caso (inc. XLIV, do art. 5º), a Constituição previu uma defesa da ordem constitucional e do Estado Democrático, contra grupos armados, civis ou militares, *quando consumada a agressão*, não se encaixando exatamente no postulado ora exposto, mas considerado uma forma de refutação de atitudes contrárias ao ordenamento sociopolítico-jurídico brasileiro.

Sob outro aspecto, a nossa Constituição poderia ter avançado um pouco mais na definição dos casos em que os partidos podem ser alterados ou extintos. Ainda que determine, no art. 17, que o partido deve respeito à soberania nacional, e ao regime democrático, não existe o cancelamento do registro do partido em razão de estatuto ou programa que pretenda ofender esses princípios. Obviamente, se o partido intentar alteração de seu estatuto e programa, com vistas a agredir os valores tutelados pela Constituição e pela lei, o TSE intervirá, impedindo a tentativa.

Já o instituto da intervenção apresenta-se como um remédio para a solução de problemas encontrados no desenrolar da atuação estatal, na suposição que algum dos fundamentos nacionais ou um dos *princípios sensíveis* sejam agredidos. Interessa-nos aqueles que se afinam com elementos democráticos e de manutenção do Estado, como os incs. I, IV e VII. O art. 34 acaba por determinar uma proteção à democracia e a uma Federação livre e que respeita a Constituição e as leis, inibindo os Estados membros e o Distrito Federal de se "rebelarem".

A proteção à democracia e à ordem republicana e federativa também engloba os atos praticados pelo Presidente da República, conforme disposto no art. 85, que trata dos crimes de responsabilidade que atentem contra a Constituição Federal. Essa talvez seja a norma constitucional brasileira que mais se pareça com a norma alemã de defesa democrática. Ela determina os casos em que o presidente da República terá praticado um crime de lesa-pátria, devendo ser, portanto, julgado pelo Congresso Nacional. As hipóteses referem-se a princípios democráticos (principalmente os incs. II – *livre exercício dos poderes*, III – *exercício dos direitos políticos, individuais e sociais*, e VII – *cumprimento das leis e das decisões judiciais*) e republicanos, além da forma federativa do Estado.

Nos arts. 136 a 141, a Carta da República previu um *sistema constitucional de crises*, naquelas situações já consumadas ou em iminente consumação, em que o Estado está inexoravelmente ameaçado. São as medidas chamadas de estado de defesa e estado de sítio, que visam a garantir a manutenção do Estado e da democracia.

Ainda, segundo João Pedro Gebran Neto, citando Enterría, temos o princípio da força normativa da Constituição, também de origem alemã, como princípio interpretativo, que reforça o texto da Constituição Federal como norma inviolável que defende a ordem jurídica e também a democracia que instituiu:

O problema, segundo Enterría, é reconhecer, ou não, na Constituição o caráter de norma jurídica e suas conseqüências. Se a pretensão é de uma carta meramente programática, adaptada segundo a vontade de grupos políticos, configurando mero compromisso ocasional, então não se lhe confere caráter normativo. *Mas se a Constituição é dotada de caráter normativo, ela passa a presidir o processo político e a vida coletiva da comunidade, definindo os limites do poder e a relação deste com os cidadãos. Cabe a ela garantir a atuação positiva do Estado para promover a liberdade efetiva e a igualdade dos cidadãos.*[53]

Percebe-se que o princípio da força normativa da Constituição (Konrad Hesse), que dota a norma constitucional de efetiva coordenação entre os dados jurídicos e os dados fáticos, a fim de realizar a "vontade da Constituição", apoia o princípio de defesa da democracia.

Assim, a democracia direta em sentido estrito deve observar as fronteiras que separam a manifestação legítima dos cidadãos do uso degradado e tendente à destruição da ordem constitucional. A manutenção do Estado e da sociedade livres e democráticos há de ser a função essencial do uso da democracia direta ou representativa, que está obrigada a, constantemente, engajar-se e defender-se.

13.4 Limites e efeitos jurídicos e políticos da democracia direta *stricto sensu*

13.4.1 Limites ao exercício da democracia direta *stricto sensu*

13.4.1.1 Matérias de possível consulta

A Lei nº 9.709/98 afirma que o plebiscito e o referendo serão utilizados para deliberações sobre assuntos de acentuada relevância, de natureza constitucional, legislativa ou administrativa, que, se for "nacional", é de competência do Congresso Nacional a convocação:

> Art. 2º Plebiscito e referendo são consultas formuladas ao povo para que delibere sobre matéria de *acentuada relevância, de natureza constitucional, legislativa ou administrativa*.
> Art. 3º Nas questões de *relevância nacional*, de competência do Poder Legislativo ou do Poder Executivo, e no caso do §3º do art. 18 da Constituição Federal, o plebiscito e o referendo são convocados mediante decreto legislativo, por proposta de um terço, no mínimo, dos membros que compõem qualquer das Casas do Congresso Nacional, de conformidade com esta Lei. (Grifos nossos)

A falta de definição do que seria a relevância do tema a ser consultado insiste no erro constitucional de não estabelecer, de pronto, um limite aos assuntos a serem tratados pelo referendo e pelo plebiscito. A lei cria uma permissão generalizada de uso em qualquer matéria, dentro de um pressuposto de interpretação, um conceito jurídico indeterminado, que será avaliado, de acordo com a norma positiva, pelo Congresso Nacional.

---

[53] GEBRAN NETO, João Pedro. *A aplicação imediata dos direitos e garantias individuais*: a busca de uma exegese emancipatória. São Paulo: Revista dos Tribunais, 2002. p. 123-124. Grifos nossos.

Vê-se isso como algo temerário, uma vez que poderão ser autorizadas deliberações que, devido ao momento histórico e político (ou mesmo em razão de negociações puramente fisiológicas), firam instituições democráticas ou a ordem nacional, diretamente ou de modo pérfido.

Deveria a Constituição e a lei estabelecerem medidas protetivas para a utilização da democracia direta. Uma vez que elas falharam nesse ponto, cabe à doutrina e à exegese o papel de impor defensas efetivas ao mau uso do sistema:

> Mesmo em países com certo êxito nas experiências de democracia semidireta, a questão é controversa. Uma dada questão, obrigatoriamente objeto de consulta popular em determinado país, pode ser justamente excluída em outro. [...]
>
> Um caso interessante de exclusão/inclusão é o que envolve as garantias das liberdades fundamentais: há os que as excluem de referendos por considerá-las importantes demais para serem "vítimas das emoções populares" e os que as incluem justamente por serem tão importantes que exigem proteção e a vigilância do povo! No mesmo sentido, há os que consideram perigosa a realização de consultas sobre questões de princípios – pois "suas questões maniqueístas provocam paixões" (Lejeune, 1986, p. 192) – e os que insistem justamente na necessidade de reservar o referendo para "o essencial", isto é, as questões que envolvem decisões "de consciência" e demandam consenso, como o estatuto das liberdades fundamentais (Rivero, 1986, p. 14). [...]
>
> Se se admite que a soberania – poder de decisão, em última instância – pertence ao povo, não faz sentido retirar-lhe a competência para tomar decisões definitivas sobre algum assunto. [...]
>
> De qualquer modo, a soberania popular, constitucionalmente definida, é sempre uma *soberania regrada*. O próprio soberano se autolimita, quanto a questões de fundo ou de forma.[54]

Os excertos retirados da obra de Benevides, e citados acima, demonstram a dificuldade em se delimitarem os temas e o alcance dos dois institutos de democracia direta em nosso país, exatamente pela falta de rigorosa seleção dos assuntos os quais eles poderiam abordar.

Considera-se a consulta sobre assuntos morais, religiosos, filosóficos e doutrinários um erro no uso da democracia direta *strictu sensu*, pois escapam do domínio político, da razão pública (sistematizada por Rawls) e do interesse público, enquanto considerado como atinente à toda a sociedade. Além disso, decisões nesses aspectos não são políticas (como se negocia um dogma religioso?), e podem ou não ser consideradas essenciais à vida humana, pelos próprios indivíduos que defendem os pontos de vista a eles pertencentes.

Essas concepções serão fundamentos das decisões que os cidadãos tomarem, sem dúvida. O que os cidadãos não podem esquecer é que as suas concepções se chocam com as concepções de um sem número de outros participantes, e que a reciprocidade deveria ser observada na sua tomada de decisões. É a lição de Rawls:

> O mesmo é válido para a razão pública: se, quando ocorrem impasses, os cidadãos simplesmente invocam razões de fundamentação apenas das suas concepções abrangentes, o princípio da reciprocidade é violado. Do ponto de vista da razão pública, os cidadãos

---

[54] BENEVIDES, Maria Victoria de Mesquita. *A cidadania ativa*. 3. ed. São Paulo: Ática, 2003. p. 137-138; 140-141.

devem votar o ordenamento dos valores políticos que sinceramente pensam ser os mais razoáveis. Do contrário, deixam de exercer o poder político de maneiras que satisfaçam o critério da reciprocidade.[55]

Essa é a orientação pela qual todos os cidadãos deveriam pautar-se. Rawls também menciona o conceito de *povo decente*:

> Assim, um *povo decente* deve honrar as leis da paz; seu sistema de Direito deve ser tal que respeite os direitos humanos e imponha deveres e obrigações a todas as pessoas no seu território. *Seu sistema de Direito deve seguir uma idéia de justiça do bem comum, que leve em conta o que vê como interesses fundamentais de todos na sociedade*. [...].[56]

É nesse passo que precisa ser orientado o caminhar da sociedade, de respeito às opiniões contrárias, na busca da efetivação dos direitos fundamentais e do cumprimento dos deveres cívicos. Com a junção desses dois far-se-á a justiça social.

Alguns temas[57] polêmicos possuem propostas de plebiscito no Congresso: (1) pena de morte; (2) união civil entre pessoas do mesmo gênero; (3) legalização do aborto. Nesses casos, em que a fundamentação interna de cada pessoa passará somente pelo crivo da sua própria moral e de seus valores religiosos e filosóficos, e a decisão será tomada com base na sua vivência, com vistas a resultados que ela julga favoráveis a todo o organismo social, entende-se que a consulta popular não é o melhor remédio a ser utilizado.

Daí entra em cena o que chamamos de *questões decididas*. São as matérias em que dada população já formou uma opinião dominante e que geram um consenso, que beira a unanimidade. É o caso da redução da maioridade penal. Abstraindo-se da discussão de ser ou não a idade penal uma cláusula pétrea, diversas pesquisas demonstraram que o índice de aceitação da redução é alto. Quase 90% dos entrevistados responderam ser favoráveis à diminuição abaixo dos 18 anos para que a pessoa possa ser imputada em crime, como se pode ver a seguir:

> *Pesquisa do Senado mostra brasileiros favoráveis à redução da maioridade penal*
> Brasília - A Comissão de Constituição e Justiça (CCJ) do Senado deixou para a próxima semana análise de matéria do senador Demóstenes Torres (DEM-GO) que propõe a redução da maioridade penal. O tema foi um dos tópicos de pesquisa apresentada pelo presidente do Senado, Renan Calheiros (PMDB-AL), durante reunião da CCJ. O estudo realizado pelo DataSenado mostrou que para 87% dos entrevistados os menores infratores devem receber a mesma punição dos adultos. Questionados sobre a partir de que idade o menor deveria ter a mesma condenação de adultos quando cometer crime, a maioria defendeu os 16 anos (36%), seguido por 14 anos (29%), 12 anos (21%) e a partir de qualquer idade (14%).[58]

---

[55] RAWLS, John. *O direito dos povos*. São Paulo: Martins Fontes, 2001. p. 221.

[56] RAWLS, John. *O direito dos povos*. São Paulo: Martins Fontes, 2001. p. 88. Grifos nossos.

[57] São muitas propostas a serem mencionadas, sem contar as que têm por fim a criação de novos estados. Para uma pesquisa mais detalhada, consultar os *sites* do Senado (<www.senado.gov.br>) e da Câmara dos Deputados (<www.camara.gov.br>).

[58] VASCONCELOS, Luciana. Pesquisa do Senado mostra brasileiros favoráveis à redução da maioridade penal. *Agência Brasil*, Brasília, 18 abr. 2007. Disponível em: <http://www.agenciabrasil.gov.br/noticias/2007/04/18/materia.2007-04-18.5762801959/view>. Acesso em: 10 mar. 2009.

Dados sobre criminalidade contrariam tese da redução da maioridade penal

Em contraste com estes dados, pesquisa do Datafolha realizada em 396 municípios de todos os Estados brasileiros revelou que 84% dos habitantes apóiam a redução da maioridade penal como fórmula para contenção de atos infracionais graves praticados por adolescentes. Os favoráveis à introdução da pena de morte no país somam 50%.[59]

Isso demonstra que existem mecanismos alternativos ao uso da democracia direta em sentido estrito, com custos muito mais baixos,[60] e que podem ser efetivamente utilizados pelos órgãos legislativos para a tomada de decisões legislativas.

Dessa forma, utilizar um dos institutos da democracia direta estrita em casos de *questões decididas* é como afirmar em processo fato notório, do qual não se necessita prova. E, pior, é gastar dinheiro público desnecessariamente, já que não há impasse, ou seja, não há conflito relevante (ou de acentuada relevância) que justifique a "queima do cartucho".

O significado disso é que a democracia direta em sentido estrito é a *ultima ratio* do legislador brasileiro, quando todas as medidas postas à sua disposição (negociações, estudos, pesquisas etc.) se esgotarem, momento em que deve chamar a população à resolução do tema proposto. Após o sistema representativo "falhar" em resolver um impasse jurídico, social ou político, o sistema direto poderá ser acionado, a fim de manter o equilíbrio institucional e democrático.

Adotada a forma representativa de governo e administração, resta à forma direta suplementar as decisões de seus representantes, quando estes não tiverem condições de chegar a um consenso que atinja o objetivo primordial de construir uma sociedade livre, justa e solidária. A competência do povo, ao exercer diretamente a soberania que lhe cabe na Constituição Federal, é sempre residual. Desse ponto de vista, tratar a democracia direta *strictu sensu* como o primeiro método é o caminho errado, demonstrador da inépcia de todo o pensamento jurídico e legislativo brasileiro.

13.4.1.2 Alterações constitucionais

No direito comparado, especificamente no ordenamento português, traçam-se claros limites ao exercício da democracia direta *em sentido estrito*. Em artigo comparativo, Wanderson Bezerra de Azevedo, mestre em Ciências Jurídico-Internacionais pela Universidade de Lisboa, comenta as duas leis que regram o referendo e o plebiscito lá e cá, demonstrando o zelo que pautou o legislador português e a desídia do nosso legislador:

> Não trataremos aqui de uma análise minuciosa da lei portuguesa que regula o referendum, fazendo um paralelo artigo por artigo com a lei brasileira. Até porque aquela, em seus 255 (duzentos e cinquenta e cinco) artigos abrange questões que vão desde a apuração dos votos até a tipificação de ilícitos penais. [...].

---

[59] DADOS sobre criminalidade contrariam tese da redução da maioridade penal. *Prattein*, São Paulo, 8 jan. 2004. Disponível em: <http://www.prattein.com.br/prattein/texto.asp?id=66>. Acesso em: 10 mar. 2009.

[60] Thales Tácito nos informa que o "referendo das armas" foi orçado em R$ 250 milhões, e que foram gastos quase R$ 600 milhões na sua execução (CERQUEIRA, Thales Tácito Pontes Luz de Pádua. *Preleções de direito eleitoral*: direito material. Rio de Janeiro: Lumen Juris, 2006. t. I. p. 138).

O art. 3º da Lei nº 15-A/98 reproduziu o artigo 115 nº 4 da Carta Magna Portuguesa de forma integral, relacionando quais assuntos não podem ser deliberados em um referendo:

"1 - São excluídas do âmbito do referendo:

a) As alterações à Constituição;

b) As questões e os actos de conteúdo orçamental, tributário ou financeiro;

c) As matérias previstas no artigo 161º da Constituição, sem prejuízo do disposto no número seguinte;

d) As matérias previstas no artigo 164º da Constituição, com excepção do disposto na alínea i) sobre bases do sistema de ensino.

2 - O disposto no número anterior não prejudica a submissão a referendo das questões de relevante interesse nacional que devam ser objecto de convenção internacional, nos termos da alínea i) do artigo 161.º da Constituição, excepto quando relativas à paz e à rectificação de fronteiras".

Vedação semelhante não há na lei brasileira nem mesmo na nossa na Constituição Federal, o que nos leva a concluir ter o referendo no Brasil um campo de atuação muito maior do que em Portugal, sendo apenas limitado materialmente pelas restrições estabelecidas no art. 60, parágrafo 4º da CF/88, e isso não porque seja vedado de forma expressa ao referendo deliberar sobre as cláusulas pétreas, mas por termos aqui um óbice lógico.[61]

Entretanto, no Brasil, não existe limite constitucional ou legal explícito à emenda constitucional proposta por plebiscito, ou aprovada por referendo. Sobre a matéria objeto das consultas populares que visam alterar o texto constitucional, afirma-se a sua obediência ao núcleo imodificável da Carta de 1988. Se até mesmo as propostas de emendas ofensivas ao *núcleo duro* da Constituição são vedadas, o mesmo se pode dizer de propostas de consultas populares que tencionem perturbar essa garantia constitucional. Assim, não poderão ser objeto de consultas populares: a forma federativa de Estado; o voto direto, secreto, universal e periódico; a separação dos poderes; e, os direitos e garantias individuais.

Não se cogita da possibilidade de a consulta popular poder se sobrepor à soberania nacional, como já afirmado antes, e muito menos ainda de se fazer valer acima da norma constitucional (princípio da força normativa da Constituição). A ordem constitucional originária funda a soberania (popular e nacional) e não o contrário. A manifestação ilimitada do *poder do povo* (postulado democrático anterior à soberania), que não se confunde com a soberania popular *positivada*, se dá somente na Assembleia Constituinte, sendo, daí em diante, regulado e limitado pela Constituição vigente.

13.4.1.3 Quórum de comparecimento e aprovação

As argumentações em torno do número mínimo de pessoas que deverão comparecer a uma consulta popular, e do total de votos que aprovará ou rejeitará a proposição, são de ordem didática e de *lege ferenda*, ainda mais em se verificando que a Lei nº 9.709/98 tratou parcialmente do assunto:

---

[61] AZEVEDO, Wanderson Bezerra de. Uma análise comparativa do instituto do referendo no direito luso-brasileiro. *Jus Navigandi*, Teresina, ano 9, n. 788, 30 ago. 2005. Disponível em: <http://jus2.uol.com.br/doutrina/texto.asp?id=7214>. Acesso em: 14 mar. 2009.

Art. 10. O plebiscito ou referendo, convocado nos termos da presente Lei, será considerado aprovado ou rejeitado por maioria simples, de acordo com o resultado homologado pelo Tribunal Superior Eleitoral.

A legislação diz que o plebiscito ou referendo deverá ser aprovado ou rejeitado por maioria simples (50% mais um dos que participaram da consulta), não falando sobre qual seria o volume mínimo de participantes em referidos exercícios. Considera-se a maioria simples um resultado muito perigoso para a democracia, tanto pior porque não há previsão do número mínimo de participantes a legitimar a deliberação. Isso implica que um número reduzido de cidadãos poderá tomar uma decisão contrastante com o verdadeiro pensamento de todo o conjunto, que preferiu não se manifestar. Sgarbi esquematiza a diferença entre os quóruns:

> Num plano inicial e esquemático, diga-se ainda que o *quorum* pode ser de dois tipos: (a) *simples* ou (b) qualificado. (a) *Sendo simples* (=relativo), a vontade da maioria é calculada em função do *número* de parlamentares presentes. *Sendo qualificado* (b), a vontade da maioria é calculada em função do número total dos membros da Casa Legislativa, isto é, presentes e ausentes à sessão. Mas não tão-só. Ao lado disso o *quorum* qualificado pode ser (b1) *absoluto* ou (b2) *especial. Quando absoluto* (b1), exige-se a presença de mais da metade da totalidade dos membros da Casa Legislativa. Ao passo que, *quando especial* (b2), está-se a exigir um determinado índice aritmético superior à maioria absoluta, considerando-se, sempre, a totalidade dos membros da Casa Legislativa (mais de 2/3; mais de 3/5).[62]

Em verdade, o que se propõe é que a legislação deveria prever diferentes modalidades de maioria, conforme a natureza da norma a ser criada ou referendada. A própria Constituição estabelece diferentes quóruns, a depender do tipo de criação ou alteração normativa pretendida. Assim é com a lei complementar que exige maioria qualificada para aprovação e com as emendas constitucionais, com as quais 3/5 dos parlamentares de cada casa devem concordar, para serem aprovadas. Então, que as consultas populares sigam com o referencial constitucional, merecendo o comparecimento (sempre absoluto) e a votação qualificada ou especial, conforme se trate de legislação infraconstitucional (englobam-se as duas numa mesma exigência em defesa dos cidadãos) ou emenda constitucional, a ser objeto de plebiscito ou referendo.

O ideal seria que houvesse a determinação da participação expressiva (absoluta) dos afetados, somada à aprovação/rejeição por maioria qualificada, ou especial, ou seja, da maioria dos cidadãos[63] brasileiros, para que a consulta popular se revista de legitimidade e, mais, da verdadeira intenção de toda a sociedade. É interessante verificar que J. J. Canotilho e Vital Moreira, em citação feita em nota de rodapé, por Sgarbi, anotam, em confirmação ao acima posto:

> [...] quanto mais exigente for a maioria necessária para aprovar, menor é o número de opositores suficiente para impedir a sua aprovação. *Por isso, a exigência constitucional da maiorias qualificadas funciona como uma limitação do princípio da maioria e como garantia especial das minorias.*[64]

---

[62] SGARBI, Adrian. *O referendo*. Rio de Janeiro: Renovar, 1999. p. 171.

[63] Tome-se aqui a expressão *cidadãos* no sentido jurídico, ou seja, na plenitude de seus direitos políticos (eleitores).

[64] Canotilho e Moreira *apud* SGARBI, Adrian. *O referendo*. Rio de Janeiro: Renovar, 1999. p. 172. Grifos nossos.

13.4.1.4 Limite temporal

Também o momento fático e político deve ser avaliado para o exercício da democracia direta. Não se podem admitir consultas populares em momentos de grave comoção nacional, em que os ânimos estejam abalados por determinado acontecimento, que cause a consternação da opinião popular. As mais significativas situações encontram-se expressas na Constituição Federal. São elas o "estado de defesa" e o "estado de sítio", previstos nos arts. 136 a 141.

Não há dúvida de que, com relação às consultas que tenham por fim subsidiar mudanças constitucionais, está vedada a utilização do referendo e do plebiscito, enquanto durarem os estados emergenciais citados, pois a própria CF/88 proíbe emendas ao seu texto nesse período, conforme o §1º, do art. 60. A proibição estende-se também às consultas que se derem sobre matérias não constitucionais, tendo em vista que a opinião da população não pode ser avaliada em momento de convulsão social, o que certamente afetará o resultado da votação.

13.4.1.5 Igualdade de propaganda e manifestações – Financiamento público

Nos institutos de democracia direta em sentido estrito sempre haverá uma contraposição de interesses, diferentemente dos mecanismos da democracia direta participativa, em que as vontades se unem em um mesmo desígnio. Assim, há necessidade de, no palco político, os atores se digladiarem, usando meios e manifestações das mais diversas espécies, com cada qual dos lados demonstrando porque a sua ideia ou medida é mais favorável à nação.

Felizmente, no Brasil, depois da chegada da democracia, em 1988, as duas consultas realizadas, em 1993 e em 2005, atenderam a esse mandamento de igualdade e, ambas as ideologias foram plenamente defendidas, de maneira igualitária. Para Benevides, hão de ser tomadas algumas providências para igualar o duelo entre os oponentes, num embate democrático direto:

> Concluindo: é imprescindível, a meu ver, que a regulação dos institutos de democracia semidireta o Brasil, visando a sua implantação efetivamente democrática, leve em consideração o seguinte:
> 1. toda campanha deve ser feita sob a responsabilidade de uma ou várias entidades (*os promotores*), que devem ser previamente registradas junto à autoridade judiciária eleitoral competente (TSE, TRE ou juiz de comarca). Esse registro deve ser acompanhado de indicação obrigatória dos seguintes dados:
> • a identidade dos membros componentes da pessoa jurídica promotora da campanha; [...]
> • a origem dos recursos, pecuniários ou não, a serem utilizados na campanha;
> 2. o registro obrigatório, junto à autoridade judiciária eleitoral competente, de todas as pessoas – naturais ou jurídicas – que desejem se opor publicamente à campanha, com as mesmas exigências de informação estabelecidas para os promotores da campanha;
> 3. fiscalização dos gastos durante a campanha;
> 4. propaganda gratuita na televisão e no rádio, com igualdade de tempo para os promotores e os oponentes devidamente registrados.[65]

---

[65] BENEVIDES, Maria Victoria de Mesquita. *A cidadania ativa*. 3. ed. São Paulo: Ática, 2003. p. 192.

Se não houver financiamento público, para ambos os contendores, ao menos deverá haver um limite específico de gastos e, o mais importante, fiscalização dos gastos, de preferência por órgão estatal (o que, na verdade, já é realizado pelos TREs).

13.4.2 Uso da democracia direita – Riscos e consequências

Merece atenção a aplicação dos mecanismos de democracia direta, enquanto instrumento político nas mãos de indivíduos (políticos ou não), grupos de pressão, movimentos sociais, lobistas e, mesmo, de instituições que defendem ideologias. Dominados por quaisquer desses atores do histórico jogo sociopolítico, se não se buscar o viés do benefício coletivo, com a defesa perene do regime democrático, haverá o domínio de um deles, o que caracteriza a degeneração do modo de governo voltado ao interesse público e à razão pública.

O risco de ditadura das massas foi destacado em vários autores que tratam do tema, uns do ponto de vista do domínio da maioria, outros da falta de preparo da população em participar da vida política nacional. Djalma Pinto, ao comentar o exercício do poder, pelo povo, alerta sobre o seu receio de exercício do poder no governo das massas:

> O exercício do poder diretamente pelo povo somente em casos excepcionais deve ser admitido. Deixar ao arbítrio das multidões a condução do destino do Estado é prática não recomendável [...].
>
> Aliás, como destacado, a multidão, no exercício do poder atribuído a cada cidadão, sem outorgar mandato eletivo a representantes, decidindo sobre todos os assuntos, também recebeu grave recriminação, como resumiu Kelsen ao estudá-lo:
>
> "O governo das massas, porém, segundo nossa convicção, é fraco em todos os aspectos, não dispondo de grande poder nem para o Bem nem para o Mal, porque nele a autoridade está fragmentada e dividida entre muitas pessoas. Por isso, ele é a pior de todas as formas estatais reguladas por leis, mas a melhor das formas para contrariá-las. [...] Jamais uma grande massa de pessoas, seja de que natureza forem, seria capaz de apoderar-se de tal conhecimento (o conhecimento que o soberano real possui) e administrar um Estado de maneira racional" (apud Hans Kelsen, A ilusão da justiça, São Paulo, Martins Fontes, 2000, p. 498).
>
> Igualmente nociva é a perpetuação do poder em decorrência da surrada e inaceitável alegação de exercê-lo em nome do povo. A primeira característica do poder efetivamente exercido em nome deste é a alternância em sua titularidade.[66]

Em que pesem as lucubrações dos ilustres autores acima mencionados, existe, evidentemente, a ameaça de uma ditadura da maioria e das massas. Uma das soluções apontadas é a proteção das minorias e a garantia de espaço político para elas, conforme José Álvaro Moisés:

> [...] A outra face do mesmo problema refere-se a riscos que a tradição liberal designou como a *ditadura da maioria*: se o povo é soberano é infalível, diriam De Tocqueville e Stuart Mill, então há pouco o que fazer para prevenir as situações em que a maioria eventual

---

[66] PINTO, Djalma. *Direito eleitoral*: improbidade administrativa e responsabilidade fiscal – Noções gerais. 3. ed. São Paulo: Atlas, 2006. p. 92.

se concebe autorizada a subordinar a minoria e, eventualmente, oprimi-la. No entanto, a solução para essa questão não pode implicar a afirmação de um pressuposto que conduza à elitização e à oligarquização do poder político (como na concepção schumpeteriana): falar na complexidade das sociedades contemporâneas exige a formulação de mecanismos de participação popular que, se admitem a existência da diversidade, não excluem, no entanto, os mecanismos de aferição da *vontade da maioria* quanto às questões estratégicas diante das quais está colocada a sociedade. [...]. Isso implica reconhecer, não só que a minoria tem o direito de expressar-se e o dever de fazê-lo, como que as expressões concretas da soberania devem abrigar suas demandas. Nesse sentido, *a solução para o risco da ditadura da maioria não é dissolver a maioria, mas, ao contrário, criar mecanismos político-institucionais que garantam que a minoria pode se converter em maioria* (Manin:1985).[67]

Essa proteção das minorias, em específico da minoria parlamentar, é tratada por José Adércio Leite Sampaio, em sua obra sobre jurisdição constitucional:

O conceito de democracia não se reduz a meros procedimentos de seleção de dirigentes, nem à identidade necessária entre vontade da maioria ou da opinião pública com a vontade de todos. A vitória eleitoral não importa a escravidão silenciosa dos derrotados, nem se pode confundir com a apuração momentânea e circunstancial de uma opinião pública, sem apoio em reflexões e debates suficientemente informados. Essas notas registram que as tentativas de se reduzir a democracia a meros procedimentos, culminados com a regra da maioria, padecem de males congênitos.[68]

É necessário o estabelecimento de um sistema de garantias para a minoria, em que haja, nas palavras de Sampaio, "atuação efetiva nos controles e críticas aos programas de governo, viabilizando-lhe sempre o espaço para o sucesso de suas teses e a vitória eleitoral por fim".[69] Sampaio também nos traz a informação de que a Constituição cidadã reservou, minimamente, um espaço ao estatuto de garantias da oposição, e que seria o Supremo Tribunal Federal um protetor da "reserva constitucional da oposição".[70]

Enfim, a palavra-chave para definir o melhor caminho a seguir, na dicotomia entre a maioria dominante e a minoria pedinte, é equilíbrio. Equilíbrio que permita não a igualdade da minoria com a maioria, o que seria temerário, mas a disponibilização de meios e garantias democráticos para que a minoria seja ouvida e atendida em seus conclames e necessidades, na medida em que busque se destacar na participação da condução política do país. Em nossos termos, não é garantir que se faça uma consulta periódica sobre um mesmo assunto, com o intuito de verificar se a minoria obteve êxito. Trata-se de possibilitar o acesso dos lados opostos, na disputa opinativa, de modo que a minoria existente se manifeste igualitariamente, após defender o seu pensamento.

O outro ponto de vista sobre a ditadura das multidões diz respeito ao possível despreparo da população em lidar com as decisões políticas. Estaria a inteligência

---

[67] MOISÉS, José Álvaro. *Cidadania e participação*: ensaio sobre referendo, o plebiscito e a iniciativa popular legislativa na nova Constituição. São Paulo: Marco Zero, 1990. p. 43-44. Grifos nossos.

[68] SAMPAIO, José Adércio Leite. *A constituição reinventada pela jurisdição constitucional*. Belo Horizonte: Del Rey, 2002. p. 550.

[69] SAMPAIO, José Adércio Leite. *A constituição reinventada pela jurisdição constitucional*. Belo Horizonte: Del Rey, 2002. p. 550.

[70] SAMPAIO, José Adércio Leite. *A constituição reinventada pela jurisdição constitucional*. Belo Horizonte: Del Rey, 2002. p. 553.

coletiva do corpo social apta a julgar os entraves políticos postos à sua cognição? Data de outrora a opinião prejudicial sobre a vontade geral, como se observa na obra de Alfredo Varela, ao citar Rousseau:

> [...] Pois Rousseau implicitamente reconhece o grande mal de deixar correr à revelia de quem está investido de toda a responsabilidade administrativa, as eleições de magistrados: "[...] A vontade geral, diz elle, é sempre recta e tende sempre para a utilidade pública: mas não se segue disto que as deliberações do povo tenham sempre a mesma rectidão. O homem quer sempre seu bem, *mas nem sempre sabe qual elle é*".[71]

Ao iniciar a discussão do posicionamento intelectual e cognitivo da população, Benevides nos traz o conceito de educação para a cidadania ativa, a qual entende necessária a participação popular para que os participantes do processo democrático se "autoeduquem":

> [...] Não resta dúvida de que a educação política – entendida como educação para a cidadania ativa – é o ponto nevrálgico da participação popular. Mas como educar sem praticar? [...] nenhum sistema novo – por mais "perfeito" que seja ou aparente ser – terá garantidos os resultados previstos se afrontar costumes arraigados na cultura política de um povo. Não é por acaso, portanto, que os exemplos mais bem-sucedidos de experiências participatórias do mundo contemporâneo ocorram nos Estados Unidos e na Suíça, países com fortíssima tradição de participação dos cidadãos – ou de "cidadania ativa".
>
> Tais considerações reforçam minha avaliação inicial, referente às vantagens da participação popular como uma "escola de cidadania", como "educação política" do povo – apesar de toda a argumentação em sentido contrário que exagera as condições de apatia e despreparo absoluto do eleitorado, assim considerado incapaz, submisso e "ineducável" [...].
>
> O que importa, essencialmente, é que se possam garantir ao povo a informação e a consolidação institucional de canais abertos para a participação – com pluralismo e liberdade. [...].[72]

A análise de Bobbio já parte do pressuposto de uma suposta habilidade adquirida, com o passar do tempo e com o exercício do poder, que ficaria "obstruída" pelo próprio interesse do cidadão:

> [...] Por fim, mais que uma promessa não cumprida, o ausente crescimento da educação para a cidadania, segundo a qual o cidadão investido do poder de eleger os próprios governantes acabaria por escolher os mais sábios, os mais honestos e os mais esclarecidos dentre os seus concidadãos, pode ser considerado como efeito da ilusão derivada de uma concepção excessivamente benévola do homem como animal político: o homem persegue o próprio interesse tanto no mercado econômico como no político. [...].[73]

---

[71] VARELA, Alfredo. *Direito constitucional brasileiro*: reforma das instituições nacionais. Brasília: Conselho Editorial do Senado Federal, 2002. Ed. fac-similar. Coleção História Constitucional Brasileira. p. 156-157.

[72] BENEVIDES, Maria Victoria de Mesquita. *A cidadania ativa*. 3. ed. São Paulo: Ática, 2003. p. 21.

[73] BOBBIO, Norberto. *O futuro da democracia*: uma defesa das regras do jogo. 6. ed. Rio de Janeiro: Paz e Terra, 1986. p. 11.

Mônica de Melo é quem traz a pedra de toque da discussão, assentando as bases de seu discurso nos ensinamentos pedagógicos de Paulo Freire, ressaltando o caráter educativo do processo de participação política, além de afirmar que a cognição do povo é, antes de mais nada, pressuposto de capacidade decisória:

> A participação direta legislativa, no seu aspecto educativo, pressupõe pessoas capazes de contribuir para as decisões públicas, pois são dotadas de conhecimentos que lhes permite [sic] fazer escolhas. Na medida em que participam, mais se aperfeiçoam. Essa concepção de processo educativo de Paulo Freire afasta as crenças que retiram das mulheres e dos homens a possibilidade de participação direta no processo de tomada de decisões, alegando a sua ignorância. Se a participação tem caráter educativo, gerador de conhecimentos e aprendizagem, a exclusão do povo desse processo nunca permitirá sua educação política. Ou seja, a educação política se dá no próprio processo de participação política.[74]

A população, não sendo iludida por seus governantes, tem plena capacidade de decisão, formando uma inteligência coletiva apta a deliberar sobre assuntos determinados.

Afirmou-se, alhures, que a democracia direta é complementar à democracia representativa no ordenamento político-constitucional brasileiro, e é nesse papel que as consultas populares e as manifestações da população devem inserir-se, como o conjunto de medidas que auxilia o andamento correto da administração e da tomada de decisões. Benevides afirma ser a democracia direta uma *correção* do sistema representativo, na medida em que se baseia "na convicção de que os institutos de democracia semidireta atuam como corretivos necessários à representação política tradicional",[75] e exemplifica com a seguinte passagem:

> Não restam dúvidas, a meu ver, de que a possibilidade de se consultar diretamente a população *aumenta a responsabilidade dos políticos*. Mesmo na inexistência de qualquer tipo de "mandato imperativo" (quando o parlamentar sabe que pode votar de acordo com sua consciência, e não por delegação), a simples ameaça de resposta popular o leva a "prestar contas" sobre suas decisões. [...]
> O levantamento desses tópicos referentes à alegada "incompatibilidade" entre os partidos e o Legislativo, de um lado, e os mecanismos de democracia semidireta, de outro, confirma a necessidade da *complementaridade* entre representação e participação popular. [...].[76]

Infere-se, assim, a importância da existência e do exercício da democracia direta, mas não como principal meio de tomada de decisões. O exercício saudável da democracia direta trará as consequências que dela se esperam naturalmente, levando ao atingimento de uma sociedade justa, livre e solidária.

---

[74] MELO, Mônica de. *Plebiscito, referendo e iniciativa popular*: mecanismos constitucionais de participação popular. Porto Alegre: Sergio Antonio Fabris, 2001. p. 47.

[75] BENEVIDES, Maria Victoria de Mesquita. *A cidadania ativa*. 3. ed. São Paulo: Ática, 2003. p. 56.

[76] BENEVIDES, Maria Victoria de Mesquita. *A cidadania ativa*. 3. ed. São Paulo: Ática, 2003. p. 78.

13.5 Conclusão

No limiar desse esforço acadêmico, novamente propugnando a defesa do regime democrático, do Estado livre e soberano e da realização dos direitos fundamentais, que terminam por fazer real a justiça social, espera-se que se tenha possibilitado a intelecção dos institutos de democracia direta, seus benefícios e os danos que podem advir de sua má utilização. A busca incessante da igualdade, nos atuais ordenamentos jurídicos de todo o mundo, também passa pelas deliberações coletivas, pois nesse momento os cidadãos exercitam, em igualdade real, o seu poder-dever de escolha e decisão, determinando os caminhos, o pensamento supremo da nação.

Expôs-se a defesa da democracia como princípio existente em nossa Constituição da República, elemento de elevada importância na manutenção e equilíbrio das instituições democráticas e para a satisfação das exigências do corpo social brasileiro, o qual solicita maiores atenção e estudo. Nas acepções expostas, principalmente, relembra-se que o povo (decente) tem direito de ver as suas necessidades básicas atendidas, mas possui, também, obrigação de perceber a existência de inúmeros outros indivíduos e entendimentos, e que a observância estrita desses direitos e deveres é que conduzirá a sociedade à liberdade (de escolha), à justiça e à solidariedade plenas.

O entendimento final é o de que existe uma necessidade do exercício da democracia direta em suas diversas formas, mas que se torna de difícil exequibilidade, ao se levarem em conta as variáveis envolvidas no processo, e que foram expostas ao longo da obra, tais como o elevado custo, a falta de cultura do uso pela população, os riscos de "manipulação democrática" etc.

Conclui-se que a participação da população nos assuntos políticos de seu país é sinal de maturidade social, imprescindível ao desenvolvimento da nação e ao crescimento de uma mentalidade coletiva de bem comum, em que todos pensem em alcançar os objetivos constitucionais determinados, mas que deve ser realizada com limites e cuidados para que não seja desvirtuada e ofenda exatamente aquilo para o que foi idealizada: a democracia.

Referências

ALEMANHA. *Constituição da Alemanha (1949)*. Brasília, Embaixada da Alemanha no Brasil. Disponível em: <http://www.brasilia.diplo.de/Vertretung/brasilia/pt/03/Constituicao/constituicao.html>. Acesso em: 4 mar. 2009.

ALVES, Leo da Silva. Restrição de direitos no enfrentamento ao terror. *Jus Navigandi*, Teresina, ano 8, n. 227, 20 fev. 2004. Disponível em: <http://jus2.uol.com.br/doutrina/texto.asp?id=4854>. Acesso em: 4 mar. 2009.

ANDRADE, Lédio Rosa de. *O que é direito alternativo?* 3. ed. Florianópolis: Conceito, 2008.

ASCENSÃO, José de Oliveira. *O direito*: introdução e teoria geral. 2. ed. rev. atual. e ampl. Rio de Janeiro: Renovar, 2001.

AUAD, Denise. Mecanismos de participação popular no Brasil: plebiscito, referendo e iniciativa popular. *Revista Eletrônica Unibero de Produção Científica*, São Paulo, set. 2005. Disponível em: <http://www.unibero. edu.br/download/revistaeletronica/Set05_Artigos/DIR_PROF%20DENISE_OK.pdf>. Acesso em: 20 fev. 2009.

AZEVEDO, Wanderson Bezerra de. Uma análise comparativa do instituto do referendo no direito luso-brasileiro. *Jus Navigandi*, Teresina, ano 9, n. 788, 30 ago. 2005. Disponível em: <http://jus2.uol.com.br/doutrina/texto.asp?id=7214>. Acesso em: 14 mar. 2009.

BANDEIRA DE MELLO, Celso Antônio. *Curso de direito administrativo*. 12. ed. São Paulo: Malheiros, 2000.

BENEVIDES, Maria Victoria de Mesquita. *A cidadania ativa*. 3. ed. São Paulo: Ática, 2003.

BOBBIO, Norberto. *O futuro da democracia*: uma defesa das regras do jogo. 6. ed. Rio de Janeiro: Paz e Terra, 1986.

BONAVIDES, Paulo. *Ciência política*. 11. ed. São Paulo: Malheiros, 2005.

CERQUEIRA, Thales Tácito Pontes Luz de Pádua. *Preleções de direito eleitoral*: direito material. Rio de Janeiro: Lumen Juris, 2006. t. I.

CHÁVEZ reitera que vai submeter proposta de reforma a novo referendo. *Folha Online*, São Paulo, 6 dez. 2007. Mundo. Disponível em: <http://www1.folha.uol.com.br/folha/mundo/ult94u352201.shtml>. Acesso em: 1º mar. 2009.

DADOS sobre criminalidade contrariam tese da redução da maioridade penal. *Prattein*, São Paulo, 8 jan. 2004. Disponível em: <http://www.prattein.com.br/prattein/texto.asp?id=66>. Acesso em: 10 mar. 2009.

GEBRAN NETO, João Pedro. *A aplicação imediata dos direitos e garantias individuais*: a busca de uma exegese emancipatória. São Paulo: Revista dos Tribunais, 2002.

JANSEN, Euler Paulo de Moura. O devido processo legal. *Jus Navigandi*, Teresina, ano 8, n. 202, 24 jan. 2004. Disponível em: <http://jus2.uol.com.br/doutrina/texto.asp?id=4749>. Acesso em: 13 mar. 2009.

JELIN, Elizabeth; HERSHBERG, Eric. *Construindo a democracia*: direitos humanos, cidadania e sociedade na América Latina. Tradução de Ana Luiza Pinheiro. São Paulo: Editora da Universidade de São Paulo; Núcleo de Estudos da Violência (NEV), 2006. Disponível em: <http://books.google.com.br/books?id=9rZtBj36RcoC>. Acesso em: 1º mar. 2009.

MATTOS, Ana Letícia Queiroga de. A realidade constitucional da República Federal da Alemanha. *Revista de Informação Legislativa*, Brasília, n. 169, p. 127-142, jan./mar. 2006. Disponível em: <http://www.senado.gov.br/web/cegraf/ril/Pdf/pdf_169/R169-09.pdf>. Acesso em: 4 mar. 2009.

MELO, Mônica de. *Plebiscito, referendo e iniciativa popular*: mecanismos constitucionais de participação popular. Porto Alegre: Sergio Antonio Fabris, 2001.

MOISÉS, José Álvaro. *Cidadania e participação*: ensaio sobre referendo, o plebiscito e a iniciativa popular legislativa na nova Constituição. São Paulo: Marco Zero, 1990.

MORAES, Alexandre de. Reforma política do Estado e democratização. *Revista Suffragium*, Ceará, v. 22, n. 236, p. 59-76, 2000.

NASPOLINI, Samuel Dal-Farra. *Pluralismo político*. Curitiba: Juruá, 2006.

ONU. *Declaração Universal dos Direitos Humanos*. São Paulo: Biblioteca Virtual de Direitos Humanos, USP. Disponível em: <http://www.direitoshumanos.usp.br/counter/declaracao/declaracao_univ.html>. Acesso em: 28 fev. 2009.

OPOSIÇÃO venezuelana perde o referendo mas sai fortalecida, dizem analistas. *Folha Online*, São Paulo, 16 fev. 2009. Mundo. Disponível em: <http://www1.folha.uol.com.br/folha/mundo/ult94u504780.shtml>. Acesso em: 1º mar. 2009.

PEREIRA, Camila. Obscurantismo na universidade. *Veja*, São Paulo, ed. 2084, out. 2008. Disponível em: <http://veja.abril.com.br/291008/p_138.shtml>. Acesso em: 1º mar. 2009.

PINTO, Djalma. *Direito eleitoral*: improbidade administrativa e responsabilidade fiscal – Noções gerais. 3. ed. São Paulo: Atlas, 2006.

PINTO, José Guilherme Berman Corrêa. Judicial review ontem e hoje. In: PINTO, José Guilherme Berman Corrêa. *Repercussão geral e Writ of certiorari*. Dissertação (Mestrado) – Departamento de Direito, PUC-Rio, Rio de Janeiro, 2006. Disponível em: <http://www.maxwell.lambda.ele.puc-rio.br/cgi-bin/db2www/PRG_0490.D2W/INPUT?CdLinPrg=pt>. Acesso em: 3 mar. 2009.

RAWLS, John. *O direito dos povos*. São Paulo: Martins Fontes, 2001.

RIBEIRO, Fávila. *Direito eleitoral*. Rio de Janeiro: Forense, 2000.

RODRIGUES, Cândido Moreira. Apontamentos sobre o pensamento de Carl Schmitt: um intelectual nazista. *Saeculum – Revista de história*, Paraíba, n. 12, p. 76-94, jan./jun. 2005. Disponível em: <http://www.cchla.ufpb.br/saeculum/saeculum12_art06_rodrigues.pdf>. Acesso em: 4 mar. 2009.

SAMPAIO, José Adércio Leite. *A constituição reinventada pela jurisdição constitucional*. Belo Horizonte: Del Rey, 2002.

SCHWABE, Jürgen. *Cinqüenta anos de jurisprudência do Tribunal Constitucional Federal alemão*. Organização e introdução de Leonardo Martins. Montevidéu: Fundação Konrad-Adenauer, 2005. Disponível em: <http://www.bibliojuridica.org/libros/libro.htm?l=2241>. Acesso em: 10 jan. 2009.

SGARBI, Adrian. *O referendo*. Rio de Janeiro: Renovar, 1999.

SHIRER, William L. *Ascensão e queda do Terceiro Reich*: triunfo e consolidação (1933-1939). Tradução de Pedro Pomar. Rio de Janeiro: Agir, 2008. v. I. Disponível em: <http://books.google.com.br/books?id=fMGWm2Ln-NYC>. Acesso em: 1º mar. 2009.

SILVA, José Afonso da. O sistema representativo, democracia semidireta e democracia participativa. *Revista do Advogado*, São Paulo, ano XXIII, n. 73, p. 94-108, nov. 2007.

SOUSA JÚNIOR, José Geraldo (Org.). *O direito achado na rua*: concepção e prática. Rio de Janeiro: Lumen Juris, 2015.

VARELA, Alfredo. *Direito constitucional brasileiro*: reforma das instituições nacionais. Brasília: Conselho Editorial do Senado Federal, 2002. Ed. fac-similar. Coleção História Constitucional Brasileira.

VASCONCELOS, Luciana. Pesquisa do Senado mostra brasileiros favoráveis à redução da maioridade penal. *Agência Brasil*, Brasília, 18 abr. 2007. Disponível em: <http://www.agenciabrasil.gov.br/noticias/2007/04/18/materia.2007-04-18.5762801959/view>. Acesso em: 10 mar. 2009.

Informação bibliográfica deste texto, conforme a NBR 6023:2002 da Associação Brasileira de Normas Técnicas (ABNT):

GONÇALVES, Fabiano Pereira. Democracia direta no Brasil: uso e abuso político e jurídico do plebiscito e do referendo. In: COSTA, Daniel Castro Gomes da et al. (Coord.). *Direito Eleitoral comparado*. Belo Horizonte: Fórum, 2018. p. 209-245. ISBN 978-85-450-0550-6.

CAPÍTULO 14

OS REFLEXOS DO ESTATUTO DA PESSOA COM DEFICIÊNCIA NO ÂMBITO DO DIREITO ELEITORAL

PATRÍCIA CERQUEIRA KERTZMAN SZPORER

14.1 Introdução

O presente artigo tem por desígnio discutir os reflexos do Estatuto da Pessoa com Deficiência no âmbito do direito eleitoral. Para tanto, é mister abordar os históricos legal e principiológico acerca das pessoas com deficiência, para que seja possível abranger como era compreendida socialmente a deficiência e como esse conceito foi se modificando ao longo do tempo, até aproximar-se do conceito atual de "pessoa com deficiência".

Nesta senda, urge delimitar os diversos ramos do direito brasileiro que foram atingidos pelo Estatuto da Pessoa com Deficiência, percorrendo-se a abordagem da capacidade civil, que gerou uma profunda insurreição no âmbito do direito civil, bem como trouxe inovações para direito eleitoral, a exemplo das mudanças na ação de interdição, o caráter excepcional da curatela e o novo instituto que emergiu com estatuto: a tomada de decisão apoiada. Esses institutos configuram importantes meios de inclusão no processo social e a possibilidade do melhor exercício da capacidade civil pelas pessoas com deficiência.

A relevância do tema tem destaque também em legislação internacional, haja vista a necessidade de inclusão de todos os seres humanos nos processos sociais, com base no princípio da dignidade da pessoa humana. Nesse sentido, buscam-se analisar as normatizações e sua influência na realidade brasileira, em relação aos direitos das pessoas com deficiência, a saber: Convenção de Nova Iorque, Declaração Universal dos Direitos Humanos, códigos civis francês e italiano; algumas, entre as quais, foram comparadas ao Estatuto da Pessoa com Deficiência no direito pátrio e/ou o influenciaram.

Em passos mais longos, objetivando enriquecer o presente trabalho, como também demonstrar sua importância, visto a cifra de pessoas que são assoladas por algum tipo de deficiência no Brasil, os dados estatísticos evidenciam a proporção dessas pessoas em cada região do país, ponderando os tipos de deficiência por localidade: visual, auditiva, motora e mental.

Assunto crucial para discutir o tema aqui abordado é a análise sobre o instituto do desenho universal, mecanismo que extrapola questões infraestruturais, materializando-se em objetos, produtos e serviços que venham facilitar o acesso das pessoas com deficiência à realização de todas as atividades cotidianas de uma vida em comunidade, sendo previsto pelo Estatuto da Pessoa com Deficiência como uma importante forma de inclusão do seu público-alvo. Desse modo, e com fins meramente elucidativos, o presente artigo traz à luz sete princípios norteadores da acessibilidade, desmembrando um por um e demonstrando seus conceitos e aplicações.

Por fim, este trabalho aborda os reflexos do Estatuto da Pessoa com Deficiência no direito eleitoral, elencando as mais variadas mudanças ocasionadas pelo surgimento do estatuto e pontuando temas emblemáticos, como exemplo, o conflito entre o direito ao voto secreto e a quebra do sigilo acarretada pelo auxílio de um terceiro à pessoa com deficiência para efetivar o voto. Assim, arriscou-se avaliar as possibilidades fáticas e propor soluções para minimizar os efeitos da quebra do sigilo do sufrágio, quando a sua violação for indispensável à concretização do próprio direito material de votar, sopesando sempre o ato volitivo da pessoa com deficiência. Neste ínterim, avaliou-se a participação do presidente da mesa no dia de votação, bem como suas responsabilidades e a tênue e delicada questão da flexibilização à violação da cláusula pétrea do voto secreto, que, inclusive, tem conduta tipificada como crime no Brasil.

14.2 Deficiências: aspectos conceituais

Primando por abordar os reflexos do Estatuto da Pessoa com Deficiência no âmbito do direito eleitoral, faz-se necessário externalizar, de início, o histórico, para que seja possível abarcar a compreensão social da deficiência ao longo do tempo em razão das modificações ocorridas até chegar ao conceito atual de "pessoa com deficiência".

Priorizando os direitos fundamentais e a dignidade da pessoa humana, a Organização das Nações Unidas (ONU), hodiernamente, vem aperfeiçoando o conceito de pessoa com deficiência, haja vista que, nos anos de 1999 e 2000, era demasiadamente utilizada a expressão *pessoa portadora de deficiência*, terminologia que não mais prospera nos dias atuais, visto que o vocábulo *portador* dá conotação de portabilidade, como se de fato o deficiente pudesse dispensar o título de portador, o que demonstra inadequação com a realidade fática, visto que ninguém "porta" uma deficiência porque quer, mas porque se encontra nessa condição, ainda que transitoriamente. Não obstante, outra expressão que tem seu conceito esvaído é *pessoa com necessidades especiais*, dada a sua ideia extremamente genérica, trazendo obscuridade nos aspectos que tangem: especificidade da deficiência; temporalidade dos impedimentos; bem como natureza da debilidade, que pode ser: física, mental, intelectual ou sensorial. É nesse sentido que Maria do Carmo Serpa se manifesta:

Mais recentemente tem-se constatado a utilização da expressão pessoa com deficiência ou pessoa com necessidades especiais, tendo esta última sido motivo de críticas por parte de profissionais da área, por concebê-la demasiadamente genérica, na medida em que, por não tratar dos diferentes tipos de deficiências, ocultando-as numa denominação de natureza ampla e neutra, camufla e impede o conhecimento, a discussão, o levantamento de dúvidas e a busca de informações referentes ao assunto.[1]

Outra terminologia também colocada pela sociedade é "pessoa deficiente". Ora, o que o termo definitivamente aparenta é que "pessoa deficiente" traduz uma ideia de uma pessoa com inoperância de qualquer atividade prática em razão da deficiência que lhe atinge. Desse modo, cabe crítica sobre a parcialidade das limitações corporais, visto que a deficiência, em si, manifesta-se sobre circunstâncias pontuais e específicas, vez que o ser humano dotado de alguma deficiência acaba externalizando dificuldades para algumas práticas mecânicas corporais e não para todos os atos, podendo, assim, exercer suas habilidades ordinárias e as extraordinárias com as devidas adaptações.

Nessa sintonia, verifica-se que a Organização das Nações Unidas (ONU) não desviou de seu propósito principal, na medida em que discute e privilegia a pessoa com deficiência, ratificando os direitos fundamentais, a dignidade da pessoa humana e também o caráter isonômico dos seres humanos, independentemente de raça, cor, gênero, língua, religião, política etc. Assim, extraem-se os princípios basilares de proteção às pessoas com deficiência oriundos da Convenção Sobre os Direitos das Pessoas com Deficiência – Convenção de Nova Iorque (a ser analisada no capítulo posterior), quais sejam: o respeito pela dignidade inerente; a autonomia individual; a liberdade de fazer suas próprias escolhas; a independência entre as pessoas; a não discriminação; a plena e efetiva participação e inclusão na sociedade; o respeito pela diferença e pela aceitação das pessoas com deficiência como parte da diversidade humana e da humanidade; a igualdade de oportunidades; a acessibilidade; o respeito pelo desenvolvimento das capacidades das crianças com deficiência e pelo direito das crianças com deficiência de preservar sua identidade.

Quando se levanta este tema em específico para discutir os métodos e procedimentos de inclusão de forma eficaz, dá-se visibilidade e voz às pessoas com deficiência, de maneira que atendam efetivamente a promoção de igualdade para todos os cidadãos, indistintamente.

14.3 Delineamento conceitual: trajetórias

Diante das controvérsias conceituais abordadas no capítulo anterior, observa-se a complexidade em determinar o conceito adequado a ser utilizado para abranger o que de fato é uma pessoa com deficiência. Assim, nesta realidade, objetivando unificar em uma expressão, fora promulgada pelo Brasil a Convenção Internacional sobre os Direitos das Pessoas com Deficiência, bem como seu Protocolo Facultativo, ambos assinados em Nova

---

[1] SERPA, Maria do Carmo A. V. *Pessoa idosa e pessoa portadora de deficiência*: retrospectiva histórica, avanços e desafios. Vitória: CEAF, 2003. v. 3. t. 1. Coleção Do Avesso ao Direito – Ministério Público do Estado do Espírito Santo. p. 43

Iorque, em 30.3.2007, disciplinando em seu art. 1º o seguinte propósito e consagrando o conceito internacional de deficiência:

> O propósito da presente Convenção é o de promover, proteger e assegurar o desfrute pleno e equitativo de todos os direitos humanos e liberdades fundamentais por parte de todas as pessoas com deficiência e promover o respeito pela sua inerente dignidade.
>
> Pessoas com deficiência são aquelas que têm impedimentos de longo prazo de natureza física, mental, intelectual ou sensorial, os quais, em interação com diversas barreiras, podem obstruir sua participação plena e efetiva na sociedade em igualdades de condições com as demais pessoas.[2]

Do excerto colacionado, extrai-se sua clareza e especificidade ao pontuar a temporalidade dos impedimentos bem como a natureza da deficiência, podendo ela ser: física, mental, intelectual ou sensorial. Ainda assim, o referido instrumento legal acaba por demonstrar o caráter isonômico que é dado ao seu público para com o restante da sociedade.

14.3.1 Convenção de Nova Iorque

Percebe-se que a Convenção de Nova Iorque foi de grande valia para nosso ordenamento jurídico, uma vez que ela foi a primeira convenção que ingressou na órbita jurídica nacional com força de norma constitucional. Além disso, o Brasil, ao ratificar a convenção junto com o seu protocolo facultativo, possibilitou que qualquer cidadão denuncie violação ao referente tratado junto à Organização das Nações Unidas – ONU. De outro vértice, foi a Convenção de Nova Iorque que estabeleceu, em seu art. 12, que as pessoas com deficiência, dentro de uma perspectiva de isonomia, passariam a ser reconhecidas por todos os Estados signatários como legalmente capazes, obtendo, assim, reconhecimento de igualdade também perante a lei:

> Artigo 12
>
> 1. Os Estados Partes reafirmam que as pessoas com deficiência têm o direito de ser reconhecidas em qualquer lugar como pessoas perante a lei.
>
> 2. Os Estados Partes reconhecerão que as pessoas com deficiência gozam de capacidade legal em igualdade de condições com as demais pessoas em todos os aspectos da vida.
>
> 3. Os Estados Partes tomarão medidas apropriadas para prover o acesso de pessoas com deficiência ao apoio que necessitarem no exercício de sua capacidade legal.
>
> 4. Os Estados Partes assegurarão que todas as medidas relativas ao exercício da capacidade legal incluam salvaguardas apropriadas e efetivas para prevenir abusos, em conformidade com o direito internacional dos direitos humanos. Essas salvaguardas assegurarão que as medidas relativas ao exercício da capacidade legal respeitem os direitos, a vontade e as preferências da pessoa, sejam isentas de conflito de interesses e de influência indevida,

---

[2] BRASIL. Decreto nº 6.949, de 25 de agosto de 2009. Promulga a Convenção Internacional sobre os Direitos da Pessoas com Deficiência e seu Protocolo Facultativo, assinados em Nova York, em 30 de março de 2007. *Diário Oficial da União*, Brasília, 25 ago. 2009. Disponível em: <http://www.planalto.gov.br/ccivil_03/_ato2007-2010/2009/decreto/d6949.htm>. Acesso em: 25 out. 2017.

sejam proporcionais e apropriadas às circunstâncias da pessoa, se apliquem pelo período mais curto possível e sejam submetidas à revisão regular por uma autoridade ou órgão judiciário competente, independente e imparcial. As salvaguardas serão proporcionais ao grau em que tais medidas afetarem os direitos e interesses da pessoa.

5. Os Estados Partes, sujeitos ao disposto neste Artigo, tomarão todas as medidas apropriadas e efetivas para assegurar às pessoas com deficiência o igual direito de possuir ou herdar bens, de controlar as próprias finanças e de ter igual acesso a empréstimos bancários, hipotecas e outras formas de crédito financeiro, e assegurarão que as pessoas com deficiência não sejam arbitrariamente destituídas de seus bens.[3]

Portanto, é possível depreender que a Convenção de Nova Iorque deu origem à semente que culminou, dentro do ordenamento jurídico brasileiro, no Estatuto da Pessoa com Deficiência. Este, por sua vez, trouxe mudanças, de forma objetiva, em diversas legislações de caráter geral, entre elas, as mudanças que ocasionaram reflexo no âmbito do direito eleitoral, objeto de estudo deste artigo.

14.4 Estatísticas do IBGE

De acordo com o último censo demográfico do Instituto Brasileiro de Geografia e Estatística – IBGE,[4] em pesquisa realizada no ano de 2010, restou confirmado que 23,9% da população brasileira possui algum tipo de deficiência, seja de ordem auditiva, visual, física e/ou intelectual. Este percentual corresponde a um número de 45,6 milhões de brasileiros.

O referido instituto evidenciou que, entre as deficiências existentes, a de maior prevalência foi a deficiência visual, correspondendo a 35,7% da população de pessoas com deficiência; em segundo lugar, a deficiência motora, que abrange pouco mais de 7%, equivalente a 13,2 milhões de indivíduos. Em terceira colocação, aparece a deficiência auditiva, correspondendo a 5,1%, resultando num número de 2,1 milhões de pessoas. E, por último, mas não menos importante, a deficiência intelectual, correspondente a 2,6 milhões de brasileiros, sem percentual especificado pelo IBGE, conforme gráfico a seguir.

---

[3] BRASIL. Decreto nº 6.949, de 25 de agosto de 2009. Promulga a Convenção Internacional sobre os Direitos da Pessoas com Deficiência e seu Protocolo Facultativo, assinados em Nova York, em 30 de março de 2007. *Diário Oficial da União*, Brasília, 25 ago. 2009. Disponível em: <http://www.planalto.gov.br/ccivil_03/_ato2007-2010/2009/decreto/d6949.htm>. Acesso em: 25 out. 2017.

[4] 23,9% DOS brasileiros declaram ter alguma deficiência, diz IBGE. *G1*, 27 abr. 2012. Disponível em: <http://g1.globo.com/brasil/noticia/2012/04/239-dos-brasileiros-declaram-ter-alguma-deficiencia-diz-ibge.html>. Acesso em: 25 de out. 2017.

População com deficiência no Brasil
EM PORCENTAGEM

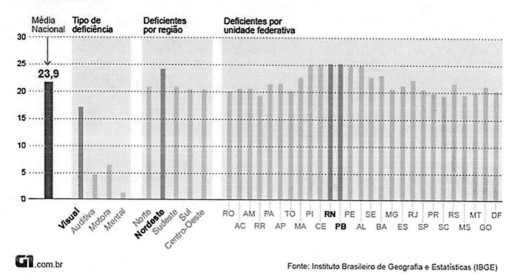

Fonte: Instituto Brasileiro de Geografia e Estatísticas (IBGE)

Do ponto de vista geográfico, os dados evidenciaram que a região Nordeste é a que possui maior índice de pessoas com deficiência, seguida das regiões Norte e Sudeste, estando nas últimas colocações as regiões Sul e Centro-Oeste, respectivamente.

No aspecto relativo aos tipos de deficiência por região, de acordo com o referido instituto, na região Sul ficou caracterizado o menor índice de deficientes visuais com 16,9% das pessoas com deficiência. Já no Centro-Oeste, 4,5% das pessoas possuem deficiência auditiva, enquanto 5,8% afirmaram ter deficiência motora. Nas regiões Norte e Centro-Oeste, o menor índice ficou na proporção de 1,2%, referente às pessoas que possuem deficiência de natureza mental ou intelectual.

14.5 O advento do Estatuto da Pessoa com Deficiência

Disciplinado pela Lei nº 13.146, promulgada em 6.7.2015, o Estatuto da Pessoa com Deficiência, também conhecido como Lei de Inclusão da Pessoa com Deficiência, trouxe não só modificações no âmbito dos indivíduos com deficiência, mas, sobretudo, alteração em todo contexto social, inclusive no direito eleitoral, reflexos que serão estudados com maior profundidade neste artigo.

Faz-se necessário considerar, primordialmente, que o estatuto não pode ser encarado como uma legislação única e exclusivamente voltada para as pessoas com deficiência. Ainda que, em tese, esse seja seu público alvo, é necessário integrá-lo a todo o contexto social, tendo em vista que a inclusão das pessoas com deficiência na sociedade, principal objetivo do estatuto, só será alcançado quando toda a coletividade, principalmente as pessoas que não possuem deficiência, estiverem em consonância com o seu conteúdo, atribuindo-lhe eficácia.

Portanto, direcionar o estatuto tão somente à sua classe é o mesmo que marginalizá-lo de seu contexto, criando uma circunstância fática que promoveria, de forma tácita, uma conduta discriminatória, porque não basta que somente as pessoas com deficiência tenham ciência dos seus direitos e deveres, mas toda a sociedade deve observá-los e respeitá-los. Logo, fazer um estatuto que só alcance uma parcela da sociedade seria o mesmo que deixá-lo à margem da própria coletividade.

Por conseguinte, para se tornar efetiva a mencionada norma, é essencial implementar a compreensão analítica da dinâmica do outro, num exercício de alteridade, devendo ser incorporada no subconsciente da população em geral – e não somente pelas pessoas com deficiência – como uma legislação de eficácia *erga omnes* que é, necessitando ser lida, estimada e acatada por todos.

Nesse ínterim, é determinante que toda a comunidade tenha ciência do conteúdo legal do estatuto, na medida em que este traz à tona, por exemplo, o desmembramento do conceito de deficiência, para que fique claro a todos o que é ser uma pessoa com deficiência, como ela deve ser tratada e, também, denominada. Outro tema que pode ser citado como relevante para o conhecimento geral, entre tantos outros, é o fato de que o estatuto trouxe reflexos para a mudança da capacidade civil, volvendo as pessoas com deficiência para a condição de totalmente capazes para exercer os atos da vida civil. Esse fato é altamente relevante, não somente para as pessoas com deficiência, mas, também, para as demais pessoas, que devem ter conhecimento dessa significativa transformação, aprendendo a respeitá-la, posto que interfere na vida de todos. A título ilustrativo, na esfera eleitoral, é possível à pessoa com deficiência desempenhar as capacidades ativa e passiva relativas à cidadania, portanto, é perfeitamente factível, hodiernamente, que uma pessoa sem deficiência possa votar em uma pessoa com deficiência, e vice-versa.

Desse modo, a riqueza da diversidade está na inclusão, haja vista que quanto mais se conhece o outro – entendido como alguém com características psicológicas, familiares, físicas e culturais diferentes das próprias – mais se aprende a respeitar a natureza humana e, por conseguinte, fomenta-se o respeito às diferenças, compreendendo que elas podem ser muito mais um fator de aproximação do que de segregação, na medida em que todos são iguais, antes de tudo, na condição de seres humanos.

14.5.1 Áreas do direito atingidas pelo Estatuto da Pessoa com Deficiência

O advento do Estatuto da Pessoa com Deficiência promoveu alterações significativas nos diferentes ramos do direito, tais como: direito civil; direito processual civil; direito penal; direito processual penal; direito trabalhista; direito administrativo; direito eleitoral.

Trata-se de exemplos de esferas jurídicas, entre diversas outras, que foram alcançadas pelo referido estatuto, sofrendo modificações com o seu surgimento e tendo modificada a aplicação de suas disposições. Assim, respeitando todas as matérias retromencionadas, o presente artigo visa realizar um recorte específico sobre o direito eleitoral, o que será feito em passos longos no decorrer do presente trabalho.

14.5.2 Temáticas proeminentes do Estatuto da Pessoa com Deficiência

Face à grandiosidade do Estatuto da Pessoa com Deficiência, não só pelas concepções trazidas por ele – referentes às suas noções fundamentais, questões de acessibilidade, tecnologias assistivas e desenhos universais (que serão analisadas *a posteriori*) –, mas, sobretudo, pela desconstrução do que já foi enraizado sobre a definição de capacidade, é necessário realizar um novo corte hermenêutico sobre o conceito de capacidade na visão não só do ordenamento jurídico, mas, principalmente, da sociedade, para não incidir no risco, como bem pontua o ilustre doutrinador Pablo Stolze, de "incorrer em uma espécie de depressão jurídico-acadêmica",[5] ou seja, é imprescindível que ocorra uma revolução no pensamento da sociedade, com vistas a compreender a recente concepção que foi atribuída à pessoa com deficiência: totalmente capaz.

14.5.2.1 Da reconstrução do conceito de capacidade

Para ampliar o entendimento sobre o instituto da capacidade atual, faz-se necessário um exame sobre a temática a partir de diferentes perspectivas em tempos distintos. Nessa senda, extrai-se do art. 1º do Código Civil[6] que "toda pessoa é capaz de direitos e deveres na ordem civil". Em função disso, a doutrina desmembra a capacidade em duas espécies, quais sejam: capacidade de direito e capacidade de fato.

Nas lições do consagrado jurista Orlando Gomes,[7] ambas espécies são inconfundíveis. Nesta linha de raciocínio, a capacidade de direito, também conhecida como capacidade de gozo ou aquisição, nos dizeres do jurista Sílvio Rodrigues,[8] é a "capacidade de ter direitos subjetivos e contrair obrigações", ou seja, é a instituição da aptidão genérica para constituir direitos e adquirir obrigações, sendo destinada não só aos sujeitos personificados, mas, também, aos despersonificados: massa falida, espólio, heranças jacente e vacante, sociedade regular e condomínio edilício; enquanto que a capacidade de exercício se relaciona com a capacidade de operar por si próprio os atos da vida civil, sem a atuação de um representante ou assistente.

Desse modo, as somas de ambas as espécies resultam na capacidade plena, de maneira que, se alguém possui tão somente a capacidade de direito e não consegue materializá-la de fato, poderá/deverá supri-la por meio do auxílio ou patrocínio de outrem. Nesta hipótese, a pessoa não seria plenamente capaz, mas teria sua capacidade relativizada, sendo curatelada em *ultima ratio*. Para adequar esta realidade fática, que só deve ser utilizada de forma excepcional, o Estatuto da Pessoa com Deficiência prevê a hipótese da tomada de decisão apoiada, nos moldes do seu art. 116. Nesta seara, o Código Civil brasileiro foi reedificado para se adequar a esta nova realidade, apregoando em seus arts. 3º e 4º quem são os absolutamente incapazes e os relativamente incapazes, respectivamente.

---

5   Informação verbal retirada da palestra proferida pelo Dr. Pablo Stolze no evento da Sexta Cultural promovida pela Escola Judiciária Eleitoral do Estado da Bahia, publicado no canal do TRE/BA no YouTube no dia 12 de agosto de 2016. Vídeo disponível em: <https://www.youtube.com/watch?v=yEzUV6LMuxA>.

6   BRASIL. Lei nº 10.406, de 10 de janeiro de 2002. Institui o Código Civil. *Diário Oficial da União*, Brasília, 10 jan. 2002. Disponível em: <http://www.planalto.gov.br/ccivil_03/leis/2002/L10406.htm>. Acesso em: 25 out. 2017.

7   GOMES, Orlando. *Introdução ao direito civil*. 12. ed. Rio de Janeiro: Forense, 1996. p. 165.

8   RODRIGUES, Silvio. *Direito civil*: parte geral. 32. ed. São Paulo: Saraiva, 2002. v. 1. p. 39.

Anterior ao advento do Estatuto da Pessoa com Deficiência (Lei nº 13.146/15), o art. 3º do Código Civil de 2002 afirmava que eram absolutamente incapazes:

I - os menores de 16 anos;
II - os que, por enfermidade ou deficiência mental, não tivessem o necessário discernimento para a prática destes atos;
III - os que, mesmo por causa transitória, não pudessem exprimir a sua vontade.

Após toda a inovação e mudança de perspectiva trazida pelo estatuto, instaurou-se uma nova compreensão para o estudo da incapacidade. Agora, aqueles que possuem enfermidade ou deficiência mental e que não tenham o necessário discernimento para a prática dos seus atos, bem como aqueles que se encontrem em situação decorrente de causa transitória e estejam impossibilitados de exprimir sua vontade (sendo, este último critério, alvo de críticas doutrinárias por conta de ter sido transplantado para o artigo subsequente pelo legislador, conforme será esmiuçado logo adiante), deixam de ser absolutamente incapazes, restando, apenas e tão somente, neste art. 3º, na condição de absolutamente incapazes, os menores de 16 anos.

14.5.2.2 As mudanças na ação de interdição

Outro marco de extrema relevância, que não pode ser olvidado neste trabalho, refere-se à interdição. Num primeiro contato desatento, pode parecer que, com o advento do estatuto, seria o fim da interdição, cabendo-se somente o procedimento de curatela exclusiva para alguns atos. Essa inferência não prospera porque, embora pautada no que manifestamente diz o estatuto, que a curatela é extraordinária e restrita a atos de conteúdo patrimonial ou econômico, não acaba, sobremaneira, com o instituto da interdição.

Entretanto, por óbvio, o estatuto traz reflexos na interdição, na medida em que ofusca o formato da chamada interdição por completo, na qual o curador é detentor de poderes ilimitados, indefinidos e gerais. Ocorre que o procedimento de interdição persiste no ordenamento jurídico com um novo contorno inerente aos atos que tanjam substância patrimonial ou pecuniária, de que se depreende que, frise-se, o estatuto não finda o procedimento de interdição, ao contrário, o mantém.

O que acontece é que a curatela, decorrente deste procedimento cuja ação é denominada na Seção IX, do Código de Processo Civil, de 2015, como "ação de interdição", nos moldes do art. 747, passa a ser muito mais restrita em relação aos poderes do curador. Interessante perceber que o art. 1768 do Código Civil que versa a respeito da legitimidade para requerer a interdição foi revogado pelo art. 747 do Código de Processo Civil – CPC de 2015. Nessa realidade, o Estatuto da Pessoa com Deficiência, desconhecendo a invalidação do dispositivo do Código Civil pelo Novo CPC, conforme adverte o Professor Fredie Didier Jr.,[9] adicionou-lhe o inc. IV com vistas a possibilitar que o sujeito com deficiência tenha a capacidade processual, ou seja, a legitimidade ativa para ajuizar a ação e solicitar o procedimento de curatela.

---

[9] DIDIER JR., Fredie. Editorial 187 – Estatuto da Pessoa com Deficiência, Código de Processo Civil de 2015 e Código Civil: uma primeira reflexão. *Fredie Didier*, 2015. Disponível em: <http://www.frediedidier.com.br/editorial/editorial-187/>. Acesso em: 25 de out. 2017.

Embora pareça uma situação curiosa que gera instabilidade no sentido de determinar o que estaria vigendo ou não, em termos práticos, ambicionando assegurar a capacidade plena e a autonomia da pessoa com deficiência, parece razoável que o art. 747 do CPC continue a vigorar, adotando este recente inciso, advindo do estatuto.

14.5.2.3 O caráter excepcional da curatela

Sobre a curatela, convém aprofundar a nova redação do Código Civil de 2002 no art. 1.767, que disciplina as pessoas sujeitas a este instituto, sejam elas:

> Art. 1.767. Estão sujeitos a curatela:
> I - aqueles que, por causa transitória ou permanente, não puderem exprimir sua vontade; (Redação dada pela Lei nº 13.146, de 2015)
> II - (Revogado); (Redação dada pela Lei nº 13.146, de 2015)
> III - os ébrios habituais e os viciados em tóxico; (Redação dada pela Lei nº 13.146, de 2015)
> IV - (Revogado); (Redação dada pela Lei nº 13.146, de 2015)
> V - os pródigos.[10]

Dessa forma, vista como artifício de caráter excepcional, a curatela encontra respaldo nos arts. 84 e 85 do Estatuto da Pessoa com Deficiência, informando:

> Art. 84. A pessoa com deficiência tem assegurado o direito ao exercício de sua capacidade legal em igualdade de condições com as demais pessoas.
> §1º Quando necessário, a pessoa com deficiência será submetida à curatela, conforme a lei.
> §2º É facultado à pessoa com deficiência a adoção de processo de tomada de decisão apoiada.
> §3º *A definição de curatela de pessoa com deficiência constitui medida protetiva extraordinária, proporcional às necessidades e às circunstâncias de cada caso, e durará o menor tempo possível.*
> §4º Os curadores são obrigados a prestar, anualmente, contas de sua administração ao juiz, apresentando o balanço do respectivo ano.
> Art. 85. A curatela afetará tão somente os atos relacionados aos direitos de natureza patrimonial e negocial.
> §1º A definição da curatela não alcança o direito ao próprio corpo, à sexualidade, ao matrimônio, à privacidade, à educação, à saúde, ao trabalho e ao voto.
> §2º *A curatela constitui medida extraordinária, devendo constar da sentença as razões e motivações de sua definição, preservados os interesses do curatelado.*
> §3º No caso de pessoa em situação de institucionalização, ao nomear curador, o juiz deve dar preferência a pessoa que tenha vínculo de natureza familiar, afetiva ou comunitária com o curatelado.[11]

A denotação expressa pelos dispositivos do estatuto no tocante à curatela se revela de forma excepcional, sendo utilizada apenas no tocante aos direitos de natureza

---

[10] BRASIL. Lei nº 10.406, de 10 de janeiro de 2002. Institui o Código Civil. *Diário Oficial da União*, Brasília, 10 jan. 2002. Disponível em: <http://www.planalto.gov.br/ccivil_03/leis/2002/L10406.htm>. Acesso em: 25 out. 2017.

[11] BRASIL. Lei nº 13.146, de 6 de julho de 2015. Institui a Lei Brasileira de Inclusão da Pessoa com Deficiência (Estatuto da Pessoa com Deficiência). *Diário Oficial da União*, Brasília, 6 jul. 2015. Disponível em: <http://www.planalto.gov.br/ccivil_03/_ato2015-2018/2015/lei/l13146.htm>. Acesso em: 25 out. 2017. Grifos nossos.

patrimonial e negocial, privilegiando a autonomia da pessoa com deficiência para todos os demais atos da vida civil, de forma a superlativar a sua capacidade para estes atos de forma plena. Logo, apenas quando não cabível a tomada de decisão apoiada (tratada logo adiante), poderá o jurisdicionado se valer da curatela para que um terceiro passe a auxiliar na administração dos direitos inerentes às questões patrimoniais e/ou negociais com o mero fim de proteger o patrimônio da pessoa com deficiência curatelada.

Nessa realidade, está clarividente um novo corte hermenêutico que anseia parear a capacidade absoluta entre as pessoas com deficiência e os demais cidadãos, agraciando o princípio da isonomia, caracterizado pela abolição da chamada "cláusula de redução" da pessoa com deficiência, visto que, doravante, pode ela exercer todos os atos da vida civil, tendo especial proteção ao seu patrimônio, sendo facultado a ela que busque ajuda, quando julgar necessário. Contudo, é importante ressaltar que ambos, com ou sem deficiência, são absolutamente capazes. Destarte, aos absolutamente capazes com deficiência é facultado o instituto da curatela; já aos absolutamente capazes sem deficiência não é facultada a curatela nem para assuntos patrimoniais, ainda que a queiram.

14.5.2.4 A tomada de decisão apoiada

A outra medida protetiva que emergiu do estatuto é a criação da tomada de decisão apoiada. Esse novo modelo alternativo à curatela encontra-se respaldado em seu art. 116, que criou, em termos práticos, o art. 1.783-A, no Código Civil 2002, disciplinando:

> Art. 1.783-A. A tomada de decisão apoiada é o processo pelo qual a pessoa com deficiência elege pelo menos 2 (duas) pessoas idôneas, com as quais mantenha vínculos e que gozem de sua confiança, para prestar-lhe apoio na tomada de decisão sobre atos da vida civil, fornecendo-lhes os elementos e informações necessários para que possa exercer sua capacidade. (Incluído pela Lei nº 13.146, de 2015)
>
> §1º Para formular pedido de tomada de decisão apoiada, a pessoa com deficiência e os apoiadores devem apresentar termo em que constem os limites do apoio a ser oferecido e os compromissos dos apoiadores, inclusive o prazo de vigência do acordo e o respeito à vontade, aos direitos e aos interesses da pessoa que devem apoiar. (Incluído pela Lei nº 13.146, de 2015)
>
> §2º O pedido de tomada de decisão apoiada será requerido pela pessoa a ser apoiada, com indicação expressa das pessoas aptas a prestarem o apoio previsto no *caput* deste artigo. (Incluído pela Lei nº 13.146, de 2015)
>
> §3º Antes de se pronunciar sobre o pedido de tomada de decisão apoiada, o juiz, assistido por equipe multidisciplinar, após oitiva do Ministério Público, ouvirá pessoalmente o requerente e as pessoas que lhe prestarão apoio. (Incluído pela Lei nº 13.146, de 2015)
>
> §4º A decisão tomada por pessoa apoiada terá validade e efeitos sobre terceiros, sem restrições, desde que esteja inserida nos limites do apoio acordado. (Incluído pela Lei nº 13.146, de 2015)
>
> §5º Terceiro com quem a pessoa apoiada mantenha relação negocial pode solicitar que os apoiadores contra-assinem o contrato ou acordo, especificando, por escrito, sua função em relação ao apoiado. (Incluído pela Lei nº 13.146, de 2015)
>
> §6º Em caso de negócio jurídico que possa trazer risco ou prejuízo relevante, havendo divergência de opiniões entre a pessoa apoiada e um dos apoiadores, deverá o juiz, ouvido o Ministério Público, decidir sobre a questão. (Incluído pela Lei nº 13.146, de 2015)

§7º Se o apoiador agir com negligência, exercer pressão indevida ou não adimplir as obrigações assumidas, poderá a pessoa apoiada ou qualquer pessoa apresentar denúncia ao Ministério Público ou ao juiz. (Incluído pela Lei nº 13.146, de 2015)

§8º Se procedente a denúncia, o juiz destituirá o apoiador e nomeará, ouvida a pessoa apoiada e se for de seu interesse, outra pessoa para prestação de apoio. (Incluído pela Lei nº 13.146, de 2015)

§9º A pessoa apoiada pode, a qualquer tempo, solicitar o término de acordo firmado em processo de tomada de decisão apoiada. (Incluído pela Lei nº 13.146, de 2015)

§10 O apoiador pode solicitar ao juiz a exclusão de sua participação do processo de tomada de decisão apoiada, sendo seu desligamento condicionado à manifestação do juiz sobre a matéria. (Incluído pela Lei nº 13.146, de 2015)

§11. Aplicam-se à tomada de decisão apoiada, no que couber, as disposições referentes à prestação de contas na curatela. (Incluído pela Lei nº 13.146, de 2015).[12]

O que se verifica do excerto legal colacionado acima é que a tomada de decisão apoiada versa sobre a faculdade da pessoa com deficiência de nomear ao menos duas pessoas de sua confiança para que venham lhe prestar apoio nos atos da vida civil com a finalidade de que seja efetivado de forma plena o exercício de sua capacidade. Observa-se que este método protetivo, ao contrário do que se acreditava antigamente, é realizado ansiando não limitar a capacidade, mas a fim de fomentar ainda mais o exercício dos atos da vida civil, de forma a proporcionar autonomia à pessoa com deficiência na medida em que brota do próprio indivíduo o interesse em ter alguém que lhe auxilie nas suas decisões, donde surge, reitera-se, um novo olhar interpretativo para as questões relacionadas à curatela e tomada de decisão apoiada, como métodos que assumem uma nova roupagem que busca facilitar o exercício da capacidade plena.

No que tange ao prazo de vigência da tomada de decisão apoiada, observa-se que não há prazo taxativamente fixado pela lei brasileira. Todavia, a norma determina que deve ser definido um prazo para o instituto, o qual deverá ser fixado pelas partes que o estabeleceram.

Nesta perspectiva, ao analisar a legislação europeia, é possível encontrar institutos que possuem a mesma lógica da tomada de decisão apoiada. No Código Civil italiano,[13] existe a *ammninistrazione di sostegno* (administrador de suporte), que, assim como no Brasil, também é demandado por tempo determinado e; no Código Civil francês,[14] há a previsão que estabelece a medida de *sauvegardé de justice* (salvaguarda da justiça), possuindo prazo máximo fixado em um ano, sendo renovável por igual período. Logo, verifica-se uma tendência que extrapola o alcance nacional de inclinação aos instrumentos de mesma natureza que favoreçam e estimulem a participação ativa das pessoas com deficiência nos atos da vida civil.

O art. 1783-A do mencionado Código ainda delimita aspectos que tangem o procedimento para que seja deferida a tomada de decisão apoiada; os limites e incumbências

---

[12] BRASIL. Lei nº 10.406, de 10 de janeiro de 2002. Institui o Código Civil. *Diário Oficial da União*, Brasília, 10 jan. 2002. Disponível em: <http://www.planalto.gov.br/ccivil_03/leis/2002/L10406.htm>. Acesso em: 25 out. 2017.

[13] FRANÇA. *Código Civil*. Disponível em: <https://www.legifrance.gouv.fr/contente/download/1966/13751/.../Code_41.pdf>. Acesso em: 25 de out. 2017.

[14] ITÁLIA. *Il Codice Civile Italiano*. Pubblicato nella edizione straordinaria della Gazzetta Ufficiale, n. 79 del 4 aprile 1942. Disponível em: <http://www.jus.unitn.it/cardozo/obiter_dictum/codciv/Codciv.htm> Acesso em: 27 out. 2017.

que serão dados ao apoiador; as situações que envolvam negócios jurídicos; a negligência do apoiador; e a exclusão do apoiador mediante apreciação do juiz.

14.5.2.5 Pessoas que mesmo por causa transitória não possam exprimir sua vontade

Há de se convir que, diante da entrada em vigor do Estatuto da Pessoa com Deficiência, houve uma profunda mudança de viés do art. 3º do Código Civil de 2002, que prevê o rol taxativo dos absolutamente incapazes, sobretudo na revogação dos incs. II e III, retirando as pessoas com deficiência e os que, mesmo por causa transitória, não pudessem exprimir a sua vontade, fazendo com que as pessoas com deficiência passassem a ter garantida igualdade de condições para exercer a sua capacidade civil, de forma absoluta. Nesse sentido, o art. 6º do respectivo estatuto assegura diversas garantias que buscam dar autodeterminação dos rumos de suas próprias vidas, a saber:

Art. 6º A deficiência não afeta a plena capacidade civil da pessoa, inclusive para:
I - casar-se e constituir união estável;
II - exercer direitos sexuais e reprodutivos;
III - exercer o direito de decidir sobre o número de filhos e de ter acesso a informações adequadas sobre reprodução e planejamento familiar;
IV - conservar sua fertilidade, sendo vedada a esterilização compulsória;
V - exercer o direito à família e à convivência familiar e comunitária; e
VI - exercer o direito à guarda, à tutela, à curatela e à adoção, como adotante ou adotando, em igualdade de oportunidades com as demais pessoas.[15]

Não obstante a mudança de paradigma revelada pela reforma do art. 3º do Código Civil brasileiro, de 2002, por força do advento do Estatuto da Pessoa com Deficiência, é também de grande relevância o art. 4º, que disciplina as incapacidades relativas, e que também sofreu substanciais modificações.

O art. 4º do Código Civil de 2002 define o rol *numerus clausus* dos relativamente incapazes:

- no inc. I, está o menor púbere, ou seja, aquele que tem idade superior a 16 anos e inferior a 18 anos;
- no inc. II, houve a supressão do termo *deficientes mentais*, excluindo-os da qualidade de relativamente incapazes, tornando-os, por conseguinte, conforme exaustivamente falado, absolutamente capazes, portanto, no inc. II, restaram mantidos os ébrios habituais e os viciados em tóxicos;
- no inc. III, foi retirada a expressão *o excepcional sem desenvolvimento mental completo*, excluindo-a deste rol, sendo adicionada a expressão *pessoas que por causa transitória ou permanente não possam exprimir a sua vontade*;
- no inc. IV, permaneceram os pródigos.

---

[15] BRASIL. Lei nº 13.146, de 6 de julho de 2015. Institui a Lei Brasileira de Inclusão da Pessoa com Deficiência (Estatuto da Pessoa com Deficiência). *Diário Oficial da União*, Brasília, 6 jul. 2015. Disponível em: <http://www.planalto.gov.br/ccivil_03/_ato2015-2018/2015/lei/l13146.htm>. Acesso em: 25 out. 2017.

Este grifo realizado na expressão *pessoas que por causa transitória ou permanente não possam exprimir a sua vontade* foi efetuado de forma proposital, com vistas a chamar atenção para flagrante inconsistência no inc. III do art. 4º.

Essa inconsistência deve-se ao fato de que o legislador, ao deslocar as "pessoas que por causa transitória ou permanente não possam exprimir a sua vontade" do inc. III do art. 3º para o inc. III do art. 4º, tirou-as, por conseguinte, do rol dos absolutamente incapazes e colocou-as no rol dos relativamente incapazes, tendo, contudo, fracassado. Esse fracasso deve-se ao fato de que, ao fazer isso, as pessoas que mesmo por causa transitória não possam exprimir sua vontade continuam incapazes, entretanto não mais de forma absoluta, mas de forma relativa. Ora, neste molde proposto pelo legislador, a pessoa com deficiência de exprimir sua vontade, ainda que por causa transitória, por exemplo, na hipótese de pessoa que se encontra hospitalizada em estado de coma, em razão de um acidente de trânsito, permanecerá incapaz, ainda que relativamente.

Dessa forma, é possível perceber que não houve sentido em inverter o propósito e a base principiológica da natureza da incapacidade, visto que, diante da alteração legislativa equivocada feita pelo legislador, não surtiu efeito, já que, em termos práticos, ela se mostrou idêntica. Nesta linha de pensamento, afirma o professor Pablo Stolze que se trata de:

> "[...] uma brecha inconstitucional e autofágica, pois, além de ferir mortalmente a Convenção de Nova Iorque, teria o condão de desmantelar a pedra fundamental do próprio Estatuto, que, com isso, destruiria a si mesmo". Diante do ensinamento retromencionado, o que se afigura é a flagrante violação aos arts. 6º, 12º e 84º da Convenção de Nova Iorque, que produziu um novo conceito sobre capacidade legal.[16]

14.6 Do desenho universal e acessibilidade

O desenho universal, também conhecido como "desenho para todos", é a principal forma de acessibilidade e inclusão social conhecida, tendo como principal escopo o desenvolvimento de aparatos não só infraestruturais, mas também de objetos e produtos que venham a ser utilizados pelas pessoas com deficiências (crianças, adultos ou idosos) e também por todos indivíduos que compõem a sociedade, ou seja, trata-se do desenvolvimento de produtos, objetos, serviços, locais e outras coisas, que possam ser utilizados com o idêntico potencial por pessoas sem deficiência e pessoas com deficiência, proporcionando o mesmo grau de aproveitamento, sem diferenciações.

Seu conceito encontra-se destacado no art. 3º, inc. II, do Estatuto da Pessoa com Deficiência, que define que o desenho universal significa a "concepção de produtos, ambientes, programas e serviços a serem usados por todas as pessoas, sem necessidade de adaptação ou projeto específico, incluindo os recursos de tecnologia assistiva", ou seja, o desenho universal não excluirá as ajudas técnicas para grupos específicos de pessoas com deficiência, quando necessárias.

---

[16] STOLZE, Pablo. Deficiência não é causa de incapacidade relativa: a brecha autofágica. *Jusbrasil*, 2016. Disponível em: <https://jus.com.br/artigos/51407/deficiencia-nao-e-causa-de-incapacidade-relativa>. Acesso em: 25 de out. 2017.

Logo, o desenho universal deve ser fomentado pelas sociedades, com vistas a privilegiar a inclusão. Portanto, com o objetivo de incentivar a produção de ambientes, produtos, programas e serviços que se adequem ao desenho universal, no ano de 1997, foram criados, por peritos do Centro de Desenho Universal da Universidade da Carolina do Norte, os sete princípios disciplinadores do desenho universal, visando instruir profissionais desse ramo a pensar meios e formas para que todas as pessoas tenham acesso aos mesmos ambientes, produtos, programas e serviços, de forma igualmente proveitosa. Nesta senda, com fins meramente didáticos, o quadro aborda os princípios do desenho universal, com conteúdo elaborado pelo Centro de Reabilitação Profissional de Gaia – CRPG,[17] com sede em Portugal:

Quadro – Princípios do desenho universal

(continua)

Princípio 1 – Uso equitativo

• Proporcionar a todos a mesma utilização: idêntica sempre que possível; equivalente se necessário.
• Evitar segregar ou estigmatizar quaisquer utilizadores.
• Colocar igualmente ao alcance de todos os utilizadores a privacidade, a proteção e a segurança.
• Tornar o espaço e os equipamentos apelativos a todos os utilizadores.

Princípio 2 – Flexibilidade de uso

• Acomodar um vasto leque de preferências e capacidades individuais.
• Permitir a escolha da forma de utilização.
• Acomodar o acesso e o uso destro ou canhoto.
• Facilitar a exatidão e precisão do utilizador.
• Garantir adaptabilidade ao ritmo do utilizador.

Princípio 3 – Uso intuitivo

• Utilização facilmente compreendida, independentemente da experiência, do conhecimento, das capacidades linguísticas ou do atual nível de concentração.
• Eliminar complexidade desnecessária.
• Ser coerente com as expectativas e a intuição do utilizador.
• Acomodar um amplo leque de capacidades linguísticas e níveis de instrução.
• Organizar a informação de forma coerente com a sua importância.
• Garantir prontidão e respostas efetivas durante e após a execução de tarefas.

Princípio 4 – Informação perceptível

• Comunicar eficazmente ao utilizador a informação necessária independentemente das suas capacidades ou das condições ambientais.
• Usar diferentes métodos (pictográfico, verbal, táctil) para apresentar de forma redundante informação essencial.
• Maximizar a legibilidade de informação essencial.
• Diferenciar os elementos em formas que possam ser descritas (fazer com que seja fácil dar instruções ou orientações).
• Ser compatível com a diversidade de técnicas ou equipamentos utilizados por pessoas com limitações na atividade e restrições na participação.

---

[17] CENTRO DE REABILITAÇÃO PROFISSIONAL DE GAIA. *Os 7 princípios do desenho universal.* Arcozelo, jul. 2008. Disponível em: <http://www.crpg.pt/estudosProjectos/temasreferencia/acessibilidades/Documents/7_pincipiosdesesnhounivers.pdf>. Acesso em: 27 out. 2017.

(conclusão)

Princípio 5 – Tolerância ao erro

• Minimizar os riscos e consequências adversas de ações acidentais ou não intencionais.
• Ordenar os elementos de forma a minimizar riscos e erros: os elementos mais usados serão mais acessíveis, e os elementos perigosos serão eliminados, isolados ou protegidos.
• Garantir avisos de riscos e erros.
• Proporcionar características de falha segura.
• Desencorajar a ação inconsciente em tarefas que requeiram vigilância.

Princípio 6 – Baixo esforço físico

• Poder ser usado de uma forma eficiente e confortável e com mínimo de fadiga.
• Permitir ao utilizador manter uma posição neutral do corpo.
• Usar forças razoáveis para operar.
• Minimizar operações repetitivas.
• Minimizar esforço físico e continuado.

Princípio 7 – Tamanho e espaço para aproximação e uso

• Providenciar tamanho e espaço apropriados para aproximação, alcance, manipulação e uso, independentemente do tamanho do corpo, postura ou mobilidade do utilizador.
• Providenciar um campo de visão desimpedido para elementos importantes para qualquer utilizador sentado ou em pé.
• Tornar o alcance a todos os componentes confortável para qualquer utilizador sentado ou em pé.
• Acomodar variações no tamanho da mão ou da sua capacidade de agarrar.
• Providenciar espaço adequado para o uso de ajudas técnicas ou de assistência pessoal.

Assim, fica constatado que acessibilidade nada mais é que a ausência de barreiras que garante a igualdade de oportunidades e condições. Destarte, enaltecendo este conceito, de modo a que seja possível colocá-lo em prática, é que se faz pertinente o desenho universal, na medida em que visa garantir a similitude de condições na vida social como um todo. Com esse propósito, o Decreto nº 6.949/2009, que promulga a Convenção de Nova Iorque, em seu art. 9º, assinala possíveis medidas que os Estados Partes devem tomar para efetivar a acessibilidade em suas circunscrições:

> 1. A fim de possibilitar às pessoas com deficiência viver de forma independente e participar plenamente de todos os aspectos da vida, os Estados Partes tomarão as medidas apropriadas para assegurar às pessoas com deficiência o acesso, em igualdade de oportunidades com as demais pessoas, ao meio físico, ao transporte, à informação e comunicação, inclusive aos sistemas e tecnologias da informação e comunicação, bem como a outros serviços e instalações abertos ao público ou de uso público, tanto na zona urbana como na rural. Essas medidas, que incluirão a identificação e a eliminação de obstáculos e barreiras à acessibilidade, serão aplicadas, entre outros, a:
> a) Edifícios, rodovias, meios de transporte e outras instalações internas e externas, inclusive escolas, residências, instalações médicas e local de trabalho;
> b) Informações, comunicações e outros serviços, inclusive serviços eletrônicos e serviços de emergência.
> 2. Os Estados Partes também tomarão medidas apropriadas para:
> a) Desenvolver, promulgar e monitorar a implementação de normas e diretrizes mínimas para a acessibilidade das instalações e dos serviços abertos ao público ou de uso público;

b) Assegurar que as entidades privadas que oferecem instalações e serviços abertos ao público ou de uso público levem em consideração todos os aspectos relativos à acessibilidade para pessoas com deficiência;

c) Proporcionar, a todos os atores envolvidos, formação em relação às questões de acessibilidade com as quais as pessoas com deficiência se confrontam;

d) Dotar os edifícios e outras instalações abertas ao público ou de uso público de sinalização em braile e em formatos de fácil leitura e compreensão;

e) Oferecer formas de assistência humana ou animal e serviços de mediadores, incluindo guias, ledores e intérpretes profissionais da língua de sinais, para facilitar o acesso aos edifícios e outras instalações abertas ao público ou de uso público;

f) Promover outras formas apropriadas de assistência e apoio a pessoas com deficiência, a fim de assegurar a essas pessoas o acesso a informações;

g) Promover o acesso de pessoas com deficiência a novos sistemas e tecnologias da informação e comunicação, inclusive à Internet;

h) Promover, desde a fase inicial, a concepção, o desenvolvimento, a produção e a disseminação de sistemas e tecnologias de informação e comunicação, a fim de que esses sistemas e tecnologias se tornem acessíveis a custo mínimo.[18]

Resta evidente que a atuação do Estado é de protagonista quando o assunto tratado é acessibilidade, visto que é por meio da realização das políticas públicas de inclusão social que se confere oportunidades equânimes para todos.

14.7 Os reflexos do Estatuto da Pessoa com Deficiência no direito eleitoral

Com o advento do Estatuto da Pessoa com Deficiência no cenário jurídico brasileiro, houve, certamente, impactos no direito eleitoral, visto que o texto da Lei nº 13.146, de 2015, apresenta um capítulo exclusivo para abordar tal tema, qual seja: o Capítulo IV, denominado "Do direito à participação na vida pública e política".

Ab initio, faz-se necessário compreender o conteúdo exposto no título do Capítulo IV retromencionado.

Para melhor entendimento, é relevante desmembrar o título desse tema em dois segmentos, quais sejam: a) participação na vida pública; b) participação na vida política. Nos melhores dizeres do erudito clássico norte-americano Charles Anthon,[19] a participação na vida pública originou-se, historicamente, na Grécia antiga, com as discussões políticas em um espaço denominado ágora, que correspondia a uma praça pública onde ocorriam as chamadas "assembleias do povo". Estas, por sua vez, tinham a finalidade de deliberar sobre anseios comuns da população. Percebe-se que este modelo de debates, implementado à época, robustecia a democracia e fomentava a participação da população local para tratar sobre os assuntos do seu interesse. Em tempos hodiernos,

---

[18] BRASIL. Decreto nº 6.949, de 25 de agosto de 2009. Promulga a Convenção Internacional sobre os Direitos da Pessoas com Deficiência e seu Protocolo Facultativo, assinados em Nova York, em 30 de março de 2007. *Diário Oficial da União*, Brasília, 25 ago. 2009. Disponível em: <http://www.planalto.gov.br/ccivil_03/_ato2007-2010/2009/decreto/d6949.htm>. Acesso em: 25 out. 2017.

[19] ANTHON, Charles. *A dictionary of Greek and Roman antiquities*. Kirkland: Harvard University Library, 1843. p. 33.

participar da vida pública nada mais é que exercer a cidadania para estudar, questionar, analisar, insurgir e propor modificações e opinativos nas mais variadas esferas de poderes (Legislativo, Executivo e Judiciário).

Doutro vértice, conforme há tempos aborda apropriadamente Dallari,[20] quanto à participação na vida política, cumpre trazer à tona um dos mais destacados filósofos da Grécia antiga: Aristóteles.

Em sua teoria política, Aristóteles sustentava que "o homem é um animal político por natureza", logo, aquele que estivesse emergido sobre o véu da ignorância, deveria ser conscientizado por meio da prática da participação política. Explica-se: a cultura da participação na vida política deve ser enraizada no sujeito para que este possa ter o poder de escolha nas suas decisões, não só individuais, mas, sobretudo, decisões de caráter coletivo. Infere-se que a participação na vida política nos tempos contemporâneos encontra-se umbilicalmente ligada ao direito de exercer a cidadania.

O direito de exercer a cidadania pela participação na vida política, para Giacomo Sani, citado por Bobbio,[21] possui três categorias, sejam elas: a) presença; b) ativação; c) decisão. A participação na vida política por meio da presença é a menos intensa, tendo em vista que nela o sujeito apenas apresenta comportamentos majoritariamente passivos e receptivos, ou seja, toma parte de reuniões, podendo, ainda, realizar propaganda política por meio de envio de mensagens de cunho político. Já a participação na vida política por meio da ativação resulta na atitude positiva do sujeito em participar ativamente de determinada organização política, seja internamente ou externamente. Por fim, a participação na vida política por meio da decisão corresponde ao fato de o sujeito decidir direta ou indiretamente por uma determinação política, seja exercendo sua cidadania ativa (votando) ou passiva (sendo votado).

Com fulcro no inc. III do art. 76 citado adiante, augura Jaime Barreiros[22] que, na publicidade política, altercações eleitorais e comunicados oficiais da Justiça Eleitoral ou de autoridades, seja assegurada a acessibilidade das pessoas com deficiência, propiciando o acesso às informações propaladas, por meio de aparatos como legenda oculta; janela com intérprete da Linguagem Brasileira de Sinais (Libras); e audiodescrição. Neste aspecto, o estatuto apenas corrobora uma prática já enraizada no processo eleitoral, que efetiva a inclusão das pessoas com deficiência no decorrer do processo político.

Visando contemplar a participação na vida pública e política, a Declaração dos Direitos Humanos, em seu art. 21, privilegiando o caráter isonômico, confere a todos os seres humanos (expressão legal), a saber:

Artigo 21

1. Todo ser humano tem o direito de tomar parte no governo de seu país diretamente ou por intermédio de representantes livremente escolhidos.

2. Todo ser humano tem igual direito de acesso ao serviço público do seu país.

---

[20] DALLARI, Dalmo. *O que é participação política*. São Paulo: Abril, 1984. p. 12-17.

[21] BOBBIO, Norberto. *Dicionário de política*. 11. ed. Brasília: UNB, 1983. v. 1. p. 888.

[22] BARREIROS, Jaime. O pleno exercício dos direitos políticos, o sigilo do voto e a Lei nº 13.146/2015 (Estatuto da Pessoa com Deficiência): breves considerações. *Direito do Estado*, 2016. Disponível em: <http://www. direitodoestado.com.br/colunistas/jaime-barreiros-neto/o-pleno-exercicio-dos-direitos-politicos-o-sigilo-do-voto-e-a-lei-n-13-146-2015-estatuto-da-pessoa-com-deficiencia-breves-consideracoes->. Acesso em: 19 de nov. 2017.

3. A vontade do povo será a base da autoridade do governo; essa vontade será expressa em eleições periódicas e legítimas, por sufrágio universal, por voto secreto ou processo equivalente que assegure a liberdade de voto.[23]

Corroborando esse raciocínio, o art. 76 do Estatuto da Pessoa com Deficiência afirma que o Poder Público deverá dar meios para que a pessoa com deficiência tenha garantido todos os direitos políticos em caráter de igualdade e isonomia com as demais pessoas: "Art. 76. O poder público deve garantir à pessoa com deficiência todos os direitos políticos e a oportunidade de exercê-los em igualdade de condições com as demais pessoas", do qual se depreende que o referido estatuto não negligência o direito fundamental no aspecto que tange à participação na vida pública e política.

14.7.1 Os reflexos do novo rol de capacidades no direito eleitoral

Conforme já abordado, o rol de incapacidade civil foi alterado com o advento do Estatuto da Pessoa com Deficiência. Nesta direção, observa-se com nova perspectiva a capacidade – agora plena – atribuída pela Lei nº 13.146/15 às pessoas com deficiência e, por conseguinte, pelas respectivas alterações propiciadas no Código Civil.

Portanto, conforme anteriormente discutido, é certo que as pessoas com deficiência são plenamente capazes, ainda que tenham alguém para apoiar suas decisões ou, excepcionalmente, um curador. Depois do marco do surgimento do estatuto, as pessoas com deficiência – que não podiam exercer seus direitos políticos, visto estarem estes suspensos por força constitucional (que será trabalhado adiante) – "adquirem" a capacidade plena, culminando não só na possibilidade, mas, também, na obrigatoriedade de exercê-los, seja sob forma de capacidade eleitoral ativa, seja na forma passiva, desde que preencham os requisitos de elegibilidade.

Assim, o inc. I do art. 76 do estatuto dispõe sobre a acessibilidade que deve ser propiciada às pessoas com deficiência para que possam efetivar seus direitos políticos em todas as searas – presença, ativação e decisão.

> Art. 76. O poder público deve garantir à pessoa com deficiência todos os direitos políticos e a oportunidade de exercê-los em igualdade de condições com as demais pessoas.
> §1º À pessoa com deficiência será assegurado o direito de votar e de ser votada, inclusive por meio das seguintes ações:
> I - garantia de que os procedimentos, as instalações, os materiais e os equipamentos para votação sejam apropriados, acessíveis a todas as pessoas e de fácil compreensão e uso, sendo vedada a instalação de seções eleitorais exclusivas para a pessoa com deficiência;
> II - incentivo à pessoa com deficiência a candidatar-se e a desempenhar quaisquer funções públicas em todos os níveis de governo, inclusive por meio do uso de novas tecnologias assistivas, quando apropriado;
> III - garantia de que os pronunciamentos oficiais, a propaganda eleitoral obrigatória e os debates transmitidos pelas emissoras de televisão possuam, pelo menos, os recursos elencados no art. 67 desta Lei;

---

[23] ONU. *Declaração Universal dos Direitos Humanos*. 1948. Disponível em: <https://nacoesunidas.org/direitoshumanos/declaracao/>.

IV - garantia do livre exercício do direito ao voto e, para tanto, sempre que necessário e a seu pedido, permissão para que a pessoa com deficiência seja auxiliada na votação por pessoa de sua escolha.[24]

No que concerne ao exercício dos direitos políticos de decisão, mais especificamente do direito ao voto, é vedada pelo estatuto instalação de zonas eleitorais exclusivas para as pessoas com deficiência, tendo em vista o princípio da isonomia entre os seres humanos, objetivando atalhar a estigmatização desse público, colocando-o à margem do sistema como um todo. Logo, as zonas eleitorais ordinárias devem estar aptas a receber toda e qualquer pessoa plenamente capaz, devendo ser projetadas nos moldes do desenho universal.

Para atingir a efetividade da inclusão das pessoas com deficiência no exercício dos direitos políticos de decisão, foi editada a Resolução nº 23.381, de 19.6.2012, do Tribunal Superior Eleitoral, de relatoria da Ministra Cármen Lúcia, com vistas à instituição do Programa de Acessibilidade na Justiça Eleitoral.

A resolução do TSE é destinada às pessoas com deficiência, principalmente, no aspecto da mobilidade reduzida.

Do seu texto legal, extraem-se múltiplos pontos decisivos sobre os mecanismos a serem empregados de forma a abrandar as barreiras faticamente existentes, que para as pessoas que não possuem deficiência são imperceptíveis, mas que, para as pessoas com deficiência, obsta o atingimento do efetivo exercício dos seus direitos políticos. Entre os pontos normatizados estão: a) instruções dos juízes; b) condições de acessibilidade dos locais de votação; c) mudança dos locais de votação que não ofereciam condições adequadas; d) adoções de seções eleitorais em pavimentos térreos; e) liberação do acesso a estacionamentos e/ou reserva de vagas; f) eliminação de obstáculos dentro das seções eleitorais; g) celebração de acordos e convênios de cooperação técnica – seções eleitorais; h) celebração de acordos e convênios de cooperação técnica – plena acessibilidade; i) observação de normas técnicas – construção, ampliação ou reforma; j) disponibilização de fones de ouvido; k) quantitativo de fones de ouvido; l) fornecimento de orientações quanto ao treinamento de mesários; m) realização de parcerias com instituições representativas da sociedade civil – Libras, entre outras orientações.

14.8 O direito ao voto secreto e a pessoa com deficiência no direito eleitoral

No âmbito do direito eleitoral, notadamente no exercício da participação na vida política por meio de decisão, tanto ativa (direito de votar), quanto passivamente (direito de ser votado), é constitucionalmente não só garantido o direito ao voto, como, também, obrigatório a todos os absolutamente capazes, nos moldes art. 14 da Constituição Federal; tendo, ainda, os absolutamente incapazes seus direitos políticos suspensos, nos termos do art. 15 da Carta Magna:

---

[24] BRASIL. Lei nº 13.146, de 6 de julho de 2015. Institui a Lei Brasileira de Inclusão da Pessoa com Deficiência (Estatuto da Pessoa com Deficiência). *Diário Oficial da União*, Brasília, 6 jul. 2015. Disponível em: <http://www.planalto.gov.br/ccivil_03/_ato2015-2018/2015/lei/l13146.htm>. Acesso em: 25 out. 2017.

Art. 14. A soberania popular será exercida pelo sufrágio universal e pelo *voto direto e secreto*, com valor igual para todos, e, nos termos da lei, mediante:

I - plebiscito;

II - referendo;

III - iniciativa popular.

§1º O alistamento eleitoral e o voto são:

I - obrigatórios para os maiores de dezoito anos;

II - facultativos para:

a) os analfabetos;

b) os maiores de setenta anos;

c) os maiores de dezesseis e menores de dezoito anos.

Art. 15. É vedada a cassação de direitos políticos, cuja perda ou suspensão só se dará nos casos de:

I - cancelamento da naturalização por sentença transitada em julgado;

II - *incapacidade civil absoluta*;

III - condenação criminal transitada em julgado, enquanto durarem seus efeitos;

IV - recusa de cumprir obrigação a todos imposta ou prestação alternativa, nos termos do art. 5º, VIII;

V - improbidade administrativa, nos termos do art. 37, §4º.[25]

Não se duvida que os absolutamente incapazes são impedidos de exercer a participação na vida política por meio de decisão, bem como resta elucidado que as pessoas com deficiência passaram a ser absolutamente capazes, fazendo jus a este direito/obrigação. Dessa forma, no que concerne, mais especificamente, ao direito de votar, o estatuto e a Resolução nº 23.381/12 definem que é obrigação do Estado e, consequentemente, dos Tribunais Regionais Eleitorais no Brasil assegurar o acesso ao direito de voto, na forma da lei.

Responsável pela organização das eleições, a Justiça Eleitoral se depara com a questão da acessibilidade *versus* direito ao voto secreto. Explica-se: no inc. IV do art. 76 do Estatuto da Pessoa com Deficiência (já transcrito *supra*), está previsto que, sempre que mister (e a pedido da pessoa com deficiência), deverá ser consentido à pessoa com deficiência que ela seja ajudada no momento da votação por quem escolher.

Ocorre que institui a Constituição Federal, em seu art. 60, §4º, inc. II, como cláusula pétrea o voto secreto:

§4º Não será objeto de deliberação a proposta de emenda tendente a abolir:

I - a forma federativa de Estado;

II - *o voto direto, secreto*, universal e periódico;

III - a separação dos Poderes;

IV - os direitos e garantias individuais.[26]

---

[25] BRASIL. *Constituição Federal*. Brasília, 22 set. 1988. Disponível em: <http://www.planalto.gov.br/ccivil_03/constituicao/constituicao.htm>. Grifos nossos.

[26] BRASIL. *Constituição Federal*. Brasília, 22 set. 1988. Disponível em: <http://www.planalto.gov.br/ccivil_03/constituicao/constituicao.htm>. Grifos nossos.

Ainda que por ato volitivo, o acompanhamento no momento do sufrágio entra em choque com o direito constitucional ao sigilo do voto, o que, por consequência, lhe daria um caráter inconstitucional. Claro que o mais adequado para atingir a isonomia seria que todas as pessoas, inclusive as com deficiência, pudessem realizar a votação de forma autônoma e independente.

Trata-se, portanto, de uma situação abstrata um tanto quanto delicada, visto que o direito ao sufrágio secreto preserva, antes de tudo, a liberdade de escolha do eleitor, tão cara ao Estado Democrático de Direito. Entretanto, o que seria menos caro ao eleitor? Votar acompanhado, tendo o seu direito ao sigilo violado? Ou não votar por impossibilidade física/fática de exercê-lo, tendo o seu direito à cidadania violado? A solução para este conflito é de interpretação, de forma que um princípio constitucional em colisão com outro terá de ceder, de acordo com o melhor interesse da pessoa com deficiência. Nesta hipótese, há duas realidades: a) quando a ajuda de outrem é dispensável ao exercício do voto; b) quando a ajuda de outrem é indispensável ao exercício do voto.

No primeiro caso, a necessidade real do auxílio não existe, portanto, mesmo sem ele, não fica inviabilizado o direito ao voto. Nessa conjuntura, ainda que deseje, não deve ser possibilitada a ajuda à pessoa com deficiência, do mesmo modo como ocorre com as pessoas sem deficiência, visto que a presença do terceiro pode inibir a real vontade de escolha do eleitor, que inclusive pode se sentir coagido a votar em um candidato que não gostaria, pela presença do terceiro. Nesse ínterim, não deveria ser possível que uma pessoa com deficiência tenha o direito de ser acompanhada em qualquer situação, mas somente naquelas em que seja imprescindível ao exercício material do direito, visto que, nessa hipótese, a quebra do sigilo será *conditio sine qua non* o direito sequer poderia ser materializado.

Destarte, verificada a prescindibilidade do auxílio pelo presidente da mesa da seção, este deve ser dispensado. Contudo, tal previsão ensejaria outro problema que seria a definição dos critérios para autorizar o auxílio, ou não, visto que a declaração de necessidade pela própria pessoa com deficiência, ainda que constatada ser aparentemente dispensável pelo presidente da mesa, poderia/deveria ser levada em consideração? Fica o questionamento que remete o cerne da questão ao ato de vontade previsto no Estatuto da Pessoa com Deficiência, que será elucidado e exemplificado no tópico subsequente.

14.8.1 Do presidente da mesa da seção e o consentimento do auxílio de terceiro ao voto

De acordo com o Código Eleitoral,[27] em seu art. 120, a mesa receptora de votos é composta pelo presidente, 1º e 2º mesários e secretário. Hierarquicamente, o presidente é a máxima autoridade da seção, sendo incumbido de conservar a ordem no ambiente, podendo, para tanto, solicitar reforço policial, quando julgar necessário.

É atribuição do presidente da mesa, entre tantas outras: iniciar e encerrar a votação; receber as impugnações em relação à identidade do eleitor; resolver as dificuldades e esclarecer as dúvidas que ocorrerem; nomear eleitores para substituir mesários faltosos;

---

[27] BRASIL. Lei nº 4.737, de 15 de julho de 1965. Institui o Código Eleitoral. *Diário Oficial da União*, Brasília, 15 jul. 1965. Disponível em: <http://www.planalto.gov.br/ccivil_03/leis/L4737.htm>. Acesso em: 19 nov. 2017.

comunicar imediatamente ao juiz eleitoral as ocorrências sobre as quais deva decidir etc. No aspecto que tange à pessoa com deficiência e ao auxílio de terceiro na hora de votar, segundo o Estatuto da Pessoa com Deficiência, ganha o presidente da mesa mais uma atribuição, qual seja: a de consentir, a pedido da pessoa com deficiência, o auxílio desta na votação por pessoa de sua escolha, nos moldes do art. 76, inc. IV:

> IV - garantia do livre exercício do direito ao voto e, para tanto, sempre que necessário e a seu pedido, permissão para que a pessoa com deficiência seja auxiliada na votação por pessoa de sua escolha.[28]

Nesta realidade, conforme abordado no tópico anterior, restou claro o entendimento de que esse auxílio fere o direito constitucional ao sigilo do voto, só devendo ser utilizado, em *ultima ratio*, nos casos em que seja indispensável ao próprio exercício do direito ao voto. Portanto, quando solicitado, sendo constatado dispensável, em tese, deveria ser negado pelo presidente da mesa, da mesma forma como ocorreria com as pessoas absolutamente capazes sem deficiência.

Numa situação hipotética, por exemplo, uma pessoa que chegue à zona eleitoral em uma cadeira de rodas e não possua braços, via de regra, aparentemente, precisa de auxílio para poder votar, visto que necessitaria de alguém que empurrasse sua cadeira de rodas até a cabine de votação, ainda que conseguisse teclar o número de seu candidato na urna eletrônica por meios não convencionais. Nesta hipótese, resta evidente uma situação de natureza indispensável ao exercício material do voto, devendo, nos moldes do inc. IV do art. 76, ser consentido pelo presidente da mesa. Porém, no caso de uma pessoa que chegue em uma cadeira de rodas e possua os braços, via de regra, supostamente, não necessitaria de auxílio para poder votar, visto que, em tese, poderia empurrar a própria cadeira de rodas autonomamente, devendo ter o auxílio negado pelo presidente da mesa.

Contudo, trata-se de um critério aparente que atribui um poder de decisão extremamente subjetivo ao Presidente da Mesa. Explica-se: se, por exemplo, a pessoa na cadeira de rodas que possui os braços solicitar a ajuda de um terceiro e, tendo sido negada pelo presidente da mesa, ainda assim, insistir pelo auxílio e alegar, por exemplo, que não possui força nos braços para empurrar a cadeira – ainda que possua –, nesse caso, como poderia o presidente da mesa auferir que ela realmente dispõe ou não de força no braço para conduzir sua cadeira de rodas? Seria um critério subjetivo muito tênue, que, para ser dirimido, ensejaria considerar o ato volitivo já previsto no inc. IV, do art. 76, que foi acertadamente inserido no Estatuto da Pessoa com Deficiência.

Nenhum critério objetivo pode ser sobrepujado à autonomia de expressar a vontade, tratando de uma questão *sui generis*, que pode violar o direito ao sigilo do voto, contudo, deve ser respeitada porque ninguém melhor do que a própria pessoa com deficiência para ter ampla noção de suas dificuldades e limitações pessoais, inclusive de ordem psicológica.

---

[28] BRASIL. Lei nº 13.146, de 6 de julho de 2015. Institui a Lei Brasileira de Inclusão da Pessoa com Deficiência (Estatuto da Pessoa com Deficiência). *Diário Oficial da União*, Brasília, 6 jul. 2015. Disponível em: <http://www.planalto.gov.br/ccivil_03/_ato2015-2018/2015/lei/l13146.htm>. Acesso em: 25 out. 2017.

14.8.2 Do consentimento do auxílio de terceiro ao voto por um terceiro não interessado

Já se discutiu a idoneidade da quebra do sigilo do voto da pessoa com deficiência, prevista no art. 76, inc. IV, nos casos de imprescindibilidade, visando garantir o direito constitucional ao voto em detrimento do direito ao sigilo. Discutiu-se, também, que nos casos de aparente prescindibilidade deve ser negado o auxílio, entretanto, se a pessoa com deficiência declarar por ato volitivo a necessidade do auxílio, respeitando este critério subjetivo que coincide com a norma do estatuto, deve ser concedido pelo presidente da mesa o auxílio de um terceiro.

Contudo, essa relativização carece de uma atenção especial, visto ser um preceito fundamental de tão cara importância para o Estado Democrático de Direito. Ora, nessa realidade, traz-se à tona uma outra questão de forma a minorar os efeitos da quebra deste sigilo, tendo em vista que o inc. IV do art. 76 prescreve que o terceiro que deve auxiliar a pessoa com deficiência na votação deve ser "pessoa de sua escolha".

Deve-se salientar que, provavelmente, uma pessoa com deficiência que necessite de auxílio para consumar o sufrágio também o necessita para chegar até a sessão de votação. Logo, deve chegar acompanhada por algum parente ou pessoa de sua confiança nessa empreitada. A pessoa próxima ou parente trata-se de alguém do convívio íntimo ou próximo da pessoa com deficiência, que, ao auxiliá-la, tomará ciência da escolha política do auxiliado, infringindo seu sigilo.

Nessa realidade, propõe-se que o terceiro que deveria auxiliar a pessoa com deficiência necessitaria ser de escolha dela, contudo, a escolha deve-se restringir a um universo menor e isento, qual seja: o universo dos componentes da mesa receptora de votos, haja vista serem, em tese, terceiros não interessados, que devem, antes de mais nada, configurar-se como garantidores do pleito eleitoral, que, inclusive, não terão mais contato ou convívio com a pessoa com deficiência, minorando, assim, os efeitos da quebra do sigilo em termos práticos na vida do auxiliado.

Na situação em tela, os componentes da mesa deveriam assinar um termo, concordando em manter o sigilo desses cidadãos. Nesta hipótese, caso o mesário conheça previamente a pessoa com deficiência que o escolheu para auxiliá-la, seria facultado, ainda, ao componente da mesa escolhido, se declarar impedido de fazê-lo, sob pena de aumentar os efeitos da violação do direito ao sigilo do voto.

14.8.3 Do crime de violação ao sigilo do sufrágio

O princípio da isonomia é tão custoso ao Estado Democrático de Direito que está tipificado como crime no art. 88 do Estatuto da Pessoa com Deficiência, "Art. 88. Praticar, induzir ou incitar discriminação de pessoa em razão de sua deficiência: Pena - reclusão, de 1 (um) a 3 (três) anos, e multa".

Portanto, qualquer conduta discriminatória é passível de sanção, inclusive na esfera penal. Logo, se faz tão crucial a ponderação do ato volitivo por parte da pessoa com deficiência quando manifesta a necessidade de auxílio para votar, podendo, em caso de negativa imotivada por parte de presidente da mesa receptora de votos, ser considerada uma conduta discriminatória.

Logo, é fácil inferir que, dificilmente, um presidente de mesa negará o auxílio solicitado com medo de incorrer em conduta delituosa. Percebe-se quão sutil é o tema, que deve ser profundamente discutido com vistas a propiciar o exercício dos direitos políticos de forma eficaz, isonômica e assegurando a constitucionalidade dos princípios fundamentais.

Necessário ressaltar que o Código Eleitoral,[29] em seu art. 220, inc. IV, prevê, como uma das hipóteses de nulidade da votação, a inobservância de formalidade essencial do sigilo dos sufrágios. Vê-se clara contradição de normas a serem ponderadas, devendo ser observado o caso concreto do pedido de auxílio, que vai relativizar o sigilo do sufrágio, que, contudo, está previsto no art. 76, IV, do Estatuto da Pessoa com Deficiência.

14.9 Conclusão

É incontroverso que o Estatuto da Pessoa com Deficiência traz respeitáveis progressos no aspecto que tange aos direitos fundamentais de uma fatia considerável da população brasileira, que, na qualidade de minoria, é deveras discriminada e desamparada.

As inovações na órbita jurídica aqui levantadas levam a crer que o estigma milenar que estas pessoas carregam aos olhos da sociedade preconceituosa deve ser execrado vez por todas. Assim, o que se deve compreender é que o avanço para as pessoas com deficiência consiste em que elas possam ter superlativadas normas e procedimentos que facilitem alcançar a tão almejada isonomia em relação aos demais indivíduos ao possuir a tão consagrada plenitude para atuar nos atos da vida civil e, sobretudo, na participação nas vidas pública e política.

Na realidade eleitoral, conforme abordado, houve largo progresso no exercício dos direitos políticos das pessoas com deficiência, os quais precisam ser encarados como essenciais à cabal garantia da dignidade da pessoa humana.

O enaltecimento dos direitos fundamentais das pessoas com deficiência, meta do inovador Estatuto da Pessoa com Deficiência, e seus amplamente abordados avanços, contudo, não devem ser um obstáculo à ponderação interpretativa do direito, vez que em diversas circunstâncias, como as vislumbradas neste trabalho, é presumível ventilar impasses entre direitos e/ou deveres fundamentais, que, em paralelo, necessitam ser sopesados, tais como mandamentos de otimização que são nos casos concretos.

É neste caráter isonômico e de conquistas que se finda este trabalho, com as belíssimas e delicadas palavras do Professor Rodolfo Pamplona,[30] ao profetizar a grandeza inabalável das pessoas com deficiência:

Inclua-me em tudo que eu deseje viver,
mas não queira me dizer o que eu posso fazer, se eu mesmo consigo ou sinto igual a você.
Tenho mais capacidade do que alcança sua visão.
Não duvide de minha vontade, nem de minha reinvenção.

---

[29] BRASIL. Lei nº 4.737, de 15 de julho de 1965. Institui o Código Eleitoral. *Diário Oficial da União*, Brasília, 15 jul. 1965. Disponível em: <http://www.planalto.gov.br/ccivil_03/leis/L4737.htm>. Acesso em: 19 nov. 2017.

[30] PAMPLONA FILHO, Rodolfo. Pessoa com deficiência. *Rodolfo Pamplona Filho*, 10 abr. 2016. Disponível em <http://rpf-poesia.blogspot.com/2016/04/pessoa-com-deficiencia.html>. Acesso em: 19 de nov. 2017.

O meu grito é mais forte do que a acuidez da audição.
A minha dor é mais profunda do que sua discriminação.
Meus sentidos podem buscar novas possibilidades
e um novo senso de proteção, para meu corpo e mente, com a efetiva igualdade,
que é a que parte do coração. Eu só quero um novo olhar de isonomia realizável
para a justiça máter: A única deficiência realmente insuperável é a falta de caráter...

Referências

23,9% DOS brasileiros declaram ter alguma deficiência, diz IBGE. *G1*, 27 abr. 2012. Disponível em: <http://g1.globo.com/brasil/noticia/2012/04/239-dos-brasileiros-declaram-ter-alguma-deficiencia-diz-ibge.html>. Acesso em: 25 de out. 2017.

ANTHON, Charles. *A dictionary of Greek and Roman antiquities*. Kirkland: Harvard University Library, 1843.

BARREIROS, Jaime. O pleno exercício dos direitos políticos, o sigilo do voto e a Lei nº 13.146/2015 (Estatuto da Pessoa com Deficiência): breves considerações. *Direito do Estado*, 2016. Disponível em: <http://www.direitodoestado.com.br/colunistas/jaime-barreiros-neto/o-pleno-exercicio-dos-direitos-politicos-o-sigilo-do-voto-e-a-lei-n-13-146-2015-estatuto-da-pessoa-com-deficiencia-breves-consideracoes->. Acesso em: 19 de nov. 2017.

BOBBIO, Norberto. *Dicionário de política*. 11. ed. Brasília: UNB, 1983. v. 1.

BRASIL. *Constituição Federal*. Brasília, 22 set. 1988. Disponível em: <http://www.planalto.gov.br/ccivil_03/constituicao/constituicao.htm>.

BRASIL. Decreto nº 6.949, de 25 de agosto de 2009. Promulga a Convenção Internacional sobre os Direitos da Pessoas com Deficiência e seu Protocolo Facultativo, assinados em Nova York, em 30 de março de 2007. *Diário Oficial da União*, Brasília, 25 ago. 2009. Disponível em: <http://www.planalto.gov.br/ccivil_03/_ato2007-2010/2009/decreto/d6949.htm>. Acesso em: 25 out. 2017.

BRASIL. Lei nº 10.406, de 10 de janeiro de 2002. Institui o Código Civil. *Diário Oficial da União*, Brasília, 10 jan. 2002. Disponível em: <http://www.planalto.gov.br/ccivil_03/leis/2002/L10406.htm>. Acesso em: 25 out. 2017.

BRASIL. Lei nº 13.105, de 16 de março de 2015. Código de Processo Civil. *Diário Oficial da União*, Brasília, 16 mar. 2015. Disponível em: <http://www.planalto.gov. br/ccivil_03/_ato2015-2018/2015/lei/l13105.htm>. Acesso em: 25 out. 2017.

BRASIL. Lei nº 13.146, de 6 de julho de 2015. Institui a Lei Brasileira de Inclusão da Pessoa com Deficiência (Estatuto da Pessoa com Deficiência). *Diário Oficial da União*, Brasília, 6 jul. 2015. Disponível em: <http://www.planalto.gov.br/ccivil_03/_ato2015-2018/2015/lei/l13146.htm>. Acesso em: 25 out. 2017.

BRASIL. Lei nº 4.737, de 15 de julho de 1965. Institui o Código Eleitoral. *Diário Oficial da União*, Brasília, 15 jul. 1965. Disponível em: <http://www.planalto.gov.br/ccivil_03/leis/L4737.htm>. Acesso em: 19 nov. 2017.

BRASIL. *Novos Comentários à Convenção sobre os Direitos das Pessoas com Deficiência*. Brasília: Presidência da República – Secretaria de Direitos Humaos – SDH; Secretaria Nacional de Promoção dos Direitos da Pessoa com Deficiência – SNPD, 2014. Disponível em: <http://www.pessoacomdeficiencia.gov.br/app/sites/ default/files/publicacoes/convencao-sdpcd-novos-comentarios.pdf>. Acesso em: 25 out. 2017.

BRASIL. Resolução 23.381, de 19 de junho de 2012. Institui o Programa de Acessibilidade da Justiça Eleitoral e dá outras providências. *Diário Oficial da União*, Brasília, 19 jun. 2012. Disponível em: <http://www.tse.jus.br/legislacao- tse/res/2012/RES233812012.htm>. Acesso em: 19 nov. 2017.

CENTRO DE REABILITAÇÃO PROFISSIONAL DE GAIA. *Os 7 princípios do desenho universal*. Arcozelo, jul. 2008. Disponível em: <http://www.crpg.pt/estudosProjectos/temasreferencia/acessibilidades/Documents/7_pincipiosdesesnhounivers.pdf>. Acesso em: 27 out. 2017.

DALLARI, Dalmo. *O que é participação política*. São Paulo: Abril, 1984.

DIDIER JR., Fredie. Editorial 187 – Estatuto da Pessoa com Deficiência, Código de Processo Civil de 2015 e Código Civil: uma primeira reflexão. *Fredie Didier*, 2015. Disponível em: <http://www.frediedidier.com.br/editorial/editorial-187/>. Acesso em: 25 de out. 2017.

FRANÇA. *Código Civil*. Disponível em: <https://www.legifrance.gouv.fr/contente/download/1966/13751/.../Code_41.pdf>. Acesso em: 25 de out. 2017.

GOMES, Orlando. *Introdução ao direito civil*. 12. ed. Rio de Janeiro: Forense, 1996.

ITÁLIA. *Il Codice Civile Italiano*. Pubblicato nella edizione straordinaria della Gazzetta Ufficiale, n. 79 del 4 aprile 1942. Disponível em: <http://www.jus.unitn.it/cardozo/obiter_dictum/codciv/Codciv.htm> Acesso em: 27 out. 2017.

ONU. *Declaração Universal dos Direitos Humanos*. 1948. Disponível em: <https://nacoesunidas.org/direitoshumanos/declaracao/>.

PAMPLONA FILHO, Rodolfo. Pessoa com deficiência. *Rodolfo Pamplona Filho*, 10 abr. 2016. Disponível em <http://rpf-poesia.blogspot.com/2016/04/pessoa-com-deficiencia.html>. Acesso em: 19 de nov. 2017.

RODRIGUES, Silvio. *Direito civil*: parte geral. 32. ed. São Paulo: Saraiva, 2002. v. 1.

SERPA, Maria do Carmo A. V. *Pessoa idosa e pessoa portadora de deficiência*: retrospectiva histórica, avanços e desafios. Vitória: CEAF, 2003. v. 3. t. 1. Coleção Do Avesso ao Direito – Ministério Público do Estado do Espírito Santo.

STOLZE, Pablo. Deficiência não é causa de incapacidade relativa: a brecha autofágica. *Jusbrasil*, 2016. Disponível em: <https://jus.com.br/artigos/51407/deficiencia-nao-e-causa-de-incapacidade-relativa>. Acesso em: 25 de out. 2017.

STOLZE, Pablo. É o fim da interdição? *Jus*, fev. 2016. Disponível em: <https://jus.com.br/artigos/46409/e-o-fim-da-interdicao/2>. Acesso em: 25 de out. 2017.

Informação bibliográfica deste texto, conforme a NBR 6023:2002 da Associação Brasileira de Normas Técnicas (ABNT):

SZPORER, Patrícia Cerqueira Kertzman. Os reflexos do Estatuto da Pessoa com Deficiência no âmbito do direito eleitoral. In: COSTA, Daniel Castro Gomes da et al. (Coord.). *Direito Eleitoral comparado*. Belo Horizonte: Fórum, 2018. p. 247-273. ISBN 978-85-450-0550-6.

CAPÍTULO 15

RENOVAÇÃO DA ELEIÇÃO PARA O PLEITO MAJORITÁRIO: OS LIMITES DE CONFORMAÇÃO DO PROCESSO ELEITORAL E A IMPOSSIBILIDADE DE SE REGISTRAR PARA A DISPUTA DE CARGO DIVERSO

RAFAEL NAGIME

15.1 Delimitação do tema

A reforma eleitoral introduzida pela Lei nº 13.165/15, ao acrescentar o §3º, ao art. 224, do Código Eleitoral, trouxe significativa alteração quanto às hipóteses de renovação da eleição:

> toda decisão da Justiça Eleitoral que importe o indeferimento do registro, a cassação do diploma ou a perda do mandato de candidato eleito em pleito majoritário acarretará, após o trânsito em julgado, a realização de novas eleições, independente do número de votos anulados.[1]

Com a edição da referida regra, toda vez que um candidato eleito para um cargo majoritário tiver seu registro, diploma, ou mandato fulminados pela Justiça Eleitoral, será imperiosa a renovação das eleições, sendo doravante despicienda a análise do percentual de votos ou do turno de votação.

Neste cenário, no qual a renovação da eleição se impõe como regra absoluta, e não havendo mais a assunção do segundo colocado, a discussão acerca da possibilidade de aqueles que concorreram a outros cargos, no mesmo ano da eleição anulada, se registrarem para a novel disputa do cargo majoritário se torna ainda mais importante.

---

[1] Por não se relacionar diretamente com o objetivo do presente trabalho, não será analisada a constitucionalidade do §4º, do art. 224, do Código Eleitoral, acrescentado pela Lei nº 13.165/15.

Em que pese já ter sido objeto de análise, acredito que os argumentos suscitados pela Justiça Eleitoral ao deslinde da questão, sob a ótica da inelegibilidade e da autonomia do novo pleito, não tenham possibilitado o correto enfrentamento do tema. Ao revés, proponho que a temática seja examinada à luz do conceito de renovação da eleição e dos limites de atuação do aplicador/garantidor do processo eleitoral (*i.e.*, Justiça Eleitoral).

15.2 O quadro atual

O entendimento hodierno segue no sentido de que a renovação da eleição é considerada um novo pleito, no qual o processo eleitoral se renova como um todo, não havendo como impedir o registro de quem tenha concorrido a cargo diverso no mesmo ano da eleição anulada, uma vez que tal fato não torna o pretenso candidato inelegível. Este posicionamento encontra eco na jurisprudência do Tribunal Superior Eleitoral, conforme se infere da leitura dos seguintes julgados:

AGRAVO DE INSTRUMENTO. RECEBIMENTO. AGRAVO REGIMENTAL. RECURSO ESPECIAL ELEITORAL. NOVAS ELEIÇÕES. VEREADOR. PRESIDENTE. CÂMARA MUNICIPAL. CANDIDATURA. PREFEITO. DESINCOMPATIBILIZAÇÃO. DESNECESSIDADE.

I - O Ministério Público Eleitoral possui legitimidade para recorrer de decisão, ainda que não tenha impugnado o registro de candidatura.

II - A jurisprudência deste Tribunal Superior é firme no sentido de que "O Presidente de Câmara Municipal que exerce interinamente cargo de prefeito não precisa se desincompatibilizar para se candidatar a este cargo, a um único período subsequente" (CT A 1.187/MG, Rei. Min. Humberto Gomes de Barros).

III - É pacífico o entendimento de que as eleições decorrentes do art. 224 do Código Eleitoral são consideradas um novo pleito, no qual se reabre todo o processo eleitoral.

IV - Possibilidade de um vereador eleito nas eleições regulares, que tenha assumido interinamente o comando do Poder Executivo como Presidente da Câmara Municipal, se candidatar ao cargo de prefeito nas novas eleições sem se desincompatibilizar.

V - Agravo regimental desprovido. (AgR-REspe nº 35.555-AL. Rel. Min Ricardo Lewandowski. *DJe*, 18 set. 2009)

CONSULTA. DEPUTADO FEDERAL. CE, ART. 224. RENOVAÇÃO. ELEIÇÃO MAJORITÁRIA MUNICIPAL. PARTICIPAÇÃO. VEREADOR. POSSIBILIDADE. DESCUMPRIMENTO DO PRAZO DE DESINCOMPATIBILIZAÇÃO NO PLEITO ANULADO. QUITAÇÃO ELEITORAL. REJEIÇÃO DAS CONTAS ELEITORAIS DE CAMPANHA RELATIVAS ÀS ELEIÇÕES DE 2004.

1. Anulada a eleição majoritária municipal, os atuais vereadores poderão requerer registro de candidatura no novo pleito, quando serão verificadas, pela Justiça Eleitoral, se preenchem as condições de elegibilidade e, também, se não incorrem em causas de inelegibilidade.

2. Tratando-se de renovação das eleições, é possível a candidatura daqueles que, no pleito anulado, tiveram o seu registro indeferido por ausência de desincompatibilização, desde que obedeçam aos prazos de afastamento estabelecidos na regulamentação da nova eleição.

3. A partir do julgamento do REspe nº 29.020/GO, o entendimento desta Corte se firmou no sentido de que a desaprovação das contas de campanha atinentes ao pleito de 2004 não implica ausência de quitação eleitoral. Precedentes. 4. Não se conhece de indagação formulada sem a necessária especificidade, em termos demasiadamente genéricos. 5. Resposta afirmativa aos itens nos 1, 2 e 3 da Consulta e desconhecimento do item nº 4. (Cta nº 1.707-DF. Resol. nº 23.099. Rel. Min. Marcelo Ribeiro. *DJe*, 2 set. 2009)

A despeito dos judiciosos argumentos dos que advogam o posicionamento *supra*, uma análise centrada nos limites de atuação do aplicador da lei e no respeito e deferência às escolhas legislativas conduzirá a uma conclusão diversa.

15.3 Renovação da eleição: parâmetros de atuação

Nas democracias representativas, a eleição (ordinária ou não) é o complexo processo mediante o qual se escolhem os representantes que irão exercer o poder em nome do povo. Como bem explicado pelo Professor Manoel Gonçalves Ferreira Filho (2009, p. 52), "[n]as democracias modernas, o método democrático é a eleição (tanto que autores como Schumpeter a resumem a eleições livres). Não se aceita a atribuição do poder senão a quem tenha sido escolhido pelo povo em eleição".

Ao definir o instituto da eleição, o Mestre José Afonso da Silva ensina:

> A *eleição*, modernamente, não passa de um concurso de vontades juridicamente qualificadas visando operar a designação de um titular de mandato eletivo. "As eleições [escreve Nils Diederich] são procedimentos técnicos para a designação de pessoas para um cargo (outras maneiras de designação são a sucessão, a cooptação, a nomeação, a aclamação) ou para a formação de assembleias. *Eleger* significa, geralmente, expressar uma preferência entre alternativas, realizar um ato formal de decisão". Mas, nas democracias de partido e sufrágio universal, elas tendem a ultrapassar essa pura função designatória, para transmutarem-se num instrumento pelo qual o povo adere a uma política e confere seu consentimento, e, por consequência, legitimidade, às autoridades governamentais. É o modo pelo qual o povo, nas democracias representativas, participa na formação da vontade do governo. Aliadas a outras técnicas participatórias, as eleições desempenham papel importante na realização do princípio democrático. (SILVA, 2014, p. 372)

Tendo em vista justamente a sua importância na consolidação do processo democrático, a legislação traz uma série de regramentos visando garantir a lisura das eleições e, consequentemente, a legitimidade dos mandatos conseguidos. Assim, o processo eleitoral deverá se desenvolver e ser concluído sob os auspícios do regramento posto.

O doutrinador José Jairo Gomes explicita o processo eleitoral[2] nos seguintes termos:

> Em sentido amplo, "processo eleitoral" significa a complexa relação que se instaura entre Justiça Eleitoral, candidatos, partidos políticos, coligações, Ministério Público e cidadãos com vistas à concretização do sacrossanto direito de sufrágio e escolha, legítima, dos ocupantes dos cargos público-eletivos em disputa. O procedimento, aqui, reflete o intricado caminho que se percorre para a concretização das eleições, desde a efetivação das convenções pelas agremiações políticas até a diplomação dos eleitos. [...]
> É no âmbito do processo eleitoral que se realiza o controle de legitimidade das eleições, o qual, no sistema brasileiro, é confiado a um órgão especializado: a Justiça Eleitoral. A esta instituição incumbe a aplicação forçada das normas reguladoras do certame político, emitindo julgamentos fundados em tais normas. (GOMES, 2015, p. 248-249)

---

[2] O autor utiliza a expressão *em sentido amplo*, ao qualificar o *processo eleitoral*, para fazer distinção ao *processo jurisdicional eleitoral*, para o qual reserva o termo *em sentido restrito*.

Neste *iter*, de quatro em quatro anos, adotando o processo eleitoral previamente positivado, realizam-se as eleições ordinárias no Brasil, sendo certo que cada cargo em disputa enseja a realização de uma eleição (*e.g.* uma eleição para presidente e vice, uma para governador e vice, uma para deputados etc.).

Ocorre que, além desse quadro de normalidade, a legislação previu (art. 224, §3º, do Código Eleitoral) que, toda vez que a Justiça Eleitoral proferir decisão que indefira o registro, casse o diploma ou determine a perda do mandato de candidato eleito em pleito majoritário, deverá ser realizada nova eleição, previsão esta que traz em seu bojo a necessidade de se determinar o desenrolar dessa situação de excepcionalidade.

Uma primeira questão a ser pontuada diz respeito ao fato de que, ao contrário do ocorrido com o pleito ordinário, a legislação não possui regramento disciplinando a renovação do pleito. Não obstante, certo é que a excepcionalidade da situação e a exiguidade do prazo para a realização da nova eleição – a qual deverá ser marcada entre vinte e quarenta dias do trânsito em julgado da decisão que fulminou o registro, o diploma, ou o mandato do candidato eleito – desautorizam a aplicação literal do processo eleitoral ordinariamente posto.

Como forma de solucionar o hiato legislativo, um rearranjo de todo o processo eleitoral se impõe, o qual deve ser renovado "a partir da escolha de candidatos em convenção, seguindo-se registro de candidatura, campanha eleitoral, propaganda, votação, apuração, proclamação dos resultados e diplomação" (GOMES, 2015, p. 695), admitindo-se a flexibilização de prazos, inclusive de desincompatibilização, assim como de procedimentos necessários à realização do pleito extraordinário.[3]

Um segundo ponto importante na análise da renovação da eleição concerne à relação de interdependência entre a nova eleição e o pleito comprometido, uma vez que, ao realizar a eleição extraordinária, não se está a inaugurar uma nova eleição totalmente estranha e desvinculada da previamente anulada. Explico.

A eleição, como visto, se vincula diretamente ao exercício de determinado mandato, sendo o método de escolha de seu titular. Ora, caso existisse uma eleição totalmente autônoma, o novo escolhido cumpriria o mandato em sua integralidade, e não somente pelo prazo faltante.[4] Ademais, deveria o exercício do mandato oriundo da eleição maculada ser considerado intervalo para efeitos de reeleição.

Porém, o que se tem é uma eleição que respeita as normas quanto aos prazos para a realização das futuras eleições ordinárias e na qual não existe a possibilidade de assunção daquele que exerceu o mandato por duas vezes consecutivas, intercalado somente pelo mandato nascido da eleição anulada.

Em recente decisão, que deixa claro não ser a renovação da eleição um processo eleitoral descolado do anulado e no qual as regras seriam livremente adaptadas, o Supremo Tribunal Federal, ao julgar, com reconhecimento de repercussão geral, o RE nº 843.455/DF, de relatoria do Ministro Teori Zavascki, decidiu, de forma unânime, que as hipóteses de inelegibilidade previstas no art. 14, §7º, da CRFB, inclusive quanto ao prazo de seis meses, são aplicáveis às novas eleições, negando provimento a recurso extraordinário mediante o qual se alegava que, em caso de renovação de eleições, os referidos prazos deveriam ser mitigados.

---

[3] O termo será empregado ao longo do artigo como sinônimo para eleição renovada.

[4] TSE – Respe nº 31.765. Rel. Min. Joaquim Benedito Barbosa Gomes *DJe*, 16 mar. 2009.

Pontuadas essas premissas, se encontra delineado um quadro no qual não se está a inaugurar uma nova eleição totalmente independente e desvinculada da previamente anulada, mas sim a se readaptar as fases do processo eleitoral para que se possa novamente escolher os respectivos mandatários, ante a ausência de regramento específico e a impossibilidade se aplicar literalmente o processo eleitoral ordinário.

Contudo – e aqui reside o norte pelo qual deve se guiar o aplicador da lei – na necessária adequação do processo eleitoral, somente as regras que possam *inviabilizar* ou *comprometer* o exercício de escolha dos eleitores é que poderão ser adaptadas ou mitigadas com vistas à realização do renovado pleito, ao revés, todas as demais normas devem ser aplicadas exatamente como na eleição ordinária, em deferência às escolhas legislativas e em respeito ao princípio da legalidade, que impõe a "[...] atuação dentro da esfera estabelecida pelo legislador" (SILVA, 2014, p. 425).

Como muito bem explicitado pelo Ministro Luiz Fux, ao discorrer acerca da dinâmica interinstitucional dentro de um Estado Democrático de Direito:

> [...] a postura que se exige do Poder Judiciário, em geral, é de autorrestrição e, consectariamente, de deferência às opções político-legislativas dos poderes eleitos. Ancorando-me no valioso escólio de James Bradley Thayer (The Origin and Scope of the American Doctrine of Constitutional Law. *Harvard Law Review* Vol. 7 (3), 1893, p. 129/156, disponível em <https://archive.org/details/jstor-1322284>), reputo que a invalidação de leis ou atos normativos somente deve ocorrer nas hipóteses de cabal e inconteste ultraje à Constituição, de maneira que, nas situações de dúvida ou de crítica à qualidade acerca do conteúdo da norma adversada, presume-se que o legislador, investido que é em suas funções pelo escrutínio das urnas, é a autoridade máxima na tomada de decisões políticas legítimas substantivas à luz dos cânones constitucionais. (TSE. AIME nº 7-61.2015.6.00.0000)

Com base nessa lógica, na necessidade de conformação do processo eleitoral, têm-se como parâmetro de atuação, para a realização da renovação do pleito, todas as normas que regem o ordinário processo eleitoral, as quais devem ser mantidas, salvo no que inviabilizem ou dificultem a efetivação do pleito extraordinário.

15.4 Vedação de registro para mais de um cargo: inexistência de justificativa para o afastamento da regra

Fixados os parâmetros de atuação do aplicador da legislação eleitoral, passa-se à análise dos fundamentos que desautorizam a participação de um mesmo candidato na disputa de cargo diferente no pleito renovado.

Por determinação legal, as eleições de presidente, governadores, senadores e deputados ocorrem ordinariamente de maneira simultânea, assim como as de prefeitos e vereadores.[5] Neste quadro, de quatro em quatro anos, realiza-se, de forma simultânea, uma eleição para cada cargo em disputa.

---

[5] CRFB: "Art. 29. O Município reger-se-á por lei orgânica, votada em dois turnos, com o interstício mínimo de dez dias, e aprovada por dois terços dos membros da Câmara Municipal, que a promulgará, atendidos os princípios estabelecidos nesta Constituição, na Constituição do respectivo Estado e os seguintes preceitos: I - eleição do Prefeito, do Vice-Prefeito e dos Vereadores, para mandato de quatro anos, mediante pleito direto e simultâneo

Todavia, a necessidade de renovação de uma das eleições inviabiliza, por óbvios motivos, esta concomitância. Fato que, no entanto, não quebra por completo a ligação entre as eleições, uma vez que a eleição renovada, como já explicitado, está umbilicalmente ligada ao pleito anulado, assim como às eleições mantidas hígidas.

Seguindo o arranjo escolhido para o processo eleitoral pátrio, a legislação eleitoral vedou o "registro de candidato embora para cargos diferentes, por mais de uma circunscrição ou para mais de um cargo na mesma circunscrição".[6]

Ao explicar a inviabilidade de registro para a disputa de mais de um cargo, Adriano Soares da Costa assevera:

> [...] [N]o Direito Eleitoral pátrio vige o *princípio da unicidade do registro de candidatura*, segundo o qual o nacional se registra, em cada eleição, apenas para um determinado cargo, com exclusão de qualquer outro. Esse princípio foi positivado pelo art. 88 do CE, segundo o qual não é permitido registro de candidato, embora para cargos diferentes, por mais de uma circunscrição ou para mais de um cargo na mesma circunscrição. Assim, em um determinado prélio eleitoral, o nacional apenas poderá pleitear um único cargo, não sendo admitido mais de um registro de candidatura, ainda que em circunscrições diversas. Por isso, é fundamental tenha-se presente que a elegibilidade é sempre o direito subjetivo a disputar um cargo específico, em um pleito determinado. (COSTA, 2013, p. 45-46)

A norma em comento traz consigo o respeito que deve ter o candidato em relação ao cidadão, vinculando seu nome, suas qualidades e seus projetos ao cargo almejado, para o qual se julga e divulga estar preparado. Não por outro motivo, o legislador vedou expressamente a possibilidade de um candidato concorrer a dois cargos diferentes na mesma eleição.

> Se tal proibição não existisse, restaria evidente a falta de comprometimento do candidato. O pleito, no mínimo, se transformaria num "concurso" (na pior acepção que se possa emprestar ao termo). O candidato, nesse caso, demonstraria, a nosso ver, desconhecer [...] as abismais diferenças existentes [*e.g.*] entre os cargos desempenhados por um Senador da República e um Governador de Estado. (LUCON; VIGLIAR, 2011, p. 124)

Importante esclarecer que a vedação em tela não traduz uma mera organização procedimental da eleição, já que seria perfeitamente possível a adoção do sistema inverso, desde que assim desejasse o legislador.

Acerca deste ponto, imprescindível consignar que o Poder Legislativo mais uma vez rejeitou a possibilidade de um candidato concorrer a dois cargos no mesmo certame, ao não aprovar, na sessão do dia 17.6.2015, pela expressiva votação de 334 (trezentos e trinta e quatro) votos a 4 (quatro), a emenda aglutinativa à PEC nº 182/07, que permitiria

---

realizado em todo o País; [...]". Lei nº 9.504/97: "Art. 1º As eleições para Presidente e Vice-Presidente da República, Governador e Vice-Governador de Estado e do Distrito Federal, Prefeito e Vice-Prefeito, Senador, Deputado Federal, Deputado Estadual, Deputado Distrital e Vereador dar-se-ão, em todo o País, no primeiro domingo de outubro do ano respectivo. Parágrafo único. Serão realizadas simultaneamente as eleições: I - para Presidente e Vice-Presidente da República, Governador e Vice-Governador de Estado e do Distrito Federal, Senador, Deputado Federal, Deputado Estadual e Deputado Distrital; II - para Prefeito, Vice-Prefeito e Vereador".

6   Código Eleitoral: "Art. 88. Não é permitido registro de candidato embora para cargos diferentes, por mais de uma circunscrição ou para mais de um cargo na mesma circunscrição".

que um mesmo candidato se registrasse para concorrer a dois cargos em uma mesma eleição (PIOVESAN, 2015).

Tais considerações desautorizam eventual argumento de que quanto mais candidatos participem do pleito melhor para o processo de escolha. Com efeito, essa ampla participação foi expressamente rechaçada pelo legislador, sendo certo, ainda, que as limitações também se destinam a salvaguardar a legitimidade do pleito.

Resta claro, desta feita, que a racionalidade que desautoriza o registro para dois cargos distintos não se funda em resguardar a disputa, mas sim em imprimir legitimidade e coerência para o exercício do cargo.

Assim, sem embargo de haver justificativa, em caso de renovação de eleição, para se mitigar a simultaneidade dos pleitos, não existe razão para que se estenda esta mitigação para a vedação de se concorrer a dois cargos distintos em uma mesma eleição, quebrando com isso a coerência do sistema e a vinculação do candidato ao mandato pretendido, uma vez que ambas as eleições (*i.e.* anulada e renovada) mantêm relação de coadjuvação recíproca.

Dito de outra forma, sendo esta regra do processo eleitoral ordinário perfeitamente aplicável ao processo eleitoral que se renova, e não havendo justificativa para o seu afastamento, resta obrigatória a sua adoção, embora não seja possível, por razões óbvias, manter a coincidência de datas nas eleições para todos os cargos.

15.5 Conclusão

A inexistência de regras específicas quanto ao processo de renovação das eleições e a necessidade de conformação do processo eleitoral extraordinário obrigam a Justiça Eleitoral, na qualidade de aplicadora e garantidora do processo eleitoral, a colmatar esta lacuna legislativa.

Na realização desse mister, deve-se ter em conta, diante da relação de interdependência entre a nova eleição e o pleito anulado, que somente poderão ser rearranjadas, com vistas à realização do novo certame, as regras que inviabilizem ou comprometam o exercício de escolha dos eleitores, em deferência ao legislador e em respeito ao princípio da legalidade.

Adentrando na normatização do processo eleitoral, tem-se, quanto ao tema em debate, que as eleições de presidente, governadores, senadores e deputados ocorrem ordinariamente de maneira simultânea, assim como as de prefeitos e vereadores, sendo vedado o registro de candidato para mais de um cargo.

Ao contrário do que se poderia imaginar, a regra que desautoriza o registro para dois cargos distintos não procura salvaguardar a disputa, mas sim a legitimidade e a coerência para o exercício do mandato.

Neste cenário, apesar de não se poder dar total efetividade à simultaneidade dos pleitos, não existe razão para que não se aplique, na renovação da eleição, a vedação de se concorrer a dois cargos distintos em um mesmo pleito, quebrando com isso a coerência do sistema e a vinculação do candidato ao mandato pretendido, já que as eleições mantêm necessária relação de simbiose.

Referências

COSTA, Adriano Soares da. *Instituições de direito eleitoral*. 9. ed. rev., ampl. e atual. de acordo com a LC nº 135. Belo Horizonte: Fórum, 2013.

FERREIRA FILHO, Manoel Gonçalves. *Princípios fundamentais do direito eleitoral*. São Paulo: Saraiva, 2009.

GOMES, José Jairo. *Direito eleitoral*. 11. ed. São Paulo: Atlas, 2015.

LUCON, Paulo Henrique dos Santos; VIGLIAR, José Marcelo Menezes. *Código Eleitoral interpretado*: normas eleitorais complementares (Constituição Federal, lei de inelegibilidade, lei dos partidos políticos, lei das eleições e principais resoluções do Tribunal Superior Eleitoral). 2. ed. São Paulo: Atlas, 2011.

PIOVESAN, Eduardo. Rejeitada possibilidade de candidato concorrer simultaneamente a dois cargos. *Câmara dos Deputados*, 17 jun. 2015. Disponível em: <http://www2.camara.leg.br/camaranoticias/noticias/POLITICA/490526-REJEITADA-POSSIBILIDADE-DE-CANDIDATO-CONCORRER-SIMULTANEAMENTE-A-DOIS-CARGOS.html>. Acesso em: 14 nov. 2015.

SILVA, José Afonso da. *Curso de direito constitucional positivo*. 37. ed. rev. e atual. São Paulo: Malheiros, 2014.

Informação bibliográfica deste texto, conforme a NBR 6023:2002 da Associação Brasileira de Normas Técnicas (ABNT):

NAGIME, Rafael. Renovação da eleição para o pleito majoritário: os limites de conformação do processo eleitoral e a impossibilidade de se registrar para a disputa de cargo diverso. In: COSTA, Daniel Castro Gomes da et al. (Coord.). *Direito Eleitoral comparado*. Belo Horizonte: Fórum, 2018. p. 275-282. ISBN 978-85-450-0550-6.

CAPÍTULO 16

ANÁLISE CONTEMPORÂNEA DA ESTRUTURA NORMATIVA DO SISTEMA PROCESSUAL ELEITORAL PORTUGUÊS

DANIEL CASTRO GOMES DA COSTA

RUY CELSO BARBOSA FLORENCE

16.1 Introdução

O sistema eleitoral português possui sistemática diferente da adotada pelo ordenamento jurídico brasileiro. Primeiramente, por ser o português um Estado unitário e, em segundo plano, por não possuir uma justiça eleitoral especializada, como ocorre no Brasil. Destarte, visamos no presente estudo apresentar os órgãos de atuação, suas funções, as finalidades e as limitações conceituais e práticas do contencioso eleitoral lusitano e refletir acerca deles.

Validamente, em Portugal o direito eleitoral se confunde com o direito constitucional, sendo possível examinar, a partir das liberdades, garantias e limitações previstas em sua Constituição, qual o alcance da participação popular na escolha de seus representantes e quais os princípios que alicerceiam o processo eleitoral.

Ao analisarmos as Constituições portuguesas desde 1826, podemos observar uma cristalina evolução na garantia de participação ativa e passiva, pelos cidadãos, no processo eleitoral.

Na Constituição de 1826, por exemplo, não tinham direito de voto os que não tivessem renda líquida anual mínima de 100.000 réis.[1] Já na Constituição de 1938, em

---

[1] MIRANDA, Jorge. *Manual de direito constitucional* – Estrutura constitucional da democracia. Coimbra: Coimbra Editora, 2007. t. VII. p. 39.

seu art. 77º, previa-se que as duas primeiras categorias elegíveis para a Câmara dos Senadores eram a dos proprietários que tivessem renda anual de dois contos de réis e os comerciantes e fabricantes cujos lucros anuais fossem avaliados em quatro contos de réis.[2]

Já a Constituição de 1976, por sua vez, de notável importância democrática, trouxe em seu bojo o direito ao sufrágio universal para ambos os sexos, para todos os cidadãos a partir dos dezoito anos, independentemente de sua renda; para os alfabetizados e para os analfabetos; e, em certa medida, para os estrangeiros residentes no país. Com efeito, é a partir de 1976 que se regulam as campanhas eleitorais e que se adota o método de representação proporcional ou método *Hondt*.

Feito esse brevíssimo apanhado histórico é importante delinear a base principiológica sobre a qual está assentado o direito eleitoral português moderno, de maneira a possibilitar-se um exame holístico de seus diversos institutos, sempre à luz dos princípios constitucionais que serão sopesados nos itens seguintes.

16.2 Bases do direito constitucional português aplicadas ao direito eleitoral

Existem cardinais normas apregoadas na Constituição da República portuguesa que irradiam princípios e postulados em matéria eleitoral e, por conseguinte, que são as bases constitucionais do direito eleitoral português, quais sejam: princípio democrático – soberania do povo e Estado de Direito; princípio da representação política; princípio da responsabilidade política; princípio da separação dos poderes; e princípio da maioria.

16.2.1 Democracia e soberania do povo

Para Jorge Miranda, o cerne da democracia reside em uma organização política ou forma de governo em que o poder é atribuído ao povo. Com efeito, é possível verificar logo nos primeiros artigos da Constituição portuguesa de 1976 o espírito democrático, veja-se:

> Artigo 1º República Portuguesa. Portugal é uma República soberana, baseada na dignidade da pessoa humana e na vontade popular e empenhada na construção de uma sociedade livre, justa e solidária.
> Artigo 2º Estado de direito democrático. A República Portuguesa é um Estado de direito democrático, baseado na soberania popular, no pluralismo de expressão e organização política democráticas, no respeito e na garantia de efectivação dos direitos e liberdades fundamentais e na separação e interdependência de poderes, visando a realização da democracia económica, social e cultural e o aprofundamento da democracia participativa.

Nota-se que está presente no dispositivo supracitado outra noção bastante cara ao Estado Democrático, a de soberania. Nesses dois pilares, o da democracia e o da soberania, estão assentadas as garantias constitucionais que descrevem a democracia representativa na Constituição portuguesa. Nos arts. 3º, 108º e 109º, resta configurada

---

[2] MIRANDA, Jorge. *Manual de direito constitucional* – Estrutura constitucional da democracia. Coimbra: Coimbra Editora, 2007. t. VII. p. 40.

a noção de que o poder pertence ao povo e que a soberania se baseia no povo. Ainda nesse contexto, a noção de que a principal forma de exercício desse poder político se faz pelo sufrágio universal, direto, secreto e periódico[3] está indicada nos arts. 10º e 49º.

Jorge Miranda, o doutrinador que mais se aprofundou no estudo direito eleitoral em Portugal, esteio principal deste artigo, pontua com lucidez a intenção e prática democráticas presentes nos postulados constitucionais portugueses, e o faz com as seguintes palavras:

> O ponto de clivagem fundamental de todas as formas de governo está nisto. Ou os governantes (certo ou certos indivíduos) governam em nome próprio, por virtude de um direito que a Constituição lhes reserva, sem nenhuma interferência dos restantes cidadãos na sua escolha ou nos seus actos de governantes. Ou os governantes governam em nome do povo, por virtude de uma investidura que a Constituição estabelece a partir do povo, e o povo tem a possibilidade de manifestar uma vontade jurídica e politicamente eficaz sobre eles e sobre a atividade que conduzem. No primeiro caso, estamos diante de autocracia (com diferentes concretizações históricas, a que correspondem também diversas formas de governo). No segundo caso, diante da democracia.[4]

Nesses termos, resta consolidado o princípio da democracia e soberania do povo, que será revisitado em todas as estruturas e níveis do direito eleitoral, sendo, portanto, peça-chave no julgamento da validade e/ou legitimidade dos processos de eleição de governantes e dos mecanismos populares de participação política.

16.2.2 Democracia e Estado de Direito

O Estado de Direito caracteriza-se no aspecto organizacional e jurídico/postulatório da configuração democrática de um povo. Por esse motivo, Jorge Miranda explicita as razões da necessidade quase que visceral de composição simultânea entre Estado de Direito e Democracia:

> Não basta proclamar o princípio democrático e procurar a coincidência entre a vontade política manifestada pelos órgãos de soberania e vontade popular manifestada por eleições. É necessário estabelecer um quadro institucional em que esta vontade se forme em liberdade e em que cada pessoa tenha a segurança da previsibilidade do futuro. É necessário que não sejam incompatíveis o elemento objetivo e o elemento subjectivo da Constituição e que, pelo contrário, eles se desenvolvam simultaneamente. Há uma interacção de dois princípios substantivos – o da soberania do povo e dos direitos fundamentais – e a mediatização dos princípios adjectivos da constitucionalidade e da legalidade. Numa postura extrema de irrestrito domínio da maioria, o princípio democrático poderia acarretar a violação do conteúdo essencial de direitos fundamentais; assim como, levado aos últimos corolários, o princípio da liberdade poderia recusar qualquer decisão política sobre a sua modelação; o equilíbrio obtém-se através do esforço de conjugação, constantemente renovado e

---

[3] MIRANDA, Jorge. *Manual de direito constitucional* – Estrutura constitucional da democracia. Coimbra: Coimbra Editora, 2007. t. VII. p. 59.

[4] MIRANDA, Jorge. *Manual de direito constitucional* – Estrutura constitucional da democracia. Coimbra: Coimbra Editora, 2007. t. VII. p. 61.

actualizado, de princípios, valores e interesses, bem como através de uma complexa articulação de órgãos políticos e jurisdicionais, como gradações conhecidas. Nisto consiste o Estado de Direito Democrático.[5]

A Constituição portuguesa prevê expressamente a aplicação de alguns princípios inerentes ao Estado Democrático, quais sejam: o princípio da proporcionalidade nos arts. 18º e 19º; o princípio da segurança jurídica nos arts. 18º, 32º, 102º, 266º, 280º e 282º; o princípio da tutela jurisdicional da constitucionalidade nos arts. 204º e 277º; o princípio da tutela jurisdicional da legalidade administrativa nos arts. 266º e 268º; e o princípio da responsabilidade civil das entidades públicas por ações ou omissões lesivas aos direitos dos particulares nos arts. 22º, 27º, 29º e 271º.

Destarte, conforme até aqui alinhavado, é de fácil percepção a gama de princípios e postulados advindos da coexistência entre Democracia e Estado de Direito, os quais têm por escopo garantir o exercício dos direitos fundamentais. Além disso, é através da materialização destes que se revela o termômetro dos regimes políticos autoritários ou das genuínas democracias.

16.2.3 Representação política

A representação política, ou princípio da representatividade, é definida como a necessidade da ausência de identidade entre os titulares do poder e os governantes. Não há que se pessoalizar aqueles que, momentaneamente, expressam a vontade do povo a um nível que lhe tire o caráter funcional. Isso ocorre porque a democracia e sua estruturação pautada no Estado de Direito prevê funções a serem exercidas em diversos níveis, porém, nenhuma dessas funções – ou o poder político que estas representam – devem ser atreladas a uma pessoa em específico – excluindo-se o caráter universal da tarefa a ser exercida em cada cargo ou função.

A fim de melhor delimitar o tema da representação política, o Professor Jorge Miranda estabelece três requisitos ou fundamentos a serem atingidos para então restar configurada a representação de forma válida. O primeiro consiste na noção de que representação política – aquela sobre a qual tratamos –, distingue-se de representação do Estado, já que, na segunda, é possível que um único governante ou vários deles representem o Estado, enquanto a representação política só pode se configurar através de todo o povo ou do conjunto dos governados.[6]

O segundo fundamento consiste na continuidade do primeiro, qual seja: a "representação política implica consideração unitária do povo e realização e fins e interesses públicos (com relevância ou não de outros interesses que realmente existam na sociedade, muitas vezes em conflito)".[7] O terceiro é aquele que nos aproxima da essência desse princípio, qual seja, o requisito de que "não há representação política sem eleição, acto

---

[5] MIRANDA, Jorge. *Manual de direito constitucional* – Estrutura constitucional da democracia. Coimbra: Coimbra Editora, 2007. t. VII. p. 68.

[6] MIRANDA, Jorge. *Manual de direito constitucional* – Estrutura constitucional da democracia. Coimbra: Coimbra Editora, 2007. t. VII. p. 65.

[7] MIRANDA, Jorge. *Manual de direito constitucional* – Estrutura constitucional da democracia. Coimbra: Coimbra Editora, 2007. t. VII. p. 65.

jurídico ou feixe de actos jurídicos",[8] ou seja, o caráter de validade dado à representação política numa democracia perpassa, necessariamente, o processo das eleições. O respeito a este rito garante, portanto, a solidez do regime democrático, e daí se infere a sua importância no cenário atual e a relevância do presente debate.

A avaliação do papel dos partidos políticos no cenário em que se materializa a representatividade política também é essencial. Isso se dá pelo fato de que, dependendo da forma como se encara a atuação do representante eleito pelo povo e sua ligação com o partido ao qual é filiado, tem-se ou não a real aplicação do princípio representativo.

Se a representação política passar a corresponder à representação partidária, não se pode falar em materialização do princípio representativo, já que, dessa forma, os representantes eleitos estariam completamente vinculados à agenda de seus partidos políticos em seus mandatos, sendo imperativo um equilíbrio entre ambos.

Esse entrosamento é o que melhor se adequa às normas da Constituição portuguesa que versam sobre representatividade política,[9] tendo por alicerce o raciocínio delineado.

Com efeito, na definição da Assembleia portuguesa como assembleia representativa do povo, presente no art. 147º desta Carta Magna, está patente a definição de que o poder é do povo e que a Assembleia é de todos os cidadãos. Encontramos também essa noção na assertiva de que os deputados representam todos, e não somente os círculos pelos quais são eleitos, consoante se denota da redação do art. 152º. Ainda, infere-se do art. 156º e seguintes os poderes, direitos e deveres dos titulares de um órgão soberano.

Dessa forma, resta evidenciada a inafastabilidade da discussão em que se pontuam as diferenças entre representação política e representação partidária, de maneira que a exata noção de seus pontos de encontro e suas dissonâncias é o instrumento hermenêutico adequado para a aplicação dos artigos dispostos na constituição portuguesa sobre esse tema.

16.2.4 Responsabilidade política

Um sistema democrático pautado nos pilares da representação política tem de seguir um requisito essencial, qual seja, o da responsabilidade ou dever dos representantes eleitos de prestarem contas de seus atos e, doutro vértice, do direito de os representados questionarem e julgarem estes atos, podendo, caso seja de sua vontade, substituir os representantes.[10]

Essa responsabilidade dos governantes é entendida por Jorge Miranda como uma responsabilidade *difusa*,[11] tendo em vista que a prestação de informações tem de ser feita a todas as pessoas e não somente àquelas que votaram em determinado governante. A responsabilidade difusa encontra-se prevista na Constituição portuguesa através

---

[8] MIRANDA, Jorge. *Manual de direito constitucional* – Estrutura constitucional da democracia. Coimbra: Coimbra Editora, 2007. t. VII. p. 65.

[9] MIRANDA, Jorge. *Manual de direito constitucional* – Estrutura constitucional da democracia. Coimbra: Coimbra Editora, 2007. t. VII. p. 77.

[10] MIRANDA, Jorge. *Manual de direito constitucional* – Estrutura constitucional da democracia. Coimbra: Coimbra Editora, 2007. t. VII. p. 78.

[11] MIRANDA, Jorge. *Manual de direito constitucional* – Estrutura constitucional da democracia. Coimbra: Coimbra Editora, 2007. t. VII. p. 78.

de três diferentes focos.[12] O primeiro deles é da crítica dos cidadãos no exercício das liberdades fundamentais, explicitado no art. 48º da Constituição.

O segundo se dá por meio das eleições no final dos mandatos,[13] momento em que ficarão evidenciados os representantes que agradaram o povo em suas atuações, e que poderão ser reeleitos, e aqueles que não irão mais exercer seus cargos por não terem conquistado a aprovação popular. Já o terceiro dá-se pelas eleições dos candidatos que agradaram em seus mandatos, para exercerem funções em outros órgãos com significados políticos relevantes.[14] Evidência de que o povo o recepciona por bom agente público e dá continuidade à prestação de seus serviços, mesmo que em outro cargo.

Além disso, impende apontar a existência do chamado direito de oposição democrática, o qual está previsto no art. 114º da Carta Constitucional, este, elevado ao limite de revisão constitucional, está alinhavado no art. 288º.

De tal modo, resta corroborada, de maneira indubitável, a vasta gama de garantias e direitos que envolvem a noção de oposição ante a responsabilidade política.

16.2.5 Separação dos poderes

A separação de poderes está vinculada, essencialmente, com o cerne do governo representativo português. Nesse sentido, Jorge Miranda indica quais são as implicações básicas desse princípio: pluralidade de órgãos na função política; primado de competência legislativa do parlamento; independência dos tribunais, com reserva de jurisdição; criação de mecanismos de fiscalização ou de controle interorgânico; divisão pessoal de poder; divisão temporal de poder; divisão territorial ou vertical; divisão funcional.[15]

A Constituição de 1976 traz em si diversos artigos que evidenciam o princípio da separação dos poderes, o art. 111º, por exemplo, garante que os órgãos de soberania devem obedecer à separação de poderes expressa na Carta Magna; e, ainda, veda a possibilidade de delegação dos poderes dos órgãos e das regiões autônomas para além do que esteja previsto em lei.

O art. 288º discute questão mais específica, na qual também encontramos refreada a primazia da separação dos poderes. Quando estabelece os limites materiais da revisão constitucional, entre diversos outros institutos de suma importância, o respeito à separação e a interdependência dos órgãos de soberania e a separação das Igrejas do Estado são a comprovação da necessidade de garantir a divisão dos poderes, prevista na legislação, até a última instância.

Já o art. 2º da Constituição portuguesa versa sobre separação e interdependência dos poderes no Estado Democrático. Trata-se de um artigo descritivo, em que estão pontuadas todas as características que em Portugal se entendem necessárias à definição da democracia colocada em prática pelo Estado de Direito.

---

[12] MIRANDA, Jorge. *Manual de direito constitucional* – Estrutura constitucional da democracia. Coimbra: Coimbra Editora, 2007. t. VII. p. 79.

[13] MIRANDA, Jorge. *Manual de direito constitucional* – Estrutura constitucional da democracia. Coimbra: Coimbra Editora, 2007. t. VII. p. 79.

[14] MIRANDA, Jorge. *Manual de direito constitucional* – Estrutura constitucional da democracia. Coimbra: Coimbra Editora, 2007. t. VII. p. 80.

[15] MIRANDA, Jorge. *Manual de direito constitucional* – Estrutura constitucional da democracia. Coimbra: Coimbra Editora, 2007. t. VII. p. 80.

O art. 3º, por sua vez, aduz a noção de unidade e indivisibilidade da soberania. Explicita que a soberania, sendo una e indivisível, advém do povo, e que, numa democracia, este irá exercê-la por meio das formas previstas pela Constituição. Por conseguinte, a legalidade do Estado Democrático está fundada justamente no respeito ao que está previsto na norma, sendo a Constituição a norma cardeal, na qual toda a legislação irá fundar-se. Se as legislações infraconstitucionais não estiverem de acordo com as cautelas constitucionais, não gozarão do *status* de legalidade, e sua invalidade será declarada.

O art. 191º, por sua vez, diferencia as responsabilidades dos membros do Governo, sendo que, depois do presidente, o primeiro-ministro é detentor do cargo político com mais poder, e deverá responsabilizar-se perante o presidente da República, e na responsabilidade política, deverá responsabilizar-se ante a Assembleia da República. Além do primeiro-ministro, ainda detêm responsabilidades o vice-primeiro-ministro, os ministros, os secretários e os subsecretários. Suas responsabilidades seguem ordem decrescente entre os cargos discriminados, o que está previsto no artigo indicado.[16]

O art. 231º, por seu turno, retrata os órgãos de governo próprios das regiões autónomas, descrevendo um terceiro nível de separação de poderes. A Assembleia Legislativa e o Governo Regional exercem os poderes do Estado Democrático em nível regional, e, entre si, têm maneira particular de organização. Já o art. 239º prevê as funções dos órgãos deliberativos e executivos. Tais funções, diversas entre si, são dispostas entre a descrição das atribuições da Assembleia e do órgão executivo colegial.

A repartição de competências é visível em quatro aspectos: função política, legislativa, administrativa e jurisdicional.[17] A função política está albergada no art. 161º, o qual descreve quais são as competências da Assembleia da República, que se encontra dividida em atuação política e atuação legislativa, e no art. 197º, cujo teor se refere às atribuições do Governo, especificamente no exercício de suas funções políticas. É uma das facetas do poder em que se lida mais diretamente com a manutenção da noção de democracia com o povo e com as outras nações com as quais a República portuguesa mantém diálogos, em formato de acordos, negócios e tratados em diferentes níveis.

A função legislativa está expressa no art. 162º e no art. 198º, assim tem-se que compete ao Governo no exercício de suas funções legislativas legislar com exclusividade sobre matérias que digam respeito à própria organização e funcionamento. Além disso, poderá fazer decretos-leis acerca de matérias não reservadas à Assembleia da República, sobre matérias reservadas à Assembleia da República, mediante autorização, e sobre desenvolvimento dos princípios ou das bases gerais dos regimes jurídicos contidos em leis que a eles estejam circunscritos.

A função administrativa do Governo está expressa no art. 199º. Validamente, ao Governo compete a elaboração de planos com base nas leis das respectivas grandes opções. Caberá, consequentemente, também, a sua execução; a execução do orçamento estatal; a elaboração dos regulamentos para a boa execução das leis; a direção dos serviços e a atividade da Administração direta do Estado em suas esferas civil e militar; a superintendência na Administração indireta e a tutela da Administração autônoma;

---

[16] MIRANDA, Jorge. *Manual de direito constitucional* – Estrutura constitucional da democracia. Coimbra: Coimbra Editora, 2007. t. VII. p. 85.

[17] MIRANDA, Jorge. *Manual de direito constitucional* – Estrutura constitucional da democracia. Coimbra: Coimbra Editora, 2007. t. VII. p. 85.

a defesa da legalidade democrática; e, por fim, a prática de todos os atos e a tomada de todas as providências necessárias para a promoção e desenvolvimento econômico e social sob uma perspectiva de satisfação coletiva.

A função jurisdicional, por sua vez, prevista no art. 202º, confere aos tribunais a soberania e competência de administração da justiça em nome do povo. A eles cabe a asseguração da defesa dos direitos e interesses da população nas pessoas de seus cidadãos; a repressão de todo tipo de violação da legalidade democrática, até mediando interesses públicos e privados com essa finalidade. Quando do exercício de suas atribuições, aos tribunais é conferida coadjuvação das outras autoridades. Ao mesmo tempo, pela lei poderão ser institucionalizados instrumentos e formas não jurisdicionais de composição de conflitos.

Por fim, mister pontuar que os mecanismos de interdependência e de articulação interorgânica são diversos: iniciativa legislativa e governamental, apreciação parlamentar de atos legislativos, promulgação e o veto, iniciativa e decisão de convocação de referendo, iniciativa e fiscalização da constitucionalidade e a referenda ministerial.[18] Estando as iniciativas legislativa e governamental presentes no art. 167º. Apreciação parlamentar dos atos legislativos, presente no art. 169º, a promulgação e o veto, nos arts. 134º e 136º, a iniciativa e a decisão de convocação de referendo, no art. 115º, a iniciativa de fiscalização da constitucionalidade, nos arts. 134º e 278º, a referenda ministerial, no art. 140º.

Assim, o postulado constitucional da separação dos poderes, em suas diversas nuances, indispensável para o exercício da democracia representativa, está vastamente presente na Lei Magna da República portuguesa.

16.2.6 Princípio da maioria

Para Hans Kelsen, o princípio da maioria define-se da seguinte forma: "[...] consiste en que triunfe la voluntad del mayor número, sino enaceptar la Idea de que bajo la acciónde este principio, los individuos inte-grantes de la comunidad social se dividen en dos grupos fundamentales".[19]

Adotando-se essa definição, verifica-se sua consagração pela Constituição portuguesa, a respeito tanto das eleições uninominais quanto nas plurinominais.[20] Salientando que as eleições uninominais se encontram albergadas nos arts. 126º e 163º, que tratam do sistema eleitoral e da competência quanto aos outros órgãos. Já as plurinominais, que versam os princípios de direito eleitoral, círculos eleitorais, órgãos de governo próprio das regiões autônomas, órgãos deliberativos e executivos e limites materiais da revisão, estão presentes nos arts. 113º, 149º, 231º, 239º e 288º.

---

[18] MIRANDA, Jorge. *Manual de direito constitucional* – Estrutura constitucional da democracia. Coimbra: Coimbra Editora, 2007. t. VII. p. 85.

[19] *Apud* MARQUES, João Batista. O princípio da maioria na doutrina de Hans Kelsen. *Revista de Informação Legislativa*, v. 42, n. 165, jan./mar. 2005. Disponível em: <http://www2.senado.leg.br/bdsf/handle/id/496897>. Acesso em: 30 jun. 2017.

[20] MIRANDA, Jorge. *Manual de direito constitucional* – Estrutura constitucional da democracia. Coimbra: Coimbra Editora, 2007. t. VII. p. 90.

16.3 Legislação

Perpassadas as bases que regem o direito constitucional português e que são aplicáveis ao direito eleitoral, fica mais fácil compreender a legislação lusitana sobre o tema. Em termos de legislação eleitoral, Portugal tem, além da Constituição da República portuguesa, a Lei Eleitoral do Presidente da República, a Lei Eleitoral da Assembleia da República, a Lei Eleitoral dos Órgãos e Autarquias Locais e a Lei Eleitoral da Assembleia Legislativa da Região dos Açores, que passaremos a analisar.

16.3.1 Constituição da República

A Constituição da República Portuguesa de 1976 é a atual Carta Magna de Portugal, tendo sido concebida através da Assembleia Constituinte, eleita depois das primeiras eleições gerais livres no país, em 25.4.1975. Em linhas gerais, a lei maior da República portuguesa define a estrutura do Estado e as funções dos quatro órgãos de soberania: presidente da República (chefe de Estado e responsável pelo Poder Moderador); Assembleia da República (composta pelo Parlamento e responsável pelo Poder Legislativo); Governo (constituído pelo primeiro-ministro e seus ministros, sendo o Poder Executivo); e Tribunais (Poder Judiciário).

Além disso, delineia também as funções dos órgãos de poder político (regiões autônomas e autarquias), além da forma que órgãos de soberania e de poder político se relacionam entre si.

Por fim, a Constituição da República portuguesa tem por notável característica o seu grande número de revisões – sete ao todo –, o que a tornou hábil a absorver as transições políticas ocorridas no país ao longo do tempo e a evolução no campo democrático, de maneira a permanecer vigente até o presente momento.

16.3.2 Lei Eleitoral do Presidente da República (LERP)

Diferentemente do que ocorre no Brasil, em Portugal existe uma legislação específica que trata da regulamentação da eleição do presidente da República, responsável direto pelo Poder Moderador do Estado, denominada de Lei Eleitoral do Presidente da República (LERP), e registrada como Decreto-Lei nº 319-A de 1976.

Com efeito, a primeira etapa prevista pela Lei Eleitoral do Presidente da República, o que se convencionou chamar de processo judicial eleitoral,[21] é a apresentação das candidaturas. Para tanto, é necessário que o atual presidente marque a data das próximas eleições (art. 133º, alínea b), da Constituição portuguesa e art. 11º, nº 1, da LEPR), a fim de que possam ser definidas com antecedência necessária as candidaturas daqueles que estiverem aptos à investidura do cargo.

A apresentação das candidaturas será feita no Tribunal Constitucional até trinta dias antes da data prevista para as eleições (arts. 124º, nº 2, da Constituição portuguesa e 14º, n. 1 da LEPR), e as candidaturas só poderão ser apresentadas por um mínimo de

---

[21] MIRANDA, Jorge. *Manual de direito constitucional* – Estrutura constitucional da democracia. Coimbra: Coimbra Editora, 2007. t. VII. p. 90.

7.500 cidadãos eleitores e um máximo de 15.000 cidadãos eleitores.[22] Os aspectos formais, todos indispensáveis ao aceite da apresentação da candidatura, estão indicados no art. 15º da LEPR. Ademais, todo candidato tem de apontar um mandatário para representá-lo nas operações referentes ao julgamento da elegibilidade e nas questões subsequentes.

Depois da apresentação das candidaturas, ocorridos os requisitos indicados na legislação, a próxima etapa é o sorteio das candidaturas, que acontece no dia seguinte ao término do prazo para a apresentação. Esse sorteio é feito pelo presidente do Tribunal Constitucional na presença dos candidatos ou de seus mandatários.

Importante anotar, ainda, que a constatação de mera irregularidade não importará, necessariamente, na rejeição da candidatura, sendo que o art. 93º e seguintes da Lei nº 28 de 1982, que versa sobre organização, funcionamento e processo do Tribunal Constitucional, preveem os procedimentos a serem tomados nestes casos.

Validamente, as candidaturas admitidas serão imediatamente afixadas à porta do Tribunal e enviadas, por cópia, ao diretor-geral da Administração interna ou, nas regiões autônomas, ao representante da República, e às câmaras municipais, que as publicam, no prazo de dois dias, por editais afixados à porta de todas as câmaras municipais e juntas de freguesia, às embaixadas, aos consulados e postos consulares.

Superada a etapa da admissão das candidaturas, passa-se à fase da elaboração dos boletins de voto. Estes têm formato definido e faz parte de sua confiabilidade e fé pública o estrito cumprimento dos procedimentos estabelecidos para sua confecção. Toda a forma e procedimento para elaboração e utilização dos boletins de voto estão previstos com riqueza de detalhes no art. 86º da LEPR.

A apuração geral do resultado das eleições está albergada no art. 108º da LEPR, que consiste na verificação do número total de eleitores inscritos e daqueles votantes no círculo único; consiste, ainda, na verificação do número total de votos obtidos por todo candidato, na contabilização do número de votos em branco e dos votos nulos, e, por fim, na determinação do candidato eleito. Não obstante, os arts. 97º, 97º-A e 101º, todos da LEPR, preveem os procedimentos para o apuramento distrital.

A legislação discrimina todo caminho para a validação da escolha do mais alto cargo político previsto pela Constituição da República portuguesa, trazendo minuciosamente os casos de elegibilidades, a organização das eleições, as impugnações, os recursos e outras nuances referentes às eleições, ou seja, em Portugal existe uma norma que apresenta o passo a passo das eleições presidenciais.

Constatamos assim, que o processo eleitoral para escolha do presidente da República prima pelo formalismo como maneira de garantir a segurança jurídica de todos os procedimentos.

16.3.3 Lei Eleitoral da Assembleia da República

A Assembleia da República é onde se materializa o Poder Legislativo do Estado português. A Lei nº 14 de 1979 é a norma pela qual se regula a eleição do parlamento unicameral, composto por 230 (duzentos e trinta) deputados, eleitos por círculos plurinominais, para mandatos de quatro anos.

---

[22] MIRANDA, Jorge. *Manual de direito constitucional* – Estrutura constitucional da democracia. Coimbra: Coimbra Editora, 2007. t. VII. p. 90.

A primeira etapa do processo judicial eleitoral prevista na Lei Eleitoral da Assembleia da República (Lear) é a apresentação das candidaturas. Para tanto, é necessário que sejam apresentadas as candidaturas ao juiz presidente da comarca com sede na capital do distrito ou região autônoma que constitua o círculo eleitoral, até ao 41º dia anterior à data prevista para as eleições. Esta previsão consta do art. 23º da Lear.

Necessário compreender, inicialmente, no que consistem os círculos eleitorais nas eleições para a Assembleia Legislativa de Portugal. Validamente, assemelham-se às zonas eleitorais das eleições brasileiras e facilitam a organização, a representatividade e o controle por parte da população da atuação dos candidatos eleitos por cada círculo.

A forma de apresentação das candidaturas está prevista pelo art. 21º da Lei Eleitoral para a Assembleia da República, que específica que as candidaturas são apresentadas pelos partidos políticos de maneira isolada ou por coligação em listas. Não é necessário que os cidadãos candidatos constantes das listas sejam filiados aos partidos políticos das respectivas listas. Todavia há a restrição de apenas uma lista de candidatos por partido político em cada círculo eleitoral, além disso, cada candidato só poderá constar de apenas uma lista em tão somente um círculo, restando inelegível em caso de descumprimento dessa determinação.

A interpretação da Lei Eleitoral para a Assembleia da República em conjunto com a Lei nº 62 de 2013 possibilita o entendimento de que as candidaturas deverão ser apresentadas em determinadas instâncias centrais:

> Aveiro – 1.ª Secção de Instância Central Cível de Aveiro; Beja – Secção de Instância Central Cível de Beja; Braga – 1.ª Secção de Instância Central Cível de Braga; Bragança – Secção de Instância Central Cível de Bragança; Castelo Branco – Secção de Instância Central Cível de Castelo Branco; Coimbra – Secção de Instância Central Cível de Coimbra; Évora – Secção de Instância Central Cível de Évora; Faro – 1.ª Secção de Instância Central Cível de Faro; Guarda – Secção de Instância Central Cível da Guarda; Leiria – Secção de Instância Central Cível de Leiria; Lisboa – 1.ª Secção de Instância Central Cível de Lisboa; Portalegre – Secção de Instância Central Cível de Portalegre; Porto – 1.ª Secção de Instância Central Cível do Porto; Santarém – Secção de Instância Central Cível de Santarém; Setúbal – Secção de Instância Central Cível de Setúbal; Viana do Castelo – Secção de Instância Central Cível de Viana do Castelo; Vila Real – Secção de Instância Central Cível de Vila Real; Viseu – Secção de Instância Central Cível de Viseu; Região Autónoma dos Açores – 1.ª Secção de Instância Central Cível de Ponta Delgada; Região Autónoma da Madeira – Secção de Instância Central Cível do Funchal.[23]

Os requisitos para a apresentação das candidaturas estão previstos pelo art. 24º da Lei Eleitoral para a Assembleia da República, e devem ser seguidos com exatidão, sob pena de nulidade, em razão da segurança jurídica dos atos.

Os círculos eleitorais, por sua vez, são organizados de maneira a coincidir com as áreas dos distritos administrativos, "sendo designados pelo mesmo nome e tendo como sede as respectivas capitais, enquanto que os círculos eleitorais da Região Autónoma da Madeira e da Região Autónoma dos Açores têm sede, respetivamente, no Funchal e em

---

[23] PORTUGAL. *Guia prático do processo eleitoral para Assembleia da República.* Lisboa: Centro de Estudos Judiciários Largo do Limoeiro, 2015. p. 30. Disponível em: <http:// www.cej.mj.pt/cej/recursos/ebooks/outros/Guia_Processo_Eleitoral_AR.pdf>. Acesso em: 3 jun. 2017.

Ponta Delgada".[24] Já os eleitores residentes fora do território nacional são agrupados em dois círculos eleitorais, ambos com sede em Lisboa. Alinhavada, a organização está albergada no art. 12º da Lei Eleitoral da Assembleia da República, já o número e a distribuição dos deputados são definidos pelo art. 13º da Lear.

O modo de eleição dos deputados é por listas plurinominais de cada círculo eleitoral, sendo que o eleitor dispõe de um voto singular de lista (art. 14º da Lei Eleitoral). Há também determinação específica para a organização das listas, que deverão conter a indicação de candidatos efetivos em número igual ao dos mandatos atribuídos ao círculo eleitoral ao qual correspondam os candidatos suplentes em número não inferior a dois nem superior ao dos efetivos, sendo estes, no máximo, cinco. A ordem dos candidatos de cada lista será a mesma da declaração de cada candidatura (art. 15º da Lei Eleitoral).

A figura do mandatário, assim como na Lei Eleitoral do Presidente da República, também se faz presente no processo eleitoral de escolha dos deputados da Assembleia da República, consoante se denota do art. 25º da Lear.

Findo o prazo de apresentação das candidaturas, deverá ser afixada à porta do Tribunal a relação das candidaturas com a identificação completa dos candidatos e dos mandatários (art. 26º, nº 1, da Lear).

A regularidade do processo, a autenticidade dos documentos que o integram e a elegibilidade dos candidatos serão verificadas pelo juiz, no prazo de dois dias depois da apresentação das candidaturas (art. 26º, nº 2, da Lei Eleitoral). Em caso de ser verificada existência de quaisquer irregularidades procedimentais ou de inelegibilidade de candidatos, manda-se notificar o mandatário da candidatura para que, em dois dias, supra as irregularidades ou as justifique. Em relação aos candidatos, poderá no mesmo prazo substituí-los ou justificar a ausência de inelegibilidade.

Estando as candidaturas em conformidade com a legislação, passa-se ao sorteio das listas dos candidatos, feito pelo juiz, na presença dos candidatos ou de seus mandatários, com a finalidade de definição da ordem nos boletins de voto. O formato e os procedimentos do sorteio estão previstos no art. 31º da Lei Eleitoral da Assembleia da República.

Depois da entrega dos materiais, inicia-se a Assembleia de Apuramento Geral, que é responsável pela apuração dos resultados das eleições e proclamação dos candidatos eleitos. Atualmente, um juiz é nomeado para exercer a função de presidente da Assembleia. Este, ao assumir a referida função, terá diversas atribuições. A composição da Assembleia de Apuramento Geral, por sua vez, está prevista no art. 108º da Lei Eleitoral da Assembleia da República. Ainda nesse sentido, os arts. 109º a 116º da Lei Eleitoral preveem o procedimento adotado pela Assembleia de Apuramento Geral na apuração dos votos e divulgação dos candidatos eleitos.

Depois de realizado o apuramento geral, da mesma forma como ocorre com as eleições presidenciais, são destruídos os boletins de voto. Encerrando-se, neste ato, todo o procedimento necessário à validação do processo eleitoral para a Assembleia da República de Portugal.

---

[24] PORTUGAL. *Guia prático do processo eleitoral para Assembleia da República*. Lisboa: Centro de Estudos Judiciários Largo do Limoeiro, 2015. p. 30. Disponível em: <http:// www.cej.mj.pt/cej/recursos/ebooks/outros/Guia_Processo_Eleitoral_AR.pdf>. Acesso em: 3 jun. 2017.

Embora não seja o objetivo deste artigo descrever ponto a ponto este procedimento, é importante ressaltar que o estrito cumprimento das determinações previstas em lei é essencial para a garantia da segurança jurídica no processo eleitoral, e, portanto, devem ser respeitadas em todas as suas previsões.

16.3.4 Lei Eleitoral dos Órgãos das Autarquias Locais

As autarquias locais são pessoas coletivas que, através de seus órgãos representativos, procuram garantir os interesses das populações correspondentes ao seu território.[25] Assim prevê a Constituição da República portuguesa:

Artigo 235º Autarquias locais. 1. A organização democrática do Estado compreende a existência de autarquias locais. 2. As autarquias locais são pessoas colectivas territoriais dotadas de órgãos representativos, que visam a prossecução de interesses próprios das populações respectivas.[26]

A Constituição da República portuguesa também traz em seu art. 236º três espécies de autarquias locais: freguesias, municípios e as regiões administrativas. Ao mesmo tempo, são quatro os órgãos das autarquias locais: assembleia municipal, câmara municipal, assembleia de freguesia e junta de freguesia.

Importante pontuar que, embora os órgãos das autarquias sejam independentes entre si, em sua competência, continuam sujeitos à tutela administrativa, que atualmente é atribuição da Inspeção Geral de Finanças, isso tudo regulado por lei.[27] Essa noção de descentralização administrativa está presente na Constituição portuguesa em seu art. 237º.

A Constituição da República portuguesa dispõe também a respeito das atribuições dos órgãos de maneira geral, compreendendo-se estas em dupla função: poderes deliberativos e executivos, exercidos por uma assembleia eleita por sufrágio universal.

Para dispor sobre o processo eleitoral dos órgãos das autarquias locais foi elaborada legislação específica, intitulada Lei Eleitoral dos Órgãos das Autarquias Locais (Leoal) – Lei Orgânica nº 1 de 2001. Uma vez que a aludida legislação é a mais recente tratada até agora, além de ter por objeto o exercício do poder em dimensão derivada, naturalmente segue o modelo das outras legislações já descritas.

O primeiro ponto em destaque é a organização dos círculos eleitorais nas eleições dos órgãos das autarquias locais. Preleciona o art. 10º da Lei Eleitoral dos Órgãos das Autarquias Locais que, para efeito de eleição dos órgãos autárquicos, o território de cada autarquia local corresponde exatamente a um único círculo eleitoral. Dessa forma, constata-se que, para a finalidade de eleição dos órgãos das autarquias locais, há somente um formato de círculo eleitoral, merecendo essa opção as seguintes considerações:

---

[25] GASPAR, Jorge. Órgãos das autarquias. 2013. Disponível em: <http://www.institutosacarneiro.pt/pdf/blitz/autarquias/orgaos%20das%20autarquias.pdf>. Acesso em: 3 jun. 2017.

[26] GASPAR, Jorge. Órgãos das autarquias. 2013. Disponível em: <http://www.institutosacarneiro.pt/pdf/blitz/autarquias/orgaos%20das%20autarquias.pdf>. Acesso em: 3 jun. 2017.

[27] GASPAR, Jorge. Órgãos das autarquias. 2013. Disponível em: <http://www.institutosacarneiro.pt/pdf/blitz/autarquias/orgaos%20das%20autarquias.pdf>. Acesso em: 3 jun. 2017.

1. No caso da eleição dos OAL, à eleição de cada um corresponde um único círculo eleitoral – o do território da respetiva autarquia local. Assim, a área do círculo eleitoral para eleição da AM e CM corresponde ao território do concelho respetivo e a área do círculo para a eleição da AF corresponde ao território da respetiva freguesia. 2. Refirase, a propósito, que até ao ato eleitoral de setembro de 2013 existiam 308 concelhos e 4291 freguesias. Já nesta eleição os círculos eleitorais corresponderam ao território das freguesias resultantes da LRATF e da RAL, i.e., 3091 círculos de freguesia, mantendose 308 municipais. 3. Naturalmente que os círculos de freguesia estão inseridos em círculos municipais, não havendo nenhum caso em que uma freguesia estenda a sua área geográfica por mais que um concelho.[28]

Outra questão que merece especial atenção é o modo de eleição previsto para os órgãos e autarquias locais, já que exercem função deliberativa e executiva, e as eleições devem abranger ambas as prerrogativas.

Por conseguinte, devemos entender como isso se encontra dividido. A assembleia da freguesia e a assembleia municipal são órgãos deliberativos, enquanto que a câmara municipal e a junta da freguesia são órgãos executivos. A eleição para junta da freguesia não está abrangida pela Lei Eleitoral dos Órgãos das Autarquias Locais.

Prevê o art. 11º da Leoal que os membros dos órgãos deliberativos das autarquias locais e do órgão executivo do município são eleitos por meio de sufrágio universal, direto, secreto e periódico e por listas plurinominais apresentadas em relação a cada órgão, sendo que o eleitor dispõe de um voto singular de lista.

Entendido isso, pode-se então explicitar que o presidente da junta da freguesia será o primeiro candidato mais votado da lista para a assembleia da freguesia, e os vogais serão eleitos na primeira reunião da nova assembleia da freguesia eleita, entre seus próprios membros, mediante uma lista apresentada pelo novo presidente da junta da freguesia.

Em relação às listas, dispõe o art. 16º da Lei Eleitoral dos Órgãos das Autarquias Locais que estas poderão ser apresentadas pelos partidos políticos, por coligações de partidos políticos reunidas para as eleições e por grupos de cidadãos eleitores. A organização das listas está prevista pelo art. 12º da Lei Eleitoral dos Órgãos das Autarquias Locais. Em relação a cada lista cabe um voto singular dos cidadãos eleitores.

Resta, sobre este ponto, a questão dos critérios de eleição, os quais estão previstos no art. 13º da Lei Eleitoral dos Órgãos das Autarquias Locais. A especificidade consiste em uma diferenciação do modelo de representação proporcional utilizado em todas as legislações comentadas até o presente momento, o denominado método de *Hondt*.[29]

---

[28] PORTUGAL. *Lei Eleitoral dos Órgãos das Autarquias Locais*. Lisboa: Centro de Imprensa Nacional Casa da Moeda, 2014. p. 107. Disponível em: <http://www.cne.pt/sites/default/files/dl/legis_leoal_anotada_2014.pdf>. Acesso em: 23 maio 2017.

[29] "1. A CRP, no nº 5 do artigo 113º, afirma o princípio da representação proporcional no que toca aos órgãos eletivos do poder local e reafirmao quanto à eleição das AF e municipais, no nº 2 do artigo 239º Porém, não impõe o método de Hondt, o que faz apenas em relação à eleição da AR (cf. artigo 149º), mas a lei eleitoral instituio. Deste modo, a fórmula eleitoral utilizada para estas eleições enquadrase no âmbito das fórmulas de representação proporcional e, dentro destas, das fórmulas de média mais alta. 2. Tratase de uma metodologia que, aproximando a distribuição dos mandatos face à proporção dos votos conseguidos pelos diferentes partidos, coligações e grupos de cidadãos, permite definir a composição do órgão eleito. 3. O método de Hondt tem o nome do seu autor, o belga Victor d'Hondt, professor de direito civil na Universidade de Gand, que apresentou um projeto de lei eleitoral adotado em 30 de novembro de 1899. Neste sistema utilizamse divisores fixos, sequenciais e com acréscimos unitários (1, 2, 3,...), em que o total de votos obtidos por cada lista é sucessivamente dividido por aqueles divisores, até ao limite n que representa o número de deputados a eleger. Os quocientes apurados são

A última questão relevante neste diapasão é relativa aos mandatos. Dispõe o art. 220º da Leoal que, de maneira geral, os mandatos durarão quatro anos. Todavia existem algumas incompatibilidades ao exercício do cargo, específicas para esta legislação, que estão relacionadas à característica de dupla função exercida pelos órgãos das autarquias locais, conforme aponta o art. 221º da Leoal.

Nesse momento, é importante esclarecer que as incompatibilidades não impedem a apresentação de candidatura para dois cargos incompatíveis entre si, mas tão somente o seu exercício simultâneo. Além disto, em relação ao primeiro ponto do artigo supracitado, salienta-se que apenas será possível o exercício simultâneo de funções na assembleia municipal e assembleia de freguesia se ambas pertencerem ao mesmo município.

Por fim, resta reforçar a noção de que a participação política em nível local é de imensurável importância para a real participação política da população e em seu exercício democrático. A principal característica da administração dos órgãos das autarquias locais é justamente o tratamento das questões afetas à determinada população, de acordo com suas especificidades culturais, demográficas, etárias, políticas etc., de maneira mais próxima e, por tal motivo, mais efetiva. Nesse sentido, a Lei Eleitoral dos Órgãos das Autarquias Locais é legislação que veio para aprofundar e trazer qualidade e transparência para o processo democrático nos moldes albergados na Constituição portuguesa.

16.3.5 Lei Eleitoral da Assembleia Legislativa da Região Autônoma dos Açores (LEALRAA)

Os Açores constituem uma região autônoma integrada à República portuguesa desde o ano de 1976. Desde então, estabeleceu-se que a região teria governo próprio,

---

dispostos por ordem decrescente e o último número assim obtido chamase repartidor (dividindo o número de votos obtidos por cada partido pelo número repartidor, obtemos o número de lugares que deve ser destinado a cada partido). 4. Sobre o modo de aplicação do Método de Hondt, reproduzse de seguida a parte final do artigo 7º da Lei Eleitoral para a Assembleia Constituinte (DL 621C/74, de 15 de novembro): «Exemplo prático: Suponhase que os mandatos a distribuir no colégio eleitoral são sete e que o número de votos obtido pelas listas A, B, C, e D é, respetivamente, 12000, 7500, 4500 e 3000. 1) Pela aplicação da 2.ª regra [a que corresponde a alínea b) do nº 1 do presente artigo]: Lista A Lista B Lista C Lista D Divisão por 1 = 12 000 7 500 4 500 3 000 Divisão por 2 = 6 000 3 750 2 250 1 500 Divisão por 3 = 4 000 2 500 1 500 1 000 Divisão por 4 = 3 000 1 875 1 125 750 2) Pela aplicação da 3.ª regra [a que corresponde a alínea c) do nº 1 do presente artigo] 12 000 > ↓ 1º mandato 7500 > ↓ 2º mandato 6000 > ↓ 3º mandato 4500 > ↓ 4º mandato 4000 > ↓ 5º mandato 3750 > ↓ 6º mandato 3000 ↓ 7º mandato Portanto: Lista A – 1º, 3º e 5º mandatos; Lista B – 2º e 6º mandatos; Lista C – 4º mandato. 3) Pela aplicação da 4.ª regra [a que corresponde à alínea d) do nº 1 do presente artigo]: o 7º mandato pertence ao termo da série com o valor de 3000, mas 116 há duas listas (A e D) a que o mesmo termo corresponde. Pela 4.ª regra o 7º mandato atribuíse à lista D.» 5. Assinalese que esta última regra constitui um desvio ao método de Hondt puro que, neste caso, mandaria atribuir o mandato à candidatura com o maior número de votos. É pois um método corrigido que, todavia, só se aplica se os termos da série forem matematicamente iguais como no exemplo atrás apontado, relevando, em caso diverso (que será a maioria dos casos), a contagem das casas decimais (por exemplo, 3000 e 3000,25), atribuindose o mandato à série superior. Neste sentido se pronunciou o TC, a propósito de uma situação de empate nas eleições dos OAL, realizadas a 17 de dezembro de 1989, nos seguintes termos: «O recurso às décimas é o único meio idóneo para exprimir em mandatos os votos expressos, configurandose assim como a expressão democrática que o processo eleitoral deve assumir. A proporcionalidade não pressupõe nem impõe barreiras mas estabelece um jogo, ou conjunto de regras, que importa aceitar até às suas últimas consequências. O recurso às casas decimais constitui o aproveitamento máximo do sistema e tem a certeza dos apuramentos matemáticos, constituindo a via mais objetiva que melhor traduz a expressão quantitativa da vontade do eleitorado.» (TC 15/90.) 6. De notar que, em caso de empate absoluto, isto é, de empate logo na atribuição do 1º mandato, a votação terá de ser repetida, pois é uma situação sem resposta legal" (PORTUGAL. *Lei Eleitoral dos Órgãos das Autarquias Locais*. Lisboa: Centro de Imprensa Nacional Casa da Moeda, 2014. p. 114-116. Disponível em: <http://www.cne.pt/sites/default/files/dl/legis_leoal_anotada_2014.pdf>. Acesso em: 26 maio 2017).

com autonomia legislativa e administrativa. Tal previsão encontra-se na Constituição da República portuguesa e no Estatuto Político-Administrativo da Região Autônoma dos Açores.

Dessa forma, os órgãos responsáveis pelo Governo próprio são a Assembleia Legislativa (Poder Legislativo) e o Governo Regional (Poder Executivo). Ao mesmo tempo, a legislação que irá tecer considerações é a destinada a estabelecer as regras para as eleições da Assembleia Legislativa da Região Autônoma dos Açores (ALRAA).

Nessa legislação, em que pese também estar baseada nas legislações de nível mais abrangente, por suas particularidades óbvias da situação particular de região autônoma, é mister anotar mais detalhadamente alguns pontos em específico.

O primeiro deles é a capacidade eleitoral passiva. Prevista no art. 4º da Lei Eleitoral da Assembleia Legislativa da Região Autônoma dos Açores, abrange todos os cidadãos portugueses, e não só aqueles cidadãos que vivem na Região Autônoma dos Açores, o que leva à interessante conclusão de que uma pessoa poderá ser eleita deputado ou deputada da região autônoma sem residir lá anteriormente às eleições.

Dessa mesma forma, cidadãos brasileiros detentores do estatuto da igualdade dos direitos políticos também têm capacidade ativa e passiva para as eleições da ALRAA. Esta situação jurídica é uma notável comprovação de que a independência dos Açores se encontra vinculada com os preceitos constitucionais, o que é essencial para compreensão de sua legislação específica, principalmente no que concerne à noção de que os mesmos princípios constitucionais estarão presentes nos procedimentos das eleições e na atuação dos membros eleitos.

Em relação às inelegibilidades gerais, previstas no art. 5º da LEALRAA, as restrições seguem na mesma toada das legislações tratadas até aqui. Não obstante, em relação às inelegibilidades, há uma restrição específica na presente legislação sob exame. O citado artigo é interessante do ponto de vista comparativo à questão da abrangência da capacidade eleitoral ativa. Se, por um lado, qualquer cidadão português pode candidatar-se, caso este seja deputado de outro órgão político de atividade semelhante àquela que iria executar na Região Autônoma dos Açores como membro da Assembleia Legislativa, encontra-se impedido não só de exercer o cargo, mas, até, de candidatar-se. Pelo caráter extremo dessa disposição legal, a referida controvérsia gera polêmica e não é questão pacífica na jurisprudência do país.

Assim, superada a questão das inelegibilidades, é ponto crucial a definição dos círculos eleitorais na Região Autônoma dos Açores. A Assembleia Legislativa da Região Autônoma dos Açores é composta por, no máximo, 57 deputados eleitos por voto direto. Validamente, a definição e organização dos círculos eleitorais desta obedecem às suas características geográficas específicas e está prevista no art. 12º da LEALRAA.

A questão do círculo regional de compensação é particularidade desta legislação neste ponto, a criação do décimo círculo visou aperfeiçoar e trazer mais materialidade à representatividade proporcional de cada ilha.

É importante sopesar que a imprescindibilidade da criação do décimo círculo eleitoral encontra-se no fato de que os deputados eleitos para a Assembleia Legislativa da Região Autônoma dos Açores representam toda a região e não apenas o círculo eleitoral pelo qual foram eleitos. Diante desta previsão, presente no art. 11º da LEALRAA, torna-se mais cristalina a visualização do fato de que regiões menores ou com menor número de candidatos poderiam quedar-se naturalmente menos representadas.

Em relação às especificidades desta legislação, é importante a indicação dos meios de exercício do voto antecipado, o art. 78º da LEALRAA prevê as possibilidades, em rol taxativo, de exercício de voto antecipado.

As previsões gerais para exercício do voto de maneira antecipada assemelham-se às das outras legislações. Entretanto, em relação ao voto antecipado dos eleitores deslocados por motivos de estudo ou formação profissional, a LEALRAA tem previsão inovadora, que visa à desburocratização, maior acesso e valorização daqueles cidadãos que estão buscando acrescentar qualidade intelectual e laboral para sua região. Encontra-se o procedimento previsto no art. 79º da LEALRAA.

Desse modo, conclui-se que a existência da Região Autônoma dos Açores, por si só, e os liames aqui alinhavados indicam que a República portuguesa tem sua capacidade democrática no campo eleitoral em mais alto nível e complexidade. A nobre troca entre o respeito às regras constitucionais e a independência e autonomia necessárias ao melhor desenvolvimento de determinada região são fatores que demonstram que o sistema eleitoral português vem avançando a passos largos e está caminhando lado a lado com a modernidade.

16.4 Órgãos administrativos das eleições

Conforme mencionado anteriormente, Portugal não possui uma justiça eleitoral especializada. Contudo, possui uma organização administrativa sistematizada que cuida das eleições.

16.4.1 Comissão Nacional das Eleições (CNE)

A Comissão Nacional das Eleições é órgão administrativo que nasceu com a missão de regular as eleições em Portugal em todos os seus níveis, com independência para garantir e fortalecer a democracia no país. Não por acaso, surgiu ainda em 1975, para regular a eleição da Assembleia Constituinte da Constituição de 1976, considerada a mais democrática da história do país.

A Comissão Nacional das Eleições foi inicialmente instituída pelo Decreto-Lei nº 621-C de 1974, entretanto, depois dessa data, sofreu diversas alterações, sendo as principais delas com relação à sua estabilidade, em face de seu caráter permanente e sua independência administrativa. Essas alterações foram garantidas pela Lei nº 71 de 1978, a atual Lei da Comissão Nacional das Eleições.

16.4.1.1 Composição

A Comissão Nacional de Eleições (CNE) tem sua composição prevista pelo art. 2º da Lei nº 71 de 1978, denominada de Lei da CNE, que determina sua formação com os seguintes membros: o presidente, que será um juiz-conselheiro do Supremo Tribunal de Justiça, designado pelo Conselho Superior da Magistratura; cidadãos de reconhecido mérito, a serem designados pela Assembleia da República, integrados em lista e propostos um por cada grupo parlamentar; e um técnico designado cada qual por um dos departamentos governamentais responsáveis pela Administração interna, pelos negócios estrangeiros e pela comunicação social.

Os membros da CNE serão indicados e escolhidos até trinta dias posteriores ao início de cada legislatura e, além disso, tomarão posse perante o presidente da Assembleia da República no prazo de trinta dias depois do prazo de sua designação. Suas prerrogativas permanecerão até o ato de posse dos membros da nova comissão.

Seus membros têm estatuto próprio, em que estão previstas obrigações e garantias, de forma a trazer transparência às atividades da CNE materializadas nas pessoas designadas para tais funções. Referido estatuto está previsto pelo art. 4º da Lei da CNE.

Além do estatuto dos membros, ainda há previsão mais detalhada no Regimento da Comissão Nacional das Eleições acerca dos direitos e deveres. A importância desse detalhamento traz à tona o grande cuidado com a garantia do acompanhamento pela população das funções exercidas pelos membros designados. Já que a CNE não é eleita por voto direto, cabe ao cidadão o poder de fiscalizar os atos de seus membros.

16.4.1.2 Competência e atribuições

A CNE possui atribuições que não estão completamente abrangidas pelas legislações que a regem, sua atuação vai além daquilo previsto pelas normas, sendo referidas atribuições denominadas de genéricas[30] e as específicas.[31]

Com efeito, o art. 6º do Regimento Interno apresenta as competências e atribuições do presidente da CNE. Entre elas, é a atribuição de que cabe especialmente ao presidente o ato da convocação de reuniões, com a fixação da ordem do dia e a direção dos trabalhos, caso necessário, poderá suspender os trabalhos, sob justificativa apresentada

---

[30] "1. Promover o esclarecimento objetivo dos cidadãos acerca dos atos eleitorais e referendários, designadamente através dos meios de comunicação social; 2. Assegurar a igualdade de tratamento dos cidadãos em todos os atos de recenseamento e operações eleitorais/referendárias; 3. Assegurar a igualdade de oportunidades de ação e propaganda das candidaturas a determinada eleição e dos intervenientes nas campanhas para os referendos" (PORTUGAL. *Comissão Nacional de Eleições*. Atribuições. Disponível em: <http://www.cne.pt/content/atribuições>. Acesso em: 5 jun. 2017).

[31] "Elaborar e publicar o mapa-calendário das eleições e dos referendos, com as datas e a indicação dos atos que devem ser praticados com sujeição a prazo; Elaborar e publicar o mapa com o número de deputados à AR e à ALRAA e a sua distribuição pelos círculos eleitorais; Definir e tornar público a cor dos boletins de voto da eleição do PE, quando esta coincida com outros atos eleitorais; Registar a declaração dos partidos políticos de participação no esclarecimento das questões submetidas a referendo, nacional e local; Verificar a regularidade do processo de constituição dos grupos de cidadãos eleitores e correspondente inscrição, em referendos nacionais e locais; Registar a declaração de cada órgão de imprensa relativamente à posição que assume perante as campanhas e as comunicações da imprensa sobre a pretensão de inserir matéria respeitante à campanha eleitoral; Proceder à distribuição dos tempos de antena na rádio e na televisão entre as diferentes candidaturas aos atos eleitorais (à exceção das eleições AL, da competência do tribunal da comarca com jurisdição na sede do distrito ou Região Autónoma) e os vários intervenientes na campanha dos referendos nacionais; Decidir os recursos interpostos das decisões relativas à utilização das salas de espetáculos e dos recintos públicos; Decidir os recursos das decisões tomadas pelas comissões eleitorais (existentes em cada posto consular), nas eleições para o Conselho das Comunidades Portuguesas; Autorizar a realização de sondagens em dia de ato eleitoral ou referendário, credenciar os entrevistadores indicados para esse efeito e fiscalizar o cumprimento das respetivas regras, bem como anular, por ato fundamentado, autorizações previamente concedidas; Elaborar o mapa dos resultados oficiais das eleições e dos referendos e publicar no DR; Aplicar as coimas às estações de rádio e televisão por violação das regras relativas ao direito de antena e a sondagens em dia de ato eleitoral ou referendário; Aplicar as coimas correspondentes a contraordenações praticadas por partidos políticos, coligações ou grupos de cidadãos, por empresas de comunicação social, de publicidade, de sondagens ou proprietárias de salas de espetáculos, em eleições AL e nos referendos (nacional e local); Presidir (através da designação de um dos seus membros) às assembleias de apuramento geral dos votos dos residentes no estrangeiro, na eleição AR; Apreciar a legalidade das receitas e despesas e a regularidade das contas da campanha para o referendo, nacional e local" (PORTUGAL. *Comissão Nacional de Eleições*. Atribuições. Disponível em: <http://www.cne.pt/content/atribuições>. Acesso em: 5 jun. 2017).

no momento da suspensão, e, seguidamente, marcar data e hora para a continuidade da reunião suspensa ou, ainda, determinar que as questões não tratadas passem a integrar a ordem do dia da próxima sessão ordinária; a execução das deliberações da comissão; ser o representante da comissão sempre que, a partir de sua proposta, esta não conceda o mandato para um dos membros restantes; assinatura das correspondências; designação de um secretário pessoal para si; exercício das competências que lhe forem legalmente atribuídas ou por deliberação da comissão.

O art. 7º do Regimento Interno refere-se às atribuições da Comissão Permanente de Acompanhamento (CPA), a qual é constituída pelo Plenário e deverá ser composta de pelo menos três membros. Referida comissão terá por funções: a preparação das reuniões plenárias; a apresentação de propostas de atividades e iniciativas da comissão; o exercício das competências específicas que lhe sejam delegadas.

O art. 8º do Regimento Interno prevê a função e as atribuições do porta-voz, membro responsável pela comunicação com os órgãos de comunicação social. Este membro será designado para esta função dentro dos próprios membros da comissão, de forma que, se advier qualquer impedimento ou ausência, a competência para realizar as suas funções é do presidente da República.

Na mesma linha da necessidade de estabelecer comunicação da atuação da comissão com a sociedade, estabelece o art. 9º a atribuição do administrador do sítio da internet. Sua função será administrar o sítio da CNE, alimentando-o com informações, legislação, campanhas, estudos, jurisprudências e tudo o que tiver relação com a atuação do órgão.

A função do secretário e sua competência estão dispostas no art. 10º do Regimento. Essa função é de notável importância, já que este membro, ocupando o cargo de secretário, atuará lado a lado ao presidente, sendo suas funções complementares às daquele. A designação do membro destinado a essa função será proposta pelo próprio presidente.

O art. 10º-A refere-se a uma função que não é prevista de forma permanente, a de delegado, o qual é membro designado pela CNE para situações de excepcionalidade, em que os membros estáveis da CNE não consigam materializar todas as atividades necessárias ao processo eleitoral. Os delegados poderão receber atribuições, incluindo específicas que ultrapassem aquelas decorrentes de lei.

O art. 11º do Regimento prevê a questão da cooperação para o esclarecimento cívico. Medida de acertada previsão, já que o acesso à informação é um dos principais meios de exercício da democracia. A cooperação será celebrada por protocolos com entidades públicas ou privada, além de órgãos congêneres de outros países, especialmente os de língua portuguesa ou países membros de organizações internacionais das quais Portugal faça parte. No mais, o art. 21º do Regimento refere-se às competências das atividades instrumentais, técnicas e administrativas.

Anote-se por fim, que a atuação da CNE deve estar em harmonia com os três poderes do Estado, para que não haja sobrecarga de um órgão da Administração com questões afeitas à tutela jurisdicional ou executiva.

16.4.1.3 Requerimentos

A forma pela qual os cidadãos dialogam com a Comissão Nacional das Eleições é, em sua maioria, através de requerimentos. O acesso da população à CNE pelos requerimentos e a resposta da Comissão por meio das deliberações são o diálogo essencial que deverá ser travado a fim de que a atuação da CNE seja cada vez mais compatível com as reais necessidades da população em relação ao processo eleitoral.

16.4.1.4 Impugnações (multas)

A Comissão Nacional das Eleições é competente para a aplicação de coima (multa) para as infrações cometidas nos processos eleitorais concernentes às legislações eleitorais tratadas.

A Lei Eleitoral da Assembleia da República, por exemplo, ao referir-se ao disposto em seus arts. 62º e 63º, aduz em seu art. 132º que compete à CNE a aplicação de coima pelo descumprimento das disposições aventadas. Em relação à Lei Eleitoral dos Órgãos das Autarquias Locais, esta prevê que compete à Comissão Nacional das Eleições a aplicação de coima em diversas situações, cabendo recurso ao Supremo Tribunal de Justiça.

Já a Lei Eleitoral da Assembleia Legislativa da Região Autônoma dos Açores ao referir-se ao disposto em seus arts. 63º e 64º, assevera, em seu art. 134º, que compete à CNE a aplicação de coima pelo descumprimento das disposições assentadas.

Dessa forma, a CNE possui prerrogativa de punição na esfera administrativa.

Nesses casos, em respeito ao contraditório e a todos os princípios constitucionais dos quais todas as legislações infraconstitucionais são derivadas, poderá caber impugnação na esfera judicial destas decisões administrativas. Por essa razão, o Decreto-Lei nº 433 de 1982, que trata do ilícito de mera ordenação, prevê esta possibilidade como regramento geral.

Cumpre-se, nesse sentido, a função pedagógica necessária às infrações cometidas nos processos eleitorais, ao mesmo tempo em que se respeita o direito ao contraditório e ao duplo grau de jurisdição.

Retomando-se a ideia já pontuada acima da indefinição acerca do nível de atuação da CNE, destaca-se que o simples fato de ser um órgão administrativo com competência para oferecer punição já demonstra um notável poder político conferido à Comissão.

Mesmo em se tratando apenas da aplicação de multas, diante da mentalidade punitivista arraigada na cultura da maioria dos povos do ocidente, esta faculdade é invariavelmente associada à noção de respeitabilidade. Motivo pelo qual, dentro das regras procedimentais previstas em lei, e com as garantias do contraditório e do duplo grau de jurisdição, não há dúvidas de que há mais validação dos atos da Comissão a partir de sua competência de aplicação de penalidades.

16.4.2 Outros órgãos da Administração Eleitoral

A República portuguesa, no intuito de aprimorar os seus serviços administrativos de suma importância, criou o Programa de Reestruturação da Administração Central do Estado (Prace). Através dele, com o escopo de materializar melhorias nos serviços públicos prestados, em relação à sua eficiência e confiabilidade, promulgou-se o Decreto-Lei nº 203 de 2006, que aprovou a Lei Orgânica do Ministério da Administração Interna, que define e torna mais complexos os modelos organizacionais dos serviços previstos por esta legislação.

Por meio do Programa de Reestruturação da Administração Central do Estado, restou mapeada uma deficiência na Administração Pública: havia ausência de um serviço central, que perpassasse todos os ministérios, a fim de garantir o funcionamento de três funções essenciais, quais sejam: planeamento estratégico, política legislativa e relações internacionais e europeias.

Além disto, identifica-se, também, na seara do Ministério da Administração Interna "a carência de um serviço que pudesse apoiar o Governo na elaboração e acompanhamento da execução das políticas de segurança interna e nas demais áreas atribuídas ao Ministério".[32]

O Decreto-Lei nº 78 de 2007, que regulamenta a Direção-Geral de Administração Interna, procura suprir as dificuldades para uma boa administração apontadas pelo Prace.

Com efeito, temos que o Decreto-Lei nº 78 de 2007 é inovador em muitos pontos, já que seu objetivo é a melhoria e aprimoramento técnico-administrativo, mas de maneira arrojada, dinâmica, em que há primazia pela qualidade dos serviços, e, por isso, a busca de profissionais mais especializados possível em suas áreas de atuação. Dessa forma, rompe-se com a lógica secular do serviço público como campo de favores e de disputa de poder político, campo aberto para corrupção e sucateamento da máquina pública.

Dessa forma, em poucas palavras, a Direção-Geral de Administração Interna tem a natureza de um serviço central autônomo, que oferece suporte à Administração Pública direta, no Ministério da Administração Interna.

A partir desse entendimento, pode-se delinear a missão e atribuições da DGAI. Por missão, deve-se garantir o suporte técnico para a elaboração de políticas ao planejamento estratégico e operacional e também à política legislativa, além de garantir e coordenar de maneira técnica a administração eleitoral. Diante disso, suas atribuições dividem-se em três áreas: a do planejamento estratégico e política administrativa; a das relações internacionais; e aquela que é mais cara ao tema enfocado, qual seja, a administração eleitoral. As atribuições da DGAI na administração eleitoral estão previstas especificadamente no art. 2º, 5, do Decreto-Lei nº 203 de 2006.

Em relação às publicações, o DGAI criou a *Revista de Assuntos Eleitorais*, com divulgações periódicas de estudos sobre diversos títulos atuais e críticos sobre a temática, que já está em sua 14ª edição. É bibliografia internacionalmente reconhecida e respeitada ao tratar de assuntos relativos às eleições portuguesas.

Por fim, cabe dizer que, de maneira complementar, a CNE e a DGAI exercem os papéis administrativos de mais relevância no processo eleitoral português. Ambos os órgãos são idealizados de maneira a trazer a máxima eficiência, transparência e confiabilidade ao âmbito administrativo das eleições em Portugal. Além disso, há nítida preocupação com o acesso à informação, de maneira a despertar o espírito crítico da população no momento de exercer seu direito de voto.

Nessa toada, afirma-se que a República de Portugal vem caminhando a passos largos no sentido da implementação real da democracia através de suas instituições públicas. Não há dúvidas de que muitas falhas estão presentes, principalmente em relação à DGAI, pelo seu pouco tempo de existência. Inevitavelmente há que testar para

---

[32] PORTUGAL. *Decreto-Lei 78/2007 de 29 de Março*. Disponível em: <https://dre.tretas.org/dre/209006/decreto-lei-78-2007-de-29-de-marco>. Acesso em: 5 jun. 2017.

chegar próximo ao ideal. Mas o modelo apresentado na legislação, sem dúvidas, é um plano de ação de mais alta qualidade técnica.

Resta, no entanto, um questionamento em relação à necessidade da máquina pública de acompanhar a velocidade tecnológica e de comunicação com a sociedade. Nesse caso específico, em relação à informação e discussão das eleições, tal reflexão foi aventada pelo Professor José Manuel dos Santos Magalhães, em seu discurso na conferência "A Administração Eleitoral Independente", que foi convertida em publicação, integrada nas comemorações dos 40 anos da CNE:

> Finalmente está a ocorrer uma explosão da participação cívica através de redes sociais. Elas são ilimitadas e com capacidade de penetração elevada. No Facebook, por exemplo, eu posso, se eu quiser fazer o targeting das mulheres com opiniões progressistas, idade inferior a 45 anos ou a 60 anos (o que quiserem!). Posso dirigir a essas mulheres mensagens específicas, concebidas para elas. Desde que pague, naturalmente. É altamente inovador. Através da TV lançamos bombas atómicas sem precisão. Os famosos tempos de antena são isso. Também eles mudaram muito. Antigamente eram discursos com copo de água à frente. Depois em 1979, o PCP propôs que fosse admitido o uso de imagens filmadas a preto e branco.No ano de 1980 já todos os Partidos fizeram tempos de antena filmados e a cores, ainda por cima (foi o ano da televisão a cores!). Agora sentimos um problema: são escassamente vistos. É mais eficaz a comunicação personalizada. Está a ocorrer uma ampliação fantástica das fronteiras da liberdade.[33]

16.4.3 Tribunal Constitucional de Portugal (TC)

Ainda que sua posição jurídico-constitucional não seja expressamente delimitada, o Tribunal Constitucional tem sua origem prevista na própria Constituição da República portuguesa. Em seu art. 221º, atribui-se à Corte especificamente "administrar a justiça em matérias de natureza jurídico-constitucional".

A natureza de órgão jurisdicional não encontra delimitações unânimes na doutrina e na jurisprudência. Isso porque salta aos olhos, em primeiro lugar, a sua competência extrajurisdicional, prevista no art. 223º/2/*a, b, d, g* e *h*.

A isso, soma-se o teor político de sua jurisdição e a escolha, também política, de seus membros. Indo além, Canotilho afirma que há autores que negam o caráter jurisdicional das funções de controle – tanto de constitucionalidade quanto de legalidade – exercidas pelo Tribunal Constitucional. Para ele, tal função seria fundamentalmente composta por *decisões políticas*, "podendo, quando muito, classificar-se a jurisdição constitucional como uma função autónoma, com caráter tendencialmente jurídico-constitucional".[34]

Para contrabalancear essa posição, a outra corrente defende que o Tribunal Constitucional possui, indubitavelmente, a característica de um órgão jurisdicional, haja vista que, ao espelho de outros tribunais, suas decisões são proferidas em consonância com um processo judicial "através do qual se diz vinculativamente 'que é o direito' segundo a medida jurídico-material do direito constitucional", e continua Canotilho:

---

[33] SOARES, Fernando Costa. *Conferencia A Administração Eleitoral Independente* – 40 anos da Comissão Nacional de Eleições. Lisboa: Comissão Nacional de Eleições, 2014. p. 60. Disponível em: <http://www.cne.pt/sites/default/files/dl/cne_40anos_livro_conferencia.pdf>.

[34] CANOTILHO, José J. Gomes. *Direito constitucional e teoria da Constituição*. 7. ed. Coimbra: Almedina, 2003. p. 679.

decisivo é, sim, que o fundamento e racionalidade das decisões do TC se determinem por "um direito" – o direito constitucional. A jurisdição constitucional reconduzir-se-ia, pois, a uma "jurisdição autónoma" sobre "questões constitucionais" (Friesenhan), ou, dito de outro modo, a uma jurisdição directamente incidente sobre questões constitucionais (Eichenberg).[35]

16.4.3.1 Funções

Na esteira da discussão sobre a natureza jurídica do Tribunal Constitucional, vem à tona a questão das funções e da competência desse órgão. Isso se torna claro ao perceber a diferença entre decisões de controle de normas – tanto em abstrato quanto em concreto –, em caráter preventivo ou sucessivo, que representam uma clara vertente jurisdicional, e as funções de controle eleitoral ou de controle referendário, previstas nas alíneas *e* e *f* do art. 223º.

As referidas funções certificatórias e eleitorais não se enquadram nas jurisdicionais, ainda que, no caso das eleitorais, haja a verificação da constitucionalidade de determinados atos.

Ainda sobre o controle de constitucionalidade normativo, é preciso salientar que há diferenças entre o abstrato e o concreto: enquanto o abstrato exerce uma "tarefa de legislação negativa",[36] somente no controle concreto pode-se falar em decisões materialmente jurisdicionais.

Ademais, o papel de "guardião da Constituição" carrega consigo um peso enorme não só jurídico, mas, também, e, por vezes, principalmente, político. Assim é, pois, em primeiro lugar, cabe ao Tribunal Constitucional resolver, em última instância, "problemas constitucionais de especial sensibilidade política".[37] Em segundo lugar, porque a sua posição de órgão máximo do Poder Judiciário lhe garante a produção de jurisprudência cujos efeitos irradiam e influenciam todos os tribunais do país, condicionando, inclusive, os vieses de muitos órgãos políticos.

16.4.3.2 Composição

Antes de adentrar nos pormenores da composição do Tribunal Constitucional, é interessante observar como o ordenamento jurídico trata do tema, mais especificamente o art. 222º da Carta Magna portuguesa, a saber:

> Art. 222º Composição e estatuto dos juízes. 1. O Tribunal Constitucional é composto por treze juízes, sendo dez designados pela Assembleia da República e três cooptados por estes. 2. Seis de entre os juízes designados pela Assembleia da República ou cooptados são obrigatoriamente escolhidos de entre os juízes dos restantes tribunais e os demais de entre juristas. 3. O mandato dos juízes do Tribunal Constitucional tem a duração de nove anos e não é renovável. 4. O Presidente do Tribunal Constitucional é eleito pelos respectivos juízes. 5. Os juízes do Tribunal Constitucional gozam das garantias de independência,

---

[35] CANOTILHO, José J. Gomes. *Direito constitucional e teoria da Constituição*. 7. ed. Coimbra: Almedina, 2003. p. 679.

[36] CANOTILHO, José J. Gomes. *Direito constitucional e teoria da Constituição*. 7. ed. Coimbra: Almedina, 2003. p. 681.

[37] CANOTILHO, José J. Gomes. *Direito constitucional e teoria da Constituição*. 7. ed. Coimbra: Almedina, 2003. p. 681.

inamovibilidade, imparcialidade e irresponsabilidade e estão sujeitos às incompatibilidades dos juízes dos restantes tribunais. 6. A lei estabelece as imunidades e as demais regras relativas ao estatuto dos juízes do Tribunal Constitucional.[38]

Sabe-se que a composição de um Tribunal Constitucional é sempre tema complexo e problemático, considerando suas funções jurídico-políticas,

independentemente das dimensões acentuadas na escolha concreta dos juízes (preparação técnica, capacidade funcional do órgão, função de integração da jurisprudência constitucional, representação das várias "sensibilidades políticas", distanciação perante os poderes político-partidários, exigência de legitimação democrática.[39]

Em regra, percebe-se que, em todos os tribunais constitucionais que exsurgiram no período pós-guerra, houve uma preocupação acentuada com a necessidade de legitimação democrática na escolha de seus membros. Diante disso, afirma Vital Moreira, "a jurisdição constitucional passou a ser crescentemente considerada como elemento necessário da própria definição de Estado de direito democrático".[40]

Ainda nessa temática, assevera Canotilho:

A favor desta "transparência política" argumenta-se com o facto de ser preferível emanarem os juízes consitucionais de órgãos democraticamente legitimados, embora com indiscutível cunho político, do que de outros órgãos com uma mundividência política também irrecusável mas disfarçada num aparente "apartidarismo institucional". "Não existe, pois, o juiz puro e asséptico" (Luís Nunes de Almeida). Assente a necessidade de uma legitimação democrática, o problema desloca-se para este outro campo: o *modus* de escolha dos juízes constitucionais. Este deve corresponder ao padrão político-organizatório constitucionalmente consagrado. O equilíbrio entre a interdependência dos órgãos de soberania terá de encontrar expressão adequada na composição do órgão considerado como o "arco de volta" da estrutura organizatória da constituição.[41]

O Tribunal Constitucional de Portugal, nos moldes constitucionalmente previstos, certamente não obedece a essa linha de pensamento. Observa-se que o único órgão de soberania que intervém no processo de escolha de seus membros é a Assembleia da República, excluindo-se o presidente da República e os tribunais. Além disso, somente dez dos trezes juízes do Tribunal Constitucional são escolhidos diretamente pelo Plenário da Assembleia da República, de modo que os outros três são cooptados por estes, caracterizando uma legitimidade indireta.

O art. 222, nº 2, da Constituição da República de Portugal e o art. 12º da Lei nº 28 de 1982, alterada pela Lei Orgânica nº 85 de 1989, e nº 13-17 de 1998, preveem

---

[38] PORTUGAL. *Constituição da República Portuguesa de 1976*. Disponível em: <http://www.parlamento.pt/Legislacao/Paginas/ConstituicaoRepublicaPortuguesa.aspx>. Acesso em: 25 jun. 2017.

[39] CANOTILHO, José J. Gomes. *Direito constitucional e teoria da Constituição*. 7. ed. Coimbra: Almedina, 2003. p. 682.

[40] MOREIRA, Vital. Princípio da maioria e princípio da nacionalidade: legitimidade e limites da justiça constitucional. In: BRITO, J. Sousa e *et al*. *Legitimidade e legitimação da justiça constitucional*. Coimbra: Coimbra Editora, 1995. p. 177 e ss. *apud* CANOTILHO, José J. Gomes. *Direito constitucional e teoria da Constituição*. 7. ed. Coimbra: Almedina, 2003. p. 682.

[41] CANOTILHO, José J. Gomes. *Direito constitucional e teoria da Constituição*. 7. ed. Coimbra: Almedina, 2003. p. 682-683.

que o tribunal adotou o modelo do "puro tribunal de juristas" (*reines Juristengericht*), já que sete dos juízes são necessariamente juristas e os outros seis são escolhidos entre os juízes dos outros tribunais.

Por isso Canotilho ressalta que "há uma tendencial coincidência de qualidade de juiz do tribunal com a qualidade de jurista (o carácter tendencial resulta do facto de poder haver juízes de tribunais que não são juristas".[42]

Nesse cenário, ganha relevo a permanência dos juízes no Tribunal Constitucional, já que, em regra, suas escolhas se dão por meio de um órgão de soberania com legitimidade limitada no tempo e sujeito a renovações. De acordo com o art. 222º, nº 3, da Constituição da República de Portugal, os juízes são eleitos por nove anos não renováveis.

Por fim, frise-se que o art. 163º da Constituição da República Portuguesa determina que compete à Assembleia da República "eleger, por maioria de dois terços dos Deputados presentes, desde que superior à maioria absoluta dos Deputados em efectividade de funções, dez juízes do Tribunal Constitucional, [...] nos termos da lei".[43] Essa escolha se dá através de voto em listas bloqueadas pressupostas à eleição (arts. 12º e ss. da Lei 13º-A de 1998), excluindo-se a designação por comissões, mesmo que expressamente constituídas para o efeito.[44]

16.4.3.3 Atuação nas eleições

Há algumas competências exclusivas do Tribunal Constitucional em relação às eleições, e todas estão previstas na Constituição da República portuguesa, em seu art. 223º, nº 2:

> [...] 2. Compete também ao Tribunal Constitucional: a) Verificar a morte e declarar a impossibilidade física permanente do Presidente da República, bem como verificar os impedimentos temporários do exercício das suas funções; b) Verificar a perda do cargo de Presidente da República, nos casos previstos no nº 3 do artigo 129º e no nº 3 do artigo 130º; c) Julgar em última instância a regularidade e a validade dos actos de processo eleitoral, nos termos da lei; d) Verificar a morte e declarar a incapacidade para o exercício da função presidencial de qualquer candidato a Presidente da República, para efeitos do disposto no nº 3 do artigo 124º; e) Verificar a legalidade da constituição de partidos políticos e suas coligações, bem como apreciar a legalidade das suas denominações, siglas e símbolos, e ordenar a respectiva extinção, nos termos da Constituição e da lei; f) Verificar previamente a constitucionalidade e a legalidade dos referendos nacionais, regionais e locais, incluindo a apreciação dos requisitos relativos ao respectivo universo eleitoral; g) Julgar a requerimento dos Deputados, nos termos da lei, os recursos relativos à perda do mandato e às eleições realizadas na Assembleia da República e nas Assembleias Legislativas das regiões autónomas; h) Julgar as acções de impugnação de eleições e deliberações de órgãos de partidos políticos que, nos termos da lei, sejam recorríveis.[45]

---

[42] CANOTILHO, José J. Gomes. *Direito constitucional e teoria da Constituição*. 7. ed. Coimbra: Almedina, 2003. p. 683.

[43] PORTUGAL. *Constituição da República Portuguesa de 1976*. Disponível em: <http://www.parlamento.pt/Legislacao/Paginas/ConstituicaoRepublicaPortuguesa.aspx>. Acesso em: 25 jun. 2017.

[44] CANOTILHO, José J. Gomes. *Direito constitucional e teoria da Constituição*. 7. ed. Coimbra: Almedina, 2003. p. 684.

[45] PORTUGAL. *Constituição da República Portuguesa de 1976*. Disponível em: <http://www.parlamento.pt/Legislacao/Paginas/ConstituicaoRepublicaPortuguesa.aspx>. Acesso em: 25 jun. 2017.

Desse modo, fica evidente que, em relação a todas as decisões com *status* de definitivas, está envolvido o Tribunal Constitucional. Além disso, o controle prévio de constitucionalidade, inclusive dos requisitos relativos ao universo eleitoral, é competência que encurta caminhos, no sentido de que, se a mais alta corte do Estado realiza a função de maneira preventiva, a segurança jurídica torna-se muito mais efetiva quanto à aplicabilidade das normas e procedimentos eleitorais.

A verificação da legalidade das constituições dos partidos políticos é uma maneira de conferir à população a certeza de que exercerão sua cidadania através de instituições que irão representá-las seguindo com harmonia e respeito os princípios constitucionais. Além disso, com relação às questões afetas ao presidente da República, não há vislumbrar outro órgão de menor calão apto ao exercício dessas funções.

16.4.3.4 Recursos

Recurso é o instrumento a ser utilizado por aquele que se sentiu prejudicado com uma decisão já proferida, incitando, destarte, seu reexame, com o fito de reformá-la. Os recursos ao Tribunal Constitucional português em relação às eleições são previstos no art. 223º da Carta Magna lusitana e podem ocorrer, especificamente, nas seguintes ocasiões:

> [...] 2. Compete também ao Tribunal Constitucional: [...] c) Julgar em última instância a regularidade e a validade dos actos de processo eleitoral, nos termos da lei; [...] g) Julgar a requerimento dos Deputados, nos termos da lei, os recursos relativos à perda do mandato e às eleições realizadas na Assembleia da República e nas Assembleias Legislativas das regiões autónomas; h) Julgar as acções de impugnação de eleições e deliberações de órgãos de partidos políticos que, nos termos da lei, sejam recorríveis.[46]

Embora exista previsão legal expressa para que o interessado apresente o recurso, isso não significa que será sempre apreciado ou, além disso, que terá a decisão reformada, uma vez que a própria legislação prevê ressalvas, a fim de que o instrumento não seja utilizado de modo equivocado e prejudique a segurança jurídica dos atos já praticados. Nesse espírito, como se examina do julgado Acórdão TC nº 538/2013, verificamos a necessidade de se observar o prazo estabelecido pela norma no momento da apresentação do recurso:

> [...] Como o Tribunal Constitucional tem repetidamente sublinhado, os atos de interposição de recurso eleitoral são "atos urgentes cuja decisão não admite quaisquer delongas" (Acórdão nº 585/89, disponível, como todos os acórdãos adiante citados, em www. tribunalconstitucional.pt). Nesses termos, os prazos são improrrogáveis, correm de forma contínua, constituindo a data do ato processual a da sua entrada na secretaria do Tribunal Constitucional. As disposições em contrário do Código de Processo Civil não são compatíveis com a especificidade do processo eleitoral. Recentemente o Tribunal Constitucional voltou a pronunciar-se sobre a questão da natureza e forma de contagem dos prazos no contencioso eleitoral, referindo-se concretamente ao prazo de três dias para

---

[46] PORTUGAL. *Constituição da República Portuguesa de 1976*. Disponível em: <http://www.parlamento.pt/Legislacao/Paginas/ConstituicaoRepublicaPortuguesa.aspx>. Acesso em: 25 jun. 2017.

suprir irregularidades, previsto no artigo 26º, nº 2, da LEOAL, afirmando, no Acórdão nº 483/2013, que sobre a matéria «dispõe a própria LEOAL no artigo 229º, nº 1, estatuindo que "os prazos previstos na presente lei são contínuos". Tratando-se de um prazo perentório, [extingue-se], com o seu decurso, o direito de praticar o ato». [...] III. Decisão. Pelo exposto, decide-se negar provimento ao recurso, confirmando a decisão recorrida quanto à rejeição do candidato Sérgio Pires Oliveira. Lisboa, 11 de setembro de 2013. – Maria de Fátima Mata-Mouros – Catarina Sarmento e Castro – Maria José Rangel de Mesquita – João Cura Mariano – Pedro Machete – Maria João Antunes – Joaquim de Sousa Ribeiro.[47]

Ainda no tocante às limitações, é possível que o recurso não tenha sua decisão reformada ante a falta de impugnação específica por parte do recorrente, consoante verificamos do julgado-Acórdão TC nº 210/2015:

> [...] Recai sobre o recorrente, também no domínio do contencioso eleitoral, o ónus de alegação, competindo-lhe especificar, na petição do recurso, «os fundamentos de facto e de direito do recurso» (artigo 124º, nº 3, da LEALRAM), o que não pode deixar de constituir corolário de uma ideia central de autorresponsabilidade das partes, que é inerente ao princípio do dispositivo e deverá reger, no respeito pelos padrões constitucionais de adequação e proporcionalidade, o próprio contencioso eleitoral (cfr., neste sentido, Acórdão do Tribunal Constitucional nº 738/13). Com efeito, os processos do contencioso eleitoral são processos de natureza célere e urgente que se destinam a detetar e suprir irregularidades determinadas e relevantes cometidas no decurso do processo eleitoral, seja na fase da votação, seja na fase do apuramento de resultados, e não à sua invalidação, total ou faseada, por vícios que, como é o caso, não estão minimamente consubstanciados. [...]. Lisboa, 7 de abril de 2015 – Carlos Fernandes Cadilha – João Cura Mariano – Ana Guerra Martins – Maria Lúcia Amaral – Maria de Fátima Mata-Mouros – Catarina Sarmento e Castro – João Pedro Caupers – Maria José Rangel de Mesquita – Pedro Machete – Fernando Vaz Ventura – Joaquim de Sousa Ribeiro.[48]

Destarte, conforme verificado, temos que o direito a recurso ao Tribunal Constitucional, desde que respeitados os limites legais, traduz-se na efetivação do princípio do duplo grau de jurisdição. O acesso a este tribunal nas eleições é uma maneira de garantir que o processo eleitoral português tenha o mesmo grau de respeitabilidade e força do que todas as outras áreas do direito regidos pela Constituição portuguesa e legislação infraconstitucional.

16.5 Conclusão

O sistema eleitoral português possui atuação preponderantemente na esfera administrativa, sendo objeto de análise jurisdicional somente os recursos apresentados junto ao Tribunal Constitucional.

---

[47] PORTUGAL. Tribunal Constitucional. *TC Acórdão nº 538/2013*. Processo nº 819/13. Plenário. Rel. Cons. Maria de Fátima Mata-Mouros. Disponível em: <http://www.tribunalconstitucional.pt/tc/acordaos/>. Acesso em: 27 jun. 2017.

[48] PORTUGAL. Tribunal Constitucional. *TC Acórdão nº 210/2015*. Processo nº 331/2015 (Incorporados os Procºs nºs 332/15 e 333/15). Plenário. Rel. Cons. Carlos Fernandes Cadilha. Disponível em: <http://www.tribunalconstitucional.pt/tc/acordaos/20150210.html>. Acesso em: 27 jun. 2017.

Por conta disso, o âmbito de atuação do sistema eleitoral é infinitamente menor se o compararmos com o sistema brasileiro. Diversas questões controversas no Brasil, como a judicialização da política, a corrupção em níveis endêmicos, a falta de estrutura e pessoal para o número de demandas e atribuições, o orçamento exacerbado e inchado da justiça eleitoral, entre outras, não encontram eco no sistema português ou, quando encontram, é de maneira muito mais tímida.

Por conseguinte, como o sistema eleitoral português é organizado de maneira mais local, dividido por regiões, temos que as demandas advindas dos requerimentos administrativos têm menor possibilidade de cabimento e, quando sucedem, têm rápida solução e, portanto, efeito satisfativo.

Basicamente, os requerimentos administrativos portugueses, em relação à Lei Eleitoral do Presidente da República (Decreto-Lei nº 319-A de 1976), versam sobre o processo de admissão das candidaturas, inelegibilidades e atos da assembleia de apuramento distrital, depois das votações. Nesses casos, em havendo discordância com as decisões, caberá recurso ao Tribunal Constitucional. Os procedimentos para impugnação das deliberações dos órgãos administrativos poderão ser feitos por reclamação, protesto e contraprotesto, em relação a irregularidades na apuração dos votos, consoante previsão do art. 98º, nº 4 da LEP. Destarte, fica demonstrado que são indicadas diversas possibilidades de resolução de irregularidades na seara administrativa.

Apesar de a população portuguesa ser muito menor que a brasileira, é necessário refletir se isto não seria um exemplo a se pensar em relação à simplificação das resoluções de lides passíveis de serem solucionadas administrativamente, no sentido da diminuição do inchaço do Judiciário.

No caso das irregularidades possivelmente ocorridas ao longo do processo eleitoral em todas as etapas, incluindo-se, dessa forma, a etapa de apuramento de votos – que é complexa em Portugal diante do fato de o voto ainda ser por cédula de papel –, há a possibilidade de discussão mediante recurso contencioso. A única exigência para tal é que, no momento em que houver sido verificada a irregularidade do ato, tenha sido apresentada reclamação.

Validamente, apesar de ser visivelmente mais limitada que no Brasil, a possibilidade recursal em Portugal, quando utilizada na esfera eleitoral, tem grande relevância. Em caso de provimento do recurso contencioso, por exemplo, há possibilidade de declaração de nulidade da votação de qualquer assembleia de voto, o que poderá gerar, dependendo do grau de influência no resultado geral das eleições, na repetição dos atos eleitorais correspondentes, o que, como já aduzido, não tende a ser um procedimento simples, por conta da falta de informatização do sistema de votos.

Notemos que acionada a jurisdição do mais alto Tribunal português, em quarenta e oito horas do recebimento dos autos, todas as "instâncias" do sistema eleitoral terão acesso à decisão do recurso. Isso faz de Portugal, nesse ponto, em relação aos sistemas eleitorais de todo o mundo, uma nação que põe em prática a questão da acessibilidade das decisões e de uma justiça que existe para satisfazer as necessidades da sociedade e não o contrário.

Acreditamos que isto só é possível pelo reduzido número de recursos que chegam ao Tribunal Constitucional e pela não ativação da jurisdição em "instâncias" *ad quem*, as quais gerariam muito mais recursos do que as demandas somente administrativas.

Ao mesmo tempo, conforme sopesado neste breve estudo, as outras legislações eleitorais portuguesas, tais como a Lei Eleitoral dos Órgãos das Autarquias Locais e Lei Eleitoral da Assembleia Legislativa da Região Autônoma dos Açores, têm previsões muito semelhantes às já aventadas, seguindo a linha da maioria dos requerimentos e decisões mantidos sob a esfera administrativa.

Além disso, apresentam a característica de acionarem por diversas vezes a Comissão Nacional das Eleições, um organismo também administrativo, mas com *status* de órgão regulador, que facilita sobremaneira a solução de diversas questões controversas em menor escala.

Nesse ponto, vislumbramos a importância da função basilar exercida pela Comissão Nacional das Eleições, de regular as eleições em Portugal, em todos os seus níveis, apresentando caráter de independência em relação aos outros órgãos do Estado, o que fortalece, de maneira indubitável, a democracia.

Outro organismo que mereceu nossa reflexão é a Comissão Permanente de Acompanhamento, órgão administrativo do sistema eleitoral português que tem como uma de suas funções a administração do sítio da Comissão Nacional das Eleições, preenchendo-o com informações, legislação eleitoral, campanhas de cidadania, resultados de estudos realizados, jurisprudências etc.

Num país onde há pouquíssima doutrina de direito eleitoral, assim como limitada jurisprudência e pouco debate sobre a matéria, a Comissão Permanente de Acompanhamento tem importância ímpar na difusão da legislação eleitoral, apresentando de maneira acessível e dinâmica toda a estrutura procedimental do direito eleitoral lusitano.

D'outro vértice, analisando outros aspectos intrínsecos do processo eleitoral, avaliamos que para o grau de maturidade democrática atingido por Portugal, há muito que se caminhar em relação à tecnologia. A máquina pública necessita acompanhar a velocidade tecnológica e de comunicação. É cogente reconhecer que nos dias de hoje grande parte das discussões políticas acontece *on-line* e com grande velocidade de novas demandas e temas controversos.

Isso é muito importante porque as redes sociais ampliam a participação cívica nos debates. Se os partidos políticos, os candidatos e as bandeiras independentes estarão em diálogo constante com a população através das redes, os órgãos governamentais também precisam estar presentes e exercer diversas funções de maneira rápida e efetiva. Deverão desempenhar a função de reguladores das discussões, a fim de saber se informações falsas ou até mesmo ilegais estão sendo divulgadas (as tão conhecidas *fake news*), se a legislação sobre propaganda eleitoral está sendo respeitada também na internet. Mas, principalmente, deverão abrir um canal de diálogo com a sociedade, rápido, direto e com linguagem acessível.

Esse é um desafio para o qual as novas gerações estão preparadas. Basta incluí-las neste processo, provendo-lhes mecanismos de autoridade de fala, assim como as informações necessárias para serem traduzidas de maneira cada vez mais simplificada.

Por fim, outra questão que deve ser analisada com a maior brevidade possível pelo Estado português é em relação ao procedimento de voto. É imprescindível avançar em relação à informatização do voto. Os votos por cédulas de papel geram diversos percalços não mais necessários aos dias contemporâneos, a começar evidentemente pela confiabilidade das contagens e pelo tempo de apuração do resultado das eleições.

De tal modo, entendemos que os pontos levantados neste breve estudo em relação ao sistema eleitoral português podem despertar o interesse por outras análises e pesquisas que possam contribuir para a sempre necessária evolução do sistema.

Referências

ALEXY, Robert. *Teoría de los derechos fundamentales*. Madrid: Centro de Estudios Constitucionales, 1997.

ALMEIDA, São José; GOMES, Sérgio B. As revisões da Constituição da República Portuguesa. *Público*. Disponível em: <https://www.publico.pt/40-anos-da-constituicao/as-revisoes>.

ARCE Y FLÓREZ-VALDÉS, Joaquin. *Los princípios generales del derecho y formulación constitucional*. Madrid: Civitas, 1990.

BOTTALLO, Eduardo Domingos; DAL POZZO, Antônio Araldo F.; PORTO, Pedro Paulo. *Lei Eleitoral –* Estrutura, análise e jurisprudência. 3. ed. São Paulo: Saraiva, 2006.

CANOTILHO, José J. Gomes. *Direito constitucional e teoria da Constituição*. 7. ed. Coimbra: Almedina, 2003.

CUNHA, Paulo Ferreira. *Direito constitucional geral*. 2. ed. Lisboa: Quid Juris, 2013.

DWORKIN, Ronald. *Taking rights seriously*. Cambridge: Harvard University Press, 1977.

GASPAR, Jorge. Órgãos das autarquias. 2013. Disponível em: <http://www.institutosacarneiro.pt/pdf/blitz/autarquias/orgaos%20das%20autarquias.pdf>. Acesso em: 3 jun. 2017.

GIDDEANS, Anthony. *Sociologia*. 4. ed. Tradução de Sandra Regina Netz. Porto Alegre: Artmed, 2005.

GOUVEIA, Jorge Bacelar. *Legislação de direito constitucional*. 3. ed. Lisboa: Quid Juris, 2013.

KELSEN, Hans. *Teoria pura do direito*. 6. ed. Tradução de J. Batista Machado. São Paulo: Martins Fontes, 1998.

MARQUES, João Batista. O princípio da maioria na doutrina de Hans Kelsen. *Revista de Informação Legislativa*, v. 42, n. 165, jan./mar. 2005. Disponível em: <http://www2.senado.leg.br/bdsf/handle/id/496897>. Acesso em: 30 jun. 2017.

MARTHALER, Sally. The French Presidential Election of 22 April and 6 May 2007, Election Briefing n. 33. *European Parties Elections and Referendums Network*. Disponível em: <https://www.sussex.ac.uk/webteam/gateway/file.php?name=epern-election-briefing-no-33.pdf&site=266>.

MENDES, F; RODRIGUES, I; SILVA, N. *Dez anos de deliberações da CNE –* 1989/1998. Lisboa: Comissão Nacional de Eleições, 1999. Disponível em: <http://www.cne.pt/sites/default/files/dl/apoio_10anos.pdf>.

MIGUÉIS, Jorge *et al*. *Lei Eleitoral da Assembleia Legislativa da Região Autónoma dos Açores –* Anotada e comentada. ed. rev. e atual. Lisboa: Comissão Nacional de Eleições e Direção-Geral de Administração Interna; Europress 2012. Disponível em: <http://www.cne.pt/sites/default/files/dl/legis_lealraa_2012_anotada_1.pdf>.

MIRANDA, Jorge. Sobre o direito eleitoral. Intervenção no I Fórum Eleitoral, promovido pela Comissão Nacional de Eleições de Portugal, em 17/6/1992. In: MIRANDA, Jorge. *Estudos de direito eleitoral*. Lisboa: Lex, 1995.

MIRANDA, Jorge. *Constituição e cidadania*. Coimbra: Editora Coimbra, 2003.

MIRANDA, Jorge. *Direito constitucional III*: direito eleitoral e direito parlamentar, Lisboa: Associação Académica da Faculdade de Direito de Lisboa, 2003.

MIRANDA, Jorge. *Estudos de direito eleitoral*. Lisboa: Lex, 1995.

MIRANDA, Jorge. *Manual de direito constitucional –* Estrutura constitucional da democracia. Coimbra: Coimbra Editora, 2007. t. VII.

MIRANDA, Jorge. O direito eleitoral português. *Revista de Informação Legislativa*, Brasília, ano 32, n. 126, abr./jun. 1995. Disponível em: <http://www2.senado.leg.br/bdsf/handle/id/176333>.

MOREIRA, Vital. Princípio da maioria e princípio da nacionalidade: legitimidade e limites da justiça constitucional. In: BRITO, J. Sousa e *et al*. *Legitimidade e legitimação da justiça constitucional*. Coimbra: Coimbra Editora, 1995.

NOHLAN, Dieter. *El contencioso y la jurisprudéncia electorales en derecho comparado*: un estudio sobre ventiún países de América y Europa. México: Tribunal Electoral del Poder Judicial de la Federación, 2006.

NOHLAN, Dieter. La califación electoral en Alemanha Federal. In: TRIBUNAL ELECTORAL DEL PODER JUDICIAL DE LA FEDERACIÓN. *El contencioso y la jurisprudéncia electorales en derecho comparado*: un estudio sobre ventiún países de América y Europa, México: Tribunal Electoral del Poder Judicial de la Federación, 2006.

NOHLAN, Dieter. *Sistemas electorales y partidos políticos*. 3. ed. Cidade do México: Fondo de Cultura Económica, 2004.

ONU. *Declaração Universal dos Direitos Humanos*. Disponível em: <http://www.onu.org.br/img/2014/09/DUDH. pdf>.

OROZCO HENRIQUEZ, Jesús. El contencioso electoral, la calificación electoral. In: NOHLAN, Dieter *et al.* (Comp.). *Tratado de derecho electoral comparado de América Latina*. 2. ed. Cidade do México: FCE, Instituto Interamericano de Derechos Humanos, 2007.

PEDICONE DE VALLS, María Gilda. *Derecho eleitoral*. Buenos Aires: La Rocca, 2001.

PORTUGAL. *Comissão Nacional de Eleições*. Atribuições. Disponível em: <http://www.cne.pt/content/ atribuições>. Acesso em: 5 jun. 2017.

PORTUGAL. *Constituição da República Portuguesa de 1976*. Disponível em: <http://www.parlamento.pt/ Legislacao/Paginas/ConstituicaoRepublicaPortuguesa.aspx>. Acesso em: 25 jun. 2017.

PORTUGAL. *Guia prático do processo eleitoral para Assembleia da República*. Lisboa: Centro de Estudos Judiciários Largo do Limoeiro, 2015. Disponível em: <http:// www.cej.mj.pt/cej/recursos/ebooks/outros/Guia_Processo_ Eleitoral_AR.pdf>. Acesso em: 3 jun. 2017.

PORTUGAL. *Lei Eleitoral dos Órgãos das Autarquias Locais*. Lisboa: Centro de Imprensa Nacional Casa da Moeda, 2014. Disponível em: <http://www.cne.pt/sites/default/files/dl/legis_leoal_anotada_2014.pdf>. Acesso em: 23 maio 2017.

PORTUGAL. Tribunal Constitucional. *TC Acórdão nº 210/2015*. Processo nº 331/2015 (Incorporados os Procⁿºs nºs 332/15 e 333/15). Plenário. Rel. Cons. Carlos Fernandes Cadilha. Disponível em: <http://www. tribunalconstitucional.pt/tc/acordaos/20150210.html>. Acesso em: 27 jun. 2017.

PORTUGAL. Tribunal Constitucional. *TC Acórdão nº 538/2013*. Processo nº 819/13. Plenário. Rel. Cons. Maria de Fátima Mata-Mouros. Disponível em: <http://www.tribunalconstitucional.pt/tc/acordaos/>. Acesso em: 27 jun. 2017.

SOARES, Fernando Costa. *Conferencia A Administração Eleitoral Independente* – 40 anos da Comissão Nacional de Eleições. Lisboa: Comissão Nacional de Eleições, 2014. Disponível em: <http://www.cne.pt/sites/default/ files/dl/cne_40anos_livro_conferencia.pdf>.

Informação bibliográfica deste texto, conforme a NBR 6023:2002 da Associação Brasileira de Normas Técnicas (ABNT):

COSTA, Daniel Castro Gomes da; FLORENCE, Ruy Celso Barbosa. Análise contemporânea da estrutura normativa do sistema processual eleitoral português. In: COSTA, Daniel Castro Gomes da et al. (Coord.). *Direito Eleitoral comparado*. Belo Horizonte: Fórum, 2018. p. 283-313. ISBN 978-85-450-0550-6.

CAPÍTULO 17

A IMPROBIDADE ADMINISTRATIVA E A AFERIÇÃO DAS CONDIÇÕES DE ELEGIBILIDADE – A AUTONOMIA DA RESPONSABILIDADE POR ATOS DE IMPROBIDADE

ALEXANDRE BASTOS

17.1 Considerações iniciais

Talvez nenhuma expressão do vocabulário jurídico tenha sido tão popularizada nos últimos anos quanto a "improbidade administrativa", presente tanto no cotidiano dos noticiários do país quanto em qualquer conversa entre as pessoas de classes sociais e econômicas de todos matizes.

Tal fenômeno cresceu conjuntamente à percepção do cidadão da importância, para o desenvolvimento do Brasil, da efetividade do controle da responsabilidade e dos atos dos gestores e agentes políticos quando da aplicação e movimentação das rendas públicas.

A propósito, tal fenômeno social pode ser compreendido pela configuração da evolução legislativa que se destaca a partir da edição da *Lei da Ação Popular* (1965), passando pela *Lei da Ação Civil Pública* (LACP) (1985), e pela promulgação da *Lei de Improbidade Administrativa* (LIA) (1992).

Esse microssistema de defesa da *res publica* ganha o centro das atenções com as inovações normativas que se seguiram, notadamente pela edição da LRF – Lei de Responsabilidade Fiscal (2000), pela Lei da Transparência (2009), culminando com a Lei da Ficha Limpa (2010).

Não é exagero dizer que a LRF é marco regulador na sociedade brasileira no que tange à consciência coletiva do controle, da *accountability*, eis que é dali que brota a semente de consciência coletiva de "responsabilidade fiscal" dos atos praticados pelos agentes políticos, que, de toda sorte, tinham regalias inexplicáveis no período pretérito quando movimentavam a máquina pública.

Volto, contudo, ao núcleo de análise da *improbidade*, que, para este estudo, sobrepõe-se à questão orçamentária/fiscal de que trata a LRF, eis que analisado sob o prisma constitucional de um dos principais mecanismos da democracia representativa: a elegibilidade.

De início, pelo §1º da Lei nº 4.717/65, da análise da conduta esperada pela sociedade de então, compreendeu-se tutelado o patrimônio público relativo aos *bens e direitos de valor econômico, artístico, estético, histórico ou turístico*.

Ou seja, a tutela afetou defesa que alcançou patrimônios materiais e imateriais, todos de interesse público.

Tal microssistema viu-se ampliado pela ACP, visto que, preservada a própria ação popular (art. 1º), os demais tipos foram incluídos no rol de objetivos resguardados e sob a tutela do Estado.

Além de ampliar os bens tutelados, também alargou o rol dos legitimados, antes restrito ao *cidadão* na ação popular, agora incluindo novos sujeitos ativos (art. 5º).

> Art. 5º Têm legitimidade para propor a ação principal e a ação cautelar:
> I - o Ministério Público;
> II - a Defensoria Pública;
> III - a União, os Estados, o Distrito Federal e os Municípios;
> IV - a autarquia, empresa pública, fundação ou sociedade de economia mista;
> V - a associação que, concomitantemente:
> a) esteja constituída há pelo menos 1 (um) ano nos termos da lei civil;
> b) inclua, entre suas finalidades institucionais, a proteção ao patrimônio público e social, ao meio ambiente, ao consumidor, à ordem econômica, à livre concorrência, aos direitos de grupos raciais, étnicos ou religiosos ou ao patrimônio artístico, estético, histórico, turístico e paisagístico.

De grande valia a ampliação do rol de legitimados, uma vez que nas cidades do interior há resistência para propositura de ação pelo munícipe, de forma a abrir o tal "adversário político", o que até certo ponto inibe a iniciativa da ação. Inibição esta que não se faz presente com a legitimidade para instituições, como Ministério Público e Defensoria Pública, alargando os legitimados ativos para a defesa dos interesses tutelados pela ação civil pública.

Mas o ponto central deste estudo versa sobre os efeitos dessa tal improbidade por sobre o direito relativo à elegibilidade, que é garantida a todo cidadão brasileiro.

Tal premissa de análise acaba revelando-se óbvia quando se compreende que as noções de Estado, ou as noções de responsabilidade quando se age em nome "Dele", tomaram proporções nunca pensadas.

Talvez estejamos alcançando o "olimpo da consciência coletiva" de que aquilo que *interessa a cada um* seja diferente daquilo que revela *interesse público*, e aqueles que agem por representação, por outorga direta do mandatário do Estado Democrático, o povo, como foi determinado logo no art. 1º da Carta, devem aceitar que deles será exigida não apenas a certeza de ser probo, mas a absoluta imagem, aparência e conduta de homem sujeito e curvado à moral pública e constitucional.

Portanto, a partir daqui, importa discorrer sobre o contexto normativo constitucional e legal que definem as causas de inelegibilidade decorrentes da improbidade administrativa.

17.2 Garantias sobre os direitos políticos e suas hipóteses de suspensão e perda

Irrompe no sistema constitucional a supremacia da democracia representativa, o contexto normativo trazido pelo art. 14 da Carta Magna. Por ele é estabelecido que a "soberania popular será exercida pelo sufrágio universal e pelo voto direto e secreto, com valor igual para todos".

Sendo a representatividade aferida e conferida pelo processo eleitoral, que permite o exercício do direito de "votar e ser votado", e considerando o direito de "ser votado" aquele que nos interessa por ora, observe-se a norma contida no §3º do mesmo art. 14, *verbis*:

> Art. 14. [...]
> §3º São condições de elegibilidade, na forma da lei:
> I - a nacionalidade brasileira;
> II - o pleno exercício dos direitos políticos;
> III - o alistamento eleitoral;
> IV - o domicílio eleitoral na circunscrição;
> V - a filiação partidária; Regulamento
> VI - a idade mínima de: [...].

Destaque nosso para o inc. II, eis que exige como condição positiva para elegibilidade, a *plenitude no exercício dos direitos políticos* cuja complementação normativa foi remetida ao legislador infraconstitucional.

Por outro lado, segundo o §4º, são inelegíveis os inalistáveis e os analfabetos, assim como, pelo comando do §7º, também são inelegíveis, no território de jurisdição do titular, o cônjuge e os parentes consanguíneos ou afins, até o segundo grau ou por adoção, do presidente da República, de governador de estado ou território, do Distrito Federal, de prefeito ou de quem os haja substituído dentro dos seis meses anteriores ao pleito, salvo se já titular de mandato eletivo e candidato à reeleição.

De especial atenção, talvez de importância desapercebida, exsurge o comando normativo extraído do §9º deste mesmo art. 14, pois, elegendo o legislador complementar como capaz de definir as questões da elegibilidade, ou de seu impedimento, valeu-se da expressão "moralidade para exercício de mandato [...]".

E, seguindo esta toada, a preocupação legislativa não parou por aí, como se tratasse de mera "Carta de Belerofonte", uma vez que não foi somente de não deixar entrar na concorrência do pleito eleitoral (elegibilidade),[1] mas também, *em fazer sair* quem já entrou e "ficar na geladeira por um tempo" (inexigibilidade),[2] nos termos do §9º do art. 14 da CF/88.

---

[1] "Elegibilidade é o direito de postular a designação pelos eleitores a um mandato político no Legislativo ou Executivo" (SILVA, José Afonso da. *Curso de direito constitucional positivo*. 40. ed. rev. e ampl. São Paulo: Malheiros, 2017. p. 366).

[2] "Existência de proibição que impossibilita a candidatura" (ARIS, Thalita Abdala. *Improbidade no direito eleitoral*. Rio de Janeiro: Lumen Juris, 2014. p. 32).

Eis o texto constitucional:

Lei complementar estabelecerá outros casos de inelegibilidade e os prazos de sua cessação, a fim de proteger a probidade administrativa, a moralidade para exercício de mandato considerada vida pregressa do candidato, e a normalidade e legitimidade das eleições contra a influência do poder econômico ou o abuso do exercício de função, cargo ou emprego na administração direta ou indireta.

Em relação à lei exigida no §9º do parágrafo anterior se faz presente e consiste na Lei Complementar nº 135/90, que altera a Lei Complementar nº 64, de 18.5.1990, que estabelece, de acordo com o §9º do art. 14 da Constituição Federal, casos de inelegibilidade, prazos de cessação e determina outras providências, para incluir hipóteses de inelegibilidade que visam a proteger a probidade administrativa e a moralidade no exercício do mandato.

Bem se vê que, independentemente de outros conceitos e princípios que regem o Estado brasileiro, a norma constitucional elegeu uma "moral qualificada" imposta sobre aqueles que desejarem ocupar funções e atribuições conferidas ao mandatário que se faz aprovar no vestibular das urnas.

E, dessa moral qualificada, nasce a exegese do contexto normativo que se deve fazer das situações em que se configura a improbidade administrativa "qualificada" para informar valor ao direito subjetivo da elegibilidade.

Assim, se é regra que a elegibilidade exige a plenitude dos direitos políticos, a cassação de tais direitos também encontra diretriz nos rígidos e fechados conceitos que se podem extrair da Carta Magna,

A efetividade da cassação de direitos políticos vem positivada de modo concreto com a condenação em atos de improbidade administrativa do art. 12, I, II, III e IV da Lei nº 8.429/1992.

Lei de Improbidade Administrativa – LIA, que retira seu extrato de fundamento do art. 15, V da CF/88:

Art. 15. É vedada a cassação de direitos políticos, cuja perda ou suspensão só se dará nos casos de: [...]
V - improbidade administrativa, nos termos do art. 37, §4º.

E deste texto normativo extraímos ponto relevante que consiste na perda e na suspensão dos direitos políticos, ou seja, no afastamento da vida política em definitivo ou por apenas um tempo (o ficar na geladeira, como já dito anteriormente), portanto, ficar sem o direito público subjetivo de ser voto como "prisão perpétua" ou com "possibilidade de progressão de regime".

Aliás, tem-se que primeiro entender que é "vedada a cassação de direitos políticos", conforme se impõe pelo art. 15 da CF, para depois admitir-se em quais e específicos casos podem ocorrer a "perda ou suspensão" desses direitos, que só se dará nos casos de:

I - cancelamento da naturalização por sentença transitada em julgado;
II - incapacidade civil absoluta;
III - condenação criminal transitada em julgado, enquanto durarem seus efeitos;

IV - recusa de cumprir obrigação a todos imposta ou prestação alternativa, nos termos do art. 5º,

V - improbidade administrativa, nos termos do art. 37, §4º.

17.3 Da autonomia da responsabilidade por ato de improbidade administrativa

Com a adição da LIA neste sistema de defesa do patrimônio público, o rol nascido em 1965 com a *ação popular* sofreu uma ampliação qualitativa, por assim dizer, já que passou a ser tido como objeto de defesa, na LIA, o "agir do homem público" no tocante às motivações de seus atos relacionados com o patrimônio público.

Vale dizer que, se na ação popular protegeram-se bens e direitos (*de valor econômico, artístico, estético, histórico ou turístico*), na LIA, além desses, valorou-se o *modal subjetivo da conduta*, no interesse da coletividade, visando a coibir a prática de atos ímprobos.

Aqui se abre interessante vertente inovadora, em que se exalta a probidade administrativa como direito fundamental da sociedade, tendo por lastro a exigência da "honestidade" no agir de todo "homem público".

É o que se extrai da leitura do art. 11 da LIA, ao regular os atos de improbidade que atentam contra princípios da Administração Pública, exigindo conduta inversa daquelas que violem os deveres da *honestidade, imparcialidade, legalidade e lealdade* às *instituições*.

Se pela ação popular e pela ACP protegeu-se quase sempre o patrimônio econômico, concreto, material no interesse público, pela LIA permite-se a tutela de bem imaterial, de fundo principiológico constitucional.

Se nos primeiros a presença do dano "físico", econômico, era substrato necessário para configuração da atuação ministerial, na LIA, inexiste a necessidade da configuração do dano ou da lesão ao patrimônio, para que se permita a intervenção do *Parquet*.

Nesse sentir e pela jurisprudência pacífica do STJ, a LIA nasceu para punir o *desonesto*, e não o *inábil*. Àquele, cujo ato tenha resultado tão somente em prejuízo material ao erário, resta a atuação concorrente, simultânea ou não, da *ação popular* e da ACP, que responsabilizará o causador à reparação necessária.

> Para a correta fundamentação da condenação por improbidade administrativa, é imprescindível, além da subsunção do fato à norma, caracterizar a presença do elemento subjetivo. A razão para tanto é que a Lei de Improbidade Administrativa não visa punir o inábil, mas sim o desonesto, o corrupto, aquele desprovido de lealdade e boa-fé. Precedentes: AgRg no REsp 1.500.812/SE, Rel. Ministro Mauro Campbell Marques, Segunda Turma, DJe 28.5.2015; REsp 1.512.047/PE, Rel. Ministro Herman Benjamin, Segunda Turma, DJe 30.6.2015; AgRg no REsp 1.397.590/CE, Rel. Ministra Assusete Magalhães, Segunda Turma, DJe 5.3.2015; AgRg no AREsp 532.421/PE, Rel. Ministro Humberto Martins, Segunda Turma, DJe 28.8.2014. (AgInt no AREsp nº 763.733/BA. Rel. Min. Herman Benjamin, Segunda Turma, j. 6.12.2016. *DJe*, 13 dez. 2016)

Porém, apenas pela LIA é que se reparará a "moralidade coletiva" nos casos de improbidade propriamente dita, mais precisamente, como uma ilegalidade qualificada e, não, mera ilegalidade, que aí se adentra o terreno da ação civil pública ou ação popular, se restar dano aos cofres públicos, é claro.

E aqui, adotando a inovadora teoria da *autonomia da responsabilidade por ato de improbidade*, apresentada pelo *Dr. Luís Miguel Fonseca Pires*[3] em painéis de estudos promovidos pela Enfan, é que se admite a atuação ministerial para buscar a condenação daquele que tenha agido de maneira desleal, desonesta, *mesmo quando do ato impugnado não se tenham resultados danosos ao patrimônio público.*

Aliás, abre-se a técnica de aferição da improbidade até mesmo quando a legalidade formal for verificada, já que, como dito, prevalece a obrigação de que o ato respeite e proteja a "honestidade" e a "lealdade".

Em suma, pode haver ato de improbidade ainda que o princípio da legalidade, estrita, tenha sido observado.

Nessa trilha, convém destacar que a humanidade persegue os valores protegidos por tal microssistema há séculos.

Modernamente, veja que a sociedade se preocupou com tais princípios já nos primórdios da base democrática, ao editar a histórica *Declaração dos Direitos do Homem e do Cidadão*, em 1789, fazendo regra os pilares republicanos da transparência e da probidade.

Invocando a responsabilidade pela gestão da *res publica*, nos seus arts. 12 e 15, dispôs:

> Art. 12. A garantia dos direitos do homem e do cidadão necessita de uma força pública; esta força é, pois, instituída para fruição por todos, e não para utilidade particular daqueles a quem é confiada. [...]
> Art. 15. A sociedade tem o direito de pedir contas a todo agente público pela sua administração.

Tais bases apontam que, muito mais que obrigação do homem público, a probidade, daqueles que agem enquanto representantes do cidadão, é direito da sociedade.

Daí, sustentarmos que existe o *direito fundamental* à *probidade administrativa*, de natureza coletiva e inerente a todo cidadão brasileiro.

No Brasil, como já dito, num traço histórico recente, ao alinharmos o espírito norteador que inspirou a edição da *Lei de Responsabilidade Fiscal em 2000*, as alterações que culminaram com a *Lei da Ficha Limpa em 2010*, e a *Lei da Transparência (Lei nº 12.527) em 2011*, conclui-se que o foco é um só: *a intolerância social com a desonestidade, com a corrupção e com o manuseio das coisas públicas para benefício privado!*

Ou seja, elegemos a *probidade* como preceito legal e moral das "coisas públicas". E dizemos *elegemos*, porque as mudanças legislativas levadas a efeito pelo Parlamento foram efetivadas por nós mesmos, num perfeito sincronismo do sistema representativo do Estado Democrático. Logo, se amadureceu a sociedade, amadureceu o Parlamento.

Por isso é fundamental reconhecer, no microssistema de defesa formado pela tríade da *ação popular, da ACP e da ação por improbidade*, que a responsabilidade por improbidade é autônoma e pode ser exigida/aplicada ao lado das demais responsabilidades cíveis, penais e administrativas.

E o núcleo legislativo que permite concluir por este conceito normativo é o art. 12 da LIA, que regula:

---

[3] Juiz de Direito do Estado de São Paulo e Doutor e Mestre em Direito Administrativo pela PUC-SP.

Art. 12. Independentemente das sanções penais, civis e administrativas previstas na legislação específica, está o responsável pelo ato de improbidade sujeito às seguintes cominações, que podem ser aplicadas isolada ou cumulativamente, de acordo com a gravidade do fato.

Ou seja, na defesa da probidade, supera-se a mera constatação ou o mero controle de legalidade ou forma, para adentrar no campo subjetivo da vontade do agente.

Os julgados a seguir auxiliam na construção da ideia:

[...] É possível, em situações excepcionais, enquadrar o consultor jurídico ou o parecerista como sujeito passivo numa ação de improbidade administrativa. Para isso, é preciso que a peça opinativa seja apenas um instrumento, dolosamente elaborado, destinado a possibilitar a realização do ato ímprobo. Em outras palavras, faz-se necessário, para que se configure essa situação excepcional, que desde o nascedouro a má-fé tenha sido o elemento subjetivo condutor da realização do parecer. 4. Todavia, no caso concreto, a moldura fática fornecida pela instância ordinária é no sentido de que o recorrido atuou estritamente dentro dos limites da prerrogativa funcional. Segundo o Tribunal de origem, no presente caso, não há dolo ou culpa grave. (REsp nº 1.183.504/DF. Rel. Min. Humberto Martins, Segunda Turma, j. 18.5.2010. *DJe*, 17 jun. 2010)

[...] parecerista está albergado pela inviolabilidade de seus atos, o que garante o legítimo exercício da função, nos termos do art. 2º, §3º, da Lei n. 8.906/94.4 [...] razão pela qual o prosseguimento da ação civil por improbidade contra a Procuradora Municipal configura-se temerária. Precedentes do STF: MS 24631, Relator Min. Joaquim Barbosa, Tribunal Pleno, julgado em 09/08/2007, pub. 01-02-2008; MS 24073, Relator: Min. Carlos Velloso, Tribunal Pleno, julgado em 06/11/2002, DJ 31-10-2003. Precedentes desta Corte: REsp 1183504/DF, Rel. Ministro Humberto Martins, Segunda Turma. DJe, de 17/06/2010. 5. Recurso especial provido em parte para reformar o acórdão recorrido e restabelecer a sentença a fim de rejeitar liminarmente o pedido inicial em relação à Recorrente. (REsp nº 1.454.640/ES. Rel. Min. Benedito Gonçalves, Primeira Turma, j. 15.10.2015. *DJe*, 5 nov. 2015)

Vê-se que o mero formalismo (*liberdade de opinião do parecerista*) não é suficiente para a formação do juízo incidente da responsabilidade por improbidade, exigindo que tal ato seja livre de qualquer interesse e, *mutatis mutandi*, dissociado da consumação do ato ímprobo.

Neste exercício exegético, vale dizer igualmente que a configuração da ilegalidade do ato, ainda que incontroversa, não presume a improbidade, por força exatamente desta autonomia das responsabilidades.

Os acórdãos a seguir demonstram a exigência daquilo que seria a "improbidade qualificada", por assim dizer, já que a incidência nos tipos dos arts. 9º e 10 da LIA, sem a presença da figura subjetiva exigida no art. 11, desautorizaria a subsunção do conceito da improbidade ao fato.

Eis os julgados:

Para a correta fundamentação da condenação por improbidade administrativa, é impres- cindível, além da subsunção do fato à norma, estar caracterizada a presença do elemento subjetivo. A razão para tanto é que a Lei de Improbidade Administrativa não visa punir o inábil, mas sim o desonesto, o corrupto, aquele desprovido de lealdade e boa-fé. [...] Precedentes: AgRg no REsp 1.500.812/SE, Rel. Ministro Mauro Campbell Marques, Segunda

Turma, DJe 28/5/2015; REsp 1.512.047/PE, Rel. Ministro Herman Benjamin, Segunda Turma, DJe 30/6/2015; AgRg no REsp 1.397.590/CE, Rel. Ministra Assusete Magalhães, Segunda Turma, DJe 5/3/2015; AgRg no AREsp 532.421/PE, Rel. Ministro Humberto Martins, Segunda Turma, DJe 28/8/2014 (REsp 1.508.169/PR, Rel. Ministro Herman Benjamin, Segunda Turma, julgado em 13/12/2016, DJe 19/12/2016). (REsp nº 1.622.001/DF. Rel. Min. Og Fernandes, Segunda Turma, j. 5.12.2017. *DJe*, 13 dez. 2017)

A improbidade administrativa, ligada ao desvio de poder, implica a deturpação da função pública e do ordenamento jurídico; contudo, nem toda conduta assim caracterizada subsume-se em alguma das hipóteses dos arts. 9º, 10 e 11 da LIA. [...] 7. In casu, o fato praticado pelos recorridos, sem dúvida reprovável e ofensivo aos interesses da Administração Pública, não reclama, contudo, o reconhecimento de ato de improbidade administrativa, apesar de implicar clara violação ao princípio da legalidade. Assim fosse, todo tipo penal praticado contra a Administração Pública, invariavelmente, acarretaria ofensa à probidade administrativa. (REsp nº 1.075.882/MG. Rel. Min. Arnaldo Esteves Lima, Primeira Turma, j. 4.11.2010. *DJe*, 12 nov. 2010)

De toda sorte, vê-se que o bem imaterial protegido quando se fala da aplicação da LIA parte da análise qualitativa da conduta do agente. E, aqui, ela assume um colorido especial e diferente da *ação popular* e da ação civil pública.

A "tricotomia" legislativa formada, quando se consideram os três institutos, permite deixar para a LIA (Lei nº 8.429/92) o conteúdo subjetivo, personificado na vontade do agente, na defesa do valor constitucional protegido, qual seja, a moralidade administrativa.

Já para a Lei da Ação Popular (Lei nº 4.717/65) e para Lei da Ação Civil Pública (Lei nº 7.347/85), a adequação abre-se para proteção do acervo público dissociado da vontade do agente. É patrimonial.

O que se está a dizer, em apertada síntese, é que as ações portam adequação e, portanto, interesse processual (condições da ação – arts. 17 e 485, VI, do CPC) para *situações pontuais*.

Por esta razão, podemos encontrar jurisprudência em que proposta ação de improbidade administrativa na qual o ato apontado como de improbidade estava fulminado pela prescrição, sendo que restava o pedido de indenização por dano ao erário público. Como o único pedido trazido para apreciação não é adequado para a LIA, mas, sim, para a ACP, então e por via de consequência, a solução processual foi a extinção da presente ação.

Assim entendeu o STJ:

Efetivamente, nos termos do caput do art. 23 da Lei 8.429/92, a prescrição prevista na referida norma atinge as "ações destinadas a levar a efeitos as sanções previstas nesta lei podem ser propostas", ou seja, as sanções previstas no art. 12 e incisos da Lei de Improbidade Administrativa não podem ser aplicadas em decorrência de ato de improbidade administrativa caso configurado o prazo prescricional, salvo o ressarcimento de danos causados ao erário. Entretanto, tal conclusão não permite afirmar que a ação civil de improbidade, na qual seja reconhecida a configuração da prescrição, possa prosseguir exclusivamente com o intuito de ressarcimento de danos, pois, em princípio, seria inadequado admitir que a mencionada sanção subsistiria autonomamente sem a necessidade do reconhecimento de ato de improbidade administrativa. 6. Portanto, configurada a prescrição da ação civil de improbidade administrativa prevista na Lei

8.429/92, é manifesta a inadequação do prosseguimento da referida ação tão-somente com o objetivo de obter ressarcimento de danos ao erário, o qual deve ser pleiteado em ação autônoma. (REsp nº 801.846/AM. Rel. Min. Denise Arruda, Primeira Turma, j. 16.12.2008. *DJe*, 12 fev. 2009)

Assim, também, decidi seguindo a linha de pensamento do STJ:

ADMINISTRATIVA – PRESCRIÇÃO - ACOLHIDA - PEDIDO RESTANTE ÚNICO NÃO ATINGIDO PELA PRESCRIÇÃO - RITO PRÓPRIO PARA ESTE PEDIDO ÚNICO - INADEQUAÇÃO DA VIA ELEITA - AÇÃO EXTINTA POR CARÊNCIA DA AÇÃO SUPERVENIENTE - DE OFÍCIO. [...].

Se acolhida a prescrição de todos os pedidos trazidos na ação de improbidade administrativa, com exceção do ressarcimento ao erário público, a consequência processual é inadequação da via eleita superveniente, uma vez que o único pedido que resta na ação tem rito específico e diverso, que consiste na ação civil pública, nos termos do art. 3º da Lei nº 7.347. Em outros termos, aceita-se no mundo processual, que o pedido de ressarcimento (natureza de ressarcimento) seja trazido na Lei nº 9.429 - LIA, desde que esteja cumulado com os demais do art. 12 (natureza de pena), uma vez que no seu rito o direito de defesa é mais amplo por ter duas fases, por aplicação analógica do art. 327 do CPC.

Ambas as ações não se confundem e não podem ser manejadas como uma fossem apenas o veículo da outra. A ação de improbidade administrativa importa responsabilidade administrativa, cível, por improbidade propriamente dito e penal, que por sua natureza não tutela interesse metaindividual como o faz a ação civil pública, mas sim, individual de aplicação de pena à pessoa determinada (punitivo), tanto é verdade, que o art. 17, §12 da LIA determina aplicação subsidiária do Código de Processo Penal – CPP, enquanto, que o art. 19 da LACP determina a aplicação subsidiária do Código de Processo Civil - CPC. Elas não se confundem, tanto que em nenhuma delas há dispositivos de aplicação subsidiária de uma da outra.

Pede-se vênia por aproveitar este momento, de anotação de questão processual sobre as ações que integram o microssistema da atuação pública do ser público para registrar, quiçá, uma *lege referenda*, que o Judiciário efetive e instale varas especializadas para as ações deste microssistema, de forma que se tornem mais céleres, aliás, seguindo as diretrizes do próprio CNJ.

Isso porque o que se verifica é que estas ações por integrarem vários réus com litisconsórcio passivo tendem a ficar no "armário", por serem o que se chama de "processo complexo" (aquele que toma dia inteiro ou dias para ser sentenciado, quando podem ser feitos vários outros que estão conclusos e têm de menor complexidade, a fim de que se cumpra a meta de julgamento, de mais julgar daquilo que é distribuído).

Nessa linha crítica, não pode ficar de fora, também, o Legislativo que precisa fazer uma resenha do rito dessas ações, uma vez que o devido processo legal é composto de duas fases de defesa (*preliminar mais contestação*) e com abertura de prazo único, ou seja, somente abre para todos após a juntada do último mandado de intimação ou citação aos autos, o que torna o feito por demais moroso.

E mais ainda, a perda da função pública e a suspensão dos direitos políticos somente se verifica com o trânsito em julgado, nos termos do art. 20 da LIA: "A perda da função pública e a suspensão dos direitos políticos só se efetivam com o trânsito em julgado da sentença condenatória".

Elementos estes que são fonte de demora e da falsa presunção do povo brasileiro de que "o crime compensa", já que, diante de um fato e de uma condenação por atos de improbidade pelo juiz e com sentença confirmada pelo tribunal local, ainda se mantém o condenado no seu cargo político, porque a ação está em aberto perante as instâncias recursais superiores, portanto, fazendo valer que o "decurso de tempo somente beneficia quem não tem razão" ou "os efeitos daninhos do tempo sobre o processo" ou o "tempo como devorador de coisas".

Aproveitando as palavras de Dimas Ferreira Lopes:

> A lentidão do processo pode transformar o princípio da igualdade processual, na expressão de Calamandrei, em "coisa irrisória". A morosidade gera a descrença do povo na justiça; o cidadão se vê desestimulado de recorrer ao Poder Judiciário quando toma conhecimento da sua lentidão e dos males – angústias e sofrimento psicológico – que podem ser provocados pela morosidade.[4]

O elemento tempo é fonte paulatina de preocupação mundial,[5] uma vez que a lide não pode deixar de ser considerada uma "doença social"[6] e com anotação de que cabe ao judiciário especializar seus magistrados com varas especiais para ato de improbidade e de organização criminosa e, de outro lado, cabe ao legislativo resumir o rito da LIA.

Por que não "em retirando a defesa preliminar" e dando permissão ao magistrado a julgar improcedente a ação em face de um ou alguns dos requeridos, a partir da citação e até a conclusão para decisão final?

Fica a reflexão...

17.4 Da valoração da figura dolosa na LIA

Feita a ressalva decorrente da *autonomia da responsabilidade por improbidade administrativa*, que atrai profundas reflexões na configuração da própria improbidade no seio da LIA, avaliemos a valoração exegética da figura do "dolo" no texto da lei.

No art. 5º, a conduta dolosa do agente é relacionada com a ocorrência de lesão ao patrimônio público, porém sem valor específico para a vontade do agente, já que a responsabilidade ali incidirá tanto por ação dolosa ou culposa.

> Art. 5º Ocorrendo lesão ao patrimônio público por ação ou omissão, dolosa ou culposa, do agente ou de terceiro, dar-se-á o integral ressarcimento do dano.

---

[4] LOPES, Dimas Ferreira. Direito processual na história. Celeridade do processo como garantia constitucional – Estudo histórico-comparativo: Constituição brasileira e espanhola. In: FIUZA, César (Org.). *Direito processual na história*. Belo Horizonte: Mandamentos, 2002. p. 274.

[5] Conforme pode ser visto na Convenção Europeia para Salvaguarda dos Direitos do Homem e das Liberdades Fundamentais (art. 6º.1), bem como na Convenção Americana de Direitos Humanos (art. 8º.1). Mesma preocupação no art. 20º da Constituição de Portugal, art. 24 da Constituição espanhola e art. 111 da Constituição italiana.

[6] "Como dizia Carnelutti, se a lide é uma doença social, tem que ser curada rapidamente. Quanto menos dura a doença, mais é vantajoso para a sociedade" (CABRAL, Antônio de Passo. A duração razoável do processo e a gestão do tempo no projeto de Novo Código de Processo Civil. In: FREIRE, Alexandre *et al.* (Org.). *Novas tendências do processo civil*. Estudos sobre o projeto do Novo Código de Processo Civil. Salvador: JusPodivm, 2013. p. 77).

A propósito, aqui vale trazer de novo a teoria da autonomia da responsabilidade para dizer que, nos casos de ação meramente culposa que incorra em lesão configurada, teríamos a responsabilização patrimonial que não atrairia a configuração da "improbidade propriamente dita", já que ausente o elemento subjetivo qualificador.

Por tal raciocínio, não haveria subsunção da norma causadora de inelegibilidade, eis que ausente a figura "dolosa" exigida no texto da Lei da Ficha Limpa.

Já no art. 10, abre-se a possibilidade da configuração da figura do ato doloso de improbidade, já que a ação ou omissão do agente que atinja o patrimônio público pode se dar de forma dolosa ou culposa.

> Art. 10. Constitui ato de improbidade administrativa que causa lesão ao erário qualquer ação ou omissão, dolosa ou culposa, que enseje perda patrimonial, desvio, apropriação, malbaratamento ou dilapidação dos bens ou haveres das entidades referidas no art. 1º desta lei, e notadamente.

Porém aqui talvez tenhamos o divisor de águas na configuração do ato doloso valorativo no direito eleitoral, e a própria essência da autonomia da responsabilidade.

Na esteira do raciocínio de que *improbidade deve revelar desonestidade*, somente haveria que se falar na configuração do ato de impropriedade propriamente dito, aquele que trouxesse, no âmago de sua configuração, a ação dolosa do agente.

Daí, sim, configurado o dolo, tanto abre-se o caminho para a subsunção da plenitude do tipo descrito no art. 10 da LIA, quanto para a atração da causa de inelegibilidade das alíneas "g" e "l" do art. 1º da Lei nº 64/90.

E, aqui, ressalta-se a técnica legislativa escolhida pelo legislador quando dispôs sobre as causas de inelegibilidade. Veja que em nenhum outro diploma legal cunhou-se a expressão "ato doloso de improbidade administrativo" como grafada na Lei da Ficha Limpa.

Ora, sem adentrar nos embates da teoria do dolo pelo direito penal administrativo, é indene de dúvidas que, para efeito da aferição da capacidade ativa eleitoral, quis o legislador eleger a figura dolosa, e não a culposa, como causa excludente da elegibilidade.

E a própria LIA permite essa distinção, pois do conjunto de preceitos nela existente é possível concluir pela via da aplicação de penas de caráter pessoal, que atraem o regime penal.

É o que se compreende ao ler o art. 17, §12, da LIA, que determina aplicação subsidiária do Código de Processo Penal (CPP), enquanto o art. 19 da LACP determina a aplicação subsidiária do Código de Processo Civil (CPC).

> Lei nº 8.429/92 [...]
> Art. 17. [...]
> §12. Aplica-se aos depoimentos ou inquirições realizadas nos processos regidos por esta Lei o disposto no art. 221, caput e §1º, do Código de Processo Penal.

> Lei nº 7.347/85 [...]
> Art. 19. Aplica-se à ação civil pública, prevista nesta Lei, o Código de Processo Civil, aprovado pela Lei nº 5.869, de 11 de janeiro de 1973, naquilo em que não contrarie suas disposições.

17.5 Do ato doloso de improbidade administrativa – Causa de inelegibilidade

Aqui se abre a questão central deste texto, qual seja, o efeito da configuração do ato de improbidade no momento da aferição das condições de elegibilidade, substrato maior da capacidade ativa do direito eleitoral.

Para efeito desta análise, destacam-se as duas normas extraídas da Lei das Inelegibilidades, a LC nº 64/90, com as alterações trazidas pela LC nº 134/2010, que lhe impuseram o novo "nome social" de *Lei da Ficha Limpa*.

Consta do art. 1º, inc. I, alíneas "g" e "l", da LC nº 64/90, que serão inelegíveis "para qualquer cargo":

> g) os que tiverem suas contas relativas ao exercício de cargos ou funções públicas rejeitadas por irregularidade insanável que configure ato doloso de improbidade administrativa, e por decisão irrecorrível do órgão competente, salvo se esta houver sido suspensa ou anulada pelo Poder Judiciário, para as eleições que se realizarem nos 8 (oito) anos seguintes, contados a partir da data da decisão, aplicando-se o disposto no inciso II do art. 71 da Constituição Federal, a todos os ordenadores de despesa, sem exclusão de mandatários que houverem agido nessa condição; [...]
>
> l) os que forem condenados à suspensão dos direitos políticos, em decisão transitada em julgado ou proferida por órgão judicial colegiado, por ato doloso de improbidade administrativa que importe lesão ao patrimônio público e enriquecimento ilícito, desde a condenação ou o trânsito em julgado até o transcurso do prazo de 8 (oito) anos após o cumprimento da pena; [...].

Importa, portanto, para nosso estudo, a expressão "ato doloso de improbidade administrativa" positivada nesta lei.

Lembro que não enfrentarei o dilema de concluir se o ato doloso de improbidade deveria ou não ser seguido de *lesão ao patrimônio público e enriquecimento ilícito*, já que fugiria do ponto escolhido para o estudo, que enfrenta o ato de improbidade propriamente dito, em sua figura dolosa como definido pelo legislador eleitoral constitucional.

E, longe de desafiar as várias teorias acerca do dolo administrativo, aqui, cuidar-se-á apenas do enfoque dado pelo legislador *quando da aferição das condições de elegibilidade do valor exegético do "ato doloso de improbidade administrativa"* no diploma que normatizou, em complemento ao texto constitucional, as causas de vedação a elegibilidade.

17.6 Da diferença entre a penalidade da LIA de "perda dos direitos políticos" e a inelegibilidade por "ato administrativo doloso" da Lei da Ficha Limpa

Certo que a aferição da conduta do agente não se limita aos tipos apontados na LIA (Lei de Improbidade Administrativa), já que a conjugação do conjunto de normas vigente permite outras formas de controle das ações daqueles que se movimentam no seio da "coisa pública", seja no âmbito da reparação de danos (cível), tipificação penal (criminal), proibição de contratação com o Poder Público (administrativa) ou suspensão dos direitos políticos (eleitoral – político).

Contudo, talvez o diploma que tenha oferecido para a sociedade brasileira o maior número de exemplos acerca da perseguição da probidade seja a Lei da Improbidade – motivo pelo qual este estudo dela extrai a maior parte de suas razões.

Fundamental estabelecer também os limites deste artigo, que se preocupa apenas e tão somente com o momento em que se deflagra a pretensão do exercício do direito eleitoral ativo, quando se promove o *alistamento eleitoral*.

Certo é que, neste estágio do processo eleitoral, será aferida a capacidade ativa do sujeito, declarando-se ou não sua "condição de elegibilidade".

Nessa trilha, assim regulou o legislador que definiu os *tipos de condutas* alcançados pela LIA.

DOS ATOS DE IMPROBIDADE ADMINISTRATIVA QUE IMPORTAM *ENRIQUECIMENTO ILÍCITO* - Inaugurando os tipos delineadores enquanto atos de improbidade, o art. 9º da Lei da Improbidade definiu como ato de improbidade administrativa aquele que importa em "auferir qualquer tipo de vantagem patrimonial indevida em razão do exercício de cargo, mandato, função, emprego ou atividade", causador de enriquecimento ilícito do agente.

DOS ATOS DE IMPROBIDADE ADMINISTRATIVA QUE CAUSAM *PREJUÍZO AO ERÁRIO* - Aqui, o tipo escolhido no art. 10 da lei, trata como ato de improbidade administrativa aquele que causa lesão ao erário decorrente de qualquer *ação ou omissão, dolosa ou culposa*, que imponha "perda patrimonial, desvio, apropriação, malbaratamento ou dilapidação dos bens ou haveres" das entidades tuteladas pelo dispositivo.

DOS ATOS DE IMPROBIDADE ADMINISTRATIVA DECORRENTES DE *CONCESSÃO OU APLICAÇÃO INDEVIDA DE BENEFÍCIO FINANCEIRO OU TRIBUTÁRIO* - Tipo inovador, inserido por alteração do texto original, o Art. 10-A, trouxe nova figura típica que constitui ato de improbidade administrativa. Neste dispositivo, tem-se a configuração da improbidade "qualquer ação ou omissão para conceder, aplicar ou manter benefício financeiro ou tributário contrário ao que dispõem o *caput* e o §1º do art. 8º-A da Lei Complementar nº 116, de 31 de julho de 2003".

DOS ATOS DE IMPROBIDADE ADMINISTRATIVA QUE ATENTAM CONTRA OS *PRINCÍPIOS DA ADMINISTRAÇÃO PÚBLICA* - Aqui, talvez tivéssemos a essência da definição da improbidade propriamente dita, já que o art. 11, escolheu tratar como ato de improbidade administrativa aquele que atentar contra os princípios da administração pública, através de "qualquer ação ou omissão que viole os deveres de honestidade, imparcialidade, legalidade, e lealdade às instituições". Aqui, valorou-se expressamente a violação ao dever de "honestidade" como configurador do ato ímprobo.

Para cada tipo de conduta anotou a *penalidade a ser aplicada*, levando em conta a proporcionalidade e razoabilidade, uma vez que faz anotar expressamente na parte final do art. 12 da LIA a expressão *levando em conta a gravidade do ato*.

Art. 12. Independentemente das sanções penais, civis e administrativas previstas na legislação específica, está o responsável pelo ato de improbidade sujeito às seguintes cominações, que podem ser aplicadas isolada ou cumulativamente, de acordo com a gravidade do fato:

I - na hipótese do art. 9º, perda dos bens ou valores acrescidos ilicitamente ao patrimônio, ressarcimento integral do dano, quando houver, perda da função pública, suspensão dos direitos políticos de oito a dez anos, pagamento de multa civil de até três vezes o valor do acréscimo patrimonial e proibição de contratar com o Poder Público ou receber benefícios ou incentivos fiscais ou creditícios, direta ou indiretamente, ainda que por intermédio de pessoa jurídica da qual seja sócio majoritário, pelo prazo de dez anos;

II - na hipótese do art. 10, ressarcimento integral do dano, perda dos bens ou valores acrescidos ilicitamente ao patrimônio, se concorrer esta circunstância, perda da função pública, suspensão dos direitos políticos de cinco a oito anos, pagamento de multa civil de até duas vezes o valor do dano e proibição de contratar com o Poder Público ou receber benefícios ou incentivos fiscais ou creditícios, direta ou indiretamente, ainda que por intermédio de pessoa jurídica da qual seja sócio majoritário, pelo prazo de cinco anos;

III - na hipótese do art. 11, ressarcimento integral do dano, se houver, perda da função pública, suspensão dos direitos políticos de três a cinco anos, pagamento de multa civil de até cem vezes o valor da remuneração percebida pelo agente e proibição de contratar com o Poder Público ou receber benefícios ou incentivos fiscais ou creditícios, direta ou indiretamente, ainda que por intermédio de pessoa jurídica da qual seja sócio majoritário, pelo prazo de três anos

IV - na hipótese prevista no art. 10-A, perda da função pública, suspensão dos direitos políticos de 5 (cinco) a 8 (oito) anos e multa civil de até 3 (três) vezes o valor do benefício financeiro ou tributário concedido.

Em relação aos tipos de conduta e à escolha da pena a ser aplicada, o STJ tem entendimento firmado a respeito do elemento subjetivo da conduta, mais precisamente, que o *ato culposo* que causa prejuízo ao erário – art. 10 da LIA – configura ato de improbidade administrativa:

> O entendimento do STJ é de que, para que seja reconhecida a tipificação da conduta do réu como incursa nas previsões da Lei de Improbidade Administrativa, é indispensável demonstrar o elemento subjetivo, consubstanciado pelo dolo para os tipos previstos nos artigos 9º e 11 e, ao menos, pela culpa, nas hipóteses do artigo 10. (REsp nº 1.666.307/MA. Rel. Min. Herman Benjamin, Segunda Turma, j. 28.11.2017. *DJe*, 19 dez. 2017)

Neste ponto que adentramos no *cerne* destas escritas.

Isso porque é certo que a Lei Ordinária nº 8.429/92, por interpretação do STJ do art. 12 e seus incisos, permite a aplicação das penas por atos de improbidade, ainda que seja ato *culposo* – imprudência, imperícia e negligência –, desde que seja a hipótese do art. 10, que consiste em dano ao erário.

Mas, de outro lado, há a Lei Complementar nº 135/90, que altera a Lei Complementar nº 64, de 18.5.1990, que estabelece, de acordo com o §9º do art. 14 da Constituição Federal, casos de inelegibilidade e prazos de cessação, determina outras providências, para incluir hipóteses de inelegibilidade que visam a proteger a probidade administrativa e a moralidade no exercício do mandato, e prevê a inelegibilidade somente na hipótese de atos *dolosos* de improbidade.

Diante da rota de colisão das duas legislações (Lei Ordinária nº 8.429/92 + Lei Complementar nº 135/90), sem dúvidas que prevalece a exigência de dolo para decretação da inelegibilidade, por dois motivos.

Primeiro motivo, porque a lei complementar exige *quórum* qualificado para a sua aprovação, portanto, serve como critério de sobreposição na hipótese de antinomia de normas, uma vez que o exercício da democracia para a aprovação da lei complementar é de maior extensão do que para uma lei ordinária (41 senadores e 257 deputados), nos termos do art. 69 da CF/88, de forma que se democracia é o direito do maior número, então, nos pratos afilados da balança entre uma lei ordinária e complementar deve "pesar" mais esta última.

Segundo motivo, é que a lei complementar do caso posto à apreciação é *lei específica*, desafiando questões sobre os direitos políticos, trazendo definição de causas de inelegibilidade (no que interessa, por ato doloso de improbidade), portanto, prevalece sobre a LIA que é lei que abarca atos de improbidade de *forma geral* – esfera cível, penal e administrativa –, nos termos da solução de antinomia do art. 2º da LINDB.

Não se está a dizer que há hierarquia entre as duas leis, mas sim, que deve prevalecer o campo de atuação da lei mais específica, que no caso é a lei complementar.

E disso decorre consequência processual prática para condenação em atos de improbidade através da LIA, uma vez que o reconhecimento de que o agente político agiu com culpa ao causar dano ao erário público exclui a aplicação da pena de suspensão dos direitos políticos.

A título de ilustração, se o chefe do Executivo em nome do município realiza contrato de mútuo em instituição financeira pública – Banco do Brasil ou Caixa Econômica Federal –, objetivando o pagamento do 13º salário do funcionalismo, de que se entende que se trata de ato de improbidade culposa, uma vez que os encargos bancários aplicados pela instituição são abusivos, ele pode ser condenado ao ressarcimento integral do dano e à pagamento de multa, contudo, seus direitos políticos não podem ser suspensos, pela inexistência do dolo exigido na *Lei da Ficha Limpa*.

17.7 Conclusão

Apesar da vastidão de estudos e julgados que enfrentaram a questão da improbidade administrativa e as causas de inelegibilidade, neste ensaio estreitou-se o foco para valorar e tornar ferramenta de interpretação a autonomia da responsabilidade por ato de improbidade administrativa, que permite a aplicação das sanções pela prática de condutas ímprobas de forma independente nas esferas penal, cível, administrativa, e por improbidade propriamente dita.

No campo legislativo-processual, delineou-se o sutil conflito de normas, ao cotejar as leis que tratam das questões de elegibilidade e as decorrentes da prática dos atos ímprobos.

De tudo, pode-se concluir que há um microssistema de proteção ao patrimônio público que atribui legitimidade ao cidadão (ação popular – Lei nº 4.717), bem como às instituições públicas (ação civil pública – Lei nº 7.347 e ação de improbidade administrativa – Lei nº 8.429).

Pela Lei de Improbidade Administrativa – Lei Ordinária nº 8.429 – e por interpretação do art. 12 dada pelo Superior Tribunal de Justiça, permite-se que haja condenação por danos ao erário (art. 10) em ocorrendo dolo ou *culpa* e com possibilidade de imposição das penas do art. 12, III, o que inclui a suspensão dos direitos políticos.

Ocorre que a exegese da Lei Complementar nº 135/90, que altera a Lei Complementar nº 64, de 18.5.1990, que dispõe sobre hipóteses de inelegibilidade que visam a proteger a probidade administrativa e a moralidade no exercício do mandato, prevê a inelegibilidade somente na hipótese de atos de improbidade *dolosa*.

E disso decorre consequência processual prática para condenação em atos de improbidade através da LIA, uma vez que o reconhecimento de que o agente político agiu com culpa ao causar danos ao erário público exclui a aplicação da pena de suspensão dos direitos políticos.

Por fim, tais linhas foram lançadas em absoluto respeito aos preceitos constitucionais, sobretudo ao da representatividade democrática, da moralidade, da probidade administrativa, de forma que o Estado brasileiro mantenha o necessário equilíbrio republicano, porém, banindo da vida pública os indignos e desonestos.

Referências

ARIS, Thalita Abdala. *Improbidade no direito eleitoral*. Rio de Janeiro: Lumen Juris, 2014.

BRASIL. *Constituição da República Federativa do Brasil*. Disponível em: <http://www.planalto.gov.br/ccivil_03/constituicao/constituicaocompilado.htm>.

BRASIL. *Lei nº 8.429 de 2 de junho de 1992*. Disponível em: <http://www.planalto.gov.br/Ccivil_03/leis/L8429.htm>.

CABRAL, Antônio de Passo. A duração razoável do processo e a gestão do tempo no projeto de Novo Código de Processo Civil. In: FREIRE, Alexandre *et al.* (Org.). *Novas tendências do processo civil*. Estudos sobre o projeto do Novo Código de Processo Civil. Salvador: JusPodivm, 2013.

LOPES, Dimas Ferreira. Direito processual na história. Celeridade do processo como garantia constitucional – Estudo histórico-comparativo: Constituição brasileira e espanhola. In: FIUZA, César (Org.). *Direito processual na história*. Belo Horizonte: Mandamentos, 2002.

SILVA, José Afonso da. *Curso de direito constitucional positivo*. 40. ed. rev. e ampl. São Paulo: Malheiros, 2017.

Informação bibliográfica deste texto, conforme a NBR 6023:2002 da Associação Brasileira de Normas Técnicas (ABNT):

BASTOS, Alexandre. A improbidade administrativa e a aferição das condições de elegibilidade – A autonomia da responsabilidade por atos de improbidade. In: COSTA, Daniel Castro Gomes da et al. (Coord.). *Direito Eleitoral comparado*. Belo Horizonte: Fórum, 2018. p. 315-330. ISBN 978-85-450-0550-6.

CAPÍTULO 18

A CONTROVÉRSIA NÃO EQUACIONADA: A ANÁLISE JURÍDICO-CONSTITUCIONAL DO MODELO NORMATIVO DE SUCESSÃO NA CHEFIA DO EXECUTIVO BRASILEIRO (CE, ART. 224, §§3º E 4º)

CARLOS EDUARDO FRAZÃO

18.1 Considerações iniciais

Recebi o convite do mestre constitucionalista Jorge Miranda para contribuir em sua coletânea com um misto de (imensa) alegria e preocupação. A *alegria* se materializa na possibilidade de participar desta obra coordenada por uma de minhas principais referências teóricas quando ainda engatinhava nos estudos do direito constitucional. A *preocupação* advém da necessidade de produzir um conjunto de ideias à altura da excelência acadêmica do corpo de juristas notáveis que integram o livro. Espero atender às expectativas a contento.

O presente trabalho objetiva examinar um dos aspectos trazidos pela Minirreforma Eleitoral levada a efeito, em 2015,[1] pela Lei nº 13.165, que ainda não restou equacionado pelo Supremo Tribunal Federal, a despeito das ações diretas ajuizadas:[2] os impasses

---

[1] Uma nota de ironia: no Brasil, no ano anterior à eleição, é veiculada uma Minirreforma Eleitoral, não obstante a edição da Lei nº 9.504, em 1997, intitulada Lei das Eleições, cujo propósito precípuo consistia exatamente em evitar a proliferação dessas leis pontuais. Em 2017 não foi diferente e nova Minirreforma Eleitoral foi levada a efeito, com a promulgação da EC nº 97 e da Lei nº 13.488. Entre outras modificações, a última Minirreforma introduziu o financiamento coletivo para arrecadação de recursos em campanhas eleitorais (*crowdfunding*), extinguiu as coligações em pleitos proporcionais a partir de 2020, permitiu o impulsionamento de propagandas pagas na internet e instituiu o fundo eleitoral de campanhas eleitorais. Por escaparem ao objeto deste estudo, examinarei aludidas alterações em outra oportunidade.

[2] Trata-se das ações diretas de inconstitucionalidade nºs 5.525 e 5.619, ajuizadas, respectivamente, pelo Procurador-Geral da República e pelo Partido Social Democrático (PSD).

gerados pelos §§3º e 4º do art. 224 do Código Eleitoral. Aludidos preceitos, também introduzidos pela Minirreforma, dispõem que o pronunciamento da Justiça Eleitoral que importar o indeferimento do registro, a cassação do diploma ou a perda do mandato de candidato eleito em pleito majoritário acarreta, após o trânsito em julgado, a realização de novas eleições, independentemente do número de votos anulados. Verificadas essas situações nos 6 (seis) últimos meses de mandato, haverá eleição indireta; nos demais casos, direta.

Apesar de aparentemente despretensiosos, os §§3º e 4º têm suscitado candentes discussões entre os eleitoralistas, que questionam (i) sua validade jurídico-constitucional para disciplinar hipóteses de dupla vacância na chefia do Executivo, (ii) seu correto âmbito de incidência, sobretudo quando em cotejo com o *caput* do mesmo artigo, (iii) a razoabilidade da exigência de trânsito em julgado para a realização de eleições suplementares[3] com os cânones reitores do processo eleitoral, notadamente porque pode dar azo a uma espécie de *parlamentarismo* à *brasileira*, e (iv) eventuais impactos advindos de sua aplicação para essas eleições, *i.e.*, anulação das eleições, independentemente do número de votos anulados.

Para tal desiderato, o artigo está estruturado da seguinte forma: no item subsequente (18.2), será examinada a compatibilidade jurídico-constitucional do §3º. Aqui, defenderei a inconstitucionalidade parcial do referido preceito. O item 18.3 se dedica a analisar o reduzido âmbito de aplicação do *caput* do art. 224 do Código Eleitoral. Já o item 18.4 se destina a demonstrar a inconstitucionalidade do §4º do art. 224 do Código Eleitoral, firme no argumento de que é vedado ao legislador disciplinar as formas de vacância de chefes do Poder Executivo, seja em âmbito federal, seja em âmbito regional e local (estados-membros, Distrito Federal e municípios).[4]

18.2 A inconstitucionalidade *parcial* com redução do art. 224, §3º, do Código Eleitoral: as consequências incompatíveis com a Constituição da exigência de trânsito em julgado para a realização de novas eleições

O primeiro conjunto de críticas aos §§3º e 4º do art. 224 é de ordem *jurídico-constitucional*.[5] De toda a equação normativa, vislumbro inconstitucionalidade em

---

[3] Tecnicamente, trata-se de hipótese de renovação da eleição, e não de eleições suplementares. Na *eleição suplementar*, há apenas a renovação parcial da votação em uma (ou algumas) seção (seções), ao passo que a *renovação da eleição* implica a realização de novo processo eleitoral em dada circunscrição. Em doutrina, cf. ZÍLIO, Rodrigo Lopes. *Direito eleitoral*. 5. ed. Porto Alegre: Verbo Jurídico, 2016. p. 73. Na jurisprudência: "[a *eleição suplementar*] ocorre quando é necessário repetir-se a votação em alguma seção eleitoral que tenha sido anulada por um dos motivos previstos no capítulo VI do Código Eleitoral, que trata das nulidades da votação. Por certo que o caso dos autos não é de eleição suplementar, visto que *todo o pleito majoritário foi renovado* [renovação de eleição] e não apenas algumas seções" (TSE. REspe nº 21.141. Rel. Min. Fernando Neves. *DJ*, 29 ago. 2003. Grifos nossos). No texto, porém, as expressões serão utilizadas de maneira intercambiável.

[4] O Brasil, ao contrário da maioria das demais Federações no mundo, empresta autonomia política aos municípios, consubstanciando um federalismo de 3º grau ou tridimensional.

[5] Cito, ilustrativamente, a ADI nº 5.585, relatada pelo Min. Luís Roberto Barroso e ajuizada pelo Procurador-Geral da República, em que se sustenta o ultraje aos seguintes princípios constitucionais: (i) da soberania popular (art. 1º, parágrafo único); (ii) federativo (arts. 1º, *caput*, e 18, *caput*); (iii) da inafastabilidade do controle jurisdicional (art. 5º, XXXV); (iv) do *substantive due process of law* e da proporcionalidade (art. 5º, LIV); (v) da finalidade (art. 37, *caput*); (vi) da economicidade (art. 70, *caput*); bem como (vii) da normativa de sucessão presidencial em casos de dupla vacância (art. 81, *caput*, e §1º).

apenas *duas* situações: no §3º, apenas quanto à exigência do trânsito em julgado para a realização de novas eleições; e integralmente do §4º. É que, metodologicamente, a invalidação jurídico-constitucional de leis ou atos normativos deve amparar-se, segundo penso, nas estritas hipóteses de (i) ofensa manifesta e flagrante, formal ou material, ao texto constitucional, (ii) defesa dos pressupostos ao adequado funcionamento das instituições democráticas, (iii) tutela do direito de igualdade das minorias e (iv) sempre que a incidência da norma no plano fático produzir resultados dissonantes daqueles esperados pela Constituição da República.[6] E não vislumbro qualquer preceito que evidencie a opção do constituinte por um modelo de assunção do segundo colocado, em detrimento daquele instituído na nova redação do §3º do art. 224.

Dito noutros termos, um *arranjo normativo ruim – como muitos defendem ser o §3º – não é necessariamente inconstitucional*. A discordância com o regime de novas eleições para a chefia do Executivo não autoriza o intérprete/aplicador a advogar por sua inconstitucionalidade por recair em subjetivismo e voluntarismo judicial indesejáveis e excessivamente nocivos à estabilidade e ao equilíbrio das instituições. É preciso reconhecer que o Poder Legislativo se afigura como *locus* de tomada de decisões de primeira ordem dentro de uma ordem democrática, de sorte que possui, justamente por isso, amplo espaço de conformação legislativa para pensar, repensar e definir arranjos normativos, notadamente em matéria político-eleitoral. Tal espaço de limitação, por evidente, não se revela absoluto e é balizado pela moldura delineada pelo constituinte, seja por *regras específicas* disciplinando determinado assunto (*e.g.*, opção do constituinte por disciplinar a dupla vacância da chefia do Executivo federal, a teor de seu art. 81, *caput* e §1º), seja pela previsão de *princípios substantivos* (*e.g.*, soberania popular, pluralismo político, igualdade de chances), que, a despeito de sua vagueza, manietam a discricionariedade do legislador, impedindo que se distanciem do estado de coisas a ser realizado por estas normas fundamentais. No mais, e como dito, a tutela dos direitos das minorias – cujas pautas, não raro, são obstadas nas instâncias políticas majoritárias, como casamento homossexual, aborto, legalização da maconha – e a defesa dos pressupostos democráticos também autorizam, a meu sentir, a atuação mais incisiva por parte da Suprema Corte, de ordem a invalidar atos e diplomas normativos emanados dos órgãos majoritários.

Volvendo à análise do §3º, acredito que a exigência de trânsito em julgado para a realização de novas eleições produz, no plano dos fatos, resultados inconstitucionais. Isso porque, quando se examina a legislação de regência e a jurisprudência sobre o tema, uma consequência possível é a assunção do presidente da Câmara Municipal à chefia do Executivo, cenário que instituiria, em um sem número de hipóteses, uma espécie de *parlamentarismo* à *brasileira*. Convém melhor desenvolver.[7]

Ao conceber o §3º, a inequívoca intenção do legislador era reverter a jurisprudência do Tribunal Superior Eleitoral, segundo a qual a incidência do art. 224 pressupunha que

---

[6] Sobre o tema, cf. FUX, Luiz; FRAZÃO, Carlos Eduardo. O Supremo Tribunal Federal na fronteira entre o direito e a política: alguns parâmetros de atuação. In: SARMENTO, Daniel. *Jurisdição constitucional e política*. Rio de Janeiro: Forense, 2015. p. 35-72.

[7] Defendi esse posicionamento em FRAZÃO, Carlos Eduardo; SILVEIRA, Marilda de Paula. Entre cassação e recursos, quem governa?. *Jota*, 11 nov. 2016. Disponível em: <https://www.jota.info/colunas/e-leitor/e-leitor-ensaio-sobre-um-caos-anunciado-entre-cassacao-e-os-recursos-quem-governa-11112016>. Acesso em: 9 jan. 2018.

o candidato cassado tivesse amealhado, sozinho, mais de 50% (cinquenta por cento) dos votos válidos (não computados os votos em branco e os nulos).[8] Assim, se a nulidade dos votos do candidato cassado não inquinasse mais de 50% (cinquenta por cento) dos votos válidos, haveria a convocação do segundo colocado no certame, não se realizando novo pleito.[9] Justamente por isso, forjou-se uma saída normativa em que a realização de novas eleições ocorreria, em eleições majoritárias, independentemente do número de votos anulados, sempre que o candidato eleito tiver em seu desfavor um pronunciamento judicial de indeferimento de registro, de cassação do diploma ou de perda do mandato.

Tais motivos constam, expressamente, do Relatório Parcial nº 4/2015 da Comissão Temporária de Reforma Política do Senado Federal, em relatório confiado ao Senador Romero Jucá, ao afirmar que "a invalidação da candidatura vencedora, seja em primeiro, seja em segundo turno, deve acarretar a realização de novas eleições, pondo fim a qualquer interpretação no sentido de que seja dada posse ao segundo colocado". Como justificativa, aduziu o Relatório que "os valores a serem preservados são a lisura e a legitimidade do pleito, e o respeito à vontade popular", de sorte que "conferir ao candidato de uma dada minoria significa[ria] ferir a legitimidade para o exercício do poder os próprios fundamentos da democracia".

Sucede que, diversamente do que propôs o legislador, condicionar a realização de novas eleições ao trânsito em julgado, antes de fortalecer, amesquinha aludidos valores. E não poderia ser diferente. Eventual afastamento do candidato eleito (por indeferimento de registro, cassação diploma ou perda do mandato) não autorizará, de imediato, a convocação do novo pleito, habilitando, em consequência, a assunção do presidente da Câmara Municipal à titularidade da chefia do Executivo local. Tomemos dois exemplos para ilustrar o ponto.

Primeiro exemplo. Imaginemos uma eleição municipal com 4 (quatro) candidatos: *candidato A*, 35% dos votos válidos, registro *indeferido* na data do pleito e recurso pendente de julgamento; *candidatos B, C e D*, com, respectivamente, 30%, 25%, 10% dos votos válidos e todos com registro *deferido* na data da eleição. Nessa situação temos que (i) o candidato A não poderá ser diplomado, nos termos do art. 171 da Resolução nº 23.456 do TSE,[10] e (ii) o candidato B também não poderá ser proclamado eleito, uma vez que, a despeito de ter obtido o maior número de votos válidos na eleição (lembrando que os votos atribuídos ao candidato A são considerados nulos), existe candidato com registro indeferido mas com recurso ainda pendente e cuja votação nominal tenha sido maior (no exemplo, o candidato A nos termos do art. 167, II, da aludida resolução.[11]

---

[8] "[...] na aplicação do art. 224 do Código Eleitoral é preciso que o candidato cassado - sozinho - haja obtido mais de 50% (cinquenta por cento) dos votos válidos, não entrando neste cálculo os votos originariamente nulos" (TSE. ED-REspe nº 25.855. Rel. Min. Ayres Britto. *DJ*, 11 abr. 2008). Em outro trabalho, manifestei a incoerência desse entendimento esposado pelo Tribunal Superior Eleitoral (FRAZÃO, Carlos Eduardo; FUX, Luiz. *Novos paradigmas do direito eleitoral*. Belo Horizonte: Fórum, 2016).

[9] TSE. RCED nº 671. Rel. Min. Eros Grau. *DJe*, 3 mar. 2009 (Caso Jackson Lago). A mesma orientação foi aplicada no RO nº 1.497. Rel. Min. Eros Grau. *DJ*, 2 dez. 2012 (Caso Cássio Cunha Lima).

[10] Resolução-TSE nº 23.456/2015: "Art. 171. Não poderá ser diplomado nas eleições majoritárias ou proporcionais o candidato que estiver com o registro indeferido, ainda que *sub judice*".

[11] Resolução-TSE nº 23.456/2015: "Art. 167. Nas eleições majoritárias, respeitado o disposto no §1º do art. 165, serão observadas ainda as seguintes regras para a proclamação dos resultados: [...] II – não deverá a Junta Eleitoral proclamar eleito o candidato que obtiver o maior número de votos válidos, se houver candidato com registro indeferido mas com recurso ainda pendente e cuja votação nominal tenha sido maior, o que poderá, após o trânsito em julgado, ensejar nova eleição, nos termos do §3º do art. 224 do Código Eleitoral; [...]".

Contudo, por exigir o trânsito em julgado para a realização de novas eleições, o §3º do art. 224 não informa quem assumirá a titularidade da municipalidade enquanto perdurar a indefinição jurídica do candidato A. E isso chancelaria, pela via oblíqua, a assunção do presidente da Câmara Municipal à chefia do Executivo.

Segundo exemplo. Eleição municipal também com 4 (quatro) candidatos: *candidatos A, B, C e D*, com, respectivamente, 35%, 30%, 25%, 10% dos votos válidos e todos com registro deferido na data da eleição. Nesse caso, o candidato A será proclamado eleito e, em condições normais, diplomado e empossado.[12] No entanto, se o registro de candidatura de A estiver com recurso especial pendente de julgamento no Tribunal Superior Eleitoral, eventual pronunciamento de indeferimento do registro ensejará duas consequências: (i) a cassação do diploma ou retirada do cargo, se eventualmente diplomado ou empossado,[13] e (ii) a renovação do pleito, a qual somente poderá ocorrer, todavia, após o trânsito em julgado, nos termos do 224, §3º. Materializada a situação, mais uma vez o titular do Executivo municipal será o presidente do Legislativo.

Diante desses cenários, indaga-se: a assunção na titularidade do Executivo municipal do presidente da Câmara Municipal, ainda que provisoriamente, é a medida que melhor satisfaz os ditames de soberania popular, alteado como cânone fundamental a justificar a implementação dessa política legislativa? A pergunta é meramente retórica.

Como é fácil notar, essas potenciais consequências no plano fático preanunciadas pela exigência de trânsito em julgado, em nada realizam os princípios democrático e da soberania popular. Muito pelo contrário. Conquanto se reconheça alguma *dificuldade metodológica* na aplicação de normas dotadas de elevado grau de vagueza e indeterminação semântica, certo é que um modelo normativo que estimule a assunção, mesmo que temporária, do presidente da Câmara Municipal ao Executivo local, eleito que é pelo sistema proporcional, produz um resultado incompatível com o estado ideal de coisas promovido pelos princípios democrático e da soberania popular.[14]

Seja porque encerram *normas de justificação*, seja porque atuam como *vetores interpretativos*, aludidos princípios bloqueiam qualquer tipo de arranjo que impulsione um cidadão eleito pelo sistema proporcional à titularidade do Poder Executivo, em

---

[12] Resolução-TSE nº 23.456/2015: "Art. 167. Nas eleições majoritárias, respeitado o disposto no §1º do art. 165, serão observadas ainda as seguintes regras para a proclamação dos resultados: I - deverá a Junta Eleitoral proclamar eleito o candidato que obtiver o maior número de votos válidos, não computados os votos em branco e os votos nulos, se não houver candidato com registro indeferido que tenha obtido maior votação nominal; [...]".

[13] Ressalvados, à evidência, os casos em que o candidato com registro indeferido obtém um provimento cautelar para manter-se no cargo.

[14] Em irretocável lição sobre este aspecto metodológico, o Ministro Luiz Fux, em sede doutrinária, vaticina que "[a] primeira dificuldade metodológica [de aplicar o princípio democrático] salta aos olhos e reside na própria identificação do conteúdo jurídico do princípio democrático: dada a elevada vagueza e a indeterminação semântica, a definição do conteúdo jurídico sempre será imprecisa e propiciará divergências na aplicação a casos concretos. [...] a abstração com que a previsão normativa é contemplada na Constituição não autoriza sua aplicação, direta e imediata [...] para equacionar uma controvérsia jurídica (eficácia positiva ou simétrica). Se, por um lado, há dissenso a respeito da eficácia positiva ou simétrica do princípio democrático, por outro lado, aludido cânone não é despido de aptidão para a produção de efeitos jurídicos. De fato, *o princípio democrático pode ser compreendido como argumento de justificação (ou legitimação) dos demais institutos e arranjos engendrados pelo legislador*. [...] Além disso, e justamente por sua topografia (princípio fundamental), *apresenta-se como autêntico vetor interpretativo das demais cláusulas constitucionais e do ordenamento infraconstitucional (eficácia interpretativa)*, circunstância que habilita que o intérprete/aplicador empreste a estas disposições a exegese que melhor realize o ideário democrático" (FUX, Luiz. Princípios do Direito Eleitoral. In: NORONHA, João Otávio; KIM, Richard Pae (Org.). *Sistema político e direito eleitoral brasileiros*: estudos em homenagem ao Ministro Dias Toffoli. São Paulo: Atlas – GEN, 2016. v. 1, p. 507-536. Grifos nossos).

detrimento de outro, ainda que o segundo colocado tenha sido eleito majoritariamente. Precisamente por que cria uma espécie de *parlamentarismo à brasileira*,[15] a sistemática introduzida pelo §3º não encontra lastro de validade, forte e categórico, em qualquer exegese constitucionalmente adequada, e deve, por isso, ser expungida do ordenamento jurídico.

Conquanto o Supremo Tribunal não tenha se pronunciado a respeito do tema, o Tribunal Superior Eleitoral corroborou a tese aqui ventilada no julgamento dos Embargos de Declaração no Recurso Especial Eleitoral nº 139-25, de relatoria do Ministro Henrique Neves, relativo ao município de Salto do Jacuí/RS.[16] Naquela assentada, a Corte asseverou *constitucionalidade* do modelo de novas eleições instituído pela Minirreforma Eleitoral de 2015 e a *inconstitucionalidade* da expressão *após o trânsito em julgado* na esteira da argumentação aqui defendida. Cito, por oportuno, as precisas lições extraídas do voto do Ministro Luiz Fux, quando assentou, após citar meu texto em conjunto com a Professora Marilda Silveira:

> [se]trata da implementação de uma espécie de parlamentarismo *sui generis* à brasileira, porquanto autoriza que alguém que não sofrera o batismo da majoritariedade seja investido na chefia do Executivo local. Esse cenário se agrava quando rememoramos o fato de que os membros das Casas Legislativas, não raro, não atingem o quociente eleitoral, elegendo-se com votos atribuídos às legendas, bem como a circunstância de o Presidente do Legislativo ser escolhido indiretamente por seus pares. Modelo em descompasso maior com ideários democrático e da soberania popular não consigo vislumbrar.

No mesmo sentido, o voto do relator Ministro Henrique Neves, ao vaticinar:

> A mera possibilidade de perpetuação dessa situação, mediante a manutenção de quem não foi eleito, como titular, vice ou suplente, à frente do cargo específico por tempo indeterminado, conflita com várias regra princípios constitucionais. Primeiro, e acima de tudo, há evidente afronta à soberania popular e à democracia representativa (CF, art. l, 1 e parágrafo único), diante da possibilidade de o mandato ser exercido, desde o seu início ou logo após, por quem não foi diretamente escolhido pelo povo para representá-lo no exercício do poder. [...].

Bem como "viola o vetor constitucional previsto no art. 14, §9º, da Constituição da República no que tange à necessidade de se observar a legitimidade da eleição" e "o princípio da celeridade dos feitos eleitorais e com a garantia fundamental prevista no inciso LXXVIII do art. 50 da Constituição da República".

Os argumentos, como se percebe, são teoricamente densos e juridicamente consistentes. Em verdade, penso que essa solução encampada pelo Tribunal Superior Eleitoral é a que melhor realiza os cânones constitucionais alusivos à adequação jurídico-constitucional do art. 224, §3º, de modo que devem presidir, em consequência, o julgamento futuro das ações diretas pela Suprema Corte.

---

[15] A expressão tem sido utilizada com frequência em discussões eleitoralistas.

[16] TSE. ED-REspe nº 139-25. Rel. Min. Henrique Neves, 28.11.2016.

18.3 O reduzido âmbito de aplicabilidade do *caput* do art. 224 do Código Eleitoral

A relação entre o *caput* e o §3º do art. 224 do Código Eleitoral também tem gerado interessantes debates no círculo dos eleitoralistas. Parte da doutrina sugere que o *caput* foi tacitamente revogado ou que possui reduzido âmbito de aplicação com o advento do §3º, de maneira a incidir tão só em raríssimas hipóteses constantes do código.[17] Outros juristas, porém, advogam a plena incidência do *caput*, a despeito da nova sistemática do §3º, dado que "o parágrafo est[aria] logicamente submetido ao conteúdo da cabeça do artigo".[18]

É fácil perceber que todas as interpretações ventiladas são subótimas. De um lado, afirmar que o §3º se submete ao *caput* descuida o fato de que as normas foram concebidas em momentos distintos: o *caput* existe desde a redação original do código; o §3º, não; este foi introduzido com a Minirreforma. Portanto, o critério da especialidade utilizado para o deslinde da antinomia se revela equivocado. Em condições normais, a especialidade é aplicada quando as normas foram editadas no mesmo momento ou quando disciplinam temas que, embora correlatos, guardam relação gênero-espécie (*e.g.*, infração penal cometida na direção de veículo automotor reclama a incidência do Código de Trânsito Brasileiro, e não do Código Penal). E essa relação não se verifica no caso.

Por outro lado, a redução do âmbito de aplicação do *caput* desafia as técnicas de interpretação jurídica. Ainda que se depare com uma produção legislativa ruim, como é o caso da Lei nº 13.165/2015, não seria franqueada ao intérprete, ao menos em tese, a faculdade de desconsiderar a não revogação do *caput*. A crítica, aqui, se justifica no fato de que seria dever do intérprete buscar alguma harmonização entre os preceitos.

Se ambas as exegeses produzem resultados subótimos, acredito que certa dose de *consequencialismo* contribui para a melhor acomodação do arcabouço normativo aplicável à espécie. Adotando o consequencialismo como premissa nesses casos, endosso minhas conclusões, já assentadas em ensaio anterior, no sentido de que o *caput* do art. 224, não obstante a ausência de revogação expressa, teve sua aplicabilidade extremamente reduzida.[19] Explico.

De plano, assento que a delimitação do sentido da expressão *candidato eleito* é essencial para compreender o alcance do §3º. Segundo ele, a realização de novas eleições ocorrerá sempre que houver pronunciamento judicial que importe o indeferimento do registro, a cassação do diploma ou a perda do mandato de *candidato eleito* em pleito majoritário, independentemente do número de votos anulados.

---

[17] "Ao mencionar apenas à 'eleição a que se refere o §3º', esse novo dispositivo reforça a ideia de que o caput do art. 224, do CE foi tacitamente revogado ou, ao menos, perdeu sua aplicabilidade" (ZÍLIO, Rodrigo Lopes. *Direito eleitoral*. 5. ed. Porto Alegre: Verbo Jurídico, 2016. p. 77).

[18] Ver, por todos REIS, Márlon. Lei 13.165 criou antinomia sobre perda de mandato no Código Eleitoral. *Conjur*, 29 fev. 2016. Disponível em: <http://www.conjur.com.br/2016-fev-29/marlon-reis-lei-13165-criou-antinomia-perda-mandato>. Acesso em: 8 out. 2016.

[19] FRAZÃO, Carlos Eduardo. Aspectos controvertidos da Minirreforma Eleitoral de 2015: a inaplicabilidade do art. 224, §4º, do Código Eleitoral, a eleições para o Poder Executivo. *Os Eleitoralistas*, 6 maio 2016. Disponível em <http://oseleitoralistas.com.br/aspectos-controvertidos-da-minirreforma-eleitoral-de-2015-a-inaplicabilidade-do-art-224-%C2%A7-4o-do-codigo-eleitoral-a-eleicoes-para-o-poder-executivo-por-carlos-eduardo-frazao/>. Acesso em: 7 out. 2016.

Referida expressão pode ser compreendida de duas formas: (i) o candidato que obteve a maior votação nominal e que, ao final do julgamento dos registros, foi proclamado eleito, pouco importando se, no dia da eleição, estava com registro indeferido, ou (ii) o candidato que, *na data da eleição*, encontrava-se com registro deferido. E a legislação de regência direciona para esta segunda interpretação. Aqui, o direito positivo contribui decisivamente para a correta definição do sentido do termo.

Com efeito, a teor do art. 175, §3º, consideram-se nulos, para todos os efeitos, os votos atribuídos a candidatos com registro indeferido ou inelegíveis no dia da eleição, ante a ausência de registro de candidatura.[20] De igual modo, o art. 16-A da Lei das Eleições, que cuida da candidatura *sub judice*, dispõe que "a validade dos votos a ele atribuídos condicionada ao deferimento de seu registro por instância superior". À evidência, o preceito refere-se àqueles que estejam com registro indeferido e tenham interposto recurso contra o provimento desfavorável, remanescendo, até a data da eleição, nessa condição.[21]

Não por outro motivo, a proclamação dos eleitos leva em consideração apenas os candidatos que estejam com seu estado jurídico de elegibilidade incólume, *i.e.*, preencham as condições de elegibilidade e não incorram em quaisquer causas de inelegibilidade. Portanto, a expressão *candidato eleito* refere-se àqueles que, *na data da eleição*, se encontravam com registro deferido.

Assentado âmbito de incidência, remanesce o questionamento: em que situações fáticas incidiria, então, o *caput* do art. 224? A resposta – com a qual não se concorda, antecipo – seria extraída *a contrario sensu*: se o §3º refere-se a candidatos eleitos – assim concebidos aqueles que estejam com registro deferido na data do pleito –, o *caput* do art. 224 se materializaria nas hipóteses em que (i) o candidato esteja com registro indeferido na eleição, (ii) os votos a ele atribuído totalizam mais da metade naquela eleição e (iii) haja a ratificação do indeferimento de seu registro.

Essa exegese, porém, não resiste a um escrutínio mais rigoroso, sobretudo quando em cotejo com a legislação de regência e com as consequências dela advindas.

Em *primeiro* lugar, sob a perspectiva *jurídico-positiva*, o já citado art. 175, §3º, do código[22] é categórico em afirmar que são nulos, *para todos os efeitos*, os votos atribuídos a candidatos com registro indeferido ou inelegíveis. O dispositivo legal, vazado em termos peremptórios, não autoriza que esses votos sejam levados em consideração qualquer que seja o motivo. Dispositivo mais cristalino, impossível!!!!

Aqui, não desconheço que a jurisprudência iterativa do Tribunal Superior Eleitoral traça a distinção entre votos originalmente nulos, decorrentes de manifestações apolíticas, dos votos outorgados a candidatos com registro indeferido ou inelegíveis. Mais: há, ainda, argumento mais sofisticado – calcado no ato volitivo manifestado pelo eleitor nas urnas –, no sentido de que não poderia haver a pretensa equiparação entre os votos originalmente nulos e aqueles conferidos a candidatos com registro indeferido ou inelegíveis. Nessa linha de raciocínio, as consequências jurídicas de uma manifestação apolítica, consciente e voluntária, de um cidadão não se assemelham àquela decorrente

---

[20] GOMES, José Jairo. *Direito eleitoral*. São Paulo: Atlas, 2016. p. 845.

[21] CASTRO, Edson de Resende. *Curso de direito eleitoral*. 8. ed. Belo Horizonte: Del Rey, 2016. p. 129.

[22] CE: Art. 175. [...] §3º Serão nulos, para todos os efeitos, os votos dados a candidatos inelegíveis ou não registrados".

do direcionamento de voto, também consciente e voluntário, a determinado candidato, ainda que esteja com restrição à cidadania passiva ou com registro indeferido. No primeiro caso, o cidadão optou por votar, anular ou votar em branco; no segundo, não, uma vez que o cidadão não estaria devidamente informado a respeito do estado jurídico de elegibilidade do candidato de sua preferência.

No entanto, a distinção *supra* não encontra qualquer respaldo normativo que a justifique. Trata-se de puro voluntarismo hermenêutico. Ao revés, a legislação de regência, tal como afirmado, preconiza justamente o oposto: estes votos (atribuídos a candidatos com registro indeferido ou inelegíveis) devem ser descartados para todos os efeitos. Tal circunstância obsta que o intérprete engendre artifícios hermenêuticos, com vistas a diferenciar algo que, por lei, não pode ser diferenciado. E, precisamente por isso, inexiste distinção, quanto aos efeitos jurídico-eleitorais, entre votos brancos, nulos, atribuídos a candidatos com registro indeferido ou inelegíveis na data do pleito: *todos são votos inválidos.*

Em *segundo* lugar, aponto razões pragmáticas para rechaçar a dicotomia erigida pelo TSE e endossada por parte da doutrina. É que, em uma perspectiva *realista*, o cidadão é, sim, informado a respeito do estado jurídico do candidato de sua preferência. Não raro, o indeferimento do registro – por ausência de condição de elegibilidade ou por incidência de causa de inelegibilidade – é utilizado como *capital político* dos candidatos da oposição nas campanhas eleitorais.

Quem milita na área eleitoral sabe perfeitamente que candidatos com registros indeferidos na data do pleito perdem eleições em decorrência da intensa propaganda negativa feita pelos opositores. Ou será ninguém ouviu algo do tipo: "você vai votar no Fulano mesmo inelegível? Seu voto não valerá de nada!". Esse cenário é tão verdadeiro que, nas eleições de 2014, certo candidato a deputado distrital, que teve seu registro indeferido pelo TRE/DF por ausência de desincompatibilização, era frequentemente confundido – e por isso, instado a responder – com candidatos "ficha suja". É dizer: o cidadão médio não apenas tem ciência do indeferimento do registro do candidato de sua preferência, mas também confunde condições de elegibilidade e hipóteses de inelegibilidade. A informação, portanto, circula amplamente nas campanhas eleitorais, de modo que não passa no teste da realidade o argumento de desconhecimento do eleitor. E, também por esse fundamento, defendo que devem ser equiparados os efeitos jurídicos entre os votos brancos, nulos, atribuídos a candidatos com registro indeferido ou inelegíveis na data do pleito.

Afastadas as argumentações contrárias, reputo que a correta interpretação do *caput* art. 224 não prescinde da análise quanto aos melhores incentivos institucionais. É preciso, insisto, alguma dose de consequencialismo nos casos em que as exegeses aventadas produzem resultados subótimos.

Se chancelarmos a tese atual, eis a consequência inelutável: haverá a renovação da eleição, nos termos do art. 224, *caput*, nas situações em que os candidatos, que não lograram obter a maioria nominal, estiverem com registros indeferidos perfazendo mais da metade dos votos. Ilustrativamente, é o que ocorreria em uma eleição municipal com 4 (quatro) candidatos *A*, *B*, *C* e *D*, com, respectivamente, 40%, 35%, 20% e 5% dos votos. *A* está com registro deferido; os demais candidatos (*B*, *C* e *D*), com os registros indeferidos. Os candidatos *B*, *C* e *D* ditariam a sorte da eleição.

Isso porque os votos conferidos a candidatos com registro indeferido ou inelegíveis são considerados – conquanto nulos para todos os efeitos, a teor do art. 175, §3º – para fins do exame da *validade* da eleição. Para que haja a proclamação dos eleitos, seria preciso, antes, assentar a validade do pleito, o que somente acontece se se verificar mais da metade dos votos válidos, excluídos aí apenas os votos em branco e os nulos, conforme jurisprudência sobre o tema.[23]

Além de o art. 175, §3º, do Código Eleitoral não chancelar este posicionamento, aludido desenho estimula, no limite, comportamentos irresponsáveis por parte dos *players* da competição eleitoral, na medida em que legitima possível colusão entre candidatos ou coligações para anular uma eleição, se quiserem retirar da disputa certo candidato com elevada probabilidade de vitória. É perfeitamente crível que, na situação hipotética acima, os partidos/coligações optem por lançar, em conluio, dois candidatos – B e C – manifestamente inelegíveis e que, por isso, se encontravam, na data do pleito, com os respectivos registros indeferidos.

A prevalecer a atual interpretação – que aparta os votos originalmente nulos daqueles dados a candidatos com registro indeferido ou inelegíveis –, ocorreria a renovação da eleição, porquanto aludidos concorrentes totalizaram mais da metade dos votos no pleito (CE, art. 224, *caput*). E, como intuitivo, essa não é, em hipótese alguma, a melhor interpretação em termos institucionais.

Como a minoria não eleita pode ditar a sorte do resultado de uma eleição? Seria cômico, não fosse trágico um arranjo como esse. Como bem pontua Rodrigo López Zílio, cria-se uma "tutela dos perdedores",[24] inconciliável com uma leitura preocupada com as consequências produzidas no mundo dos fatos.

Note-se que, com tal entendimento, não se está a dizer que o cidadão não deve votar em candidatos *sub judice*. Não é isso que estou a advogar. A reversibilidade da decisão existe, e não pode ser olvidada. Portanto, afigura-se possível que o cidadão tenha liberdade e autonomia para escolher seus representantes.

O que defendo, porém, é a impossibilidade de que, confirmado o pronunciamento de indeferimento, esses votos – nulos para todos os efeitos – sejam aptos a nulificar uma eleição. Um cidadão que vota em um candidato com registro indeferido o faz por conta e risco, e tal como este, deve assumir, de forma responsável, os riscos dessa escolha.

Não ignoro que essa exegese esvazia o âmbito de aplicação do *caput* do art. 224. Todavia, que o legislador reveja, em momento posterior, sua aplicabilidade ou que, então, proceda à sua expressa revogação. Até lá, penso que não podemos criar arranjos institucionais que prestigiem as opções tomadas por eleitores numa álea, em detrimento do voto ponderado dos demais cidadãos, impondo um ônus aos vencedores do pleito, com o intuito de "ressuscitar" uma norma "morta" pelo §3º.

---

[23] Este entendimento, inclusive, já foi proclamado por órgão fracionário do Supremo Tribunal Federal. Cf. RMS nº 23.234. Rel. Min. Sepúlveda Pertence, Primeira Turma. *DJ*, 20 nov. 1998; RMS nº 32.368. Rel. Min. Luís Roberto Barroso, Primeira Turma. *DJe*, 26 ago. 2016.

[24] ZÍLIO, Rodrigo Lopes. *Direito eleitoral*. 5. ed. Porto Alegre: Verbo Jurídico, 2016.

18.4 A inconstitucionalidade do §4º do art. 224 do Código Eleitoral: a vedação ao legislador de disciplinar as formas de vacância de chefes do Poder Executivo

Em estudo anterior acerca da temática,[25] manifestei minha dificuldade em compatibilizar o art. 224, §4º, do Código Eleitoral, com a Constituição de 1988. Existe, no entanto, uma premissa essencial à compreensão da tese: o fato de o §3º introduzir hipóteses *sui generis* de dupla vacância simultânea. Antes, porém, de desenvolver a argumentação, explico as razões pelas quais considero como causa de dupla vacância as situações nele descritas.[26]

O relato normativo do §3º veicula três situações particulares: indeferimento do registro, cassação do diploma e perda do mandato. A rigor, apenas a perda do mandato consubstanciaria hipótese de dupla vacância, uma vez que, como é de conhecimento ordinário, o pressuposto para a vagatura é a ocupação do mandato. Tanto o indeferimento do registro quanto a cassação do diploma poderiam se materializar, em tese, sem a assunção aos respectivos cargos. Esse raciocínio, porém, se revela equivocado.

E afirmo isso com amparo na compreensão do termo *candidato eleito* contido no §3º e dos efeitos jurídicos dele advindos. Retomando a premissa do item antecedente, para fins de incidência do §3º, a expressão *candidato eleito* compreende todos aqueles que, *na data da eleição*, estejam com seus registros deferidos. Essa interpretação, como dito, encontra eco no diagnóstico de que os votos atribuídos a candidatos com registro indeferido no dia do pleito são considerados nulos.

Uma vez proclamados eleitos, sobressai para esses candidatos eleitos, desde logo, o direito subjetivo a serem diplomados e, em consequência, empossados. É que a diplomação ostenta natureza meramente *declaratória*, a não *constitutiva*,[27] de sorte que inexiste situação de fato (*i.e.*, morte, renúncia ou impedimento legal) apta a extinguir esse direito. A constituição do direito se manifesta com o resultado favorável no escrutínio das urnas, e não com o ato solene da Justiça Eleitoral de diplomação. Não por outra razão, o falecimento, renúncia ou reconhecimento de impedimento legal de candidato eleito, *após a eleição e antes da diplomação*, outorga ao vice, integrante da mesma chapa, o direito subjetivo à assunção na titularidade do cargo. Em termos claros: após a proclamação do eleito, e em caso de eventual impossibilidade de o titular assumir, o vice será diplomado e empossado.[28]

Pois bem. Se após a eleição já se pode falar em direito subjetivo do titular e do vice à diplomação e à posse, é óbvio que o indeferimento (ulterior) de registro de candidato

---

[25] FRAZÃO, Carlos Eduardo. Aspectos controvertidos da Minirreforma Eleitoral de 2015: a inaplicabilidade do art. 224, §4º, do Código Eleitoral, a eleições para o Poder Executivo. *Os Eleitoralistas*, 6 maio 2016. Disponível em <http://oseleitoralistas.com.br/aspectos-controvertidos-da-minirreforma-eleitoral-de-2015-a-inaplicabilidade-do-art-224-%C2%A7-4o-do-codigo-eleitoral-a-eleicoes-para-o-poder-executivo-por-carlos-eduardo-frazao/>. Acesso em: 7 out. 2016.

[26] Agradeço ao Professor Sérgio Victor pelas críticas que me serviram para aperfeiçoar o ponto.

[27] CASTRO, Edson de Resende. *Curso de direito eleitoral*. 8. ed. Belo Horizonte: Del Rey, 2016. p. 445. Na jurisprudência, cf.: "[...] os efeitos da diplomação do candidato pela Justiça Eleitoral são meramente declaratórios, já que os constitutivos evidenciam-se com o resultado favorável das urnas" (TSE. CTA nº 1.204. Rel. Min. Cezar Peluso. *DJ*, 7 ago. 2006).

[28] Referida jurisprudência a respeito do tema no Tribunal Superior Eleitoral é antiga. Cf. MS nº 442. Rel. Hélio Doyle, 19.6.1973; REspe nº 4.886. Rel. Firmino Paz, 12.4.1977; REspe nº 15.069. Rel. Min. Maurício Corrêa. *DJ*, 17 out. 1997; CTA nº 1.204. Rel. Min. Cezar Peluso. *DJ*, 7 ago. 2006.

eleito (*i.e.*, que esteja concorrendo com registro deferido na data do pleito) e a cassação do diploma veiculam hipóteses de dupla vacância simultânea. A chapa cai como um todo após a investidura ocorrida por ficção jurídica. Dito noutros termos, os efeitos jurídicos advindos da proclamação dos eleitos (*i.e.*, o surgimento de direito subjetivo à diplomação e à posse) qualificam juridicamente aludidas situações de fato como causas de dupla vacância.

Por uma ficção jurídica, consolidada na jurisprudência remansosa do TSE, titular e vice já ocupam o cargo para o qual foram eleitos, de sorte que a ocorrência de qualquer situação no mundo dos fatos que os impeça de ocupar ou os retirem da titularidade do Executivo é, sim, causa de vacância. Assentada essa premissa, volto à argumentação central.

Ao regular a forma de sucessão na chefia do Poder Executivo, o §4º ultraja o art. 81, *caput*, e seu §1º, da Constituição, que já normatizam a temática nos cargos de presidente e vice-presidente da República nos casos de dupla vacância. Por isso, não endosso a jurisprudência do TSE, defendida por parte da doutrina eleitoralista, que preconiza a dicotomia entre *causas eleitorais* e *não eleitorais* para justificar a constitucionalidade do art. 224.[29]

De fato, o constituinte não enumerou as situações fáticas qualificadoras da dupla vacância (*i.e.*, se apenas renúncia, morte, *impeachment* etc.). Pelo contrário: optara por não manietar as hipóteses de incidência do art. 81. Com isso, adotou um suporte fático amplo para a sua aplicação, a qual permite que, ao menos em tese, qualquer situação verificada no mundo dos fatos possa ensejar a dupla vacância, simultânea ou não, da chefia do Poder Executivo. E desafia o senso comum advogar que o indeferimento do registro, a cassação do diploma e a perda do mandato do titular e do seu vice não traduzam, aos olhos dos argumentos expostos, casos de vacância dupla.[30]

Além disso, descabe cogitar da aplicação desse novo regime jurídico instituído pelo §4º a estados, municípios e Distrito Federal. Isso porque a vocação sucessória dos respectivos chefes do Poder Executivo versa matéria político-administrativa, situando-se na esfera de competência da respectiva unidade da Federação. Reconhecer o acerto dessa interpretação pressupõe algum desenvolvimento teórico acerca do sistema de repartição de competências – um dos mandamentos nucleares de qualquer Estado Federal.

Aqueles que advogam a constitucionalidade do preceito valem-se de uma argumentação bastante simplória: já que o art. 224, §4º, cuida de eleições, seu fundamento normativo seria a competência privativa da União para legislar sobre direito eleitoral (CRFB/88, art. 22, I). Além de *reducionista*, referida tese *não leva nossa Federação a sério*.

---

[29] Na jurisprudência, TSE. CTA nº 1.140. Rel. Min. Gilmar Mendes. *DJ*, 10 out. 2005. Em doutrina, SILVA, Márcio Luiz. Causa eleitoral e disciplina constitucional da dupla vacância de cargos eletivos do executivo. *Os Eleitoralistas*, 31 maio 2016. Disponível em: <http://oseleitoralistas.com.br/por-marcio-luiz-silva-causa-eleitoral-e-disciplina-constitucional-da-dupla-vacancia-de-cargos-eletivos-do-executivo/>. Acesso em: 8 out. 2016.

[30] Encampando tese similar à aqui esposada, cf. GRESTA, Roberta Maia. Ações contra Dilma e Temer e o cenário político eleitoral. *Jota*, 29 abr. 2016. Disponível em: <https://www.jota.info/opiniao-e-analise/colunas/e-leitor/e-leitor-o-que-acoes-contra-dilma-e-temer-podem-reservar-ao-cenario-politico-29042016>. Acesso em: 8 out. 2016. Nas precisas palavras da jurista mineira, "Constata-se a suficiência normativa da regra do art. 81, caput e §1º, da CR/88 para regular, integralmente, toda a matéria relativa à suplementação dos mandatos de presidente e vice-presidente. É dizer: no caso brasileiro, a Constituição quis definir que, extintos antes de seu termo final ambos os mandatos do Executivo Nacional, serão convocadas novas eleições, reservada a modalidade indireta para a vacância no segundo biênio do mandato".

Reducionista, porque negligencia o fato de que disciplinar eleições para a sucessão de governadores e prefeitos, em situações de dupla vacância, reclama uma multiplicidade de bases normativas constitucionais: se, por um lado, pode o §4º ter fundamento de validade na competência da União para legislar sobre direito eleitoral, por outro lado, escolher a forma de eleição dos chefes de cada unidade federada se ancora, também, na autonomia política de cada entidade. Compreender a indigitada competência com maniqueísmo é o primeiro passo para o erro.[31]

Além disso, *não leva a Federação a sério*, porque, reconhecida a multiplicidade de bases, deve-se prestigiar a interpretação que potencialize o princípio federativo, e não que maximize o poder centralizador da União. Aponto algumas razões para isso.

A *primeira* delas é de natureza *jurídico-positiva*, alicerçada na proeminência conferida à forma federativa de estado em nossa República. Em nosso arquétipo, a Federação consubstancia princípio fundamental da República (CRFB/88, art. 1º, *caput*), limite material ao poder de reforma (CRFB/88, art. 60, §4º, I) e, eventual tentativa de ruptura do pacto, autoriza a adoção da medida excepcional de intervenção – consistente na supressão temporária da autonomia política das unidades federadas (CRFB/88, arts. 34 a 36).

Tamanha a importância reclama que a diretriz hermenêutica que melhor satisfaz o princípio federativo é aquela que, sem vislumbrar um interesse nacional ou regional na espécie, amplifique o espectro de competências das entidades federadas. Daí por que, em havendo zona de intersecção entre a competência da União para legislar sobre direito eleitoral e a autonomia política das demais entidades para erigir critérios de eleição de seus respectivos chefes do Poder Executivo, a conclusão inescapável é de que, tomando como lente o princípio federativo, a primeira cede terreno para a segunda.[32]

O *segundo* fundamento diz respeito ao princípio da *predominância do interesse* – parâmetro utilizado para equacionar os conflitos de competência dentro de uma Federação. A predominância do interesse pressupõe que são os próprios cidadãos (em nível nacional, regional ou local) os agentes dotados de maior capacidade para deliberar sobre temas – e tomar as decisões – que lhes afetem diretamente. Aludido diagnóstico interdita, assim, que assuntos de interesse *predominantemente* local sejam discutidos e decididos por indivíduos outros que não os da municipalidade atingida. Por isso, é um mantra repetido que, se a abrangência dos efeitos da norma em questão for nacional, o interesse qualifica-se como geral, competindo à União disciplinar a matéria; se regional, cabe aos estados; e, se local, atribui-se a competência aos municípios.[33]

---

[31] Não é novidade que, em uma Federação, de características cooperativas, como a nossa, diversos assuntos poderão encontrar múltiplos fundamentos constitucionais. Uma lei estadual que proscreva a comercialização de amianto dentro de seu território pode ser questionada à luz da competência privativa da União para legislar sobre comércio exterior e interestadual (CRFB/88, art. 22, VIII), ou ser validada com lastro na competência concorrente entre União, estados e o DF para legislar sobre direito à proteção à saúde (CRFB/88, art. 24, XII).

[32] Perfilhando similar entendimento, Thiago Magalhães Pires afirma que "[...] não se deve tomar uma enumeração de competências como um trabalho pronto; mesmo em face de um rol de atribuições expressas, caberá ao intérprete confirmar a sua incidência (ou não) às hipóteses que se lhe apresentem, analisando a Constituição em busca de alguma outra norma que porventura postule aplicação à hipótese. Até que o faça, as competências expressas permanecem como meras 'presunções relativas', aptas a serem afastadas pela incidência de outra norma constitucional ('prova' em contrário)" (PIRES, Thiago Magalhães. Federação e democracia: parâmetros para a definição das competências federativas. *Direito Público*, n. 14, out./dez. 2006. Disponível em: <https://www.academia.edu/8676487/Federalismo_e_Democracia_Par%C3%A2metros_para_a_Defini%C3%A7%C3%A3o_das_Compet%C3%AAncias_Federativas>. Acesso em: 8 out. 2016).

[33] ZIMMERMAN, Augusto. *Teoria geral do federalismo democrático*. 2. ed. Rio de Janeiro: Lumen Juris, 2005.

No caso do §4º, todavia, inexiste matéria cujo interesse transcenda o âmbito do próprio ente federativo ou qualquer outra razão constitucional suficiente que justifique uniformizar a sucessão dos chefes do Executivo, em ocorrendo vacância dupla. Qual o impacto na vida dos munícipes do Rio de Janeiro, de Teresina ou de qualquer cidade no país, se a Lei Orgânica de São Paulo dispuser que será indireta a eleição para prefeito e vice-prefeito, nos casos de dupla vacância ocorrida no último ano de mandato, e direta, nas demais hipóteses? Certamente, nenhum.

Tampouco a ausência de normas nas Constituições estaduais e nas leis orgânicas chancela constitucionalmente a aplicação do §4º do art. 224 a referidas entidades. O vício formal orgânico (*i.e.*, de competência), tal como verificado na hipótese, é insanável: a não previsão de critérios de sucessão dos chefes do Executivo estadual, distrital e municipal deve atrair a incidência do regime jurídico previsto na Lei Fundamental, e não em uma lei nacional.

Cogitar da aplicação residual do §4º desafia a lógica que preside a repartição de competências. Entendimento oposto chancelaria, para ilustrar, a aplicação da Lei de Processo Administrativo Federal (Lei nº 9.784/99) ou o Estatuto dos Servidores Públicos Civis da União (Lei nº 8.112/90) a estados e municípios que não contemplassem suas próprias normativas de processo administrativo e de servidores públicos. E isso, convenhamos, seria um descalabro à autonomia das entidades federadas.

Portanto, também sob a ótica da *predominância do interesse*, o assunto deve ser regulamentado pelas respectivas entidades federadas, escapando, bem por isso, da competência da União.[34] Em vista desse conjunto de argumentos, o §4º se apresenta integralmente, a meu sentir, incompatível com a Constituição de 1988.

18.5 Conclusões

Este singelo ensaio teve o propósito de oferecer algumas reflexões teóricas sobre o modelo normativo introduzido no direito eleitoral brasileiro no tocante ao regime jurídico de sucessão dos chefes do Executivo (embora o §3º se refira tecnicamente a pleitos majoritários), que podem contribuir no julgamento das ações diretas pendentes de julgamento na Suprema Corte.

Todavia, a despeito de considerar as teses aqui veiculadas as escorreitas, não tenho a pretensão de exaurir o tema, tampouco de apresentar esses argumentos como a única solução possível para a controvérsia. Trata-se, assim, de uma leitura constitucionalmente possível, mas o propósito principal do artigo é estimular o debate acadêmico, de sorte a produzir um ambiente em que possam emergir novos fundamentos e leituras constitucionais das disposições em análise, com vistas a produzir, no embate de ideias e teses, conjuntamente, a exegese para o impasse. No final, quem é a Constituição de 1988.

---

[34] Aliás, a jurisprudência remansosa do Supremo Tribunal Federal aponta no mesmo sentido, aduzindo que o art. 81 da Constituição não se submete ao princípio da simetria constitucional. Cf.: "A vocação sucessória dos cargos de prefeito e vice-prefeito põem-se no âmbito da autonomia política local, em caso de dupla vacância" (STF. ADI nº 3.549/GO, Plenário. Rel. Min. Cármen Lúcia. *DJ*, 31 out. 2007). No mesmo sentido: RE nº 655.647, Plenário. Rel. Min. Dias Toffoli. *DJe*, 19 dez. 2014; ADI nº 4.297/TO, Plenário. Rel. Min. Cezar Peluso. *DJ*, 27 nov. 2009. Em doutrina, José Afonso da Silva preleciona que "cabe à lei orgânica estatuir sobre os substitutos eventuais do prefeito quanto ele e o vice estiverem concomitantemente impedidos, bem como estabelecer regras sobre quem assumirá a prefeitura na hipótese de vacância de ambos os cargos" (SILVA, José Afonso da. *Comentário contextual à Constituição*. São Paulo: Malheiros, 2005. p. 304).

Referências

CASTRO, Edson de Resende. *Curso de direito eleitoral*. 8. ed. Belo Horizonte: Del Rey, 2016.

FRAZÃO, Carlos Eduardo. Aspectos controvertidos da Minirreforma Eleitoral de 2015: a inaplicabilidade do art. 224, §4º, do Código Eleitoral, a eleições para o Poder Executivo. *Os Eleitoralistas*, 6 maio 2016. Disponível em <http://oseleitoralistas.com.br/aspectos-controvertidos-da-minirreforma-eleitoral-de-2015-a-inaplicabilidade-do-art-224-%C2%A7-4o-do-codigo-eleitoral-a-eleicoes-para-o-poder-executivo-por-carlos-eduardo-frazao/>. Acesso em: 7 out. 2016.

FRAZÃO, Carlos Eduardo; FUX, Luiz. *Novos paradigmas do direito eleitoral*. Belo Horizonte: Fórum, 2016.

FRAZÃO, Carlos Eduardo; SILVEIRA, Marilda de Paula. Entre cassação e recursos, quem governa?. *Jota*, 11 nov. 2016. Disponível em: <https://www.jota.info/colunas/e-leitor/e-leitor-ensaio-sobre-um-caos-anunciado-entre-cassacao-e-os-recursos-quem-governa-11112016>. Acesso em: 9 jan. 2018.

FUX, Luiz; FRAZÃO, Carlos Eduardo. O Supremo Tribunal Federal na fronteira entre o direito e a política: alguns parâmetros de atuação. In: SARMENTO, Daniel. *Jurisdição constitucional e política*. Rio de Janeiro: Forense, 2015.

GOMES, José Jairo. *Direito eleitoral*. São Paulo: Atlas, 2016.

GRESTA, Roberta Maia. Ações contra Dilma e Temer e o cenário político eleitoral. *Jota*, 29 abr. 2016. Disponível em: <https://www.jota.info/opiniao-e-analise/colunas/e-leitor/e-leitor-o-que-acoes-contra-dilma-e-temer-podem-reservar-ao-cenario-politico-29042016>. Acesso em: 8 out. 2016.

NORONHA, João Otávio; KIM, Richard Pae (Org.). *Sistema político e direito eleitoral brasileiros*: estudos em homenagem ao Ministro Dias Toffoli. São Paulo: Atlas – GEN, 2016. v. 1. 821p.

PIRES, Thiago Magalhães. Federação e democracia: parâmetros para a definição das competências federativas. *Direito Público*, n. 14, out./dez. 2006. Disponível em: <https://www.academia.edu/8676487/Federalismo_e_Democracia_Par%C3%A2metros_para_a_Defini%C3%A7%C3%A3o_das_Compet%C3%AAncias_Federativas>. Acesso em: 8 out. 2016.

REIS, Márlon. Lei 13.165 criou antinomia sobre perda de mandato no Código Eleitoral. *Conjur*, 29 fev. 2016. Disponível em: <http://www.conjur.com.br/2016-fev-29/marlon-reis-lei-13165-criou-antinomia-perda-mandato>. Acesso em: 8 out. 2016.

SARMENTO, Daniel. *Jurisdição constitucional e política*. Rio de Janeiro: Forense, 2015.

SILVA, José Afonso da. *Comentário contextual à Constituição*. São Paulo: Malheiros, 2005.

SILVA, Márcio Luiz. Causa eleitoral e disciplina constitucional da dupla vacância de cargos eletivos do executivo. *Os Eleitoralistas*, 31 maio 2016. Disponível em: <http://oseleitoralistas.com.br/por-marcio-luiz-silva-causa-eleitoral-e-disciplina-constitucional-da-dupla-vacancia-de-cargos-eletivos-do-executivo/>. Acesso em: 8 out. 2016.

ZÍLIO, Rodrigo Lopes. *Direito eleitoral*. 5. ed. Porto Alegre: Verbo Jurídico, 2016.

ZIMMERMAN, Augusto. *Teoria geral do federalismo democrático*. 2. ed. Rio de Janeiro: Lumen Juris, 2005.

Informação bibliográfica deste texto, conforme a NBR 6023:2002 da Associação Brasileira de Normas Técnicas (ABNT):

FRAZÃO, Carlos Eduardo. A controvérsia não equacionada: a análise jurídico-constitucional do modelo normativo de sucessão na chefia do Executivo brasileiro (CE, art. 224, §§3º e 4º). In: COSTA, Daniel Castro Gomes da et al. (Coord.). *Direito Eleitoral comparado*. Belo Horizonte: Fórum, 2018. p. 331-345. ISBN 978-85-450-0550-6.

CAPÍTULO 19

MULTICULTURALISMO E DIREITO ELEITORAL: O CASO DO CACIQUE DE ALDEIA INDÍGENA E APLICAÇÃO DO DIREITO À DIFERENÇA E AO RECONHECIMENTO

LUIZ FUX

19.1 Considerações preliminares

Foi com imenso prazer que aceitei a missão honrosa de participar desta obra coletiva, coordenada pelo Professor Jorge Miranda. A *honra* se justifica por, pelo menos, duas razões: pela envergadura e elevada estirpe dos juristas que compõem a presente coletânea, mas também pela oportunidade de debater e poder lançar algumas reflexões e provocações sobre alguns institutos do direito eleitoral contemporâneo e, especificamente no ensaio que apresento, na importação de premissas relacionadas ao multiculturalismo.

Com efeito, o direito eleitoral se revela um terreno fértil para a trasladação de diversas categorias já desenvolvidas e exaustivamente estudadas em diversos campos do conhecimento que podem sofisticar e, com isso, situar em outro patamar as discussões envolvendo seus institutos: a definição de premissas filosóficas (libertárias, liberais igualitárias, igualitárias, republicanismo etc.) que subsidiam embates acerca de propaganda eleitoral e liberdade de expressão, por exemplo; emprego de estudos empíricos de ciência política em temas de financiamento de campanhas;[1] a aplicação

---

[1] No julgamento da Ação Direta de Inconstitucionalidade nº 4.650, de minha relatoria, em que o Supremo Tribunal Federal declarou a inconstitucionalidade do regime jurídico de doações a campanhas eleitorais por pessoas jurídicas, utilizei em meu voto, que conduziu a maioria formada, diversos estudos empíricos apresentados por cientistas políticos que demonstravam que o modelo que vigia ocasionava a cooptação do poder político pelo econômico, cognominada de *plutocratização* do processo eleitoral. Sobre o tema, ver FUX, Luiz. A inconstitucionalidade do modelo normativo de doações de pessoas jurídicas para as campanhas eleitorais

de conceitos ínsitos a *law and economics*. Aliás, outros ramos do direito também podem fornecer valiosos contributos ao eleitoral, como o direito constitucional, o processo civil, o penal e o administrativo. Justamente por isso, os operadores e militantes não podem (e não devem) ficar míopes a essa vastidão de conhecimento e, em consequência, deixar de proceder às conexões necessárias, desde que, por evidente, não desvirtuem o escopo e as particularidades do direito eleitoral.

Este breve ensaio tem este propósito: demonstrar como as categorias desses outros campos de conhecimento fornecem outras luzes às contendas jurídico-eleitorais. Especificamente, abordarei como as premissas teóricas do multiculturalismo podem orientar o intérprete/aplicador no equacionamento de questões em que estejam envolvidos grupos tradicionais ou minoritários, como tribos indígenas ou remanescentes de quilombos.[2] No item seguinte (19.2), apresentarei, em síntese, a controvérsia concreta com vistas a facilitar a compreensão do raciocínio desenvolvido. No item 19.3, serão fixadas as premissas teóricas sobre o *multiculturalismo*, notadamente do *direito à diferença* e o *direito ao reconhecimento*, que nortearam minhas conclusões. O item 19.4 é dedicado a aplicar as premissas à controvérsia concreta. Ao final (19.5), as conclusões.

19.2 Delimitando a *quaestio iuris*: o cacique da aldeia indígena como autoridade para fins de incidência do arts. 19 e 20 da LC nº 64/90

A *quaestio iuris* debatida que ensejou a elaboração da tese aqui apresentada cingia-se em saber se os fatos imputados a determinado cacique de reserva indígena e candidato ao cargo de vereador qualificavam-se juridicamente como abuso de poder de autoridade ou político, *ex vi* dos arts. 19 e 20 da Lei Complementar nº 64/90, cognominada Estatuto das Inelegibilidades.[3]

Ao enfrentar a temática, entendi que existia uma questão prévia a ser examinada: *em que extensão* as categorias e os institutos do direito positivo, em particular do direito eleitoral (*e.g.*, abuso de poder político ou de autoridade), aplicam-se a grupos tradicionais, como tribos indígenas e comunidades quilombolas, sem aviltar seus hábitos, costumes e tradições.

---

como imperativo dos cânones democráticos e o repúdio a plutocratização do processo político. In: FUX, Luiz; FRAZÃO, Carlos Eduardo. *Novos paradigmas do direito eleitoral*. Belo Horizonte: Fórum, 2016. p. 61-85.

[2] O presente artigo é resultado de minhas reflexões teóricas desenvolvidas em meu voto-vista no REspe nº 287-84, de relatoria do Ministro Henrique Neves, no Tribunal Superior Eleitoral. A controvérsia jurídica travada cingia-se em saber se o direcionamento de votos da comunidade local levado a efeito por determinado cacique de aldeia indígena qualificar-se-ia juridicamente como abuso de autoridade, nos termos da legislação eleitoral (Lei Complementar nº 64/90, art. 22, XIV). Embora tenha acompanhado o relator, no sentido de afastar a imputação de abuso, diverdi quanto aos fundamentos na esteira das premissas teóricas que reproduzo neste ensaio acadêmico.

[3] Aludida lei complementar encontra seu fundamento de validade no art. 14, §9º, da Constituição de 1988, que estabelece que "*Lei complementar* estabelecerá outros casos de inelegibilidade e os prazos de sua cessação, a fim de proteger a probidade administrativa, a moralidade para exercício de mandato considerada vida pregressa do candidato, e a normalidade e legitimidade das eleições contra a influência do poder econômico ou o abuso do exercício de função, cargo ou emprego na administração direta ou indireta". A LC nº 64/90 sofreu significativas alterações, em 2010, com o advento da Lei Complementar nº 135, intitulada Lei da Ficha Limpa, mediante o surgimento de novas hipóteses de inelegibilidade e a ampliação dos prazos de inelegibilidade de 3 (três) para 8 (oito) anos. Tais modificações foram chanceladas pela Suprema Corte brasileira no julgamento das ADCs nºs 29 e 30 e ADI nº 4.578, Plenário, todas de minha relatoria (*DJe*, 29 jun. 2012), e, mais recentemente, no julgamento do RE nº 929.670 (rel. orig. Min. Ricardo Lewandowski), em que me tornei redator para o acórdão (julgamento em 4.10.2017).

Isso porque se afigura essencial a delimitação do campo de incidência dos institutos jurídicos, forjados dentro de um ambiente cultural ocidental, a grupos minoritários, com vistas a, sob a ótica do *direito oficial*, não estimular um ambiente de recalcitrância normativa por determinados indivíduos, aprioristicamente destinatários dos comandos legais, e, sob a perspectiva do *direito tradicional*, não descaracterizar a identidade daquelas comunidades, como sujeito de direitos, expressamente reconhecidas pela Lei Fundamental de 1988.

Ciente dessa singularidade, o item subsequente dedica-se a estabelecer algumas breves premissas teóricas a respeito do princípio da igualdade, especificamente em seu viés de direito à diferença e ao reconhecimento, no afã de guiar minhas conclusões. É o que passo, na sequência, a fazer.

19.3 A premissa teórica indispensável: o respeito à diferença e ao reconhecimento como imperativo do multiculturalismo – Necessidade de proteção à identidade cultural, tradições e costumes das comunidades não hegemônicas

Afirmar que a determinado cacique de aldeia indígena pode ser imputada a prática do abuso de poder político ou de autoridade não se limita a juízos meramente subsuntivos. Ao assim proceder, estar-se-ia negligenciando diversos aspectos e singularidades desse indivíduo, integrante de grupo tradicional. É preciso ir além. A discussão suscita algumas reflexões acerca do *alcance* de categorias e institutos jurídicos a grupos tradicionais, como tribos indígenas e remanescentes de quilombos, diagnóstico que exige a incursão, ainda que perfunctória, sobre o conteúdo jurídico do princípio da igualdade, notadamente a sua faceta do direito à diferença e ao reconhecimento.

De fato, no mundo contemporâneo, o postulado jusfundamental da igualdade não mais se restringe à concepção liberal clássica, de viés formal, reduzida à fórmula de que todos são iguais perante a lei. Aqui, a mera não desequiparação era condição suficiente e necessária para satisfazer o princípio da igualdade nessa acepção. Tal perspectiva, como é sabido, se revelou extremamente insatisfatória com o passar dos anos e a percepção de que, sob o manto da legalidade e do Estado de Direito, ainda remanescem assimetrias e ausência de mesmas oportunidades entre os cidadãos. Aliás, precisamente porque cientes dessas circunstâncias é que se pode afirmar que os direitos humanos, em geral, e o princípio da isonomia, em particular, espelham uma construção axiológica calcada em embates e ações de dados atores sociais, não traduzindo, bem por isso, uma história linear.

Assim, com a mudança de paradigma,[4] o princípio da isonomia assumiu novos matizes: de um lado, há a preocupação com equiparação na vida (*i.e.*, igualdade *material* ou *real*), com o claro propósito de assegurar condições substantivas mínimas para os indivíduos. Aqui, a lapidar (e irônica) passagem do escritor francês Anatole France ilustra bem as novas exigências de igualdade à época, quando afirmava que "a majestosa igualdade das leis, que proíbe os ricos e os pobres de dormirem sob as pontes, de mendigarem na rua e de furtarem pão".[5]

---

[4] Sobre o tema, cf. BONAVIDES, Paulo. *Do Estado Liberal ao Estado Social*. 8. ed. São Paulo: Malheiros, 2007.

[5] FRANCE, Anatole. *O lírio vermelho*. [s.l.]: [s.n.], 1894.

De outro lado, exsurgem o *direito* à *diferença* e o *direito ao reconhecimento*, exteriorizações do cânone da isonomia que importam ao caso vertente. O *direito* à *diferença* impõe a mitigação ou adaptabilidade, sempre que possível, de disposições gerais e abstratas que possam impactar desproporcionalmente na esfera jurídica de indivíduos ou coletividades em decorrência de determinadas singularidades e particularidades. Isso se justifica porque, não raro, a aplicação cega e irrestrita de diversos institutos jurídicos negligencia hábitos e costumes de grupos tradicionais (tribos indígenas e remanescentes de quilombos), descaracterizando-os como membros sujeitos de direito. A observância à isonomia, em situações como estas, se materializa não com o tratamento igualitário, mas, em vez disso, com a imposição de *discriminações positivas*, como mecanismo de salvaguardar sua identidade. Em valioso escólio a respeito do tema, o sociólogo lusitano Boaventura de Souza Santos vaticina, em clássico excerto, que "[a]s pessoas e os grupos sociais têm o direito de ser iguais quando a diferença as inferioriza, e o direito a ser diferentes quando a igualdade as descaracteriza".[6]

No tocante ao *direito ao reconhecimento*, enquanto dimensão do vetor axiológico da dignidade da pessoa humana,[7] proscreve-se, em sua dimensão negativa, a imposição de entraves que possam prejudicar o efetivo desfrute de direitos humanos universais pelos membros de grupos vulneráveis, minoritários e estigmatizados. Em seu viés positivo, o reconhecimento sugere a implementação de medidas específicas, de caráter universalista, no afã de atender a necessidades particulares dos integrantes dos grupos estigmatizados. Na feliz definição da filósofa Nancy Fraser, o direito de reconhecimento consiste no poder de reivindicar ou exigir ser tratado como um igual, não como um forasteiro, um estranho à comunidade política, social ou, mais geralmente humana.[8]

Subjaz à ideia de reconhecimento, portanto, o combate aos efeitos negativos de atos depreciativos da identidade de certos grupos vulneráveis, que, como assinala Axel Honneth, são esses sentimentos negativos que o desrespeito e a falta de consideração despertam nas pessoas os combustíveis pelas lutas de reconhecimento.[9] Ao mesmo tempo, o direito ao reconhecimento estimula uma prodigiosa *pauta cultural positiva*, mediante a eliminação de certos padrões culturais responsáveis por essa desvalorização.

Por evidente, não desconheço o fato de inexistir uma cláusula geral sobre o direito à diferença e ao reconhecimento na Constituição de 1988. Não obstante isso, inúmeras disposições magnas evidenciam a preocupação do Estado brasileiro em fomentar a diversidade cultural, tais como a proteção das culturas populares, indígenas e afro-brasileiras (art. 215, §1º), a valorização da diversidade ética e cultural (art. 215, §3º, VII), a proteção ao patrimônio cultural brasileiro composto por bens de natureza material e imaterial (art. 216), a partir das quais é extraível a positivação, no ordenamento pátrio, do direito à diferença e ao reconhecimento.

Demais disso, há sólidos fundamentos substantivos a amparar a proteção jurídica da diferença e do reconhecimento: a tutela de direitos de existência, de desenvolvimento

---

[6] SANTOS, Boaventura de Souza. As tensões da modernidade. In: FÓRUM SOCIAL MUNDIAL. *Texto...* Porto Alegre, 2001.

[7] TAYLOR, Charles. La política del reconocimiento. In: GUTMANN, Amy (Org.). *El multiculturalismo y "la política del reconocimiento".* Tradução de Mônica Utrilla de Neira. México: Fondo de Cultura Econômica, 1993. p. 46-47.

[8] FRASER, Nancy. From redistribution to recognition? Dilemmas of Justice in a "Postsocialist" Age. In: FRASER, Nancy. *Justice interruptus*: critical reflections on the "postsocialist" condition. New York: Routledge, 1997.

[9] HONNETH, Axel. *Luta por reconhecimento*: a gramática moral dos conflitos sociais. São Paulo: 34, 2003. p. 224.

e de reprodução da cultura de grupos tradicionais. Em interessante sistematização, o Professor Titular de Direito Constitucional da Faculdade de Direito da Universidade do Estado do Rio de Janeiro Daniel Sarmento, em sua tese de titularidade, aponta, ao menos, três razões: em *primeiro* lugar, porque os vínculos comunitários e os valores compartilhados assumem maior relevância na formação da identidade cultural dos membros destas comunidades; em *segundo* lugar, porque há um risco real de destruição das culturas e tradições dessas coletividades pela sociedade hegemônica; e, em *terceiro* lugar, em virtude das injustiças históricas perpetradas contra esses povos, *e.g.*, escravidão e inferioridade socioeconômica.[10]

Não bastasse isso, o paradigma do *multiculturalismo* também suporta a necessidade de respeitar o direito à diferença e ao reconhecimento destes grupos não hegemônicos. Deveras, dentro do marco do *multiculturalismo*, as comunidades tradicionais ostentam o direito de viver de acordo com os seus costumes, valores e tradições, sem, no entanto, desaguar em um relativismo ético radical que poderia comprometer os direitos humanos universais dos membros dessas mesmas coletividades.[11]

Por oportuno, não se pode olvidar que a *diversidade cultural* era o fundamento utilizado para alijar direitos de alguns segmentos e grupos dentro da sociedade, reputados como inferiores em dignidade ou como cidadãos de segunda classe, motivo por que essa imposição de tutela se torna imperiosa na quadra hodierna. Como bem rememora a Professora de Direito Internacional da PUC de São Paulo Flávia Piovesan:

> a diferença era visibilizada para conceber o "outro" como um ser menor em dignidade e direitos, ou, em situações limites, um ser esvaziado mesmo de qualquer dignidade, um ser descartável, um ser supérfluo, objeto de compra e venda (como na escravidão) ou de campos de extermínio (como no nazismo).[12]

Mais: a defesa da *diversidade* se justifica, ainda, não apenas por um prisma da coletividade, mas também como um direito da sociedade. Para o Professor Emérito da Universidade de Princeton Richard Falk, "[a diversidade] promove a qualidade de vida, ao enriquecer a nossa experiência, expandindo as nossas fontes culturais",[13] sem recair em odioso etnocentrismo, capaz de aniquilar o *modus vivendi* desses grupos.

Aliás, a necessidade de respeito à diferença já foi aplicada pelo Supremo Tribunal Federal, quando do julgamento do HC nº 80.240/RR,[14] de relatoria do Ministro Sepúlveda Pertence. Naquela assentada, o Plenário deferiu a ordem em favor de um indígena que fora intimado a depor numa comissão parlamentar de inquérito. Além do argumento de direito positivo (CRFB, art. 231, §5º), que veda a remoção dos grupos indígenas de

---

[10] SARMENTO, Daniel. *Dignidade da pessoa humana na ordem constitucional brasileira*: conteúdo, trajetórias e metodologia. Belo Horizonte: Fórum, 2017. p. 286.

[11] Trata-se, aqui, da tensão entre relativismo ético e universalidade dos direitos humanos, que, por razões de tempo, espaço e pertinência temática, não convém desenvolver neste voto.

[12] PIOVESAN, Flávia. Igualdade, diferença e direitos humanos: perspectivas global e regional. In: SARMENTO, Daniel; PIOVESAN, Flávia; IKAWA, Daniela. *Igualdade, diferença e direitos humanos*. Rio de Janeiro: Lumen Juris, 2008. p. 48.

[13] FALK, Richard. The rights of peoples (in particular indigenous peoples). In: CRAWFORD, James (Ed.). *The rights of peoples*. Oxford: Oxford University Press, 1988. p. 32 *apud* SARMENTO, Daniel. *Dignidade da pessoa humana na ordem constitucional brasileira*: conteúdo, trajetórias e metodologia. Belo Horizonte: Fórum, 2017. p. 287.

[14] STF, Pleno. HC nº 80.240/RR. Rel. Min. Sepúlveda Pertence. *DJ*, 14 out. 2005.

suas terras, salvo exceções previstas constitucionalmente, a Corte valeu-se de premissas relacionadas com o direito à diferença: o comparecimento do indígena que não incorporou ou compreende as práticas e os modos de existência comuns da sociedade hegemônica geraria uma injustiça no caso concreto, porquanto estas categorias (*habeas corpus* e CPI) são estranhas à sua cultura, circunstância que potencializaria "o cometimento pelo silvícola de ato ilícito, passível de comprometimento do seu *status libertatis*". Daí por que, a despeito de ser o *habeas corpus* um instrumento jurídico-processual inerente ao direito oficial, haveria "a necessidade de adoção de cautelas tendentes a assegurar que não haja agressão aos seus usos, costumes e tradições".

Também neste Tribunal Superior Eleitoral a teleologia subjacente ao direito ao reconhecimento presidiu a fixação do entendimento segundo o qual é vedada a realização de prova pública de alfabetização para candidatos a cargos eletivos, de vez que se tratava de prática vexatória, humilhante para todos os cidadãos a ela submetidos.[15]

A jurisprudência no direito comparado também fornece excelentes lições para o deslinde de controvérsias em que se debate a aplicação do direito à diferença de grupos tradicionais.

Nos Estados Unidos, no precedente *United States v. Mazurie*,[16] a Suprema Corte chancelou a possibilidade de o Congresso validamente delegar a autoridade de regulação da distribuição de bebidas alcoólicas por estabelecimentos ao conselho tribal da reserva indígena. Para a Corte, as tribos indígenas são as únicas comunidades que possuem atributos de soberania sobre seus membros e seus territórios, razão pela qual não podem ser consideradas simples organizações voluntárias e privadas.

Em *New Mexico v. Mescalero Apache Tribe*,[17] a Suprema Corte consignou que a comunidade indígena detém poder de regular a caça e a pesca em seu território com relação a membros e a não membros da mesma comunidade. Com referido pronunciamento, validou a regulação editada pela sociedade tradicional, não obstante haver legislação do Estado do Novo México em sentido diametralmente oposto.

No Canadá, a Suprema Corte da província de British Columbia, em *Thomas v. Norris*, julgado em 1992, foi instada a apreciar o debate entre, de um lado, o direito da tribo indígena, e, de outro, o direito individual de determinado membro. Na espécie, David Thomas, membro da *Lyackson Indian Band*, na Columbia Britânica, foi forçado a ser iniciado na cerimônia da "dança espiritual". Thomas ajuizou ação de perdas e danos por ter sido brutalmente castigado fisicamente e mantido em cárcere por alguns dias, em virtude da recusa em participar de uma cerimônia de iniciação religiosa em sua tribo. O pedido foi julgado procedente pela Suprema Corte, que assentou que a autonomia dos povos indígenas não lhes autorizava vulnerar a liberdade e agredir fisicamente uma pessoa, apenas por não querer se engajar em atividade religiosa tradicional.

Utilizando argumentação parecida, a Corte Constitucional da Colômbia, ao julgar o caso *Tambo*,[18] consignou a validade da expulsão de determinado indígena pela prática de roubo, mas rejeitou a extensão da penalidade a seus familiares. Acomodando os interesses em jogo, a Corte assentou, ainda, que deveria ser oportunizado o devido processo

---

[15]   TSE. REspe nº 21.920. Rel. Min. Caputo Bastos, 21.8.2004; TSE. Rcl. nº 318. Rel. Min. Carlos Madeira, 17.8.2004.

[16]   419 U. S. 544 (1975).

[17]   462 U. S. 325 (1982).

[18]   Sentencia T- 254/94.

legal, materializado na observância dos procedimentos próprios da coletividade, como pressuposto para a aplicação das sanções aos membros, o que *in casu* não ocorrera.

Já no caso da Comunidade Indígena *Páez*,[19] a Corte Constitucional colombiana também analisou controvérsia em que a Assembleia indígena aplicara as sanções de chibatadas aplicadas na parte inferior da perna e de desterro. Decidindo a questão, o Tribunal assentou a necessidade de maximizar-se ao postulado da autonomia das comunidades indígenas, de ordem a amainar restrições indispensáveis para salvaguardar interesses de superior hierarquia. Em consequência, afastara o argumento de que o açoite consistiria em tortura ou pena cruel, visto que, naquela comunidade, era considerado elemento purificador, necessário para que o sujeito a quem se imputa a falta se sinta liberado. A mesma racionalidade foi aplicada para legitimar a pena de desterro, de vez que o indígena caluniou e desautorizou a liderança da comunidade, práticas que, nas tradições da comunidade, ensejariam a aplicação do banimento.

Disso, porém, não decorre uma defesa cega e absoluta aos direitos dos grupos não hegemônicos, em detrimento dos indivíduos a cujos quadros eles pertençam. Alinhando-me ao multiculturalismo liberal do filósofo canadense Will Kymlicka, acredito que "é o indivíduo o ser sensível cuja vida pode melhorar ou piorar, que sofre ou se realiza, então é o seu bem-estar a matéria-prima da moralidade".[20] Aliás, meu entendimento encontra eco na Convenção nº 169 da OIT, que dispõe expressamente, em seus arts. 3.1, 4.3, 8.2 e 9.1, que a diversidade cultural não afasta a tutela dos direitos humanos universais de cada integrante de povo indígena ou comunidade tradicional.

Sem embargo, parece-me inelutável que a tutela do direito à diferença e ao reconhecimento consubstancia um mandamento constitucional jusfundamental a ser observado por todos os poderes estatais e por particulares. O respeito a tradições, hábitos e costumes dos grupos não hegemônicos deve ser, sempre que possível, salvaguardado contra intervenções arbitrárias e promovido pelas autoridades estatais, justamente por bloquear a proliferação de comportamentos preconceituosos e de discriminações odiosas a estes segmentos da sociedade, bem assim atribui o mesmo valor e dignidade àquela comunidade e a seus membros, enquanto sujeito de direitos.

Posto isso, no item subsequente serão aplicadas as premissas teóricas à espécie.

19.4 O respeito à diferença e a impossibilidade de se imputar, *in concreto*, a prática de abuso de poder de autoridade ao cacique ora recorrido

Na espécie, imputou-se a suposta prática de abuso de autoridade a Dirceu Retanh Pereira Santiago, consubstanciada no direcionamento de votos da população indígena e dos professores da rede pública de ensino em benefício dos demais investigados, bem como a prática de abuso do poder político por Maurílio Viana Pereira e por José Vieira da Rosa.

Duas soluções haviam se apresentado: (i) a primeira tese, extraída do aresto proferido pelo TRE/PR, e encampada, além de outros fundamentos, pelo Ministro Relator

---

[19] Sentencia T-523/97.

[20] KYMLICKA, Will. *Liberalism, community and culture*. Oxford: Oxford University Press, 1989. p. 242.

Henrique Neves, de que a configuração do abuso de poder político ou de autoridade, em exegese estrita da legislação (art. 5º, da Lei nº 4.898/65),[21] restringir-se-ia a ocupantes de cargos ou funções públicas nas esferas da Administração direta ou indireta; (ii) a segunda tese, perfilhada pelo Ministério Público Eleitoral, segundo a qual o enquadramento jurídico-legal do cacique de aldeia indígena na prática de abuso de poder de autoridade ou político seria possível, em princípio, desde que se verificasse, *in concrecto*, o ultraje aos bens jurídicos tutelados pelos arts. 19 e 20 da LC nº 64/90.[22]

Ambas as posições me parecem extremadas e peremptórias. Senão vejamos.

Conforme destacado pelo Ministro Henrique Neves, é essencial para a caracterização do abuso do poder político a demonstração de atos praticados por ocupantes de cargos ou funções públicas nas esferas da Administração direta ou indireta. Ausente a comprovação dessa qualidade (*i.e.*, ser ocupante de cargo, emprego ou funções públicas), não se há de cogitar da prática de abuso de poder político ou de autoridade, a teor dos arts. 19 e 20, da LC nº 64/90. Aplicada a premissa ao caso vertente, não obstante a liderança exercida, o cacique indígena não se equipara a representante do Estado brasileiro e, como tal, seus atos ou omissões não podem ser considerados para efeito da apuração de abuso do poder político.

Por outro lado, a impossibilidade de proceder-se a um elastério hermenêutico, de ordem a excluir do polo passivo da AIJE o cacique de aldeia indígena, acarreta uma indesejada lacuna normativa, que, no limite, pode subtrair do âmbito de incidência da norma situações potencialmente atentatórias aos bens jurídicos acobertados pelos comandos legais, *i.e.*, liberdade do voto, normalidade e legitimidade das eleições.

Já o Ministério Público Eleitoral advoga que "o fato de supostamente o cacique não ocupar cargo público não imped[iria] que o mesmo [*sic*] seja sujeito passivo de Ação de Investigação Judicial Eleitoral por abuso de poder político e/ou de autoridade", na medida em que contribuíra para a prática do ilícito eleitoral (fls. 482). Retrocitado entendimento foi reproduzido na manifestação como *custos legis*, oportunidade em que o *Parquet* eleitoral (fls. 527), consignou:

> [a] função exercida pelo cacique é função de autoridade reconhecida pelo Estado. É certo que não constitui função estatal, mas se o próprio Estado confere [...] inclusive poder de veto a esse líder comunitário, [...] há um caráter híbrido nessa atividade, que muito se aproxima da função pública.

Comungo da mesma preocupação do Ministério Público Eleitoral. Com efeito, não se pode descuidar dos desvios porventura ocasionados por essa interpretação estrita

---

[21] Lei nº 4.898/65: "Art. 5º Considera-se autoridade, para os efeitos desta lei, quem exerce cargo, emprego ou função pública, de natureza civil, ou militar, ainda que transitoriamente e sem remuneração".

[22] "Art. 19. As transgressões pertinentes à origem de valores pecuniários, abuso do poder econômico ou político, em detrimento da liberdade de voto, serão apuradas mediante investigações jurisdicionais realizadas pelo Corregedor-Geral e Corregedores Regionais Eleitorais. Parágrafo único. *A apuração e a punição das transgressões mencionadas no caput deste artigo terão o objetivo de proteger a normalidade e legitimidade das eleições contra a influência do poder econômico ou do abuso do exercício de função, cargo ou emprego na administração direta, indireta e fundacional da União, dos Estados, do Distrito Federal e dos Municípios.* Art. 20. O candidato, partido político ou coligação são parte legítima para denunciar os culpados e promover-lhes a responsabilidade; a nenhum servidor público, inclusive de autarquias, de entidade paraestatal e de sociedade de economia mista será lícito negar ou retardar ato de ofício tendente a esse fim, sob pena de crime funcional".

do conceito de autoridade, nomeadamente em virtude das peculiaridades inerentes às funções desempenhadas pelo cacique dentro de uma tribo indígena. Ademais, e como dito, não se olvida que a exclusão *a priori* do cacique do âmbito dos destinatários do ilícito eleitoral pode gerar um cenário generalizado de fraude à lei, mediante a proliferação de práticas abusivas.

Isso, todavia, não significa endossar os fundamentos que lastreiam as conclusões ministeriais.

Por isso, propugnei por solução intermediária, no afã de salvaguardar os bens jurídicos tutelados pela norma, ao mesmo tempo em que não se cometem injustiças com membros de um grupo minoritário, como é o caso dos membros de uma tribo indígena.

Aplicando as premissas teóricas supradesenvolvidas, entendi que, em linha de princípio, o cacique qualifica-se, sim, juridicamente como autoridade, circunstância que possibilitaria, ao menos em tese, sua inclusão no polo passivo de uma ação de investigação judicial eleitoral.

De fato, dentro das tradições e costumes das aldeias indígenas, os caciques ostentam uma inobjetável liderança política, de modo que, dados os vínculos mais estreitos entre os membros da comunidade e os valores compartilhados entre eles, é natural que eles (os caciques) conduzam as diretrizes políticas e tomem as decisões mais relevantes.

A análise dos fatos imputados ao cacique de aldeia indígena (*i.e.*, direcionamento de votos dos integrantes da comunidade a determinado candidato) não justifica, na minha linha de raciocínio, a caracterização da prática de abuso de poder de autoridade ou político. É que, quando examinado sob a ótica do direito à diferença, o direcionamento de votos da população indígena feito pelo cacique, então candidato a vereador, em hipótese alguma pode ser qualificado juridicamente como abuso de poder de autoridade ou político.

A excludente de ilicitude eleitoral encontra lastro no reconhecimento do direito à diferença da tribo indígena, na observância de seus hábitos, costumes e tradições. É dizer: não excluo a imputação em virtude de uma interpretação estrita da Lei nº 4.898/65, como fez o eminente relator, em seu substancioso voto. Ao revés, reputo ser natural que a autoridade política da tribo indígena conduza politicamente os rumos de seu grupo. Aqui, tratar de forma distinta, não o submetendo à responsabilização eleitoral, não amesquinha, mas antes fortalece o princípio da igualdade. Mais: se essa constatação soa absurda aos nossos ouvidos, é apenas e tão só porque partimos de uma leitura etnocêntrica dos direitos humanos, capaz de impedir que enxerguemos com o devido respeito e consideração as singularidades e as particularidades da cultura de grupos tradicionais não hegemônicos.

Diversamente da cultura em que estamos inseridos, dentro da qual os vínculos sociais intersubjetivos são mais amplos e há maior autonomia e encorajamento à elaboração de projetos existenciais, é próprio das comunidades tradicionais, como é o caso dos grupos indígenas, que os caminhos a serem trilhados pela aldeia e pelos seus membros sejam ditados pela capacidade de avaliação e escolha de sua liderança. Portanto, esse traço cultural é indissociável dentro desses grupos e, no limite, negligenciar esse aspecto pode conduzir à extinção da comunidade como tribos indígenas, com hábitos, costumes e tradições peculiares. Transformar-se-ia, então, em uma pólis qualquer.

A despeito disso, é preciso cautela para que, sob o manto de respeito à diferença e ao reconhecimento, cometam-se abusos reais e ilegalidades. Com minha tese não pretendo advogar a existência de excludente de ilicitude eleitoral absoluta aos caciques. Não é disso que estou falando. Afirmo tão somente que, *prima facie* e *em princípio*, descabe cogitar da imputação por abuso de poder de autoridade ou de poder político por caciques sempre que estes conduzirem os rumos e as diretrizes políticas de sua aldeia ou tribo.

Revolvendo à premissa anteriormente assentada, esse "poder" outorgado ao cacique não tem o condão de conferir-lhe um *cheque em branco* em que possa aniquilar direitos humanos universais dos demais membros da sua comunidade. Em termos práticos, constatado o desvio do poder a ele atribuído, mediante a apresentação *in concreto* de provas incontestes e contundentes nos autos (*e.g.*, registros de ameaças de morte ou de agressões físicas, ou de expulsão da coletividade em caso de desobediência às ordens), deverá a autoridade indígena ser responsabilizada nos termos dos arts. 19 e 20 da Lei Complementar nº 64/90.

19.5 Considerações finais

Consoante afirmado algures, os institutos e categorias já desenvolvidos em outros ramos do conhecimento podem ser instrumentais valiosíssimos nos deslindes de *cases* eleitorais, de ordem a emprestar-lhes sofisticação e densidade teóricas, desde que haja compatibilidade sistêmica e não desvirtue a principiologia subjacente aos institutos eleitorais.

Nessa toada, a argumentação desenvolvida evidenciou que o ordenamento jurídico-eleitoral pune o *abuso* de poder político e de autoridade, e não o seu mero exercício, razão pela qual os atos praticados pelo cacique necessitam passar pelo filtro do direito à diferença e ao reconhecimento. Desse modo, essa nova lente permite perceber o cacique como autoridade para fins de aplicação da legislação eleitoral, a despeito de não constar expressamente do rol contemplado pela legislação que disciplina os crimes de autoridade. E, em consequência, fatalmente transmuda uma conclusão açodada de abuso, calcada no direito oficial, em exercício legítimo e ordinário de um costume sedimentado.

Portanto, o raciocínio empreendido, a um só tempo, acomoda os interesses colidentes (i) dos grupos minoritários, ao serem tratados com o devido respeito e consideração os indivíduos pertencentes a estas comunidades tradicionais, de sorte a reconhecer a autoridade política de caciques e sua possibilidade de guiar politicamente os rumos de sua coletividade, e (ii) dos grupos hegemônicos, ao evitar a criação de um ambiente de recalcitrância normativa e inefetividade da legislação eleitoral que reprime o abuso, na medida em que, comprovado vício na vontade do cacique (*e.g.*, mediante a promessa de vantagens), o ilícito eleitoral restará presente.

Referências

BONAVIDES, Paulo. *Do Estado Liberal ao Estado Social*. 8. ed. São Paulo: Malheiros, 2007.

FRANCE, Anatole. *O lírio vermelho*. [s.l.]: [s.n.], 1894.

FRASER, Nancy. From redistribution to recognition? Dilemmas of Justice in a "Postsocialist" Age. In: FRASER, Nancy. *Justice interruptus*: critical reflections on the "postsocialist" condition. New York: Routledge, 1997.

FUX, Luiz. A inconstitucionalidade do modelo normativo de doações de pessoas jurídicas para as campanhas eleitorais como imperativo dos cânones democráticos e o repúdio a plutocratização do processo político. In: FUX, Luiz; FRAZÃO, Carlos Eduardo. *Novos paradigmas do direito eleitoral*. Belo Horizonte: Fórum, 2016.

FUX, Luiz; FRAZÃO, Carlos Eduardo. *Novos paradigmas do direito eleitoral*. Belo Horizonte: Fórum, 2016.

HONNETH, Axel. *Luta por reconhecimento*: a gramática moral dos conflitos sociais. São Paulo: 34, 2003.

KYMLICKA, Will. *Liberalism, community and culture*. Oxford: Oxford University Press, 1989.

PIOVESAN, Flávia. Igualdade, diferença e direitos humanos: perspectivas global e regional. In: SARMENTO, Daniel; PIOVESAN, Flávia; IKAWA, Daniela. *Igualdade, diferença e direitos humanos*. Rio de Janeiro: Lumen Juris, 2008.

SANTOS, Boaventura de Souza. As tensões da modernidade. In: FÓRUM SOCIAL MUNDIAL. *Texto...* Porto Alegre, 2001.

SARMENTO, Daniel. *Dignidade da pessoa humana na ordem constitucional brasileira*: conteúdo, trajetórias e metodologia. Belo Horizonte: Fórum, 2017.

SARMENTO, Daniel; PIOVESAN, Flávia; IKAWA, Daniela. *Igualdade, diferença e direitos humanos*. Rio de Janeiro: Lumen Juris, 2008.

TAYLOR, Charles. La política del reconocimiento. In: GUTMANN, Amy (Org.). *El multiculturalismo y "la política del reconocimiento"*. Tradução de Mônica Utrilla de Neira. México: Fondo de Cultura Econômica, 1993.

Informação bibliográfica deste texto, conforme a NBR 6023:2002 da Associação Brasileira de Normas Técnicas (ABNT):

FUX, Luiz. Multiculturalismo e direito eleitoral: o caso do cacique de aldeia indígena e aplicação do direito à diferença e ao reconhecimento. In: COSTA, Daniel Castro Gomes da et al. (Coord.). *Direito Eleitoral comparado*. Belo Horizonte: Fórum, 2018. p. 347-357. ISBN 978-85-450-0550-6.

CAPÍTULO 20

FILIAÇÃO PARTIDÁRIA OU CANDIDATURA AVULSA/INDEPENDENTE? UMA ABORDAGEM BRASIL E ESTADOS UNIDOS

KARINA DE PAULA KUFA

MARISA AMARO DOS REIS

20.1 Introdução

Encontra-se pendente[1] de análise pelo Supremo Tribunal Federal questão a respeito da constitucionalidade da proibição de candidaturas sem filiação partidária nas eleições no Brasil. A discussão, antes restrita aos meios acadêmicos, ganhou força em virtude de um caso concreto, em que um cidadão tentou se candidatar ao cargo de prefeito do Rio de Janeiro/RJ de forma independente para as eleições de 2016. Tendo tido o registro de sua candidatura negado pela Justiça Eleitoral em todas as instâncias, recorreu à mais alta Corte do país, na qual foi reconhecida a repercussão geral e a possibilidade de julgamento do recurso extraordinário, superando, desse modo, a prejudicialidade gerada pelo fato de as eleições já terem ocorrido.

O reconhecimento da relevância constitucional da matéria veiculada nesse recurso trouxe à tona a discussão quanto à possibilidade de alteração legislativa e constitucional para que o sistema político e eleitoral brasileiro passe a adotar a candidatura independente ou avulsa, como já ocorre na maioria dos países.

Estudar essa possibilidade, assim como abordar as possíveis consequências da adoção dessa modalidade de candidatura a cargos eletivos, é o objeto do presente estudo. Para tanto, serão abordadas regras de conteúdos consideravelmente distintos aplicadas no Brasil, onde a candidatura avulsa não é permitida até o momento, e nos

---

[1] Em dezembro de 2017, data de elaboração do presente artigo.

Estados Unidos da América, país que permite a candidatura sem filiação partidária e cujas regras, como o sistema de listas cívicas, pode eventualmente servir de modelo ao legislador constituinte brasileiro.

20.2 Breve panorama da candidatura avulsa no mundo

O direito comparado é amplamente favorável à candidatura avulsa,[2] garantida na maioria dos países. A maior parte das nações permite aos seus cidadãos a participação em eleições independentemente de filiação aos partidos políticos, os quais, embora figurem como instituições extremamente relevantes, não detêm o monopólio da representação política.

Alguns desses países abrem a possibilidade desse tipo de candidatura não apenas para os mandatos parlamentares, mas para o cargo de presidente, como Chile, França, Rússia e Estados Unidos, este, objeto do presente estudo comparado.

Embora a maior parte dos países que não exige a filiação partidária para concorrer aos cargos eletivos tenha legislações e sistemas políticos muito diferentes, *um ponto comum à maioria das normas estrangeiras é a obrigatoriedade de o futuro candidato conquistar uma rede de apoio*.[3] A lei francesa, por exemplo, exige a obtenção de uma lista com 500 assinaturas de políticos eleitos.

Pode-se dizer, com segurança, que são candidaturas independentes, mas o interessado não alcança a condição de candidato de modo solitário ou sem necessidade de certo apoio do eleitorado e, algumas vezes, de políticos já ocupantes de mandatos eletivos.

> O sistema francês, embora não exija a filiação partidária, não permite que qualquer um se inscreva livremente para concorrer. Para ser candidato à presidência, é preciso o apoio formal de ao menos 500 lideranças políticas (prefeitos, senadores, deputados, etc).[4]

É, de fato, deveras salutar – além de necessário –, o estabelecimento de alguns critérios para admissão de candidatos e requisitos para as candidaturas avulsas.

A dispensa de qualquer tipo de apoio do eleitorado ou de determinados movimentos ou setores da sociedade sujeitaria a candidatura, quase invariável e exclusivamente, ao poder econômico do candidato, além de criar o risco de se eleger alguém

---

[2] O Senado Federal brasileiro noticia que "4 em cada 10 nações permitem que pessoas sem filiação partidária disputem pelo menos cadeiras legislativas em nível local ou nacional, casos da Alemanha, Japão, Itália e Reino Unido. Em 37,79% dos países, as candidaturas avulsas valem até mesmo para presidente da República, como nos EUA, França, Chile, Irã e a superpopulosa democracia da Índia" (MAIORIA dos países já adota o sistema. *Agência Senado*. Disponível em: <http://www.senado.gov.br /noticias/agencia/quadros/qd_053.html>. Acesso em: 23 nov. 2017).

[3] "Todo mundo gosta dessa história de independente, achando que eu saí sozinho candidato, mas foi um movimento de uma cidade inteira, que naquela época não se identificava com nenhum partido, e eu acabei por ser o representante", comenta Sergio Fajardo, ex-prefeito de Medellín, Colômbia, eleito sem filiação partidária (SCHREIBER, Mariana. Competição saudável ou personalismo excessivo: o impacto das candidaturas independentes que o STF pode aprovar. *BBC Brasil*, 5 out. 2017. Disponível em: <http://www.bbc.com/portuguese/ brasil-41505558>. Acesso em: 29 nov. 2017).

[4] Geraldo Tadeu Monteiro, Professor da Universidade do Estado do Rio de Janeiro (UERJ), em entrevista à agência de notícias BBC Brasil (SCHREIBER, Mariana. Competição saudável ou personalismo excessivo: o impacto das candidaturas independentes que o STF pode aprovar. *BBC Brasil*, 5 out. 2017. Disponível em: <http://www.bbc. com/portuguese/brasil-41505558>. Acesso em: 29 nov. 2017).

sem projeto ou ideologia divulgada e aceita por parte da população em momento anterior ao pleito, bem como sem base política apta à governabilidade.

Ainda, sob o aspecto prático, a inexistência desses e de outros requisitos sobrecarregaria demasiadamente a Justiça Eleitoral e os órgãos encarregados do processamento das eleições ao redor do mundo, tornando impraticável a candidatura sem filiação.

De todo modo, a possibilidade de candidatura avulsa está presente na maioria dos países, estando o Brasil entre a minoria dos que não a admitem.[5] O banco de dados relativos a sistemas eleitorais, mantido por organizações internacionais, *ACE Project*, informa que a maior parte dos países permite que candidatos avulsos concorram nos pleitos eleitorais.

---

[5] Dados obtidos em ACE PROJECT. *The electoral knowledge network*. Disponível em: <http://aceproject.org>. Acesso em: 5 dez. 2017.

Em alguns deles, isso ocorre apenas nas eleições legislativas; em outros, apenas para cargos no Executivo. Mas 43% dos países pesquisados permitem candidaturas independentes em ambas as eleições (em vermelho claro no mapa). Alguns exemplos são: Estados Unidos, Portugal, França e Chile. Por outro lado, apenas 9% dos países proíbem totalmente a candidatura avulsa (em azul claro no mapa).[6][7]

Nos locais onde a filiação partidária não é obrigatória, a maior parte (71,32%) permite candidaturas independentes nas eleições legislativas (Câmara Baixa) e 15,6% as permitem nas eleições legislativas para a Câmara Alta que, entre nós, equivaleria aos cargos de senador. Para os cargos do Poder Executivo, 26,11% dos países as permitem nas eleições presidenciais.

Diferenças com o sistema eleitoral brasileiro à parte, é visível a opção na maioria das nações no sentido da inexigibilidade de vínculo partidário para a candidatura aos cargos eletivos. Também não pode ser ignorado o elevado número de pessoas que não se identificam com um partido político, mas que, nem por isso, estão desinteressadas de participar dos pleitos eleitorais, seja como candidatos independentes, seja como possíveis eleitores desses candidatos.

Por outro lado, a admissão da candidatura sem vínculo com partido político não é um processo simples e sua inserção no ordenamento jurídico brasileiro não prescindiria de uma reforma de vários pontos do sistema político-eleitoral, como mais adiante se verá.

20.3 O sistema brasileiro

A Constituição Federal brasileira proíbe expressamente a candidatura avulsa ao indicar, em seu art. 14, §3º, inc. V, a filiação partidária como uma condição de elegibilidade.

Portanto, para se candidatar aos cargos eletivos o cidadão brasileiro deve, necessariamente, estar filiado a um partido político, adotando oficialmente, desse modo, seu programa e ideologia. Para tanto, deve estar no gozo dos direitos políticos (art. 16, Lei nº 9.069/95). Para concorrer, essa filiação deve ter sido efetivada pelo menos 6 meses antes da data fixada para a realização eleições (art. 9º, Lei nº 9.504/1997).

A imposição desse vínculo entre o cidadão eleitor e o partido político, embora questionável em alguns aspectos, tem sua razão de ser. O sistema político-eleitoral brasileiro é fundado na existência dos partidos políticos como mediadores entre o povo e o poder político exercido pelos representantes eleitos, papel primordial para a democracia.

Projeto do *International Institute for Democracy and Electoral Assistance* realizou levantamento de dados que demonstraram que 9% dos países, como Brasil, proíbem as candidaturas avulsas para qualquer cargo eletivo. Outros 57% dos países pesquisados tem alguma restrição legal às candidaturas avulsas. Algumas nações as permitem somente para cargos legislativos (37%), outras apenas nas eleições presidenciais (11%).

---

[6] BLUME, Bruno André. Candidaturas avulsas: por que são proibidas? *Politize!*, 31 ago. 2016. Disponível em: <http://www.politize.com.br/candidaturas-avulsas-por-que-sao-proibidas/>. Acesso em: 20 nov. 2017.

[7] Ao lado do Brasil, nesse grupo, estão países como Argentina, Uruguai, Suécia e África do Sul.

Importante salientar que essa opção pela proibição, permissão irrestrita ou restrita dessas candidaturas tem mais a ver com a realidade política, social e com o regime adotado no país, do que necessariamente com seu desenvolvimento econômico ou predisposição à modernidade no que diz respeito às novas tendências mundiais.

O *debate* sobre a adoção do sistema de candidaturas avulsas, por sua vez, tem como origem a descrença nos partidos políticos e a busca por novas formas de exercício da democracia. Para os favoráveis à mudança, uma das causas da crise política e ética pela qual passa o país é o monopólio da representação popular e política nas mãos das agremiações partidárias, hoje vistas como simples mediadores de candidaturas, sem identidade ideológica definida e redutos de maquinações políticas ilícitas.

No entanto, é inegável a importância histórica e contemporânea dessas entidades na implementação e desenvolvimento da democracia, as quais, estando fortalecidas, são o melhor instrumento de organização da política.

20.3.1 Sobre as propostas de alteração constitucional

Além da discussão doutrinária e social a respeito da obrigatoriedade de filiação partidária para concorrer a cargos eletivos, o Brasil tem hoje essa discussão em duas instâncias extremamente relevantes: uma no âmbito do Poder Legislativo e uma na esfera judicial.

Em algumas oportunidades, o Congresso Nacional buscou pautar a aprovação de candidaturas avulsas, com a apresentação de proposta de emenda constitucional. Foram algumas tentativas significativas, com as mais deferentes propostas.

20.3.1.1 Propostas de emenda à Constituição nº 21/2006 e nº 350/2017

A PEC nº 6/2015 tramita em conjunto com a PEC nº 7/2012, que poderá resultar na supressão e no acréscimo de dispositivos à Constituição Federal, possibilitando no Brasil o lançamento de candidaturas avulsas, independentemente de filiação partidária.

Além dessas, o Senado apresentou nos últimos anos as PECs nºs 21/2006, 229/08, 41/2011, e, mais recentemente, a 350/17.

Além dessas principais tentativas de alteração de iniciativa do Senado Federal, o Relatório de Proposições da Câmara dos Deputados registra outros projetos de emenda:

- PEC nº 407/2009, que propõe acrescentar novo parágrafo ao art. 14 da Constituição e revogar o inc. V do §3º do mesmo artigo, dispondo sobre a possibilidade de candidatura a cargo eletivo sem filiação partidária.
- PEC nº 350/2017, que propõe alterar os arts. 14 e 77, e criar o art. 17-A, da Constituição Federal, para permitir a apresentação de candidaturas a cargo eletivo independentemente de filiação partidária, desde que haja o apoiamento mínimo de eleitores na circunscrição, e para possibilitar a associação de candidatos independentes em listas cívicas, nas eleições proporcionais.
- PEC nº 378/2017, que propõe alterar o art. 14 da Constituição Federal, para permitir a apresentação de candidaturas a cargo eletivo independentemente de filiação partidária, desde que haja o apoio de, no mínimo, 1% dos eleitores da respectiva circunscrição eleitoral.

– PEC nº 229/2008, que propõe alterar o inc. V do §3º do art. 14 da Constituição Federal para permitir a candidatura de pessoas sem filiação partidária, mediante apoio de um número mínimo de eleitores. Esta aguarda, até o momento, parecer do relator na Comissão de Constituição e Justiça e de Cidadania.

Já a PEC nº 41/2011 foi rejeitada no mesmo ano pela Comissão por decisão não terminativa e visava alterar o art. 14 da Constituição Federal, para abrir uma exceção à filiação partidária como condição de elegibilidade: as eleições municipais, nas quais seria admitida a inscrição de candidatos a prefeito e a vereador não filiados a partido político. Para tanto, a proposta condicionava a candidatura ao apoio de 0,5% do eleitorado da circunscrição.

A Proposta de Emenda à Constituição nº 21, de autoria do Senador Paulo Paim e relatoria do então Senador Marco Maciel, propunha dar nova *redação ao inc. V do §3º do art. 14 da Constituição, para dispor sobre a candidatura de pessoas não filiadas a partidos políticos.*

Embora tenha obtido na Comissão de Constituição, Justiça e Cidadania parecer favorável quanto à constitucionalidade, juridicidade, obediência às normas regimentais e à boa técnica legislativa, a proposta não avançou. Foi ali mesmo rejeitada sob fundamento de que a importância dos partidos políticos como mediadores da vontade popular não permitiria a eleição de candidatos sem vínculo partidário:

> Ao determinar a filiação a partido político como condição para o cidadão postular uma candidatura a qualquer cargo eletivo, além de outros requisitos (nacionalidade brasileira, pleno exercício dos direitos políticos, alistamento eleitoral e idade mínima definida para os diversos cargos), a Constituição Federal está afirmando a importância dos partidos políticos para a atividade político-partidária. Assim, para se candidatar, o cidadão deve estar filiado a um partido político, cuja disciplina deverá orientar seu desempenho parlamentar, depois de eleito.[8]

Já em 2017, a proposta de Emenda à Constituição nº 350/2017, oriunda da Câmara dos Deputados, propôs alterar o art. 14 e criar o art. 17-A, ambos da Constituição Federal, para permitir a apresentação de candidaturas a cargo eletivo independentemente de filiação partidária.

A redação proposta é um pouco confusa, mas, lida em conjunto com a justificativa ao projeto, é possível sua interpretação.

O projeto propõe alterar os art. 14 e 77, e cria o art. 17-A da Constituição Federal, para "permitir a apresentação de candidaturas a cargo eletivo independentemente de filiação partidária" e condiciona as candidaturas avulsas à obtenção de "apoiamento mínimo de eleitores na circunscrição". A proposta visa, também, a "possibilitar a associação de candidatos independentes em listas cívicas, nas eleições proporcionais".

Se aprovada a alteração, preenchidos os demais requisitos previstos na Constituição Federal e nas normas infraconstitucionais, as candidaturas para os cargos eletivos serão permitidas:

a) com filiação partidária, como atualmente;

b) sem filiação partidária:

---

[8] COMISSÃO DE CONSTITUIÇÃO, JUSTIÇA E CIDADANIA. *Parecer de 2009.* Disponível em: <legis.senado.leg.br/sdleg-getter/documento?dm=4351488&disposition=inline>. Acesso em: 19 maio 2018.

- para candidatos independentes: com apoiamento mínimo de eleitores na circunscrição em que o interessado for concorrer a qualquer cargo, seja na disputa em eleições proporcionais (cargos do Poder Legislativo) ou em eleições majoritárias (cargos do Poder Executivo);
- para candidatos independentes reunidos em lista cívica: nas eleições proporcionais.

É o que se extrai do texto. No entanto, não fica claro se os candidatos independentes, ao se reunirem em lista cívica, teriam que conquistar previamente o apoiamento dos eleitores da circunscrição ou se bastaria a formação da lista e o respectivo registro.

E, na formação da lista cívica, haveria necessidade de um número mínimo de candidatos, já que o projeto só prevê número máximo de integrantes?[9] Ou bastariam dois ou três candidatos?

A discussão quanto a essas perguntas parece ser relevante, pois a colocação em lista é uma forma interessante de dar ao jogo político seu devido caráter coletivo e ajudar a alcançar o quociente eleitoral, garantindo certa isonomia entre os candidatos independentes e os filiados. Esse mecanismo não pode, no entanto, ser uma forma de burlar o sistema, permitindo a candidatura sem filiação partidária *e* sem apoiamento mínimo.

Nesse tocante, o texto que prevê a alteração do §3º do art. 14 não é específico, prevendo que são condições de elegibilidade: a filiação partidária *ou* "apoiamento mínimo de cinco décimos por cento dos eleitores da respectiva circunscrição, para candidatos ao executivo" *e* "dois décimos por cento dos eleitores da respectiva circunscrição *quando se tratar de candidatura independente*" *ou* "lista cívica para o legislativo" (grifos nossos).[10]

Fica claro – e não poderia ser diferente –, que a formação de listas cívicas só será permitida para os cargos em disputa ao poder; e que os candidatos independentes poderão optar por concorrer a esses cargos sozinhos ou em conjunto.

E não há dúvidas quanto à obrigatoriedade do apoio de 5 décimos por cento para os cargos do Poder Executivo (prefeito, governador e presidente da República) e de 2 décimos por cento para os cargos do Poder Legislativo (deputado federal e estadual, vereador e senador). No entanto, o texto é ambíguo: a obrigatoriedade de apoio de 2 décimos por cento se aplicaria, de algum modo, também às listas cívicas?

Essas questões certamente serão alvo de discussão e solução caso o projeto avance nas Casas Legislativas. Fato é que essa proposta de emenda à Constituição representa enorme salto no tocante à alteração do sistema brasileiro ao retirar a obrigatoriedade de filiação partidária.

Ressalvado o questionamento quanto às listas, o interessado poderá, se aprovada a alteração, se candidatar aos cargos eletivos sem filiação, preenchendo dois requisitos com números mínimos distintos:
a) para os cargos de chefia do Poder Executivo: o interessado deverá conquistar, pelo menos, o apoio de 0,5% dos eleitores da circunscrição onde pretenda concorrer;

---

[9] O projeto remete ao art. 10 da Lei nº 9.504/97 (Lei das Eleições), norma aplicada aos partidos políticos.

[10] Art. 14, §3º, inc. V, são condições de elegibilidade: "a filiação partidária ou o apoiamento mínimo de cinco décimos por cento dos eleitores da respectiva circunscrição, para candidatos ao executivo e dois décimos por cento dos eleitores da respectiva circunscrição quando se tratar de candidatura independente ou lista cívica para o legislativo".

b) para os cargos do Poder Legislativo (eleições realizadas pelo sistema proporcional): o interessado deverá conquistar, pelo menos, o apoio de 0,2% dos eleitores da circunscrição pretenda concorrer.

Como no Brasil a circunscrição é definida pelo tipo de eleição, será admitido, por exemplo, o registro do candidato ao cargo de governador se este obtiver previamente o necessário apoio de 0,5% dos eleitores de seu estado ou dos eleitores de seu município, se pretender concorrer ao cargo de prefeito.

O projeto prevê (§12) que, na candidatura independente, o apoiamento mínimo deverá ser coletado em, no máximo, 8 meses e apresentado perante a Justiça Eleitoral competente em até 30 dias antes do início do período estabelecido para a realização das convenções eleitorais partidárias.

Ainda segundo a proposição, caberá à Justiça Eleitoral fazer a verificação do apoiamento apresentado por candidaturas independentes ou listas cívicas e também da documentação necessária para o registro das candidaturas. A essa justiça especializada caberá deferir ou indeferir, justificadamente, o pedido de registro até o final do período estabelecido para a realização das convenções eleitorais partidárias.

Objetivando facilitar o alcance do quociente eleitoral, o texto da proposta segue a mesma lógica aplicada aos partidos políticos, trazendo regra específica no proposto art. 17-A quanto às listas cívicas.

Segundo o referido artigo, candidatos não filiados que atenderem ao requisito do inc. V do §3º do art. 14 desta Constituição poderão, *para fins de cálculo do quociente eleitoral nas eleições proporcionais*, associar-se em lista cívica, desde que postulantes do mesmo cargo eletivo na mesma circunscrição eleitoral.

Quanto ao número de integrantes que poderão figurar em lista cívica, o §1º proposto determina o mesmo limite estabelecido para os partidos políticos quanto ao registro de candidatos para a Câmara dos Deputados, a Câmara Legislativa, as Assembleias Legislativas e as Câmaras Municipais.

Desse modo, se aprovado o projeto, valeria o disposto no art. 10 da Lei nº 9.504/97 (Lei das Eleições): número equivalente a 150% dos lugares a preencher. Nos estados em que as vagas para a Câmara dos Deputados não exceder 12 e nos municípios de até 100 mil eleitores: registro de até 200% das respectivas vagas (candidatos a deputado federal e a deputado estadual/distrital).

A redação proposta ao §2º prevê a aplicabilidade, ao registro da candidatura independente e da lista cívica, das normas aplicáveis ao registro de candidatos filiados a partido político, inclusive quanto aos prazos.

Nos termos do que foi proposto, seria aplicável o disposto no §3º da Lei das Eleições, que traz a cota de gênero: "Do número de vagas resultante das regras previstas neste artigo, cada partido ou coligação preencherá o mínimo de 30% e o máximo de 70% para candidaturas de cada sexo". O mesmo se diz quanto à obrigatoriedade de prestação de contas à Justiça Eleitoral.

O projeto garante aos candidatos independentes e aos integrantes de listas cívicas, no proposto §3º, a participação no horário eleitoral gratuito, bem como nos recursos financeiros públicos *na forma da lei*. Não especifica, no entanto, a forma de distribuição das cotas dessas garantias. Ficaria, portanto, em aberto essa questão até que legislação específica viesse a regulamentar a norma.

Por fim, propõe-se alterar o §2º art. 77: "Será considerado eleito Presidente o candidato que obtiver a maioria absoluta de votos, não computados os em branco e os nulos",[11] dele retirando, por razões óbvias, a expressão *candidato registrado por partido político*.

20.3.1.2 Supremo Tribunal Federal: recurso extraordinário[12]

A discussão a respeito da constitucionalidade da candidatura avulsa no Brasil chegou à mais alta Corte do país em 2017, em razão do Recurso Extraordinário com Agravo (ARE) nº 1.054.490, interposto por um cidadão contra decisão que indeferiu o seu registro de candidatura, sem filiação partidária, ao cargo de prefeito do Rio de Janeiro no pleito municipal de 2016.

Na discussão sobre o registro de candidatura, o pedido do interessado foi fundamentado com base na interpretação da norma eleitoral brasileira conforme a Convenção de Direitos Humanos, o *Pacto de San Jose da Costa Rica*, que inscreve entre os direitos dos cidadãos o direito de votar e de ser votado: "votar e ser eleitos em eleições periódicas autênticas, realizadas por sufrágio universal e igual e por voto secreto que garanta a livre expressão da vontade dos eleitores".

No caso em questão, a candidatura foi indeferida pela Justiça Eleitoral em primeira e em segunda instâncias,[13] sob fundamento de que o art. 14, §3º, inc. V da Constituição Federal proíbe expressamente as candidaturas avulsas (ou independentes) ao estabelecer, entre as condições de elegibilidade, a filiação partidária.

O Supremo Tribunal Federal decidiu pela relevância da matéria constitucional levantada, superando, assim, a prejudicialidade que impediria o julgamento pelo fato de as eleições já terem acabado.

A esse respeito, foi salientado pelo Ministro Luís Roberto Barroso, ao votar pelo julgamento do recurso extraordinário, que "a prejudicialidade deveria ser superada porque o tema jamais chegaria à corte com um recurso apto a gerar efeitos, devido ao período entre o registro da candidatura e o dia da eleição ser muito curto".[14]

No tocante à sua aplicação ou não, vale dizer que esse tratado internacional já foi aplicado ao sistema brasileiro no caso da prisão de depositário infiel (RE nº 349.703, RE nº 466.343 e HC nº 87.585) – norma suspensa em virtude do Pacto, reconhecido no caso como de caráter supralegal – e esse argumento serviu de base, não para sinalizar pela procedência do pedido veiculado no recurso contra o indeferimento do registro de candidatura avulsa, mas para reconhecer a importância da discussão da matéria também com base nesse precedente.

---

[11] Redação atual: "Art. 77. [...] §2º Será considerado eleito Presidente o candidato que, registrado por partido político, obtiver a maioria absoluta de votos, não computados os em branco e os nulos".

[12] BRASIL. Supremo Tribunal Federal. *Acompanhamento processual*. Disponível em: <http://www.stf.jus.br/portal/processo>. Acesso em: 29 nov. 2017.

[13] O TRE/RJ assim desproveu o recurso dos particulares (f. 386): "Requerimento de registro de Candidatura Autônoma, sem vinculação a partido político. Eleições 2016. Sentença indeferitória. Requerimento de participação de *amicus curiae* indeferido. Alegação de mutação constitucional afastada. Aplicação do pensamento jurídico do possível. Impossibilidade. Silêncio Eloquente. Não ocorrência de violação aos tratados internacionais. Ausência de vícios na sentença. Inexistência de candidaturas avulsas no ordenamento jurídico pátrio. Inteligência do art. 14, §3º, inciso v, da Constituição da República. Ausência de condições de inelegibilidade. Não incidência do art. 16-A da Lei 9.504-97. Escalonamento de normas em perfeita harmonia. Desprovimento do recurso".

[14] ARE nº 1.054.490, do STF.

A Procuradoria Geral da República discorreu a respeito da posição inferior à Constituição dos Tratados Internacionais sobre Direito Humanos incorporados ao direito brasileiro. Seriam inaptos, portanto, a derrogar o disposto no art. 14, §3º:

> O art. 5º, §3º, da CR não elevou os tratados de direitos humanos incorporados ao direito brasileiro antes da EC 45/2004 à estatura de emenda constitucional: a recepção de normas não é fenômeno inexoravelmente resultante da substituição de normas constitucionais; trata-se, antes, de opção normativa de constituinte que decide criar abreviadamente normas novas com o conteúdo das antigas, para evitar o vácuo legislativo decorrente da perda de validade de todo o direito infraconstitucional pela substituição da íntegra de seu fundamento jurídico – a constituição sobre a qual se apoiava.
>
> O art. 23, inc. 1, b, e o inc. 2, do Pacto de São José veda a restrição da capacidade eleitoral passiva por motivos diversos dos ali estabelecidos, entre os quais não se inclui a filiação partidária, de sorte que o art. 14, §3º, da CR foi por ele privado de eficácia: licitude das candidaturas avulsas no direito brasileiro.

De fato, a afirmação de que a exigência de filiação partidária contraria "outros princípios da própria Constituição, como o da cidadania, dignidade da pessoa humana e pluralismo político" não parece razoável. O legislador brasileiro *optou* por exigir essa condição e eleger os partidos políticos como mediadores das candidaturas.

Por outro lado, a permissão desse tipo de candidatura na maioria dos países leva a refletir se não seria uma alternativa válida a ser implementada no jogo democrático brasileiro, sem que isso suprimisse a atuação político-partidária ou gerasse algum tipo de instabilidade institucional.[15]

Entretanto, apesar da equivocada decisão de superar a prejudicialidade – já que houve efetiva perda do objeto e restaria apenas ao Poder Legislativo a iniciativa de discutir a matéria –, o sistema eleitoral brasileiro há de acatar o que for decidido, restando saber se o Supremo Tribunal Federal decidirá se essa interpretação da norma constitucional é compatível ou não com o *Pacto de San Jose da Costa Rica* e demais tratados invocados pelo recorrente. E mais: para tanto, cabe à Corte decidir, nesse novo caso concreto submetido à análise, se no tocante às condições de elegibilidade os tratados internacionais podem ser ou não colocados hierarquicamente acima do texto constitucional.

Uma relevante questão deve ser avaliada nesse caso, uma vez que o *Pacto de San Jose da Costa Rica* prevê que o direito de se candidatar *somente* pode ser limitado "exclusivamente por motivos de idade, nacionalidade, residência, idioma, instrução, capacidade civil ou mental, ou condenação, por juiz competente, em processo penal" (art. 23, item 2). Como bem posto por Marilda de Paula Silveira, seria de se perguntar se essa interpretação também não afastaria a aplicação de diversos dispositivos da Lei de Inelegibilidades (LC nº 64/90).[16]

---

[15] Modesto Carvalhosa chama a atenção para o fato de o STF já ter aceito que, em matéria de direitos humanos, pactos internacionais podem prevalecer sobre a Constituição, ressaltando que a própria Carta Magna prevê que convenções internacionais sobre direitos humanos aprovadas pelo Congresso Brasileiro equivalem a emendas constitucionais (SCHREIBER, Mariana. Competição saudável ou personalismo excessivo: o impacto das candidaturas independentes que o STF pode aprovar. *BBC Brasil*, 5 out. 2017. Disponível em: <http://www.bbc.com/portuguese/brasil-41505558>. Acesso em: 29 nov. 2017.

[16] SILVEIRA, Marilda de Paula. Candidaturas sem partido, eleição sem ficha limpa. *Jota*, 3 out. 2017. Disponível em: <https://www.jota.info/colunas/e-leitor/candidaturas-sem-partido-eleicao-sem-ficha-limpa-03102017>. Acesso em: 15 jan. 2018.

Assim, o Supremo Tribunal Federal deverá analisar não somente a possibilidade das candidaturas avulsas, mas o reflexo que isso trará às inelegibilidades previstas na lei complementar, podendo colocar fim à norma popularmente conhecida como "Lei da Ficha Limpa".

Trata-se de consideração relevante e, vale afirmar, forte argumento contra a pretensão de se registrar candidaturas avulsas no Brasil sem que haja alteração constitucional nesse sentido.

A esse respeito, importante argumentação veiculada no parecer da Procuradoria Geral da República no referido recurso:

> O direito internacional à democracia impõe uma diretriz política de gestão democrática da coisa pública e participação popular, mas tal diretriz não impõe um modelo determinado de democracia, a exemplo da observância de candidaturas avulsas, porque (i) trata-se de matéria afeta ao âmbito reservado dos Estados e, assim, a sua soberania, e (ii) um conceito internacional de democracia deve ser amplo o suficiente para abarcar as diversidades culturais existentes na Comunidade internacional. Ao contrário do afirmado pelos recorrentes, o caso YATAMA vs. NICARÁGUA não permite concluir que a obrigatoriedade de filiação partidária cerceia os direitos humanos políticos de votar e ser votado. 11 – Ainda que se entenda que é possível se extrair dos tratados internacionais um determinado modelo de democracia, *in casu*, um modelo que abarque de forma cogente as candidaturas avulsas, deixam de considerar os recorrentes que os tratados internacionais que versam sobre direitos humanos, quando não aprovados na forma do art. 5º, §3º, da CRFB, possuem status de norma supralegal, ou seja, dentro de uma escala normativa se encontram abaixo da Constituição da República.
>
> [...] Nessa senda, entender pela prescindibilidade ou reduzir o papel dos partidos políticos implica em subversão da ordem constitucional estabelecida, motivo pelo qual a mutação constitucional defendida pelos ora recorrentes revela-se, *data maxima venia*, inconstitucional.
>
> [...] A implementação ou não de candidaturas avulsas no atual ordenamento jurídico vigente passa necessariamente por um debate político que foge a competência do Poder Judiciário [...] O caso em apreciação não revela lacuna constitucional, mas clara opção do constituinte originário pela mediação dos partidos políticos no que tange as candidaturas para cargos eletivos.

De fato, é preciso reconhecer a impossibilidade de imposição, por tratados internacionais, de determinado modelo político ou modelo democrático. A definição e adoção desse ou daquele regime político em cada país "é matéria afeta ao âmbito reservado dos Estados", como bem salientado no parecer, restando as essas normas internacionais apenas o estabelecimento de regras de caráter geral destinadas ao aprimoramento da democracia nos países signatários.

20.4 Sistema norte-americano

Os Estados Unidos da América estão entre os 43% dos países que permitem a candidatura sem filiação partidária, *tanto na disputa por cargos eletivos no Poder Legislativo quanto para concorrer* à *Presidência da República*, ao lado de México, Colômbia, França e Rússia.

As eleições norte-americanas têm características bastante peculiares em virtude não só da significativa independência legislativa e regulamentar dos estados, mas da divisão desses estados em distritos e da realização de eleições diretas e indiretas, por intermédio de delegados dos partidos.

Para fins do presente estudo, foram tomadas como base as eleições para presidente da República. Há, nos Estados Unidos, três formas de candidatura a esse cargo eletivo:

a) candidato inscrito em um partido político e por ele indicado como candidato;
b) candidato sem vinculação ao partido (candidato independente), mas indicado por uma legenda;
c) candidato sem vínculo partidário e sem indicação (candidato independente);
d) candidato inscrito.

Nessas eleições gerais, a estimativa em 2016 girou em torno de 860.000 assinaturas em todos os 50 estados para que a petição fosse apresentada e o candidato disputasse eleições para a presidência do país de forma independente.

Quanto aos estados individualmente, na Califórnia os interessados deveriam obter 178.039 assinaturas, tendo sido o estado mais exigente quanto ao apoiamento mínimo do eleitorado em oposição ao Tennessee, estado menos rigoroso quanto a esse requisito e que exigiu 275 assinaturas.[17] Aparecer nas cédulas de votação não é, portanto, tarefa simples e exige grande esforço, construção de uma rede de contatos e exaustiva busca pelo apoio necessário.[18]

Mais incomuns e proibidas em alguns estados norte-americanos, são as candidaturas de inscritos, que, conforme o estado, devem fazer o requerimento conforme regras específicas. Os eleitores precisam escrever nas cédulas eleitorais os nomes desses candidatos, pois não aparecem impressos nesse tipo de candidatura avulsa.

Nas eleições presidenciais, por exemplo, o "pré-candidato" norte-americano deve requerer sua colocação nas cédulas e listas de votação das eleições gerais, em Washington (DC) e em todos os estados, sendo que em cada um deles há regras específicas quanto aos números que garantem o apoio necessário para o interessado ter seu nome inserido na cédula eleitoral.

Desse modo, como no país norte-americano os estados são dotados de ampla autonomia, inclusive em matéria eleitoral, a sua Constituição determina, no art. I, Seção 4, da famosa *Election Clause*, que são livres para regular as eleições, não só as locais, mas também as federais (que, no Brasil, equivaleriam às eleições gerais).

Essa regulamentação é feita pelas denominada *ballot access rulles* – ou "regras de acesso às cédulas", em tradução livre –, que são as normas que regulam as condições para que um candidato (independente) ou partido político e seus candidatos possam aparecer nas cédulas eleitorais.

---

[17] FILING deadlines and signature requirements for independent presidential candidates, 2016. *BallotPedia*. Disponível em: <https://ballotpedia.org/Filing_deadlines_and_signature_require ments_for_indepen dent_presidential_candidates,2016#cite_note-staff-1>. Acesso em: 29 nov. 2017.

[18] Em 2016, as cédulas apresentaram os nomes de três candidatos em todos os estados (Hillary Clinton, Donald Trump e Gary Johnson). Em 44 estados constou nas listas o nome de mais um candidato (Jill Stein) além de 3 inscritos e, portanto, sem nome nas cédulas. Noutros estados constaram outros nomes (Darrell Castle, pelo Partido Constitucional, Rocky De La Fuente, pelo Partido Reformista, Gloria Estela La Riva, do Partido pelo Socialismo e Liberação, bem como Evan McMullin, candidato independente) (EUA têm centenas de candidatos além de Hillary e Trump; veja principais. *G1*, São Paulo, 2 nov. 2016. Disponível em: <http://g1.globo.com/mundo/eleicoes-nos-eua/2016/noticia/2016/11/eua-tem-centenas-de-candidatos-alem-de-hillary-e-trump-veja-principais.html>. Acesso em: 9 dez. 2017).

Assim, os critérios de composição das listas cívicas ou regras quanto à obtenção de assinaturas para a petição são diferentes em cada estado, desde o número ou porcentagem de eleitores, até o prazo para apresentação ou "arquivamento" das listas pelos interessados, sendo que, em 2016, o prazo máximo foi setembro.

Em dois estados, Colorado e Louisiana, é permitido que os candidatos independentes paguem taxas de depósito ao invés de enviar as petições.[19] Todos os requisitos relativos às candidaturas avulsas, como o apoio do eleitorado[20] são publicados pelos responsáveis pelos administradores das eleições estaduais, disponibilizados no ano anterior à eleição.

As diferenças de regras entre os estados também existem quanto à quantidade de assinaturas necessária à petição.

Estados como Alabama, Colorado, Kansas, Michigan, Ohio e Massachusetts, entre outros, exigem a quantidade de assinaturas expressa em numeral fixo e não em porcentagem, e os números são os mais variados.

Enquanto alguns se valem de fórmulas simples, como a Flórida e Maryland, que requerem 1% do número total de eleitores registrados no estado (assinatura plana), outros utilizam fórmulas mais complexas, como uma porcentagem que pode ter como base o número de eleitores, como na Califórnia: 1% dos eleitores registrados no estado até o encerramento do registro antes das eleições gerais anteriores.

Nova York, por sua vez, parece ser um dos poucos a exigir a distribuição do número de eleitores entre os vários distritos do estado: são necessárias cerca de 15.000,00 assinaturas, com pelo menos 100 de cada um dos distritos parlamentares do estado. Na Virgínia se observa também um requisito de proporcionalidade nos distritos estaduais: 5.000 dos eleitores registrados, com pelo menos 200 de cada distrito.

Outros estados têm por base, não o número de eleitores, *mas a quantidade de votos na eleição para o Poder Executivo* (Dakota do Sul, 1% dos votos combinados para governador na última eleição; Texas, 1% do total de votos emitidos para todos os candidatos na eleição presidencial anterior; Novo México, 3% do total de votos emitidos para governador na última eleição) *ou para composição das casas legislativas* (Nevada, 1% do total de votos emitidos para todos os representantes no Congresso nas últimas eleições).[21]

20.5 Argumentos favoráveis e contrários às candidaturas avulsas

As diferenças entre os dois países, Brasil e Estados Unidos, são incontáveis. No que diz respeito às relativas ao sistema eleitoral, a mais importante para o presente

---

[19] FILING deadlines and signature requirements for independent presidential candidates, 2016. *BallotPedia*. Disponível em: <https://ballotpedia.org/Filing_deadlines_and_signature_requirements_ for_indepen dent_ presidential_candidates,2016#cite_note-staff-1>. Acesso em: 29 nov. 2017.

[20] Lista essa que pode ser denominada *List of Petition Signing Requirements*.

[21] "Em alguns estados, um possível candidato presidencial independente pode acessar mais facilmente a cédula, formando uma nova menor de um único estado ou afiliando-se a uma já existente. Se um candidato optar por esse método híbrido de acesso à cédula, o número total de assinaturas necessárias cairá. De acordo com o especialista em acesso a cédulas, Richard Winger, é mais fácil para um candidato concorrer com um novo partido de um único estado do que como um candidato independente nos seguintes estados: Arizona, Delaware, Flórida, Havaí, Maryland, Mississippi, Novo México, Oklahoma, Texas e Vermont" (FILING deadlines and signature requirements for independent presidential candidates, 2016. *BallotPedia*. Disponível em: <https://ballotpedia. org/Filing_deadlines_and_signature_requirements_ for_indepen dent_presidential_candidates,2016#cite_note-staff-1>. Acesso em: 29 nov. 2017. Tradução Livre.

trabalho, como já demonstrado, é a possibilidade de candidaturas avulsas naquele país, como na maioria dos países democráticos.

Tratando-se de sistemas distintos, fato é que a experiência norte-americana demonstra que a manutenção de um regime de partidos pode coexistir harmoniosamente com as candidaturas avulsas ou candidaturas "cidadãs", nomenclatura utilizada por alguns autores nacionais.

Pode-se afirmar que não é o desenvolvimento social e econômico, ou maior ou menor "atraso" ou "desenvolvimento" de um país – e isso pode ser observado nas diferentes nações que permitem ou não a candidatura sem partido –, que determina a opção por manter o monopólio da representação política nas mãos das agremiações partidárias.

As normas de elegibilidade, nesse caso, têm mais a ver com a opção do constituinte originário, que entendeu, no momento político e social em que a norma foi escrita, que a mediação dos partidos políticos nas candidaturas para eleições – e exercício – dos cargos eletivos é imprescindível.

Independentemente disso, o debate existe e nada impede que sejam, futuramente, adotados pelo Congresso Nacional brasileiro, em emenda constitucional, os argumentos favoráveis às candidaturas avulsas como ocorreu nos Estados Unidos.

A proposta de emenda à Constituição resume bem as razões invocadas pelos que defendem a alteração:

> Propomos, pois, a substituição de um sistema de base partidária por outro que, alternativamente aos candidatos lançados pelas legendas políticas, autorize a candidatura sem lastro partidário. Por meio dessa alteração constitucional, pretendemos democratizar o acesso aos cargos eletivos no País, elidindo o monopólio do sistema eleitoral por parte das cúpulas partidárias e promovendo a participação, no jogo político, do cidadão comum. A sociedade vem passando por mudanças profundas ao longo dos anos e cabe a este Congresso Nacional repensar os pilares do sistema eleitoral, de modo a garantir tanto maior participação popular quanto maior oxigenação da vida política, no sentido da promoção da diversidade do quadro de representantes, em consonância com a multiplicidade de interesses e vozes que integram a complexa sociedade brasileira.

Como se vê, as razões levantadas a favor do fim da obrigatoriedade de filiação partidária são muitas e o mesmo ocorre com os argumentos contrários. Ambos têm fundamentos bastante razoáveis:

1. *A favor*: A exigência de filiação partidária para candidatura a cargos eletivos seria um obstáculo para o surgimento de candidaturas de grupos representativos e, para esses defensores da mudança, "o Brasil vive uma contradição, porque necessita de maior participação política, para consolidar a democracia, mas cerca o processo político de restrições legais e burocráticas que acabam por limitar essa participação".[22]

   Contra: O papel de dar voz às mais variadas ideologias e segmentos sociais já é desempenhado pelos partidos, que podem abrigar – e abrigam –, cidadãos representantes das variadas ideologias. Essa necessidade também é atendida

---

[22] Argumentos compilados no parecer na Procuradoria Geral da República, proferido na proposta de emenda à Constituição.

pelo próprio sistema pluripartidarista brasileiro. Quanto mais partidos, mais acesso.

2. *A favor*: O Brasil andaria em sentido contrário à maioria dos países democráticos, onde os cidadãos podem disputar cargos eletivos sem filiação partidária e, com isso, garante maior participação da sociedade.

Contra: O fato de outros países optarem pela candidatura avulsa pouco acrescenta ao debate porque a realidade social e política brasileira tem peculiaridades muito diversas de outros países.

3. *A favor*: A renovação da classe política bem como a participação de integrantes dos movimentos sociais e das minorias no processo político e eleitoral seriam favorecidas, e seria melhor atendido o princípio da soberania popular.

Contra: um dos problemas da classe política é o enfraquecimento dos próprios partidos políticos, e isso requer seu fortalecimento, e não o contrário. Os partidos políticos não são simples mediadores de candidaturas, mas peças essenciais e indispensáveis em todos os âmbitos do processo político e eleitoral e não podem ter seu papel reduzido por alteração que pouco ou nenhum efeito prático terá sobre os problemas éticos e políticos pelos quais passa o país.

> Partidos fracos geram problemas de governabilidade, na proporção em que, para o Poder Executivo, fica mais difícil construir uma base de apoio no Congresso, o que gera a necessidade de confirmação em acordos individuais com parlamentares, muitas vezes envolvendo instrumentos necessários a campanhas eleitorais, como nomeações e a aprovação de emendas ao orçamento.[23]

Esse também é o entendimento expresso no parecer do procurador-geral da República no ARE nº 1.054.490-STF:

> Nessa senda, entender pela prescindibilidade ou reduzir o papel dos partidos políticos implica em subversão da ordem constitucional estabelecida, motivo pelo qual a mutação constitucional defendida pelos ora recorrentes revela-se, *data maxima venia*, inconstitucional.

A propósito do caso posto sob análise do Supremo Tribunal Federal, é importante dizer que "a obrigatoriedade de filiação partidária cerceia os direitos humanos políticos de votar e ser votado", como bem salientado pelo procurador-geral da República.

Não se trata de regra discriminatória, apenas opção do legislador constituinte originário pela mediação dos partidos em relação às candidaturas.

Há, realmente, possibilidade de instituição de mecanismos, além dos existentes, de maior participação popular, entre eles as candidaturas sem filiação partidária.

Mas isso não se daria por aplicação de tratado eventualmente superior à norma constitucional, mas, sim, por nova opção, desta vez do legislador constituinte reformador.

Levando em conta as razões apontadas pelos defensores e os que se colocam contrários à alteração, uma participação mais ativa dos cidadãos no processo eleitoral, independentemente da burocracia partidária, é uma realidade e resta saber se o será também no Brasil.

---

[23] Relatório da PEC nº 21/2006.

Vale insistir, entretanto, que mudança nesse sentido não pode ocorrer de sobressalto, sem que sejam pensadas as formas de adaptação do atual sistema às novas regras, conforme apontado no item anterior. Sem isso, de nada adiantará permitir candidaturas que, ou não tenham chance de alcanças efeitos práticos salutares ou, no pior caso, sirvam como mais um entrave à governabilidade e à efetiva representação popular.

Esse sistema parece ser bem aceito nos Estados Unidos, país com legislação eleitoral bastante diversa. Como tem servido de modelo para alguns idealizadores das propostas de mudança, essas discrepâncias não podem ser ignoradas.

Um ponto interessante é que ambos os países contam com dezenas de partidos políticos, e não são os Estados Unidos um país bipartidarista. No entanto, diferentemente do que acontece no Brasil, mesmo com o pluralismo inerente aos dois sistemas político-partidários, naquele país apenas dois partidos, Republicano e Democrata, têm chances reais de sucesso nas disputas eleitorais e se revezam nos altos cargos governamentais e no Congresso norte-americano desde a segunda metade dos anos 1800.

O que é relevante no tocante à comparação é que, garantidas as condições mínimas de igualdade, atendidos estão os princípios do pluralismo político e partidário pela autorização de existência de várias agremiações partidárias.

Teoricamente, poder-se-ia aplicar o mesmo raciocínio à existência das candidaturas avulsas. No entanto, qual o efeito prático que teriam no aprimoramento do sistema democrático brasileiro? Nos Estados Unidos a participação, ainda que muitos não alcancem os cargos eletivos, é considerável e milhares de norte-americanos se candidatam, ganhando certo destaque local ou regional, posteriormente direcionado à ação social e política, ou fortalecendo a ação comunitária e política já existente.

Da mesma forma, a correta utilização desse tipo de candidatura poderia auxiliar no surgimento dessas lideranças no Brasil, que poderiam, algum dia, conquistar relevância na política brasileira ou em projetos não governamentais, mas de cunho social e político.

Mas há que se considerar, por outro lado, que o fortalecimento dos partidos políticos – e não o contrário – é uma das vias mais adequadas às inúmeras imperfeições do sistema brasileiro. Nos Estados Unidos, cujo sistema de candidaturas parece estar servindo de modelo para algumas propostas de alteração no Brasil, há permissão de candidaturas avulsas, mas não se pode negar que naquele país há partidos fortes e isso no sentido adequado do termo: dotados de ideologia bem definida, atuantes segundo essas convicções e com adeptos, ao menos em boa parte, cientes de seu papel na política norte-americana.

20.6 Possíveis impactos de eventual alteração normativa no Brasil

Uma eventual mudança no ordenamento jurídico brasileiro poderá ocorrer por vias judiciais com eventual decisão favorável do Supremo Tribunal Federal quanto às candidaturas avulsas ou independentes no julgamento do mérito do recurso extraordinário posto sob análise.

No entanto, na hipótese de o Brasil adotar essa modalidade de acesso às urnas, independente de partidos políticos, mais provável será que isso se dê por emenda constitucional, pelo Congresso Nacional.

Advindo tanto uma decisão da mais alta Corte quanto eventual alteração na Constituição Federal, não se pode negar que seria um importante passo no sentido de maior participação popular no sistema democrático brasileiro.

Entretanto, a adoção desse modelo de candidaturas nada tem de simples e traria impacto considerável no atual sistema eleitoral e político brasileiro que, inegavelmente, gira em torno dos partidos políticos, não apenas como intermediários para a candidatura, mas como intermediários entre o povo e o poder, exercido em seu nome pelos representantes eleitos vinculados às agremiações partidárias.

As consequências da adoção desse modelo passam, certamente, por aspectos positivos. Não se pode dizer que haja, por outro lado, aspectos puramente negativos, mas consequências ligadas, de modo geral, ao contexto prático do regramento e do controle dessas candidaturas, sua realização, prestação de contas. E, ainda, consequências políticas, como possível aumento – da já bastante grave – fragmentação no Poder Legislativo[24] e necessidade de modificação das regras parlamentares.

Por mais que seja louvável e reconhecida a adoção desse modelo na maioria dos países, temos que considerar a realidade política brasileira, bem como o sistema adotado, o qual não comportaria candidaturas avulsas.

1. *Eleições para vereadores, deputados federais e vereadores. Cálculo do quociente eleitoral e partidário.* A eleição realizada pelo sistema proporcional no Brasil traz regras bastante complexas que determinam, de modo geral, a soma dos votos em um mesmo partido e posterior distribuição entre os respectivos candidatos.

Esse sistema garante razoável representatividade das minorias e maior possibilidade de os partidos e candidatos alcançarem o quociente eleitoral mínimo necessário para conquistar uma vaga. O desempenho dos partidos é, nesse caso, determinante do resultado das eleições.

Embora o projeto em trâmite no Congresso Nacional preveja a aplicação de regras atinentes aos partidos políticos, candidatos independentes teriam grande dificuldade em somar os votos necessários, embora isso não seja impossível, devido ao histórico de tendência do eleitorado, não só no Brasil, de eleger figuras com grande popularidade. Maior probabilidade de sucesso, entretanto, talvez se fizesse presente nas eleições para a chefia do Poder Executivo, devido ao maior foco direcionado à pessoa do candidato nas eleições majoritárias.

As listas cívicas como as existentes nos Estados Unidos podem solucionar parte do problema inerente às eleições realizadas pelo sistema proporcional, com um conjunto de representantes de ideais e projetos políticos comuns e programas de governo semelhantes.

É uma forma de reconhecer a política como algo coletivo e não individual. Essas pessoas entrariam na disputa em conjunto e os votos conquistados por todos seriam o parâmetro para o número de vagas destinada ao grupo. Seriam as vagas ocupadas pelos mais votados ou, ainda, pelos primeiros da lista, a depender da forma determinada em lei, como se daria com a lista fechada, por exemplo.

---

[24] "É tanto que, quanto maior a divisão de forças políticas menor será a possibilidade de um partido único conseguir mais da metade das cadeiras do órgão parlamentar que permitiria constituir um governo politicamente homogêneo" (VIANA, Severino Coelho. *A saga dos partidos políticos.* <www.pgj.pb.gov.br/siteceaf/pecas/a_saga_dos_partidos_politicos.doc>. Acesso em: 19 nov. 2017).

2. *Distribuição dos recursos do Fundo Partidário e do recém-criado Fundo Especial de Financiamento de Campanhas Eleitorais.* O rateio dos recursos públicos no sistema atual – e nada sinaliza mudança nesse sentido – é feito aos partidos, não aos candidatos ou políticos eleitos, e de acordo com o tamanho da bancada de cada legenda na Câmara dos Deputados.

Questão relevante seria a forma como esses recursos seriam distribuídos entre os candidatos sem filiação ou em listas cívicas. Do mesmo modo, como seria feita a prestação de contas relativa a esses recursos?

3. *Representatividade e funcionamento parlamentar.* Mais um aspecto a ser considerado se refere às incontáveis regras de funcionamento parlamentar e composição das bancadas, sistemas dependentes da participação das agremiações partidárias. Ficariam pendentes de nova regulamentação não só a forma e a proporção da representatividade dos candidatos eleitos sem filiação partidária, mas, também, os regimentos internos das casas legislativas quanto ao funcionamento parlamentar, participação em comissões, entre as mais diversas questões.

4. *A alta fragmentação no Congresso Nacional e governabilidade.* O Brasil conta atualmente com altíssima dispersão ideológica e programática dentro do Poder Legislativo, que leva a dificuldades quanto à discussão e votação de projetos, além de incontáveis problemas de governabilidade.

Esse quadro político poderia se tornar ainda mais instável com a necessidade de negociação, não apenas com as lideranças partidárias, mas com parlamentares de forma individual, já que eleitos sem filiação. Vale dizer que essa dificuldade já existe devido ao individualismo presente na política brasileira, mas, mesmo assim, esses indivíduos atualmente pertencem a uma legenda, a um grupo com programas minimamente definidos, o que torna a negociação de projetos um pouco menos engessada.

5. *Igualdade na disputa.* Deve ser garantida a *todos* em disputa eleitoral a igualdade mínima de chances e de competição justa. A adaptação das normas eleitorais seria necessária para aplicação desses princípios aos independentes.

Não se pode dizer que quem opta por concorrer livremente conhece os riscos e dificuldades que enfrentará: uma vez autorizada por lei a candidatura sem filiação a partido político, a esses candidatos devem ser dadas, se não todas, ao menos algumas garantias essenciais concedidas aos demais.

Já no tocante aos aspectos práticos de eventual adoção das candidaturas avulsas no Brasil, a experiência norte-americana poderia servir de norte ao legislador brasileiro também em alguns pontos relativos à forma de registro e, principalmente, quanto às candidaturas independentes em listas cívicas.

Quanto à regulamentação, algo semelhante às *ballot access rulles* (regras de acesso às cédulas) seria de fácil aplicabilidade no Brasil, tendo em vista o poder normativo do Tribunal Superior Eleitoral.

Desse modo, a regulamentação das condições para que um candidato independente e seus candidatos possam aparecer nas urnas e listas de votação seria feita, se não por lei, pelo Tribunal Superior Eleitoral, por resolução, no ano anterior às eleições, de forma semelhante às dos Estados Unidos e como já ocorre atualmente no Brasil quanto a inúmeros aspectos procedimentais e não procedimentais relativos ao período eleitoral.

Tanto num quanto noutro aspecto, seja prático ou político, eventual reforma demandará muitas outras, mais ou menos amplas, mas inevitáveis.

Do ponto de vista estritamente jurídico, no entanto, cabe anotar que tal modificação traria grande impacto ao sistema eleitoral previsto no ordenamento jurídico brasileiro, razão pela qual pouco adiantaria a simples supressão da exigência de filiação partidária como condição de elegibilidade prevista no 14, §3º, V da Constituição da República.

É possível a previsão de candidaturas avulsas por meio de emenda constitucional, mas tal alteração deveria ser acompanhada de ampla reforma para adequar o sistema a essa nova realidade.[25]

É preciso ter em mente – e nesse ponto vale insistir – que uma alteração na Constituição Federal que venha a permitir as candidaturas avulsas no Brasil dependerá de adaptações feitas por intermédio de reforma mais ampla para que tenha os efeitos desejados e possibilidade, efetivamente, de maior participação popular no processo democrático.

20.7 Conclusão

Considerando o atual sistema brasileiro e a história política nacional, as candidaturas avulsas não poderiam ser aprovadas de forma isolada, ou seja, sem qualquer revisão de toda a legislação eleitoral. Autorizar a medida sem um estudo aprofundado e propostas de mudança do arcabouço eleitoral traria insegurança jurídica e ineficácia quanto aos candidatos que pretendessem disputar eleições sem estarem filiados a partidos políticos.

Haveria de se pensar não somente na possibilidade de deferimento do registro de candidatura, mas na alteração das regras de participação do rateio de recursos públicos destinados às campanhas, participação em propaganda eleitoral e debates, procedimento de prestação de contas adequado a essas candidaturas, com a definição de regras específicas, e não menos importante, a avaliação da forma de governabilidade e participação no funcionamento parlamentar.

Importante destacar que na França, onde foi agora eleito um presidente como candidato independente, apoiado por um movimento social-popular, houve a necessidade de esse grupo formar um partido político, o que nos faz concluir que a existência de partidos políticos no sistema eleitoral é imprescindível.

A necessidade que se impõe no sistema político brasileiro é no sentido de criar mecanismos de fortalecimento dos partidos, seja com a garantia da autonomia e fidelidade partidária, ampliação do financiamento com recursos privados para a subsistência dos partidos e redistribuição menos desproporcional entre as legendas.

Em contrapartida, deve-se exigir condutas efetivas das agremiações no sentido de demonstrar a ideologia defendida e angariar adeptos legitimamente, além de submissão mais rigorosa no que diz respeito às regras de fiscalização e prestação de contas dos recursos recebidos e despendidos.[26]

---

[25] Parecer proferido por Malheiros, Penteado, Toledo e Almeida Prado - MPTAP Advogados, em resposta à Consulta do Instituto dos Advogados de São Paulo. 19 out. 2017. Não publicado.

[26] Quanto às contrapartidas pelos partidos, crítica se faz a uma recente alteração legislativa: é legítimo o estabelecimento de cláusula de desempenho, porém, com exigência de resultados possíveis nas eleições. A regra recém-aprovada estabelece critérios dificilmente alcançáveis em apenas quatro eleições e carece de critérios isonômicos de distribuição de fundos públicos e tempo de propaganda, elementos garantidores da igualdade de chances das disputas eleitorais.

Partidos com ideologia minimamente definida no cenário político e atentos às regras de aplicação de recursos financeiros passam a ser, eles mesmos, instrumentos de organização e efetividade na aplicação de regras nas campanhas, além de caminharem gradativamente rumo à recuperação do apoio popular como instituições indispensáveis à democracia. Com partidos fortalecidos e com ideologias identificadas, pode-se garantir maior acesso da sociedade aos cargos políticos e renovação nas esferas do Poder.

Por fim, há que se questionar, diante de pesquisas que afirmam que o brasileiro não se sente representado pelas 35 (trinta e cinco) legendas hoje existentes,[27] se devem ser eliminadas ou avançar no sentido de permitir que grupos da sociedade formem mais agremiações e possam, assim, defender propostas políticas, construindo um país mais participativo.

A política não necessita de reconstrução de seu sistema, o qual parece adequado ao contexto histórico brasileiro, mas da busca da credibilidade perante a sociedade e isso é perfeitamente possível de ser realizado através dos partidos políticos e fortalecimento do espírito de cidadania.

Referências

ACE PROJECT. *The electoral knowledge network.* <http://aceproject.org>. Acesso em: 5 dez. 2017.

BLUME, Bruno André. Candidaturas avulsas: por que são proibidas? *Politize!*, 31 ago. 2016. Disponível em: <http://www.politize.com.br/candidaturas-avulsas-por-que-sao-proibidas/>. Acesso em: 20 nov. 2017.

BRASIL. Supremo Tribunal Federal. *Acompanhamento processual.* Disponível em: <http://www.stf.jus.br/portal/processo>. Acesso em: 29 nov. 2017.

COMISSÃO DE CONSTITUIÇÃO, JUSTIÇA E CIDADANIA. *Parecer de 2009.* Disponível em: <legis.senado.leg.br/sdleg-getter/documento?dm=4351488&disposition=inline>.

EUA têm centenas de candidatos além de Hillary e Trump; veja principais. *G1*, São Paulo, 2 nov. 2016. Disponível em: <http://g1.globo.com/mundo/eleicoes-nos-eua/2016/noticia/2016/11/eua-tem-centenas-de-candidatos-alem-de-hillary-e-trump-veja-principais.html>. Acesso em: 9 dez. 2017.

FILING deadlines and signature requirements for independent presidential candidates, 2016. *BallotPedia.* Disponível em: <https://ballotpedia.org/Filing_deadlines_and_signature_requirements_for_independen dent_presidential_candidates,2016#cite_note-staff-1>. Acesso em: 29 nov. 2017.

MAIORIA dos países já adota o sistema. *Agência Senado.* Disponível em: <http://www.senado.gov.br/noticias/agencia/quadros/qd_053.html>. Acesso em: 23 nov. 2017.

PARA 94% dos eleitores, atuais políticos não os representam, aponta pesquisa. *Congresso em Foco*, 13 ago. 2017. Disponível em: <http://congressoemfoco.uol.com.br/noticias/para-94-dos-eleitores-atuais-politicos-nao-os-representam-aponta-pesquisa/>.

SCHREIBER, Mariana. Competição saudável ou personalismo excessivo: o impacto das candidaturas independentes que o STF pode aprovar. *BBC Brasil*, 5 out. 2017. Disponível em: <http://www.bbc.com/portuguese/brasil-41505558>. Acesso em: 29 nov. 2017.

SILVEIRA, Marilda de Paula. Candidaturas sem partido, eleição sem ficha limpa. *Jota*, 3 out. 2017. Disponível em: <https://www.jota.info/colunas/e-leitor/candidaturas-sem-partido-eleicao-sem-ficha-limpa-03102017>. Acesso em: 15 jan. 2018.

---

[27] PARA 94% dos eleitores, atuais políticos não os representam, aponta pesquisa. Congresso em Foco, 13 ago. 2017. Disponível em: <http://congressoemfoco.uol.com.br/noticias/para-94-dos-eleitores-atuais-politicos-nao-os-representam-aponta-pesquisa/>. Acesso em: 19 nov. 2017.

VIANA, Severino Coelho. *A saga dos partidos políticos*. <www.pgj.pb.gov.br/siteceaf/pecas/a_saga_dos_partidos_politicos.doc>. Acesso em: 19 nov. 2017.

Informação bibliográfica deste texto, conforme a NBR 6023:2002 da Associação Brasileira de Normas Técnicas (ABNT):

KUFA, Karina de Paula; REIS, Marisa Amaro dos. Filiação partidária ou candidatura avulsa/independente? Uma abordagem Brasil e Estados Unidos. In: COSTA, Daniel Castro Gomes da et al. (Coord.). *Direito Eleitoral comparado*. Belo Horizonte: Fórum, 2018. p. 359-379. ISBN 978-85-450-0550-6.

SOBRE OS AUTORES

Alexandre Bastos
Desembargador do Tribunal de Justiça de Mato Grosso do Sul. Ex-Membro do Tribunal Regional Eleitoral de Mato Grosso do Sul. Pós-Graduado em Direito Constitucional pela PUC/ESA (Pontifícia Universidade Católica/Escola Superior de Advocacia). Especialista em Direito Tributário pelo Ibet (Instituto Brasileiro de Estudos Tributários). Assessor Jurídico da Presidência do Tribunal de Contas do Estado no período entre 2003 e 2005. Consultor Jurídico da Assomasul (Associação dos Municípios de Mato Grosso do Sul) de 1995 a 2012.

Alexandre Lima Raslan
Procurador de Justiça do Ministério Público de Mato Grosso do Sul, titular da 22ª Procuradoria de Justiça Criminal. Mestre em Direito das Relações Sociais (Direitos Difusos) na Pontifícia Universidade Católica de São Paulo – PUC-SP (2009). Doutorando em Direito Constitucional na Faculdade Autônoma de Direito de São Paulo (2015). Membro Auxiliar do Conselho Nacional do Ministério Público – CNMP (2016). Graduado em Direito nas Faculdades Unidas Católicas de Mato Grosso – FUCMT (1992). Pós-Graduado (*lato sensu*) em Direito Processual Penal na Universidade Católica Dom Bosco – UCDB (2000). Pós-Graduado (*lato sensu*) em Direito Civil: Direitos Difusos na Universidade Federal do Mato Grosso do Sul (2001). Diretor Administrativo da Fundação Escola Superior do Ministério Público de Mato Grosso do Sul (2011). *E*-mail: <alexandreraslan@mpms.mp.br>.

Ana Claudia Santano
Professora do Programa de Mestrado em Direito do Centro Universitário Autônomo do Brasil – Unibrasil. Pós-Doutora em Direito Público Econômico pela Pontifícia Universidade Católica do Paraná. Doutora e Mestre em Ciências Jurídicas e Políticas pela Universidade de Salamanca, Espanha. Membro Fundador da Academia Brasileira de Direito Eleitoral e Político – Abradep e da Asociación Iberoamericana de Derecho Electoral – Aide. Pesquisadora do Observatório de Financiamento Eleitoral, do Instituto Brasiliense de Direito Público – IDP. Autora de diversos trabalhos acadêmicos sobre o tema do financiamento político. Currículo *lattes*: <http://lattes.cnpq.br/6241908411721255>.

Carlos Eduardo Frazão
Mestre em Direito Público pela Universidade do Estado do Rio de Janeiro – UERJ. Secretário-Geral da Presidência do Tribunal Superior Eleitoral. Consultor Legislativo da Câmara dos Deputados. Professor de Direito Constitucional e Eleitoral do IDP e da ABDConst.

Daniel Castro Gomes da Costa
Advogado. Doutor e Mestre pela Universidade Autónoma de Lisboa (Portugal), atualmente realizando estudos de pós-doutoramento e pesquisador visitante na Universidade de Coimbra (Portugal). Diretor da Escola Judiciária do Tribunal Regional Eleitoral de Mato Grosso do Sul. Conselheiro do Conselho Consultivo da Escola Judiciária do Tribunal Superior Eleitoral. Professor de Direito Eleitoral em várias instituições. Foi Conselheiro do Tribunal Administrativo Tributário do Estado de Mato Grosso do Sul e Presidente da Comissão de Direito Eleitoral da Ordem dos Advogados do Brasil Seção Mato Grosso do Sul. Autor das obras *Curso de Direito Processual Eleitoral* (Editora Fórum, 2018), *Comentários à minirreforma eleitoral* (Editora Pillares, 2016), *Segurança*

jurídica e as alterações na jurisprudência tributária (Editora Pillares, 2016) e *Voto obrigatório versus voto facultativo – Efetividade da democracia representativa – Uma análise em direito comparado Brasil x Portugal* (na obra *Direito eleitoral – Aspectos materiais e processuais,* organizada por Tarcisio Vieira de Carvalho Neto e Telson Luís Cavalcante Ferreira, Editora Migalhas, 2016); Coordenador e Autor das obras *Tópicos avançados de direito processual eleitoral* (Editora Arraes, 2018), *Direito eleitoral brasileiro: temas contemporâneos* (Editora Pillares, 2014), *Temas atuais de direito eleitoral – Estudo em homenagem ao Ministro José Augusto Delgado* (Editora Pillares, 2009), *Estudos contemporâneos de direito público* (Editora Pillares, 2010).

Delmiro Dantas Campos Neto
Advogado. Sócio-Diretor do Escritório *Campos & Pedrosa Advogados Associados.* Membro da Comissão Especial de Direito Eleitoral do Conselho Federal da Ordem dos Advogados do Brasil. Membro da Abradep – Academia Brasileira de Direito Eleitoral e Político. Coordenador do Núcleo de Direito Eleitoral da Escola Superior da Advocacia Ruy Antunes – ESA/OAB/PE. Pós-Graduado em Direito Eleitoral pela Escola Judiciária Eleitoral do TRE/PE (2012/2013). Desembargador Eleitoral Substituto do Tribunal Regional Eleitoral de Pernambuco (2017/2019). Diretor da Escola Judiciária Eleitoral de Pernambuco (2017/2019).

Fabiano Pereira Gonçalves
Analista Judiciário do Poder Judiciário da União – área judiciária, em exercício no Tribunal Regional Eleitoral de Mato Grosso do Sul. Graduado em Ciências Jurídicas pela Universidade Católica Dom Bosco – UCDB. Pós-Graduado em Direito Constitucional pela Universidade para o Desenvolvimento da Região do Pantanal – Uniderp. Pós-Graduando em Direito Eleitoral pelo Instituto para o Desenvolvimento Democrático – IDDE. Autor de artigos na área eleitoral.

Gilmar Ferreira Mendes
Ministro do Supremo Tribunal Federal. Ministro do Tribunal Superior Eleitoral. Ex-Advogado-Geral da União (2000/2002). Ex-Subchefe para Assuntos Jurídicos da Casa Civil (1996/2000). Ex-Assessor Técnico no Ministério da Justiça (1995/1996). Ex-Assessor Técnico na Relatoria da Revisão Constitucional na Câmara dos Deputados (1993/1994). Ex-Adjunto da Subsecretaria-Geral da Presidência da República (1990/1991). Ex-Consultor-Jurídico da Secretaria-Geral da Presidência da República (1991/1992). Ex-Procurador da República (1985/1988).

Jorge Miranda
Doutor em Direito (Ciências Jurídico-Políticas) pela Universidade de Lisboa (1979). Professor Catedrático desta Faculdade e da Universidade Católica Portuguesa (desde 1985). Doutor *honoris causa* pelas Universidades de Pau, Vale do Rio dos Sinos (Brasil), Lovaina e Porto. Professor Honorário da Universidade Federal do Ceará. Foi Deputado à Assembleia Constituinte portuguesa (1975-1976), com intervenção importante na feitura da Constituição de 1976; e Deputado à Assembleia da República (1976 e 1980-1982). Foi membro da Comissão Constitucional – antecessora do Tribunal Constitucional (1976- 1980 e 2004-2007). Autor dos anteprojetos de Constituição de São Tomé e Príncipe e de Timor-Leste. Foi Presidente do Conselho Científico (1988-1990 e 2004-2007) e Presidente do Conselho Diretivo (1991-2001) da sua Faculdade. Faz parte de numerosas associações científicas e dos conselhos editoriais de várias revistas especializadas. É membro do Comitê Executivo da Associação Internacional de Direito Constitucional. Na sua bibliografia (com mais de 250 títulos) avulta o *Manual de direito constitucional* em 7 volumes (publicado desde 1981), um *Curso de direito internacional público* (com várias edições desde 2002) e, em colaboração com Rui Medeiros, a *Constituição portuguesa anotada,* em 3 volumes (2005, 2006 e 2007). Recebeu a Comenda da Ordem de Santiago de Espada, a Grã-Cruz da Ordem da Liberdade e a Grã-Cruz do Infante D. Henrique.

SOBRE OS AUTORES | 383

José Antonio Dias Toffoli
Ministro do Supremo Tribunal Federal. Vice-Presidente do STF. Presidente da comissão de juristas incumbida, pelo Senado Federal, de elaborar o anteprojeto do Novo Código Eleitoral. Professor Colaborador do Curso de Pós-Graduação da Faculdade de Direito da Universidade de São Paulo. Presidente do Tribunal Superior Eleitoral (13 de maio de 2014 a 12 de maio de 2016). Advogado-Geral da União (março de 2007 a outubro de 2009). Subchefe para Assuntos Jurídicos da Casa Civil da Presidência da República (janeiro de 2003 a julho de 2005). Chefe de Gabinete da Secretaria de Implementação das Subprefeituras do Município de São Paulo em 2001. Bacharel em Direito pela Faculdade de Direito do Largo de São Francisco da Universidade de São Paulo – USP (1986 a 1990).

Karina de Paula Kufa
Advogada. Especialista em Direito Eleitoral e Processual Eleitoral pela Escola Judiciária Eleitoral do Tribunal Regional Eleitoral do Estado de São Paulo – EJE-TRE/SP e em Direito Administrativo pela PUC-SP. Presidente do Instituto Paulista de Direito Eleitoral – Ipade. Professora Coordenadora da Especialização em Direito Eleitoral da Faculdade de Direito do Instituto de Direito Público de São Paulo – IDP/SP. Membro da Academia Brasileira de Direito Eleitoral – Abradep.

Leonardo Campos Soares da Fonseca
Mestrando em Direito pelo Instituto Brasiliense de Direito Público – IDP. Procurador do Estado de Mato Grosso do Sul à disposição do Tribunal Superior Eleitoral. Assessor-Chefe da Escola Judiciária Eleitoral do Tribunal Superior Eleitoral. Ex-Assessor de Subprocurador-Geral da República. Graduado pela Faculdade de Direito da Universidade de Brasília – UnB.

Luiz Fux
Ministro do Supremo Tribunal Federal. Presidente do Tribunal Superior Eleitoral. Professor Catedrático de Processo Civil (UERJ). Doutor em Direito Processual Civil (UERJ). Membro da Academia Brasileira de Letras Jurídicas. Membro da Academia Brasileira de Filosofia. Presidente da Comissão de Juristas do Novo Código de Processo Civil.

Marco Aurélio Mendes de Faria Mello
Ministro do Supremo Tribunal Federal – Presidente (maio de 2001 a maio de 2003) e do Tribunal Superior Eleitoral (junho de 1996 a junho de 1997, maio de 2006 a maio de 2008, novembro de 2013 a maio de 2014). Exerceu o cargo de Presidente da República do Brasil, em substituição do titular, de maio a setembro de 2002, em cinco períodos intercalados, sancionando a Lei de Criação da TV Justiça.

Maria Stephany dos Santos
Membro da Comissão de Direito Eleitoral da OAB/PE (2017). Participante no Grupo de Pesquisa – Eleições 2016 (IDP – 2016). Participante no Grupo de Extensão Universitária em Ciência Política (USP – 2016). Pós-Graduada em Direito Eleitoral na EJE (TRE/PE) (2015). Advogada (2014).

Mariana Melo Egídio
Assistente Convidada da Faculdade de Direito da Universidade de Lisboa. Investigadora Associada do Centro de Investigação em Direito Público (CIDP). Doutoranda em Ciências Jurídico-Políticas na Faculdade de Direito da Universidade de Lisboa. Licenciada em Ciências Jurídico-Políticas pela Faculdade de Direito da Universidade de Lisboa, com especialização no nível de Mestrado em Direito Administrativo e Contencioso Administrativo. *E-mail*: <marianameloegidio@fd.ulisboa.pt>.

Marisa Amaro dos Reis
Advogada. Consultora Editorial e Acadêmica. Palestrante. Especialista em Direito Eleitoral e Processual Eleitoral pela Escola Judiciária Eleitoral do Tribunal Regional Eleitoral do Estado de São Paulo (EJE-TRE/SP). Membro Colaborador do Instituto Paulista dos Magistrados – Ipam.

Patrícia Cerqueira Kertzman Szporer
Juíza Membro da Corte Eleitoral baiana. Graduada em Direito pela Universidade Federal da Bahia – UFBA (1997). Mestre em Poder Judiciário, pela Fundação Getúlio Vargas – FGV/Rio de Janeiro. Diretora-Adjunta da Escola Nacional da Magistratura – ENM da AMB. Titular da 1ª Vara de Família, Sucessões, Órfãos Interditos e Ausentes de Salvador, da Comarca de Salvador/BA. Coordenadora da Escola de Magistrados da Bahia. Diretora da Escola Judiciária Eleitoral da Bahia – EJE-BA (biênio 2017-2019).

Rafael Campos Soares da Fonseca
Mestre em Direito, Estado e Constituição pela Universidade de Brasília. Professor do Instituto Brasiliense de Direito Público. Assessor de Ministro do Supremo Tribunal Federal.

Rafael Nagime
Advogado. Procurador do Município de São João da Barra/RJ. Professor de Direito Eleitoral. Assessor-Chefe de Ministro do Supremo Tribunal Federal e do Tribunal Superior Eleitoral (2014). Secretário-Geral Substituto da Presidência do Tribunal Superior Eleitoral (2014). Assessor de Ministro do Supremo Tribunal Federal e do Tribunal Superior Eleitoral (2014/2016). Membro do Instituto Brasileiro de Direito Eleitoral – Ibrade.

Reynaldo Soares da Fonseca
Ministro do Superior Tribunal de Justiça. Doutorando em Direito Constitucional pela Faculdade Autônoma de Direito de São Paulo – Fadisp. Mestre em Direito pela PUC-SP. Professor da Universidade Federal do Maranhão. Procurador do Estado do Maranhão (1986 até 1992). Juiz de Direito do Distrito Federal e Territórios (1992 até 1993). Juiz Federal da 1ª Região (1993 até 2015). Bacharel em Direito pela Universidade Federal do Maranhão (1985). Especialista em Direito Constitucional pela UFMA. Especialista em Direito Penal e Direito Processual Penal pela Universidade de Brasília.

Ruy Celso Barbosa Florence
Desembargador do Tribunal de Justiça do Estado de Mato Grosso do Sul. Ex-Juiz do Tribunal Regional Eleitoral de Mato Grosso do Sul. Mestre e Doutor em Direito pela Pontifícia Universidade Católica de São Paulo. Professor Decano dos cursos de Graduação e Pós-Graduação em Direito da Universidade Uniderp e da Escola da Magistratura de Mato Grosso do Sul. Membro da Academia Sul-Mato-Grossense de Letras Jurídicas. Ex-Diretor da Escola Judicial do Estado de Mato Grosso do Sul. Ex-Presidente da Associação dos Magistrados de Mato Grosso do Sul. Autor de livros e artigos jurídicos publicados em jornais e revistas especializados.

Sérgio Silveira Banhos
Ministro Substituto do Tribunal Superior Eleitoral. Procurador do Distrito Federal. Doutor e Mestre em Direito do Estado pela Pontifícia Universidade Católica de São Paulo – PUC-SP. Mestre em Políticas Públicas pela Universidade de Sussex, Inglaterra. Procurador do Distrito Federal. Advogado.

Tailaine Cristina Costa
Pós-Graduanda em Direito Eleitoral e Processo Eleitoral pela Universidade Positivo. Especialista em Direito Administrativo pelo Instituto de Direito Romeu Felipe Bacellar. Bacharela em Direito pela Universidade Federal do Paraná. Membro do Núcleo de Investigações Constitucionais – Ninc (UFPR) e do Grupo Política por-de-para Mulheres (UERJ). Currículo *lattes*: <http://lattes.cnpq.br/7263770320344707>.

Tarcisio Vieira de Carvalho Neto
Ministro do Tribunal Superior Eleitoral. Diretor da Escola Judiciária Eleitoral do Tribunal Superior Eleitoral. Doutor e Mestre em Direito do Estado pela Faculdade de Direito da Universidade de São Paulo – FD/USP. Professor Adjunto da Faculdade de Direito da Universidade de Brasília – FD/UnB. Subprocurador-Geral do Distrito Federal. Advogado.

Esta obra foi composta em fonte Palatino Linotype, corpo 10
e impressa em papel Offset 75g (miolo) e Supremo 250g (capa)
pela Laser Plus Gráfica, em Belo Horizonte/MG.